Strafrechtliche Verantwortung des Sportdopings de lege lata

Deutsches, europäisches und internationales Strafrecht und Strafprozessrecht

Herausgegeben von
Martin Waßmer

Band 14

PETER LANG

Patric Mau

Strafrechtliche Verantwortung des Sportdopings de lege lata

Auslegungs- und Anwendungsprobleme des strafrechtlichen Dopingverbots unter Berücksichtigung erster praktischer Erfahrungen

PETER LANG

Bibliografische Information der Deutschen Nationalbibliothek
Die Deutsche Nationalbibliothek verzeichnet diese Publikation in der Deutschen Nationalbibliografie; detaillierte bibliografische Daten sind im Internet über http://dnb.d-nb.de abrufbar.

Zugl.: Köln, Univ., Diss., 2020.

Gedruckt auf alterungsbeständigem, säurefreiem Papier.
Druck und Bindung: CPI books GmbH, Leck

D 38
ISSN 2197-8417
ISBN 978-3-631-83005-5 (Print)
E-ISBN 978-3-631-83172-4 (E-PDF)
E-ISBN 978-3-631-83173-1 (EPUB)
E-ISBN 978-3-631-83174-8 (MOBI)
DOI 10.3726/b17387

Peter Lang – Berlin · Bern · Bruxelles · New York · Oxford · Warszawa · Wien

Diese Publikation wurde begutachtet.

www.peterlang.com

Für meinen Vater
in Erinnerung an meine Mutter und Großeltern

Ich bedanke mich bei Herrn Prof. Dr. Dr. h.c. *Waßmer*, Inhaber des Lehrstuhls für Strafrecht und Strafprozessrecht der Universität zu Köln, der mir die Möglichkeit gegeben hat, diese Arbeit unter seiner Leitung durchzuführen. Hervorheben möchte ich insbesondere die hervorragende Betreuung und ständige Diskussions- und Hilfsbereitschaft, die wesentlich zum Gelingen dieser Arbeit beigetragen haben.

Besonderer Dank gilt auch Herrn Prof. Dr. *Orth* LL.M. für die schnelle Anfertigung des Zweitgutachtens und die konstruktive sowie freundliche Arbeitsatmosphäre.

Bei meinem Vater *Otto* möchte ich mich ganz besonders bedanken. Deine uneingeschränkte, liebevolle und vielseitige Unterstützung seit Beginn meines Lebens haben diesen Erfolg erst ermöglicht.

Weiter gilt mein Dank meiner großartigen Familie, die mich stets unterstützt. Liebe *Patricia*, *Christa* und *Rudi*, im Namen meiner Mutter *Heike* und Großeltern *Hildegard* & *Georg* bedanke ich mich für Eure bedingungslose Liebe und dass Ihr mich seit meinem ersten Tag auf diesem Weg begleitet. Auch Dir *Julia* danke ich für Deine uneingeschränkte Liebe und Unterstützung in dieser Zeit. Danke *Sebastian*, dass du mich zu diesem Schritt ermutigt hast. *Leon*, *Luc*, *Lilly*, *Lexus*, *Levia*, *Petra*, *Andreas*, *Jan* und *Alina*, ich bin dankbar Euch zu meiner Familie zählen zu dürfen.

Zum Abschluss bedanke ich mich bei all meinen Freunden. Nicht nur für die Unterstützung bei dieser Arbeit, sondern auch für die vielen großartigen Momente, die ich bis heute mit Euch teilen durfte.

Inhaltsverzeichnis

Inhaltsverzeichnis

Erstes Kapitel: Einleitung und Problemstellung

A. Einleitung

„Es muß Natur sein, oder von uns dafür gehalten werden, damit wir an dem Schönen als einem solchen ein unmittelbares Interesse nehmen können; noch mehr aber, wenn wir gar anderen zumuten dürfen, das sie es daran nehmen sollen“.[1]

Warum ist Doping gerade im Sport verboten, wird es doch in anderen Sphären des Lebens toleriert? Anders als in vielen gesellschaftlichen Bereichen des beruflichen, politischen oder kreativen Umfelds sind der Leistungssteigerung im Sport durch das Element der Natürlichkeit Grenzen gesetzt.[2] Dabei ist das Problem des Dopings dem Sport nicht erst seit jüngster Zeit immanent. Mit der sportlichen Betätigung im Umfang eines professionellen Leistungssportlers besteht heute allerdings die Möglichkeit, durch Gehälter, Preisgelder, Sponsoren- und Werbeverträgen Einnahmen von erheblichem Umfang zu generieren. Voraussetzung hierzu ist, dass die Sportlerinnen und Sportler[3] eine überdurchschnittliche Leistung erbringen und sich von ihren Mitkonkurrenten abheben. Zur Erfüllung dieser Voraussetzungen greifen immer mehr Athleten zu leistungssteigernden Mitteln. Regelmäßig werden Dopingskandale bekannt, die zum medialen Eklat führen und für gesellschaftliches Aufsehen sorgen.[4] Aber nicht nur im Profibereich, auch im Amateur- und Freizeitsport verleitet der Wille zum Erfolg nicht selten zu Substanzen und Methoden, die das Leistungsvermögen von Körper und Geist steigern. Doping ist aus dem Sport scheinbar nicht mehr hinwegzudenken und beherrscht die Szene heute mehr denn je. Dadurch ist nicht nur die Gesundheit der dopenden Sportler gefährdet, sondern auch der sportliche Wettbewerb als solcher. Mitkonkurrenten, Veranstalter, Sponsoren und Zuschauer werden ebenso benachteiligt. Grundwerte des Sports wie Fairness und Chancengleichheit sind betroffen, was dem Ansehen des Sports insgesamt schadet und auch das öffentliche Interesse tangiert. Die Reglements der Sportverbände

---

1 *Kant*, Kritik der Urteilskraft, Kapitel § 42, S. 177, 183.

2 L/N/P/*Rössner*, AntiDopG, Vor. § 1 Rn. 1; *Birnbacher*, Natürlichkeit, S. 118 ff.; *Pawlenka*, Ethik, Natur und Doping, S. 213 ff.

3 Aus Gründen der besseren Lesbarkeit wird in der nachfolgenden Bearbeitung ausschließlich die männliche Form des Sportlers/Athleten verwendet. Sie bezieht sich auf Personen aller Geschlechter.

4 Hierzu ausführlich: 2. Kapitel C. II.

und der unabhängigen Institutionen scheinen zum Schutz dieser Grundwerte nur bedingt geeignet zu sein, und die Sportwelt beteuert oftmals ihre Lauterkeit. Möchte man den Statistiken der nationalen und internationalen Sportorganisationen glauben, schrumpft die Anzahl der Dopingsünder. Im Jahr 2018 führte die Nationale Anti-Doping Agentur insgesamt 12.617 Kontrollen mit 16.299 Proben durch. Im Rahmen dessen wurden lediglich 69 mögliche Dopingverstöße registriert.[5] Anonyme Umfragen belegen jedoch das Gegenteil. Danach sollen approximativ 20 Prozent der Spitzensportler sportartübergreifend manipulieren.[6] Auch im Bereich des Breitensports existieren Untersuchungen die belegen, dass mehrere hunderttausend Sportler in ihrer Freizeit regelmäßig leistungsfördernde Dopingsubstanzen konsumieren. Nicht selten wetteifern die Protagonisten über soziale Medien im Freundeskreis um persönliche Fitnesswerte und Bestleistungen.[7] So scheint es naheliegend, dass die Dunkelziffer der Dopingsünder in Deutschland weitaus höher ist. Diese Tatsache ist auch dem Staat als finanziell größtem Unterstützer des Sports in Deutschland nicht entgangen.[8] Der verbandsrechtliche Sportbetrieb und das staatliche Recht wurden lange Zeit als zwei Subsysteme der Gesellschaft mit eigenen Regelungsmechanismen betrachtet. Bis in die Siebzigerjahre galt der Sport als staatsfreier Raum.[9] Grundsätzlich gestattet es dabei die Vereinigungsfreiheit aus Art. 9 Abs. 1 GG einer Organisation ihre Angelegenheiten frei von staatlichen Vorgaben zu regeln.[10] Vor allem in den vergangenen Jahren hat sich allerdings der politische Wille etabliert, den organisierten Sport im Kampf gegen das Doping mit staatlichen Maßnahmen zu unterstützen. Weil die bisherigen Strafgesetze zum Teil als nicht ausreichend erachtet wurden, ist nach langer Diskussion über die

---

5 Jahresbericht 2018 der NADA, abrufbar unter: https://www.nada.de/fileadmin/user_upload/nada/Downloads/Jahresberichte/2018_NADA_Jahresbericht_DE_online.pdf (zuletzt abgerufen am 2.1.2020). Von den durch die Welt-Anti-Doping-Agentur im Jahr 2017 insgesamt 322.050 ausgewerteten Dopingproben waren nur 4.822 positiv und damit 724 weniger als im Vorjahr; Fragen Sie Ihren Arzt oder Apotheker, FAZ v. 25.7.2018, S. 28.

6 Bauernopfer, FAZ v. 24.9.2018, S. 28; Fragen Sie Ihren Arzt oder Apotheker, FAZ v. 25.7.2018, S. 28; Sehenden Auges, FAZ v. 29.4.2018, S. 40.

7 Organisierte Kriminalität investiert ins Doping-Geschäft, FAZ v. 10.7.2019, S. 22.

8 So waren im Bundeshaushaltsplan 2019 (Einzelplan 06, S. 15) rd. 235 Millionen Euro zur Förderung des Spitzensports vorgesehen, abrufbar unter: https://www.bundeshaushalt.de/fileadmin/de.bundeshaushalt/content_de/dokumente/2019/soll/epl06.pdf (zuletzt abgerufen am 2.1.2020).

9 *Heger*, Iurratio 2016, 89, 89.

10 BeckOK/*Cornils*, GG, Art. 9 Rn. 11.

staatliche Verpflichtung zum Einschreiten am 18. Dezember 2015 das „*Gesetz zur Bekämpfung von Doping im Sport*“ in Kraft getreten.[11] Die neu eingeführten Straftatbestände – wie das Verbot des Selbstdopings – sollen eine umfassende strafrechtliche Sanktionierung ermöglichen. Hierzu hat das Gesetz erstmals auch das Gebot der Fairness und Chancengleichheit als Integrität des Sports im Visier. Ob die bisherigen Strafvorschriften nicht ausreichend waren[12] und das Anti-Doping-Gesetz nunmehr ein adäquates Mittel zur Dopingbekämpfung im Sport darstellt, ist – unter Berücksichtigung erster praktischer Erfahrungen – Gegenstand dieser Untersuchung.

B. Ziel und Gang der Untersuchung

Ob und in welchem Umfang der Staat mit strafrechtlichen Mitteln gegen Doping im Sport vorgehen darf, war und ist bis heute Gegenstand der rechts- und sportpolitischen Diskussion. Damit eng verknüpft ist die Frage, welche Rechtsgüter mit dem Mittel des Strafrechts als *ultima ratio* geschützt werden dürfen.[13] Ziel dieser Arbeit ist die Beantwortung der Frage, ob das Anti-Doping-Gesetz die Kontroverse um die Stellung des Strafrechts in der nationalen Dopingbekämpfung beendet hat.

Hierzu ist in einem ersten Schritt das Problem des Dopings aus soziologischer und historischer Perspektive zu eruieren. Die Betrachtung aller Umstände, die zur heutigen Dopingproblematik beigetragen haben, ist für ein universelles Problemverständnis essentiell. Dazu bedarf es zunächst einer dezidierten Auseinandersetzung mit dem Sportethos und dessen Bedrohung durch Dopingvergehen. Zur Begründung eines Dopingverbots werden immer wieder die Termini Integrität, Fairness und Chancengleichheit im sportlichen Wettbewerb herangezogen, die es deshalb zu konkretisieren gilt. Sub specie Art. 103 Abs. 2 GG und im Hinblick auf das verfassungsrechtliche Bestimmtheitsgebot bedarf es darüber hinaus einer Evaluierung des Dopingbegriffs. Dies erfordert eine Darstellung der historischen Entwicklung und der Stellung von privatrechtlichen Organisationen in der Dopingbekämpfung. Durch die Veranschaulichung der aktuellen Dopingverbreitung soll die Eignung bisheriger Anti-Doping-Maßnahmen dargestellt werden. Das gewonnene Ergebnis dient dann als Grundlage für den weiteren Gang der Untersuchung.

---

11 Verkündet als Art. 1 des Gesetzes zur Bekämpfung von Doping im Sport v. 10.12.2015, BGBl. 2015 I, S. 2210.

12 So die Gesetzesbegründung zum Anti-Doping-Gesetz, BT-Drucks. 18/4898, S. 2.

13 BR-Drucks. 266/13, S. 2.

Darauf aufbauend erfolgt in einem zweiten Schritt die strafrechtliche Würdigung des Sportdopings. Im Fokus der Betrachtung steht das staatliche Strafrecht. Auf verbands- und zivilrechtliche Sanktionen soll dabei nicht näher eingegangen werden. Zur Beantwortung der Frage, ob das Anti-Doping-Gesetz ein adäquates und erforderliches Mittel in der Dopingbekämpfung darstellt, ist zunächst zu prüfen, inwieweit sich der dopende Sportler nach den bisherigen Vorschriften des Kern- und Nebenstrafrechts strafbar gemacht hat. Der Schwerpunkt der Bearbeitung ist auf die Auslegungs- und Anwendungsprobleme der einschlägigen Tatbestände gerichtet. Modalitäten, die keine dopingspezifischen Besonderheiten aufweisen, bleiben außer Betracht. Hier stehen vor allem die Körperverletzungs- und Tötungsdelikte, der Betrug als Vermögensdelikt sowie die arznei- und betäubungsmittelrechtlichen Vorschriften im Vordergrund. Insofern geht es um die Frage, inwieweit Doping bereits nach der früheren Rechtslage – vor Inkrafttreten des Anti-Doping-Gesetzes – strafbar war und ob diese Strafbarkeit für eine umfassende Dopingbekämpfung ausreichend gewesen ist.

Auf Basis der hierzu aufgezeigten Strafbarkeitslücken soll in einem dritten Schritt die Notwendigkeit und Zweckmäßigkeit des Anti-Doping-Gesetzes untersucht werden. Unter Berücksichtigung erster praktischer Erfahrungen werden die Auslegungs- und Anwendungsprobleme des strafrechtlichen Dopingverbots erörtert. Im Rahmen dessen wird auf mögliche Unklarheiten für den Rechtsanwender hingewiesen. Abschluss der Arbeit bildet ein Ausblick. Als Ergebnis ist zu konstatieren, ob das Anti-Doping-Gesetz die bisherigen Strafbarkeitslücken in ausreichendem Maße geschlossen hat oder sich als stumpfes Schwert in der Dopingverfolgung erweist.

Zweites Kapitel: Doping aus soziologischer und historischer Perspektive

A. Natürliche Höchstleistung im fairen Wettkampf als Grundsituation

Wieso ist Doping gerade im Sport verboten und in anderen Sphären des Lebens erlaubt? Warum darf ein Musiker sein Lampenfieber vor dem Auftritt mit Betablockern unterdrücken, wohingegen es dem Sportschützen untersagt ist, das Zittern seiner Hände mit solchen Substanzen zu unterbinden?[14] Anders als in vielen gesellschaftlichen Bereichen des beruflichen, politischen oder kreativen Umfelds werden der Leistungssteigerung im Sport durch das Element der „*natürlichen Leistung*" Grenzen gesetzt.[15] Aber woher rührt ein solcher Anspruch auf Echtheit und Reinheit im Sport? Immer wieder wird die Frage daher aufgeworfen, weshalb gerade im Sport die künstliche Form der Leistungssteigerung durch Doping verboten sein soll.[16] Wird die sportliche Betätigung im fairen Wettkampf gerade durch das Messen und Austesten von natürlichen Grenzen der körperlichen Leistungsfähigkeit geprägt? Dies kann nur bejaht werden, denn die Notwendigkeit der Natürlichkeit im Sport liegt darin begründet, dass im Gegensatz zu vielen anderen Lebensbereichen die Intention des Sports nicht nur in der bloßen Zielerreichung liegt, sondern darin besteht, das Ziel auf eine bestimmte, nämlich natürliche Art und Weise zu erreichen. Gegenstand des Sports ist die Leistung als solche, die eben nicht als Mittel für einen anderen Zweck erbracht wird.[17] Anschaulich wird dies bei der Betrachtung des 400m-Läufers, dessen alleiniges Ziel darin besteht, unter Anstrengung aller Kräfte schnellstmöglich zu dem Punkt zurückzukehrt, von dem er gestartet ist.[18] Aufgrund dieser „*Unzweckmäßigkeit*" des Sports, ist gerade die Art und Weise, wie die sportliche Leistung erbracht wird, von entscheidender Bedeutung.[19] So besteht die zu bewertende Leistung des Sportschützens – im Gegensatz zum Musiker – gerade darin, das Zittern

---

14 *Pawlenka*, Ethik, Natur und Doping, S. 213; Pawlenka/*Pawlenka*, Sportethik, S. 300.

15 L/N/P/*Rössner*, AntiDopG, Vor. § 1 Rn. 1; *Birnbacher*, Natürlichkeit, S. 118 ff.; *Pawlenka*, Ethik, Natur und Doping, S. 213 ff.

16 Pawlenka/*Fans De Wachter*, Sportethik, S. 259 f.

17 Pawlenka/*Pawlenka*, Sportethik, S. 301.

18 Fritzweiler/*Prokop*, Doping, S. 82.

19 *Pawlenka*, Ethik, Natur und Doping, S. 214 f.

seiner Hände ohne Hilfsmittel zu kontrollieren. Sport und Natürlichkeit stehen mithin in einem engen Zusammenhang. Ohne das Prinzip der Natürlichkeit wäre ein Verbot des Dopings nur schwer zu begründen. Die ebenfalls zur Rechtfertigung des Dopingverbots herangezogenen Gründe des Gesundheitsschutzes, der Fairness und der Chancengleichheit sind nur bedingt tragfähig. So muss nicht jeder Einsatz von Dopingmitteln und -methoden zwangsläufig zu einer Gesundheitsschädigung führen. Fairness und Chancengleichheit bestünden bei angepasster Leistungsdefinition auch bei einer völligen Freigabe des Dopings.[20] Aber nirgendwo sonst ist die Relation von Mensch und natürlicher Leistung so deutlich sichtbar wie beim sportlichen Wettkampf. In der normativen Struktur des Sports wird das Dopingverbot als eine nicht mehr zu hinterfragende Grundnorm des sportlichen Wettkampfs angesehen, die ihm Eigenständigkeit und Identität in einer ansonsten künstlichen Welt verleiht und eines besonderen Schutzes bedarf.[21] Im Gegensatz zu vielen anderen Lebenssphären nimmt der Sport als „*Insel der Natürlichkeit*"[22] eine Sonderstellung ein. Was Sport ausmacht, kann nicht ohne Hinweis auf die Natürlichkeit erklärt werden. Insoweit bestärkt die Gesellschaft mit dem Verbot des Dopings auch die Autonomie des Sports als kulturelles Reservat ihrer Aktivitäten.[23]

I. Das Wettkampfprinzip

Neben dem Gesundheitsschutz von Sportlern intendiert die Bekämpfung des Dopings die Sicherung der Fairness und Chancengleichheit bei sportlichen Wettbewerben.[24] Dem Prinzip des Wettbewerbs liegt der griechische Begriff der Agonistik zugrunde. Ursprünglich bezeichnete das Wort Agon in der griechischen Sprache eine Versammlung von Menschen. Im Rahmen solcher meist politischer und religiöser Zusammenkünfte bildete sich die Sitte heraus, sportliche Wettkämpfe durchzuführen, um zur zwanglosen Zerstreuung beizutragen oder die eigene Stärke zu präsentieren.[25] Ursprünglich war der Begriff Agon

20 *Birnbacher*, Natürlichkeit, S. 120.
21 L/N/P/*Rössner*, AntiDopG, Vor. § 1 Rn. 1 f.
22 L/N/P/*Rössner*, AntiDopG, Vor. § 1 Rn. 1; Pawlenka/*Pawlenka*, Sportethik, S. 300.
23 *Birnbacher*, Natürlichkeit, S. 118.
24 Siehe nur: § 1 AntiDopG.
25 *Decker*, Sport in der griechischen Antike, S. 10, 32; *Pappas*, Die antike agonale Idee, S. 23.

nicht ausschließlich auf sportliche Wettbewerbe beschränkt.[26] Im Anschluss an die homerische Zeit fokussierte sich der Begriff jedoch mehr und mehr auf sportliche Wettkämpfe oder Sportfeste.[27]

Unter der Maxime der Chancengleichheit bezeichnet der Begriff des sportlichen Wettkampfs nach dem heutigen Begriffsverständnis eine vorab geregelte Auseinandersetzung zwischen Nationen, Gruppen oder Individuen um einen symbolischen, ideellen oder materiellen Preis den nur eine der wettkämpfenden Parteien gewinnen kann.[28] Die Maxime der Chancengleichheit wird durch die für alle Teilnehmer verbindlichen Sport- bzw. Spielregeln verwirklicht und ist immer dann gefährdet, wenn besondere Vorteile von Wettbewerbsteilnehmern nicht ausgeglichen werden können.[29] Steht im Rahmen der sportlichen Regeln das Erlebnis des Mit- und Gegeneinanders durch Leistungsvergleich im Vordergrund, ist der Wert, um den es im Wettkampf geht, ideeller Natur. Erhalten Verlauf und Ergebnis eine besondere Bedeutung, wird er durch einen symbolischen Wert ergänzt, der häufig durch Urkunden, Medaillen oder Pokale versinnbildlicht wird. Der materielle Wert ist dabei fast ausschließlich am Sieg als Resultat orientiert und umfasst alle Formen der Bereicherung. Werden alle drei Wertformen zugleich vereint, kann von einer Professionalisierung des Wettkampfs gesprochen werden.[30] Zwar kann im Rahmen von Ein-Personenspielen ein Wettkampf zwischen Individuum und Natur vorliegen[31], bei dem das Leistungskriterium die Fähigkeit ist, unter extremer Belastung ein stabiles Gleichgewicht zu halten oder die Naturgesetze optimal zu nutzen. Aber erst durch die Beziehung zu anderen Sportlern, die eine vergleichbare Leistung zuvor, zur gleichen Zeit oder im unmittelbaren Anschluss bewältigen, kann von einem sportlichen Wettkampf gesprochen werden.[32]

Damit unterscheidet sich der heutige Begriff des Wettkampfs in seinem Wesenskern nicht vom antiken Wort Agonistik als das Messen im Rahmen eines friedlichen Wettstreits.[33] Durch die Austragung von sportlichen Wettkämpfen

---

26 *Pappas*, Die antike agonale Idee, S. 23; *Röthig/Prohl*, Sportwissenschaftliches Lexikon, S. 25 f.; So wurden beispielsweise Essen und Trinken wettkampfmäßig betrieben. Bei den sog. musischen Agonen stritten Tänzer, Sänger oder Dichter um Preise.

27 *Decker*, Sport in der griechischen Antike, S. 10, 32; *Schattmann*, Betrug, S. 4.

28 *Röthig/Prohl*, Sportwissenschaftliches Lexikon, S. 651; *Schattmann*, Betrug, S. 5.

29 *Röthig/Prohl*, Sportwissenschaftliches Lexikon, S. 651.

30 *Röthig/Prohl*, Sportwissenschaftliches Lexikon, S. 651.

31 So z.B. beim Skilaufen, Surfen, Bergsteigen, Wurf- und Sprungdisziplinen sowie der Leichtathletik.

32 *Röthig/Prohl*, Sportwissenschaftliches Lexikon, S. 652.

33 *Schattmann*, Betrug, S. 5.

besteht noch heute das Bestreben, dem menschlichen Leben durch den Sport einen Bereich zu erhalten, in dem die Begriffe Fairness und Chancengleichheit einen unangetasteten, vom täglichen Leben unbeeinflussten Stellenwert beibehalten.[34]

II. Fairness und Chancengleichheit im sportlichen Wettkampf

1. Fairness

Die Fairness ist die Tugend des Sports. Als moralische Haltung wahrt sie sowohl das Reglement im Einzelnen als auch die sportliche Einstellung als solche. Aus eigenem Antrieb sichert der Sportler durch Fairness den Sinn von Wettkampf und Spiel. So vielfältig die Auffassungen und Definitionen zum Begriff der Fairness auch sein mögen, enthalten sie dabei alle ein sportbezogenes, funktionales Element, das sich auf den Spielcharakter in der Wettkampfsituation bezieht.[35]

In der Gesetzesbegründung zum Anti-Doping-Gesetz heißt es, dass der Sport aufgrund seiner herausragenden gesellschaftlichen Bedeutung positive Werte wie Fairness und Teamgeist verkörpert. Durch das Doping sei die Integrität des sportlichen Wettbewerbs bedroht und seine Grundlagen erschüttert. Nur wenn Fairness und Chancengleichheit gewährleistet seien, würden Nachwuchssportler für den Sport zu begeistern sein und den erheblichen zeitlichen und körperlichen Aufwand auf sich nehmen, um für Spitzenleistungen zu trainieren.[36]

Fairness betrifft dabei nicht nur den einzelnen Sportler selbst, sondern auch seine Trainer, Funktionäre, Organisatoren, Wissenschaftler und Zuschauer. Angesichts der weiten Fassung werden regelmäßig Rahmendefinitionen wie die Einhaltung konstitutiver und regulativer Regeln, die Garantie der Chancengleichheit oder die Achtung des Gegners für das Begriffsverständnis herangezogen.[37] Im Ergebnis ist Fairness die mit der Logik des Spiels verknüpfte Einstellung des Sportlers, durch sein eigenes Verhalten das Spiel als solches zu sichern. Sie liegt überall dort vor, wo der einzelne Teilnehmer die Funktionsbedingung des Sports zum Motiv seines eigenen Handelns macht.[38] Dieses freie und eigenständige Verhalten geht über das bloße äußere Befolgen der Regeln hinaus. Vielmehr werden die Regeln aus eigener Einsicht von innen heraus befolgt. Fairness grenzt das Spiel in einem umfassenden Sinne ab, d.h. ein bloßes, regelkonformes

34 *Faber*, Doping, S. 41; *Schattmann*, Betrug, S. 5.
35 *Röthig/Prohl*, Sportwissenschaftliches Lexikon, S. 189 f.
36 BT-Drucks. 18/4898, S. 17, 27.
37 *Röthig/Prohl*, Sportwissenschaftliches Lexikon, S. 189 f.
38 *Gerhard/Lämmer*, Fair Play, S. 17 f.

Spielen ist mit dem Begriff des *„fair play"* nicht gleichzusetzen. Spielregeln markieren als Handlungsgrenzen hier also Rahmenvereinbarungen. *Lenk* differenziert diesbezüglich zwischen der sog. formellen und informellen Fairness.[39] Unter formeller Fairness soll die bloße Regelkonformität zu verstehen sein, also ein Befolgen der gebotenen Regeln als Muss-Vorschriften. Die informelle Fairness geht über ein bloßes regelkonformes Verhalten hinaus.[40] *Gabler* bezeichnet die informelle Fairness deshalb auch als *„Sportsgeist"*, sich also im *„Geiste"* der Regeln zu verhalten.[41] Als Triebfeder der Handlung ist der Sportsgeist der Moralität zuzuordnen.[42]

2. Chancengleichheit

Chancengleichheit bedeutet, dass alle Teilnehmer durch die aufgestellten Sport- und Spielregeln die gleichen Möglichkeiten haben müssen den Wettkampf zu gewinnen, indem Ungleichheiten - soweit möglich - ausgeglichen werden.[43] So werden beispielsweise im Fußball die Seiten nach der Halbzeit getauscht, Heim- und Auswärtsspiele sowie Hin- und Rückspiele absolviert. Eine Gefährdung der Chancengleichheit liegt dann vor, wenn bestimmte Vorteile von Wettkampfteilnehmern, wie z.B. günstigere Trainingsbedingungen, Ortskenntnisse, Geschlecht oder Alter, nicht ausgeglichen werden können.[44] So gehört es zur Logik des Wettkampfs selbst, dass gleiche Antrittsvoraussetzungen herrschen. Sportliche Leistung kann nur bemessen werden, wenn sie vergleichbar ist. Mithin gehört die Chancengleichheit zum Wesen eines fairen sportlichen Wettkampfs.[45] Als prägendes Wesensmerkmal begründet sie die kulturelle Berechtigung des Sports.[46] Allerdings kann Chancengleichheit nur relativ gewährleistet werden. Sämtliche körperlichen Grundkonstitutionen wie Gewicht, Größe, Spannweite Muskelgewebestruktur, Knochenbau etc. nehmen, abhängig von der jeweiligen Sportart, höchst unterschiedlichen Einfluss auf die Leistungsfähigkeit. Bereits aus diesem Grund kann es keine Chancengleichheit in einem absoluten Sinne geben.[47] Verändert werden diese Faktoren zusätzlich durch weitere Kriterien,

---

39 Pawlenka/*Ott*, Sportethik, S. 142; *Schattmann*, Betrug, S. 7.
40 *Gerhard/Lämmer*, Fair Play, S. 21.
41 Pawlenka/*Ott*, Sportethik, S. 142.
42 Pawlenka/*Ott*, Sportethik, S. 142; *Schattmann*, Betrug, S. 7 m.w.N.
43 L/N/P/*Nolte*, AntiDopG, § 1 Rn. 43; *Chrobok*, Doping, S. 67.
44 *Röthig/Prohl*, Sportwissenschaftliches Lexikon, S. 652; *Schattmann*, Betrug, S. 8.
45 *Gerhard/Lämmer*, Fair Play, S. 15; *Schattmann*, Betrug, S. 8 f.
46 Fritzweiler/*Prokop*, Doping, S. 82.
47 Fritzweiler/*Prokop*, Doping, S. 82; *Gerhard/Lämmer*, Fair Play, S. 14.

die in der unterschiedlichen naturgegebenen Einzigartigkeit des Menschen für bestimmte Sportarten begründet sind, wie v.a. Trainingsmethoden, persönliche Motivation oder die Tagesform.[48] Über die persönliche Leistungsfähigkeit des Sportlers hinaus ist die Relativität der Chancengleichheit durch die ihm zur Verfügung stehende Technik der Medizin und Pharmakonzerne bedroht. So schreibt *Faber* bereits im Jahr 1972: „*Im Sport soll der Mensch, frei von Technik und Zivilisation, im Mittelpunkt stehen. Man will somit vermeiden, dass nicht der Athlet, sondern in Wirklichkeit der Pillenfabrikant die Siegespalme davonträgt. Man will sehen, was der Mensch alleine ohne Technik, von der man ja zur Genüge weiß, dass sie vieles vermag, ohne jegliche sozialen oder materiellen Vorteile zur Hilfe zu nehmen, leisten kann.*“[49]

Mit dem Anti-Doping-Gesetz steht auch heute die Garantie der Chancengleichheit und ihr Schutz vor Leistungssteigerung durch Doping mehr denn je im Zentrum sportethischer und sportstrafrechtlicher Betrachtung.

B. Intentionen für Doping im Sport– warum wird gedopt?

Die Gründe zur Verwendung von leistungssteigernden Mittel oder Methoden im Sport sind zahlreich und vielschichtig. In der Regel gibt es kein für sich alleine stehendes Motiv, das Athleten dazu veranlasst, zu verbotenen Substanzen oder Methoden zu greifen. Vielmehr ist Doping für Sportler ein Produkt vieler verschiedener interner und externer Einflüsse. Auch wenn die Gründe, warum Athleten zu leistungssteigernden Stoffen oder Methoden greifen, von Sportler zu Sportler variieren, sind in der Literatur zwei Motive als Erklärungsmodelle etabliert.[50]

I. Intrinsische Motivation

Die intrinsische Motivation ist die innere, aus sich selbst entstehende Motivation einer jeden Person.[51] Als Anreiz für ein bestimmtes Verhalten, das im Athleten selbst begründet ist, nimmt der Ehrgeiz des dopenden Sportlers wohl die größte Rolle ein.[52] Der Wille zum Sieg über die Konkurrenz spornt dazu an, sich noch mehr zu quälen und noch härter zu trainieren. Das zunächst als positiv zu

48 *Gerhard/Lämmer*, Fair Play, S. 14 f.; *Schattmann*, Betrug, S. 9.
49 *Faber*, Doping, S. 42.
50 *Glocker*, Doping, S. 74.
51 Duden, Das Fremdwörterbuch, S. 489.
52 Hollmann/*Donike*, Sportmedizin, S. 401.

wertende Attribut birgt allerdings das Risiko, stets nach mehr streben zu wollen und sich mit dem bereits Erreichten nicht zufrieden geben zu können. Schneller, höher, stärker. Der gesunde und sportliche Ehrgeiz wird in ein rücksichtsloses und egoistisches Konkurrenzdenken verkehrt.[53] Muss sich der extrem ehrgeizige Sportler zusätzlich eingestehen, dass er seinen Mitkonkurrenten allein mit natürlichen Mitteln unterlegen sein wird, besteht die latente Gefahr, dass er zur Befriedigung seines Siegeswillens zu verbotenen Substanzen oder Methoden greifen wird. Weil der Einsatz von Doping aber nur eine begrenzte Leistungssteigerung ermöglicht und genetische Nachteile nur in begrenztem Umfang ausgleichen kann,[54] wird ein solches intrinsisches Motiv wohl überwiegend nur bei Sportlern der Spitzenklasse anzutreffen sein, die Aussicht auf eine Platzierung in den oberen Rängen haben.[55] So vermag dieser Ansatz nicht zu erklären, warum in vielen Sportarten flächendeckend auch diejenigen Athleten zu Dopingmitteln greifen, die sich mit einem Leistungsniveau unterhalb der oberen Spitzenklasse zufrieden geben müssen.[56]

II. Extrinsische Motivation

Einen deutlich größeren Einfluss auf Athleten hat die sog. extrinsische Motivation. Die extrinsische Motivation ist eine durch äußere Reize hervorgerufene Form der Motivation. Erfasst werden alle Einflüsse, die von außen auf eine Person einwirken und ein bestimmtes Verhalten - hier das Dopen - initiieren und aufrechterhalten.[57]

Einen solchen externen Einfluss auf die Athleten hat vor allem die Professionalisierung und Kommerzialisierung im Sport. Die Entscheidung, den Sport als Leistungs- und Berufssportler auszuüben, birgt für die Athleten ein großes wirtschaftliches Risiko. Neben das alltägliche Training treten weitere körperliche und zeitliche Belastungen wie Regenerationsphasen, Physiotherapie, Massage, allgemeine Athletik, medizinische Betreuung, Fahrt- und Reisezeiten, Leistungsdiagnostiken und auch Dopingkontrollen.[58] Viele Hochleistungssportler beginnen bereits im Kindesalter kontinuierlich in erheblichem Umfang zu trainieren.[59]

---

53 *Glocker*, Doping, S. 74.
54 *Steinbach*, Rekorde aus der Retorte, S. 36.
55 *Acker*, Rekorde aus der Retorte, S. 7; *Glocker*, Doping, S. 75.
56 *Glocker*, Doping, S. 75.
57 Duden, Das Fremdwörterbuch, S. 326; *Glocker*, Doping, S. 75.
58 *Glocker*, Doping, S. 76.
59 *Haug*, Doping, S. 132.

Durch den enormen zeitlichen Aufwand, der mit dem frühen Beginn des sportlichen Werdegangs verbunden ist, kommen Schule, Ausbildung und Studium häufig zu kurz. Die betroffenen Athleten können infolgedessen auch später nur in ihrer jeweiligen Sportart berufstätig sein.[60] Zwar haben viele Sportler am Ende ihrer aktiven Karriere finanziell ausgesorgt oder können innerhalb des Sports weiterhin als Kommentator, Funktionär oder Trainer agieren.[61] Dies betrifft jedoch nur Athleten der oberen Spitzenklasse bestimmter Sportarten. Das hohe sportliche Leistungsniveau führt zu einer immensen körperlichen und zeitlichen Belastung, die für eine berufliche Ausbildung, die eine entsprechende Absicherung für die Zukunft sein könnte, nur wenig Platz bietet.[62] In Anbetracht dieser beruflichen Sackgasse ist die Versuchung groß, die sportliche Karriere mit Hilfe des Dopings zu unterstützen, um den Lebensunterhalt auch nach Beendigung der aktiven Karriere absichern zu können. Durch den Einsatz von Dopingsubstanzen oder Dopingmethoden besteht für den Sportler die potentielle Möglichkeit, seiner stagnierten Karriere mit Erfolgen zu neuem Aufschwung zu verhelfen, der ihm sodann neue Werbeverträge, Vertragsverlängerungen, Siegesprämien oder Sponsorengelder verschaffen kann.[63] Der finanzielle Vorteil ist mit einer guten sportlichen Leistung untrennbar verknüpft.[64] Durch die Kommerzialisierung des Sports kann ein erfolgreicher Sportler in einer angesehenen Sportart wie Fußball, Motorsport oder Tennis in einem Jahr mehr verdienen als ein durchschnittlicher Arbeitnehmer in seinem gesamten Erwerbsleben.[65] Zum Teil verdienen Spitzensportler sogar mehr als mittlere Unternehmen.[66]

---

60 *Bette/Schimank*, Die Dopingfalle, S. 46; *Glocker*, Doping, S. 77; *Riedl/Borggrefe/Cachay*, Sport und Gesellschaft, S. 159 f.

61 *Glocker*, Doping, S. 77; *Riedl/Borggrefe/Cachay*, Sport und Gesellschaft, S. 159 f.

62 *Haug*, Doping, S. 133.

63 *Glocker*, Doping, S. 77.

64 *Schneider-Grohe*, Doping, S. 71.

65 So betrugt der durchschnittliche Bruttojahresverdienst in Deutschland für das Jahr 2018 im produzierenden Gewerbe und im Dienstleistungsbereich ohne Sonderzahlungen für vollzeitbeschäftigte Arbeitnehmer insgesamt 51.331,00 Euro, Statistisches Bundesamt, Fachserie 16 Reihe 2.3, S. 206, abrufbar unter: https://www.destatis.de/DE/Themen/Arbeit/Verdienste/Verdienste-Verdienstunterschiede/Publikationen/Downloads-Verdienste-und-Verdienstunterschiede/arbeitnehmerverdienste-jahr-2160230187004.pdf?__blob=publicationFile&v=2 (zuletzt abgerufen am 2.1.2020). Der Formel-1 Rennfahrer *Sebastian Vettel* soll hingegen im Jahr 2018 etwa 51 Millionen Euro verdient haben, Vermögen Magazin, abrufbar unter: https://www.vermoegenmagazin.de/sebastian-vettel-vermoegen-und-einkommen/ (zuletzt abgerufen am 2.1.2020).

66 *Fischer*, EuZW 2002, 297, 297.

So bezeichnet der geständige Rennradprofi *Jörg Jaksche* Doping als eine wirtschaftliche Entscheidung: „*Nur wer dopt, gewinnt. Nur wer gewinnt, kommt in die Medien. Nur wer in den Medien ist, macht seine Sponsoren glücklich. Nur glückliche Sponsoren geben auch im nächsten Jahr noch frisches Geld.*“[67]

Aber nicht nur finanzielle Anreize können Athleten zum Doping verleiten. Auch die Erwartungshaltungen innerhalb des sportlichen Umfelds können Athleten zum Griff in den Medizinschrank motivieren.[68] Spitzensportler fungieren oftmals als Arbeitgeber für ihr persönliches Umfeld. Neben den Eltern, die viel Zeit und Geld in die sportliche Karriere ihres Kindes investieren, werden viele Trainer nur erfolgsbezogen vergütet. Auch Manager, Funktionäre, medizinische Betreuer, Physiotherapeuten, Masseure und Teamleiter stehen nicht selten in einer wirtschaftlichen Interpendenz zum Spitzensportler.[69] Die berufliche Existenz dieser Personen steht und fällt oftmals mit dem sportlichen Erfolg des Athleten. Der bestehende Erwartungsdruck im sozialen Umfeld baut einen Leistungsdruck auf, dem die Sportler nur bedingt standhalten können.[70]

Neben dem sportlichen Leistungsdruck tritt eine gesellschaftliche Erwartungshaltung, die sensationelle Leistungen und immer neue Rekorde verlangt.[71] In einer leistungsorientierten Gesellschaft, die in allen Lebensbereichen eine bestmögliche Performanz erwartet, verkommt der Konsum leistungssteigender Mittel zur Bewältigung alltäglicher Anforderungen zu einer Selbstverständlichkeit.[72] Sportliche Leistungen ohne Sieg werden nicht oder kaum honoriert. Das Leistungsdenken verlangt Erfolge, die unter außergewöhnlichen Umständen zustande kommen. So werden bei großen Wettbewerben neben Siegesprämien auch Sonderprämien für neue Rekorde ausgelobt. Zuschauer, Trainer, Sponsoren und Medien erwarten vom Sportler eine stetige Steigerung seiner Leistung.[73] Möchte der an seine physische oder psychische Belastbarkeit angekommene Athlet diesem Erwartungsdruck weiterhin gerecht werden, ist dieser schnell versucht, zu verbotenen Substanzen oder Methoden zu greifen, und somit nicht die erreichten Grenzen zu akzeptieren.

Einen weiteren entscheidungserheblichen Einfluss, ob Sportler zu Dopingsündern werden oder nicht, haben die Sportfachverbände.[74] In den meisten

67 Zitiert nach *Gorris/Hacke/Ludwig*, Bellas Blut, Der Spiegel 27/2007, 64, 78.
68 *Glocker*, Doping, S. 79.
69 *Vieweg*, NJW 1991, 1511, 1512; *Glocker*, Doping, S. 79; *Haug*, Doping, S. 134.
70 *Glocker*, Doping, S. 79.
71 *Glocker*, Doping, S. 78.
72 *Thönneßen*, Doping in der Schule, S. 1.
73 *Glocker*, Doping, S. 79.
74 *Glocker*, Doping, S. 80.

Sportarten müssen Athleten gewisse Normierungskriterien erfüllen, um an nationalen und internationalen Wettkämpfen teilnehmen zu dürfen. Diese Normierungskriterien werden von den jeweiligen Sportverbänden aufgestellt. Dadurch sind die Sportler genötigt, ihr bestmögliches Leistungsniveau so früh wie möglich zu erreichen und konstant zu halten. Nur so erhält der Sportler überhaupt die Möglichkeit an den wichtigen Wettkämpfen wie Weltmeisterschaften oder Olympischen Spielen teilnehmen zu dürfen. Zusätzlich kommt hinzu, dass die entscheidungsrelevanten Kriterien so hoch angesetzt werden, dass es als nahezu unmöglich erscheint, diesen Erwartungen auf natürlichem Wege gerecht werden zu können.[75] Auch an die durch den Staat in Aussicht gestellten Sportförderhilfen sind zum Teil so hohe Leistungsanforderungen geknüpft, dass sich viele Sportler außer Stande sehen, die verlangten Leistungsstandards ohne Zuhilfenahme von Doping zu erreichen.[76] Der dadurch entstehende Druck, der auf den Athleten lastet, kann dazu führen, dass viele Sportler zu leistungssteigernden Mitteln oder Methoden greifen, um den Anspruchsvoraussetzungen gerecht zu werden.[77]

III. Zusammenfassung

Getreu dem Motto der Olympischen Spiele *„schneller, höher, stärker“*[78] spiegelt sich der Leistungsgedanke und die Erwartungshaltung unserer Gesellschaft auch im Sport wieder. Dem Sieger gebühren Ruhm und Ehre, Verlierer gehen leer aus. Bereits zum Beginn ihrer sportlichen Karriere sind junge Athleten dem enormen Leistungsdruck ausgesetzt, d.h. Eltern, Trainer und Sponsoren drängen auf Erfolge als Gegenleistung für die von ihnen investierte Zeit und das Geld. Der Griff zu verbotenen Mitteln und Methoden, mit denen sich die gewünschten Erfolge vermeintlich schneller und leichter erreichen lassen, liegt nahe. In Anbetracht der vielen unterschiedlichen Einflüsse, die auf die Sportler einwirken, ist Doping mithin keine moralische Entscheidung, sondern vielmehr eine *„Kosten-Nutzungs-Rechnung“*.[79] Solange die Wahrscheinlichkeit entdeckt und sanktioniert zu werden nicht überwiegt, können Sportler stets der Versuchung unterliegen, den erstrebten Erfolg und die damit einhergehenden materiellen

---

75 *Gamper*, Doping, S. 26; *Mestwerdt*, Doping, S. 187 f.; *Rain*, Doping, S. 146.

76 *Rain*, Doping, S. 144.

77 *Glocker*, Doping, S. 80.

78 *„Citius, altius, fortius“* (lat., deutsch: Schneller, höher, stärker. Im deutschen Sprachgebrauch häufig auch: Schneller, höher, weiter) ist das heutige Motto der Olympischen Spiele.

79 *Glocker*, Doping, S. 82; *Haug*, Doping, S. 139.

und immateriellen Vorteile mit Hilfe von verbotenen Mitteln und verbotenen Methoden zu erreichen. Dabei ist der sich dopende Sportler zugleich Opfer und Täter. Zwar liegt die letztendliche Entscheidung zu dopen alleine beim Athleten, in Anbetracht der auf ihn einwirkenden Einflüsse seines gesamten sozialen Umfelds, der immensen Verdienstmöglichkeiten und des immateriellen Ruhms kann ihm als Teil des Systems aber auch nicht die alleinige Verantwortlichkeit auferlegt werden.[80]

C. Manipulation durch Doping

Durch die Einnahme von Dopingmitteln oder der Anwendung von Dopingmethoden kann die aufgezeigte Grundsituation einer natürlichen Höchstleistung im fairen Wettkampf erheblich beeinflusst werden. Auch wenn der heutige Begriff des Dopings in der gesellschaftlichen Umgangssprache als *„unerlaubte Anwendung von Anregungsmitteln zur vorübergehenden Steigerung der sportlichen Leistung“*[81] als weitgehend verständlich gilt, ist diese Definition aufgrund ihrer nahezu grenzenlosen und undefinierten Reichweite für die juristische Auslegung unzureichend.[82] Das Bestimmtheitsgebot des Art. 103 Abs. 2 GG setzt voraus, dass die Strafbarkeit eines Verhaltens und die mögliche Strafe in einem Gesetz geregelt sein müssen.[83] Damit der Begriff des Dopings im Zusammenhang mit einer möglichen Strafbarkeit Anwendung finden kann, ist es mithin erforderlich, dass dieser eine gewisse Präzisierung und Bestimmtheit erhält.

Der Begriff des Dopings war der deutschen Rechtssprache lange Zeit weitgehend fremd.[84] Explizit wurde das Wort *„Doping“* erstmals im deutschen Recht mit der Einführung des § 6a AMG durch das 8. Gesetz zur Änderung des Arzneimittelgesetzes[85] im Jahre 1998 verwendet. Allerdings hat der Gesetzgeber bis heute auf eine eigenständige Definition des Begriffs verzichtet. Auch den Dachorganisationen, Fachverbänden und jeweiligen Institutionen des Sportwesens bereitet eine eindeutige und allgemeingültige Definition von Doping – im Kampf gegen die unerlaubte Manipulation der Leistungsfähigkeit im Sport – große Probleme.[86]

---

80 *Glocker*, Doping, S. 82.

81 Duden, Das Fremdwörterbuch, S. 274; ähnlich auch: *Pschyrembel*, Klinisches Wörterbuch, S. 426.

82 *Haug*, Doping, S. 27 f.

83 BeckOK/*Radtke*/*Hagemeier*, GG, Art. 103 Rn. 23; *Glocker*, Doping, S. 31.

84 *Vieweg*, NJW 1991, 1511, 1512; *Glocker*, Doping, S. 31.

85 BGBl. 1998 I, S. 2649.

86 *Glocker*, Doping, S. 31; *Haug*, Doping, S. 26.

Heute haben sich mannigfaltige Definitionen entwickelt, die zum Teil nur Konkretisierungen und Modernisierungen schon vorangegangener Definitionen darstellen, teilweise aber auch vollkommen andere Gewichtungen, Ziele und Prinzipien verfolgen.[87] So kam es in der Vergangenheit bereits vor, dass manchen Dopingproben nach der Definition des einen Sportverbands straffrei, nach der eines anderen als Doping zu bestrafen waren.[88] Neben den Athleten hat auch die Dopingbekämpfung unter den Unklarheiten zum Begriff des Dopings gelitten. Eine eindeutige Bestimmung des Begriffs ist deshalb dringend geboten, damit die betroffenen Akteure erkennen können, ob die von ihnen eingenommenen Substanzen oder angewandten Methoden eine strafbare Dopinghandlung darstellen oder nicht. Aus diesem Grund ist im Folgenden eine nähere Auseinandersetzung über die sprachliche Herkunft des Wortes Doping, die historische Entwicklung und die verschiedenen Definitionsversuche für das Begreifen der Dopingproblematik unentbehrlich. Das hierdurch gewonnene Begriffsverständnis bildet dann den Ausgangspunkt der weiteren Überlegungen.

I. Etymologie des Wortes „*Doping*"

Die sprachliche Herkunft des Wortes „*Doping*" ist nicht eindeutig geklärt. Heute werden im Wesentlichen zwei Theorien vertreten, die starke Gemeinsamkeiten aufweisen und deshalb in Kombination am besten geeignet sind, die Herkunft des Wortes zu bestimmen.

1. Niederländische Herleitung

Nach teilweise vertretener Auffassung soll das Wort Doping seinen Ursprung im Niederländischen haben. Das Verb „*doopen*" wurde dabei mit „*tauchen*" oder „*taufen*" übersetzt, wohingegen das Nomen „*doop*" eine dickflüssige Mixtur bezeichnete, die eine Leistungssteigerung bewirkt. Eingang in die amerikanische Sprache soll das Wort „*Doping*" durch die ersten holländischen Kolonialisten gefunden haben, die beim Bau von Nieuw Amsterdam – dem heutigen New York City – eine dickflüssige – „*doop*" genannte – Mixtur verwendeten, um ihre Leistungsfähigkeit bei der Arbeit zu steigern. Darüber hinaus konnte das

---

87 *Glocker*, Doping, S. 31.

88 So wurde der Spanier *Pedro Delgado* als Sieger bei der Tour de France im Jahre 1988 der Einnahme von Probenezid, einem Mittel, welches das Vorhandensein von Anabolika verschleiert, überführt. Zum damaligen Zeitpunkt stand das Mittel aber nur auf den Verbotslisten des IOC, jedoch nicht auf den für die Tour de France einschlägigen Listen der UCI. Ausführlich hierzu: *Klug*, Doping, S. 6.

Wort *„dope“* auch einen Tipp bei einem Pferderennen bedeuten. Jedenfalls soll das Wort Doping um 1889 bei Pferderennen verwendet worden sein, um damit betrügerische Maßnahmen zur Leistungssteigerung bei Pferden zu bezeichnen. Zur Deklaration einer Leistungssteigerung gelangte das Wort *„Doping“* dann vom Pferderennsport zu anderen Sportarten.[89]

2. *Südafrikanischer Ursprung*

Darüber hinaus wird der Ursprung des Wortes einem südöstlichen Dialekt des 19. Jahrhunderts aus Afrika zugesprochen. Danach bezeichnete das Wort *„dop“* bei den dortigen Ureinwohnern namens Kaffer umgangssprachlich einen selbst gebrannten, hochprozentigen Schnaps, der bei Ritualen und Exerzitien zur geistigen Stimulierung verwendet worden ist. Dieser Begriff soll dann von den sog. Buren aufgegriffen, in ihre Sprache übernommen und nach Europa gebracht worden sein.[90]

3. *Zusammenfassung*

Gemein ist den beiden Auffassungen, dass sie durch die niederländische Kolonialpolitik in Nordamerika und Südafrika miteinander verknüpft sind. Ureinwohner des von den Holländern rund um das Kap der Guten Hoffnung besiedelten Gebiets in Südafrika waren die Kaffer. Mithin erscheint es als naheliegend, dass der Begriff *„dop“* seinen Ursprung in einem südafrikanischen Dialekt Mitte des 19. Jahrhunderts findet und mit der Rückkehr der Niederländer nach Europa durch andere Kolonialisten weiter nach Nordamerika gelangt ist. Damit würde der eigentliche Ursprung des Wortes in einer Sprache von Ureinwohner Südafrikas liegen und die weitere Einführung und Verwendung des Wortes im europäischen und amerikanischen Sprachgebrauch auf die holländische Kolonialpolitik zurückzuführen sein.[91] Unabhängig von seiner sprachlichen Herkunft hat der Begriff des Dopings in seiner heute bekannten Schreibweise erstmals im Jahre 1889 Eingang in ein englisches Wörterbuch gefunden und einen speziell zubereiteten Tabak als bewusstseinsveränderndes Rauschmittel beschrieben.[92]

---

89 Siehe hierzu ausführlich: *Faber*, Doping, S. 21 f.; *Figura*, Doping, S. 11 f.; *Glocker*, Doping, S. 32; *Ott*, Doping, S. 19; *Schlöter*, Doping, S. 63 f.; *Schulz*, Doping, S. 2.

90 Siehe hierzu ausführlich: *Figura*, Doping, S. 14 f.; *Glocker*, Doping, S. 32; *Ott*, Doping, S. 19; *Schlöter*, Doping, S. 64 f.; *Schulz*, Doping, S. 2.

91 *Figura*, Doping, S. 15; *Glocker*, Doping, S. 33; *Schulz*, Doping, S. 2.

92 *„Doping is the stupifying men with tobacco prepared in a peculiar way, as the gypsies of old were wont to use Datura stramonium. From old cant dope, a simpleton, dupe. Nine out of ten saloons in the slums employ doping as a means to increase their illicit revenue.“*

II. Historische Entwicklung des Dopings im Sport

1. Anfänge

Auch wenn Doping erst seit Mitte des 20. Jahrhunderts verboten ist, so ist der Gedanke an die Steigerung der persönlichen Leistungsfähigkeit durch künstliche Substanzen oder mit Hilfe einer speziellen Ernährung kein Phänomen allein der Neuzeit. Schon in der vorchristlichen Zeit bestand das Bestreben, das eigene Leistungsvermögen im Kampf oder im Rahmen von sportlichen Auseinandersetzungen durch die Einnahme verschiedener Mittel zu verbessern.[93] Bereits in der Antike nahmen Athleten der Olympischen Spiele auf Anraten ihrer Trainer vor einem sportlichen Wettkampf spezielle Kräuter, Stierhoden oder Ziegenfleisch zu sich, um ihre Kraft und Ausdauer durch die erhöhte Aufnahme von Proteinen, L-Carnitin und Kreatin zu verbessern.[94] Der griechische Arzt *Hippokrates*[95] bezeichnete schon damals den Wettkampfsport als eine *„Schule des Betruges“* und kritisierte die von den Trainern betriebene Zwangsernährung ihrer Sportler und die damit verbundenen Nebenwirkungen.[96] Bereits in dieser Zeit erkannten die griechischen Mediziner, Trainer und Athleten, dass die körperliche Leistungsfähigkeit über das bloße Training hinaus durch eine spezielle Ernährung gesteigert werden kann.

Bei den Ureinwohnern Südamerikas wurden die zur Herstellung von Kokain benötigten Blätter des Coca-Strauches bei religiösen Riten oder sportlichen Auseinandersetzungen verwendet.[97] Neben den Coca-Blättern sollen auch Mate, Covain, Yoco oder Guarana gegen Müdigkeit und Erschöpfung konsumiert worden sein.[98] Die Einwohner Arabiens haben bereits lange vor der Kultivierung und Einführung des Kaffees die Zweige des Kathstrauches (catha edulis) gekaut, um damit eine aufkommende Müdigkeit zu bekämpfen oder eine höhere Ausdauerleistung zu erzielen.[99] Schon vor ihrer weltweiten Berühmtheit durch die

---

Zitiert nach *Barrère/Leland*, A dictionary of slang, jargon and cant, S. 322; *Weineck*, Sportbiologie, S. 912.

93 *Haupt/Friedrich*, Pharmakon 1/2016, S. 8; *Glocker*, Doping, S. 7; *Haug*, Doping, S. 15.

94 K/P/V/*Volkmer*, BtMG, Vor. AMG Rn. 239; *Arndt*, Dopingbekämpfung, S. 27; *Glocker*, Doping, S. 7; *Schlöter*, Doping, S. 21; *Steinbach*, Rekorde aus der Retorte, S. 31, 40.

95 *Hippokrates von Kos* (460 – 370 v. Christus) war ein griechischer Arzt.

96 *Glocker*, Doping, S. 8.

97 K/P/V/*Volkmer*, BtMG, Vor. AMG Rn. 247; *Faber*, Doping, S. 22; *Glocker*, Doping, S. 9; *Schlöter*, Doping, S. 22.

98 *Glocker*, Doping, S. 10; *Haug*, Doping, S. 15.

99 *Glocker*, Doping, S. 10; *Klug*, Doping, S. 4.

anfängliche Verarbeitung zu dem Erfrischungsgetränk Coca-Cola wurde die sog. Cola-Nuss vor allem im Westen Afrikas bei Läufen und Märschen konsumiert.[100]

Allerdings wurden die leistungssteigernden Substanzen und Methoden in der Vergangenheit primär zu kultischen oder auch kriegerischen Zwecken eingesetzt. Nur die Griechen erhofften sich durch die erwähnten Diäten und Anwendungen einen Effekt der Leistungssteigerung bei den Wettkämpfen der Olympischen Spiele.

Im Jahre 1904 kam es dann zu einem der ersten dokumentierten Dopingfälle im Sport. Bei den Olympischen Spielen in der US-amerikanischen Stadt St. Louis soll der spätere Sieger des Marathonrennens *Thomas Hicks* das Ziel nur mit Hilfe von Eiklar gelöstem Strychnin sowie einigen Schlucken Brandy erreicht haben und an der Wirkung sogar beinahe gestorben sein.[101] Im Jahre 1928 wurde Doping dann zum ersten Mal verboten. Die International Amateur Athletic Federation (IAAF) stellte beim Marathon das Verbot auf, dass ein Teilnehmer „*weder beim Start noch während des Rennens irgendwelche so genannten Drogen zu sich nehmen*"[102] dürfe. Dabei war „*Doping*" nach dem Handbuch der IAAF von 1934 der „*Gebrauch irgendeines unter gewöhnlichen Verhältnissen nicht verwendeten Mittels zur Steigerung der Leistung über die Durchschnittsform.*"[103]

2. *Nachkriegszeit*

Mit der Entdeckung der Amphetamine wurde eine risikoärmere Leitungssteigerung in immer größerem Umfang möglich.[104] Die vielen Belege für den Missbrauch der leistungssteigernden Mittel im gesamten Sport ab den 1950er Jahren veranlassten die Fachverbände, internationalen Organisationen und Regierungen entsprechende Maßnahmen zu ergreifen.[105] Angesichts leerer Ampullen und gebrauchter Injektionsnadeln, die in Umkleidekabinen gefunden wurden, lag bereits bei den VI. Olympischen Winterspielen 1952 in Oslo der Verdacht

100 *Glocker*, Doping, S. 10; *Klug*, Doping, S. 4.

101 K/P/V/*Volkmer*, BtMG, Vor. AMG Rn. 249; *Arndt*, Dopingbekämpfung, S. 29; B/W/H, Doping in der Bundesrepublik Deutschland, S. 11; *Deeter/Voy*, drugs, sport and politics, S. 6; *Glocker*, Doping, S. 13; *Karakaya*, Doping, S. 26; *Schlöter*, Doping, S. 22.

102 IAAF-Regel 50 in der Fassung IAAF-Handbook 1928; siehe auch: *Haas/Prokop*, SpuRt 2000, 5; *Schlöter*, Doping, S. 64 f.

103 IAAF-Regel 20 in der Fassung des IAAF-Handbook 1934; siehe auch: *Haas/Prokop*, SpuRt 2000, 5; *Clasing*, Doping und seine Wirkstoffe, S. 18; *Karakaya*, Doping, S. 29; *Schlöter*, Doping, S. 65; *Schulz*, Doping, S. 4.

104 *Arndt*, Dopingbekämpfung, S. 29; *Glocker*, Doping, S. 13.

105 Dazu unter: 2. Kapitel D.

des Dopings mancher Athleten nahe.[106] Vier Jahre später bei den XVI. Olympischen Sommerspielen im australischen Melbourne entdeckten Ärzte klassische Anzeichen einer Strychnin-Vergiftung. Zu dem damaligen Zeitpunkt bestanden allerdings weder Dopingkontrollen noch Sanktionsmöglichkeiten.[107] Während des 100-km-Mannschaftszeitsfahrens bei den Olympischen Sommerspielen in Rom im Jahre 1960 sind die dänischen Radfahrer *Knut Enemark Jensen* und *Jörg Jörgensen* zeitgleich und unabhängig voneinander auf ihren Rädern bewusstlos zusammengebrochen. Zwar gelangte *Jörgensen* wieder zu Bewusstsein, hingegen verstarb *Jensen* kurz darauf im Krankenhaus. In den darauffolgenden Tagen wurde vom Präsidenten des dänischen Radsportverbandes der Verdacht bestätigt, dass *Jensen* an den Folgen einer Überdosis Weckamine in Verbindung mit der starken Hitze am Wettkampftag gestorben sei. Dabei seien der gesamten dänischen Radsportmannschaft aufputschende Ronicol-Tabletten verabreicht worden.[108] Bei den XVIII. Olympischen Sommerspielen in Tokio 1964 wurden die Radsportler dann als Reaktion auf den Tod *Jensens* und als Ergebnis des Beschlusses gegen Doping seitens des Internationalen Olympischen Komitees (IOC) auf Injektionsstellen kontrolliert und vor dem Start auf Tabletten durchsucht. Zwar mussten im Anschluss einiger Rennen auch Urinproben abgegeben werden, dabei solle es sich im Ergebnis aber angeblich – trotz eindeutiger Verfärbungen – nur um „*unbedenkliche*" Substanzen gehandelt haben.[109]

Auch in der darauf folgenden Zeit blieb der Radsport die im negativen Sinne herausragende Sportart.[110] Im Jahr 1963 wurde das gesamte österreichische Team während der Österreich-Rundfahrt aufgrund des Fundes von Amphetaminen und anderen Stimulanzien in den Trikots der Radfahrer disqualifiziert.[111] Drei Jahre später weigerten sich bei dem Radrennen Flèche Wallonne die drei Erstplatzierten – *Michele Dancelli* als Sieger, *Lucien Aimar*, der kurz darauf die Tour de France gewann, und *Rudi Altig*, der im selben Jahr noch Weltmeister wurde – eine Dopingprobe abzugeben.[112] Bei der Straßenradweltmeisterschaft

---

106 *Arndt*, Dopingbekämpfung, S. 30; *Glocker*, Doping, S. 13; *Schlöter*, Doping, S. 24.

107 *Arndt*, Dopingbekämpfung, S. 30; *Donohoe/Johnson*, Foul Play, S. 5; *Schlöter*, Doping, S. 24.

108 *Glocker*, Doping, S. 14; *Huhn*, Doping, S. 10; *Müller*, Doping, S. 16; *Schlöter*, Doping, S. 24.

109 *Arndt*, Dopingbekämpfung, S. 31; *Donohoe*/Johnson, Foul Play, S. 6; *Glocker*, Doping, S. 14.

110 *Glocker*, Doping, S. 15; *Schneider-Grohe*, Doping, S. 27.

111 *Clasing*, Sportarzt und Sportmedizin 1968, 258, 261; *Glocker*, Doping, S. 15.

112 *Donohoe/Johnson*, Foul Play, S. 7; *Glocker*, Doping, S. 15.

im selben Jahr gab der später fünffache Tour de France Sieger *Jacques Anquetil* die Verwendung von Stimulanzien während der Rennen zu: „*jeder im Radsport dope, diejenigen, die das Gegenteil behaupten würden, seien Lügner*".[113] Bei der Tour de France starb am 13. Juli 1967 der britische Radsportprofi *Tom Simpson* beim Anstieg zum Mont Ventoux an den Folgen von Überanstrengung, Alkohol und diversen Amphetaminen.[114]

Aber auch wenn zur damaligen Zeit beachtlich viele Paradigmen des Dopings aus dem Radsport stammten, darf dies nicht darüber hinwegtäuschen, dass Doping auch in anderen Sportarten angewendet wurde. So hatte beispielsweise der deutsche Boxsport mit dem Tod von *Josef „Jupp" Elze* am 12. Juni 1968 wohl seinen bisher schwerwiegendsten Dopingfall zu verzeichnen.[115] Als deutscher Meister im Mittelgewicht musste *Elze* in der 15. Runde gegen den amtierenden Europameister *Carlos Duran* einen Niederschlag einstecken.[116] Aus dem darauf folgenden Koma ist *Elze* nicht mehr erwacht und starb neun Tage später im Krankenhaus. Dabei wurden Spuren von N-Methylamphetamin, das *Elze* vor dem Kampf eingenommen haben soll, im Obduktionsbericht aufgeführt.[117]

3. *Sport und Doping in der DDR*

Schon zu Zeiten der Teilung Deutschlands ist der Verdacht aufgekommen, dass die Sportler der Deutschen Demokratischen Republik (DDR) systematisch gedopt wurden. Dies konnte damals aber noch nicht wissenschaftlich nachgewiesen werden.[118] Erst durch die Aufarbeitung der DDR-Geschichte mit Hilfe der Stasi-Akten in den 1990er Jahren konnte das System der Leistungssteigerung durch sog. „*unterstützende Mittel*"[119] als DDR-Staatsdoping zum Vorschein gebracht werden.[120] Im Jahre 1974 hatte die SED[121] das Staatsplanthema 14.25 beschlossen, um die Sportler zu Höchstleistungen zu bringen.[122] Mit

113 *Donohoe/Johnson*, Foul Play, S. 7; *Glocker*, Doping, S. 15.

114 *Blickensdörfer*, Rekorde aus der Retorte, S. 101, 104; *Dresen*, Doping im Spitzensport, S. 22; *Glocker*, Doping, S. 16; *Haug*, Doping, S. 17; *Schlöter*, Doping, S. 24.

115 *Glocker*, Doping, S. 17; *Schneider-Grohe*, Doping, S. 29.

116 B/W/H, Doping in der Bundesrepublik Deutschland, S. 32.

117 K/P/V/*Volkmer*, Vor. AMG Rn. 249; *Arndt*, Dopingbekämpfung, S. 32; *Glocker*, Doping, S. 17.

118 *Berendonk*, Doping, S. 51; *Glocker*, Doping, S. 17.

119 *Clasing*, Doping und seine Wirkstoffe, S. 61; D/D/*Spitzer*, Doping im Sport, S. 166, 168; *Schulz*, Doping, S. 18.

120 *Berendonk*, Doping, S. 53; *Mestwerdt*, Doping, S. 30.

121 SED war die Sozialistische Einheitspartei Deutschlands.

122 *Schulz*, Doping, S. 18.

systematischen Dopingplänen erzielten die Athleten der DDR, insbesondere in den Bereichen Schwimmen und Leichtathletik, außergewöhnliche Leistungen. So gewannen die DDR-Schwimmerinnen im Jahr 1980 bei den XXII. Olympischen Sommerspielen in Moskau 11 von 13 möglichen Goldmedaillen. Insgesamt gingen sogar 26 von 39 Medaillen an die DDR.[123] Die Anwendung von Doping verlief zum Teil ohne Aufklärung der Athleten bzw. deren Wissen und sogar unter Zwang.[124] Obwohl den Sportmedizinern in der DDR bereits 1975 die Nebenwirkungen des Anabolikakonsums bekannt waren, wurden Anabolikatabletten als Vitaminpillen verabreicht und ohne Gebrauchsanweisung oder Originalverpackung ausgehändigt.[125] Die Tatsache, dass viele Sportler von ihren medizinischen Betreuern oder Trainern teils mit stärksten Steroiden gedopt wurden, hat dazu beigetragen, dass durch das jahrlange, exzessive Doping bei vielen Athleten schwere gesundheitliche Beeinträchtigungen, v.a. Leberschäden, Nierenschäden, Fehlgeburten und Unfruchtbarkeiten, entstanden sind.[126] Dabei wurden auch Dopingpräparate wie das Anabolikum Oral-Turin an Kindern und Jugendlichen angewendet.[127] Aus Hirnanhangsdrüsen von Leichen hat man Hormone gewonnen und als Wachstumshormone eingesetzt, ohne auf das Risiko von Hepatitis, HIV, oder Creutzfeldt-Jakob-Erkrankungen Rücksicht zu nehmen.[128] Von den etwa 10.000 Hochleistungs- und Nachwuchsathleten, die in das Dopingsystem integriert waren, haben circa 1.000 schwere körperliche und seelische Langezeitschäden davon getragen.[129] Bei einer Befragung[130] von 52 dieser schwer geschädigten Sportler haben 92 Prozent Skeletterkrankungen, 62 Prozent psychische Erkrankungen und 12 von 24 Frauen gynäkologische

---

123 *Glocker*, Doping, S. 17.

124 *Clasing*, Doping und seine Wirkstoffe, S. 61; *Schlöter*, Doping, S. 26; *Schulz*, Doping, S. 18.

125 K/P/V/*Volkmer*, BtMG, Vor. AMG Rn. 255 f.; *Haas/Holla*, SpuRt 2002, 221, 221; *Schulz*, Doping, S. 18.

126 *Richter*, Doping in der DDR, Deutsches Ärzteblatt 2000, A2014; *Glocker*, Doping, S. 17.

127 *Richter*, Doping in der DDR, Deutsches Ärzteblatt 2000, A2014; *Berendonk*, Doping, S. 53, 70 ff.; *Glocker*, Doping, S. 18.

128 *Schulz*, Doping, S. 18.

129 *Schlöter*, Doping, S. 27; *Spitzer*, Wunden und Verwundungen, S. 16.

130 Bei dem Projekt „*Wunden und Verwundungen*" wurden 52 vollständige Interviews zur wissenschaftlichen Auswertung zugelassen. Dabei handelte es sich um eine geschichtliche Probe im wissenschaftlichen Sinn für die nach den Kriterien Geschlecht, Alter, Sport, Jahrzehnt ausgewählt wurde. Die Befragung erfolgte zwischen 2004 und 2006 und soll das Verhältnis der schwer geschädigten Sportler in der DDR wiedergeben, vgl. *Spitzer*, Wunden und Verwundungen, S. 29 f.

Erkrankungen angegeben.[131] 42 Prozent der Befragten klagten über Bänderschäden im Bewegungsapparat und weitere 35 Prozent über Erkrankungen des Kreislaufs.[132] Darüber hinaus wurden unter den Befragten 32 mal mehr Fehlgeburten und 10 mal mehr Totgeburten nachgewiesen, als es in der Bevölkerung der DDR zu erwarten war; was auf den Einsatz von männlichen Sexualhormonen zurückzuführen ist.[133] 82 Prozent der Befragten gaben an, dass diese Verletzungen und Erkrankungen ansonsten weder in der Familie noch vor der sportlichen Karriere aufgetreten seien.[134] Daraus ist zu schließen, dass die Schädigungen - zumindest überwiegend - auf Dopingmittel zurückzuführen sind. Nach Schätzungen des Potsdamer Sporthistorikers *Giselher Spitzer* waren in der Dopingpraxis der DDR von 1972 bis 1990 approximativ 3.000 Sportärzte, Trainer, Manager, Forscher und Mitarbeiter damit befasst, die betroffenen Sportler mit Dopingmitteln auszustatten.[135] Zwar erließ der Deutsche Turn- und Sportbund der DDR eine jährliche Dopingrichtlinie zur Reglementierung von Vergabe und Obergrenzen,[136] bei den regelmäßigen Kontrollen sind den für Doping ausgewählten Sportlern jedoch keine wahrheitsgetreuen Informationen über ihren Gesundheitszustand vermittelt worden.[137]

Im Jahre 1991 kam die sog. Reiter-Kommission[138] des Nationalen Olympischen Komitees (NOK) und des Deutschen Sportbunds (DSB) zu dem Ergebnis, dass Doping „*systematisch und umfassend zur Erreichung sportlicher Höchstleistungen eingesetzt*“ wurde und es auch „*keinerlei Bemühungen zur Verhinderung von Doping*“ gab.[139]

Der damalige staatlich gelenkte Pharmakonzern hat als hauptverantwortlicher Produzent in Anbetracht dieser Erkenntnisse den anerkannten Dopingopfern jeweils 9.250 Euro als Entschädigung gezahlt.[140] In den Berliner Dopingprozessen zwischen 1998 und 2000 war das Dopen uneingeweihter minderjähriger Schwimmerinnen mit anabolen Steroiden zwischen 1975 und 1984

131 *Schlöter*, Doping, S. 28; *Spitzer*, Wunden und Verwundungen, S. 56.
132 *Schlöter*, Doping, S. 28; *Spitzer*, Wunden und Verwundungen, S. 56 mit einer weitergehenden Auflistung.
133 *Schlöter*, Doping, S. 28; *Spitzer*, Wunden und Verwundungen, S. 78.
134 *Spitzer*, Wunden und Verwundungen, S. 57.
135 K/P/V/*Volkmer*, BtMG, Vor. AMG Rn. 256.
136 *Clasing*, Doping und seine Wirkstoffe, S. 61; *Schulz*, Doping, S. 19.
137 D/D/*Spitzer*, Doping im Sport, S. 166, 175; *Schulz*, Doping, S. 19.
138 *Krüger/Becker/Nielsen/Reinold*, Doping, S. 158.
139 *Clasing*, Doping und seine Wirkstoffe, S. 61; *Schulz*, Doping, S. 19.
140 Jenapharm zahlt an Dopingopfer, FAZ v. 22.12.2006, S. 32; *Schlöter*, Doping, S. 29.

verfahrensgegenständlich.[141] Im Rahmen dieser Prozesse wurde der Sportarzt *Dr. Dieter Binus* und der Trainer *Rolf Gläser* wegen vorsätzlicher Körperverletzung sowie wegen Beihilfe zu dieser zu Geldstrafen in Höhe von 90.000 DM und 7.200 DM verurteilt. Darüber hinaus wurde der Sportmediziner *Dr. Bernd Pansod* aufgrund seiner Kontroll- und Steuerungsfunktion innerhalb des Vereins wegen Beihilfe zur vorsätzlichen Körperverletzung zu einer Geldstrafe in Höhe von 14.400 DM verurteilt.[142] Der Bundesgerichtshof (BGH) bestätigte das Urteil und führte aus, dass in solchen Fällen die Verjährung aufgrund eines quasigesetzlichen Strafverfolgungshindernisses bis zur Wiedervereinigung ruhe und deshalb eine Verurteilung noch möglich sei.[143]

Der Präsident des NOK der DDR *Manfred Ewald*, der das damalige Programm des Dopings *„konzipiert, zentral angeordnet und systematisch verschleiert"* haben soll,[144] sowie der Sektorenleiter *Dr. Manfred Höppner* wurden vom Landgericht (LG) Berlin[145] wegen Beihilfe zur vorsätzlichen Körperverletzung durch die Mitwirkung am Dopingsystem zu Freiheitsstrafen von 22 und 18 Monaten auf Bewährung verurteilt. Von den 68 Angeschuldigten wurden in insgesamt 39 Verfahren 48 rechtskräftig verurteilt.[146]

Mit Erlass des sog. Dopinghilfe-Gesetzes vom 24. August 2002, das in § 1 Abs. 1 einen Fonds in Höhe von zwei Millionen Euro für die Dopingopfer der ehemaligen DDR vorsah, wurden von 308 Anträge 194 Dopingopfer finanziell entschädigt.[147]

4. *Sport und Doping in der Bundesrepublik Deutschland*

Auch wenn in Westdeutschland kein staatlich gelenktes Dopingprogramm existiert hat, ist es dennoch unbestritten, dass auch in der Bundesrepublik Deutschland gedopt wurde.[148] So ist der erste Nachweis über die Verwendung anaboler Steroide bereits auf das Jahr 1952 datiert. Bei den Deutschen

---

141 BGH v. 9.2.2000 – 5 StR 451/99, NJW 2000, 1506.

142 Das Urteil des LG Berlin v. 31.8.1998 – (534) 28 Js 39/97 Kls (17/98) und das Urteil des LG Berlin v. 7.12.1998 – (534) 28 Js 39/97 (33/97) sind abgedruckt bei *Marxen/Werle*, DDR-Unrecht, S. 111 ff. und S. 237 ff.; *Schlöter*, Doping, S. 29.

143 BGH v. 9.2.2000 – 5 StR 451/99, Rn. 5, 8, NJW 2000, 1506.

144 *Richter*, Doping in der DDR, Deutsches Ärzteblatt 2000, A2014; *Glocker*, Doping, S. 18.

145 LAG Berlin v. 18.7.2000 – (538) 28 Js 14/98 KLs (23/99), n.v.; bestätigt durch den Revisionsbeschluss des BGH v. 5.9.2001 – 5 StR 330/01, NJW 2001, 605.

146 *Schlöter*, Doping, S. 29.

147 *Clasing*, Doping und seine Wirkstoffe, S. 52; *Schulz*, Doping, S. 19.

148 *Berendonk*, Doping, S. 11; *Schlöter*, Doping, S. 30.

Rudermeisterschaften in Flörsheim-Rüsselsheim verabreichte der Sportmediziner Dr. *Martin Brustmann* dem Achter-Team das Hormonpräparat Testoviron.[149] In den sechziger Jahren wurden Anabolika dann auch im Radsport, der Leichtathletik und im Fußball eingesetzt.[150] Neben dem bereits erwähnten dopingbedingten Tod des Boxers *Josef Elze* im Jahre 1968 haben sich auch in anderen Sportarten zahlreiche Dopingfälle ereignet, die dem Ansehen des Sports insgesamt und den einzelnen Athleten geschadet haben. Exemplarisch hierzu sollen nachfolgend nur ausgewählte Fälle aufgearbeitet werden, die teils konspirative Ausmaße erreicht und zum Eklat geführt haben.[151]

So verstarb am 10. April 1987 die Siebenkämpferin *Birgit Dressel* im Alter von 26 Jahren an Multiorganversagen, das vermutlich durch einen toxisch-allergischen Kreislaufschock ausgelöst wurde.[152] Als potentielle Todesursache wurde exzessives Doping mit über 100 verschiedenen Arzneimitteln festgestellt.[153] Der Todeskampf dauerte über drei Tage und veranschaulicht die Konsequenzen des rücksichtslosen und ahnungslosen Konsums von Dopingmitteln.[154] Parallel hierzu wurde die Ratlosigkeit der sie behandelnden Ärzte offenbart, die ohne Kenntnis um die vielen Präparate, die seit Jahren eingenommen wurden, keine medizinisch indizierte und erfolgsversprechende Behandlung initiieren konnten.[155] Das im Anschluss von der Staatsanwaltschaft Mainz wegen fahrlässiger Tötung eingeleitete Ermittlungsverfahren gegen Unbekannt[156] musste aufgrund fehlender Beweise eingestellt werden,[157] weil durch das rechtsmedizinische Gutachten keine Kausalität zwischen konsumierten Medikamenten und Tod nachgewiesen werden konnte.[158] Als Konsequenz wurde gegen den Freiburger Sportarzt, der die Sportlerin über Jahre behandelt hat, – in dubio pro reo – keine Anklage erhoben. Auch das eingeleitete Verfahren wegen Betrugs zu Lasten

149 *Schlöter*, Doping, S. 31; *WWU*, Sport und Staat, S. 17.

150 *Schlöter*, Doping, S. 31.

151 Ausführlich zu den Beispielen: *Glocker*, Doping, S. 19 ff.

152 Rutschbahn in den legalen Drogensumpf, DER SPIEGEL 37/1987, S. 228, 252; B/W/H, Doping in der Bundesrepublik Deutschland, S. 88 ff.; *Glocker*, Doping, S. 19.

153 *Glocker*, Doping, S. 19.

154 *Glocker*, Doping, S. 19; *Haug*, Doping, S. 17.

155 B/W/H, Doping in der Bundesrepublik Deutschland, S. 88 ff.; *Glocker*, Doping, S. 19.

156 Ermittlungsverfahren der StA Mainz, Az. 4 UJS 86/87 und 1 UJS 1656/87.

157 Rutschbahn in den legalen Drogensumpf, DER SPIEGEL 37/1987, S. 228, 252; B/W/H, Doping in der Bundesrepublik Deutschland, S. 102.

158 *Mattern/Wagner* im rechtsmedizinischen Gutachten vom 23.7.1987, zitiert nach *Berendonk*, Doping, Textdokumente 4B (Anhang), S. 448 ff.

der Krankenkassen, die die Kosten für die verabreichten Medikamente erstattet haben, blieb ohne strafrechtliche Folgen für die behandelnden Ärzte.[159]

Die Causa *Katrin Krabbe*[160] veranschaulicht exemplarisch die Problematik der Sanktionierung von Doping durch die Verbandsgerichtsbarkeit.[161] In der am 23. Juli 1992 entnommenen Urinprobe wurde der Wirkstoff Clenbuterol gefunden. Das von *Krabbe* benutzte Asthmamedikament mit dem entsprechenden Wirkstoff stand zur damaligen Zeit allerdings noch nicht auf der offiziellen Dopingliste. Dennoch wurde die Kurzstreckenläuferin vom Deutschen Leichtathletikverband (DLV) für ein Jahr gesperrt. Im Anschluss erhöhte der IAAF die Strafe wegen unsportlichem Verhalten auf drei Jahre, wogegen *Krabbe* gerichtlich vorging.[162] Mit Urteil vom 17. Mai 1995 entschied die 7. Kammer des LG München I[163] und mit Urteil vom 28. März 1996 das Oberlandesgericht (OLG) München,[164] dass die Wettkampfsperre von über zwei Jahren das Grundrecht auf Berufsfreiheit aus Art. 12 Abs. 1 GG verletzt. Das LG München entsprach am 27. Juni 2001 dem von *Krabbe* geltend gemachten Schadensersatzanspruch in Höhe von 1,2 Millionen DM zzgl. Zinsen für die entgangenen Sieg- und Startprämien sowie für Sponsorengelder.[165] Hiergegen legte der IAAF Berufung ein. Der Rechtsstreit dauerte insgesamt acht Jahre und wurde am 19. April 2002 mit einem Vergleich vor dem OLG München beendet.[166]

Ende 1999 erregte die sog. Zahnpastaaffäre des schwäbischen Mittel- und Langstreckenläufers *Dieter Baumann*, der lange Zeit als Verfechter eines dopingfreien Sports galt, bundesweit für Aufsehen.[167] Die im Rahmen von Trainingskontrollen im Oktober und November 1999 entnommenen Urinproben von *Baumann* enthielten den Nachweis des verbotenen anabolen Wirkstoffes Nandrolon.[168] *Baumann* bestritt die Vorwürfe und sah sich selbst als Opfer einer gegen ihn initiierten Intrige ehemaliger Aktionäre des früheren Sportsystems der DDR. Für die Unschuld des zuvor nie dopingauffälligen Athleten sprachen ein freiwilliger, negativ ausgefallener Lügendetektortest und eine negative Haaranalyse

159 *Singler/Treutlein*, Doping im Spitzensport, S. 281.
160 Ehemalige deutsche Kurzstreckenläuferin.
161 Hierzu: *Glocker*, Doping. S. 19 f.; *Summerer*, SpuRt 2002, 233.
162 *Glocker*, Doping, S. 19.
163 LG München v. 17.5.1995 – 7 HKO 16591/94, SpuRt 1995, 16.
164 OLG München v. 28.3.1996 – U (K) 3424/95, SpuRt 1996, 133.
165 LG München v. 27.6.2001 – 7 HKO 16591/94, SpuRt 2001, 238.
166 *Summerer*, SpuRt 2002, 233; *Glocker*, Doping, S. 20.
167 Hierzu: *Glocker*, Doping, S. 20; *Haug*, Doping, S. 21.
168 *Glocker*, Doping, S. 20.

zum Nachweis eines Langzeitkonsums von Nandrolon. Darüber hinaus wurden in der Zahnpastatube des Sportlers Hinweise einer nachträglichen Injektion des Steroids gefunden. Zwar wurde *Baumann* vom DLV freigesprochen, die übergeordnete Instanz der IAAF verhängte jedoch eine zweijährige Sperre. Im Rahmen seiner anschließenden Veranstaltungsreihe „*Doping im Sport*" an der Universität Tübingen kritisierte *Baumann* die nicht ausreichenden Möglichkeiten der Athleten, sich gegen eine positive Dopingprobe zu wehren.[169]

Die Verbreitung von leistungssteigernden Mitteln in der Bundesrepublik Deutschland ist jedoch nicht allein auf ein Fehlverhalten der Sportler zurückzuführen. Zwar existierte in der Bundesrepublik Deutschland kein staatlich gelenktes Dopingprogramm, die Verquickungen der Interessen von Staat, Sport und Medizin begünstigten aber auch hier ein dopingfreundliches Umfeld.[170] Bereits 1952 wurden in Freiburg – als „*Zentrum anwendungsorientierter Dopingforschung*" – Studien zur Erforschung leistungssteigernder Mittel durchgeführt. Bis in die siebziger Jahre vertrat man dort sogar die Ansicht, dass eine Gesundheitsschädigung durch Anabolika nicht nachgewiesen und ein Verbot aus diesem Grund nicht zu rechtfertigen sei.[171] Die Freiburger Studie wurde unter anderem durch das Bundesinstitut für Sportwissenschaft subventioniert. Ziel war es, die Anwendung von Anabolika durch Wissenschaft zu begründen. In einer nichtöffentlichen Sitzung im Jahre 1977 sprach sich das Bundesinstitut für Sport dazu aus, Anabolika im deutschen Leistungssport anzuwenden. Zur Erreichung dieses Ziels wurden Studien durch Nichtveröffentlichung gegenteiliger Forschungsergebnisse manipuliert.[172] Bereits 1973 hat das Bundesinstitut für Sport eine Studie mit dem Thema „*Untersuchungen über den Einfluss von Bluttransfusion*" finanziell gefördert. Darüber hinaus befassten sich weitere Forschungen in den siebziger Jahren mit Wachstumshormonen, Beta-Blockern, neuen Amphetaminen und Insulin. Ende 1988 waren 20 Ausdauersportler der nationalen Spitzenklasse Probanden eines Forschungsauftrags des Bundesinstituts für Sport zum Thema EPO.[173]

---

169 D/D/*Baumann*, Doping im Sport, S. 153, 157; *Glocker*, Doping, S. 20.

170 *Schlöter*, Doping, S. 32; *WWU*, Sport und Staat, S. 59 ff.

171 *Schlöter*, Doping, S. 32.

172 *Schlöter*, Doping, S. 32.

173 EPO ist die Kurzform von Erythropoietin, einem Hormon, das normalerweise zur Behandlung von Nierenerkrankungen eingesetzt wird. Weil es den Transport von Sauerstoff im Blut verbessert und dadurch die Ausdauerleistung erhöht, wird das Mittel vor allem von Ausdauersportlern zu Dopingzwecken zweckentfremdet; *Schlöter*, Doping, S. 35 f.

Auch die Meinungsvielfalt innerhalb der Sportmedizin in Bezug auf die Gefahren einer Gesundheitsschädigung in Verbindung mit dem Aspekt, dass die bloße Verwendung von Anabolika erst in Kombination mit entsprechenden Trainingsmethoden leistungssteigernd wirkte, hat dazu beigetragen, dass die Diskussion um ein Dopingverbot innerhalb der Sportverbände nur schleppend voran gekommen ist.[174] In den siebziger Jahren waren Funktionäre des DLV in einem verbandsgerichtlichen Verfahren wegen Mitwissenschaft, Duldung und aktiver Veranlassung im Hinblick auf Dopingpraktiken angeklagt. Zwar wurden die betroffenen Personen in allen Anklagepunkten freigesprochen. Aussagen damaliger Athleten geben allerdings allen Grund zur Annahme, dass die Vorwürfe nicht unbegründet waren.[175] Die Sportverbände befanden sich in einem Interessenkonflikt. Bei konsequenter Anwendung der Sanktionsmechanismen hätten Athleten, die bei nationalen und internationalen Sportevents aufgrund ihres Dopings Aussicht auf Erfolg hatten, gesperrt werden müssen. Zusätzlich hätten Dopingfälle die eigene Sportart negativ belastet, wovon andere Sportarten, in denen Doping weniger konsequent verfolgt und sanktioniert wurde, mittelbar profitiert hätten.[176]

Die unmittelbare Anknüpfung finanzieller Fördermittel an den sportlichen Erfolg hat ebenfalls als Anreiz zum Doping im Sport beigetragen.[177] So bekamen nur Angehörige des A-Kaders als beste Sportler des Landes von der Deutschen Sporthilfe die maximale Förderleistung, Angehörige des B-Kaders hingegen nur die Hälfte.[178] Die Bezahlung der Bundestrainer orientierte sich ebenfalls an den Ergebnissen ihrer Athleten. Diese wurden primär leistungsbezogen vergütet, weshalb auch sie ein Interesse am Doping der von ihnen betreuten Athleten hatten.[179] Wohl auch das Normierungskriterium „*Endkampfchance*“ hat nicht zuletzt zur Dopingbegünstigung in der Bundesrepublik Deutschland beigetragen. So waren an den großen internationalen Wettkämpfen nur diejenigen Athleten zur Teilnahme berechtigt, die durch ihre bisherigen Ergebnisse die Möglichkeiten hatten, die Endrunde zu erreichen. Folge war eine indirekte Begünstigung von Topleistungen unter Dopingeinsatz mit gleichzeitiger Bestrafung von schwächeren, dafür aber dopingfreien Leistungen.[180]

---

174 *WWU*, Sport und Staat, S. 36 f.
175 *Schlöter*, Doping, S. 34; *WWU*, Sport und Staat, S. 50.
176 *Schlöter*, Doping, S. 38; *WWU*, Sport und Staat, S. 41.
177 *WWU*, Sport und Staat, S. 131.
178 *Berendonk*, Doping, S. 250; *Schlöter*, Doping, S. 36.
179 *WWU*, Sport und Staat, S. 49, 61.
180 *Schlöter*, Doping, S. 36; *WWU*, Sport und Staat, S. 60.

Nach der Wiedervereinigung zwangen zahlreiche mediale Veröffentlichungen den Bund und die organisierten Sportverbände zu einer Phase der Aufarbeitung. Die gemeinsam errichteten Untersuchungskommissionen kamen zu dem Ergebnis, dass neben dem staatlich geplanten Dopingsystem in der DDR auch in der Bundesrepublik Deutschland - unter Billigung der Verantwortlichen und ohne adäquate Konsequenzen - gedopt wurde.[181] Bestrebungen nach staatlichen Gesetzen begegnete man mit dem Hinweis auf die Autonomie des Sports. Eine Verbesserung der Situation sollte vielmehr ohne gesetzliche Hilfe erreicht werden.[182] Auch der Anti-Doping-Bericht der Bundesregierung vom 16. Mai 1994 verwies auf die *„Selbstregulierungskräfte des autonomen Sports“*[183] und lehnte weitere gesetzgeberische Maßnahmen ab.[184]

5. *Doping heute*

Im Jahr 2012 kam es wohl zum aufsehenerregendsten Dopingskandal im internationalen Radsport. Kurz nachdem von der Staatsanwaltschaft in Los Angeles die strafrechtlichen Ermittlungen gegen Radprofi *Lance Armstrong* eingestellt wurden, hat die amerikanische Anti-Doping-Agentur (USADA) ein eigenes Verfahren gegen den siebenmaligen Tour de France Sieger eingeleitet. Neben leistungssteigernden Blutbehandlungen wurde ihm der Einsatz von EPO, Testosteron, Wachstumshormonen, Kortison, verschleiernden Kochsalzlösungen und Plasmainfusionen vorgeworfen.[185] Schon 2004 wurden dem Sportler in sechs konservierten Urinproben aus dem Jahr 1999 Rückstände von EPO zugewiesen, was jedoch keine Konsequenzen nach sich zog.[186] Gegen eine Spende in Höhe von 100.000 Dollar soll mit Hilfe des Radsportverbands Union Cycliste Internationale (UCI) im Jahr 2001 bei der Tour de Suisse eine positive Probe des Radprofis nicht veröffentlicht worden sein.[187] Die gegen *Lance Armstrong* eingeleiteten strafrechtlichen Ermittlungen wegen Betrugs und Verschwörung zum Betrug wurden im Februar 2012 nach zweijähriger Arbeit ohne nähere Begründung eingestellt.[188] Allerdings erfolgte eine sportrechtliche Verurteilung auf

181 *Schlöter*, Doping, S. 38; *WWU*, Sport und Staat, S. 103 f.
182 *Schlöter*, Doping, S. 39; *WWU*, Sport und Staat, S. 105.
183 BT-Drucks. 12/7540, S. 13.
184 BT-Drucks. 12/7540, S. 18.
185 „Verbergen und vertuschen“, FAZ v. 15.6.2012, S. 32.
186 Armstrong mit Beweis für Blutdoping konfrontiert, FAZ v. 24.8.2005, S. 28.
187 Vorwurf der Vertuschung: Hamilton beschuldigt die UCI, FAZ v. 24.5.2011, S. 27.
188 Ermittlungen gegen Armstrong eingestellt, FAZ v. 5.2.2012, S. 18.

gleicher Tatsachenbasis. *Armstrong* wurden alle Erfolge seit dem 1. August 1998 aberkannt, darunter auch seine sieben Tour de France Siege. Zudem erhielt er eine Sperre auf Lebenszeit.[189] In der US-amerikanischen Talkshow mit Moderatorin *Oprah Winfrey* gestand *Armstrong* im Jahr 2013 dann schließlich die Einnahme von Testosteron, Wachstumshormonen, EPO sowie Blutdoping.[190]

Doping ist aber nicht nur im Profiradsport ein Problem der Gegenwart.

Im Jahr 2015 folgte der wohl größte öffentliche Dopingeklat in der Geschichte Russlands. Nach Ausstrahlung der ARD-Fernsehdokumentation „*Geheimsache Doping – Wie Russland seine Sieger macht*" wurde von der Welt-Anti-Doping-Agentur (WADA) eine unabhängige Kommission eingesetzt, um die Vorwürfe massenhaften, organisierten Dopings in Russland aufzuklären.[191] Der sog. *McLaren*-Bericht konstatiert ein vom Staat gesteuertes Doping in Russland. Zwischen 2011 und 2015 wurden mehr als 1.000 Athleten durch das Manipulationssystem geschleust.[192] Darunter war auch die russische Fußball-Nationalmannschaft vor der Fußball-Weltmeisterschaft 2014.[193] Neben den Sportlern war ebenfalls der russische Geheimdienst, der belastende Dopingproben russischer Athleten gegen saubere austauschte, in das staatlich initiierte Dopingsystem involviert.[194] Der im November 2015 veröffentlichte Bericht hatte zur Konsequenz, dass der russische Leichtathletik-Verband aus der IAAF ausgeschlossen und der russischen Anti-Doping-Agentur die Akkreditierung entzogen wurde.[195] Im Juli 2016 bestätigte der Internationale Sportgerichtshof CAS in Lausanne die vom Internationalen Leichtathletik-Verband IAAF ausgesprochene Sperre russischer Leichtathleten bei den XXXI. Olympischen Sommerspielen in Rio de Janeiro.[196] Ein Ausschluss sämtlicher russischer Athleten wurde vom IOC jedoch abgelehnt. Kurz vor der Eröffnungsfeier gab das IOC die Liste der für „*sauber erklärten Sportler*" bekannt.[197] Danach durften 271 der ursprünglich 389 russischen Athleten an den Sommerspielen teilnehmen.[198]

---

189 In Trümmern, FAZ v. 23.10.2012, S. 1, 23.
190 Die Beichte, FAZ v. 19.1.2013, S. 30.
191 Wieder ein Wow-Effekt?, FAZ v. 9.1.2016, S. 32.
192 Der Riesenbetrug, FAZ v. 10.12.2016, S. 34.
193 Mutko möchte das Problem wegtanzen, FAZ v. 3.7.2017, S. 27.
194 Der Riesenbetrug, FAZ v. 10.12.2016, S. 34.
195 Wieder ein Wow-Effekt?, FAZ v. 9.1.2016, S. 32.
196 Besonderer Dank an den Minister, FAZ v. 22.7.2016, S. 1, 28; CAS v. 21.7.2016 – CAS 2016/O/4684, SpuRt 2017, 113.
197 Russland mit 271 Athleten, FAZ v. 5.8.2016, S. 32.
198 Sollbruchstellen, FAZ v. 6.8.2016, S. 27.

Im Jahr 2016 ermöglichte auch das Anti-Doping-Gesetz die erste Fahndung. Nach einer Mitteilung der Nationalen Anti-Doping Agentur Deutschland (NADA) an die Staatsanwaltschaft Freiburg wurde Mitte Februar 2016 ein Ermittlungsverfahren gegen zwei Athleten und Verantwortliche des Ringervereins ASV Nendingen eröffnet. Bei den Durchsuchungen von Wohnungen und Vereinsräumen wurden Medikamente und Unterlagen sichergestellt.[199] Dabei hat die Auswertung der sichergestellten Dokumente auch den Verdacht gegen weitere Athleten begründet.[200] Anfang 2017 erließ das Amtsgericht (AG) Tuttlingen Strafbefehl gegen zwei Ringer. Die Strafe umfasste eine Geldzahlung, gemessen an der Höhe der Einkünfte. Die Sportler erhoben Einspruch.[201] Eine Verurteilung der Ringer blieb aus. Sie hätten ohne Vorsatz gehandelt, um sich Wettbewerbsvorteile zu verschaffen.[202] Auch die zwei Betreuer und ein Ex-Trainer des ehemaligen deutschen Ringer-Mannschaftsmeisters ASV Nendingen wurden vom AG Tuttlingen von den Dopingvorwürfen freigesprochen.[203] Wegen des Verdachts eines Verstoßes gegen das Anti-Doping-Gesetz haben Zollfahnder im März 2016 auch bei einer Sportlerin in Kassel – deren Identität nicht veröffentlicht wurde – das Dopingmittel Metandienon und weitere Medikamente im Rahmen einer Wohnungsdurchsuchung sicherstellen können.[204] Im Sommer 2016 folgte dann auch ein Ermittlungsverfahren wegen Dopings gegen Boxweltmeister *Felix Sturm*. Nach seinem Sieg im WM-Kampf gegen den Russen *Fjodor Tschudinow* Anfang des Jahres 2016 war mit dem positiv ausgefallenen Test auf das Mittel Stanozolol ein Anfangsverdacht begründet.[205] Zwei Jahre später hat die Staatsanwaltschaft Köln Anklage gegen den früheren Boxweltmeister wegen Selbstdopings, Teilnahme an einem Wettkampf unter Selbstdoping und

199 Wohnungen von Ringern durchsucht, FAZ v. 25.2.2016, S. 27.

200 Ringer-Affäre weitet sich aus, FAZ v. 16.3.2016, S. 27.

201 Anti-Doping-Gesetz wirkt: Strafbefehl für zwei Ringer, FAZ v. 11.1.2017, S. 27.

202 Nendinger Ringer freigesprochen, SWR aktuell v. 2.4.2019, abrufbar unter: https://www.swr.de/swraktuell/baden-wuerttemberg/suedbaden/ddd,ringer-wegen-selbst-doping-vor-gericht-100.html (zuletzt abgerufen am 2.1.2020).

203 Tuttlinger Gericht spricht Ringer-Trainer und Betreuer von Doping-Vorwurf frei, Badische Zeitung v. 17.10.2019, abrufbar unter: https://www.badische-zeitung.de/tuttlinger-gericht-spricht-ringer-trainer-und-betreuer-von-doping-vorwurf-frei--178404329.html (zuletzt abgerufen am 2.1.2020).

204 Doping-Razzia in Kassel, FAZ v. 19.3.2016, S. 33.

205 Sturm: B-Probe auch positiv, FAZ v. 12.11.2016, S. 35; Staatsanwaltschaft ermittelt gegen Sturm, FAZ v. 8.9.2016, S. 27.

gefährlicher Körperverletzung erhoben.[206] Seit Anfang November 2019 findet vor dem LG Kölner der Strafprozess gegen *Felix Sturm* statt.[207]

Der im September 2019 für das Jahr 2018 veröffentlichte Jahresbericht der WADA veranschaulicht ebenfalls die Defizite des Anti-Doping-Kontrollsystems. Danach wurden im ausgewerteten Jahr zwar weltweit insgesamt 344.177 Dopingproben (6,9 % mehr als im Vorjahr) in den akkreditierten Laboren der WADA analysiert. Hiervon wurden jedoch nur 4.896 Proben – 1,42 % – als positiv qualifiziert. Im Jahr 2017 belegte Deutschland mit 31 Doping-Fällen weltweit den 19. Platz. Von den 85 positiv getesteten Sportarten lag das Bodybuilding auf Platz eins vor der Leichtathletik, gefolgt vom Gewichtheben, Radsport, Powerlifting und Fußball.[208] Auf nationaler Ebene führte die NADA im Jahr 2018 insgesamt 12.617 Kontrollen mit 16.299 Proben durch. Dabei wurden 69 mögliche Verstöße gegen den Nationalen Anti-Doping Code (NADC) registriert. Die NADA leitete in 21 Fällen Schiedsverfahren vor dem Deutschen Sportschiedsgericht (DIS) ein. Bisher wurden in acht Verfahren Sanktionen verhängt. In insgesamt 20 Fällen erstattete die NADA Anzeige bei der zuständigen Staatsanwaltschaft.[209] Anonyme Umfragen unter den Athleten belegen jedoch, dass die Dunkelziffer dopender Sportler deutlich höher sein muss. So wurden Doping-Quoten von bis zu 40 Prozent ermittelt.[210]

6. *Zusammenfassung*

Das Verlangen die körperliche Leistungsfähigkeit durch die Einnahme leistungssteigernder Mittel und Methoden zu verbessern ist keine Erscheinung der Moderne, sondern vielmehr bereits seit den Anfängen sportlicher Auseinandersetzungen in der Antike existent. Bestand Doping im weitesten Sinne zunächst in der bloßen Einnahme von natürlichen Mitteln, nahm mit dem medizinischen Fortschritt auch die Professionalisierung von Doping zu. Stand bis zur Nachkriegszeit die Überwindung körperlicher Grenzen in der Wettkampfsituation im Vordergrund, verlagerte sich das Doping mit der Entdeckung von Anabolika auch in die Wettkampfvorbereitung. Neben der temporären Leistungssteigerung

206 Anklage gegen Felix Sturm, FAZ v. 22.11.2018, S. 30.

207 Sturm auf freiem Fuß, FAZ v. 24.12.2019, S. 31.

208 Ein Prozent Positive, FAZ v. 5.4.2017, S. 31.

209 Jahresbericht 2018 der NADA, abrufbar unter: https://www.nada.de/fileadmin/user_upload/nada/Downloads/Jahresberichte/2018_NADA_Jahresbericht_DE_online.pdf (zuletzt abgerufen am 2.1.2020).

210 Ein Prozent Positive, FAZ v. 5.4.2017, S. 31.

sollte fortan auch die dauerhafte Steigerung von Ausdauer, Kraft und Regeneration initiiert werden. Die Diskrepanz zwischen Ost und West verlagerte den Kalten Krieg schließlich auch auf eine sportliche Ebene und führte zu einem staatlich gelenkten Dopingsystem. Die heutige Kommerzialisierung des Sports treibt die Forschung und Anwendung immer weiter voran und hat zu einem stetigen Wettlauf zwischen den Protagonisten beigetragen.[211] Athleten und Verantwortliche entwickeln immer wieder neue Methoden und Substanzen, um den kontinuierlich verbesserten Kontrollen der Verbände zu entgehen. Das Bekanntwerden neuer Dopingskandale vermag hieran offensichtlich nichts zu ändern. Die Aussicht auf sportlichen Erfolg überwiegt dabei vor der Angst eines öffentlichen Imageschadens. Auch die Sanktionsmöglichkeiten der Verbandsgerichtsbarkeit und die potentiellen gesundheitlichen Schäden werden von den Betroffenen bisweilen ignoriert. Die Individualisierung des Dopingproblems und die Delegation der Verantwortung auf einzelne Athleten verhindert eine Deklaration des Dopings als immanenten Bestandteil des Systems. Die mafiaähnlichen Strukturen im Dopinghandel und die Verstrickung staatlicher Institutionen veranschaulichen nur zu gut die Begrenzung der Handlungsmöglichkeiten von Verbänden gegenüber systematisch gelenkten Machtapparaten.[212] Ob das Anti-Doping-Gesetz hieran etwas zu ändern vermag, bleibt abzuwarten. Einstweilen bleibt das Problem des Dopings in Deutschland. Die Antwort der Bundesregierung[213] auf die kleine Anfrage der Fraktion Bündnis 90/Die Grünen[214] verweist insoweit darauf, dass es noch zu früh sei, eine vorläufige Bilanz zu ziehen. Bezüglich der Auswirkungen der in dem Gesetz enthaltenen straf- und strafverfahrensrechtlichen Regelungen sehe das Gesetz eine Evaluierung[215] erst innerhalb von fünf Jahren nach Inkrafttreten vor.[216]

Seit dem 2. April 2019 liegen die Zahlen der Polizeiliche Kriminalstatistik 2018 vor. Danach wurden im Jahr 2017 bundesweit insgesamt 1.376 Dopingfälle (261 mehr als im Vorjahr) erfasst. Davon 231 Fälle zum Herstellen, Inverkehrbringen, Verschreiben, Anwenden bei Dritten, Handel treiben, Veräußern oder Abgeben

211 *Glocker*, Doping, S. 30; *Schlöter*, Doping, S. 58.
212 *Glocker*, Doping, S. 30.
213 BT-Drucks. 18/11143.
214 BT-Drucks. 18/11033.
215 Das Gesetz zur Bekämpfung von Doping im Sport (BGBl. 2015 I, S. 2210) sieht in Art. 8 eine Evaluierung durch die beteiligten Bundesressorts unter Einbeziehung eines wissenschaftlichen Sachverständigen innerhalb von fünf Jahren nach dem Inkrafttreten des Gesetzes vor.
216 BT-Drucks. 18/11143, S. 2.

von Dopingmitteln. 1.095 Fälle zum Erwerb, Besitz und Verbringen von Dopingmitteln und 50 Fälle zum Selbstdoping.[217]

III. Sportrechtliches Begriffsverständnis

1. Allgemeines

Weil das Anti-Doping-Gesetz lediglich von *„zu Dopingzwecken"* spricht, eine Definition des Begriffs dem Gesetz aber nicht zu entnehmen ist, stellt sich die Frage, welche Sachverhalte unter den Begriff des Dopings zu subsumieren sind. Schon seit Jahrhunderten hat der Mensch in vielen Kulturkreisen versucht, seine Leistungsfähigkeit durch verschiedene Arzneimittel und Drogen zu steigern.[218] Heute beschränkt sich der Begriff nicht mehr nur auf den Sport, sondern wird im allgemeinen Sprachgebrauch auch außerhalb der sportlichen Leistungsfähigkeit, beispielsweise im Zusammenhang mit der Verbesserung der kognitiven Fähigkeiten durch bestimmte Mittel, als sog. *„Hirndoping"* verwendet.[219] In Anbetracht der zahlreichen und unterschiedlichen Definitionen, die zum Begriff des Dopings in der heutigen Zeit existieren, soll hier ein Auszug der wichtigsten Begriffsbestimmungen und Änderungen aufgezeigt werden. In dieser Arbeit wird der Begriff des Dopings ausschließlich im eingeschränkten Sinne in Verbindung mit Menschen und Sport verstanden. Was im allgemeinen Sprachgebrauch so eindeutig zu sein scheint ist für eine präzise Definition und rechtliche Bewertung von Doping, sei es im Rahmen eines verbands- oder zivilrechtlichen Verfahrens oder im strafrechtlichen Sinne, mangels Bestimmtheit nicht ausreichend. Eine exakte Definition muss über die juristische Bestimmtheit und Eindeutigkeit hinaus auch für den juristischen Laien (Athleten, Trainer, Ärzte oder Sponsoren) sprachlich und inhaltlich verständlich sein. Für eine umfassende sportübergreifende Definition kommt erschwerend hinzu, dass im Bereich des Sports viele Parteien aufeinander treffen.[220] Dieses Aufeinandertreffen von privaten sowie staatlichen Stellen, Fachverbänden, Veranstaltungsorganisatoren und seit 1999 bzw. 2002 der WADA und NADA erschwert einen einheitlichen Umgang im Kampf gegen Doping. In der Vergangenheit sind viele

---

217 Polizeiliche Kriminalstatistik 2018, abrufbar unter: https://www.bka.de/DE/AktuelleInformationen/StatistikenLagebilder/PolizeilicheKriminalstatistik/PKS2018/Standardtabellen/standardtabellenFaelle.html;jsessionid=BCC79C40D4C907E9DAD472FEA91F5FB9.live0611?nn=108686 (zuletzt abgerufen am 2.1.2020).

218 Siehe hierzu bereits: 2. Kapitel C. II.

219 *Blasius*, Doping im Sport, S. 10.

220 *Glocker*, Doping, S. 34; *Haug*, Doping, S. 67.

Versuche ergangen, den Begriff des Dopings zu definieren. Ausgenommen der ersten abstrakten Verbote durch einzelne Sportfachverbände, wie die Internationale Association of Athletics Federations (IAAF) im Jahre 1928,[221] können die ersten umfassenden Versuche einer allgemeingültigen Dopingdefinition bereits auf Mitte des 20. Jahrhunderts datiert werden.[222] Heute haben sich zahlreiche Institutionen um eine möglichst genaue Definition bemüht. Der Fokus liegt dabei nicht mehr auf dem Versuch, eine möglichst abstrakt-generelle Formel zu finden, die jeden erdenklichen Fall erfasst. Vielmehr ist man dazu übergegangen, Listen mit verbotenen Substanzen und Methoden zu erstellen und die Verwendung von Mitteln bzw. die Anwendung von Methoden, die von derartigen Listen erfasst werden, als Dopingmissbrauch zu sanktionieren. Der Nachteil einer allgemeingültigen Definition liegt darin begründet, dass es kaum möglich ist, eine derart abstrakte Formel zu finden, die alle potentiellen Dopingfälle erfasst, gleichzeitig aber nicht so allgemein formuliert ist, dass die Termini der eigentlichen Definition nochmals definiert werden müssen.[223]

2. Die ersten Definitionsansätze

a) Deutscher Sportärztebund, Kommission des Europarats 1963

Als erster Verband, der außerhalb eines bestimmten verbandsrechtlichen Regelwerks angesiedelt war, definierte der Deutsche Sportärztebund (DGSP)[224] im Jahr 1952 Doping als die „*Einnahme eines jeden Medikaments – ob es wirksam ist oder nicht – mit der Absicht der Leistungssteigerung während des Wettkampfs*".[225]

Im Anschluss daran definierte die im Jahre 1963 vom Europarat gebildete Kommission für außerschulische Erziehung Doping als „*die Verabreichung oder der Gebrauch körperfremder Substanzen in jeder Form und physiologischer Substanzen in abnormaler Mengen und auf abnormalem Wege an gesunden Personen mit dem einzigen Ziel der künstlichen und unfairen Steigerung der Leistung für den Wettkampf. Außerdem müssen verschiedene psychologische Maßnahmen zur Leistungssteigerung des Sportlers als Doping angesehen werden.*"[226]

---

221 *Prokop*, Dopingverbote, S. 86.

222 *Glocker*, Doping, S. 35; *Haug*, Doping, S. 26 ff.

223 *Markowetz*, Doping, S. 34; Vieweg/*Wagner*, Doping – Realität und Recht, S. 393.

224 Deutsche Gesellschaft für Sportmedizin und Prävention (Deutscher Sportärztebund) e.V.

225 Zitiert nach: *Clasing*, Doping und seine Wirkstoffe, S. 29; *Glocker*, Doping, S. 35; Hollmann/*Donike*, Sportmedizin, S. 402; *Schlöter*, Doping, S. 65.

226 *Donike*, Informationsbroschüre, S. 9; *Glocker*, Doping, S. 36; *Markowetz*, Doping, S. 34; *Schlöter*, Doping, S. 65; *Schulz*, Doping, S. 4.

Im November 1963 beschloss die Kommission des Europarats aufgrund der schwierigen Abgrenzung zwischen medizinisch indizierten Behandlungen und Doping dann folgenden Zusatz: „*Wird eine notwendige Behandlung mit Mitteln durchgeführt, die aufgrund ihrer Natur oder Dosis die körperliche Leistung über das normale Niveau zu heben imstande sind, so gilt dies als Doping und schließt die Wettkampffähigkeit aus.*"[227]

Diese Definitionsversuche veranschaulichen den bereits oben erwähnten Nachteil einer abstrakten Definitionsvariante und sind für eine potentielle Dopingregel deshalb unbefriedigend. Weil sie keine eindeutigen Sachverhalte mit kontrollierbarem Regelverstoß enthalten, ist es nahezu unmöglich die Grenzen zwischen erlaubtem Handeln und verbotener Leistungssteigerung aus den Regelungen abzuleiten. Die prä-anabole Definition des DGSP ist geprägt durch das Verständnis, Doping vollziehe sich nur in unmittelbarem Zusammenhang zum Wettkampf und erfasst daher noch kein Doping während der Trainingsphasen.[228] Auch wenn der Definitionsansatz des Europarats von 1963 schon eine größere Differenziertheit aufweist, kann aufgrund der vielen unbestimmten Rechtsbegriffe wie „*körperfremd, abnormale Form, unfair, psychologische Maßnahmen*" etc. nicht nachvollziehbar geklärt werden, ob ein Athlet gedopt hat oder nicht. In Anbetracht der heutigen Möglichkeit der Verwendung körpereigener Hormone ist darüber hinaus ein Abstellen auf körperfremde Substanzen auch nicht mehr zeitgerecht.[229]

b) Deutscher Sportbund

Am 26. September 1970 erließ der DSB[230] durch seinen Hauptausschuss erstmals Rahmenrichtlinien zur Bekämpfung des Dopings. Die schon deutlich praxisorientiertere[231] Definition war für die damals 39.201 nationalen Turn- und Sportvereine der Landessportverbände der alten Bundesländer verbindlich,[232]

---

227 *Markowetz*, Doping, S. 35; *Prokop*, Dopingverbote, S. 76; *Schlöter*, Doping, S. 66.

228 *Schlöter*, Doping, S. 65.

229 *Glocker*, Doping, S. 36; *Markowetz*, Doping, S. 35; *Prokop*, Dopingverbote, S. 76; *Schlöter*, Doping, S. 66.

230 Am 20.5.2006 schloss sich der Deutsche Sportbund (DSB) mit dem Nationalen Olympischen Komitee (NOK) zusammen und ging in den neuen Deutschen Olympischen Sportbund (DOSB) auf.

231 *Donike/Rauth*, Dopingkontrollen, S. 2.

232 Nach der Statistik der ordentlichen Mitgliederorganisationen des DSB 1970, *Glocker*, Doping, S. 37.

tangierte allerdings nicht die Bestimmungen internationaler Sportorganisationen.[233] Ausweislich der Präambel der Rahmenrichtlinien verpflichteten sich die Vereine „*die Verwendung von Dopingsubstanzen im Sport zu verbieten und das Doping mit allen ihnen zu Gebote stehenden Mitteln zu bekämpfen.*" Am 3. Dezember 1977 wurde die Richtlinie dahingehend modifiziert, dass auch anabole Steroide miteinbezogen wurden. Seitdem war Doping als „*der Versuch einer unphysiologischen Steigerung der Leistungsfähigkeit des Sportlers durch Anwendung (Einnahme, Injektion oder Verabreichung) einer Dopingsubstanz durch den Sportler oder eine Hilfsperson (z.B. Mannschaftsleiter, Trainer, Betreuer, Arzt, Pfleger oder Masseur) vor einem Wettkampf oder während eines Wettkampfs und für die anabolen Hormone auch im Training*" definiert.[234] Dopingsubstanzen im Sinne dieser Richtlinie sollten dabei „*insbesondere Phenylethylaminderivate (Weckamine, Ephedrine, Adrenalinderivate), Narkotika, Analeptika (Kampfer und Strychninderivate) und anabole Hormone*" sein.[235] Sportartspezifisch konnten auch weitere Substanzen wie „*Alkohol, Sedative, Psychopharmaka*" als Dopingsubstanzen aufgeführt werden.[236] Genauso wie die Definition des Europarats aus dem Jahre 1963 stieß allerdings auch diese Begriffsbestimmung auf Kritik. Zwar bot die Definition gegenüber den bisher ausschließlich abstrakt formulierten Ansätzen den Vorteil, dass bei Verwendung der genannten Substanzen ein Verstoß gegen Doping vorlag und auch der Einsatz neuer Substanzen zu Dopingzwecken als Doping geahndet werden konnte.[237] Ohne befriedigende Definition der „*unphysiologischen Steigerung der Leistungsfähigkeit*" war aber auch hier eine gleiche und konsequente Anwendung nahezu unmöglich.[238] Dabei stellte sich für die Sportler insbesondere das Problem, dass sie aufgrund der unpräzisen Formulierung nicht wissen konnten, ob ein bestimmtes Verhalten unter den Begriff des Dopings zu subsumieren oder noch legal ist.[239] Auch die nicht erfasste Anwendung verbotener Methoden und die ausdrücklich nicht abschließende

233 Präambel der DSB-Rahmen-Richtlinien zur Bekämpfung des Dopings in der Fassung v. 3.12.1977.

234 Vgl. §§ 2 bis 4 der DSB-Rahmen-Richtlinie zur Bekämpfung des Dopings in der Fassung v. 1.12.2001; *Donike/Rauth*, Dopingkontrollen, S. 2; *Schlöter*, Doping, S. 67; *Schulz*, Doping, S. 13.

235 *Donike/Rauth*, Dopingkontrollen, S. 2.

236 § 2 Nr. 3 der DSB-Rahmen-Richtlinie zur Bekämpfung des Dopings in der Fassung v. 1.12.2001; *Donike/Rauth*, Dopingkontrollen, S. 2; *Schlöter*, Doping, S. 67.

237 *Schlöter*, Doping, S. 67.

238 *Donike/Rauth*, Dopingkontrollen, S. 4.

239 *Glocker*, Doping, S. 37.

Aufzählung der Dopingsubstanzen („*insbesondere*") waren wenig gelungen, weshalb die Definition mehrmals geändert und den jeweiligen Umständen angepasst wurde.[240] Aufgrund dieser unvollständigen und nicht praktikablen Definitionsvariante entschloss sich der DSB für eine wesentlich konkretere Begriffsbestimmung, die gemäß § 2 der Rahmen-Richtlinien zur Bekämpfung des Dopings in der Fassung von 1993 wie folgt lautete:

1. *„Doping ist der Versuch der Leistungssteigerung durch die Anwendung (Einnahme, Injektion oder Verabreichung) von Substanzen der verbotenen Wirkstoffgruppen oder durch die Anwendung verbotener Methoden (z.B. Blutdoping).*
2. *Die Liste der verbotenen Wirkstoffgruppen umfaßt z.B. Stimulanzien, Narkotika, anabole Substanzen, Diuretika, Peptidhormone und Verbindungen, die chemisch, pharmakologisch oder der angestrengten Wirkung her verwandt sind.*
3. *Sportspezifisch können weitere Substanzen und Wirkstoffgruppen, z.B. Alkohol, Sedativa, Psychopharmaka, ß-Blocker unter den Dopingsubstanzen aufgeführt werden.*
4. *Sportler/innen können sich dann nicht auf Unklarheit berufen, wenn die Anwendung der Medikamente ohne ärztliche Verschreibung aufgrund medizinischer Indikation erfolgt ist. Das gleiche gilt für Medikamente, die nicht gem. § 9 Abs. 1, Satz 2 angegeben sind.*
5. *Die ‚Dopingdefinition der Medizinischen Kommission des IOC für die XIV Winterspiele in Lillehammer 1994 vom 17.3.1993' einschließlich der Beispiele und Erläuterungen (Anlage 1) ist Bestandteil dieser Rahmen-Richtlinien. Sie ist von den Spitzenverbänden zum Bestandteil ihrer Wettkampfbestimmungen zu machen."*[241]

c) Internationales Olympisches Komitee

Die im Jahre 1967 ins Leben gerufene Medizinische Kommission des IOC, deren Hauptaufgabe gemäß Regel 48 der Olympischen Charta[242] der Kampf gegen das anwachsende Problem des Dopings war, verwarf die damaligen

240 Änderungen erfolgten jeweils am 3.12.1988; 14.12.1991; 30.5.1992; 15.5.1993; 30.11.1996; 13.12.1997; 27.11.1999 und 1.12.2001.

241 Zitiert nach *Bergermann*, Doping und Zivilrecht, S. 10.

242 In der heute aktuellen englischen Fassung der Olympischen Charta vom 2.8.2015 ist die Medical Commission im Chapter 2, Nummer 21 zu finden.

Definitionsansätze von DGSP, Europarat und DSB, Doping im ethisch-moralischen Sinne zu definieren und entwarf im Hinblick auf die Olympischen Spiele im Jahr 1971 erstmals eine rein praxisorientierte Definition.[243] Doping wurde fortan nicht mehr nur abstrakt, sondern durch die Aufzählung verbotener Substanzen in Kapitel II des Medical Codes in Form einer Dopingliste definiert.[244] Danach bestand Doping aus *„1. der Verwendung von Substanzen aus den verbotenen pharmakologischen Wirkstoffgruppen und/oder 2. der Anwendung verbotener Methoden.“*[245] Um den neusten pharmakologischen Errungenschaften Rechnung zu tragen, wurden die entsprechenden Listen verbotener Wirkstoffe immer wieder ergänzt und verändert.[246] Die erste vom ICO entworfene und herausgegebene Liste der verbotenen Wirkstoffgruppen und Methoden wurde bereits für die X. Olympischen Winterspiele 1968 in Grenoble aufgestellt und stand damit noch ohne Bezug zu der oben erwähnten Definition der Medizinischen Kommission. Mit ihrer noch sehr einfachen und kurzen Einteilung waren sympathomimetische Amine, Ephedrin und ähnliche Substanzen, Stimulanzien des Nervensystems und Analgetika, Analeptika, Narkotika und ähnliche Substanzen, Antidepressiva und ähnliche Substanzen sowie Beruhigungsmittel verboten.[247] Der bis Ende 1999 wirksame Medical Code wurde dann vom Anti-Doping-Code (ADC) als neuer Rechtsgrundlage der ICO im Kampf gegen das Doping abgelöst[248] Nach Artikel 2 des ADC galt Doping nunmehr als:

1. *„Die Anwendung eines Hilfsmittels (Wirkstoff oder Methode), das potentiell schädlich für die Gesundheit von Sportler/Sportlerinnen ist und/oder deren Leistung steigern kann, oder*
2. *die Existenz eines verbotenen Wirkstoffes im Körper eines Sportlers/einer Sportlerin oder der Nachweis der Anwendung eines verbotenen Wirkstoffes oder einer verbotenen Methode.“*[249]

Mit der neuen Definition verwendete das IOC eine Kombination aus abstrakter und konkreter Definition.[250] Die Nummer 2 war als konkreter Teil eindeutig

---

243 *Donike/Rauth*, Dopingkontrollen, S. 4, 128; *Glocker*, Doping, S. 38; *Schulz*, Doping, S. 4 f.

244 *Glocker*, Doping, S. 39; *Haug*, Doping, S. 28 f.

245 *Haas/Prokop*, SpuRt 2000, 5, 5.

246 *Schlöter*, Doping, S. 66.

247 *Glocker*, Doping, S. 39.

248 *Glocker*, Doping, S. 39; *Prokop*, Dopingverbote, S. 82.

249 Zitiert nach Nickel/Rous/*Haug*, Das-Anti-Doping-Handbuch, S. 47.

250 *Haas/Prokop*, SpuRt 2000, 5, 6.

bestimmt. So konnte beim Fehlen einer verbotenen Substanz auch der Nachweis der Anwendung eines verbotenen Wirkstoffes oder Methode zur Überführung des Sportlers ausreichen. Weil jedoch die Nummer 1 allein auf die potentielle Schädlichkeit für die Gesundheit oder die potentielle Eignung zur Leistungssteigerung abstellte ohne dass konkrete Hilfsmittel genannt werden, war es nicht möglich, ein Dopingvergehen zu bestimmten.[251] Deshalb galt auch der Anti-Doping-Code als juristisch zu unbestimmt und brachte damit nur einen marginalen Fortschritt zum Medical Code.[252]

Die letzte ausgearbeitete Liste der verbotenen Wirkstoffgruppen und Methoden der Medizinischen Kommission des IOC, die dem Medical Code bzw. dem neuen ADC entsprach, erschien zu den XIX. Olympischen Spielen im Jahr 2002 in Salt Lake City, USA, und war erheblich detaillierter ausgearbeitet als die ersten Versionen der Verbotslisten und beinhaltete neben 13 uneingeschränkt verbotenen Wirkstoffgruppen (Stimulanzien, Narkotika, drei Anabolika, Diuretika und sieben Peptidhormone) auch drei Methoden, die als verbotenes Doping anzusehen waren (Blutdoping, Anwendung künstlicher Sauerstoffträger oder von Plasmaexpandern, pharmakologische, chemische und physikalische Manipulation) und fünf Wirkstoffgruppen, die nur eingeschränkt zugelassen waren (Alkohol, Cannabinoide, Lokalanästhetika, Glukokortikosteroide, Beta-Blocker).[253] Eine explizit nicht abschließende Aufzählung verschiedener verbotener Substanzen aller dieser Wirkstoffgruppen ergänzte diese Liste, mit welcher das IOC ausdrücklich darauf hinwies, dass einige Substanzen, die in der Aufzählung nicht genannt werden, aufgrund der rechtlich problematischen Bezeichnung „*und verwandte Verbindungen*" als verboten angesehen werden.[254]

Zwar galt diese Definition unmittelbar nur für Wettkämpfe, die der Verantwortung des IOC unterlagen, im Laufe der Zeit hatten jedoch nahezu alle internationalen Sportfachverbände und die nationalen Olympischen Komitees die Regelung des Medical Codes und dessen Nachfolger ADC in ihre eigenen Dopingdefinitionen adaptiert, weshalb sie lange Zeit als Standarddopingregel galt.[255]

---

251 Nickel/Rous/*Haug*, Das-Anti-Doping-Handbuch, S. 47.

252 *Haas/Prokop*, SpuRt 2000, 5, 6; *Glocker*, Doping, S. 39; *Prokop*, Dopingverbote, S. 82 f.

253 F/P/S/*Summerer*, Praxishandbuch, 1998, 2. Teil Rn. 215 ff.; *Glocker*, Doping, S. 39 f.

254 F/P/S/*Summerer*, Praxishandbuch, 1998, 2. Teil Rn. 218; *Glocker*, Doping, S. 40.

255 *Clasing/Müller*, Dopingkontrolle – Information für Aktive, Betreuer und Ärzte; *Glocker*, Doping, S. 40.

3. *Heutige Definitionsansätze*

a) *Übereinkommen des Europarats, 1989*

In Anbetracht der aufgezeigten Kritik am ersten Definitionsversuch aus dem Jahre 1963[256] erließ der Europarat mit Artikel 2 des Europäischen Übereinkommens gegen Doping am 16. November 1989 – dem die Bundesrepublik Deutschland im Jahre 1994[257] beigetreten ist – folgende Anpassung:

„*(1) Im Sinne dieses Übereinkommens*
a) bedeutet ‚Doping im Sport' die Verabreichung pharmakologischer Gruppen von Dopingwirkstoffen oder Dopingmethoden an Sportler und Sportlerinnen oder die Anwendung solcher Wirkstoffe und Methoden durch diese Personen;
b) bedeutet ‚pharmakologische Gruppe von Dopingwirkstoffen oder Dopingmethoden', vorbehaltlich des Absatzes 2, diejenigen Gruppen von Dopingwirkstoffen oder Dopingmethoden, die von den betreffenden internationalen Sportorganisationen verboten wurden und in Listen geführt sind, welche Artikel 11 Absatz 1 Buchstabe b von der Beobachtenden Begleitgruppe betätigt wurden;
c) bedeutet ‚Sportlerinnen und Sportler' die Personen, die regelmäßig an Sportveranstaltungen teilnehmen.
(2) Bis eine Liste der verbotenen pharmakologischen Gruppen von Dopingwirkstoffen und Dopingmethoden von der Beobachtenden Begleitgruppe nach Artikel 11 Absatz 1 Buchstabe b bestätigt wird, gilt die Bezugsliste im Anhang zu diesem Übereinkommen."[258]

Mit der neuen Definition entschloss sich der Europarat gegen eine abstrakte und für eine konkrete Bestimmung des Dopings, die auf eine Liste verbotener Mittel und Methoden Bezug nimmt. Auf einen bestimmten Zweck als Tatbestandsvoraussetzung wurde verzichtet, vielmehr sollte das bloße Vorhandensein einer verbotenen Substanz oder die Anwendung einer verbotenen Methode für eine Bestrafung ausreichen.[259] Am 12. Septmeber 2002 wurde das Übereinkommen des Europarats gegen Doping vom 16. Novemver 1989 um zusätzliche Regelungen zur gegenseitigen Anerkennung von Dopingkontrollen auf dem Hoheitsgebiet eines

---

256 Siehe hierzu unter: 2. Kapitel C. III. 2. a).

257 Das Übereinkommen ist mit dem Gesetz vom 2.3.1994 zu dem Übereinkommen vom 16.11.1989 gegen Doping (DopingÜbkG – BGBl. 1994 II, S. 334 ff.) zum 1.6.1994 in Deutschland in Kraft getreten.

258 Zitiert nach *Schlöter*, Doping, S. 68.

259 *Glocker*, Doping, S. 41; *Prokop*, Dopingverbote, S. 79.

anderen Vertragsstaates sowie der Zuständigkeit der WADA[260] und der ihr unterstellten Dopingkontrollorganisationen ergänzt.[261] Dieses Zusatzprotokoll ist am 1. April 2004 völkerrechtlich in Kraft getreten und am 15. Februar 2006 unter dem Vorbehalt der Ratifikation von der Bundesrepublik Deutschland unterzeichnet worden. Das Gesetz trat am 23. Mai 2007 in Kraft.[262]

b) UNESCO, WADC und NADC

aa) Internationales Übereinkommen gegen Doping im Sport

Teilweise wird der Begriff des Dopings noch weiter verstanden und erfasst neben dem Besitz und dem Inverkehrbringen von Dopingmitteln auch Verstöße gegen die Verpflichtung von Sportlern, sich Dopingkontrollen zu unterziehen.[263] Nach Art. 2 Abs. 9 des Internationalen Übereinkommens gegen Doping im Sport der UNESCO[264] aus dem Jahr 2005[265] bedeutet *„Doping im Sport das Vorliegen eines Verstoßes gegen die Anti-Doping-Regeln.“* Nach Art. 2 Abs. 3 des Übereinkommens bedeutet *„Verstoß gegen die Anti-Doping-Regeln“* im Sport das Vorliegen eines oder mehrerer der nachstehenden Sachverhalte:

a) „das Vorhandensein eines verbotenen Wirkstoffes oder seiner Metaboliten oder Marker in einer Körperprobe eines Athleten;

b) die tatsächliche oder versuchte Anwendung eines verbotenen Wirkstoffes oder einer verbotenen Methode;

c) die Weigerung, sich einer Probenahme zu unterziehen, oder die Nichtbeachtung einer Probe ohne zwingenden Grund, beides im Anschluss an eine den geltenden Anti-Doping-Regeln entsprechende Ankündigung, oder ein anderweitiges Umgehen der Probenahme;

d) die Nichterfüllung des Erfordernisses der Verfügbarkeit des Athleten für Kontrollen außerhalb des Wettkampfs, einschließlich der nicht erfolgten Angabe der erforderlichen Informationen über den Aufenthaltsort des Athleten und des Versäumnisses sich einer Kontrolle zu unterziehen, die als zumutbare Regeln entsprechend gilt;

---

260 Hierzu eingehend unter: 2. Kapitel D. I. 2.

261 *Glocker*, Doping, S. 41.

262 *Glocker*, Doping, S. 41 f.

263 *Blasius*, Doping im Sport, S. 10.

264 United Nations Educational, Scientific and Cultural Organization; deutsch: Organisation der Vereinten Nationen für Erziehung, Wissenschaft und Kultur.

265 Hierzu näher unter: 2. Kapitel D. I. 3.

e) die tatsächliche oder versuchte unzulässige Einflussnahme auf jeden Teil der Dopingkontrolle;

f) der Besitz verbotener Wirkstoffe oder Methoden;

g) das Inverkehrbringen eines verbotenen Wirkstoffes oder einer verbotenen Methode;

h) die tatsächliche oder versuchte Verabreichung von verbotenen Wirkstoffen oder verbotenen Methoden an Athleten oder die Unterstützung, Anstiftung, Beihilfe, Verschleierung oder sonstige Tatbeteiligung bei einem tatsächlichen oder versuchten Verstoß gegen die Anti-Doping-Regeln.“

bb) Welt Anti-Doping Code und Nationaler Anti-Doping Code

Hiermit vergleichbar ist der heutige Ansatz im Anti-Doping Code der Welt-Anti-Doping-Agentur (WADC),[266] auf welchem der im Anti-Doping Code 2015 (NADC)[267] der Nationalen Anti-Doping Agentur Deutschlands niedergelegte Dopingbegriff beruht. Die 2002 als Stiftung gegründete Nationale Anti-Doping Agentur steht als eigenständiges und unabhängiges Institut außerhalb der Hierarchiepyramide. Durch die Annahme des WADC hat sich die NADA am 10. Dezember 2003 zu dessen Umsetzung verpflichtet. Gemäß Art. 4.1 des NADC ist die Verbotsliste der WADA in ihrer jeweils gültigen Fassung Bestandteil des NADC. In Art. 1 wird Doping als das Vorliegen eines oder mehrerer der nachfolgenden Art. 2.1 bis Art. 2.10 festgelegten Verstöße gegen Anti-Doping-Bestimmungen definiert.[268] Gemäß Art. 2 des NADC gelten als Verstöße gegen Anti-Doping-Bestimmungen:

„2.1 Vorhandensein einer verbotenen Substanz, ihrer Metaboliten oder Marker in der Probe eines Athleten.

2.1.1 Es ist die persönliche Pflicht eines jeden Athleten, dafür zu sorgen, dass keine Verbotenen Substanzen in seinen Körper gelangen. Athleten sind für jede Verbotene Substanz oder ihre Metaboliten oder Marker verantwortlich, die in ihrer Probe gefunden werden. Demzufolge ist es nicht erforderlich, dass Vorsatz, Verschulden, Fahrlässigkeit oder bewusster Gebrauch aufseiten des Athleten nachgewiesen wird, um einen Verstoß gegen Anti-Doping-Bestimmungen gemäß Artikel 2.1 zu begründen.

---

266 Zur WADA ausführlich unter: 2. Kapitel D. I. 2.

267 Zur NADA ausführlich unter: 2. Kapitel D. II. 1.

268 Die Kommentare der NADA zu den jeweiligen Bestimmungen sind hier nicht wiedergegeben.

2.1.2 Ein ausreichender Nachweis eines Verstoßes gegen Anti-Doping-Bestimmungen gemäß Artikel 2.1 ist in einem der nachfolgenden Fälle gegeben: das Vorhandensein einer verbotenen Substanz, ihrer Metaboliten oder Marker in der A-Probe eines Athleten, wenn der Athlet auf die Analyse der B-Probe verzichte und die B-Probe nicht analysiert wird; oder, wenn die B-Probe des Athleten analysiert wird und das Analyseergebnis das Vorhandensein der Verbotenen Substanz oder ihrer Metaboliten oder Marker in der A-Probe des Athleten bestätigt; oder wenn die B-Probe des Athleten auf zwei Flaschen aufgeteilt wird und das Analyseergebnis der zweiten Falsche das Vorhandensein einer Verbotenen Substanz ihrer Metaboliten oder Marker in der ersten Flasche bestätigt.

2.1.3 Mit Ausnahme solcher Substanzen, für die in der Verbotsliste quantitative Grenzwerte besonders festgelegt sind, begründet das Vorhandensein jeglicher Menge einer verbotenen Substanz, ihrer Metaboliten oder Marker in der Probe eines Athleten einen Verstoß gegen Anti-Doping-Bestimmungen.

2.1.4 Abweichend von der allgemeinen Regelung des Artikels 2.1 können in der Verbotsliste oder den Internationale Standards spezielle Kriterien zur Bewertung verbotener Substanzen, die auch endogen produziert werden können, festgelegt werden.

2.2 Der Gebrauch oder der Versuch des Gebrauchs einer verbotenen Substanz oder einer verbotenen Methode durch einen Athleten.

2.2.1 Es ist die persönliche Pflicht eines jeden Athleten, dafür zu sorgen, dass keine Verbotene Substanz in seinen Körper gelangt und dass keine Verbotene Methode gebraucht wird. Demzufolge ist es nicht erforderlich, dass Vorsatz, Verschulden, Fahrlässigkeit oder bewusster Gebrauch aufseiten des Athleten nachgewiesen wird, um einen Verstoß gegen Anti-Doping-Bestimmungen wegen des Gebrauchs einer Verbotenen Substanz oder einer Verbotenen Methode zu begründen.

2.2.2 Der Erfolg oder der Misserfolg des Gebrauchs einer Verbotenen Substanz oder einer Verbotenen Methode ist nicht maßgeblich. Es ist ausreichend, dass die Verbotene Substanz oder die Verbotene Methode gebraucht oder ihr Gebrauch versucht wurde, um einen Verstoß gegen Anti-Doping-Bestimmungen zu begehen.

2.3 Umgehung der Probenahme oder die Weigerung oder das Unterlassen, sich einer Probe zu unterziehen.

Die Umgehung einer Probenahme oder die Weigerung oder das Unterlassen ohne zwingenden Grund, sich nach entsprechender Benachrichtigung einer gemäß den anwendbaren Anti-Doping-Bestimmungen zulässigen Probenahme zu unterziehen.

2.4 Meldepflichtverstöße

Jede Kombination von drei Versäumten Kontrollen und/oder Meldepflichtversäumnissen im Sinne des Internationalen Standards für Dopingkontrollen und Ermittlungen und/oder des Standards für Meldepflichten eines Athleten, der einem Registered Testing Pool oder dem Nationalen Testpool angehört, innerhalb eines Zeitraums von 12 Monaten.

2.5 Die unzulässige Einflussnahme oder der Versuch der unzulässigen Einflussnahme auf irgendeinen Teil des Dopingkontrollverfahrens

Handlungen, die das Dopingkontrollverfahren auf unzulässige Weise beeinflussen, die jedoch ansonsten nicht in der Definition der Verbotenen Methoden enthalten wären.

Unzulässige Einflussnahme umfasst insbesondere die vorsätzliche Beeinträchtigung oder den Versuch der vorsätzlichen Beeinträchtigung des Personals zur Probenahme, die vorsätzliche Angabe von falschen Informationen gegenüber einer Anti-Doping-Organisation oder die Einschüchterung oder den Versuch der Einschüchterung eines potentiellen Zeugen.

2.6 Besitz einer verbotenen Substanz oder einer verbotenen Methode.

2.6.1 Der Besitz durch einen Athleten Innerhalb des Wettkampfes von Verbotenen Methoden oder Verbotenen Substanzen, oder der Besitz Außerhalb des Wettkampfs von Methoden oder Substanzen, die Außerhalb des Wettkampfs verboten sind. Dies gilt nicht, sofern der Athlet den Nachweis erbringt, dass der Besitz auf Grund einer Medizinischen Ausnahmegenehmigung, die im Einklang mit Artikel 4.4 erteilt wurde, oder aufgrund einer anderen annehmbaren Begründung gerechtfertigt ist.

2.6.2 Der Besitz durch einen Athletenbetreuer Innerhalb des Wettkampfs von Verbotenen Methoden oder Verbotenen Substanzen oder der Besitz durch einen Athletenbetreuer Außerhalb des Wettkampfs von Methoden oder Substanzen, die Außerhalb des Wettkampfs verboten sind, sofern der Besitz in Verbindung mit einem Athleten, einem Wettkampf oder einem Training steht. Dies gilt nicht, sofern der Athletenbetreuer den Nachweis erbringt, dass der Besitz auf Grund einer Medizinischen Ausnahmegenehmigung eines Athleten, die im Einklang mit Artikel 4.4 erteilt wurde, oder aufgrund einer anderen annehmbaren Begründung gerechtfertigt ist.

2.7 Das Inverkehrbringen oder der Versuch des Inverkehrbringens von einer verbotenen Substanz oder einer verbotenen Methode

2.8 Die Verabreichung oder der Versuch der Verabreichung an Athleten von Verbotenen Substanzen oder Verbotenen Methoden Innerhalb des Wettkampfs oder Außerhalb des Wettkampfs die Verabreichung oder der Versuch der Verabreichung von Verbotenen Methoden oder Verbotenen Substanzen, die Außerhalb des Wettkampfs verboten sind.

2.9 Tatbeteiligung

Jegliche Form von Unterstützung, Aufforderung, Beihilfe, Anstiftung, Beteiligung, Verschleierung oder jede sonstige vorsätzliche Beteiligung im Zusammenhang mit einem Verstoß gegen Anti-Doping-Bestimmungen oder einem Versuch eines Verstoßes gegen Anti-Doping-Bestimmungen oder einem Verstoß gegen Artikel 10.12.1 durch eine andere Person.

2.10 Verbotener Umgang

Der Umgang eines Athleten oder einer anderen Person, die an die Anti-Doping-Regelwerke einer Anti-Doping-Organisation gebunden ist, in beruflicher oder sportlicher Funktion mit einem Athletenbetreuer,

2.10.1 der an die Anti-Doping-Regelwerke einer Anti-Doping-Organisation gebunden ist und gesperrt ist; oder

2.10.2 der nicht an die Anti-Doping-Regelwerke einer Anti-Doping-Organisation gebunden ist und der nicht aufgrund eines Ergebnismanagement- und Disziplinarverfahrens gemäß NADC und/oder Code gesperrt wurde, jedoch dem in einem Straf-, Disziplinar- oder standesrechtlichen Verfahren ein Verhalten nachgewiesen oder der für ein solches Verhalten verurteilt wurde, das einen Verstoß gegen Anti-Doping-Bestimmungen dargestellt hätte, soweit diese oder andere im Einklang mit dem Code stehenden Anti-Doping-Regeln zur Anwendung gelangt wären.

Die Dauer des Umgangsverbots entspricht der im Straf-, Disziplinar- oder standesrechtlichen Verfahren festgelegten Strafe, beträgt mindestens jedoch sechs Jahre ab dem Zeitpunkt der Entscheidung; oder

2.10.3 der als Stroh- oder Mittelsmann für eine in Artikel 2.10.1 oder 2.10.2 beschriebene Person tätig wird.

Eine für den Athleten oder die andere Person zuständige Anti-Doping- Organisation oder die WADA muss den Athleten oder eine andere Person im Voraus schriftlich über die Sperre oder Sanktionierung des Athletenbetreuers und die möglichen Konsequenzen eines verbotenen Umgangs informiert haben, und es muss dem Athleten oder einer anderen Person möglich sein, den Umgang angemessen zu vermeiden.

Die Anti-Doping-Organisation soll – im Rahmen des Möglichen – dem in der schriftlichen Information an den Athleten oder die andere Person genannten Athletenbetreuer mitteilen, dass der Athletenbetreuer innerhalb von 15 Tagen gegenüber der Anti-Doping-Organisation erklären kann, dass die in Artikel 2.10.1 und 2.10.2 beschriebenen Kriterien nicht auf ihn zutreffen. (Unbeschadet Artikel 17 gilt dieser Artikel, selbst wenn das Verhalten des Athletenbetreuers, das zu seiner Sperre führte, vor dem Datum des Inkrafttretens gemäß Artikel 25 des Codes lag.)

Der Athlet oder die andere Person muss beweisen, dass der Umgang mit dem in Artikel 2.10.1 und 2.10.2 beschriebenen Athletenbetreuer nicht in beruflicher oder sportlicher Funktion erfolgt.

Anti-Doping-Organisationen, die Kenntnis von Athletenbetreuern haben, die den in Artikel 2.10.1, 2.10.2 oder 2.10.3 genannten Kriterien entsprechen, sind verpflichtet, diese Information an die WADA weiterzugeben."[269]

4. *Zusammenfassung*

Bereits zu Beginn des 20. Jahrhunderts hat man damit begonnen, die Leistungssteigerung durch die Einnahme bestimmter Substanzen im Sport zu verbieten. Eine gänzlich befriedigende sportrechtliche Definition des Dopings gibt es gleichwohl nicht. Die ersten Definitionsversuche in einem abstrakten Sinne – wie etwa beim Deutschen Sportärztebund, dem Europarat 1963 oder dem Deutschen Sportbund – scheiterten an der Möglichkeit, die komplexe Materie in einer exakten teleologischen Definition zusammenzufassen und sind damit für eine hinreichend bestimmte Begriffsbestimmung unbefriedigend.[270] Aus diesem Grund wurde Doping seit dem Definitionsansatz der Medizinischen Kommission des IOC im Jahre 1967 von fast allen Organisationen, Verbänden und staatlichen oder überstaatlichen Stellen durch eine Dopingliste definiert, die Wirkstoffe und Vorgehensweisen exakt aufzählt und bestimmt. Die Begriffsbestimmung des Internationalen Übereinkommens gegen Doping im Sport der UNESCO ist nahezu wortgleich mit den Vorschriften der WADA bzw. der NADA. Letztlich handelt es sich auch bei der Dopingdefinition des WADC bzw. NADC um eine abschließende Aufzählung der verbotenen Substanzen und Methoden, die auf eine abstrakt-generelle Umschreibung des Dopings verzichtet.[271] Ergänzt wird die

---

269 NADC in der Fassung von 2015.

270 *Glocker*, Doping, S. 53.

271 Nickel/Rous/*Haug*, Das-Anti-Doping-Handbuch, S. 49.

Definition um eine eigene Kommentierung innerhalb des Regelwerks.[272] Auch wenn die gewählte Regelungssytematik hinreichend bestimmt zu sein scheint, ist auch ihr der Vorwurf, dass sie stets einen Schritt hinter dem jeweiligen Stand der medizinischen Entwicklung zurückbleibt, immanent. Die gewählte Regelungssystematik veranschaulicht, wie schwierig es ist, eine allumfassende Definition aufzustellen, die zugleich hinreichend bestimmt und auch verständlich ist. Trotz etwaiger Kritik erscheint ein solcher Ansatz dennoch am besten geeignet zu sein, den Begriff des Dopings zu definieren. Die Abkehr von ethisch-moralischen Bezugspunkten, subjektiven Komponenten und unbestimmten Rechtsbegriffen führt zu einer justiziablen Grundlage für die Sanktionierung von Verstößen gegen Doping.[273] Nachteilig ist zwar der Umstand, dass die Liste ständig aktualisiert werden muss, um den pharmakologischen Entwicklungen gerecht zu werden. Dies erscheint aber in Anbetracht einer hinreichenden Bestimmtheit geboten.[274] Diese Erkenntnis ist auch im Hinblick auf das Anti-Doping-Gesetz zu berücksichtigen. Elementarer Unterschied bei der Bestimmung von Doping zwischen dem staatlichen Strafrecht und dem Verbandsstrafrecht ist der Grundsatz „*nullum crimen, nulla poena sine lege scripta.*"[275] Ausgehend vom Bestimmtheitsgrundsatz des Art. 103 Abs. 2 GG muss vor jeder Begehung einer Tat bereits die Strafbarkeit gesetzlich bestimmt sein, was in Anbetracht einer ständigen Änderung von Dopingsubstanzen und –methoden schwierig ist. So ist es erforderlich, dass der Gesetzgeber sämtliche Dopingwirkstoffe und Methoden gesetzlich festgelegt hat bevor die Dopinghandlung durchgeführt wird. Mithin hinkt der Gesetzgebungs- und Gesetzesänderungsprozess der medizinischen Entwicklung neuer Substanzen und Methoden stets hinterher. Selbst der Gesetzgeber vertritt die Auffassung, dass eine Legaldefinition nicht im Stande wäre, „*ohne ständige Änderung und Aktualisierung mit der technischen und medizinischen Entwicklung Schritt zu halten*".[276]

---

272 *Schlöter*, Doping, S. 72.
273 *Haas/Prokop*, SpuRt 2000, 5, 6; *Glocker*, Doping, S. 53.
274 *Haas/Prokop*, SpuRt 2000, 5, 6.; a.A. *Kudlich*, JA 2007, 90, 94.
275 So auch: *Schulz*, Doping, S. 23.
276 BT-Drucks. 13/5215, S. 5.

D. Die Entwicklungen in der internationalen und nationalen Dopingbekämpfung

I. Anti-Doping-Maßnahmen im internationalen Bereich

Zu den Grundlagen internationaler Dopingbekämpfung zählen heute vor allem die Übereinkommen des Europarats und der UNESCO gegen Doping im Sport sowie die auf Initiative des Internationalen Olympischen Komitees ins Leben gerufene Welt-Anti-Doping-Agentur.

1. Anti-Doping-Konvention des Europarats

Aufgrund der Besorgnis „*über die zunehmende Anwendung von Dopingwirkstoffen und -methoden durch Sportler und Sportlerinnen im gesamten Sportbereich und die sich daraus ergebenden Folgen für die Gesundheit der Sportler und die Zukunft des Sports*"[277] vereinbarten die Mitgliedsstaaten des Europarats am 16. November 1989 als erstes völkerrechtliches Regelwerk zur Dopingbekämpfung das Übereinkommen gegen Doping im Sport, das am 1. März 1990 in Kraft getreten ist.[278] Bis heute haben 52 Staaten die Konvention ratifiziert.[279] Gemäß Art. 59 Abs. 2 S. 1 GG verabschiedete der Deutsche Bundestag das Zustimmungsgesetz zum Übereinkommen gegen Doping am 2. März 1994.[280] Das Zustimmungsgesetz ist am 12. März 1994 in Kraft getreten.[281] Das Übereinkommen trat für die Bundesrepublik Deutschland zum 1. Juni 1994 in Kraft.[282] Grundlage für das Übereinkommen gegen Doping im Sport bildet das Europäische

---

277 Präambel des Übereinkommens gegen Doping i.d.F. vom 16.11.1989.

278 *Weber*, BtMG, AntiDopG, Einleitung B Rn. 9; *Blasius*, Doping im Sport, S. 142; *Feiden/Blasius*, Doping im Sport, S. 107; *Schmidt*, Internationale Dopingbekämpfung, S. 22.

279 Vertragsparteien sind: Albanien, Andorra, Armenien, Aserbaidschan, Australien, Belgien, Bosnien und Herzegowina, Bulgarien, Dänemark, Deutschland, Ehemalige jugoslawische Republik Mazedonien, Estland, Finnland, Frankreich, Georgien, Griechenland, Irland, Island, Italien, Kanada, Kroatien, Lettland, Lichtenstein, Litauen, Luxemburg, Malta, Marokko, Moldawien, Monaco, Montenegro, Niederlande, Norwegen, Österreich, Polen, Portugal, Rumänien, Russische Föderation, San Marino, Schweden, Schweiz, Serbien, Slowakei, Slowenien, Spanien, Tschechische Republik, Tunesien, Türkei, Ukraine, Ungarn, Vereintes Königreich Großbritannien, Weißrussland und Zypern (Stand: November 2017).

280 *Feiden/Blasius*, Doping im Sport, S. 105.

281 BGBl. 1994 II, S. 334.

282 BGBl. 1994 II, S. 1250; *Blasius*, Doping im Sport, S. 142.

Kulturabkommen vom 19. Dezember 1954.[283] Obwohl das Abkommen keine expliziten Vorgaben zur Dopingbekämpfung enthält, legt es den Rahmen einer internationalen Zusammenarbeit in den Bereichen Erziehung, Kultur, Sport und Bildung fest.[284] Vorausgegangen sind dem Übereinkommen gegen Doping im Sport zahlreiche Erklärungen und Initiativen der einzelnen Mitglieder des Europarats. Die darin deklarierten Grundsätze dienten zum Teil als Vorlage und waren für die Ausgestaltung des Übereinkommens prägend.[285]

In Art. 1 des Übereinkommens haben sich die Vertragsparteien dazu verpflichtet, im Hinblick auf die Verringerung und endgültige Ausmerzung des Dopings im Sport die notwendigen Maßnahmen zu ergreifen. Dazu sollen die Vertragsparteien gemäß Art. 4 Abs. 1 des Übereinkommens in geeigneten Fällen Gesetze, Vorschriften oder Verwaltungsmaßnahmen erlassen, um die Verfügbarkeit sowie die Anwendung verbotener Dopingwirkstoffe und -methoden im Sport einzuschränken. Die Vorschrift statuiert eine gemeinsame Verantwortung von Staat und entsprechenden Sportorganisationen.[286] Die Vertragsparteien sollen nur dann eine Pflicht zum Erlass von Vorschriften treffen, wenn die autonomen Organisationen über keine entsprechenden Regelungen verfügen oder ihren Aufgaben nicht nachkommen. Ob eine solche Situation, also ein *„geeigneter Fall“*,[287] vorliegt, ist für jeden Vertragsstaat einzeln zu prüfen, wobei den nationalen Regierungen eine Einschätzungsprärogative zukommt.[288] Dieser Beurteilungsspielraum ist dynamisch zu verstehen und nicht auf den Status quo im Zeitpunkt des Inkrafttretens festgelegt.[289] Weil das Übereinkommen auf eine

---

283 Das Kulturabkommen ist in Deutschland am 17.11.1955 in Kraft getreten, BGBl. 1955 II, S. 1128.

284 *Schmidt*, Internationale Dopingbekämpfung, S. 23.

285 So beispielsweise die Entschließung (67) 12 *„Doping of athletes“* v. 29.6.1967; die Entschließung 76 (41) *„Principles for a policy of sport for all“* v. 24.9.1976; die Empfehlung Nr. R (79) 8; *„Doping in Sport“* v. 20.4.1979; die Empfehlung Nr. R (84) 19 *„European Anti-Doping Charter for Sport“* v. 25.9.1984; die Empfehlung Nr. R (88) 12 *„Institution of doping controls without warning outside competitions“* v. 21.6.1988, die ausdrücklich in der Präambel des Übereinkommens genannt werden. Vgl. hierzu ausführlich: *Schmidt*, Internationale Dopingbekämpfung, S. 23 ff. m.w.N.

286 Eine solche Verantwortungsteilung zwischen Staat und Sport ist auch aus Art. 3 und Art. 7 des Übereinkommens gegen Doping im Sport zu entnehmen.

287 Für eine solche Überforderung der Sportverbände: *Cherkeh/Momsen*, NJW 2001, 1745, 1746; *Lehner/Cherkeh*, Causa Sport 2006, 495, 496, 498; dagegen: *Nolte*, Staatliche Verantwortung im Bereich Sport, S. 248; Vieweg/*Jahn*, Prisma des Sportrechts, S. 57.

288 *Schmidt*, Internationale Dopingbekämpfung, S. 42 f.

289 *Schmidt*, Internationale Dopingbekämpfung, S. 43.

zukunftsorientierte Verbesserung ausgerichtet ist, kann auch die Beurteilung einer Überforderung der Sportorganisationen nur anhand zukünftiger Handlungen erfolgen.[290] Die Einschätzungsprärogative umfasst dabei sowohl die Frage nach dem „*Ob*" einer staatlichen Handlungspflicht als auch die Frage nach dem „*Wie*" einer konkreten Ausgestaltung und betrifft ebenfalls die Beurteilung des als hierzu am besten geeigneten Rechtsgebiets.[291] In Verbindung hierzu ist auch die Regelung in Art. 4 Abs. 4 des Übereinkommens zu sehen, die den Vertragsstaaten das Recht zugesteht, innerhalb der durch das Übereinkommen gesetzten Grenzen Vorschriften zur Sanktionierung zu erlassen.[292]

Um die Anwendung zu verbessern und zu fördern,[293] haben die Vertragsstaaten am 12. September 2002 ein Zusatzprotokoll zum Übereinkommen des Europarats gegen Doping im Sport abgeschlossen. Nach Erlass des Zustimmungsgesetzes vom 16. Mai 2007[294] ist dieses am 1. Mai 2008 für die Bundesrepublik Deutschland in Kraft getreten.[295] Durch die gegenseitige Anerkennung von Dopingkontrollen in Art. 1 des Zusatzprotokolls wurde insbesondere die internationale Zusammenarbeit gestärkt.

2. *Welt-Anti-Doping-Agentur*

Als Ergebnis der vom Internationalen Olympischen Komitee initiierten Weltkonferenz gegen Doping im Sport in Lausanne wurde im November 1999 die WADA in der Rechtsform einer Stiftung schweizerischen Rechts mit Sitz in Montreal gegründet.[296] Der Sitzungsrat ist zusammengesetzt aus Regierungsvertretern, Akteuren des Sports, der Europäischen Union und des Europarats.[297] Mit dem Ziel einer internationalen Harmonisierung der Dopingbekämpfung zählt zu den Hauptaufgaben der WADA die Erstellung eines Verhaltens- und Ethikcodexes zur Dopingprävention und -bekämpfung, die Entwicklung und Durchführung von Anti-Doping-Maßnahmen auf nationaler und internationaler Ebene, die Entwicklung und stetige Aktualisierung einer für alle Sportarten verbindlichen Liste von verbotenen Substanzen und Methoden, die Schaffung

290 *Kern*, Internationale Dopingbekämpfung, S. 54 f.
291 *Schmidt*, Internationale Dopingbekämpfung, S. 43.
292 *Schmidt*, Internationale Dopingbekämpfung, S. 45 f.
293 Vgl. zweiter Teil der Präambel.
294 BGBl. 2007 II, S. 706; *Blasius*, Doping im Sport, S. 144.
295 BGBl. 2008 II, S. 571.
296 *Weber*, BtMG, AntiDopG, Einleitung C Rn. 11; *Blasius*, Doping im Sport, S. 98.
297 *Feiden*/*Blasius*, Doping im Sport, S. 101.

einheitlicher Kontroll- und Sanktionsverfahren, die Unterstützung nationaler Sportorganisationen und internationaler Verbände bei ihrer Dopingbekämpfung sowie die mediale Zusammenarbeit.[298] Grundlage dieser Bestrebungen ist der WADC. Bei dem WADC handelt es sich um kein statisches Instrumentarium der Dopingbekämpfung. Vielmehr kann er den jeweiligen Entwicklungen angepasst werden.[299] Der WADC ist am 5. März 2003 von den Regierungen und internationalen Sportverbänden bei der Weltkonferenz zum Doping im Sport in Kopenhagen angenommen worden. Er wurde am 10. Dezember 2003 vom Nationalen Olympischen Komitee und der Nationalen Anti-Doping Agentur unterzeichnet und ist seit 1. Januar 2004 international wirksam.[300] Unmittelbar verbindlich ist der WADC zunächst nur für seine Unterzeichner, wozu auch die nationalen Anti-Doping-Organisationen zählen. Diese müssen eigene, dem Code entsprechende Bestimmungen aufstellen, was in Deutschland durch den Nationalen Anti-Doping Code geschehen ist. Zur Bedingung ihrer Aufnahme als Mitglied in den internationalen Sportfachverband müssen die nationalen Organisationen dem WADC in ihren Regeln, Strategien und Programmen folgen.[301] Auch die für jede Olympiade neu ausgearbeiteten Anti-Doping-Bestimmungen des Internationalen-Olympischen-Komitees beruhen auf dem WADC.[302] Durch das Internationale Übereinkommen der UNESCO gegen Doping im Sport[303] haben sich auch die unterzeichnenden Vertragsstaaten den Grundsätzen des WADC durch geeignete Maßnahmen verpflichtet.

3. *Übereinkommen der UNESCO gegen Doping im Sport*

Lange Zeit war die Konvention des Europarats vom 16. November 1989 das einzig völkerrechtlich verbindliche Übereinkommen im Kampf gegen Doping im Sport.[304] Ende 2003 erteilte die UNESCO während ihrer 32. Generalkonferenz in Paris ein politisches Mandat zur Erarbeitung eines Internationalen Übereinkommens gegen Doping im Sport. Dieses ist am 19. Oktober 2005 von der 33.

---

298 *Blasius*, Doping im Sport, S. 98; *Feiden/Blasius*, Doping im Sport, S. 101 f.
299 *Feiden/Blasius*, Doping im Sport, S. 104.
300 *Blasius*, Doping im Sport, S. 99; *Feiden/Blasius*, Doping im Sport, S. 103; Pfister/*Bindels*, Das AntiDopG, S. 10.
301 *Blasius*, Doping im Sport, S. 99; *Feiden/Blasius*, Doping im Sport, S. 104 f.
302 *Blasius*, Doping im Sport, S. 99; *Feiden/Blasius*, Doping im Sport, S. 105.
303 Siehe hierzu: 2. Kapitel D. I. 3.
304 *Schmidt*, Internationale Dopingbekämpfung, S. 22.

Generalkonferenz der UNESCO angenommen worden.[305] Das Übereinkommen ist am 1. Februar 2007 in Kraft getreten.[306] Das deutsche Zustimmungsgesetz vom 26. März 2007 ist am 30. März in Kraft getreten.[307]

Beschränkt sich die Anti-Doping-Konvention des Europarats in ihrem Geltungsbereich fast ausschließlich auf europäische Staaten, ist das Übereinkommen der UNESCO ein Instrument der globalen Dopingbekämpfung. Einzelne Verpflichtungen sind flexibel ausgestaltet und der Leistungsfähigkeit ihrer Vertragsparteien angepasst, um möglichst vielen Ländern eine Ratifizierung zu ermöglichen.[308] Mit dem Ziel einer vollständigen Ausmerzung des Dopings intendiert das Übereinkommen die Verhütung und Bekämpfung des Dopings. Hierzu enthält es insbesondere Vorschriften zur eingeschränkten Verfügbarkeit verbotener Wirkstoffe, zu Maßnahmen bei Zuwiderhandlungen, Erleichterungen von Dopingkontrollen, Regelungen zum Austausch von Informationen zwischen den Vertragsstaaten und Organisationen sowie Forschungsförderungen im Bereich der Dopingbekämpfung.[309] Insgesamt besteht das Übereinkommen aus 43 Artikeln, die in sieben Kapitel gegliedert sind.

Gemäß Art. 4 Abs. 1 verpflichten sich die Vertragsstaaten den Grundsätzen des WADC als Grundlage für die in Art. 5 dieses Übereinkommens vorgesehenen Maßnahmen. Nach Art. 5 S. 2 können die Maßnahmen Gesetze, sonstige Vorschriften, politische Maßnahmen oder Verwaltungspraktiken beinhalten. Anders als die Verbotsliste in Anlage 1, ist der WADC, der dem Übereinkommen als Anhang 1 beigefügt ist, nur zu Informationszwecken aufgeführt und nicht Bestandteil des Übereinkommens. Indem das Übereinkommen die Kompetenz der WADA als nichtstaatliche Organisation anerkennt, wird eine bessere Zusammenarbeit zwischen staatlichen und privaten Stellen in der Dopingbekämpfung ermöglicht.[310]

305 *Weber*, BtMG, AntiDopG, Einleitung B Rn. 10; *Blasius*, Doping im Sport, S. 145; *Feiden/Blasius*, Doping im Sport, S. 106.

306 *Feiden/Blasius*, Doping im Sport, S. 106; *Schmidt*, Internationale Dopingbekämpfung, S. 73.

307 BGBl. 2007 II, S. 354; *Blasius*, Doping im Sport, S. 145.

308 Im Oktober 2008 hatten bereits 102 Staaten weltweit das Übereinkommen ratifiziert; *Schmidt*, Internationale Dopingbekämpfung, S. 22, 73.

309 *Blasius*, Doping im Sport, S. 146; *Feiden/Blasius*, Doping im Sport, S. 106; *Schmidt*, Internationale Dopingbekämpfung, S. 81 ff.

310 *Weber*, BtMG, AntiDopG, Einleitung B Rn. 10; *Schmidt*, Internationale Dopingbekämpfung, S. 119.

Die Konvention des Europarats gegen Doping im Sport wurde nicht in das Übereinkommen der UNESCO inkorporiert.[311] Durch Art. 6 des UNESCO-Übereinkommens wird allerdings das Verhältnis beider Übereinkommen deutlich. Danach werden die Rechte und Pflichten der Vertragsstaaten, die aus vorher geschlossenen Übereinkünften erwachsen, durch das Übereinkommen nicht tangiert soweit diese mit dessen Ziel und Zweck in Einklang stehen.

4. *Zusammenfassung*

Als erste völkerrechtliche Vereinbarung im Kampf gegen Doping im Sport hat das Übereinkommen des Europarats von 1989 maßgeblich zur Abstimmung und Angleichung der internationalen Anti-Doping-Bestimmungen beigetragen. Besteht Handlungsbedarf, wird dem Staat neben einer indirekten Gewährleistungsverantwortung auch eine staatliche Erfüllungspflicht auferlegt, d.h. ein Subsidiaritätsverhältnis zwischen Sport und Staat manifestiert.[312] Dem Staat kommt hier ein Beurteilungsspielraum zu, der ihn völkerrechtlich auch zum Erlass von strafrechtlichen Vorschriften ermächtigt. Als Instrument einer globalen Dopingbekämpfung wird die Konvention des Europarats durch das Übereinkommen der UNESCO gegen Doping im Sport flankiert. Das Übereinkommen ermöglicht eine Zusammenarbeit zwischen den privaten und staatlichen Protagonisten der Dopingbekämpfung, indem es die von der WADA gesetzten Standards und Regeln für die unterzeichnenden Vertragsstaaten anerkennt. Dadurch wird eine umfassende Harmonisierung in der internationalen Dopingbekämpfung ermöglicht.[313]

II. Anti-Doping-Maßnahmen im nationalen Bereich

Um den internationalen Vorgaben im Kampf gegen Doping im Sport gerecht zu werden, sind auch auf nationaler Ebene zahlreiche privatrechtliche und staatliche Maßnahmen initiiert worden.

1. *Nationale Anti-Doping Agentur*

In Anbetracht der internationalen Entwicklungen in der Dopingbekämpfung wurde im Zusammenhang mit der WADA am 15. Juli 2002 die NADA als

---

311 *Blasius*, Doping im Sport, S. 147.

312 *Schmidt*, Internationale Dopingbekämpfung, S. 70.

313 *Schmidt*, Internationale Dopingbekämpfung, S. 119.

Stiftung bürgerlichen Rechts mit Sitz in Bonn gegründet.[314] Offiziell hat sie am 1. Januar 2003 ihre Arbeit aufgenommen.[315] Der Aufsichtsrat ist zusammengesetzt aus Vertretern des Sports, der Politik und Gesellschaft.[316] Als zentrale Anlaufstelle für Fragen der Dopingbekämpfung zählen zu ihren Kernaufgaben die Umsetzung eines einheitlichen Dopingkontrollsystems in Deutschland, Präventionsmaßnahmen, die Umsetzung des WADC in einen nationalen Anti-Doping Code, die (Rechts-)Beratung von Athleten und Verbänden, die Errichtung eines unabhängigen Sportschiedsgerichts sowie eine internationale Zusammenarbeit.[317] Basierend auf den völkerrechtlichen Verträgen und dem Code der WADA ist der NADC eines der wichtigsten sportübergreifenden Regelwerke im Bereich des Dopings für den deutschen Sport. Die erste Fassung des NADC wurde 2004 verabschiedet und umgesetzt.[318] Weil es sich bei dem Code um kein allgemeingültiges Regelwerk handelt, muss er gemäß Art. 18.3 NADC i.d.F. von 2015 von den nationalen Sportverbänden angenommen und in ihre Rechtsgrundlage umgesetzt werden, damit er Wirksamkeit erlangt. Durch vertragliche Vereinbarung mit der NADA gemäß Art. 18.4 NADC i.d.F. von 2015 erlangt der Code für die deutschen Sportfachverbände Verbindlichkeit.[319] Damit die Anti-Doping-Bestimmungen auch für die Athleten, Trainer, Betreuer, Ärzte und sonstigen Personen Wirksamkeit entfalten, müssen sie sog. Athletenvereinbarungen, Arbeits- oder Dienstvereinbarungen unterzeichnen, die das Rechtsverhältnis zwischen den Akteuren und ihren jeweiligen Verbänden regeln.[320]

2. *Maßnahmen von Sportverbänden*

Schon im Jahr 1970 hat der Deutsche Sportbund (DSB) Rahmen-Richtlinien zur Dopingbekämpfung ausgearbeitet, die seitdem stetig aktualisiert wurden. Sie verpflichteten alle im Deutschen Sportbund verbundenen Turn- und Sportverbände adäquate Verbote und Maßnahmen im Kampf gegen Doping im Sport zu

314 Anti-Doping-Agentur gegründet „Gütemarke für sauberen Sport", FAZ v. 16.7.2002, S. 32; Sport in Kürze, FAZ v. 10.6.2002, S. 41; Versicherungsexperte für den Nada-Vorstand, FAZ v. 20.6.2002, S. 44.

315 Doping-Agentur erst jetzt geschäftsfähig, FAZ v. 6.11.2002, S. 31; Sport in Kürze, FAZ v. 10.1.2003, S. 33.

316 *Blasius*, Doping im Sport, S. 103.

317 *Blasius*, Doping im Sport, S. 103; *Feiden/Blasius*, Doping im Sport, S. 81.

318 *Blasius*, Doping im Sport, S. 104; *Feiden/Blasius*, Doping im Sport, S. 82.

319 *Blasius*, Doping im Sport, S. 110; *Feiden/Blasius*, Doping im Sport, S. 86.

320 *Blasius*, Doping im Sport, S. 110 f.; *Feiden/Blasius*, Doping im Sport, S. 86 f.

erlassen. Bestandteil der Rahmenrichtlinie war die Verbotsliste des Internationalen Olympischen Komitees.[321]

Anfang 1991 wurden sodann vom DSB und dem NOK drei Kommissionen[322] mit dem Ziel eingerichtet, Handlungskonzepte zur Dopingbekämpfung zu entwickeln,[323] die Spitzenverbände in Einzelfällen zu beraten[324] und die Dopingkontrollen außerhalb von Wettkämpfen zu überwachen.[325]

Im Jahr 1992 wurde die *„Ständige Kommission"* in die Anti-Doping-Kommission des DSB und des NOK überführt, die bis Ende 2002 insgesamt 45.000 Dopingkontrollen im Training durchführte. Zum Jahresende 2002 wurde die Kommission unter Abtretung ihrer Aufgaben an die NADA aufgelöst.[326]

Im Dezember 2006 verabschiedete – der aus einem Zusammenschluss von DSB und NOK neu gegründete – Deutsche Olympische Sportbund (DOSB)[327] den sog. *„Anti-Doping-Aktionsplan – zehn Punkte für Sport und Staat"* für einen nachhaltigen Kampf gegen Doping im Sport.[328] Darüber hinaus wurde beim DOSB im Mai 2007 ein ständiges Expertengremium für alle medizinischen und dopingrelevanten Fragen eingerichtet, das dem DOSB und seinen Mitgliedsorganisationen seitdem beratend zur Seite steht.[329]

3. *Gesetzgebungsinitiativen*

Vor dem Hintergrund, dass die in Deutschland lange Zeit als privatrechtliche Regelungsautonomie betrachtete Dopingsanktionierung immer wieder durch

---

321 DOSB, Anti-Doping-Aktivitäten, Bericht für die BMI-Projektgruppe *„Sonderprüfung Doping"*, Pressemittteilung vom 28.5.2007, S. 2; *Blasius*, Doping im Sport, S. 102; *Feiden/Blasius*, Doping im Sport, S. 79.

322 DOSB, Anti-Doping-Aktivitäten, Bericht für die BMI-Projektgruppe *„Sonderprüfung Doping"*, Pressemittteilung vom 28.5.2007, S. 3.

323 Sog. *„Unabhängige Doping-Kommission"*.

324 Sog. *„Ad-hoc-Kommission zur Beratung in Doping-Fragen"*.

325 Sog. *„Ständige Kommission zur Überwachung der Dopingkontrollen außerhalb des Wettkampfs"*.

326 DOSB, Anti-Doping-Aktivitäten, Bericht für die BMI-Projektgruppe *„Sonderprüfung Doping"*, Pressemittteilung vom 28.5.2007, S. 4 f.; *Blasius*, Doping im Sport, S. 103; *Feiden/Blasius*, Doping im Sport, S. 81.

327 Der Deutsche Olympische Sportbund (DOSB) wurde am 20.5.2006 geründet, DOSB, Anti-Doping-Aktivitäten, Bericht für die BMI-Projektgruppe *„Sonderprüfung Doping"*, Pressemittteilung vom 28.5.2007, S. 1.

328 *Blasius*, Doping im Sport, S. 111.

329 DOSB, Anti-Doping-Aktivitäten, Bericht für die BMI-Projektgruppe *„Sonderprüfung Doping"*, Pressemittteilung vom 28.5.2007; *Feiden/Blasius*, Doping im Sport, S. 88.

neue Dopingfälle erschüttert wurde, kam die rechtspolitische Diskussion über die Notwenigkeit eines Einschreitens des Strafgesetzgebers nicht zur Ruhe und brachte eine Reihe von Gesetzgebungsinitiativen für weitergehende Reformen mit sich.[330]

a) *Verbote von Arzneimitteln zu Dopingzwecken im Sport*

Am 11. September 1998 ist das Achte Gesetze zur Änderung des Arzneimittelgesetzes und mit ihm § 6a AMG in Kraft getreten.[331] In Verbindung mit § 95 Abs. 1 AMG machte sich strafbar, wer Arzneimittel zu Dopingzwecken im Sport in den Verkehr bringt, verschreibt oder bei anderen anwendet.[332] Im Jahr 2007 erweiterte der Gesetzgeber die Norm um eine Besitzstrafbarkeit von nicht geringen Mengen.[333] Sechs Jahre später wurde die Vorschrift um die Tathandlung des Erwerbs als Vorstufe zum Besitz ergänzt.[334] Durch Art. 2 des Gesetzes zur Bekämpfung von Doping im Sport wurde § 6a AMG am 18. Dezember 2015 aufgehoben.[335] In der zuletzt geltenden Fassung hatte die Vorschrift folgenden Wortlaut:

§ 6a
Verbot von Arzneimitteln zu Dopingzwecken im Sport, Hinweispflichten

„*(1) Es ist verboten, Arzneimittel nach Absatz 2 Satz 1 zu Dopingzwecken im Sport in den Verkehr zu bringen, zu verschreiben oder bei anderen anzuwenden, sofern ein Doping bei Menschen erfolgt oder erfolgen soll* [...].
(2a) Es ist verboten, Arzneimittel oder Wirkstoffe, die im Anhang zu diesem Gesetz genannte Stoffe sind oder enthalten, in nicht geringer Menge zu Dopingzwecken im Sport zu erwerben oder zu besitzen, sofern das Doping bei Menschen erfolgen soll. [...]“[336]

---

330 Siehe hierzu auch: L/N/P/*Rössner*, AntiDopG, Vor. § 1 Rn. 9 ff.; *Eising*, Doping, S. 26 ff.; *Glocker*, Doping, S. 275 ff.; *Schlöter*, Doping, S. 310 ff.

331 Achtes Gesetz zur Änderung des Arzneimittelgesetzes vom 7.9.1998, BGBl. 1998 I, S. 2649; BT-Drucks. 13/9996.

332 Hierzu ausführlich: 3. Kapitel D. I.

333 Gesetz zur Bekämpfung des Dopings im Sport, BGBl. 2007 I, S. 2510 f.; BT-Drucks. 16/5526.

334 Drittes Gesetz zur Änderung arneimittelrechtlicher und anderer Vorschriften v. 7.8.2013, BGBl. 2013 I, S. 3108; BT-Drucks. 17/13083, S. 3.

335 Gesetz zur Bekämpfung von Doping im Sport v. 10.12.2015, BGBl. 2015 I, S. 2210; Inkraftgetreten gem. Art. 9 Abs. 1 dieses Gesetzes am 18.12.2015.

336 Vgl. Drittes Gesetz zur Änderung arzneimittelrechtlicher und anderer Vorschriften v. 7.8.2013, BGBl. 2013 I, S. 3108.

Vor dem Hintergrund der Anti-Doping-Konvention des Europarats vom 16. November 1989 sollte die Einfügung des § 6a AMG zur nationalen Dopingbekämpfung beitragen.[337] Dem Schutzzweck des Arzneimittelgesetzes entsprechend, hatte § 6a AMG primär den allgemeinen Gesundheitsschutz der Bevölkerung vor gefährlichen Stoffen im Visier.[338] Die „*Gewährleistung sportlicher Fairneß*" sollte demgegenüber zunächst weiterhin „*durch Maßnahmen der Gremien des Sports verfolgt*" werden.[339] So verwundert es nicht, dass die Vorschrift in der sport- und strafrechtlichen Literatur lange Zeit kritisiert und als „*zahnloser Tiger*" oder „*totes Recht*" tituliert wurde.[340] Erst durch das Gesetz zur Verbesserung der Bekämpfung des Dopings im Sport und der Einführung eines strafbewehrten Besitzverbotes nicht geringer Mengen im Jahr 2007 wurde in der Gesetzesbegründung neben dem Gesundheitsschutz auch der Schutz von „*ethisch-moralischen Werten des Sports*" als Strafzweck genannt.[341] Anders als die europäische Vorgabe, die auch den Schutz des organisierten Sports vor Leistungsverzerrungen zum Gegenstand hat, war die Vorschrift des § 6a AMG als allgemeine Maßnahme gegen den Markt illegaler Dopingmittel ausgestaltet.[342] Im Ergebnis war nur die Verbreitung, nicht aber das Selbstdoping der Sportler strafbar. Ausweislich der Gesetzesbegründung sollten Sportler nicht deshalb bestraft werden, weil sie die Mittel im Wettkampf oder Training zum leistungssteigernden Doping einsetzen konnten, sondern weil der Besitz als ein „*Indiz für Handel*" angesehen wird.[343] Der Schutz sportlicher Grundwerte wie Fairness und Chancengleichheit blieb damit weitestgehend außer Betracht. Dies hatte zur Konsequenz, dass der Hauptanwendungsfall der Vorschrift auf den illegalen Handel mit Dopingmitteln beschränkt war.[344]

---

337 BT-Drucks. 13/9996, S. 12.

338 L/N/P/*Rössner*, AntiDopG, Vor. § 1 Rn. 7; *Eising*, Doping, S. 25.

339 BT-Drucks. 13/9996, S. 13.

340 *Bannenberg*, SpuRt 2007, 155, 155; *Dury*, SpuRt 2005, 137, 139; *Heger*, SpuRt 2007, 153, 153; *König*, JA 2007, 573, 574; *Ott*, Doping, S. 109; *Parzeller/Rüdiger*, ZRP 2007, 137, 140; *Prokop*, SpuRt 2006, 192, 192; *Roxin*, FS Samson, 445, 448.

341 BT-Drucks. 16/5526, S. 1.

342 Bericht der Bundesregierung zur Evaluation des Gesetzes zur Verbesserung der Bekämpfung des Dopings im Sport (DBVG), S. 4 f.; L/N/P/*Rössner*, AntiDopG, Vor. § 1 Rn. 6; *Eising*, Doping, S. 25.

343 BT-Drucks. 16/5526, S. 9.

344 *Ott*, Doping, S. 110; *Schlöter*, Doping, S. 218.

b) Gesetzesentwurf Bayern 2006

Die Schaffung eines eigenständigen Anti-Doping-Gesetzes wurde im Bundesrat erstmals im September 2006 im Wege eines Antrags des Freistaates Bayern über den Entwurf eines Gesetzes zur Bekämpfung des Dopings im Sport diskutiert.[345] Der Entwurf sah neben der Aufhebung von § 6a AMG, einer eigenständigen Dopingdefinition sowie einer dynamischen Verweisung auf den Anhang des Übereinkommens des Europarats eine strafrechtliche Sanktionierung des Dopings vor.[346] Schutzgut sollte auch die Chancengleichheit und Fairness im Sport sein. Darüber hinaus hatte der Entwurf auch den Schutz des wirtschaftlichen Wettbewerbs und die Vermögensinteressen der Sportler im Visier.[347] Die Sanktionierung sollte auf den professionellen Sport beschränkt werden und nicht den Freizeit- und Breitensport erfassen.[348] Die Vorschrift des § 5 ADG-E hatte den Sportbetrug zum Gegenstand und stellte erstmals auch das Selbstdoping unter Strafe:

§ 5
Sportbetrug

„(1) Wer seines Vermögensvorteils wegen an einem sportlichen Wettkampf teilnimmt und dabei ein Dopingmittel im Sinne des § 1 Abs. 2 oder eines seiner Metabolite oder Marker im Körper hat, wird mit Geldstrafe oder mit Freiheitsstrafe bis zu fünf Jahren bestraft. Satz 1 gilt nicht, wenn das Dopingmittel, der Metabolit oder der Marker aus der bestimmungsgemäßen Einnahme eines für einen konkreten Krankheitsfall verschriebenen Arzneimittels herrührt.
(2) Ebenso wird bestraft, wer seines Vermögensvorteils wegen nach Anwendung einer Methode zur Erhöhung des Sauerstofftransfers (§ 1 Abs. 3) an einem sportlichen Wettkampf teilnimmt. Satz 1 gilt nicht, wenn die Anwendung der Methode nach ärztlicher Erkenntnis wegen eines konkreten Krankheitsfalles angezeigt gewesen ist [...].“[349]

Das Verbot sollte dem Umstand Rechnung tragen, dass mit dem Betrugstatbestand des § 263 StGB nicht alle relevanten Interessen geschützt werden können (*„Interessen der Konkurrenten des dopenden Sportlers oder der im Vertrauen auf*

345 BR-Drucks. 658/06; L/N/P/*Rössner*, AntiDopG, Vor. § 1 Rn 11; *Eising*, Doping, S. 26; *Glocker*, Doping, S. 275; *Schlöter*, Doping, S. 315.

346 BR-Drucks. 658/06; Plenarprotokoll der 825. Sitzung des Bundesrats am 22.9.2006, S. 276 ff.

347 BR-Drucks. 658/06, S. 16.

348 BR-Drucks. 658/06, S. 16 f.; *Eising*, Doping, S. 27; *Schlöter*, Doping, S. 316.

349 BR-Drucks. 658/06, S. 3.

einen ‚sauberen' Wettkampf Eintritt zahlenden Zuschauer") und der Nachweis des Betrugs im Einzelfall erhebliche Schwierigkeiten aufwirft.[350] Strafbarkeitsvoraussetzung war die Teilnahme an einem sportlichen Wettkampf wegen eines Vermögensvorteils. Das Doping musste mithin nicht zur Erlangung eines Vermögensvorteils erfolgen. Ausreichend war es, dass die Wettkampfteilnahme einen solchen bezweckt. Dies hatte den Vorteil, dass der Nachweis über die mit dem Doping bezweckte Bereicherungsabsicht nicht hätte erbracht werden müssen und die vielseitigen Dopingmotive des Sportlers außer Acht geblieben wären.[351] Nach dem Vorbild von § 31 BtMG sollte darüber hinaus in § 6 ADG-E auch eine „*kleine*" Kronzeugenregelung geschaffen werden.[352]

c) Änderungsantrag der Fraktion Bündnis 90/Die Grünen 2007

Anstelle eines eigenständigen Anti-Doping-Gesetzes wurde auch die Implementierung eines neuen Straftatbestands in das Strafgesetzbuch vorgeschlagen.[353] In der 16. Wahlperiode forderte die Fraktion BÜNDNIS 90/DIE GRÜNEN in einem Entschließungsantrag[354] die Ergänzung des Strafgesetzbuches um den Straftatbestand der Wettbewerbsverfälschung im Sport als besonderen Straftatbestand für Sportler.[355] Die Norm sollte als § 298a StGB in den 26. Abschnitt des StGB der Straftaten gegen den Wettbewerb eingefügt werden.[356] Der Sportbetrug als unlautere Manipulation von Sportwettkämpfen durch Doping sollte folgenden Wortlaut besitzen:

§ 298a
Verfälschung des wirtschaftlichen Wettbewerbs im Sport

„*(1) Wer auf einen sportlichen Wettbewerb, der für die Erwerbsaussichten der Teilnehmenden von bedeutendem wirtschaftlichem Wert ist, dadurch einwirkt, dass er im Wettbewerb*

---

350 BR-Drucks. 658/06, S. 16.

351 *Merk*, FS Knemeyer, S. 417, 435; *Schlöter*, Doping, S. 316.

352 BR-Drucks. 658/06, S. 18.

353 So z.B. *Bannenberg*, SpuRt 2007, 155, 156; *Cherkeh/Momsen*, NJW 2001, 1745, 1751; *Fritzweiler*, SpuRt 1998, 234, 235; siehe auch: L/N/P/*Rössner*, AntiDopG, Vor. § 1 Rn. 9 m.w.N.

354 BT-Drucks. 16/4166.

355 Pfister/*Bindels*, Das AntiDopG, S. 11.

356 L/N/P/*Rössner*, AntiDopG, Vor. § 1 Rn. 9; *Glocker*, Doping, S. 278.

1. verbotene Mittel (Dopingmittel) oder Methoden (Dopingmethoden) zur Leistungssteigerung nutzt oder
2. als Schieds- oder Wertungsrichter wissentlich falsche Entscheidungen trifft, wird mit Freiheitsstrafe bis zu drei Jahren oder mit Geldstrafe bestraft. […]"[357]

Ziel der Vorschrift sollte es sein, den fairen wirtschaftlichen Wettbewerb im Sport vor illegalen Praktiken zu schützen, die zu nicht hinnehmbaren Wettbewerbsverzerrungen führen.[358] Im Gegensatz zum Entwurf der bayerischen Staatsregierung wurde der Begriff des wirtschaftlich relevanten Bereichs näher bestimmt. In Abgrenzung zum Breiten- und Freizeitsport sollte sich der sportliche Wettbewerb in einem wirtschaftlich relevanten Bereich befinden, wenn er für die Erwerbsaussichten der teilnehmenden Sportler von bedeutendem wirtschaftlichem Wert ist. Der Begriff des bedeutenden wirtschaftlichen Wertes war an §§ 315, 305a StGB angelehnt und sollte bei 1.000 Euro liegen.[359] Aber auch eine solche Begriffsbestimmung wäre für die sportliche Praxis zu unbestimmt gewesen. Insoweit bleibt unklar, ob der Wettkampf für alle Teilnehmer von bedeutendem wirtschaftlichem Wert hätte sein müssen oder nur für einzelne Athleten.[360] Nicht eindeutig ist darüber hinaus, wann die Erwerbsaussichten der teilnehmenden Sportler von bedeutendem wirtschaftlichem Wert sind. Wäre die Grenze bereits bei einmaligen Sonderzahlungen erreicht oder bedürfte es einem regelmäßigen Einkommen? Unklar ist auch die Einordnung von Wettbewerben, bei denen die Teilnehmer ein Startgeld verrichten müssen, den Favoriten aber eine Antritts- oder Siegesprämie in Aussicht steht, die weit über der Grenze liegt.[361] Wenig verständlich ist darüber hinaus, unter welchen Voraussetzungen ein Einwirken auf den Wettbewerb durch die Nutzung von verbotenen Mitteln oder Methoden vorliegt.[362] Damit war auch diesem Entwurf der Vorwurf der Unbestimmtheit immanent.

d) Referentenentwurf Bayern 2009

Im Jahr 2009 legte das Bayerische Staatsministerium der Justiz einen neuen Referentenentwurf zur Bekämpfung des Dopings und der Korruption im Sport

357 BT-Drucks. 16/5938, S. 1; ähnlich auch: L/N/P/*Rössner*, AntiDopG, Vor. § 1 Rn. 9; *Glocker*, Doping, S. 278 f.
358 BT-Drucks. 16/5938, S. 2.
359 BT-Drucks. 16/5938, S. 2.
360 *Eising*, Doping, S. 28 f.; *Schlöter*, Doping, S. 319.
361 *Schlöter*, Doping, S. 319.
362 *Eising*, Doping, S. 29; *Schlöter*, Doping, S. 319.

vor. Nach § 5 des Gesetzesentwurfs sollte mit Freiheitsstrafe bis zu fünf Jahren bestraft werden, *„wer an einem sportlichen Wettkampf teilnimmt und dabei ein Dopingmittel zuführt“*.[363] Von der Strafbarkeit ausgenommen sollte die medizinisch indizierte Einnahme sein. Nach § 1 Abs. 5 des Entwurfs musste die Teilnahme am Wettkampf für die Sportler Vermögensvorteile versprechen. Damit entfallen ist das individuelle Erfordernis der Zweckbestimmung, wonach der einzelne Sportler zur Erlangung von Vermögensvorteilen am Wettkampf teilnehmen musste. Eine Feststellung der Teilnahmemotive des gedopten Sportlers ist damit vollständig entfallen.[364] § 5 Abs. 4 sah besonders schwere Fälle bei Vermögensvorteilen größeren Ausmaßes oder Gewerbsmäßigkeit bzw. Bandenmitgliedschaft vor.[365] Im Ergebnis entspach der Entwurf weitestgehend dem von 2006.

e) Gesetzesentwurf Baden-Württemberg 2013

Der vom Land Baden-Württemberg am 10. April 2013 im Bundesrat vorgelegte Entwurf eines Gesetzes zur Verbesserung der strafrechtlichen Dopingbekämpfung beließ die strafrechtliche Sanktionierung von Sportlern im AMG.[366] Danach sollte unter anderem die Verbotsnorm des § 6a Abs. 1 AMG um die Handlungsalternative des Handeltreibens ergänzt werden, das Verbot des § 6a Abs. 2a AMG neben dem Besitz bestimmter Dopingmittel in nicht geringen Mengen zukünftig auch den Erwerb solcher erfassen und § 6a AMG sollte insgesamt um den Tatbestand des „*Dopingbetrugs*“ erweitert werden.[367] Danach war es verboten, an berufssportlichen Wettkämpfen teilzunehmen, wenn sich Dopingmittel im Körper des Berufssportlers befinden oder eine Methode zur Manipulation von Blut oder Blutbestandteilen angewendet wurde.[368] Zudem sah der Entwurf eine Kronzeugenregelung vor.[369] Hierzu sollten die folgenden Absätze 4 und 5 an § 6a AMG angefügt werden:

---

363 Referentenentwurf (Stand 30.11.2009) Gesetz zur Bekämpfung des Dopings und der Korruption im Sport, abrufbar unter: www.justiz.bayern.de/media/entwurf_sportschutzgesetz_30112009.pdf (zuletzt abgerufen am 2.1.2020).

364 *Eising*, Doping, S. 27; *Schlöter*, Doping, S. 316.

365 L/N/P/*Rössner*, AntiDopG, Vor. § 1 Rn. 11.

366 BR-Drucks. 266/13.

367 BR-Drucks. 266/13, S. 2.

368 BR-Drucks. 266/13, S. 2; L/N/P/*Rössner*, AntiDopG, Vor. § 1 Rn. 13; Pfister/*Bindels*, Das AntiDopG, S. 12.

369 BR-Drucks. 266/13, S. 6.

„(4) Einer Berufssport treibenden Person, in deren Körper sich ein Inhaltsstoff eines Arzneimittels oder ein Wirkstoff der in Absatz 2 Satz 1 benannten Art oder einer der Metabolite oder Marker eines solchen Stoffs befindet, ist es verboten, an einem berufssportlichen Wettkampf teilzunehmen, es sei denn, der Stoff, der Metabolit oder der Marker rührt aus der bestimmungsgemäßen Einnahme oder Anwendung eines für einen konkreten Krankheitsfall ärztlich verschriebenen Arzneimittels her.
(5) Einer Berufssport treibenden Person ist es verboten, zeitnah nach der Anwendung einer in der jeweils geltenden Fassung des in Absatz 2 Satz 1 genannten Anhangs verbotenen Methode zur Manipulation von Blut oder Blutbestandteilen an einem berufssportlichen Wettkampf teilzunehmen, es sei denn, die Anwendung der Methode war nach ärztlicher Erkenntnis im Zeitpunkt der Anwendung wegen eines konkreten Krankheitsfalles erforderlich.“[370]

Schutzgut war auch hier der wirtschaftliche Wettbewerb.[371] So sollten nur Berufssport treibende Personen erfasst werden, die an einem berufssportlichen Wettkampf teilnehmen. Der in § 4 AMG einzuführende Absatz 42 sollte die Begriffe definieren:

„(42) Berufssport treibende Person ist eine Person, die durch die Teilnahme an sportlichen Wettkämpfen unmittelbar oder mittelbar wesentliche Teile ihres Einkommens erzielt oder der durch die vollständige oder teilweise Freistellung von Dienstleistungs-, Arbeits- oder vergleichbaren Pflichten die Vorbereitung auf oder die Teilnahme an sportlichen Wettkämpfen möglich ist. Ein sportlicher Wettkampf ist ein berufssportlicher Wettkampf, wenn die Teilnahme daran oder dessen Ausgang erhebliche Auswirkungen auf die Vermögenslage oder die Erwerbsaussichten von Teilnehmenden oder auf ihre vollständige oder teilweise Freistellung von Dienstleistungs-, Arbeits- oder sonstigen Pflichten, die ihnen die Vorbereitung auf oder die Teilnahme an sportlichen Wettkämpfen ermöglicht, haben kann.“

Für die Einstufung als Berufssportler sollte es ausreichen, dass die Einkünfte in ihrer Summe einen wesentlichen Anteil am Gesamteinkommen ausmachen, sodass auch Amateursportler erfasst wurden, die neben einem Arbeitseinkommen für ihre sportliche Betätigung Zahlungen oder geldwerte Zuwendungen von Gewicht erhalten.[372] Für das Vorliegen eines berufssportlichen Wettkampfs musste die Teilnahme nicht für alle Sportler finanzielle Auswirkungen

370 BR-Drucks. 266/13, Anlage S. 2.
371 BR-Drucks. 266/13, S. 5, Anlage S. 20.
372 BR-Drucks. 266/13, Anlage S. 18.

haben.[373] Dadurch sollten auch Veranstaltungen mit einem breiten Adressatenkreis erfasst werden; Wettkämpfe im reinen Freizeitbereich waren hingegen ausgeschlossen.[374] Auch das Doping im Training wurde nicht erfasst, soweit dieses im Wettkampf nicht mehr nachgewiesen werden konnte oder zeitnah vor dem Wettkampf angewendet wurde. Das Merkmal der Zeitnähe blieb insoweit unbestimmt.[375]

f) Gesetzesentwurf Fraktion der SPD 2013

Zum Ende der 17. Legislaturperiode brachte die Fraktion der SPD im Juni 2013 den Entwurf eines eigenständigen Gesetzes zur Dopingbekämpfung im Sport in den Bundestag ein.[376] Ziel war es, die alten und neuen Regelungen zur Bekämpfung des Sportdopings in einem Gesetz zu bündeln.[377] Als Schutzgüter wurden in § 1 Abs. 1 ADG-E die Gesundheit von Menschen sowie die Chancengleichheit und Fairness von Sportwettkämpfen genannt.[378] Der Schutz wirtschaftlicher Interessen wurde in der Gesetzesbegründung lediglich erwähnt.[379] Darüber hinaus sollte auch das Selbstdoping, also die Anwendung von Dopingmitteln oder Dopingmethoden im Training oder im Wettkampf von Sportlern, die an organisierten Sportwettkämpfen teilnehmen, eingeführt werden. Auch eine mengenmäßig nicht beschränkte Besitz- und Erwerbsstrafbarkeit waren im Gesetzesentwurf vorgesehen.[380]

§ 2
Dopingverbot im Sport

„(1) Es ist verboten, mit Dopingmitteln nach § 1 Absatz 3 Nummer 2 zu Dopingzwecken im Sport Handel zu treiben, sie, ohne Handel zu treiben einzuführen, auszuführen, zu veräußern, zu verschreiben, abzugeben, zu verabreichen, zum unmittelbaren Gebrauch zu überlassen, bei anderen anzuwenden oder sonst in den Verkehr zu bringen.

---

373 BR-Drucks. 266/13, Anlage S. 19; *Eising*, Doping, S. 32.
374 BR-Drucks. 266/13, Anlage S. 19.
375 *Kreuzer*, ZRP 2013, 181, 183; *Eising*, Doping, S. 33; *Schlöter*, Doping, S. 320.
376 BT-Drucks. 17/13468.
377 Pfister/*Bindels*, Das AntiDopG, S. 11.
378 BT-Drucks. 17/13468, S. 3.
379 BT-Drucks. 17/13468, S. 8.
380 BT-Drucks. 17/13468; L/N/P/*Rössner*, AntiDopG, Vor. § 1 Rn. 12; Pfister/*Bindels*, Das AntiDopG, S. 11 f.

(2) Ebenso ist es verboten, Dopingmethoden nach § 1 Absatz 4 zu Dopingzwecken im Sport bei anderen anzuwenden.
(3) Es ist verboten, Dopingmittel nach § 1 Absatz 3 Nummer 1 zu Dopingzwecken im Sport zu besitzen, zu erwerben, einzuführen oder sich in sonstiger Weise zu verschaffen.
(4) Es ist Sportlern, die an organisierten Sportwettkämpfen teilnehmen, verboten, Dopingmittel nach § 1 Absatz 3 Nummer 1 zum Zweck des Eigendopings im Training oder Wettkampf anzuwenden, aufzunehmen, zu injizieren oder einzunehmen oder Dopingmethoden nach § 1 Absatz 4 zum Zweck des Eigendopings im Training oder Wettkampf anzuwenden.“[381]

In § 3 ADG-E waren die Verbote strafbewehrt. Strafbarkeitsvoraussetzung für das Eigendoping sollte die Teilnahme an organisierten Sportwettkämpfen sein, „*da eine weitergehende Strafbarkeit das Selbstverantwortlichkeitsprinzip verletzen könnte.*“[382] Darüber hinaus wurde der Tatbestand durch das subjektive Merkmal „*zum Zwecke des Eigendopings*“ eingegrenzt. Unklar bleibt insoweit, ob hierunter nur leistungssteigernde Zielsetzungen zu verstehen sind, durch die ein Vorteil im Wettkampf angestrebt wird oder auch die allgemeine – medizinisch nicht indizierte – Verwendung von Dopingmitteln erfasst sein soll.[383]

Gegenüber den vorausgegangenen Entwürfen enthielt der Gesetzesvorschlag einige Neuerungen. Erstmals wurde das Doping im Training erfasst. Zudem war das Doping auch für Sportler strafbar, bei denen keine finanziellen Motive im Vordergrund standen. Damit hatte der Gesetzesentwurf primär den Gesundheitsschutz sowie die Fairness und Chancengleichheit bei sportlichen Wettbewerben im Visier. Wirtschaftliche Interessen nahmen nur eine untergeordnete Rolle ein.

g) Gesetzesentwurf Bayern 2014

Basierend auf den Forderungen seiner Amtsvorgängerin,[384] stellte der Bayerische Staatsminister der Justiz im Frühjahr 2014 den Entwurf eines Gesetzes zum Schutze der Integrität des Sports vor, der auch den Tatbestand des Eigendopings vorsah. Die Besitzstrafbarkeit sollte keiner mengenmäßigen Einschränkung unterliegen und war nicht auf den Kreis von Berufssportlern beschränkt.[385] Der Tatbestand des Sportbetrugs sollte wie folgt lauten:

---

381 BT-Drucks. 17/13468, S. 3.
382 BT-Drucks. 17/13468, S. 10.
383 *Eising*, Doping, S. 34.
384 BR-Drucks. 658/06.
385 Pfister/*Bindels*, Das AntiDopG, S. 12.

§ 3
Dopingbetrug

„(1) Wer als Mitglied eines nationalen Sportkaders, einer Mannschaft einer nationalen Liga oder einer Nationalmannschaft oder wer als Person, die aus ihrer sportlichen Betätigung ein regelmäßiges Einkommen erzielt, an einem Wettkampf des organisierten Sports teilnimmt und dabei ein Dopingmittel oder eines seiner Metabolite oder Marker zu Dopingzwecken im Sport im Körper hat oder unter Anwendung einer Dopingmethode zu Dopingzwecken im Sport an einem Wettkampf des organisierten Sports teilnimmt, wird mit Freiheitsstrafe bis zu fünf Jahren oder mit Geldstrafe bestraft.
(2) Ebenso wird bestraft, wer als Mitglied eines nationalen Sportkaders, einer Mannschaft einer nationalen Liga oder einer Nationalmannschaft oder wer als Person, die aus ihrer sportlichen Betätigung ein regelmäßiges Einkommen erzielt, außerhalb des Wettkampfs zu Dopingzwecken im Sport Dopingmittel im Sinne der Ziffern A) I. bis VI. der Anlage zu diesem Gesetz oder eine Dopingmethode an sich anwendet oder an sich anwenden lässt, um sich hierdurch in einem Wettkampf des organisierten Sports einen unlauteren Vorteil zu verschaffen, wenn nicht bereits eine Strafbarkeit nach Absatz 1 gegeben ist. […]“[386]

War in den vorausgegangenen Vorschlägen Bayerns aus den Jahren 2006 und 2009 noch die Strafbarkeit auf Athleten beschränkt, die mit dem Sport finanzielle Vorteile erstreben, ist dieses Kriterium vorliegend entfallen.[387] Insoweit wurde von der Einschränkung über die Eigenschaft des Berufssportlers oder eines erstrebten Vermögensvorteils bewusst Abstand genommen.[388] Dadurch sollte die Abgrenzung zwischen Freizeit- und Leistungssport nicht mehr wie bisher über wirtschaftliche Kriterien, sondern anhand des Leistungsniveaus erfolgen.[389]

Nach Absatz 1 ist die Wettkampfteilnahme strafbar, wenn sich „*Dopingmittel […] zu Dopingzwecken*“ im Körper des Sportlers befinden oder die Teilnahme „*unter Anwendung einer Dopingmethode zu Dopingzwecken*“ erfolgt. Absatz 2 stellt das Doping außerhalb des Wettkampfs unter Strafe. Voraussetzung hierzu

---

386 Entwurf eines Gesetzes zum Schutze der Integrität des Sports, Stand: 12.3.2014, S. 10, abrufbar unter: https://www.justiz.bayern.de/media/pdf/gesetze/sport.pdf (zuletzt abgerufen am 2.1.2020).

387 *Eising*, Doping, S. 36.

388 Entwurf eines Gesetzes zum Schutze der Integrität des Sports, Stand: 12.3.2014, S. 44, abrufbar unter: https://www.justiz.bayern.de/media/pdf/gesetze/sport.pdf (zuletzt abgerufen am 2.1.2020).

389 *Schlöter*, Doping, S. 322.

ist, dass die Anwendung *„zu Dopingzwecken im Sport"* erfolgt, *„um sich hierdurch in einem Wettkampf des organisierten Sports einen unlauteren Vorteil zu verschaffen."* Wann in zeitlicher Hinsicht noch eine Teilnahme *„unter Anwendung einer Dopingmethode"* vorliegt, ist der Formulierung nicht zu entnehmen.[390] Wie bereits im Entwurf der SPD-Fraktion von 2013 ist darüber hinaus fraglich, was unter dem subjektiven Tatbestandsmerkmal *„zu Dopingzwecken"* zu verstehen ist.

Soll damit die Dopinganwendung zu leistungssteigernden und vorteilsbringenden Zwecken erfasst werden, wäre das zusätzliche subjektive Element der Vorteilsverschaffung in Absatz 2 überflüssig.[391] Im Ergebnis führen auch die hier gewählten Formulierungen zu nicht unerheblichen Bestimmtheits- und Beweisproblemen.[392]

h) Antrag der Bundestagsfraktion Die Linke 2014

Im August 2014 forderte schließlich auch die Fraktion DIE LINKE in einem Entschließungsantrag ein eigenständiges Anti-Doping-Gesetz mit einer Strafnorm des Wettbewerbsbetrugs durch Doping für einen abgegrenzten Täterkreis von Athleten sowie einer besseren Unterstützung der Arbeit der NADA.[393] Als Forderungskatalog war der Antrag nicht ausformuliert.[394] Eine Neuerung stellt jedoch die Erweiterung des sich wegen Eigendopings strafbar machenden Personenkreises dar.[395] Danach sollten auch Sportler vom Straftatbestand erfasst werden, *„die im Zusammenhang mit ihrer sportlichen Betätigung als Person mit öffentlichen Mitteln gefördert bzw. im öffentlichen Dienst beschäftigt werden."*[396]

4. Zusammenfassung

Durch die Konvention des Europarats und dem Übereinkommen der UNESCO gegen Doping im Sport wurden die Vertragsstaaten dazu berechtigt und verpflichtet, Maßnahmen zur Dopingbekämpfung auszuarbeiten und anzuwenden. Die konkrete Ausgestaltung der Zuständigkeit, ob eine Maßnahme dem Aufgabenbereich der Sportfachverbände oder den staatlichen Stellen unterliegt, wird

---

390 *Eising*, Doping, S. 37; *Schlöter*, Doping, S. 322.

391 *Eising*, Doping, S. 38.

392 Siehe ausführlich hierzu: *Eising*, Doping, S. 36 f.; *Schlöter*, Doping, S. 322 f.

393 BT-Drucks. 18/2308; Pfister/*Bindels*, Das AntiDopG, S. 12.

394 *Eising*, Doping, S. 38.

395 *Eising*, Doping, S. 38.

396 BT-Drucks. 18/2308, S. 3; *Eising*, Doping, S. 38.

von den supranationalen Vereinbarungen allerdings nicht abschließend geklärt. In Deutschland ist die Aufgabenzuweisung grundsätzlich zweigeteilt: Privatrechtliche Bestimmungen der nationalen und internationalen Sportfachverbände stehen neben staatlichen Regelungen. Wurde lange Zeit die Auffassung vertreten, dass ein staatliches Dopingverbot nicht gerechtfertigt sei und die Regelungsautonomie den sportlichen Institutionen unterliegt, belegte der Umfang des Dopings, dass sportrechtliche Maßnahmen alleine nicht ausreichend sind.[397] Dennoch darf die staatliche Dopingbekämpfung die Arbeit der NADA und der Sportfachverbände nicht ersetzen. Vielmehr müssen sich die Zuständigkeiten beider Institutionen ergänzen und dürfen einander nicht ausschließen, um eine umfassende Dopingbekämpfung zu garantieren. Neben der Notwendigkeit einer strafrechtlichen Sanktionierung stellen mithin auch die verbandsrechtlichen Sanktionsmöglichkeiten weiterhin ein wesentliches Instrument der Dopingbekämpfung dar.[398]

Die genannten Gesetzgebungsinitiativen zeigen jedoch auf, dass trotz aller Verbesserungen in der Vergangenheit stets ein evidenter Handlungsbedarf im Hinblick auf die strafrechtliche Sanktionierung des dopenden Sportlers gesehen wurde.[399] Ein lediglich arzneimittelrechtliches Verbot zum Umgang mit Dopingmitteln war hierzu nicht ausreichend. So begrüßten auch die Landesjustizminister mit großer Mehrheit den am 25. März 2015 vom Bundeskabinett beschlossenen Entwurf eines Gesetzes zur Bekämpfung von Doping im Sport.[400] Die zahlreichen Reform- und Gesetzesvorschläge der vergangenen Jahre belegen, dass die Ausgestaltung des strafrechtlichen Dopingverbots kontrovers diskutiert wurde. Ob das Anti-Doping-Gesetz diese Kontroverse beendet hat und die bisherigen Regelungslücken geschlossen wurden, ist Gegenstand der nachfolgenden Untersuchung.

---

397 Für eine sportrechtliche Regelungsautonomie: *Steiner*, NJW 1991, 2729, 2733; i.E. auch: *Cherkeh/Momsen*, NJW 2001, 1745, 1746; *Mestwerdt*, SpuRt 1997, 119, 120 ff.; *Turner*, ZRP 1992, 121, 122 f.; *Wagner*, ZRP 1992, 369, 371; F/P/S/*Fritzweiler*, Praxishandbuch, 1998, 1. Teil Rn. 10; F/P/S/*Summerer*, Praxishandbuch, 1998, 2. Teil Rn. 213; *Mestwerdt*, Doping – Sittenwidrigkeit und staatliches Sanktionsbedürfnis, S. 163 ff.; Vieweg/*Tettingern*, Doping – Realität und Recht, S. 99.

398 So auch: *Weber*, BtMG, AntiDopG, Einleitung C Rn. 17.

399 Pfister/*Bindels*, Das AntiDopG, S. 12.

400 Beschluss zu Top II. 3 der 86. Justizministerkonferenz 2015; Pfister/*Bindels*, Das AntiDopG, S. 12.

E. Notwendigkeit einer Dopingstrafbarkeit

Doping im Sport ist ein strafwürdiges und strafbedürftiges Unrecht. Durch die massiven Dopingverstöße Ende des 20. Jahrhunderts rückte das Thema einer umfassenden Sanktionierung mehr und mehr in den Fokus der öffentlichen und politischen Diskussion.[401] Die Enthüllungen aus der Vergangenheit zeigen, dass in Vereinen und Verbänden die Dopingbekämpfung nicht oben auf der Agenda stand.[402] Die dargestellte Historie und aufgezeigten Defizite der bis dahin nur fragmentarisch geregelten Dopingstrafbarkeit belegen, dass verbandsrechtliche Regelungen alleine nicht ausreichend waren und ein staatliches Eingreifen erforderlich wurde. Damit soll nicht gesagt sein, dass die Anti-Doping-Maßnahmen der NADA und nationalen Sportverbände vollkommen wirkungslos waren und staatliche Strafverfahren an deren Stelle treten sollen. Vielmehr müssen sich beide Verfahren für eine effektive Dopingbekämpfung ergänzen.[403] Viele internationale Dopingfälle der vergangenen Jahre wurden trotz Kontrollen der jeweiligen Sportverbände erst im Zusammenspiel mit staatlichen Instanzen aufgedeckt.[404] Die in Deutschland bisher nur partiell erfasste Strafbarkeit hatte zur Konsequenz, dass sich der dopende Sportler seiner Verantwortung entziehen konnte und die Integrität des Sports keinen originären strafrechtlichen Schutz genoss.[405] Zur Gewährleistung eines umfassenden Gesundheitsschutzes und zur Absicherung wirtschaftlicher Grundwerte war die strafrechtliche Sanktionierung des Sportdopings mithin zwingend erforderlich. Insoweit stand dem Gesetzgeber eine weite Einschätzungsprärogative zu, um über die Geeignetheit, Erforderlichkeit und Angemessenheit einer gesetzlichen Regelung zu entscheiden. Im Koalitionsvertrag der 18. Legislaturperiode verpflichteten sich die Koalitionsfraktionen schließlich dazu *„weitergehende strafrechtliche Regelungen beim Kampf gegen Doping und Spielmanipulation zu schaffen“*.[406] Mit dem am 18. Dezember 2015 in Kraft getretenen Anti-Doping-Gesetz wurde diese

---

401 *Finke*, PharmR 2016, 445, 445.

402 *Heger*, ZRP 2015, 218, 218.

403 So auch: *Heger*, ZRP 2015, 218, 218.

404 So beispielsweise die Festina-Affäre, als die französische Polizei im Jahr 1998 Dopingermittlungen während der Tour de France aufnahm oder die Doping-Sperre der USADA gegen Lance Armstrong, welche auf einem staatsanwaltschaftlichen Ermittlungsverfahren beruhte; *Heger*, ZRP 2015, 218, 218.

405 *Cherkeh/Momsen*, NJW 2001, 1745, 1745.

406 Deutschlands Zukunft gestalten, Koalitionsvertrag zwischen CDU, CSU und SPD, 18. Legislaturperiode, S. 96; *Finke*, PharmR 2016, 445, 445.

Koalitionsvereinbarung umgesetzt.[407] Die Gesetzgebungskompetenz des Bundes für die nunmehr im Anti-Doping-Gesetz geregelte Strafbarkeit ergibt sich aus Art. 74 Abs. 1 Nr. 1 GG (Strafrecht) und Art. 74 Abs. 1 Nr. 19 GG (Recht der Arzneien).[408] Die Verabschiedung des Gesetzes zur Bekämpfung von Doping im Sport war nicht zuletzt auch für die Gleichschaltung in der internationalen Dopingbekämpfung zwingend erforderlich. Bereits mit der Konvention des Europarats im Jahre 1989 verpflichteten sich die Mitgliedsstaaten geeignete Gesetze und Maßnahmen zur Dopingbekämpfung zu erlassen. Schon damals wurde den nationalen Regierungen ein dynamischer Beurteilungsspielraum zugesprochen, um zu entscheiden, ob die Regelungen der autonomen Sportorganisationen ausreichen oder nicht.[409] Insoweit ist auch die Rolle Deutschlands als führende internationale Sportnation und die hiervon ausgehende Signalwirkung zu berücksichtigen. Im Gegensatz zu anderen europäischen Ländern gab es in Deutschland bis dato kein eigenständiges Anti-Doping-Gesetz. Das italienische Parlament verabschiedete hingegen bereits im Jahre 2000 das Gesetz *„zum Schutz der Gesundheit von Sportlern und zur Bekämpfung des Dopings"*, das neben dem Fremddoping auch das Selbstdoping inkriminierte.[410] Der italienische Gesetzgeber hatte sich für eine dem Listenprinzip folgende Dopingdefinition entschieden, die sich an der Verbotsliste des WADC orientiert.[411] Nach Art. 9 Abs. 1, 2 des Gesetzes macht sich strafbar, wer Dopingmittel oder Dopingmethoden anderen verschafft, verabreicht, selbst einnimmt oder ihren Gebrauch begünstigt, um die Wettkampfstellung der Athleten zu verändern oder das Ergebnis der Kontrollen zu verfälschen.[412] In Frankreich existiert seit dem Jahre 2008 eine Besitzstrafbarkeit von Dopingsubstanzen.[413] Das Gesetz hat die Ingewahrsamnahme von Dopingmittel besitzenden Sportlern und Funktionären, Hausdurchsuchungen und Beschlagnahmen zum Gegenstand und soll somit einer effektiven Dopingbekämpfung dienen. Für die verbotenen Dopingmittel und -methoden verweist das Gesetz ebenfalls auf die WADC-Liste. Insgesamt

---

407 Das Gesetz zur Bekämpfung von Doping im Sport (BGBl. 2015 I, S. 2210); *Finke*, PharmR 2016, 445, 445.

408 BT-Drucks. 18/4898, S. 20.

409 *Schmidt*, Internationale Dopingbekämpfung, S. 42 f.

410 Gesetz vom 14.12.2000, Nr. 376, in Kraft getreten am 2.1.2001; *Ott*, Doping, S. 80; ausführliche Darstellung bei *Jarvers*, ZStW 2001, 947 ff.

411 *Jarvers*, ZStW 2001, 947, 948; *Ott*, Doping, S. 80.

412 *Ott*, Doping, S. 80.

413 Article L. 232–10 Nr. 2 i.V.m. 232–26 des französischen „Code du sport"; *Ott*, Doping, S. 81.

waren die Verbote schon damals weitreichender als die deutschen Regelungen im Arzneimittelrecht.[414] Auch die strafrechtlichen Anti-Doping-Bemühungen in Österreich waren ursprünglich nur auf das Fremddoping gerichtet.[415] Mit dem am 1. Januar 2010 in Kraft getretenen 142. Bundesgesetz ergänzte der österreichische Gesetzgeber die bestehende Betrugsvorschrift des § 147 im österreichischen Strafgesetzbuch um folgenden Absatz: „*Ebenso ist zu bestrafen, wer einen Betrug mit mehr als geringem Schaden begeht, indem er über die Anwendung eines verbotenen Wirkstoffs oder einer verbotenen Methode nach der Anlage der Anti-Doping-Konvention, BGBl. Nr. 451/1991, zu Zwecken des Dopings im Sport täuscht.*“[416] Ausweislich der Gesetzesbegründung nahm der österreichische Gesetzgeber die mögliche Betrugsstrafbarkeit des Sportlers zum Anlass die vermögensschützenden Betrugsvorschriften auszuweiten, um eine effiziente Bekämpfung des Sportbetrugs sicherzustellen.[417] Auch das spanische Anti-Doping-Gesetz aus dem Jahre 2006 sieht die Verhängung von Sanktionen wie Sperren, Titelaberkennungen und Abänderungen von sportlichen Ereignissen durch den Staat vor.[418] Der Besitz und Konsum von Dopingmitteln wird ebenfalls sanktioniert. Allerdings sind die dortigen Sanktionen als Verwaltungsvergehen und nicht als Straftatbestände ausgestaltet.[419]

Der internationale Vergleich zwischen den hier exemplarisch genannten Staaten zeigt auf, dass auch andere europäische Nationen in den vergangenen Jahren auf dem Gebiet der staatlichen Dopingbekämpfung gesetzgeberisch tätig

---

414 *Ott*, Doping, S. 82.

415 Vgl. § 22a Anti-Doping-Bundesgesetz 2007, abrufbar unter: https://www.ris.bka.gv.at/GeltendeFassung.wxe?Abfrage=Bundesnormen&Gesetzesnummer=20005360 (zuletzt abgerufen am 2.1.2020); ausführlich zur historischen Entwicklung des Anti-Doping Rechts in Österreich: *Zeinhofer*, Causa Sport 2010, 326 ff.; hierzu auch: Ott, Doping, S. 76 ff.

416 § 137 Strafgesetzbuch Österreich, abrufbar unter: https://www.jusline.at/gesetz/stgb (zuletzt abgerufen am 2.1.2020).

417 „*Die effiziente Bekämpfung von Sportbetrug im Zusammenhang mit Doping ist im Rahmen der bestehenden Straftatbestände des Strafrechts zu verschärfen und sicherzustellen.*“, abrufbar unter: https://www.parlament.gv.at/PAKT/VHG/XXIV/I/I_00487/fnameorig_172282.html (zuletzt abgerufen am 2.1.2020); siehe hierzu auch: *Ott*, Doping, S. 78.

418 Ley Orgánica 7/2006, de 21 de noviembre, de protección de la salud y de lucha contra el dopaje en el deporte, das Gesetz ist am 22.2.2007 in Kraft getreten; ausführliche Darstellung bei *Wassmer*, SpuRt 2007, 60 ff.; *Ott*, Doping, S. 82.

419 *Wassmer*, SpuRt 2007, 60, 61; Ott, Doping, S. 83; ausführlich zur Dopingverfolgung in Deutschland und Spanien: Tauschwitz, Dopingverfolgung.

geworden sind. Ausnahmslos wurden im Kern- oder Nebenstrafrecht spezielle Anti-Doping-Tatbestände geschaffen, die das Fremddoping und damit das Umfeld des Sportlers sanktionieren. Daneben können sich selbstdopende Sportler auch in Österreich, Italien oder Frankreich unter den jeweiligen Voraussetzungen strafbar machen. Unterschiede ergeben sich hinsichtlich der geschützten Rechtsgüter. Während der Gesetzgeber in Österreich an den Vermögensschutz anknüpft, steht in Frankreich und Italien der Gesundheitsschutz im Vordergrund.[420] Insgesamt entspricht die Bekämpfung des Sportdopings also einer internationalen Zielsetzung, die den deutschen Gesetzgeber nicht zuletzt auch auf europäischer Ebene zur Schaffung eines eigenständigen Anti-Doping-Gesetzes veranlasst hat.

420 *Ott*, Doping, S. 84.

Drittes Kapitel: Strafbarkeit des Sportdopings vor dem AntiDopG – relevante Deliktsbereiche

Nachdem vorgehend das Doping im Sport aus soziologischer und historischer Perspektive bewertet wurde, soll im folgenden Kapitel untersucht werden, inwieweit sich dopende Sportler nach den bisherigen Vorschriften des Kern- und Nebenstrafrechts strafbar gemacht haben. Hierzu werden die wesentlichen Streitfragen aufgezeigt, um darauf aufbauend die rechtliche Bewertung des Sportdopings de lege lata, insbesondere vor dem Hintergrund der Änderungen durch das Anti-Doping-Gesetz, untersuchen zu können. Dabei werden die nachfolgenden Darstellungen auf die einschlägigen Tatbestände und die sich im Zusammenhang mit dem Doping ergebenden Besonderheiten beschränkt.[421]

A. Körperverletzungsdelikte, §§ 223 ff. StGB

Durch den Einsatz von Dopingmitteln oder -methoden besteht zunächst die Möglichkeit einer tatbestandlichen Verwirklichung der vorsätzlichen Körperverletzung gemäß § 223 Abs. 1 StGB. Darüber hinaus kann in bestimmten Fallkonstellationen auch eine gefährliche Körperverletzung nach § 224 Abs. 1 Nr. 1, 2, 5

421 Weitere Publikationen hierzu (Auswahl): *Corsten/Kuse*, ZJS 2013, 453; *Heger*, Medstra 2017, 205; *Heger*, JA 2003, 76, 77 ff.; *Kargl*, NStZ 2007, 489, 490 ff.; *Kargl*, JZ 2002, 389; *Linck*, MedR 1993, 55; *Linck*, NJW 1987, 2545; *Otto*, SpuRt 1994, 10 ff.; *Schmidt*, SpuRt 2006, 19, 21 ff.; *Turner*, MDR 1991, 569, 572 ff.; *Ahlers*, Doping, S. 29 ff.; A/N/L/G/*Rössner*, Sportrecht in der Praxis, Rn. 1700 ff.; *Bottke*, FS Kohlmann, S. 85, 93 ff.; *Cherkeh*, Betrug, S. 63 ff.; *Figura*, Doping, S. 151 ff.; F/P/S/*Reinhart*, Praxishandbuch, 8. Teil Rn. 110 ff.; *Glocker*, Doping, S. 139 ff.; *Haug*, Doping, S. 179 ff.; *Hirsch*, FS Szwarc, S. 559, 571 ff.; *Karakaya*, Doping, S. 81 ff.; Kauerhof/Nagel/Zebisch/*Kauerhof*, Dopingfragen, S. 65 ff.; Kauerhof/Nagel/Zebisch/*Schild*, Doping und Gewaltprävention, S. 82 ff.; *Lüer*, Dopingstrafen, S. 103 ff.; *Markowetz*, Doping, S. 183 ff.; *Michel*, Doping, S. 41 ff.; *Momsen-Pflanz*, Doping, S. 215 ff.; *Müller*, Doping, S. 37 ff.; *Ott*, Doping, S. 86 ff.; *Rain*, Doping, S. 17 ff.; *Reissinger*, Bekämpfung des Dopings, S. 253 ff.; *Roxin*, FS Samson, S. 445 ff.; *Schattmann*, Betrug, S. 13 ff.; *Schild*, Sportstrafrecht, S. 142 ff.; Schild/*Schild*, Rechtliche Fragen des Dopings, S. 13, 19 ff.; *Schneider-Grohe*, Doping, S. 129 ff.; *Schulz*, Doping, S. 63 ff.; *Valerius*, FS Rissing-van Saan, S. 717 ff.; Vieweg/*Kühl*, Doping – Realität und Recht, S. 80 ff.

StGB, eine schwere Körperverletzung gemäß § 226 Abs. 1 Nr. 1, 3 StGB oder eine Körperverletzung mit Todesfolge nach § 227 Abs. 1 StGB einschlägig sein. Zudem kann eine Misshandlung von Schutzbefohlenen gemäß § 225 Abs. 1 Nr. 1, 3, 4 StGB oder eine fahrlässige Körperverletzung gemäß § 229 StGB vorliegen.

I. Vorsätzliche Körperverletzung, § 223 Abs. 1 StGB

Nach § 223 Abs. 1 StGB wird bestraft, *„wer eine andere Person körperlich mißhandelt oder an der Gesundheit schädigt.“*

1. Verletzung des menschlichen Körpers durch Doping

a) Körperliche Misshandlung

Die körperliche Misshandlung wird nach dem allgemeinen Verständnis als jede üble, unangemessene Behandlung begriffen, welche das körperliche Wohlbefinden oder die körperliche Unversehrtheit nicht nur unerheblich beeinträchtigt.[422]

Ausgehend von einer solchen Begriffsbestimmung wird für die Anwendung von Doping als strafbare Körperverletzung ein erstes Hindernis aufgestellt. Denn der Zweck des Dopings soll gerade nicht darin bestehen, das körperliche Wohlempfinden oder die körperliche Unversehrtheit des Athleten zu mindern, sondern seine Leistungsfähigkeit zu steigern,[423] sodass im Zeitpunkt des Dopings oder unmittelbar im Anschluss daran eine körperliche Misshandlung häufig ausscheiden könnte.[424]

Die Beeinträchtigung des körperlichen Wohlempfindens kann jedoch auch Funktionsstörungen umfassen.[425] Nach ganz überwiegender Auffassung sind rein psychische Beeinträchtigungen nicht ausreichend, sofern sich diese nicht

---

422 L/K/*Lackner*, StGB, § 223 Rn. 4; MüKo/*Joecks*, StGB, § 223 Rn. 4; NK/*Paeffgen*/*Böse*, StGB, § 223 Rn. 8; S/S/*Eser*/*Sternberg-Lieben*, StGB, § 223 Rn. 3.

423 F/P/S/*Reinhart*, Praxishandbuch, 8. Teil Rn. 110; eine Ausnahme hiervon ist das sog. negative Doping, bei dem die Leistungsfähigkeit des Gegners verschlechtert werden soll, siehe hierzu: *Schneider-Grohe*, Doping, S. 58.

424 Hingegen möchte A/N/L/G/*Rössner*, Sportrecht in der Praxis, Rn. 1700 bereits ein *„euphorisches Gebaren“* als subjektive Steigerung des körperlichen Wohlbefindens unter den Begriff der körperlichen Misshandlung subsumieren, was im Hinblick auf das strafrechtliche Analogieverbot gemäß Art. 103 Abs. 2 GG nach der hier vertretenen Auffassung fragwürdig erscheint. So zutreffend auch: F/P/S/*Reinhart*, Praxishandbuch, 8. Teil Fn. 331.

425 S/S/*Eser*/*Sternberg-Lieben*, StGB, § 223 Rn. 3; *Mestwerdt*, Doping, S. 69.

auch körperlich auswirken.[426] Danach wird eine körperliche Misshandlung aber zu bejahen sein, wenn die Traktierung über das bloße seelische Leid hinausgeht und mit der Aufnahme des Dopingmittels oder der Anwendung der Dopingmethode die subjektive Befindlichkeit des Sportlers[427] – durch Depressionen, Kreislaufbeschwerden, Hitzewallungen oder Seh- und Gleichgewichtsstörungen – nicht nur unerheblich gemindert wird.[428]

Unter den Begriff der körperlichen Unversehrtheit sind neben substanzverletzenden Einwirkungen[429] auch körperliche Entstellungen und Verunstaltungen zu subsumieren.[430] Hierzu sind insbesondere durch eine Hormonbehandlung bedingte Anomalien wie auffälliger Kleinwuchs, irreversible Knochenschädigungen oder Virilisierungen bei Frauen zu zählen.[431] Eine Beeinträchtigung der körperlichen Unversehrtheit in Form der Substanzverletzung stellt die Applikationsform der Injektion und das damit einhergehende Einstechen der Injektionsnadel dar.[432] Darüber hinaus kann die Entnahme einer nicht unerheblichen Menge Blut im Rahmen des Blutdopings einen Substanzverlust implizieren.[433] Dass das Blut zu einem späteren Zeitpunkt wieder zugeführt werden soll, steht dem nicht entgegen.[434]

Genauso wie das körperliche Wohlbefinden ist auch die körperliche Unversehrtheit auf den Status quo ante gerichtet.[435] Eine Beeinträchtigung des körperlichen Wohlempfindens oder der körperlichen Unversehrtheit ist aber nur

---

426 BGH v. 18.7.2013 – 4 StR 168/13, NJW 2013, 3383; L/K/*Kühl*, StGB, § 223 Rn. 4; MüKo/*Joecks*, StGB, § 223 Rn. 16 f.; NK/*Paeffgen*/*Böse*, StGB, § 223 Rn. 10; S/S/*Eser*/*Sternberg-Lieben*, StGB, § 223 Rn. 4; a.A. *Müller*, Doping, S. 41 f.

427 Ebenso für eine subjektive Betrachtung: F/P/S/*Reinhart*, Praxishandbuch, 8. Teil Rn. 110; MüKo/*Joecks*, StGB, § 223 Rn. 12; *Schlöter*, Doping, S. 77.

428 *Mestwerdt*, Doping, S. 69; *Schlöter*, Doping, S. 77.

429 BeckOK/*Eschelbach*, StGB, § 223 Rn. 21; MüKo/*Joecks*, StGB, § 223 Rn. 8 ff.; S/S/*Eser*/*Sternberg-Lieben*, StGB, § 223 Rn. 3.

430 MüKo/*Joecks*, StGB, § 223 Rn. 11; NK/*Paeffgen*/*Böse*, StGB, § 223 Rn. 8; S/S/*Eser*/*Sternberg-Lieben*, StGB, § 223 Rn. 3.

431 *Mestwerdt*, Doping, S. 70.

432 *Magnus*, ZStW 2012, 907, 921; *Sternberg-Lieben*, ZIS 2011, 583, 585; *Hirsch*, FS Szwarc, S. 559, 572; *Schlöter*, Doping, S. 78; *Schulz*, Doping, S. 86; dagegen aber: F/P/S/*Reinhart*, Praxishandbuch, 8. Teil Rn. 110, der hier eine Verfehlung des Kerns der Sache sieht.

433 *Ahlers*, Doping, S. 44; *Schlöter*, Doping, S. 78.

434 *Schlöter*, Doping, S. 78 f.

435 MüKo/*Joecks*, StGB, § 223 Rn. 7; NK/*Paeffgen*/*Böse*, StGB, § 223 Rn. 8.

gegeben, wenn sie nicht nur unerheblich ist.[436] Das Kriterium der Erheblichkeit bestimmt sich aus der Sicht eines objektiven Beobachters,[437] wobei subjektive Folgen indiziell zu berücksichtigen sind, sofern sie objektiviert werden können.[438] Das Überschreiten der Geringfügigkeitsgrenze kann sich aus der Dauer und der Intensität des Eingriffs ergeben.[439] Dabei kann die Abgrenzung, wann eine erhebliche Beeinträchtigung vorliegt, zuweilen Schwierigkeiten bereiten, sodass stets eine konkrete Betrachtung im Einzelfall erforderlich ist. Schwächere Nebenwirkungen wie leichte Kopfschmerzen, geringfügige Übelkeit oder leichte Schlaflosigkeit scheiden aufgrund ihrer marginalen Intensität regelmäßig als körperliche Misshandlung aus.[440] Kommt es infolge einer Funktionsstörung zur Beeinträchtigung des Herz-Kreislauf-Systems oder werden lebenswichtige Organe beschädigt, impliziert dies regelmäßig eine nicht nur unerhebliche Beeinträchtigung.[441] Genauso wie die Substanzverletzung durch den Nadeleinstich[442] überschreitet auch der mit einer Blutentnahme einhergehende Substanzverlust[443] die Schwelle der Geringfügigkeit.[444]

b) Gesundheitsschädigung

Die Verabreichung von Dopingsubstanzen oder die Anwendung von Dopingmethoden kann aber – unabhängig von einer körperlichen Misshandlung – eine Gesundheitsschädigung darstellen. Definiert wird die Gesundheitsschädigung als das Hervorrufen oder Steigern eines vom Normalzustand der körperlichen und seelischen Funktionen nachteilig abweichenden pathologischen Zustands,

---

436 BeckOK/*Eschelbach*, StGB, § 223 Rn. 9; MüKo/*Joecks*, StGB, § 223 Rn. 22; NK/*Paeffgen*/*Böse*, StGB, § 223 Rn. 9.

437 MüKo/*Joecks*, StGB, § 223 Rn. 22; S/S/*Eser*/*Sternberg-Lieben*, StGB, § 223 Rn. 4a; *Müller*, Doping, S. 41.

438 OLG Düsseldorf v. 29.5.1991 – 5 Ss 168/91 –58/91 I, NJW 1991, 291.

439 MüKo/*Joecks*, StGB, § 223 Rn. 22; S/S/*Eser*/*Sternberg-Lieben*, StGB, § 223 Rn. 4a; *Schulz*, Doping, S. 41.

440 *Müller*, Doping, S. 41.

441 *Mestwerdt*, Doping, S. 149.

442 *Klug*, Doping, S. 149; *Schlöter*, Doping, S. 81; ablehnend: F/P/S/*Reinhart*, Praxishandbuch, 8. Teil Rn. 110.

443 *Schlöter*, Doping, S. 81.

444 Für eine regelmäßige Überschreitung der Erheblichkeitsschwelle bei Substanzen, die auf den Dopinglisten der Sportverbände stehen: *Heger*, Iurratio 2016, 98, 91.

unabhängig von dessen Dauer.[445] Die Beeinträchtigung muss auch in dieser Variante mehr als unerheblich sein.[446]

Eine solche Gesundheitsschädigung kann vorliegen, wenn mit dem Doping zeitgleich Nebenfolgen in Form von Fieber, Übelkeit, Erbrechen, Muskelkrämpfen[447] oder einer somatisch fassbaren Veränderung des Hormonhaushalts bzw. des Fettstoffwechsels[448] auftreten, die kausal auf das Doping zurückzuführen sind. Aber auch der dopingbedingte Ausfall von Körperfunktionen – z.B. der Niere, Gallenblase, des Gehirns, des Geruchs- und Geschmackssinnes[449] – kann unter den Begriff der Gesundheitsschädigung subsumiert werden. Fraglich ist, ob eine vollendete Gesundheitsschädigung bereits mit der bloßen Einnahme der Substanz – also vor Eintritt einer Nebenwirkung – angenommen werden kann. In der Rechtsprechung und Literatur ist insoweit anerkannt, dass ein pathologischer Zustand bereits durch eine erst später eintretende Schadensentwicklung, die unwiderruflich im Körper angelegt wird, hervorgerufen werden kann, wenn entsprechende Spätfolgen im Zeitpunkt der Beibringung zu erwarten sind.[450] Mithin können auch solche Dopingmaßnahmen zu einer Gesundheitsschädigung führen, die im Zeitpunkt der Handlung eine neutrale oder positive Wirkung auf den Körper haben und erst als Spätfolge Schäden in Form von Erkrankungen der inneren Organe, hormonelle Störungen, Herz- und Gefäßveränderungen, chronische Beschwerden oder Veränderungen der Geschlechtsorgane auslösen.[451]

---

445 L/K/*Kühl*, StGB, § 223 Rn. 5; MüKo/*Joecks*, StGB, § 223 Rn. 29; NK/*Paeffgen/Böse*, StGB, § 223 Rn. 14; S/S/*Eser/Sternberg-Lieben*, StGB, § 223 Rn. 5.

446 MüKo/*Joecks*, StGB, § 223 Rn. 29; *Müller*, Doping, S. 41; *Schulz*, Doping, S. 87.

447 A/N/L/G/*Rössner*, Sportrecht in der Praxis, Rn. 1700; *Klug*, Doping, S. 149; *Lüer*, Dopingstrafen, S. 103.

448 So auch der BGH in Bezug auf die Vergabe von Dopingmittel an Minderjährige in der DDR: BGH v. 9.2.2000 – 5 StR 451/99, NJW 2000, 1506.

449 Beispiele nach A/N/L/G/*Rössner*, Sportrecht in der Praxis, Rn. 1700; *Lüer*, Dopingstrafen, S. 103.

450 So wird auch die Infizierung des Opfers mit dem Virus HIV durch ungeschützten Geschlechtsverkehr bereits als Gesundheitsschädigung angesehen, obwohl die AIDS-Erkrankung noch nicht ausgebrochen ist, vgl. BGH v. 4.11.1988 – 1 StR 262/88, NJW 1989, 781; zur Zerstörung der Zellstruktur durch Röntgenstrahlen: BGH v. 3.12.1997 – 2 StR 397/97, NJW 1998, 833; siehe auch: *Fischer*, StGB, § 223 Rn. 14; MüKo/*Joecks*, StGB, § 223 Rn. 29; NK/*Paeffgen/Böse*, StGB, § 223 Rn. 18; S/S/*Eser/Sternberg-Lieben*, StGB, § 223 Rn. 7; *Heger*, Iurratio 2016 89, 91; *Corsten/Kuse*, ZJS 2013, 453, 454; *Glocker*, Doping, S. 228; in Bezug auf Doping verneinend aber: SK/*Wolters*, StGB, § 223 Rn. 27.

451 Insoweit stellt sich dann das Problem der Kausalität, A/N/L/G/*Rössner*, Sportrecht in der Praxis, Rn. 1700; F/P/S/*Reinhart*, Praxishandbuch, 8. Teil Rn. 110;

Sind solche Folgen zwar möglich, aber nicht wahrscheinlich, kann eine versuchte Körperverletzung vorliegen.[452]

c) Zwischenergebnis

Die Begriffe „*körperliche Misshandlung*" und „*Gesundheitsschädigung*" stehen in keinem Entweder-oder-Verhältnis. Mithin ist für die Tatbestandsverwirklichung gleichgültig, ob eine körperliche Misshandlung und/oder Gesundheitsschädigung vorliegt.[453] Beide Tatmodalitäten weisen eine erhebliche Schnittmenge an Sachverhalten auf, die ihnen gleichermaßen unterfallen können.[454]

Im Hinblick auf das Doping kann bereits der kurzzeitige Schmerz des Nadelstichs bei der Verabreichung eines Wirkstoffes eine körperliche Misshandlung im Sinne des § 223 Abs. 1 Alt. 1 StGB begründen. Die durch die Anwendung von Dopingsubstanzen und -methoden auftretenden Nebenwirkungen stellen in der Regel eine Gesundheitsschädigung gemäß § 223 Abs. 1 Alt. 2 StGB dar, soweit die hierdurch entstehenden Beeinträchtigungen nicht nur unerheblich sind.[455] Zudem kann eine Gesundheitsschädigung auch bei einer zunächst positiv wirkenden Anwendung vorliegen. Voraussetzung ist, dass bereits im Zeitpunkt der Beibringung entsprechende Spätfolgen mit an Sicherheit grenzender Wahrscheinlichkeit eintreten werden. Sind die verabreichten Substanzen in den nationalen und internationalen Dopinglisten aufgeführt, wird häufig auch die für eine Gesundheitsschädigung erforderliche Erheblichkeitsgrenze überschritten sein.[456] Bei der Bestimmung einer Gesundheitsschädigung ist allerdings zu berücksichtigen, dass ein sportrechtliches Dopingverbot auf den strafrechtlichen Gesundheitsschadensbegriff keine Auswirkungen haben kann.[457] Die strafrechtliche Gesundheitsschädigung erfordert die Herbeiführung eines pathologischen Zustands, welcher jedoch nicht bei allen Mitteln und Methoden, die sportrechtlich verboten sind, eintreten muss. Andererseits können bestimmte Substanzen

---

Lüer, Dopingstrafen, S. 104; *Müller*, Doping, S. 39; zu Dopingstoffen und ihren Nebenwirkungen: *Ahlers*, Doping, S. 220 ff., *Clasing*, Doping und seine Wirkstoffe, S. 63 ff.; *Glocker*, Doping, S. 218 ff.; *Schulz*, Doping, S. 89 ff.

452 *Heger*, Iurratio 2016, 89, 91.

453 NK/*Paeffgen*/*Böse*, StGB, § 223 Rn. 7; S/S/*Eser*/*Sternberg-Lieben*, StGB, § 223 Rn. 2; *Mestwerdt*, Doping, S. 69.

454 NK/*Paeffgen*/*Böse*, StGB, § 223 Rn. 7.

455 *Glocker*, Doping, S. 227; *Müller*, Doping, S. 40; *Schulz*, Doping, S. 87.

456 LK/*Lilie*, StGB, § 223, Rn. 13.

457 *Müler*, Doping, S. 42.

und Methoden zu einer Gesundheitsschädigung im Sinne von § 223 Abs. 1 StGB führen sportrechtlich aber erlaubt sein.[458]

2. *Strafbarkeit des Athleten beim Selbstdoping*

Eine Strafbarkeit nach § 223 Abs. 1 StGB setzt im objektiven Tatbestand voraus, dass eine *„andere Person“* körperlich misshandelt oder an der Gesundheit geschädigt wird. Der Wortlaut von § 223 Abs. 1 StGB lässt insoweit eindeutig erkennen, dass sich die Tat gegen einen anderen Menschen richten muss. Eine andere Person kann aber nur verletzt werden, wenn das Opfer nicht in eigener Verantwortung eine Selbstschädigung begeht.[459] Mithin verwirklicht der sich dopende Sportler, der eigenverantwortlich bestimmte Dopingwirkstoffe konsumiert oder Dopingmethoden anwendet, keine Körperverletzung.[460] Durch die Anwendung des Dopings am eigenen Körper wird keine andere Person im Sinne des § 223 Abs. 1 StGB misshandelt oder an der Gesundheit geschädigt.[461] Eine Strafbarkeit des Sportlers scheidet in diesem Fall aus.

Nimmt der Sportler allerdings in gedoptem Zustand an einem Wettkampf (z.B. Boxkampf) teil, kann sich dieser wegen vorsätzlicher Körperverletzung zum Nachteil des gegnerischen Sportlers gemäß § 223 Abs. 1 StGB strafbar machen, wenn er seinen Gegner im Laufe der Austragung durch Schläge oder Tritte traktiert. Insoweit erstreckt sich die vom Teilnehmer zumindest konkludent erteilte Einwilligung lediglich auf solche Verletzungen, die bei regelkonformen Verhalten des Gegners üblich und zu erwarten sind. Weil das Doping jedoch eine schwere Missachtung der anerkannten Sport- und Wettkampfregeln darstellt, die der Gegner nicht zu erwarten braucht, steht das Doping einer wirksamen Einwilligung entgegen.[462] Werden zusätzliche Utensilien (z.B. Boxhandschuhe) zur Wettkampfaustragung eingesetzt, handelt es sich um bestimmungsgemäß in Einsatz gebrachte Sportgeräte und nicht um gefährliche Werkzeuge im Sinne des § 224 Abs. 1 Nr. 2 StGB.[463]

---

458 *Müller*, Doping, S. 42 f.

459 BeckOK/*Eschelbach*, StGB, § 223 Rn. 16; D/D/K/R/*Dölling*, StGB, § 223 Rn. 3; L/K/*Kühl*, StGB, § 223 Rn. 2; NK/*Paeffgen*/*Böse*, StGB, § 223 Rn. 4, 21.

460 S/S/W/*Momsen*/*Momsen-Pflanz*, StGB, § 223 Rn. 54; *Heger*, Iurratio 2016, 89, 91.

461 *Heger*, Iurratio 2016, 89, 91; *Heger*, JA 2003, 76, 78; A/N/L/G/*Rössner*, Sportrecht in der Praxis, Rn. 1700; *Haug*, Doping, S. 181; Kauerhof/Nagel/Zebisch/*Kauerhof*, Dopingfragen, S. 75; *Lüer*, Dopingstrafen, S. 104; *Michel*, Doping, S. 42; *Müller*, Doping, S. 52; *Ott*, Doping, S. 87.

462 OLG Köln v. 4.4.2019 – 2 Ws 122/19, Rn. 37, SpuRt 2019, 13.

463 OLG Köln v. 4.4.2019 – 2 Ws 122/19, Rn. 38, SpuRt 2019, 13.

3. *Strafbarkeit der Beteiligten*

Von strafrechtlicher Bedeutung können insbesondere Konstellationen sein, in denen dritte Personen dem Athleten Dopingmittel oder Dopingmethoden zur Verfügung stellen, verabreichen oder anwenden. Insoweit können Ärzte, Trainer, Betreuer oder sonstige Personen im Umfeld des Sportlers diesen körperlich misshandeln oder in der Gesundheit schädigen. Eine Strafbarkeit der Beteiligten wegen vorsätzlicher Körperverletzung im Zusammenhang mit Doping ist damit denkbar.

a) Täterschaft

aa) Unmittelbare Täterschaft durch Fremddoping, § 25 Abs. 1 Alt. 1 StGB

Von der nicht tatbestandsmäßigen eigenverantwortlichen Selbstverletzung zu unterscheiden ist die vorsätzliche, einverständliche Fremdverletzung. Im Gegensatz zum Selbstdoping unterwirft sich der Sportler beim einverständlichen Fremddoping in voller Kenntnis der Sachlage einer Verabreichung der Dopingmittel durch einen Dritten. Von der Frage der Eigenverantwortlichkeit unabhängig, beginnt eine strafrechtliche Verantwortung des Dritten jedenfalls dort, wo keine Selbstschädigung des dopenden Sportlers mehr vorliegt, sondern eine Fremdschädigung gegeben ist.[464] Auf die Frage der Freiverantwortlichkeit kommt es dann erst im Rahmen einer rechtfertigenden Einwilligung an.[465]. Die heute wohl herrschende Meinung stellt wie bei der Abgrenzung von Täterschaft und Teilnahme auf die Kriterien zur Tatherrschaft ab.[466] Danach ist entscheidend, wer die irreversible Kausalkette in Gang gesetzt hat.[467] Maßgeblich ist, ob die Herrschaft über das Geschehen bei der letzten, unmittelbaren Verletzungshandlung beim Täter oder Verletzten liegt, der Verletzte also noch die freie Entscheidung über das Rechtsgut durch eigene Verhaltensmöglichkeiten hat.[468]

---

464 S/S/W/*Momsen*/*Momsen-Pflanz*, StGB, § 223 Rn. 54; *Schlöter*, Doping, S. 107.

465 *Schlöter*, Doping, S. 107.

466 BGH v. 20.11.2008 – 4 StR 328/08, NStZ 2009, 148; BGH v. 11.12.2003 – 3 StR 120/03, NStZ 2004, 204; OLG Celle v. 25.4.2012 – 31 Ss 7/12, NStZ-RR 2012, 247; *Fischer*, StGB, Vor. § 13 Rn. 37; S/S/*Lenkner*/*Sternberg-Lieben*, StGB, Vor. §§ 32 ff. Rn. 52a; *Kargl*, JZ 2002, 389, 393; *Rengier*, AT, § 13 Rn. 81; *Schlöter*, Doping, S. 111 ff.; *Schulz*, Doping, S. 102.

467 *Kargl*, JZ 2002, 389, 393; *Schulz*, Doping, S. 102.

468 S/S/*Lenkner*/*Sternberg-Lieben*, StGB, Vor. §§ 32 ff. Rn. 52a.

Kann der Sportler auf den Geschehensablauf noch Einfluss nehmen, liegt eine straflose Selbstverletzung vor, und der Täter hat keine irreversible Kausalkette in Gang gesetzt.

Die beiden Haupterscheinungsformen des Dopings sind die Injektion verbotener Substanzen und deren orale Applikation. Bei der ersten Fallkonstellation erschöpft sich der Tatbeitrag des Sportlers in dem Hinnehmen des vom Dritten beherrschten Geschehens, während in der zweiten Fallgestaltung der Sportler das vom Dritten ausgehändigte Medikament selbst einnimmt.[469] Häufig wird die Wahl der Applikationsform in der Willkür der Beteiligten liegen, sodass es mehr oder weniger vom Zufall abhängt, ob eine einverständliche Fremdverletzung oder eigenverantwortliche Sebstverletzung vorliegt.[470] Insoweit macht es aber einen strafrechtlichen Unterschied, ob sich der dopende Sportler die gesundheitsschädlichen Mittel, die ihm ein Dritter zuvor beschafft hat, selbst zuführt oder ob sich der Sportler die Substanzen von einem Dritten mit Einverständnis verabreichen lässt.

Denn als Täter wird nur bestraft, wer auch die Tatherrschaft innehat. Liegt die Tatherrschaft über die Tatbestandsverwirklichung beim eigenverantwortlich handelnden Sportler, scheidet die Täterschaft eines Dritten aus.[471] Strafbarkeitsvoraussetzung ist, dass der Dritte als Zentralgestalt über die Handlungsherrschaft verfügt. Danach übt Tatherrschaft nur derjenige aus, der die unmittelbare Handlung unternimmt. Eine Fremdschädigung ist gegeben, wenn der Dritte die Dopinghandlung beim Athleten beispielsweise durch Injektion der Spritze oder Verabreichen der Tabletten selbst vornimmt. Hingegen liegt eine Selbstschädigung des Sportlers vor, wenn sich dieser die Spritze (die ihm ein Dritter zuvor beschafft hat) selbst injiziert oder die Tabletten selbst einnimmt.[472] Das bloße Verschreiben, Zugänglichmachen oder Übergeben ist damit als straflose Beteiligung an einer Selbstschädigung zu qualifizieren.[473] Daher begeht der Arzt keine vorsätzliche Körperverletzung, wenn er dem medizinisch hinreichend aufgeklärten und eigenverantwortlich handelnden Sportler ohne sachliche Indikation Dopingmittel verschreibt und aushändigt.[474] Neben dem behandelnden Arzt

469 *Kargl*, JZ 2002, 389, 392 f.

470 Zu einer möglichen Gleichbehandlung der Fallgruppen siehe: *Kargl*, JZ 2002, 389, 3 93 f.

471 *Rengier*, BT II, § 8 Rn. 8.

472 *Schlöter*, Doping, S. 113 f.

473 *Linck*, NJW 1987, 1545, 2548; *Ahlers*, Doping, S. 115 f.; *Müller*, Doping, S. 55 f.; *Schlöter*, Doping, S. 114.

474 BayObLG v. 17.11.1994 – 4St RR 118/94, NJW 1995, 787; *Kindhäuser*, LPK-StGB, § 223–231 Rn. 3; *Kargl*, JZ 2002, 389 ff.

können auch andere Personen unmittelbare Täter sein, wenn sie als Hauptakteur über das Geschehen bestimmen. Weil der Sportler bei den meisten Einnahmen und Anwendungen aber selbst tätig sein wird, kommt als Handlungsmodalität des Dritten primär die Applikationsform der Injektion in Betracht.[475] Sind dem Handelnden die Folgen des Dopings bewusst, kann eine vorsätzliche Körperverletzung gemäß § 223 Abs. 1 StGB vorliegen, die allenfalls durch Einwilligung gerechtfertigt sein kann.[476]

bb) Mittelbare Täterschaft beim Selbstdoping, § 25 Abs. 1 Alt. 2 StGB

Kennt der Sportler beim Selbstdoping die Auswirkungen und Risiken für seine Gesundheit, schließt die freie Entscheidung die Verantwortlichkeit eines Dritten grundsätzlich aus.[477] Die Rechtslage kann aber anders zu beurteilen sein, wenn der Dritte das Risiko kraft überlegenen Sachwissens besser erfasst als der sich selbst Gefährdende.[478] Besteht ein Wissens- oder Herrschaftsgefälle, kann dem Tatbeteiligten die Herrschaft über das Geschehen zuwachsen.[479] Dies ist immer dann der Fall, wenn der Täter kraft überlegenen Wissens das Risiko besser erfasst als der sich selbst Gefährdende,[480] namentlich, wenn das Opfer durch Täuschung einem Irrtum unterliegt, bei Zwang oder bei Ausnutzung der Autoritätsstellung durch den Hintermann.[481] Handelt das Opfer infolgedessen nicht eigenverantwortlich, kommt eine Strafbarkeit des Dritten als mittelbarer Täter gemäß § 25 Abs. 1 Alt. 2 StGB in Betracht.[482] In diesem Fall nimmt der Sportler

---

475 *Müller*, Doping, S. 55.

476 L/K/*Kühl*, StGB, § 223 Rn. 5; S/S/*Eser/Sternberg-Lieben*, StGB, § 223 Rn. 5; *Kargl*, NStZ 2007, 489, 490; *Heger*, JA 2003, 76, 78; F/P/S/*Reinhart*, Praxishandbuch, 8. Teil Rn. 119; *Glocker*, Doping, S. 217; Kauerhof/Nagel/Zebisch/*Kauerhof*, Dopingfragen, S. 75; *Müller*, Doping, S. 55; *Ott*, Doping, S. 87.

477 *Otto*, SpuRt 1994, 10, 12; *Haug*, Doping, S. 181; für Tötungsdelikte: *Turner*, MDR 1991, 569, 572.

478 BeckOK/*Eschelbach*, StGB, § 223 Rn. 16; S/S/*Eser/Sternberg-Lieben*, StGB, § 223 Rn. 10; *Haug*, Doping, S. 181.

479 BGH v. 11.1.2011 – 5 StR 491/10, NStZ 2011, 341; NK/*Paeffgen/Böse*, StGB, § 223 Rn. 21a; Vieweg/*Kühl*, Doping – Realität und Recht, S. 81.

480 BGH v. 11.1.2011 – 5 StR 491/10, Rn. 8, NStZ 2011, 341; BGH v. 24.9.2009 – 1 StR 518/08, Rn. 11 f., NJW 2009, 2611; BGH v. 9.11.1984 – 2 StR 257/84, Rn. 25, NJW 1985, 690.

481 *Lüer*, Dopingstrafen, S. 104; *Schild*, Sportstrafrecht, S. 150.

482 MüKo/*Joecks*, StGB, § 223, Rn. 41; S/S/W/*Momsen/Momsen-Pflanz*, StGB, § 223 Rn. 54; A/N/L/G/*Rössner*, Sportrecht in der Praxis, Rn. 1700; *Glocker*, Doping, S. 218; *Müller*, Doping, S. 56; *Ott*, Doping, S. 87.

die physische Dopinghandlung zwar selbst vor, die Verantwortung hierfür liegt aber beim Dritten. Gemeint sind Konstellationen, in denen Trainer, Ärzte oder sonstige Personen den Sportler über die gesundheitsschädliche Wirkung des Mittels täuschen,[483] durch Drohung oder Gewaltanwendung zur Einnahme oder Anwendung veranlassen[484] oder Dopingsubstanzen unterschieben, ohne dass der Sportler dies bemerkt.[485] Daneben kommen Dopinganwendungen bei minderjährigen Sportlern in Betracht, denen eine nötige Einsichts- und Urteilsfähigkeit zwar nicht generell abzusprechen ist, aber vermehrt fehlen kann.[486]

Wann ein Sportler noch eigenverantwortlich handelt, ergibt sich nicht unmittelbar aus dem Gesetz. Vielmehr sind die Voraussetzungen für die Eigenverantwortlichkeit in Analogie zu den allgemeinen Regeln abzuleiten.[487] Hinsichtlich der Kriterien für die fehlende Verantwortlichkeit des Vordermanns werden in der Rechtsprechung und Literatur im Wesentlichen zwei Ansätze vertreten.[488]

Nach der sogenannten „*Einwilligungslösung*" soll in Analogie zu den Regeln über die Einwilligung entscheidend sein, ob im Falle einer durch einen Dritten verursachten Fremdschädigung eine Einwilligung des Opfers wirksam wäre.[489] Dies ist nur dann der Fall, wenn das Opfer die nötige Einsichtsfähigkeit besitzt, um die Tragweite des Risikos beurteilen zu können und sich in keinem Irrtum befindet.[490] Danach handelt das Opfer nicht eigenverantwortlich bei mangelnder

483 So wurden den Athleten in der ehemaligen DDR Anabolikatabletten als blaue oder rote Vitaminpillen ohne Gebrauchsanweisung oder Originalverpackung ausgehändigt, hierzu ausführlich: 2. Kapitel C. II. 3.

484 F/P/S/*Reinhart*, Praxishandbuch, 8. Teil Rn. 116.

485 Im Fall *Dieter Baumann*, berief sich dieser nach einer positiven Dopingprobe auf die heimliche Verabreichung durch Indizierung in seiner Zahnpasta, hierzu ausführlich: 2. Kapitel C. II. 4.

486 LK/*Lilie*, StGB, § 223 Rn. 13; *Otto*, SpuRt 1994, 10, 12; *Ott*, Doping, S. 87; Vieweg/*Kühl*, Doping – Realität und Recht, S. 82.

487 *Kindhäuser*, LPK-StGB, Vor. § 13 Rn. 123.

488 Die Frage der Eigenverantwortlichkeit des Opfers stellt sich nur soweit überhaupt eine Selbstschädigung vorliegt. Die Abgrenzung zur Fremdschädigung erfolgt über die Abgrenzung von Täterschaft und Teilnahme. Im Wesentlichen werden zwei Theorien vertreten: Die sog. Tatherrschaftslehre und die sog. subjektive Theorie; BeckOK/*Kudlich*, StGB, § 25 Rn. 13 ff.; MüKo/*Joecks*, StGB, § 25 Rn. 4 ff.; NK/*Schild*, StGB, § 25 Rn. 23 ff.; *Müller*, Doping, S. 53; *Schlöter*, Doping, S. 107 ff.

489 L/K/*Kühl*, StGB, Vor. § 211 Rn. 13a; NK/*Neumann*, StGB, § 211 Rn. 64; S/S/*Lenckner*/*Sternberg-Lieben*, StGB, Vor. § 32 Rn. 52a; *Kindhäuser*, BT I, § 4 Rn. 14; *Rengier*, BT II, § 8 Rn. 4; *Schlöter*, Doping, S. 96.

490 BGH v. 27.11.1985 – 3 StR 426/85, NStZ 1986, 266; *Kindhäuser*, LPK-StGB, Vor. § 13 Rn. 125.

Einsichtsfähigkeit, irrtumsbefangener Willensbildung oder bei nicht ausreichendem Urteilsvermögen.[491]

Vertreter der sogenannten „*Exkulpationslösung*“ differenzieren danach, ob das sich selbst schädigende Opfer unter solchen Umständen gehandelt hat, die im Falle einer von ihm begangenen Fremdschädigung die Schuld ausschließen würden, was sich anhand der §§ 19, 20, 35 StGB und § 3 JGG bemisst.[492] Danach ist die Selbstschädigung nicht eigenverantwortlich, wenn das Opfer – im Falle einer von ihm begangenen Fremdschädigung unter denselben Umständen – ohne Vorsatz oder unter den Voraussetzungen der gesetzlichen Exkulpationslösungen gehandelt hätte.[493]

Im Ergebnis erscheint die Einwilligungslösung vorzugswürdig. Für diesen Ansatz spricht, dass an die Willensbildung keine geringeren Anforderungen zu stellen sind als bei der Einwilligung in die Fremdschädigung.[494] Sowohl im Rahmen der eigenverantwortlichen Selbstschädigung als auch in den Fällen der Fremdschädigung geht es um die Verletzung eigener Rechtsgüter, sodass eine erhebliche Vergleichbarkeit besteht.[495] Weil sich insofern jedoch keine dopingspezifischen Besonderheiten ergeben, kann vorliegend auf eine eingehende Vertiefung des Streits verzichtet und auf die allgemeine Literatur verwiesen werden.

Auch wenn danach eine Körperverletzung durch Doping in mittelbarer Täterschaft strafrechtlich durchaus möglich erscheint, dürfte eine solche – selbst nach der im Ergebnis strengeren Einwilligungslösung – in der heutigen Sportpraxis nur selten vorkommen.[496] Zwar werden die meisten Sportler keine medizinischen Fachkenntnisse im Hinblick auf die Wirkung der eingenommenen Substanzen oder angewendeten Methoden besitzen, dennoch dürften ihnen die allgemeinen gesundheitlichen Risiken und Nebenwirkungen bekannt sein, sodass Irrtumskonstellationen, die eine Eigenverantwortlichkeit ausschließen,

---

491 *Kinderhäuser*, AT, § 39 Rn. 49.

492 MüKo/*Schneider*, StGB, Vor. § 211 Rn. 54; S/S/*Heine/Weißer*, StGB, § 25 Rn. 13 ff.; *Kindhäuser*, BT I, § 4 Rn. 13; *Rengier*, BT II, § 8 Rn. 4; *Roxin*, AT I, § 11 Rn. 114 ff.; *Schlöter*, Doping, S. 96.

493 *Kindhäuser*, AT, § 39 Rn. 48.

494 *Kühl*, AT, § 4 Rn. 88.

495 Weil sich insofern jedoch keine dopingspezifischen Besonderheiten ergeben, soll vorliegend auf eine eingehende Vertiefung des Streits verzichtet und auf die allgemeine Literatur verwiesen werden, siehe hierzu: MüKo/*Schneider*, StGB, Vor. § 211 Rn. 38 ff.; NK/*Neumann*, StGB, Vor. § 211 Rn. 64 ff.; *Jahn*, ZIS 2006, 57, 59; *Walter*, NStZ 2013, 673; *Müller*, Doping, S. 56 ff.; *Ott*, Doping, S. 142 ff., *Schlöter*, Doping, S. 98.

496 So im Ergebnis auch: *Ott*, Doping, S. 143.

die Ausnahme bleiben. Alleine aus der Ausbildung und der wissenschaftlichen Autorität des behandelnden Arztes kann noch kein überlegenes Sachwissen resultieren, das ein tatbestandliches Herrschaftsgefälle und damit eine Tatherrschaft begründet.[497] Für eine Strafbarkeit in mittelbarer Täterschaft kraft überlegenen Sachwissens ist es nicht ausreichend, dass der behandelnde Arzt aufgrund seiner Erfahrung und Fachkenntnis das Risiko besser einschätzen kann als der Sportler.[498] Der behandelnde Arzt würde sich stets strafbar machen, weil er im Gegensatz zum nicht approbierten Athleten immer über ein überlegenes Sachwissen verfügt. Vielmehr ist entscheidend, inwieweit der Sportler mit den Folgen des Dopings vertraut ist. Im Hinblick auf die frühe Aufklärungsarbeit einschlägiger Verbände und Institutionen, die heute bereits im Kindesalter der sportlichen Entwicklung ansetzt, sollte auch minderjährigen Sportlern eine Einsichtsfähigkeit nicht generell abgesprochen werden.[499] Hier muss im Einzelfall entschieden werden, ob der erforderliche geistige Reifegrad vorhanden ist.[500] Ferner dürften auch klassische Zwangskonstellationen, wie sie in totalitären Regimen angewendet wurden, heute nur selten der sportlichen Realität entsprechen.

b) Teilnahme

Wie bereits ausgeführt, kann der Tatbestand einer Körperverletzung nur durch einen Dritten verwirklicht werden. Weil sowohl die Anstiftung als auch die Beihilfe nach §§ 26, 27 StGB das Vorliegen einer *„vorsätzlich begangenen rechtswidrigen Tat"* verlangen,[501] der Sportler durch die eigenverantwortliche Selbstschädigung aber keine vorsätzliche Körperverletzung im Sinne des § 223 Abs. 1 StGB begeht, ist auch die Beteiligung an einer solchen

497 BGH v. 11.1.2011 – 5 StR 491/10, NStZ 2011, 341; *Corsten/Kuse*, ZJS 2013, 453, 456; *Kargl*, JZ 2002 389, 393; *Rain*, Doping, S. 36; *Schlöter*, Doping, S. 102; a.A. *Haas/Prokop*, SpuRt 1997, 56, 57; *Linck*, MedR 1993, 55, 57; *Linck*, NJW 1987, 2545 2548; *Otto*, SpuRt 1994, 10, 12; *Turner*, MDR 1991, 569, 573; *Schulz*, Doping, S. 103; *Striegel*, Doping im Fitnesssport, S. 39.

498 BGH v. 11.1.2011 – 5 StR, 491/10, NStZ 2011, 341; *Jahn*, JuS 2011, 372, 372.

499 Anders: LK/*Lilie*, StGB, § 223, Rn. 13, der bei Minderjährigen stets eine Gesundheitsschädigung annimmt, weil die Einwilligung auch nach Aufklärung wegen der Gefahr nicht kalkulierbarer Spätfolgen sittenwidrig sei; *Schlöter*, Doping, S. 96 zieht die Grenze der Eigenverantwortlichkeit im Alter von 14 Jahren.

500 *Magnus*, ZStW 2012, 907, 913.

501 Sog. limitierte Akzessorietät der Teilnahme, BeckOK/*Kudlich*, StGB, § 26 Rn. 4; S/S/*Heine*/*Weißer*, StGB, § 26 Rn. 28 f., § 27 Rn. 1; *Müller*, Doping, S. 51.

Selbstverletzung tatbestandlos.[502] Insoweit fehlt es bereits an einer vorsätzlichen, rechtswidrigen Haupttat, weshalb in solchen Fällen auch die Mitwirkung Dritter straffrei bleibt. Wer die Einnahme von Dopingmitteln oder die Anwendung von Dopingmethoden ermöglicht, veranlasst oder fördert, nimmt an einem Verhalten teil, das keinem tatbestandsmäßigem Vorgang entspricht, soweit die Verantwortlichkeit beim selbstgefährdenden Sportler verbleibt.[503]

Hingegen kann das Verhalten des Beteiligten von strafrechtlicher Relevanz sein, wenn dieser einen Dritten zu einer tatbestandlichen Körperverletzung in mittelbarer Täterschaft gemäß §§ 223 Abs. 1, 25 Abs. 1 Alt. 2 StGB oder einer Körperverletzung in unmittelbarer Täterschaft gemäß §§ 223 Abs. 1, 25 Abs. 1 Alt. 1 StGB anstiftet oder zu dieser Hilfe leistet. Sind die obigen Voraussetzungen erfüllt, ist das Vorliegen einer vorsätzlichen, rechtswidrigen Haupttat im Sinne von §§ 26, 27 StGB zu bejahen.

4. *Ärztlicher Heileingriff*

Nach Ansicht von weiten Teilen in der Literatur soll bei einem medizinisch indizierten, de lege artis ausgeführten Heileingriff bereits der objektive Tatbestand einer Körperverletzung gemäß § 223 Abs. 1 StGB nicht erfüllt sein.[504] Begründet wird diese Auffassung mit dem Argument, dass der körperliche Zustand durch einen erfolgreichen Heileingriff nicht verschlechtert, sondern verbessert oder wenigstens bewahrt werde.[505] Insoweit fehle es an einer Körperinteressenverletzung.[506] Abzustellen sei nicht auf den Einzelakt (z.B. Injektion), sondern auf das Gesamtergebnis als solches.[507] Werde die körperliche Gesundheit durch den ärztlichen Eingriff verbessert oder aufrechterhalten, fehle es vom Wortlaut her bereits an einer Gesundheitsschädigung oder einer körperlichen Misshandlung.[508]

---

502 BGH v. 29.04.2009 – 1 StR 518/08, Rn. 5, NStZ 2009, 504; *Glocker*, Doping, S. 217; *Haug*, Doping, S. 181; *Müller*, Doping, S. 52; *Ott*, Doping, S. 87.

503 BeckOK/*Eschelbach*, StGB, § 223 Rn. 16; NK/*Paeffgen*/*Böse*, StGB, § 223 Rn. 21.

504 *Fischer*, StGB, § 223 Rn. 19 f.; *Knauer*/*Brose*, Beck-MedR, StGB, § 223 Rn 17; L/K/*Kühl*, StGB, § 223 Rn. 8; MüKo/*Joecks*, StGB, § 223 Rn. 47; S/S/Eser/*Sternberg-Lieben*, StGB, § 223 Rn. 30; *Glocker*, Doping, S. 228; *Kindhäuser*, BT I, § 8 Rn. 22 ff.; *Rengier*, BT II, § 13 Rn. 16; *Roxin*, AT I, § 13, Rn. 19.

505 MüKo/*Joecks*, StGB, § 223, Rn. 47.

506 S/S/Eser/*Sternberg-Lieben*, StGB, § 223, Rn. 30.

507 MüKo/*Joecks*, StGB, § 223, Rn. 47; S/S/Eser/*Sternberg-Lieben*, StGB, § 223, Rn. 30; *Müller*, Doping, S. 43; *Schulz*, Doping, S. 88.

508 MüKo/*Joecks*, StGB, § 223 Rn. 47; S/S/Eser/*Sternberg-Lieben*, StGB, § 223, Rn. 32; *Schulz*, Doping, S. 88.

Die sog. „*Erfolgstheorie*"[509] differenziert zwischen einem gelungenen und misslungenen Eingriff. Wird im Ergebnis das körperliche Wohlbefinden im Ganzen erhöht oder bewahrt, sei der objektive Tatbestand von § 223 Abs. 1 StGB zu verneinen. Hat sich der körperliche Zustand hingegen verschlechtert, liege eine tatbestandliche Körperverletzung vor, die aber durch eine das Erfolgsrisiko deckende Einwilligung gerechtfertigt sein könne.[510]

Eine andere Ansicht stellt auf die sog. „*Kunstgerechtheit*"[511] ab. Wurde der Heileingriff kunstgerecht durchgeführt und ist er von Heilungstendenz geprägt, sei er sogar bei misslungener Durchführung nicht tatbestandsmäßig.[512]

Bereits 1894 hat das Reichsgericht[513] hingegen die Auffassung vertreten, dass jeder ärztliche Heileingriff als Gesundheitsschädigung zu qualifizieren ist, gleichgültig ob er missglückt, erfolgreich oder kunstgerecht durchgeführt wurde.[514] Dieser Ansicht hat sich auch der BGH angeschlossen.[515] Folglich ist für die Rechtsprechung jede ärztliche Maßnahme eine tatbestandliche Körperverletzung, soweit sie die körperliche Integrität tangiert. Mithin bedarf sie einer besonderen Rechtfertigung, die in der Regel durch Einwilligung des Patienten erfolgt.[516]

In Bezug auf die Dopinganwendung durch einen behandelnden Arzt ist eine Entscheidung zwischen den hierzu vertretenen Ansichten jedoch entbehrlich, denn der im Zusammenhang mit dem Doping vorgenommene Eingriff stellt auch im Sinne der Literaturansicht keinen ärztlichen Heileingriff dar. Der ärztliche Heileingriff ist eine in die Körperintegrität eingreifende Behandlung, die mit der Intention vorgenommen wird, Leiden, Krankheiten, Körperschäden, körperliche Beschwerden oder seelische Störungen zu verhüten, zu erkennen,

---

509 *Knauer/Brose*, Beck-MedR, StGB, § 223 Rn 19.

510 MüKo/*Joecks*, StGB, § 223 Rn. 47; S/S/Eser/*Sternberg-Lieben*, StGB, § 223 Rn. 30; *Schulz*, Doping, S. 88.

511 *Knauer/Brose*, Beck-MedR, StGB, § 223 Rn 18.

512 MüKo/*Joecks*, StGB, § 223 Rn. 47; S/S/Eser/*Sternberg-Lieben*, StGB, § 223 Rn. 30; *Glocker*, Doping, S. 229; *Schulz*, Doping, S. 88.

513 RG v. 31.5.1894 - 1406/94, RGSt 25, 375.

514 *Knauer/Brose*, Beck-MedR, StGB, § 223 Rn 16; MüKo/*Joecks*, StGB, § 223 Rn. 46; S/S/*Eser/Sternberg-Lieben*, StGB, § 223 Rn. 29; *Glocker*, Doping, S. 228; Kauerhof/Nagel/Zebisch/*Kauerhof*, Dopingfragen, S. 78; *Müller*, Doping, S. 44; *Schulz*, Doping, S. 87.

515 BGH v. 4.10.1999 - 5 StR 712/98, NJW 2000, 885; BGH v. 19.11.1997 - 3 StR 271/97, NJW 1998, 1802; BGH v. 1.2.1961 - 2 StR 457/60, NJW 1962, 682; BGH v. 10.2.1959 - 5 StR 533/58, NJW 1959, 825; BGH v. 28.11.1957 - 4 StR 525/57, NJW 1958, 267.

516 MüKo/*Joecks*, StGB, § 223 Rn. 46; NK/*Paeffgen/Zabel*, StGB, § 228 Rn. 56; S/S/*Eser/Sternberg-Lieben*, StGB, § 223 Rn. 29; *Schulz*, Doping, S. 88.

zu lindern oder zu heilen.[517] Ein ärztlicher Heileingriff kann aber nur dann vorliegen, wenn eine Verletzung oder Krankheit die medikamentöse Behandlung oder den operativen Eingriff erfordert.[518] Mithin kommt es für die Bestimmung eines Heileingriffs maßgeblich auf die *„Feststellung eines Heilzwecks"* an.[519] Der durch das Doping verfolgte Zweck besteht aber regelmäßig nicht in der Beseitigung eines bestehenden pathologischen Zustands, sondern in der künstlichen Leistungssteigerung bei einem ansonsten gesunden Menschen. Folgerichtig ist der dopende Sportler nicht mit einem kranken, behandlungsbedürftigen Patienten gleichzusetzen. Im Normalfall ist der Athlet vor der Dopinganwendung gesund. Mangels medizinischer Indikation kann deshalb bei der Vergabe von Doping auch nicht von einem ärztlichen Heileingriff gesprochen werden.[520] Mithin handelt es sich bei der Dopinganwendung durch einen behandelnden Arzt nach beiden Auffassungen um eine tatbestandliche Körperverletzung gemäß § 223 Abs. 1 StGB, sodass ein Streitentscheid hier entfallen kann.

Etwas anderes gilt nur dann, wenn bei einem verletzten oder kranken Athleten das Leistungspotential durch medikamentöse Behandlung wiederhergestellt werden soll.[521] Im Gegensatz zum klassischen Doping dient das sog. *„therapeutische Doping"* nicht ausschließlich der künstlichen Leistungssteigerung, sondern intendiert die Schadensbeseitigung zur Wiederherstellung des Normalzustands. Das therapeutische Doping ist damit grundsätzlich dem ärztlichen Heileingriff zuzuordnen.[522] Zwar mag das *„Gesundspritzen"*[523] mit Substanzen, die auf der Dopingliste stehen, aus sportrechtlicher Sicht einen Dopingverstoß darstellen. Weil der Eingriff aber auch einem Heilzweck dient, handelt es sich aus

---

517 L/K/*Kühl*, StGB, § 223 Rn. 9 m.w.N.

518 *Glocker*, Doping, S. 229; *Müller*, Doping, S. 44. Darüber hinaus kann ein ärztlicher Heileingriff auch präventive Intentionen verfolgen.

519 *Ahlers*, Doping, S. 45; *Glocker*, Doping, S. 229.

520 LK/*Hirsch*, StGB, § 228 Rn. 48; L/K/*Kühl*, StGB, § 223 Rn. 10; SK/*Wolters*, StGB, § 228 Rn. 29; S/S/*Eser/Sternberg-Lieben*, StGB, § 223 Rn. 50b; *Linck*, NJW 1987, 2545, 2549; *Ahlers*, Doping, S. 45 f.; *Glocker*, Doping, S. 229; *Müller*, Doping, S. 44; *Schlöter*, Doping, S. 115; *Schneider-Grohe*, Doping, S. 137; *Schulz*, Doping, S. 89; *Striegel*, Doping im Fitnesssport, S. 39; *Ulsenheimer*, Arztstrafrecht, Rn. 336; a.A. LK/*Lilie*, § 223 Rn. 33.

521 *Glocker*, Doping, S. 229; *Müller*, Doping, S. 44.

522 *Glocker*, Doping, S. 230; Schild/*Schild*, Rechtliche Fragen des Dopings, S. 23 f.; Schroeder/Kaufmann/*Kohlhaas*, Sport und Recht, S. 51; i.E. verneinend: *Müller*, Doping, S. 45 f., weil das *„Fitspritzen"* die Regeln der lex artis verletzen kann und somit nicht die Voraussetzungen eines Heileingriffs erfüllt.

523 Schild/*Schild*, Rechtliche Fragen des Dopings, S. 24.

strafrechtlicher Sicht bei der Behandlung oder Therapie eines verletzten Sportlers grundsätzlich um einen ärztlichen Heileingriff. Nach Auffassung der Literatur ist deshalb die Tatbestandsmäßigkeit einer Körperverletzung zu verneinen. Nach Ansicht der Rechtsprechung wäre auch hier der objektive Tatbestand einer vorsätzlichen Körperverletzung erfüllt, kann aber infolge einer Einwilligung des Sportlers gerechtfertigt sein.[524]

5. *Einwilligung*

Die Zuführung von Dopingsubstanzen oder die Anwendung von Dopingmethoden durch einen Dritten wird in der Regel einvernehmlich geschehen. In diesem Fall kann die Körperverletzung durch Einwilligung gerechtfertigt sein.[525] Während die Voraussetzungen der Disponibilität des geschützten Rechtsguts, der Einwilligungserklärung sowie der Verfügungsberechtigung[526] keine dopingspezifischen Besonderheiten aufweisen, sind die weiteren Voraussetzungen der Einwilligungsfähigkeit, der Freiheit von Willensmängeln und der Sittenwidrigkeit im vorliegenden Kontext näher zu untersuchen.

a) *Einwilligungsfähigkeit*

Um die Intensität des Eingriffs und die Bedeutung des Rechtsguts ausreichend beurteilen zu können, muss der Einwilligende über eine hinreichende Einsichtsfähigkeit verfügen. Das bedeutet, dass er nach seiner geistigen und sittlichen Reife in der Lage sein muss, die Tragweite des Rechtsgutsverzichts erkennen und beurteilen zu können.[527] Die Einsichtsfähigkeit ist grundsätzlich vom Alter des Einwilligenden unabhängig zu bestimmen.[528] Auf eine zivilrechtliche

---

524 *Knauer/Brose*, Beck-MedR, StGB, § 223 Rn 15 ff.; L/K/*Kühl*, StGB, § 223 Rn. 9 ff.; MüKo/*Joecks*, StGB, § 223 Rn. 45 ff.; *Sommer/Tsambikakis,* Münchener Anwaltshandbuch Medizinrecht, § 3 Rn. 19 ff.; *Jahn*, JuS 2007, 1145; *Glocker*, Doping, S. 230.

525 Zur Einordnung als Tatbestandsmerkmal oder Rechtfertigungsgrund siehe: S/S/*Lenckner/Sternberg-Lieben,* StGB, Vor. § 32 ff. Rn. 33; NK/*Paeffgen/Zabel*, StGB, § 228 Rn. 8; *Kindhäuser*, AT, § 12 Rn. 2; *Rengier*, AT, § 23 Rn. 1 ff.; *Roxin*, AT I, § 13 Rn. 12 ff; *Wessels/Beulke*, AT, Rn. 550 ff.; *Müller*, Doping, S. 87.

526 Zu den allgemeinen Voraussetzungen der Einwilligung siehe: *Kindhäuser*, AT, § 12 Rn. 9 ff.; *Rengier*, AT, § 23 Rn. 7 ff.; *Wessels/Beulke*, AT, Rn. 563 ff.

527 *Kindhäuser*, AT, § 12 Rn. 11; *Wessels/Beulke*, AT, Rn. 567.

528 Auch die Rechtsprechung stellt für die Frage der Einwilligungsfähigkeit auf den Einzelfall ab ohne feste Altersgrenzen zu postulieren. Eine Ausnahme von diesem Grundsatz gilt nur dann, wenn der Gesetzgeber selbst eine normative Grenze gesetzt hat. So beispielsweise in den Fällen des § 2 Abs. 1 Nr. 3 KastrG (25 Jahre) und § 40 Abs. 4 AMG (18 Jahre). Ausführlich hierzu: *Odenwald*, Einwilligungsfähigkeit, S. 124 ff.

Geschäftsfähigkeit kommt es nicht an.[529] Erforderlich aber auch ausreichend ist, dass der Einwilligende eine zutreffende Vorstellung vom voraussichtlichen Verlauf und den möglichen Folgen des zu erwartenden Eingriffs hat.[530]

aa) Selbstbestimmungsfähigkeit

Zum Teil wird die Ansicht vertreten, die Einwilligungsfähigkeit sei trotz hinreichender intellektueller Einsichtsfähigkeit zu verneinen, wenn sich die Einwilligung dem Betroffenen derart aufdrängt, dass ihm eine alternative Entscheidung verwehrt bleibt.[531] Eine solche zwangsbedingte Selbstbestimmungsunfähigkeit[532] soll bei einem mit Doping konfrontierten Athleten immer dann vorliegen, wenn *„die auf seine Entscheidung einwirkenden Umwelteinflüsse von derartigem Gewicht sind, dass sie nicht nur im Einzelfall eine gewisse Pressionswirkung auf ihn ausüben, sondern ihm mehr und mehr den Blick auf die Realität verschließen."*[533] Dies sei der Fall, wenn die Zwänge über einen rein psychischen, gesellschaftlichen oder wirtschaftlichen Druck hinausgehen und so intensiv sind, dass sie einen pathologischen Zustand hervorrufen.[534] Insoweit müsse zwischen intrinsischen und extrinsischen Faktoren differenziert werden.[535] Wie bereits ausgeführt, wirken – neben dem Ehrgeiz als intrinsische Motivation – vor allem extrinsische Faktoren wie gesellschaftliche Erwartungshaltungen, Normierungskriterien oder Professionalisierungs- und Kommerzialisierungsgedanken auf den Athleten ein.[536] Zwar können diese an der Autonomie des Sportlers Zweifel begründen,[537] als Umweltbedingungen vermögen sie aber keine Sonderbehandlung von Athleten rechtfertigen.[538] Als bloße *„Spiegelbilder allgemein soziologischer*

---

529 BGH v. 16.11.1971 – VI ZR 76/70, NJW 1972, 335; BGH v. 22.1.1953 – 4 StR 373/52, NJW 1953, 912; NK/*Paeffgen*/*Zabel*, StGB, § 228 Rn. 14 m.w.N.; *Kindhäuser*, AT, § 12 Rn. 11; *Müller*, Doping, S. 89; *Rengier*, AT, § 23 Rn. 15; *Wessels*/*Beulke*, AT, Rn. 567. Ausführlich zur Einwilligungsfähigkei und Geschäftsfähigkeit: *Reipschläger*, Einwilligung Minderjähriger, S. 29 ff.

530 BGH v. 12.10.1999 – 1 StR 417/99, NStZ 2000, 87.

531 *Amelung*, NJW 1996, 2393, 2396 f.; *Rain*, Doping, S. 68 m.w.N.

532 *Glocker*, Doping, S. 238.

533 *Rain*, Doping, S. 71.

534 Beispielsweise eine suchtartige Abhängigkeit von Dopingmitteln, vgl. *Rain*, Doping, S. 71, Rn. 325; *Glocker*, Doping, S. 238 der insoweit von endogenen und exogenen Zwängen spricht.

535 *Glocker*, Doping, S. 238.

536 Siehe hierzu ausführlich: 2. Kapitel B.

537 *Glocker*, Doping, S. 238 m.w.N.

538 *Rain*, Doping, S. 72.

Phänomene in der modernen Leistungsgesellschaft"[539] stellen sie keinen die Selbstbestimmungsfähigkeit ausschließenden Zwang im obigen Sinne dar. Mithin kann eine Einwilligungsfähigkeit bei erwachsenen Sportlern mit hinreichendem Reifegrad regelmäßig angenommen werden.[540] Sind im konkreten Einzelfall keine Anhaltspunkte ersichtlich, die Zweifel rechtfertigen, ist die erforderliche Einwilligungsfähigkeit bei Erwachsenen ohne nähere Prüfung zu unterstellen.[541]

bb) Einwilligungsfähigkeit Minderjähriger

Gemäß § 2 BGB tritt die Volljährigkeit mit Vollendung des 18. Lebensjahres ein. Entgegen der herrschenden Lehre, die es für eine wirksamen Einwilligung von Minderjährigen als ausreichend erachtet, dass der Zustimmende - vom Alter unabhängig - nach seiner geistigen und sittlichen Reife in der Lage ist, die Bedeutung und Tragweite seines Rechtsgutverzichts erkennen und beurteilen zu können,[542] wird teilweise die Auffassung vertreten, die strafrechtliche Einwilligungsfähigkeit von Minderjährigen an eine bestimmte Altersgrenze zu knüpfen.[543] Begründet wird diese Ansicht mit gesetzessystematischen Erwägungen, altersspezifischen Charakteristiken und sozialen Aspekten. Weil ein

539 *Rain*, Doping, S. 71.

540 *Ahlers*, Doping, S. 161; *Fiedler*, Doping, S. 58; *Glocker*, Doping, S. 238; *Müller*, Doping, S. 89.

541 *Rain*, Doping, S. 68; *Rengier*, AT, § 23, Rn. 16; *Roxin*, AT, § 13 Rn. 86; *Schulz*, Doping, S. 106.

542 BGH v. 10.02.1959 - 5 StR 533/58, Rn. 10, NJW 1959, 825; BGH v. 22.1.1953 - 4 StR 373/52, Ls. 1a, NJW 1953, 912; BayObLG v. 7.9.1998 - 5St RR 153/98, Ls. 1, NJW 1999, 372; *Fischer*, StGB, Vor. § 32 Rn. 3c; L/K/*Lackner*, StGB, Vor. § 32 Rn. 16; LK/*Rönnau*, Vor. § 32 Rn. 193; SK/*Wolters*, StGB, § 228 Rn. 3; S/S/*Leckner/Sternberg-Lieben*, StGB, Vor. § 32 Rn. 39; *Ulsenheimer*, Arztstrafrecht, Rn. 414; *Amelung/Eymann*, JuS 2001, 937, 941; *Ameldung*, ZStW 1992, 525, 526 ff.; *Lesch*, NJW 1989, 2309, 2309; *Kindhäuser*, AT, § 12 Rn. 11; *Mestwerdt*, Doping, S. 91; *Rengier*, AT, § 23 Rn. 15; *Wessels/Beulke*, AT, Rn. 567; krit. hierzu: *Roxin*, AT, § 13 Rn. 85.

543 Speziell für Doping ab Vollendung des 12. Lebensjahres: *Eberbach*, MedR 1986, 14, 15; ab Vollendung des 14. Lebensjahres: *Kern*, FamRZ 1981, 738, 739; *Kohlhaas*, NJW 1970, 1958, 1959; *Link*, NJW 1987, 2545, 2550; *Turner*, MDR 1991, 569, 573; A/N/L/G/*Rössner*, Sportrecht in der Praxis, Rn. 1702; Schroeder/Kaufmann/*Kohlhaas*, Sport und Recht, S. 53; ab Vollendung des 16. Lebensjahres: *Deutsch/Spickhoff*, Medizinrecht, Rn. 790; eine Einwilligungsfähigkeit Minderjähriger generell verneinend: *Haas/Prokop*, SpuRt 1997, 56, 58; *Parzeller*, Deutsche Zeitschrift für Sportmedizin 2001, 162, 165; *Dury*, FS Röhricht, S. 1097, 1104; *Odenwald*, Einwilligungsfähigkeit, S. 298; Zwischen Vermögens-/Eigentumsrechten und höchstpersönlichen Rechtsgütern entspr. §§ 104 ff. BGB differenzierend: *Lenckner*, ZStW 1972,

wettkampforientierter (Leistungs-)Sport bereits im frühen Kindesalter beginnt,[544] könnte daran gedacht werden, diesen Ansatz auch auf das Doping zu transferieren und jungen Sportlern erst ab einem bestimmten Alter eine strafrechtliche Einwilligungsfähigkeit zuzusprechen.[545] Nicht zu bestreiten ist, dass sich aus den unterschiedlichen Ansichten und der Notwendigkeit einer einzelfallabhängigen Feststellung der Einwilligungsfähigkeit tatsächliche und rechtliche Unsicherheiten ergeben, die neben dem minderjährigen Athleten insbesondere den mit der Behandlung betrauten Arzt belasten.[546] Mithin könnte die Bestimmung einer Altersgrenze zu mehr Rechtssicherheit und Rechtsklarheit führen.

(1) Normative Altersgrenzen

Für die Festsetzung einer solchen Altersgrenze könnte sprechen, dass die fehlende Einsichts- und Urteilsfähigkeit bei Minderjährigen auch durch andere Rechtsvorschriften impliziert wird. So beginnt die Strafrechtsmündigkeit gemäß § 1 Abs. 2 JGG erst mit der Vollendung des 14. Lebensjahres. Nach § 19 StGB ist schuldfähig, wer 14 Jahre alt ist.[547] Auch in anderen Rechtsgebieten geht der Gesetzgeber offensichtlich davon aus, dass die erforderliche Einsichts- und Urteilsfähigkeit nicht vor der Vollendung eines bestimmten Lebensalters vorliegt. Nach § 2 Abs. 2 S. 3 TPG kann erst ab 16 Jahren in die Organ- und Gewebespende eingewilligt, ab 14 Jahren widersprochen werden.[548] Der Gesetzentwurf zu § 1626a BGB-E, nach welchem ein Minderjähriger selbst über die Heilbehandlung entscheiden können sollte, sah ebenfalls eine Altersgrenze von 14 Jahren vor.[549]

Teilweise werden noch spätere Grenzen als Ausdruck der erforderlichen Einsichtsfähigkeit statuiert. Gemäß § 40 Abs. 4 Nr. 3 AMG ist für die Teilnahme an klinischen Studien die Einwilligung des gesetzlichen Vertreters auch dann erforderlich, wenn der Minderjährige in der Lage ist, Wesen, Bedeutung und

446, 456; *Jakobs*, AT, § 7 Rn. 114; zu den verschiedenen vertretenen Altersgrenzen auch: *Diedrichsen*, FS Hirsch, S. 355 ff.; *Odenwald*, Einwilligungsfähigkeit, S. 124 ff.

544 Siehe hierzu auch unter: 2. Kapitel B. II.

545 *Glocker*, Doping, S. 233 ff.; *Müller*, Doping, S. 98 ff.; *Rain*, Doping, S. 75 ff.; *Schulz*, Doping, S. 107.

546 *Diedrichsen*, FS Hirsch, S. 355, 357.

547 Von der strafrechtlichen Verfolgbarkeit unabhängig können gemäß §§ 823, 828 BGB zivilrechtliche Folgen bereits ab sieben Jahren eingreifen.

548 Dies betrifft jedoch nur die antizipierte Einwilligung zur Spende nach dem eigenen Versterben.

549 BT-Drucks. 7/2060, S. 4, aufgrund öffentlicher Kritik wurde der Entwurf jedoch wieder fallen gelassen, ausführlich hierzu: *Finger*, JA 1981, 641, 644.

Tragweite der klinischen Prüfung zu erkennen.[550] Dabei geht der Gesetzgeber von einer erforderlichen Einsichtsfähigkeit ab dem 16. Lebensjahr aus.[551] Dies deutet auf die gesetzgeberische Entscheidung hin, Minderjährigen im Umgang mit gesundheitsschädlichen Arzneimitteln eine eigenständige Einwilligungsfähigkeit generell abzusprechen.[552] Nicht zuletzt durch § 29a Abs. 1 BtMG – der die unerlaubte Abgabe, Verabreichung oder Gebrauchsüberlassung von Betäubungsmitteln an Minderjährige pönalisiert[553] – wird die Einsichtsfähigkeit von Minderjährigen in Konstellationen mit gefährlichen Substanzen in Frage gestellt.[554] Hiervon ausgehend, könnten die normativen Regelungen dahingehend zu interpretieren sein, eine erforderliche Einsichtsfähigkeit bei Minderjährigen jedenfalls vor Vollendung des 14. Lebensjahres generell abzulehnen.

(2) Situative Altersgrenzen

Die Festsetzung einer allgemeinen Altersgrenze könnte auch in Kongruenz mit der pubertären Entwicklungsphase und der damit einhergehenden Persönlichkeitsveränderung stehen, die Jugendliche bis zu diesem Alter durchlaufen.[555] So ist es für diese Altersgruppe typisch, die eigenen Grenzen auszutesten und mit neuen Herausforderungen zu experimentieren. Impulsgesteuerte Handlungen sind bei Minderjährigen weitaus häufiger zu konstatieren als bei Erwachsenen.[556]

Von der besonderen Situation ausgehend, in der sich minderjährige Athleten befinden, wird deshalb die Auffassung eines differenzierenden Lösungsansatzes vertreten.[557] Danach soll die Einsichtsfähigkeit heranwachsender Personen außerhalb des sportlichen Umfelds im Einklang mit der herrschenden Meinung altersunabhängig anhand des intellektuellen Reifegrads zu bestimmen sein. Allerdings könne die *„außergewöhnliche Lage, in der sich der minderjährige Sportler befindet"*,[558] einen von diesem Grundsatz abweichenden Maßstab rechtfertigen. Der (Leistungs-)Sport wirke als Umwelteinfluss *„in derart intensiver Weise auf den minderjährigen Athleten, dass sein unvollkommener Entwicklungsstand ihm jedenfalls mit den komplexen Problemen des Dopings keinen*

550 *Glocker*, Doping, S. 234; *Rain*, Doping, S. 83; hierzu auch: *Reipschläger*, Einwilligung Minderjähriger, S. 155 ff.
551 BT-Drucks. 15/2109, S. 31.
552 *Ahlers*, Doping, S. 121 f.
553 K/P/V/*Patzak*, BtMG, § 29a Rn. 5.
554 *Glocker*, Doping, S. 235; *Rain*, Doping, S. 83.
555 *Müller*, Doping, S. 100; *Rain*, Doping, S. 78.
556 *Rain*, Doping, S. 78.
557 *Rain*, Doping, S. 74 ff.
558 *Rain*, Doping, S. 80.

hinreichend verständigen Umgang erlaubt.“[559] Die allgemeine Tendenz des Athleten, dopingbedingte Gesundheitsrisiken zu verharmlosen und zu ignorieren,[560] würde durch die kindliche Naivität intensiviert und mache eine objektive Betrachtung der Situation unmöglich.[561] Mithin sei es gerechtfertigt, bei minderjährigen Sportlern unter 14 Jahren eine Regelvermutung für die Einsichtsunfähigkeit im Zusammenhang mit Doping aufzustellen, die nur in Ausnahmefällen zu entkräften sei. Hingegen soll bei den über 14-Jährigen eine entsprechende Einsichtsfähigkeit grundsätzlich zu bejahen sein.[562]

(3) Stellungnahme

In Anbetracht der unterschiedlichen Regelungsbereiche und gesetzgeberischen Intentionen erscheint es fragwürdig, inwieweit die jeweiligen Vorschriften als verallgemeinerungsfähiges Indiz für die mangelnde Einsichts- und Urteilsfähigkeit von Minderjährigen herangezogen werden können.[563]

Ein Rückgriff auf die strafrechtlichen Altersgrenzen der § 1 JGG, § 19 StGB erscheint bereits im Hinblick auf die Übertragung von täterqualifizierenden Regelungen auf die Opferseite zweifelhaft.[564] Darüber hinaus basiert die festgesetzte Grenze der Strafmündigkeit auf keiner wissenschaftlichen Begründung.[565] Zudem wird aufgrund der zunehmenden Delinquenz junger Menschen bereits seit einigen Jahren eine Absenkung des Strafmündigkeitsalters gefordert.[566]

Auch der zivilrechtliche Konflikt zwischen dem Selbstbestimmungsrecht des Minderjährigen und dem Erziehungsrecht der Eltern begründet kein adäquates Argument, die Einsichts- und Urteilsfähigkeit für Dopingmaßnahmen auf eine spezifische Altersgrenze festzulegen. So heißt es in der Gesetzesbegründung zu § 630d Abs. 1 S. 2 BGB hinsichtlich der Einwilligungsfähigkeit in den Behandlungsvertrag: „*Eine starre Altersgrenze lässt sich nicht ziehen. Grundsätzlich wird davon auszugehen sein, dass ein Volljähriger einwilligungsfähig ist. Bei dem Minderjährigen kommt es auf die Umstände des Einzelfalles an* […].“[567]

---

559 *Rain*, Doping, S. 80.

560 *Schneider-Grohe*, Doping, S. 76; *Sehling/Pollert/Hackfort*, Doping im Sport, S. 127 ff.

561 *Glocker*, Doping, S. 236; *Rain*, Doping, S. 87.

562 *Glocker*, Doping, S. 236; *Rain*, Doping, S. 89.

563 *Rain*, Doping, S. 75.

564 *Amelung*, ZStW 1992, 525, 525 f.; *Glocker*, Doping, S. 232; *Müller*, Doping, S. 102; *Neyen*, Einwilligungsfähigkeit, S. 16 ff.; *Rain*, Doping, S. 76 f.; *Ulsenheimer*, Arztstrafrecht, Rn. 414.

565 NK/*Schild*, StGB, § 19 Rn. 1.

566 *Hinz*, ZRP 2000, 107, 108; *Paul*, ZRP 2003, 204, 205.

567 BT-Drucks. 17/10488, S. 23.

Darüber hinaus ist der Minderjährige gemäß §§ 276 Abs. 1 S. 2, 828 BGB bereits ab Vollendung des siebten Lebensjahres bedingt schuldfähig, wenn er die erforderliche Einsichtsfähigkeit besitzt. Zudem sind Kinder ab diesem Alter bedingt geschäftsfähig.[568] Die zivilrechtlichen Vorschriften, die in ausgewählten Lebensbereichen ein individualisiertes Mindestalter festlegen, können also nicht als fundierte Begründung für eine absolute Altersgrenze herangezogen werden.

In Bezug auf § 40 Abs. 4 Nr. 3 AMG sprechen bereits die unterschiedlichen Schutzzwecke gegen eine Vergleichbarkeit.[569] Im Gegensatz zum Probanden wird der dopende Sportler in der Regel abschätzen können, welche Risiken und Nebenwirkungen mit der Dopinganwendung einhergehen.[570] Intendiert § 40 AMG primär den Schutz vor einer *„altruistischen Selbstaufopferung"*[571] der Teilnehmer, nehmen die Drittinteressen beim Doping eine lediglich untergeordnete Rolle ein.[572]

Auch § 29a Abs. 1 Nr. 1 BtMG lässt insoweit keine andere Betrachtung zu. Im Hinblick auf die unterschiedlichen Schutzzwecke von Strafgesetzbuch und Betäubungsmittelgesetz hat der BGH klargestellt, dass die eigenverantwortliche Selbstschädigung des Opfers zwar einer Bestrafung nach §§ 29 ff. BtMG nicht entgegensteht.[573] Hingegen soll die Vorschrift nicht dazu führen, dem Täter eine wirksame Einwilligung des Opfers strafrechtlich abzusprechen. Argumentum e contrario kann auch nicht von § 29a BtMG auf eine generelle Einwilligungsunfähigkeit Minderjähriger geschlossen werden.[574]

Normative Altersgrenzen sind legitim, soweit sie zur Wahrung schutzwürdiger Interessen erforderlich sind. Zwar stellt auch das ärztliche Bedürfnis nach Rechtssicherheit einen solchen schutzwürdigen Belang dar.[575] Im Unterschied zu anderen Einwilligungsfällen besteht jedoch mangels medizinischer Indikation keine ärztliche Pflicht zur Verabreichung von Dopingmitteln. Mithin lässt sich aus den normativen Anhaltspunkten auch keine Altersgrenze für die Einsichtsfähigkeit minderjähriger Athleten bei Dopinghandlungen herleiten.[576]

---

568 Vgl. §§ 106 ff. BGB.
569 *Glocker*, Doping, S. 234.
570 *Rain*, Doping, S. 83.
571 *Rain*, Doping, S. 83.
572 *Fiedler*, Doping, S. 71.
573 BGH v. 25.9.1990 - 4 StR 359/90, Rn. 12, NJW 1991, 307.
574 *Glocker*, Doping, S. 235; *Rain*, Doping, S. 84.
575 *Odenwald*, Einwilligungsfähigkeit, S. 128.
576 Generell gegen eine analoge Heranziehung bestehender gesetzlicher Altersgrenzen für die ärztliche Heilbehandlung: *Odenwald*, Einwilligungsfähigkeit, S. 132.

Die pubertäre Entwicklungsphase vermag für eine dezidierte Begründung einer allgemeinen Altersgrenze ebenfalls nicht zu überzeugen. Neben dem immer früher einsetzenden körperlichen und geistigen Reifeprozess sprechen bereits die konträr verlaufenden Entwicklungsphasen zwischen Mädchen und Jungen gegen eine generelle Altersgrenze und für eine individuelle Betrachtung.[577] Nicht nur zwischen den Geschlechtern, sondern auch zwischen gleichgeschlechtlichen Altersgenossen kann die intellektuelle Verstandsreife aufgrund unterschiedlichster Faktoren wie Bildungsniveau, familiären Umfeld, persönlichen Interessen oder individueller Aufklärung divergieren.[578] Die These, Jugendliche in der Adoleszenz seien generell labil, ist nicht haltbar.[579] Die situative und persönliche Betrachtung bleibt auch in der pubertären Entwicklung stets erforderlich. Eine hiervon abweichende Auffassung ist auch durch die situationsbedingten Umstände im (Leistungs-)Sport nicht zu rechtfertigen. Diese Ansicht verkennt, dass eine sportliche Betätigung für Kinder und Jugendliche nicht nur zur körperlichen, sondern auch zur geistigen Entwicklung beitragen kann und damit gerade gegen die Festsetzung einer allgemeinen Altersgrenze im Sport spricht. Trotz des zutreffenden Verweises auf die frühkindliche Entwicklung durch positive und negative Erfahrungen im Sport[580] soll die Einwilligungsfähigkeit junger Sportler unter 14 Jahren grundsätzlich verneint werden. Während also im sportlichen Umfeld trotz positiver Sozialisierungseffekte eine Altersgrenze angesetzt wird, soll im nicht-sportlichen Bereich eine individualisierte Betrachtung ausreichen. Diese Argumentation ist in sich widersprüchlich und daher abzulehnen.[581]

Im Ergebnis bietet die herrschende Lehre auch in dopingspezifischen Konstellationen eine adäquate Lösung. Die Eigenart des Sports vermag keine von diesem Grundsatz abweichende Betrachtung rechtfertigen. Mithin können auch minderjährige Athleten in die Verletzung eines ihnen allein zustehenden Rechtsguts altersunabhängig einwilligen, soweit diese nach ihrer geistigen und sittlichen Reife in der Lage sind, die Bedeutung und Tragweite des Rechtsgutsverzichts

---

577 *Müller*, Doping, S. 101; *Odenwald*, Einwilligungsfähigkeit, S. 133. Schon im Mittelalter hat das römische Recht der früher einsetzenden Entwicklung beim weiblichen Geschlecht dadurch Rechnung getragen, dass Mädchen ab 9,5 Jahren und Jungen ab 10,5 Jahren schuldfähig waren, *Dahm*, Strafrecht, S. 249.

578 *Rain*, Doping, S. 79.

579 *Odenwald*, Einwilligungsfähigkeit, S. 134.

580 *Rain*, Doping, S. 81.

581 Im Ergebnis auch: *Glocker*, Doping, S. 237.

erkennen und beurteilen zu können.[582] Die Minderjährigkeit lässt für sich keinen ausreichenden Schluss auf einen eingeschränkten Reife- und Verantwortungsgrad zu. Vielmehr kommt es auf die im Einzelfall erworbenen Kenntnisse, Fähigkeiten und Erfahrungen in dem fraglichen Bereich an.[583] Insoweit kann das Alter allenfalls eine indirekte Rolle zur Bestimmung der Einsichtsfähigkeit einnehmen. Der Minderjährige muss im Umgang mit Doping erkennen, welchen Wert das von seiner Einwilligung umfasste Rechtsgut hat, welche Risiken und Nebenwirkungen sich aus der Einwilligung ergeben können und welche sonstigen, weniger einschneidenden Möglichkeiten ihm zur Zielerreichung zur Verfügung stehen.[584] Stets erforderlich ist eine Prüfung im Einzelfall. Neben den kognitiven Fähigkeiten können im Rahmen einer Gesamtabwägung dann auch das Alter und die Einflüsse des (Leistungs-)Sports Berücksichtigung finden.[585]

(4) Stellvertretende Einwilligung von Sorgeberechtigten

Einer weiteren Konkretisierung der Einwilligungsfähigkeit minderjähriger Athleten bedarf es bei der Vertretungsberechtigung. Fehlt dem Minderjährigen die erforderliche Einsichtsfähigkeit, kann er über seine körperliche Integrität nicht disponieren und folglich nicht wirksam einwilligen.[586] Fraglich ist, ob in solchen Konstellationen die Eltern (oder andere sorgeberechtigte Personen) als Vertretungsberechtigte in die Körperverletzung des Minderjährigen einwilligen dürfen. Grundsätzlich steht in solchen Fällen die Dispositionsbefugnis über die körperliche Integrität den Eltern zu.[587] Diese übernehmen nach dem Prinzip der elterlichen Fürsorge gemäß §§ 1626 Abs. 1 S. 2, 1629 Abs. 1 BGB die Willensvertretung des Minderjährigen,[588] wobei die Vertretungsmacht der Eltern von geringerem Umfang als die Dispositionsbefugnis des Rechtsgutsinhabers ist.[589]

---

582 *Fiedler*, Doping, S. 59; krit. hierzu: *Amelung*, ZStW 1992, 525, 537; zur Verhütung durch ärztlichen Eingriff: *Reipschläger*, Einwilligung Minderjähriger, S. 166 f.

583 OLG Hamm v. 12.1.2016 – III-3 RVs 91/15, 3 RVs 91/15, Rn. 25, SpuRt 2016, 214; *Heger*, Iurratio 2016, 89, 91.

584 *Schulz*, Doping, S. 107.

585 *Fiedler*, Doping, S. 60 ff.

586 *Fiedler*, Doping, S. 81.

587 *Knauer/Brose*, Beck-MedR, StGB, § 223 Rn 58; MüKo/*Joecks*, StGB, § 223 Rn. 80; S/S/*Eser/Sternberg-Lieben*, StGB, § 223 Rn. 38c.

588 *Knauer/Brose*, Beck-MedR, StGB, § 223 Rn 58; *Fiedler*, Doping, S. 81.

589 S/S/*Lenckner/Sternberg-Lieben*, StGB, Vor. § 32 Rn. 41; *Schulz*, Doping, S. 109.

Einige Ansichten in der Literatur halten eine solche stellvertretende Einwilligung der Eltern auch in das Fremddoping ihres Kindes für möglich.[590] Insoweit könnten anderweitige Motive, wie z.B. sportliche oder wirtschaftliche Erfolge, die Gesundheitsrisiken kompensieren.[591] Eine solche Betrachtung verkennt jedoch, dass das elterliche Sorgerecht nach § 1627 Abs. 1 S. 1 BGB nur zum Wohle des Kindes ausgeübt werden darf.[592] Unabhängig von der Intensität der gesundheitlichen Risiken ist das Doping mangels medizinischer Indikation in keinem Fall als Maßnahme zum Wohle des Kindes zu werten. Unter Berücksichtigung von Art. 6 Abs. 2 GG sind die sorgeberechtigten Eltern vielmehr dazu verpflichtet, körperliche Schäden, gleich welchen Ausmaßes, vom minderjährigen Kind abzuhalten.[593] Darüber hinaus können neben die gesundheitlichen Risiken auch verbandsrechtliche und strafrechtliche Sanktionen treten, die dem Kindeswohl ebenfalls evident zuwider laufen. Folglich ist die Willensvertretung bei Dopinghandlungen von einwilligungsunfähigen Minderjährigen abzulehnen.

Verfügt der minderjährige Athlet im Einzelfall über die erforderliche Einwilligungsfähigkeit, ist er als Rechtsgutsinhaber zur Disposition befugt.[594] Dieses Selbstbestimmungsrecht könnte mit dem elterlichen Erziehungsrecht aus Art. 6 Abs. 2 GG in derartigen Fällen kollidieren, in welchen der Minderjährige seine Einwilligung erteilt, die Eltern das einverständliche Fremddoping aber konterkarieren.[595] Insoweit wäre es vorstellbar, dass dem Personensorgerecht der Eltern ein Veto-Recht zukommt, mit dem diese die Einwilligung inhibieren können. Eine ähnliche Regelung ist auch in § 40 Abs. 4 Nr. 3 AMG anzutreffen, wonach die Einwilligung sowohl von dem Minderjährigen als auch von den Eltern erklärt werden muss.[596] Eine solche spezialgesetzliche Regelung ist jedoch nicht verallgemeinerungsfähig.[597] Nach der gesetzgeberischen Konzeption soll

590 *Turner*, MDR 1991, 569, 573; *Engel*, Doping, S. 139; *Müller*, Doping, S. 107 f.; *Soyez*, Dopingkontrollsystem, S. 149.

591 *Müller*, Doping, S. 108; *Soyez*, Dopingkontrollsystem, S. 149.

592 NK/*Paeffgen*/*Zabel*, StGB, § 228 Rn. 110; *Kern*, NJW 1994, 753, 756; *Kohlhaas*, NJW 1970, 1958, 1959; *Ahlers*, Doping, S. 162; *Diedrichsen*, FS Hirsch, S. 355, 359; *Fiedler*, Doping, S. 82; *Nolte*, Sport und Recht, S. 223; *Rain*, Doping, S. 106.

593 *Magnus*, ZStW 2012, 907, 927.

594 BeckOK/*Eschelbach*, StGB, § 228 Rn. 11.

595 S/S/*Lenckner*/*Sternberg-Lieben*, StGB, Vor. § 32 Rn. 42; *Fiedler*, Doping, S. 83; *Glocker*, Doping, S. 237.

596 *Fiedler*, Doping, S. 84.

597 LK/*Rönau*, StGB, Vor. § 32 Rn. 197; S/S/*Lenckner*/*Sternberg-Lieben*, StGB, Vor. § 32 Rn. 42.

die getroffene Abwägung zwischen dem Selbstbestimmungsrecht des Minderjährigen und der elterlichen Sorge nur in Ausnahmefällen zugunsten des Elternrechts entschieden werden.[598] In Kongruenz mit der überwiegenden Meinung muss das elterliche Sorgerecht bei vorliegender Einwilligungsfähigkeit des Minderjährigen auch beim Fremddoping hinter dessen Selbstbestimmungsrecht zurücktreten.[599] Bei gegebener Einwilligungsfähigkeit des Minderjährigen kann dieser auch gegen den Willen seiner Eltern die erforderliche Einwilligung erteilen.

b) Willensmängel

Als Ausdruck des individuellen Selbstbestimmungsrechts ist die Einwilligung unwirksam, wenn sie auf einem wesentlichen Willensmangel beruht.[600] Ein solcher Willensmangel kann durch Zwang, Täuschung oder Irrtum hervorgerufen werden.[601]

aa) Zwang

Als Akt praktizierender Selbstbestimmung setzt die Einwilligung eine autonome Willensentschließung voraus. Eine solche ist zu verneinen, wenn der Sportler zur Abgabe seiner Einwilligungserklärung gezwungen wird.[602] Der Willensmangel ist wesentlich, wenn die Einwilligung durch Drohung oder Gewalt, also durch eine Nötigung, hervorgerufen wurde.[603] Hierzu muss das durch die Drohung in Aussicht gestellte Übel im Sinne von § 240 Abs. 1 StGB empfindlich sein. Empfindlich ist ein Übel, wenn der angedrohte Nachteil von solcher Erheblichkeit ist, dass dessen Ankündigung geeignet erscheint, den Bedrohten im Sinne des Täterverlangens zu motivieren.[604]

Im Kontext der vorliegenden Dopingproblematik ist insbesondere an Drohungen wie die Kündigung von Vertragsverhältnissen, die Unterlassung von

598 S/S/*Lenckner*/*Sternberg-Lieben*, StGB, Vor. § 32 Rn. 42; *Fiedler*, Doping, S. 84.

599 LK/*Rönau*, StGB, Vor. § 32 Rn. 195; NK/*Paeffgen*/*Böse*, StGB, § 228 Rn. 66; S/S/*Lenckner*/*Sternberg-Lieben*, StGB, Vor. § 32 Rn. 42; *Kern*, NJW 1994, 753, 755.

600 *Roxin*, AT I, § 13 Rn. 3.

601 *Gropp*, AT, § 5 Rn. 84; *Heinrich*, AT, Rn. 461; *Kühl*, AT, § 9 Rn. 35; *Rengier*, AT, § 23 Rn. 23.

602 B/W/M/E, AT, § 15 Rn. 138.

603 L/K/*Kühl*, StGB, § 228 Rn. 48; LK/*Rönnau*, StGB, Vor. § 32 Rn. 207; S/S/*Lenckner*/*Steinberg-Lieben*, StGB, Vor. § 32 Rn. 48; *Rengier*, AT, § 23 Rn. 24; *Roxin*, AT I, § 13 Rn. 113 f.; a.A. *Joecks*/*Jäger*, StGB, Vor. § 32 Rn. 33 ff.: Grad des § 35 StGB.

604 BeckOK/*Valerius*, StGB, §240 Rn. 37; *Fischer*, StGB, 240 Rn. 32a.

Wettkampfnominierungen, der Kaderausschluss oder die Streichung von Fördermitteln zu denken.[605] Weil diese Maßnahmen zumindest für Leistungs- und Berufssportler mit so gravierenden Konsequenzen verbunden sind, kann von einer Drohung mit einem empfindlichen Übel gesprochen werden.[606] In diesem Fall ist die Einwilligung des Athleten unwirksam und entfaltet keine rechtfertigende Wirkung für den Täter.

bb) Täuschung

Die Täuschung als besondere Entstehungsursache des irrtumsbedingten Autonomiedefizits führt stets zur Unwirksamkeit der Einwilligung, wenn sie rechtsgutsbezogen ist.[607] Täuschungen, die verschleiern, dass der Einwilligende ein Rechtsgut preisgibt, können einen Eingriff in die körperliche Integrität nicht rechtfertigen.[608] Eine solche Täuschung liegt vor, wenn der Athlet nicht erkennt, dass es sich bei dem verabreichten Mittel oder der angewendeten Methode um Doping handelt. Ist der Sportler beispielsweise in dem Glauben, lediglich harmlose Vitamine einzunehmen,[609] liegt keine wirksame Einwilligung in die Gesundheitsgefährdung vor.[610]

Aber auch Täuschungen über die Art und den Umfang der Rechtsgutsverletzung führen zu einem erheblichen Willensmangel.[611] So kann eine erteilte Einwilligung die Körperverletzung nicht rechtfertigen, wenn der Täter den Sportler lediglich über eine leichte Übelkeit aufklärt, zugleich aber wahrheitswidrig mögliche irreversible Organschäden ausschließt.

Nach der wohl herrschenden Auffassung in Literatur und Rechtsprechung soll nicht nur die rechtsgutsbezogene Täuschung einen Willensmangel begründen, sondern jede täuschungsbedingte Fehlvorstellung eine wirksame Einwilligung

---

605 *Glocker*, Doping, S. 239; *Rain*, Doping, S. 107; *Schlöter*, Doping, S. 122; *Schulz*, Doping, S. 110.

606 *Ahlers*, Doping, S. 126; *Glocker*, Doping, S. 239, *Schlöter*, Doping, S. 122.

607 *Fischer*, StGB, § 228 Rn. 7; *Rönnau*, Jura 2002, 665, 674; *Arzt*, Willensmängel, S. 15 ff.; *Kindhäuser*, AT, § 12 Rn. 24; *Rain*, Doping, S. 108; *Rengier*, AT, § 23 Rn. 26; *Wessels/Beulke*, AT, Rn. 572.

608 *Kühl*, AT, § 9 Rn. 37.

609 So wurden den Athleten in der ehemaligen DDR Anabolikatabletten als blaue oder rote Vitaminpillen ohne Gebrauchsanweisung oder Originalverpackung ausgehändigt, vgl. hierzu ausführlich 2. Kapitel C. II. 3.

610 *Schulz*, Doping, S. 110.

611 Matt/Renzikowski/*Engländer*, StGB, Vor. § 32 ff. Rn. 21; *Rengier*, AT, § 23 Rn. 26; *Schlöter*, Doping, S. 120.

ausschließen.[612] Danach sind auch solche Einwilligungen mit einem Willensmangel behaftet, bei denen sich die Fehlvorstellung auf den verfolgten Zweck, das Motiv oder andere Begleitumstände bezieht.[613] Hiervon ausgehend, ist eine Einwilligung des Sportlers ebenfalls unwirksam, wenn der Täter wahrheitswidrig positive Sekundäreffekte wie Leistungszuwachs, Wettkampfteilnahme oder Siege verspricht, die nicht realisierbar sind.[614]

cc) Irrtum

Der nicht täuschungsbedingte Irrtum führt jedenfalls dann zur Unwirksamkeit der Einwilligung, wenn dem Täter als Garanten eine Aufklärungspflicht obliegt.[615]

Damit der Sportler die Tragweite seiner Einwilligung ausreichend erfassen kann, muss dieser über alle hierzu relevanten Umstände informiert werden.[616] Das Erfordernis zur Aufklärung entspringt dem Recht auf körperliche Selbstbestimmung gemäß Art. 2 Abs. 2 S. 1 GG.[617] Von praktischer Bedeutung ist die Aufklärungspflicht insbesondere dann, wenn es sich bei dem Dopingmittel verabreichenden Täter um einen Arzt handelt.[618] Mit der Schaffung von § 630e BGB hat die ärztliche Pflicht zur Aufklärung im Rahmen des Behandlungsvertrages

---

612 OLG Stuttgart v. 21.6.1982 – 3 Ss (12) 184/82, NJW 1982, 2266; LK/*Rönnau*, StGB, Vor. § 32 Rn. 199; NK/*Paeffgen*/*Zabel*, StGB, § 228 Rn. 23; *Rönnau*, JuS 2007, 18, 19; *Rönnau*, Jura 2002, 665, 674; B/W/M/E, AT, § 15 Rn. 140; *Heinrich*, AT, Rn. 469; *Kindhäuser*, AT, § 12 Rn. 24; *Kühl*, AT, § 9 Rn. 39; *Rengier*, AT, § 23 Rn. 27; ausführlich hierzu auch *Tag*, Körperverletzungstatbestand, S. 366 ff.

613 *Rengier*, AT, § 23 Rn. 27.

614 So auch: *Schulz*, Doping, S. 111; a.A. *Ahlers*, Doping, S. 127; *Rain*, Doping, S. 110 f., differenziert insoweit zwischen einem Irrtum über den Leistungszuwachs als rechtsgutsbezogener Risikoirrtum und sonstigen Nebenfolgen (z.B. Wettkampfteilnahme) als bloße Motivirrtümer; ebenfalls zwischen altruistischen Zwecken differenzierend: *Roxin*, AT I, § 13 Rn. 99 ff.

615 *Kühl*, AT, § 9 Rn. 40; *Rengier*, AT, § 23 Rn. 36; *Schlöter*, Doping, S. 121.

616 *Rain*, Doping, S. 63; *Tag*, Körperverletzungstatbestand, S. 337 ff.

617 *Gaidzik*/*Weimer*, Krankenhausrecht, § 15 Rn. 69. Inwieweit die Aufklärung und Einwilligung grundrechtlichen Schutz allein aus Art. 2 Abs. 2 S. 1 GG [so BVerfGE 52, 131 (173 ff.)] oder im Konglomerat aus Art. 2 Abs. 1 und 2 genießen [so BVerfGE 52, 131 (168)] ist umstritten, siehe hierzu auch: Maunz/Dürig/Herzog/*Di Fabio*, GG, Art. 2 Rn. 204, Fn. 1 m.w.N.

618 *Gaidzik*/*Weimer*, Krankenhausrecht, § 15 Rn. 69; MüKo/*Wagner*, BGB, § 630e Rn. 4; NK/*Paeffgen*/*Zabel*, StGB, § 228 Rn. 74.

eine gesetzliche Kodifikation erhalten.[619] Die Aufklärung als genuin ärztlicher Tätigkeit obliegt grundsätzlich dem behandelnden Arzt.[620] Aber auch nicht-medizinischen Personen wie Trainer oder Betreuer kann eine Pflicht zur umfassenden Aufklärung obliegen, sofern diese von der rechtfertigenden Einwilligung profitieren möchten.[621] Fehlt der betreffenden Person die erforderliche Fachkenntnis, muss sie sich das Wissen hierzu vorab aneignen.[622]

Mangels medizinischer Indikation, ist bei Dopinghandlungen ein noch strengerer Maßstab anzusetzen als bei ärztlichen Heilbehandlungen.[623] Sofern der Sportler nicht auf die Aufklärung verzichtet,[624] ist dieser über alle für die Einwilligung wesentlichen Umstände zu unterrichten.[625] Hierzu gehören insbesondere Art, Umfang, Durchführung, zu erwartende Folgen und Risiken der Maßnahme sowie ihre Notwendigkeit, Dringlichkeit, Eignung und Erfolgsaussichten. Bei der Aufklärung ist auch auf Alternativen zur Maßnahme hinzuweisen, wenn mehrere Methoden zu wesentlich unterschiedlichen Belastungen oder Risiken führen können.[626]

Unabhängig von der gesetzlichen Kompilation für den Behandlungsvertrag kann die Aufklärung grundsätzlich in eine Diagnose-, Verlaufs- und Risikoaufklärung untergliedert werden.[627]

---

619 Eingefügt durch das Gesetz zur Verbesserung der Rechte von Patientinnen und Patienten v. 20.2.2013, BGBl. 2013 I, S. 277.

620 BeckOK/*Katzenmeier*, BGB, § 630e Rn. 36; Laufs/Katzenmeier/Lipp/*Katzenmeier*, Arztrecht, V Rn. 46; *Tag*, Körperverletzungstatbestand, S. 335.

621 *Link*, NJW 1987, 2545, 2550; *Turner*, MDR 1991, 569, 573; *Ahlers*, Doping, S. 163; *Schlöter*, Doping, S. 121.

622 *Schlöter*, Doping, S. 121.

623 *Corsten/Kuse*, ZJS 2013, 453, 457; *Linck*, MedR 1993, 55, 59; *Linck*, NJW 1987, 2545; 2550; *Striegel/Vollkommer*, MedR 2001, 112, 116; *Ahlers*, Doping, S. 163; *Glocker*, Doping, S. 239; *Mestwerdt*, Doping, S. 91; *Schlöter*, Doping, S. 121; *Schneider-Grohe*, Doping, S. 139 f.; *Schulz*, Doping, S. 109.

624 Die Aufklärung unterliegt der Dispositionsbefugnis, vgl. §§ 630c Abs. 4, 630e Abs. 3 BGB; *Müller*, Doping, S. 90; *Schlöter*, Doping, S. 121; *Striegel*, Doping im Fitnesssport, S. 39; *Ulsenheimer*, Arztstrafrecht, Rn. 370, 456; a.A. *Rain*, Doping, S. 66. Möchte der Aufzuklärende von den Folgen des Eingriffs nichts wissen, ist darin kein rechtsgeschäftlicher Verzicht, sondern eine Einwilligung ohne Aufklärung zu sehen, MüKo/*Wagner*, BGB, § 630e Rn. 55.

625 BeckOK/*Katzenmeier*, BGB, § 630e Rn. 10; NK/*Voigt*, BGB, § 630e Rn. 2 ff.

626 Vgl. für den Behandlungsvertrag insoweit den Gesetzeswortlaut zu § 630e Abs. 1 S. 2, 3 BGB.

627 *Gaidzik/Weimer*, Krankenhausrecht, § 15 Rn. 80; *Greiner*, Beck-MedR, BGB, § 839 Rn. 200 ff.; *Laufs/Kern*, Arztrecht, § 59 Rn. 16 ff.; Quaas/Zuck/*Quaas*, MedR, § 14 Rn. 89 ff.; *Corsten/Kuse*, ZJS 2013, 453, 457; *Müller*, Doping, S. 93.

Die Diagnoseaufklärung umfasst dabei die Aufklärung über den medizinischen Befund.[628] Bei der Vergabe von Dopingmitteln muss der Behandelnde den Athleten darauf hinweisen, dass dieser gesund ist und Dopingmaßnahmen aus medizinischen Aspekten nicht geboten sind.[629]

Die Verlaufsaufklärung erfordert Informationen über die Art der Dopinganwendung, die Dauer der Behandlung und die zu erwartenden Folgen und Nebenwirkungen. Darüber hinaus müssen mögliche Alternativen aufgezeigt und über die Wahrscheinlichkeit sowie das Ausmaß der Leistungssteigerung aufgeklärt werden.[630]

Die Risikoaufklärung als wichtigster Bestandteil der Aufklärung beinhaltet Informationen über die Gefahren und mögliche Komplikationen des Eingriffs.[631] Der Umfang der Risikoaufklärungspflicht ist reziprok zur Intensität der Anwendung. Die Aufklärung muss umso ausführlicher sein, je schwerer der Eingriff wiegt.[632] Hierzu sind bei Dopingmaßnahmen als Eingriff ohne medizinische Indikation besonders hohe Anforderungen an die Aufklärung zu stellen.[633] Sie muss umfassend sein und sämtliche denkbaren Risiken, Nebenwirkungen und atypischen Folgen inkludieren.[634] Der erforderliche Umfang der Aufklärungspflicht steht zudem in Relation zu Alter und Geschlecht des Sportlers sowie dessen Erfahrung im Umgang mit Doping.[635] Danach sind an die Aufklärung von jungen Athleten, die erst am Beginn ihrer sportlichen Laufbahn stehen, strengere Anforderungen zu stellen als an die Aufklärung ihrer älteren Kollegen, die schon seit Jahren Leistungssport betreiben.[636]

---

628 *Gaidzik/Weimer*, Krankenhausrecht, § 15 Rn. 81; *Greiner*, Beck-MedR, BGB, § 839 Rn. 204; *Laufs/Kern*, Arztrecht, § 59, Rn. 21.

629 *Corsten/Kuse*, ZJS 2013, 453, 457; *Müller*, Doping, S. 93.

630 *Laufs/Kern*, Arztrecht, § 59, Rn. 16 ff.; *Corsten/Kuse*, ZJS 2013, 453, 457; *Müller*, Doping, S. 93.

631 *Gaidzik/Weimer*, Krankenhausrecht, § 15 Rn. 83; *Laufs/Kern*, Arztrecht, § 59, Rn. 21; *Müller*, Doping, S. 94.

632 *Corsten/Kuse*, ZJS 2013, 453, 457; *Schlöter*, Doping, S. 121; *Tag*, Körperverletzungstatbestand, S. 345 f.

633 So für kosmetische Operationen auch: BGH v. 6.11.1990 – VI ZR 8/90, NJW 1991, 2349; OLG Düsseldorf v. 13.10.1997 – 8 U 102/96, NJWE-VHR 1998, 209; für Doping ebenfalls: *Corsten/Kuse*, ZJS 2013, 453, 457; *Ahlers*, Doing, S. 163; *Müller*, Doping, S. 94; *Rain*, Doping, S. 63; *Schlöter*, Doping, S. 121.

634 *Corsten/Kuse*, ZJS 2013, 453, 457; *Linck*, MedR 1993, 55, 59; *Müller*, Doping, S. 94; *Schneider-Grohe*, Doping, S. 140.

635 *Corsten/Kuse*, ZJS 2013, 453, 457; *Müller*, Doping, S. 94.

636 *Müller*, Doping, S. 94.

c) Sittenwidrigkeit

Wurde die Einwilligung wirksam erklärt, kann sie dennoch bei schwerwiegenden Beeinträchtigungen nach Maßgabe des § 228 StGB sittenwidrig sein.[637] Ein Verstoß gegen die guten Sitten liegt vor, wenn nach dem Anstandsgefühl aller billig und gerecht Denkenden zweifellos kriminell strafwürdiges Unrecht gegeben ist.[638] Auch wenn im Hinblick auf den konturenlosen Begriff der guten Sitten die Verfassungsmäßigkeit von § 228 StGB, sub specie Art. 103 Abs. 2 GG, in Zweifel gezogen wird, besteht Einigkeit, dass das Tatbestandsmerkmal der guten Sitten restriktiv auszulegen ist.[639] Wann eine Tat gegen das Anstandsgefühl aller billig und gerecht Denkenden verstößt, ist in der Literatur und Rechtsprechung ebenso strittig wie intrikat.

aa) Zweckbezogene Betrachtung

Nach der insbesondere früher wohl vorherrschenden Auffassung erfolgte die Beurteilung der Sittenwidrigkeit anhand des mit der Tat verfolgten Zwecks.[640] Wie im Zivilrecht sollte ein Verstoß gegen das Anstandsgefühl aller billig und gerecht Denkenden vorliegen, wenn der Zweck des Dopings gegen die geltende Sozialmoral der Gemeinschaft verstößt.[641] Der Zweck des Dopings ist regelmäßig auf die Erlangung eines irregulären, gegen den Sportethos verstoßenden Wettkampfvorteil gerichtet.[642] Innerhalb dieser Auffassung war umstritten, ob damit auch ein Verstoß gegen die guten Sitten vorliege.

---

637 *Fischer*, StGB, § 228 Rn. 23a; *Knauer/Brose*, Beck-MedR, StGB, § 223 Rn. 84a; *Kindhäuser*, AT, § 12 Rn. 28.

638 BGH v. 29.1.1953 – 5 StR 408/5, NJW 1953, 473; *Knauer/Brose*, Beck-MedR, StGB, § 223 Rn. 8; L/K/*Kühl*, StGB, § 228 Rn. 10; MüKo/*Hardtung*, StGB, § 228 Rn. 16.

639 Nachweise bei LK/*Hirsch*, StGB, § 228 Rn. 2; MüKo/*Hardtung*, § 228 Rn. 32; NK/*Paeffgen*, § 228 Rn. 33; SK/*Wolters*, StGB, § 228 Rn. 9; S/S/*Stree/Sternberg-Lieben*, StGB, § 228 Rn. 2 ff.; *Hirsch*, FS Amelung, S. 181, 184 ff. Die Verfassungsmäßigkeit bejahend: BGH v. 20.2.2013 – 1 StR 585/12, NJW 2013, 1379.

640 BGH v. 22.1.1953 – 4 StR 373/52, NJW 1953, 912; L/K/*Kühl*, StGB, § 228 Rn. 10; NK/*Paeffgen/Zabel*, § 228 Rn. 55; *Bott/Volz*, JA 2009, 421, 423; *Bottke*, FS Kohlmann, S. 85, 101 f.; dazu auch: *Heger*, Iurratio 2016, 89, 91; *Glocker*, Doping, S. 244; *Schlöter*, Doping, S. 124.

641 S/S/*Stree/Sternberg-Lieben*, StGB, § 228 Rn. 9; *Glocker*, S. 244 ff.; *Schlöter*, Doping, S. 125.

642 *Glocker*, S. 245; *Schlöter*, Doping, S. 125.

Diejenigen, die einen verwerflichen Zweck negieren, verweisen auf die wandelnde Moralvorstellung innerhalb der Gesellschaft.[643] Auch in anderen Lebensbereichen nehme die Sensibilisierung für eine künstliche Leistungssteigerung immer weiter zu, sodass die Liberalisierung der Gesellschaft keine andere Interpretation zulasse.[644] Mithin könne das Doping auch nicht gegen das Anstandsgefühl aller billig und gerecht Denkenden in der Gesellschaft verstoßen. Würde man die Wirksamkeit der Einwilligung beim Doping versagen, hätte dies die Schaffung eines unzulässigen Ausnahmerechts im Sport zur Konsequenz.[645]

Die Gegenansicht, die einen mit dem Doping verbundenen sittenwidrigen Zweck bejahte, stellte auf den normativen Charakter des Anstandsgefühls aller billig und gerecht Denkenden ab.[646] Das Urteil der Sittenwidrigkeit soll nicht empirisch, sondern normativ festgestellt werden.[647] Danach ist nicht die eine künstliche Leistungssteigerung billigende Auffassung in der Gesellschaft entscheidend, sondern die von Gesetzgeber, Sportverbänden und Kommissionen vorherrschende Vorstellung eines sauberen und fairen Sports.[648] Für den Sport seien Fairness und Chancengleichheit unabdingbare Voraussetzungen.[649] Der Leistungssport habe aufgrund seines immensen öffentlichen, sozialen und kulturellen Ausmaßes auch für andere Sphären des Lebens eine leitende Vorbildfunktion.[650] Aufgrund dieser ethisch-sozialen Betrachtung müsse das Doping im Sport sittenwidrig sein.[651]

643 *Kohlhaas*, NJW 1979, 1958 ff.; *Ahlers*, Doping, S. 165, 169; *Bottke*, FS Kohlmann, S. 85, 102 f.; *Schneider-Grohe*, Doping, S. 142; siehe auch: *Schlöter*, Doping, S. 125.

644 *Turner*, NJW 1991 2943, 2944; *Ahlers*, Doping, S. 169 f.; Schild/*Schild*, Rechtliche Fragen des Dopings, S. 24; *Schlöter*, Doping, S. 125 m.wN.

645 *Schneider-Grohe*, Doping, S. 142.

646 *Kargl*, NStZ 2007, 489, 491; *Linck*, NJW 1987, 2545, 2550 f.; *Turner*, MDR 1991, 569. 573.

647 *Schlöter*, Doping, S. 125.

648 *Kargl*, NStZ 2007, 489, 491; *Schlöter*, Doping, S. 125.

649 *Turner*, MDR, 569, 573.

650 *Link*, NJW 1987, 2545, 2550; *Glocker*, Doping, S. 245 f.; *Schlöter*, Doping, S. 125; ähnlich auch die Gesetzesbegründung zum Anti-Doping-Gesetz: „*Der Sport hat in Deutschland herausragende gesellschaftliche Bedeutung.* […] *Doping greift damit tief in die ethisch-moralischen Grundwerte des Sports ein und raubt ihm seine Glaubwürdigkeit und Vorbildfunktion.*“, BT-Drucks. 18/4898, S. 17; kritisch: *Rain*, Doping, S. 137 ff.

651 *Turner*, MDR 1991, 569, 574.

bb) Rechtsgutsbezogene Betrachtung

Die heute wohl überwiegende Auffassung in Literatur und Rechtsprechung interpretiert das Merkmal der Sittenwidrigkeit rechtsgutsbezogen.[652] Danach ist zur Beurteilung der Sittenwidrigkeit die Schwere und Gefahr für das geschützte Rechtsgut maßgeblich. Strafgrund des jeweiligen Körperverletzungsdelikts ist die Verletzung des tatbestandlich geschützten Gutes. Mithin seien Gefahrengrad, Erfolgsumfang, Vorsatz oder Fahrlässigkeit auch im Hinblick auf die Wirksamkeit der Einwilligung nach Maßgabe des § 228 StGB ausschlaggebend.[653] Mannigfaltig sind die Auffassungen zu der Frage, ab welchem Gewicht von einem solchen Verstoß gegen die guten Sitten gesprochen werden kann.[654]

Mit Verzicht auf die konkrete Bestimmung der erforderlichen Intensität nennt die Rechtsprechung den Umfang der Körperverletzung und die damit verbundene Gefahr für Leib und Leben als maßgebliches Kriterium. In jedem Fall soll eine konkret bestehende Todesgefahr ausreichen.[655]

In der Literatur wird für die Bestimmung der Intensität des Körperverletzungserfolges zum Teil auf den Katalog des § 226 StGB oder auf den Begriff der schweren Gesundheitsschädigung in § 225 Abs. 3 Nr. 1 StGB verwiesen.[656] Um den Bereich der Sittenwidrigkeit einzugrenzen, wird eine Beschränkung auf *„vorsätzlich (konsentiert) herbeigeführte Folgen“* vorgeschlagen.[657]

---

652 BGH v. 22.1.2015 – 3 StR 233/14, NJW 2015, 1540; BGH v. 20.2.2013 – 1 StR 585/12, NJW 2013, 1379; BGH v. 26.5.2004 – 2 StR 505/03, NJW 2004, 2458; BGH v. 11.12.2003 – 3 StR 120/03, NJW 2004, 1054; *Fischer*, StGB, § 228 Rn. 9a; LK/*Hirsch*, StGB, § 228 Rn. 9; MüKo/*Hardtung*, StGB, § 228 Rn. 19; S/S/*Stree*/*Sternberg-Lieben*, StGB, § 228 Rn. 17; *Dury*, SpuRt 2005, 137, 139; *Hardtung*, Jura 2005, 401, 404; *Kett-Staub*/*Müller*, JA 2013, 182, 184; *Leipold*, NJW-Spezial 2006, 423, 423; *Turner*, NJW 1991, 2943; *Glocker*, Doping, S. 243; *Hirsch*, FS Amelung, S. 181, 197 f.; Roxin, AT I, § 13 Rn. 40; *Schlöter*, Doping, S. 127 f.; *Weber*, FS Baumann, S. 43, 54.

653 *Glocker*, Doping, S. 244; *Heger*, Iurratio 2016, 89, 91.

654 L/K/*Kühl*, StGB, § 228 Rn. 10; MüKo/*Hardtung*, StGB, § 228 Rn. 16 ff.; S/S/*Stree*/*Sternberg-Lieben*, StGB, § 228 Rn. 17.

655 BGH v. 26.5.2004 – 2 StR 505/03, NJW 2004, 2458; BGH v. 11.12.2003 – 3 StR 120/03, NJW 2004, 1054. Dass ein Sittenverstoß bei konkreten Todesgefahren möglich ist, folgt ebenfalls aus der gesetzgeberischen Wertung des § 216 StGB, BGH v. 22.1.2015 – 3 StR 233/14, NJW 2015, 1540.

656 *Fischer*, StGB, § 228 Rn. 23a; S/S/*Stree*/*Sternberg-Lieben*, StGB, § 228 Rn. 17; *Leipold*, NJW-Spezial 2006, 423, 423; *Hirsch*, FS Amelung, S. 181, 198; *Mestwerdt*, Doping, S. 116; *Otto*, FS Geerds, S. 603, 620; *Otto*, FS Tröndle, S. 157, 168; *Schneider-Grohe*, Doping, S. 141; nur bei schwerwiegenden Schäden durch systematisch langanhaltendes Doping: *Dury*, SpuRt 2005, 137, 139.

657 *Fischer*, StGB, § 228 Rn. 23a.

Teilweise wird auch eine schwere Gesundheitsschädigung unterhalb der Schwelle des § 226 StGB als ausreichend erachtet.[658] Andere Vertreter fordern eine irreversible schwerste Körperverletzung oder eine konkrete Gefahr des Todes.[659] Zur Korrektur könne dann der Zweck der Tat allenfalls als ergänzendes Beurteilungskriterium herangezogen werden.[660] Nur dann, wenn die Körperverletzung durch einen positiven Zweck kompensiert werden kann,[661] soll keine Sittenwidrigkeit vorliegen.[662]

cc) Stellungnahme

Unter Berücksichtigung des Bestimmtheitsgebots in Art. 103 Abs. 2 GG ist der Begriff der guten Sitten restriktiv auszulegen.[663] Zwar erscheint ein Abstellen auf den Zweck der Tat aus sportethischen Aspekten und moralischer Sicht nachvollziehbar, wirft jedoch nicht unerhebliche Abgrenzungsschwierigkeiten auf.[664] Weil der Sport einem stetigen Betrachtungswandel unterliegt, kann es auch zu sich ändernden Maßstäben des Sittenwidrigkeitsurteils kommen.[665]Außersportliche Einflüsse, die insbesondere auf den Leistungssport einwirken, erschweren eine zweckorientierte Betrachtung und ein sachgerechtes Abstellen auf das Anstandsgefühl aller billig und gerecht Denkenden.[666] Jedenfalls seit der Normierung eines Dopingverbots in § 6a AMG a.F. ist einer rein zweckbezogenen Argumentation der Boden entzogen.[667] So ist auch der bloße Verweis auf die sportethische Verwerflichkeit der Manipulation am Wettbewerb (§ 3 AntiDopG) unter rechtsstaatlichen Gesichtspunkten nicht unproblematisch.[668] Eine rechtsgutsbezogene Betrachtung vermeidet hingegen den Konflikt mit dem Bestimmtheitsgebot, indem sie auf den Schutz der körperlichen Unversehrtheit insistiert.

658 MüKo/*Hardtung*, StGB, § 228 Rn. 24.
659 *Roxin*, AT I, § 13 Rn. 41.
660 BGH v. 26.5.2004 – 2 StR 505/03, NJW 2004, 2458; BeckOK/*Eschelbach*, StGB, § 228 Rn. 25 f.
661 Ein solcher Zweck soll insbesondere bei riskanten oder besonders folgenreichen Operationen zur Lebensrettung vorliegen.
662 BGH v. 26.5.2004 – 2 StR 505/03, NJW 2004, 2458; BeckOK/*Eschelbach*, StGB, § 228 Rn. 25 f.; *Glocker*, Doping, S. 244; *Rain*, Doping, S. 176 f.; *Schlöter*, Doping, S. 127; *Schneider-Grohe*, Doping, S. 142.
663 *Schlöter*, Doping, S. 127.
664 *Mestwerdt*, Doping, S. 120 f.
665 *Kett-Staub/Müller*, JA 2013, 182, 185.
666 *Gülpen*, Begriff der guten Sitten, S. 412 f.
667 *Heger*, Iurratio 2016, 89, 92.
668 *Fischer*, StGB, § 228 Rn. 23b.

Die äußeren Grenzen eines wirksamen Verzichts werden durch Begriffe wie der schweren Körperverletzung in § 226 StGB, der schweren Gesundheitsschädigung in § 225 Abs. 3 Nr. 1 Alt. 2 StGB oder der konkreten Todesgefahr in § 225 Abs. 3 Nr. 1 Alt. 1 StGB bestimmt, die bereits durch Rechtsprechung und Literatur hinreichend präzisiert worden sind.[669] Mithin ist das Urteil der Sittenwidrigkeit an die Art und das Gewicht des Körperverletzungserfolges sowie den Grad einer möglichen Lebensgefahr zu knüpfen.[670] Folgt man der „*Schwere-Theorie*" in der Rechtsprechung, ist die Verabreichung von Dopingmitteln nur in seltenen Fällen als sittenwidrig zu bewerten.[671] Überwiegend wird das Vorliegen einer konkreten Gefahr des Todes abzulehnen sein.[672] Durch die Dopinganwendung müssten zumindest schwere gesundheitliche Erkrankungen wie Organschäden, Virilisierungen oder Beeinträchtigungen des Herz-Kreislauf-Systems auftreten.[673] Bei leichten und reversiblen Nebenwirkungen wie Fieber, Übelkeit oder Schüttelfrost, die unterhalb der Schwelle des § 226 Abs. 1 StGB liegen, ist die Sittenwidrigkeit der Einwilligung regelmäßig zu verneinen.[674] Dies führt im Ergebnis dazu, dass die Einwilligung eines ordnungsgemäß aufgeklärten Sportlers zumeist nicht sittenwidrig ist und eine durch das Doping hervorgerufene Körperverletzung rechtfertigt.[675]

II. Gefährliche Körperverletzung, § 224 Abs. 1 StGB

Mit dem bisherigen Stand der Untersuchung ist festzuhalten, dass in bestimmten Konstellationen Dopinghandlungen und ihre potentiellen Folgen dazu geeignet

---

669 *Schlöter*, Doping, S. 130.

670 *Kett-Staub/Müller*, JA 2013, 182, 185.

671 *Fischer*, StGB, § 228 Rn. 23b; S/S/*Stree/Sternberg-Lieben*, StGB, § 228 Rn. 30; *Heger*, Iurratio 2016, 89, 92; *Leipold*, NJW-Spezial 2006, 423, 423; *Roxin*, AT I, § 13 Rn. 48; nur bei schwerwiegenden Schäden durch systematisch langanhaltendes Doping: *Dury*, SpuRt 2005, 137, 139.

672 *Schlöter*, Doping, S. 127.

673 *Glocker*, Doping, S. 248; *Mestwerdt*, Doping, S. 102; *Schlöter*, Doping, S. 127.

674 *Glocker*, Doping, S. 248.

675 Teilweise wird eine solche Auffassung unter dem Gesichtspunkt der Widerspruchsfreiheit der Rechtsordnung bezweifelt. Zum Schutz des sportlichen Wettbewerbs sei dem Athleten durch das strafrechtliche Dopingverbot in §§ 4 i.V.m. 2 und 3 AntiDopG (bzw. § 6a AMG a.F.) die ihm zustehende Bestimmungsbefugnis über Eingriffe in seine Gesundheit entzogen. Insoweit wäre es wertungswidersprüchlich der Einwilligung in § 223 StGB eine rechtfertigende Wirkung zuzusprchen, hierzu: S/S/*Sternberg-Lieben*, StGB, § 228 Rn. 30; *Herger*, Iurratio 2016, 89, 92; *Sternberg-Lieben*, ZIS 2011, 583, 601; a.A.: MüKo/*Freund*, StGB, 2. Aufl., 2013, AMG, § 6a Rn. 5.

sein können, eine tatbestandliche Körperverletzung gemäß § 223 Abs. 1 StGB zu verwirklichen. Überschreitet die Intensität des Körperverletzungserfolges ein gewisses Maß, kann hierzu auch keine wirksame Einwilligung erteilt werden.

Verwirklicht der Täter den Grundtatbestand des § 223 StGB, ist darüber hinaus auch eine gefährliche Körperverletzung nach § 224 Abs. 1 StGB in Betracht zu ziehen.

1. Beibringung von Gift oder anderen gesundheitsschädlichen Stoffen, Nr. 1

Insofern kann das Verabreichen von Dopingmitteln oder das Anwenden von Dopingmethoden die Tatmodalität der Beibringung von Gift oder anderen gesundheitsschädlichen Stoffen erfüllen.

Gift ist jeder anorganische oder organische Stoff, der durch chemische oder chemisch-physikalische Wirkung nach seiner Art und der vom Täter eingesetzten Menge im konkreten Fall dazu geeignet ist, ernsthafte gesundheitliche Schäden zu verursachen.[676] Andere gesundheitsschädliche Stoffe sind solche, die auf mechanischem oder thermischem Wege wirken.[677] Abhängig von der Art des Dopings kann die erste oder zweite Alternative einschlägig sein. Zu den Giften zählen insbesondere Dopingpräparate, die den Betäubungsmitteln zuzurechnen sind.[678] Auch wenn die Medikamente und Wirkstoffe nicht zu gesundheitsschädlichen Zwecken hergestellt oder angewendet werden, können diese in entsprechender Dosis dazu geeignet sein, die Gesundheit des Sportlers zu schädigen. Mithin werden auch an sich ungefährliche Stoffe erfasst, wenn diese nach Menge, Konzentration oder Art ihrer Anwendung im Einzelfall dazu geeignet sind, erhebliche Schädigungen hervorzurufen.[679] Strittig ist, ob eine gefährliche Körperverletzung bei jedem gesundheitlichen Schaden[680], einem erheblichen

---

676 BeckOK/*Eschelbach*, StGB, § 224 Rn. 12; *Fischer*, StGB, § 224 Rn. 4; NK/*Paeffgen*/*Böse*, StGB, § 224 Rn. 7.

677 BeckOK/*Eschelbach*, StGB, § 224 Rn. 17; *Fischer*, StGB, § 224 Rn. 5; NK/*Paeffgen*/*Böse*, StGB, § 224 Rn. 9.

678 BeckOK/*Eschelbach*, StGB, § 224 Rn. 11; B/P/S, Medizinrecht, StGB, §§ 224, 226, 227 Rn. 7; *Knauer*/*Brose*, Beck-MedR, StGB, § 224 Rn. 2; SK/*Wolters*, StGB § 224 Rn. 9; *Heger*, JA 2003, 76, 78; *Kargl*, NStZ 2007, 489, 490; *Glocker*, Doping, S. 251; *Schlöter*, Doping, S. 131.

679 BGH v. 16.3.2006 – 4 StR 536/05, NStZ 2006, 506; *Fischer*, StGB, § 224 Rn. 4; *Glocker*, Doping, S. 251; *Rengier*, BT II, § 14 Rn. 10; *Schlöter*, Doping, S. 131.

680 A/W/H/H/*Hilgendorf*, BT, § 6 Rn. 52.

Gesundheitsschaden[681] oder erst bei schweren Körperverletzungen im Sinne von § 226 StGB[682] vorliegt. Die herrschende Meinung stellt zutreffend auf das Erfordernis eines erheblichen Gesundheitsschadens ab.[683] Um Wertungswidersprüche zu vermeiden, ist der Begriff des *„Gifts“* im Sinne von § 224 Abs. 1 Nr. 1 StGB entsprechend dem *„gefährlichen Werkzeug“* in § 224 Abs. 1 Nr. 2 StGB auszulegen, das ebenfalls eine erhebliche Beeinträchtigung des physischen Wohlbefindens voraussetzt.[684] Folglich können Dopingpräparate in überhöhter Dosis und bei Eintritt eines erheblichen Gesundheitsschadens ein Gift im Sinne von § 224 Abs. 1 Nr. 1 StGB darstellen[685].

2. *Waffe oder ein anderes gefährliches Werkzeug, Nr. 2*

§ 224 Abs. 1 Nr. 2 StGB setzt die Begehung mittels einer Waffe oder eines gefährlichen Werkzeugs voraus. Ein gefährliches Werkzeug im Sinne der zweiten Alternative ist nach der herrschenden Meinung jeder bewegliche Gegenstand, der nach seiner objektiven Beschaffenheit und der Art seiner Verwendung im konkreten Fall dazu geeignet ist, erhebliche Verletzungen zuzufügen.[686] In Betracht kommen Konstellationen, in denen dem Sportler das Dopingmittel mit einer Spritze injiziert oder im Rahmen einer Transfusion Blut abgenommen und wieder zugeführt wird. Streitig ist, ob ein gefährliches Werkzeug im Sinne der obigen Definition auch dann vorliegt, wenn das Instrument von einem Arzt bestimmungsgemäß angewendet wird. Die Rechtsprechung und Teile der Literatur vertreten insoweit die Auffassung, dass ärztliche Instrumente in der Hand von medizinischem Personal das Merkmal der Gefährlichkeit nicht erfüllen, soweit diese im Rahmen eines ärztlichen Eingriffs verwendet werden.[687] Begründet wird die differenzierte Betrachtung der gleichen Handlung mit dem

---

681 BGH v. 16.3.2006 – 4 StR 536/05, JuS 2006, 758; L/K/*Kühl*, StGB, § 224 Rn. 1a; *Heger*, Iurratio 2016, 89, 91; *Wessels/Hettinger*, BT I, Rn. 291.

682 SK/*Wolters*, StGB, § 224 Rn. 4, 9; a.A. LK/*Lilie*, StGB, § 224 Rn. 3.

683 BGH v. 16.3.2006 – 4 StR 536/05, JuS 2006, 758; L/K/*Kühl*, StGB, § 224 Rn. 1a; *Heger*, JA 2003, 76, 78; *Wessels/Hettinger*, BT I, Rn. 291; *Eisele*, BT I, Rn. 327.

684 *Eisele*, BT I, Rn. 327.

685 BeckOK/*Eschelbach*, StGB, § 224 Rn. 11; *Heger*, JA 2003, 76, 78; *Kargl*, NStZ 2007, 489, 490; *Glocker*, Doping, S. 251; *Schlöter*, Doping, S. 131 f.

686 NK/*Paeffgen/Böse*, StGB, § 224 Rn. 14; S/S/*Stree/Sternberg-Lieben*, StGB, § 224 Rn. 4; *Rengier*, BT II, § 14 Rn. 27.

687 BGH v. 23.12.1986 – 1 StR 598/86, NStZ 1987, 174; BGH v. 22.2.1978 – 2 StR 372/77, NJW 1978, 1206; *Heger*, Iurratio 2016, 89, 91; *Heger*, JA 2003, 76, 78; *Eisele*, BT I, Rn. 332; *Rengier*, BT II, § 14 Rn. 35.

unterschiedlichen Gefährlichkeitsgrad bei geschultem Heilkundepersonal und sonstigen Personen.[688] Eine solche Differenzierung zwischen ärztlichen und nicht-ärztlichen Personen ist jedoch im Hinblick auf die Schaffung eines ärztlichen Sonderrechts abzulehnen.[689] Vielmehr ergibt sich die Gefährlichkeit des Werkzeugs bereits aus seiner Beschaffenheit und der Art seiner Verwendung. Entscheidend ist allein, ob die Art der Verwendung des Instrumentes mit erheblichen Verletzungsgefahren verbunden ist.[690] Mithin stellt auch die Verwendung einer Injektionsnadel für Dopingzwecke durch den behandelnden Arzt ein gefährliches Werkzeug im Sinne von § 224 Abs. 1 Nr. 2 StGB dar.

3. Lebensgefährliche Behandlung, Nr. 5

Zu denken ist schließlich auch an eine lebensgefährdende Behandlung im Sinne von § 224 Abs. 1 Nr. 5 StGB.[691] Im Rahmen des Dopings kommen vor allem Konstellationen in Betracht, in denen dem Sportler Medikamente ohne hinreichende Kenntnis über die somatische Wirkung verabreicht werden.[692]

Eine Behandlung ist lebensgefährdend, wenn die Verletzungshandlung den konkreten Tatumständen nach objektiv generell geeignet ist, das Opfer in Lebensgefahr zu bringen. Eine konkrete Lebensgefahr ist nicht erforderlich.[693] Der Körperverletzungserfolg muss „*mittels*" der gefährlichen Behandlung und nicht erst als deren mittelbare Folge eintreten.[694] Zwar muss die Handlung des Täters nicht alleinige Ursache für den Körperverletzungserfolg sein. Jedoch fehlt es hieran, wenn nicht der Verletzungsakt als solcher, sondern erst die hierdurch geschaffene Lage die Lebensgefahr begründet.[695] Ein erforderlicher

688 *Ahlers*, Doping, S. 184 f.; *Glocker*, Doping, S. 252.

689 Wie hier: BeckOK/*Eschelbach*, StGB, § 224 Rn. 28. 1 ff.; MüKo/*Hardtung*, StGB, § 224 Rn. 50; S/S/*Stree/Sternberg-Lieben*, StGB, § 224 Rn. 8; *Schlöter*, Doping, S. 133.

690 S/S/*Stree/Sternberg-Lieben*, StGB, § 224 Rn. 8; *Schlöter*, Doping, S. 133; nach der Art der medizinischen Injektion unterscheidend (intravenös, subkutan und intramuskulär): *Glocker*, Doping, S. 252 f.; ähnlich schon: *Ahlers*, Doping, S. 184 f.

691 *Heger*, Iurratio 2016, 89, 91; *Heger*, JA 2003, 76, 78, *Ahlers*, Doping, S. 185 f.; *Schlöter*, Doping, S. 134.

692 Siehe hierzu als Beispiel der Fall *Tom Simpson* unter 2. Kapitel C. II. 2. und *Birgit Dressel* unter 2. Kapitel C. II. 4.

693 BGH v. 25.2.2010 – 4 StR 575/09, NStZ-RR 2010, 176; *Fischer*, StGB, § 224 Rn. 27; *Kindhäuser*, BT I, § 9 Rn. 21; *Rengier*, BT II, § 14 Rn. 50; *Wessels/Hettinger*, BT I, Rn. 307.

694 *Fischer*, StGB, § 224 Rn. 28; *Rengier*, BT II, § 14 Rn. 52.

695 *Rengier*, BT II, § 14 Rn. 52; *Schlöter*, Doping, S. 134.

Zusammenhang ist beispielsweise gegeben, wenn dem Sportler vor einer intensiven körperlichen Belastung bei hohen Temperaturen weitere Stimulanzien oder Medikamente verabreicht werden, die im Zusammenwirken mit anderen Faktoren zu einer Lebensgefahr führen können.[696] Für den Vorsatz ist es ausreichend, dass der Täter die Umstände kennt, aus denen sich die allgemeine Gefährlichkeit in der konkreten Situation ergibt, auch wenn er sie nicht als lebensgefährdend bewertet.[697] Der Täter handelt nur dann ohne Vorsatz, wenn er keine Kenntnis von den Umständen hatte, ohne deren Wirkung keine Lebensgefahr drohen würde.[698]

III. Schwere Körperverletzung, § 226 StGB

Als Folge der dauerhaften Anwendung von Dopingmitteln und Dopingmethoden – wie beim damaligen Staatsdoping der DDR[699] – können Körperverletzungen auftreten, die als schwere Körperverletzung im Sinne des § 226 Abs. 1 StGB zu qualifizieren sind.[700] In diesem Zusammenhang denkbar ist der Verlust der Fortpflanzungsfähigkeit gemäß § 226 Abs. 1 Nr. 1 Alt. 4 StGB. Gemeint ist der Verlust der körperlichen Fähigkeit zur natürlichen Fortpflanzung.[701] Die Fortpflanzungsfähigkeit ist geschlechtsneutral zu verstehen und kann sowohl bei Frauen als auch bei Männern vorliegen.[702] Auch Kinder sind aufgrund ihrer genetischen Veranlagung zur Fortpflanzung fähig.[703] Erforderlich ist ein dauerhafter, also nicht nur vorübergehender Verlust einer solchen Fähigkeit, wobei die Möglichkeit einer Heilung durch operativen Eingriff zu berücksichtigen ist, soweit dieser dem Opfer zugemutet werden kann.[704] Ein regelmäßiger Konsum von Hormonen kann dazu führen, dass Betroffene ihre Fortpflanzungsfähigkeit

---

696 *Ahlers*, Doping, S. 186; *Schlöter*, Doping, S. 134.

697 BGH v. 8.3.1990 – 2 StR 615/89, NJW 1990, 3156; *Ficher*, StGB, § 224 Rn. 32; *Kindhäuser*, BT I, § 9 Rn. 24; *Rengier*, BT II, § 14 Rn. 56; *Wessels/Hettinger*, BT I, Rn. 309.

698 *Heger*, JA 2003, 76, 78; *Ahlers*, Doping, S. 186; *Schlöter*, Doping, S. 134.

699 Siehe hierzu: 2. Kapitel C. II. 3.

700 *Heger*, Iurratio 2016, 89, 91; *Heger*, JA 2003, 76, 78; *Glocker*, Doping, S. 253; *Schlöter*, S. 135.

701 MüKo/*Hardtung*, StGB, § 226 Rn. 25.

702 *Fischer*, StGB, § 226 Rn. 5; MüKo/*Hardtung*, StGB, § 226 Rn. 25; *Rengier*, BT II, § 15 Rn. 5.

703 *Fischer*, StGB, § 226 Rn. 5; MüKo/*Hardtung*, StGB, § 226 Rn. 25; *Wessels/Hettinger*, BT I, Rn. 313; a.A. NK/*Paeffgen*, StGB, § 226 Rn. 25.

704 *Kindhäuser*, BT I, § 10 Rn. 22; *Rengier*, BT II, § 15 Rn. 6, 22; *Wessels/Hettinger*, BT I, Rn. 319.

dauerhaft einbüßen. Der Umstand, dass viele Sportler von ihren medizinischen Betreuern jahrelange und exzessiv, teils mit stärksten Steroiden gedopt wurden, hat dazu beigetragen, dass bei vielen Athleten eine dauerhafte Unfruchtbarkeit eingetreten ist.[705] Mithin besteht bei exzessivem Doping die Möglichkeit einer schweren Körperverletzung gemäß § 226 Abs. 1 Nr. 1 Alt. 4 StGB.

Darüber hinaus kann ein ständiges Doping dazu führen, dass die menschlichen Organe dauerhaft geschädigt werden oder sogar entfernt werden müssen.[706] Fraglich ist, ob hierdurch zugleich der Verlust eines wichtigen Gliedes des Körpers oder eine dauernde Gebrauchsunfähigkeit gemäß § 226 Abs. 1 Nr. 2 StGB vorliegen. Dazu müsste es sich bei menschlichen Organen um Glieder im Sinne von § 226 Abs. 1 Nr. 2 StGB handeln. Nach einer verbreiteten Auffassung sollen Glieder auch Körperteile sein, die eine in sich abgeschlossene Existenz mit besonderer Funktion im Gesamtorganismus haben. Zu den Gliedern gehören danach auch innere Organe.[707] Sie seien unter teleologischen Gesichtspunkten mindestens genauso wichtig wie äußere Körperteile.[708] Mithin könnten auch dopingbedingte Organschäden unter den Begriff des Gliedes in § 226 Abs. 1 Nr. 2 StGB zu subsumieren sein. Die Rechtsprechung und herrschende Lehre sind dieser Auffassung jedoch nicht gefolgt. Ein Glied ist danach jedes nach außen in Erscheinung tretende Körperteil, das mit dem Körper oder einem anderen Körperteil (durch ein Gelenk) verbunden ist.[709] Diese Ansicht weist zutreffend darauf hin, dass § 226 Abs. 1 Nr. 1 StGB bereits bestimmte Organe abschließend aufzählt und hinsichtlich innerer Organe ebenfalls eine Regelung in § 226 Abs. 1 Nr. 3 StGB existiert.[710] Die Gegenauffassung überschreitet die Wortlaut-Grenze in einem nicht einmal mehr metaphorischen Sprachgebrauch.[711] Daher stellen vom Doping verletzte Organe keine schwere Körperverletzung im Sinne von § 226 Abs. 1 Nr. 2 StGB dar.[712] Zu denken wäre allenfalls an die Möglichkeit, dass

---

705 *Richter*, Doping in der DDR, Deutsches Ärzteblatt 2000, A2014; *Ahlers*, Doping, S. 189; *Glocker*, Doping, S. 17, 253; *Schlöter*, Doping, S. 135.

706 *Ahlers*, Doping, S. 188; *Glocker*, Doping, S. 254; *Schlöter*, Doping, S. 135.

707 OLG Neustadt v. 14.6.1961 – Ss 52/61, NJW 1961, 2076; *Eisele*, BT I, Rn. 349; *Otto*, BT, § 17 Rn. 6; *Rengier*, BT II, § 15 Rn. 7 ff.

708 *Eisele*, BT I, Rn. 349; *Rengier*, BT II, § 15 Rn. 9.

709 BGH v. 15.8.1978 – 1 StR 356/78, NJW 1978, 2345; *Fischer*, StGB, § 226 Rn. 6; L/K/*Kühl*, StGB, § 266, Rn. 3; NK/*Böse*/*Paeffgen*, StGB, § 226 Rn. 26; S/S/*Stree*/*Sternberg-Lieben*, StGB, § 226 Rn. 2; *Kindhäuser*, BT I, § 10 Rn. 23.

710 *Wessels*/*Hettinger*, BT I, Rn. 314.

711 NK/*Böse*/*Paeffgen*, StGB, § 226 Rn. 26.

712 *Ahlers*, Doping, S. 188; *Glocker*, Doping, S. 254; *Schlöter*, Doping, S. 136.

der Sportler aufgrund einer dopingbedingten Blutverdickung eine Thrombose erleidet, die zum Absterben des betroffenen Körpergliedes führt.[713]

Als weitere Möglichkeit könnte durch die Nebenwirkungen auch eine dauerhafte Entstellung oder Siechtum gemäß § 226 Abs. 1 Nr. 3 StGB eintreten. Eine dauernde Entstellung in erheblicher Weise liegt vor, wenn die äußere Gesamterscheinung in ihrer ästhetischen Wirkung derart verändert wird, dass der Verletzte auf unabsehbare Zeit psychische Nachteile im Verkehr mit seiner Umwelt erleidet.[714] Eine solche Entstellung wird man jedoch nur in den seltensten Dopingfällen annehmen können. Allenfalls bei schwerwiegenden Virilisierungserscheinungen oder Veränderungen des Skeletts wird hiervon auszugehen sein.[715]

Das Siechtum ist ein chronischer Krankheitszustand ohne absehbare Heilungschance, der den Gesamtorganismus des Verletzten ergreift und das Schwinden der körperlichen oder geistigen Kräfte zur Folge hat.[716] Zu denken ist hier vor allem an Krebserkrankungen, die durch ständiges Doping hervorgerufen werden und den genannten Krankheitszustand zur Folge haben.[717]

IV. Körperverletzung mit Todesfolge, § 227 StGB

Wird durch die vorsätzliche Begehung der Dopinghandlung der Tod des Sportlers wenigstens fahrlässig verursacht (§ 18 StGB), kommt eine Strafbarkeit nach § 227 Abs. 1 StGB in Betracht.[718] Aufgrund des im Vergleich zum Grunddelikt erheblich höheren Strafrahmens ist neben den allgemeinen Voraussetzungen erforderlich, dass ein spezifischer Gefahrenzusammenhang zwischen der Körperverletzung und dem Tod des Sportlers vorliegt.[719] Umstritten ist, was das Kriterium des Gefahrverwirklichungszusammenhangs für § 227 StGB im Einzelnen bedeutet.

---

713 Vgl. *Glocker*, Doping, S. 254.

714 BGH v. 10.11.2015 – 5 StR 420/15, NStZ-RR 2016, 45; *Fischer*, StGB, § 226 Rn. 9; *Kindhäuser*, BT I, § 10 Rn. 28; *Rengier*, BT II, § 15 Rn. 18.

715 *Schlöter*, Doping, S. 136.

716 BeckOK/*Eschelbach*, StGB, § 226 Rn. 25; *Fischer*, StGB, § 226 Rn. 11; *Kindhäuser*, BT I, § 10 Rn. 32.

717 *Ahlers*, Doping, S. 190; *Schlöter*, Doping, S 136.

718 Allgemein zur Körperverletzung mit Todesfolge: *Kindhäuser*, BT I, § 10; *Rengier*, BT II, § 16; *Wessels/Hettinger*, BT I, Rn. 327.

719 *Kindhäuser*, BT I, § 10 Rn. 3; *Rengier*, BT II, § 16 Rn. 9; *Wessels/Hettinger*, BT I, Rn. 328.

Eine vor allem in der Literatur verbreitete Lehre verlangt hierzu, dass der tödliche Erfolg aus dem vorsätzlich zugefügten Körperverletzungserfolg resultieren muss. Für diese sog. „*Letalitätstheorie*" werden vor allem die Notwendigkeit einer restriktiven Tatbestandsinterpretation und der Wortlaut angeführt.[720]

Insbesondere die Rechtsprechung widerspricht dieser Auffassung und bejaht § 227 StGB auch dann, wenn nur die Körperverletzungshandlung zum tödlichen Erfolg führt.[721] Dieser Ansicht ist zuzustimmen. Auch der Sprachgebrauch des Gesetzes in § 223 Abs. 1 Alt. 1 StGB („*körperlich misshandelt*") oder in § 224 Abs. 1 Nr. 5 StGB („*lebensgefährdende Behandlung*") bezeichnet die Körperverletzung als Körperverletzungshandlung. Darüber hinaus bestätigt auch der durch das 6. StRG 1998 eingefügte Klammerzusatz die Auffassung der Rechtsprechung. Danach bezieht der Verweis in § 227 Abs. 1 StGB auch die Tatbestände in §§ 223 Abs. 2, 224 Abs. 2 sowie 225 Abs. 2 StGB und damit die gesamte Körperverletzungshandlung ein.[722]

Wird dem Sportler das Dopingmittel beispielsweise durch die Applikationsform der Spritze verabreicht, wird er einerseits durch die Punktion mit der Injektionsnadel körperlich misshandelt, andererseits kann er durch die Beibringung des konkreten Wirkstoffes in seiner Gesundheit geschädigt werden.[723] Die Realisierung des Todes wird in keinem gefahrspezifischen Zusammenhang mit der Punktion der Injektionsnadel stehen, wenn der Tod auch bei anderer Aufnahme des Wirkstoffes eingetreten wäre.[724] Ein spezifischer Gefahrenzusammenhang ist aber gegeben, wenn der injizierte Wirkstoff unmittelbar zum Tod führt.[725] Der Tod des Sportlers infolge einer Nebenwirkung weist dann einen gefahrspezifischen Zusammenhang zur Körperverletzungshandlung durch den Täters auf, wenn sich in dem Tod eine der Verabreichung des Dopingmittels entspringende Gefahr realisiert hat.[726] War der Tod für den Täter vorhersehbar, macht sich dieser nach § 227 Abs. 1 StGB strafbar.[727]

---

720 BeckOK/*Eschelbach*, StGB, § 227 Rn. 6; LK/*Hirsch*, StGB, § 227, Rn. 4; S/S/*Stree/Sternberg-Lieben*, StGB, § 227 Rn. 5; *Rengier*, BT II, § 16 Rn. 10 m.w.N.

721 BGH v. 20.12.2007 – 1 StR 576/07, NStZ 2008, 278; BGH v. 9.10.2002 – 5 StR 42/02, StZ 2003, 261; BGH v. 2.2.1960 – 1 StR 14/60, BGHSt 14, 110; BeckOK/*Eschelbach*, StGB, § 227 Rn. 5; *Fischer*, StGB, § 227 Rn. 3a.

722 Vgl. vertiefend hierzu: *Rengier*, BT II, § 16 Rn 11 ff. m.w.N.

723 *Ahlers*, Doping, S. 192; *Gocker*, Doping, S. 255; *Schlöter*, Doping, S. 137.

724 *Ahlers*, Doping, S. 192; *Gocker*, Doping, S. 255; *Schlöter*, Doping, S. 137.

725 *Gocker*, Doping, S. 255; *Schlöter*, Doping, S. 137.

726 *Gocker*, Doping, S. 255.

727 *Gocker*, Doping, S. 255; *Schlöter*, Doping, S. 137.

V. Misshandlung von Schutzbefohlenen, § 225 StGB

Die Vorschrift des § 225 Abs. 1 StGB stellt die Misshandlung von Schutzbefohlenen unter Strafe. Erforderlich ist ein bestimmtes Schutz- oder Abhängigkeitsverhältnis, bei dem der Täter eine Garantenstellung gegenüber dem Opfer innehat.[728] Geschützt werden Personen unter achtzehn Jahren.[729] Ein solches Schutzverhältnis liegt gemäß § 225 Abs. 1 Nr. 1 StGB vor, wenn der Minderjährige der Fürsorge oder Obhut des Täters untersteht. Der Minderjährige untersteht der Fürsorge des Täters, wenn dieser rechtlich dazu verpflichtet ist, für dessen leibliches oder geistiges Wohl zu sorgen.[730] Ein Obhutsverhältnis ist gegeben, wenn der Täter zur unmittelbaren körperlichen Beaufsichtigung für eine kürzere Zeit verpflichtet ist.[731]

Beim Doping kommt eine Misshandlung von Schutzbefohlenen vor allem dann in Betracht, wenn der minderjährige Athlet von seinen Eltern, Trainern oder sonstigen Betreuern gedopt wird oder sie das Doping erkennen, aber dieses nicht unterbinden.[732] Die Eltern haben gemäß § 1626 Abs. 1 BGB die Pflicht, für das minderjährige Kind zu sorgen. Insoweit sind diese für dessen Fürsorge und Obhut verantwortlich.[733] Trainer und sonstige sportliche Betreuer können aufgrund ihres Anstellungsvertrages mit dem Verein, in dem der minderjährige Athlet gemeldet ist, ebenfalls zu dessen Fürsorge und Obhut verpflichtet sein.[734] Darüber hinaus kann der minderjährige Sportler seinem Trainer oder Betreuer vom Fürsorgepflichtigen gemäß § 225 Abs. 1 Nr. 3 StGB überlassen oder im Sinne von § 225 Abs. 1 Nr. 4 StGB im Rahmen eines Dienst- oder Arbeitsverhältnisses untergeordnet sein.[735]

Während für das Quälen oder rohe Misshandeln erforderlich ist, dass der Sorgeberechtigte die dopingbedingten Nebenwirkungen ernsthaft für möglich hält und billigend in Kauf nimmt, kann eine böswillige Vernachlässigung der Sorgfaltspflicht im Sinne der dritten Tatmodalität bereits dann vorliegen, wenn durch die Vernachlässigung der Sorgfaltspflicht die gesunde Entwicklung des Kindes

---

728 *Kindhäuser*, BT I, § 9 Rn. 28; *Rengier*, BT II, § 17 Rn. 3.

729 *Fischer*, StGB, § 225 Rn. 3; *Kindhäuser*, BT I, § 9 Rn. 26; *Rengier*, BT II, § 17 Rn. 3; *Wessels/Hettinger*, BT I, Rn. 346.

730 *Kindhäuser*, BT I, § 9 Rn. 31.

731 *Kindhäuser*, BT I, § 9 Rn. 31.

732 *Glocker*, Doping, S. 255.

733 BeckOK/*Eschelbach*, StGB, § 225 Rn. 9; *Fischer*, StGB, § 225 Rn. 4; MüKo/*Hardtung*, StGB, § 225 Rn. 6.

734 *Ahlers*, Doping, S. 187; *Glocker*, Doping, S. 256.

735 *Ahlers*, Doping, S. 187; *Glocker*, Doping, S. 256.

beeinträchtigt oder gehemmt wird.[736] Böswillig ist die Vernachlässigung, wenn sie aus verwerflichen, insbesondere eigensüchtigen, Beweggründen erfolgt.[737] Eine solche Motivation liegt auch dann vor, wenn Eltern oder sportliche Betreuer es aus rücksichtslosem Egoismus unterlassen, den minderjährigen Sportler vom Doping abzuhalten, um die eigene Teilnahme an Ruhm und finanziellem Erfolg abzusichern oder gar die eigene Existenz an dessen Siege knüpfen.[738]

VI. Verletzung der Fürsorge- oder Erziehungspflicht, § 171 StGB

Weiter kann eine Verletzung der Fürsorge- oder Erziehungspflicht gemäß § 171 StGB vorliegen.[739] Normzweck ist der Schutz grundlegender Voraussetzungen für eine gesunde körperliche und physische Entwicklung von Menschen unter 16 Jahren.[740] Insoweit handelt es sich um ein Sonderdelikt, das als konkretes Gefährdungsdelikt ausgestaltet ist.[741] Täter kann demnach nur der Fürsorge- oder Erziehungsberechtigte sein. Die Pflicht des Schutzbefohlenen kann auf gesetzlicher Anordnung, Übertragung durch Behörden, gewillkürtem Eintritt wie durch Vertrag oder durch faktische Übernahme begründet werden und muss für eine gewisse Dauer bestehen.[742] Im Zusammenhang mit Doping kommen wie bei der Misshandlung von Schutzbefohlenen (§ 225 StGB) als Täter vor allem die Eltern, der über den Verein oder vertraglich direkt bestellte Trainer, medizinische Betreuer und sonstige Personen im Umfeld des jungen Sportlers in Betracht. Tathandlung ist die gröbliche, also subjektiv und objektiv schwerwiegende Verletzung der Sorgfaltspflichten.[743] Die Vernachlässigung dieser Pflicht muss den Sportler in die konkrete Gefahr bringen, dass er in seiner körperlichen oder psychischen Entwicklung erheblich geschädigt wird.[744] Vergleichbar der Verleitung zu Rauschgift- oder Alkoholmissbrauch kann eine solche Gefahr in jeder Verleitung, Anleitung oder Aufforderung zum Doping gesehen werden.[745]

---

736 RG v. 11.3.1943 – 2 D 41/43, RGSt 76, 371; *Fischer*, StGB, § 225 Rn. 10; L/K/*Kühl*, StGB, § 225 Rn. 6; a.A. MüKo/*Hardtung*, StGB, § 225 Rn. 22.

737 *Fischer*, StGB, § 225 Rn. 11; *Kindhäuser*, BT I, § 9 Rn. 41; *Wessels*/*Hettinger*, BT I, Rn. 348.

738 So auch: *Glocker*, Doping, S. 256.

739 *Heger*, Iurratio 2016, 89, 92.

740 BeckOK/*Heuchemer*, StGB, § 171 Rn. 1; NK/*Frommel*, StGB, § 171 Rn. 5.

741 BeckOK/*Heuchemer*, StGB, § 171 Rn. 2; L/K/*Herger*, StGB, § 171 Rn. 8.

742 BeckOK/*Heuchemer*, StGB, § 171 Rn. 3; MüKo/*Ritscher*, StGB, § 171 Rn. 4.

743 BeckOK/*Heuchemer*, StGB, § 171 Rn. 4; NK/*Frommel*, StGB, § 171 Rn. 7.

744 S/S/*Bosch*/*Schittenhelm*, StGB, § 171 Rn. 5; L/K/*Herger*, StGB, § 171 Rn. 6.

745 S/S/*Bosch*/*Schittenhelm*, StGB, § 171 Rn. 6; *Glocker*, Doping, S. 257.

Aufgrund der oben aufgezeigten potentiellen schwerwiegenden Nebenwirkungen des Dopings ist eine Gefährdung des jungen Sportlers in seiner körperlichen oder psychischen Entwicklung gegeben. Hierzu zählen beispielsweise die Einwirkung auf die geschlechtliche Entwicklung durch Hormonpräparate und die krankhafte Veränderung der inneren Organe.[746] Allerdings kann die Gefahr einer körperlichen Beeinträchtigung schon mit andauernder körperlicher Überanstrengung vorliegen, sodass der Leistungssport unter gewissen Umständen bereits ohne Doping dazu geeignet ist, eine Strafbarkeit nach § 171 StGB zu begründen.[747]

VII. Fahrlässige Körperverletzung, § 229 StGB

Handelt der das Dopingmittel verschreibende oder verabreichende Täter in den vorgenannten Fällen ohne Vorsatz oder lässt sich dieser nicht zweifelsfrei feststellen, kann eine fahrlässige Körperverletzung gemäß § 229 StGB vorliegen.

1. Sorgfaltspflichtverletzung

Strafbarkeitsvoraussetzung ist, dass der Erfolg auf einer Sorgfaltspflichtverletzung beruht und durch Aufbietung der im Verkehr erforderlichen Sorgfalt erkennbar und vermeidbar gewesen wäre.[748] Der generelle Sorgfaltsmaßstab wird nach den Anforderungen bestimmt, die bei einer ex-ante-Betrachtung der Gefahrenlage an einen besonnenen und gewissenhaften Menschen zu stellen sind, der dem Verkehrskreis des Täters angehört.[749]

Eine Sorgfaltspflichtverletzung kann vorliegen, wenn das konkrete Verhalten des Täters gegen die Rechtsordnung verstößt.[750] Im Falle des Dopings indiziert bereits der Verstoß gegen das Betäubungsmittelgesetz oder Anti-Doping-Gesetz eine objektive Sorgfaltspflichtverletzung.[751] Soweit die Verabreichung von Dopingmitteln zu einer Beeinträchtigung der körperlichen Unversehrtheit

---

746 *Heger*, JA 2003, 76, 79; *Ahlers*, Doping, S. 197; *Glocker*, Doping, S. 257.

747 BeckOK/*Heuchemer*, StGB, § 171 Rn. 8; MüKo/*Ritscher*, StGB, § 171 Rn. 16; *Glocker*, Doping, S. 257.

748 *Fischer*, StGB, § 15 Rn. 14; *Kindhäuser*, AT, § 33 Rn. 16; *Rengier*, AT, § 52 Rn. 15; *Wessels/Beulke*, AT, Rn. 1115 f.

749 BGH v. 19.4.2000 – 3 StR 442/99, NJW 2000, 2754; *Fischer*, StGB, § 15 Rn. 16; *Rengier*, AT, § 52 Rn. 15; *Wessels/Beulke*, AT, Rn. 1117 ff.

750 BeckOK/*Kudlich*, StGB, § 15 Rn. 39; *Fischer*, StGB, § 15 Rn. 16; *Rengier*, AT, § 52 Rn. 16.

751 Siehe hierzu auch: *Glocker*, Doping, S. 199 ff.

führt, ist diese jedenfalls stets sorgfaltswidrig. Die Konfrontation des Sportlers mit gesundheitlichen Risiken kann nur dann erlaubt sein, wenn die Behandlung medizinisch indiziert ist, was bei der Einnahme zur bloßen Leistungssteigerung zu verneinen ist.[752]

Darüber hinaus ist Strafbarkeitsvoraussetzung, dass der Erfolgseintritt sowohl objektiv als auch subjektiv vorhersehbar und vermeidbar war.[753] Unter Berücksichtigung etwaigen Sonderwissens des Täters wird in objektiver Hinsicht verlangt, dass ein besonnener und gewissenhafter Mensch des betreffenden Verkehrskreises im Rahmen seiner Erkenntnismöglichkeiten den Erfolgseintritt vorhersehen und damit vermeiden konnte.[754] In subjektiver Hinsicht ist erforderlich, dass der Täter bei Begehung der Tat nach seinen persönlichen Fähigkeiten und Kenntnissen in der Lage war, die Sorgfaltspflicht zu erfüllen und die Erfolgsverwirklichung vorauszusehen.[755] Insbesondere Ärzten wird es im Rahmen von Dopinganwendungen kaum gelingen, sich auf eine Unvorhersehbarkeit des Kausalverlaufs zu berufen.[756] Verschreibt oder verabreicht der behandelnde Arzt dem Sportler ein Mittel, das medizinisch nicht indiziert ist, handelt dieser sorgfaltswidrig.[757] Weil aus medizinischen Maßnahmen erhebliche gesundheitliche Folgen resultieren können und der Patient die Zweckmäßigkeit der Behandlung häufig nicht beurteilen kann, sind an das Maß der ärztlichen Sorgfalt hohe Anforderungen zu stellen.[758] Maßgeblich ist das nach naturwissenschaftlichen Erkenntnissen gesicherte, von einem durchschnittlich befähigten Facharzt verlangte Maß an Kenntnis und Können.[759] Den Arzt trifft eine ständige

752 *Otto*, SpuRt 1994, 10, 11; *Ahlers*, Doping, S. 94; *Gössel/Dölling*, BT I, § 16 Rn. 9; *Müller*, Doping, S. 68 ff.; *Schlöter*, Doping, S. 138.

753 Zur besseren Darstellung des Problemkreises wurde vorliegend eine zusammenhängende Darstellung gewählt. Die subjektive Vorhersehbarkeit und Vermeidbakeit werden von der herrschenden Meinung im Rahmen der Schuld geprüft, vgl. nur: *Roxin*, AT I, § 24, Rn. 54. Soweit man wie die herrschende Meinung beim Täter vorhandenes Sonderwissen bereits im Rahmen der objektiven Sorgfaltspflichtverletzung berücksichtigt, besteht für die Strafbarkeit des Täters kein praktischer Unterscheid, siehe hierzu: *Kindhäuser*, LPK-StGB, § 15, Rn. 88.

754 *Kindhäuser*, LPK-StGB, § 15 Rn. 52 ff.; NK/*Puppe*, StGB, Vor. §§ 13 ff. Rn. 157 ff.; *Kindhäuser*, AT, § 33 Rn. 21; *Schlöter*, Doping, S. 138.

755 *Kindhäuser*, AT, § 33 Rn. 46; *Rengier*, AT, § 52 Rn. 83.

756 *Schlöter*, Doping, S. 139; *Schulz*, Doping, S. 101.

757 *Haas/Prokop*, SpuRt 1997, 56, 57; *Turner*, MDR 1991, 569, 672; *Schulz*, Doping, S. 101.

758 BGH v. 19.4.2000 – 3 StR 442/99, StZ 2001, 188; OLG Hamm v. 8.6.2005 – 3 Ws 473 – 476/04, 3 Ws 473/04, 3 Ws 474/04, 3 Ws 475/04, 3 Ws 476/04, MedR 2006, 358.

759 *Laufs/Kern*, Arztrecht, § 139 Rn. 24.

Fortbildungspflicht, sodass sich dieser auch nicht auf seine Unkenntnis berufen kann.[760] Kennt er die Nebenwirkungen eines zu Dopingzwecken eingesetzten Medikaments nicht, kann er sich nicht auf seine Unwissenheit berufen, wenn er die ausgehende Gefahr bei ausreichender Erkundigung hätte erkennen können.[761] Dies gilt auch für Gefahren, die reziprok mit anderen Faktoren wie Allergien oder Unverträglichkeiten entstehen.[762]

Aufgrund einer fehlenden medizinischen Indikation sind aber auch an die Sorgfaltspflicht nichtmedizinischer Betreuer strenge Anforderungen zu stellen. So muss der medizinische Laie ärztlichen Rat einholen, bevor er den Sportler einem gesundheitlichen Risiko aussetzt.[763] Auch aufgrund der massiven öffentlichen Diskussion über die gesundheitlichen Nebenwirkungen des Dopings kann zu erwarten sein, dass jeder Betreuer Kenntnis über die möglichen Risiken des Dopings hat.[764] Damit wird im Ergebnis die dopingbedingte Sorgfaltspflichtverletzung nur in seltenen Ausnahmefällen nicht vorhersehbar und vermeidbar gewesen sein.[765]

2. *Objektive Zurechnung – Abgrenzung Selbst- und Fremdgefährdung*

a) *Eigenverantwortliche Selbstgefährdung*

Im Gegensatz zur eigenverantwortlichen Selbstverletzung, bei der das Opfer die Möglichkeit der Rechtsgutsverletzung erkennt und sich mit dieser abfindet, zeichnet sich die Selbstgefährdung dadurch aus, dass das Opfer zwar das Risiko des Erfolgseintritts billigt, jedoch auf das Ausbleiben des Verletzungserfolges vertraut.[766]

Dem fahrlässig handelnden Täter ist die eigenverantwortliche Selbstgefährdung des Sportlers – ebenso wie die eigenverantwortliche Selbstverletzung – nicht zuzurechnen. Handelt der sich selbst dopende Athlet freiverantwortlich, realisiert sich in dessen Tod keine von einem Dritten geschaffene Gefahr.[767] Zu

760 BGH v. 19.11.1997 – 3 StR 271/97, NJW 1998, 1802; *Laufs/Kern*, Arztrecht, § 139 Rn. 31.

761 *Laufs/Kern*, Arztrecht, § 139 Rn. 31; *Schlöter*, Doping, S. 139.

762 *Link*, NJW 1987, 2545, 2549; *Ahlers*, Doping, S. 93 f.; *Schlöter*, Doping, S. 139.

763 *Ahlers*, Doping, S. 96; *Schlöter*, Doping, S. 139; *Schulz*, Doping, S. 101.

764 *Schlöter*, Doping, S. 139; *Schulz*, Doping, S. 101.

765 *Glocker*, Doping, S. 203; *Schlöter*, Doping, S. 139; *Schulz*, Doping, S. 101.

766 *Eisele*, JuS 2011, 577, 577; *Schlöter*, Doping, S. 140. Für die Abgrenzung von Selbstverletzung und -gefährdung ist aufgrund des Erfodernisses der Eigenverantwortlichkeit die Perspektive des Opfers maßgeblich; *Eisele*, JuS 2011, 577, 578.

767 *Eisele*, BT I, Rn. 194 f.; *Glocker*, Doping, S. 205.

begründen ist dies mit einem Erst-recht-Schluss.[768] Ist bereits die vorsätzliche Mitwirkung an einer eigenverantwortlichen Selbstverletzung straflos, muss dies auch für eine fahrlässige Mitwirkung an der eigenverantwortlichen Selbstverletzung gelten,[769] ist doch der Vorsatz ein Mehr im Vergleich zur Fahrlässigkeit.[770] A majore ad minus wird auch die Straflosigkeit der Teilnahme an einer Selbstgefährdung begründet.[771] Es wäre widersprüchlich, die Mitwirkung an einer Selbstgefährdung für strafbar, die Mitwirkung an einer Selbstverletzung mangels Haupttat aber für straflos zu erachten. Wer eine eigenverantwortlich gewollte und verwirklichte Selbstgefährdung veranlasst, ermöglicht oder fördert, ist straflos, wenn sich das vom Opfer eingegangene Risiko realisiert.[772]

Beiden Fällen der Selbstverletzung und -gefährdung ist gemein, dass der Täter nur eine mittelbare Bedingung setzt, die das Opfer eigenverantwortlich zum selbstverletzenden bzw. selbstgefährdenden Handeln veranlasst. Einer Zurechnung des vom Opfer selbst herbeigeführten Erfolges steht das Prinzip der Eigenverantwortlichkeit entgegen.[773] Im Ergebnis realisiert sich keine vom Täter geschaffene rechtlich missbilligte Gefahr im Erfolg, sondern lediglich ein vom Opfer freiverantwortlich übernommenes Risiko.[774]

Allerdings kann eine Zuständigkeit des Täters dort vorliegen, wo sich die Verantwortungskreise verschieben.[775] Anders zu bewerten ist die Situation, in der das Opfer nicht frei und eigenverantwortlich handelt, also bei Vorsatz des Hintermanns eine mittelbare Täterschaft vorliegen würde.[776] Fehlt es an einer

---

768 BGH v. 14.2.1984 – 1 StR 808/83, NJW 1984, 1469; BGH v. 16.5.1972 – 5 StR 56/72, NJW 1972, 1207; *Roxin*, AT I, § 11 Rn. 107; *Rengier*, BT II, § 20 Rn. 28.

769 BGH v. 14.2.1984 – 1 StR 808/83, NJW 1984, 1469; BGH v. 16.5.1972 – 5 StR 56/72, NJW 1972, 1207; S/S/*Sternberg-Lieben/Schuster*, StGB, § 15, Rn. 164; *Eisele*, JuS 2011, 577, 578.

770 BGH v. 14.2.1984 – 1 StR 808/83, NJW 1984, 1469; S/S/*Sternberg-Lieben/Schuster*, StGB, § 15, Rn. 164; *Eisele*, JuS 2011, 577, 578; *Roxin*, AT I, § 11 Rn. 107; *Schlöter*, Doping, S. 140.

771 S/S/*Eisele*, StGB, Vor. §§ 13 ff. Rn. 101.

772 BGH v. 11.1.2011 – 5 StR 491/10, NStZ 2011, 341; BGH v. 29.4.2009 – 1 StR 518/08, NJW 2009, 2611; BGH v. 14.2.1984 – 1 StR 808/83, NJW 1984, 1469; LK/*Rönnau*, StGB, Vor. § 32 Rn. 167; S/S/*Sternberg-Lieben/Schuster*, StGB, § 15 Rn. 164; S/S/W/*Momsen/Momsen-Pflanz*, StGB, § 223 Rn. 54; *Eisele*, JuS 2011, 577, 577.

773 S/S/*Eisele*, StGB, Vor. §§ 13 ff. Rn. 101; *Roxin*, AT I, § 11 Rn. 110.

774 *Eisele*, JuS 2012, 577, 578; *Roxin*, AT I, § 11 Rn. 110.

775 S/S/*Eisele*, StGB, Vor. §§ 13 ff. Rn. 101b; *Eisele*, JuS 2012, 577, 578.

776 LK/*Rönnau*, StGB, Vor. § 32 Rn. 167; SK/*Jäger*, StGB, Vor. § 1 Rn. 141; *Eisele*, JuS 2012, 577, 582.

freiverantwortlichen Übernahme des Risikos durch das Opfer, kommt eine Fahrlässigkeitsstrafbarkeit des Beteiligten in Betracht. Eine freiverantwortliche Selbstgefährdung ist zu verneinen, wenn der sich Beteiligende kraft überlegenen Sachwissens die Größe des Risikos besser erfasst[777] oder das Opfer infolge von Defektzuständen wie beispielsweise starker Drogensucht schon keine Fähigkeit zum eigenverantwortlichen Handeln besitzt.[778] Erkennt der Mitwirkende, dass das Opfer die Tragweite seines Entschlusses nicht überblickt, wird das geschaffene Risiko vom Willen des Opfers nicht mehr gedeckt und die Verwirklichung ist dem Mitwirkenden zuzurechnen.[779]

b) *Einverständliche Fremdgefährdung*

Von der Beteiligung an einer (eigenverantwortlichen) Selbstgefährdung zu unterscheiden sind die Fälle einverständlicher Fremdgefährdung. Die mitunter schwierige Frage der Abgrenzung einer grundsätzlich tatbestandslosen Mitwirkung an einer Selbstgefährdung und der allenfalls unter Einwilligungsgesichtspunkten gerechtfertigten Fremdgefährdung erfolgt nach Rechtsprechung und herrschender Ansicht nach denselben naturalistischen Kriterien wie die Abgrenzung von Selbst- und Fremdverletzung.[780] Danach ist entscheidend, wer das Tatgeschehen beherrscht, also die letzte Handlung vornimmt, die ohne weitere Zwischenakte zur Rechtsgutsverletzung führt.[781] Maßgeblich ist die Herrschaft über den Geschehensablauf, die weitgehend nach den für die Vorsatzdelikte zur Tatherrschaft entwickelten objektiven Kriterien festgestellt wird.[782] Hat das Opfer die Tatherrschaft inne, liegt bereits mangels objektiver Zurechnung keine tatbestandliche Körperverletzung vor. Liegt die Tatherrschaft hingegen beim Beteiligten, ist für eine Strafbarkeit entscheidend, ob die Tat durch Einwilligung gerechtfertigt ist (sog. „*Einwilligungslösung*").[783]

---

777 BGH v. 28.1.2014 – 1 StR 494/13, NStZ-RR 2014, 147; BGH v. 20.5.2003 – 5 StR 66/03, NJW 2003, 2326; BayObLG v. 28.8.2002 – 5St RR 179/02, NJW 2003, 371; L/K/*Lackner/Kühl*, StGB, Vor. § 211 Rn. 12; *Roxin*, AT I, § 11 Rn. 113.

778 *Eisele*, JuS 2012, 577, 582.

779 BGH v. 27.11.1985 – 3 StR 426/85, NStZ 1986, 266; *Roxin*, AT I, § 11, Rn. 113.

780 BGH v. 20.11.2008 – 4 StR 328/08, NStZ 2009, 148; BGH v. 20.5.2003 – 5 StR 66/03, NJW 2003, 2326; S/S/*Lenckner/Sternberg-Lieben*, StGB, Vor. §§ 32 ff. Rn. 102, 107; *Eisele*, JuS 2012, 577, 582; *Grünewald*, GA 2012, 364, 365 ff.; *Kühl*, AT, § 17 Rn. 83; *Rengier*, BT II, § 20 Rn. 14; *Schlöter*, Doping, S. 143; *Wessels/Beulke*, AT, Rn. 278.

781 BGH v. 20.11.2008 – 4 StR 328/08, NStZ 2009, 148; BGH v. 20.5.2003 – 5 StR 66/03, NJW 2003, 2326; LK/*Rönnau*, StGB, Vor. § 32 Rn. 167.

782 BGH v. 20.11.2008 – 4 StR 328/08, NStZ 2009, 148.

783 *Rengier*, BT II, § 20 Rn. 19.

Gegenstimmen halten dieser Ansicht entgegen, dass das Abgrenzungskriterium der Gefährdungsherrschaft untauglich sei, weil ein solches Tatherrschaftskriterium im Bereich der Fahrlässigkeit nicht passe.[784] Vielmehr sei das Element der Selbstgefährdung und Eigenverantwortlichkeit für eine Abgrenzung maßgeblich. Die Lehre von *Roxin* stellt deshalb darauf ab, ob die einverständliche Fremdgefährdung einer eigenverantwortlichen Selbstgefährdung „*unter allen relevanten Aspekten*“ gleichsteht. Dies soll sich danach bemessen, ob der sich Gefährdende neben dem Risikowissen und dem Einverständnis in die schadensverursachende Risikohandlung die gleiche Verantwortung für das gemeinsame Tun trägt (sog. „*Zurechnungslösung*“).[785] Sind diese Voraussetzungen erfüllt, ist die Fremdgefährdung der Selbstgefährdung gleichzustellen. Dogmatisch führt dies zur Tatbestandsausschließung über die Regeln der objektiven Zurechnung.[786]

Zwar ist es zutreffend, dass der Autonomie des Opfers ein entscheidendes Gewicht zukommt. Allerdings verkennt die zweite Ansicht, dass es einen bedeutenden Unterschied macht, ob sich das Opfer selbst gefährdet oder sich der Gefährdung durch eine andere Person aussetzt. Diese Divergenz ergibt sich bereits aus der straflosen Teilnahme an einer eigenverantwortlichen Selbsttötung und der Strafbarkeit einer Tötung auf Verlangen (§ 216 StGB).[787] Vorzug verdient deshalb eine Abgrenzung nach Tatherrschaftskriterien. Diese Auffassung bietet ein scharfes Abgrenzungskriterium. Die Rechtsgüter des Gefährdeten sind nicht weniger schutzwürdig, nur weil sie nicht vorsätzlich verletzt werden. Aus diesem Grund muss eine Abgrenzung bei Fahrlässigkeitsdelikten anhand derselben Kriterien erfolgen wie beim Vorsatzdelikt.[788]

Auf die Fälle des Dopings übertragen bedeutet dies, dass nur eine straflose (fahrlässige) Beteiligung an einer Selbstgefährdung vorliegt, wenn der Täter dem Sportler das Dopingmittel zur Verfügung stellt, ohne es ihm zu verabreichen. Voraussetzung dabei ist, dass das Opfer frei und eigenverantwortlich handelt.[789] Verabreicht der Täter dem Sportler hingegen selbst die gefährliche Substanz und

784 *Rengier*, BT II, § 20 Rn. 20.

785 *Roxin*, GA 2012, 655, 663 ff.; *Roxin*, AT I, § 11 Rn. 121 ff.; so auch im Ergebnis: LK/*Rönnau*, StGB, Vor. § 32 Rn. 168 f.; *Puppe*, GA 2009, 486, 493 f.; *Hellmann*, FS Roxin, S. 271 ff.; auch *Otto*, FS Tröndle, S. 157, 169 ff. stellt auf die Verantwortungszuweisung als materielles Abgrenzungskriterium ab.

786 Vgl. hierzu auch: *Rengier*, BT II, § 20 Rn. 21 f.

787 *Beulke*, FS Otto, S. 207, 214, *Schlöter*, Doping, S. 144.

788 *Schlöter*, Doping, S. 144.

789 BayObLG v. 17.11.1994 – 4St RR 118/94, NJW 1995, 797; *Rengier*, BT II, § 20 Rn. 12.

hat damit die Tatherrschaft inne, liegt eine strafbare (fahrlässige) Fremdgefährdung vor, die allenfalls durch Einwilligung gerechtfertigt sein kann.

3. *Rechtfertigende Einwilligung*

Zur rechtfertigenden Einwilligung und ihrer möglichen Unwirksamkeit gemäß §§ 216, 228 StGB gelangt man – parallel zur Fremdverletzung – nur in den Fällen einer Fremdgefährdung mit Verletzungserfolg.[790]

a) Risikoeinwilligung

Im Rahmen der Fremdgefährdung wollen Täter und Opfer den eintretenden Erfolg nicht herbeiführen, sondern lediglich die bewusste Gefahr der Verwirklichung schaffen.[791] Aufgrund dieses strukturellen Unterschieds ist die sog. Risikoeinwilligung von der „normalen" Einwilligung als Konsens in die Verletzung des geschützten Rechtsguts zu unterscheiden.[792] Im Rahmen der Risikoeinwilligung ist der Rechtsgutsinhaber in Kenntnis der bevorstehenden Gefahren lediglich in die Vornahme riskanter Handlungen durch eine andere Person in der Erwartung einverstanden, die Gefahr werde sich nicht realisieren.[793] Zwar macht der Rechtsgutsinhaber sowohl bei der „normalen" Einwilligung als auch bei der Risikoeinwilligung von seinem Selbstbestimmungsrecht Gebrauch. Hier stellt sich jedoch die Frage, ob es gerechtfertigt sein kann, die Fälle einer bewussten Gefährdung dem Dirigat der Einwilligung zu unterstellen.[794] Neben der Aufhebung des Handlungsunrechts verlangt der Unrechtsausschluss durch Einwilligung nämlich grundsätzlich auch die Eliminierung des Erfolgsunrechts.[795] Insoweit ist es umstritten, ob auch Fahrlässigkeitsdelikte durch Einwilligung gerechtfertigt sein können.

---

790 Zur rechtfertigenden Einwilligung im Rahmen einer Fremdgefährdung gelangt man nur auf Grundlage der hier vertretenen Auffassung, wonach eine einverständliche Fremdgefährdung nicht bereits den objektiven Tatbestand ausschließt. Gegner der sog. Einwilligungslösung wollen hingen unter den bereits oben genannten Voraussetzungen eine Strafbarkeit auf Tatbestandsebene einschränken.

791 *Rengier*, BT II, § 20, Rn. 14.

792 S/S/*Lenckner*/*Sternberg-Lieben*, StGB, Vor. §§ 32 ff. Rn. 102.

793 S/S/*Lenckner*/*Sternberg-Lieben*, StGB, Vor. §§ 32 ff. Rn. 102; *Glocker*, Doping, S. 211; *Schlöter*, Doping, S. 145;

794 S/S/*Lenckner*/*Sternberg-Lieben*, StGB, Vor. §§ 32 ff. Rn. 102.

795 LK/*Rönnau*, StGB, Vor. § 32 Rn. 164; S/S/*Lenckner*/*Sternberg-Lieben*, StGB, Vor. §§ 32 ff. Rn. 102; *Eisele*, JuS 2012, 577, 584.

aa) Risikoeinwilligung verneinende Ansicht

Weil auch das Fahrlässigkeitsdelikt maßgeblich vom Erfolgsunrecht geprägt sei und in der Einwilligung in die Risikohandlung noch keine Preisgabe des Rechtsguts liege, soll nach einer in der Literatur vertretenen Auffassung auch die Möglichkeit einer Risikoeinwilligung nicht bestehen.[796] Insoweit wird auch von der „*bloßen Fiktion*" einer tatsächlich nicht vorliegenden Einwilligung gesprochen.[797] Charakteristisch für die Einwilligung sei der Rechtsgutsverzicht. In der bloßen Zustimmung zur Rechtsgutsgefährdung liege aber noch keine Preisgabe desselbigen.[798] Voraussetzung für die Einwilligung sei, dass sich das Opfer nicht nur mit der gefährlichen Handlung einverstanden erklärt, sondern auch mit dem Erfolgseintritt.[799] Ist das Opfer lediglich mit der Rechtsgutsgefährdung einverstanden, stimme es noch nicht dem Erfolgseintritt zu. Diese Ansicht, die auf das Prinzip der Eigenverantwortlichkeit verweist, stellt die Fremdgefährdung einer Selbstgefährdung gleich, weshalb sie auch im Rahmen der objektiven Zurechnung zu verorten sei.[800] Als Konsequenz würde die Körperverletzung mittels Fremdgefährdung durch Doping selbst mit Zustimmung des Opfers regelmäßig zur Strafbarkeit führen, weil dem fahrlässig handelnden Täter stets die Möglichkeit einer rechtfertigenden Einwilligung verwehrt bliebe. Diesem Widerspruch, wonach der vorsätzlich handelnde Täter unter Vorbehalt der §§ 228, 216 StGB gerechtfertigt und damit straffrei sein kann, dem nur fahrlässig handelnden Täter aber die Möglichkeit einer rechtfertigenden Einwilligung verwehrt bleibt, möchten Vertreter dieser Auffassung deshalb auf Ebene der objektiven Zurechnung begegnen.

---

796 LK/*Rönnau*, StGB, Vor. § 32 Rn. 168; *Roxin*, JZ 2009, 399, 400; *Duttge*, FS Otto, S. 227, 230 ff; *Roxin*, AT I, § 24 Rn. 108; differenzierend: S/S/*Lenckner*/*Sternberg-Lieben*, StGB, Vor. §§ 32 ff. Rn. 102 f. verlangen auch eine Einwilligung in den Erolg. Allerdings soll ein hierauf bezogener dolus eventualis ausreichen. Dieser sei anzunehmen, „*wenn dem Opfer die hohe Wahrscheinlichkeit des Erfolgseintritts deutlich vor Augen stand und es auch nach seinem Vorstellungsbild nur von einem rettenden Zufall, auf dessen Eintritt es nicht vertrauen konnte, abhing, ob das Risiko sich verwirklicht*".

797 LK/*Rönnau*, StGB, Vor. § 32, Rn. 168; *Eisele*, JuS 2012, 577, 584.

798 LK/*Rönnau*, StGB, Vor. § 32, Rn. 168; *Schlöter*, Doping, S. 145.

799 *Otto*, FS Geerds, S. 603, 621; *Schlöter*, Doping, S. 145.

800 Vgl. hierzu nur: LK/*Rönnau*, StGB, Vor. § 32 Rn. 169; *Lasson*, ZJS 2009, 359, 366; *Roxin*, JZ 2009, 399, 400; *Hellmann*, FS Roxin, S. 271, 282 ff.; *Otto*, FS Tröndle, S. 157, 169 ff.

bb) Risikoeinwilligung bejahende Ansicht

Nach der Rechtsprechung und wohl überwiegenden Ansicht in der Literatur ist auch die Einwilligung in die Gefährdung bzw. das Risiko der Rechtsgutsverletzung möglich.[801] Dies wird damit begründet, dass die Einwilligung in die Gefährdung zwar nicht das Erfolgsunrecht, aber das Handlungsunrecht beseitigt.[802] Insoweit soll es ausreichen, dass das Opfer in die lebensgefährdende Handlung einwilligt, weil dadurch das Handlungsunrecht als Strafbarkeitsvoraussetzung entfällt.[803] Darüber hinaus wird der Gedanke des *venire contra factum proprium* angeführt.[804] Mit Erklärung einer entsprechenden Einwilligung übernimmt der Rechtsgutsinhaber die Verantwortung für ein etwaiges Misslingen der gefährlichen Handlung und kann sich im Nachgang nicht darauf berufen, die eingetretene Verletzung nicht gewollt zu haben. Mithin umfasst die Einwilligung in die Gefährdungshandlung auch die fahrlässig verwirklichte Verletzung.[805] Danach besteht grundsätzlich auch im Rahmen einer Fremdgefährdung die Möglichkeit einer rechtfertigenden Einwilligung.

cc) Stellungnahme

Zwar vermag die Ablehnung einer Risikoeinwilligung insofern überzeugen, als hierdurch die Unterschiede zwischen einer Selbst- und Fremdgefährdung partiell abgebaut und dadurch dem Umstand Rechnung getragen wird, dass die Grenzen beider Fallgruppen nur schwer zu bestimmen sind. Andererseits ist zu beachten, dass dadurch Fälle der Fremdgefährdung und Fremdverletzung unterschiedlichen Kriterien unterstellt werden, deren Abgrenzung ebenfalls nicht abschließend geklärt ist.[806] Wer die Auffassung vertritt, dass der Täter einer einverständlichen Fremdgefährdung den objektiven Tatbestand des fahrlässigen Erfolgsdelikts erfüllt, hat zu berücksichtigen, dass eine Verneinung der Risikoeinwilligung stets zur Strafbarkeit des Täters führen würde.[807] Als Konsequenz wäre derjenige, der die Schädigung im Rahmen einer einverständlichen

---

801 BGH v. 20.11.2008 – 4 StR 328/08, NStZ 2009, 690; BeckOK/*Eschelbach*, StGB, § 228 Rn 2; *Kindhäuser*, LPK-StGB, Vor. § 13, Rn. 226; MüKo/*Hardtung*, StGB, § 228 Rn. 1; NK/*Paeffgen*/*Zabel*, StGB, § 228 Rn. 9; *Eisele*, JuS 2012, 577, 584; *Kühl*, AT, § 17 Rn. 83; *Rengier*, BT II, § 20 Rn. 28.

802 *Schlöter*, Doping, S. 146.

803 NK/*Paeffgen*/*Zabel*, StGB, § 228 Rn. 12; *Eisele*, JuS 2012, 577, 584.

804 *Beulke*, FS Otto, S. 207, 215; *Schlöter*, Doping, S. 146.

805 *Schlöter*, Doping, S. 146 f.

806 *Eisele*, JuS 2012, 577, 584.

807 *Schlöter*, Doping, S. 148.

Fremdverletzung vorsätzlich erfüllt, besser gestellt als der fahrlässig handelnde Täter, weil diesem die Möglichkeit einer rechtfertigenden Einwilligung verwehrt bleibt. Aufgrund dieses Paradoxons, dass das schwächere Unrecht bestraft, das stärkere aber nicht, ist die Möglichkeit einer Risikoeinwilligung anzuerkennen.[808] Ein solches Ergebnis erscheint auch sachgerecht, d.h. es kommt damit auf eine zufällige Realisierung des Erfolgs nicht an.

b) Einschränkung durch §§ 216, 228 StGB

Umstritten ist jedoch die Frage, in welchem Umfang in lebensgefährdende Handlungen eingewilligt werden kann. Dies hängt maßgeblich davon ab, ob und wieweit man die Einwilligungsschranken der §§ 216, 228 StGB auch auf Fahrlässigkeitstaten für anwendbar erachtet.

Die frühere Rechtsprechung hat zumindest bei einverständlichen Fremdgefährdungen mit tödlichem Ausgang die Vorschrift des § 216 StGB herangezogen und die Einwilligung an der Dispositionsbefugnis des Opfers scheitern lassen.[809] Dies ist jedoch abzulehnen, denn insoweit ist § 216 StGB keine Einwilligungsschranke zu entnehmen.[810] Vielmehr ist die paternalistische Vorschrift des § 216 StGB auf vorsätzliche Tötungen zugeschnitten.[811] Ausweislich seines Wortlauts bezieht sich § 216 StGB ausschließlich auf die gezielte Tötung eines Anderen.[812] Bei Fahrlässigkeitsdelikten wie den §§ 222, 229 StGB geht es aber ausschließlich um die Einwilligung in die gefährdende Handlung und nicht in den tatbestandlichen Erfolg. Nur Letzteres hat § 216 StGB im Blick.[813]Eine Ausdehnung der Einwilligungssperre erscheint mithin nicht sachgerecht, hat der Täter bei der einverständlichen Fremdgefährdung keinen auf den Erfolgseintritt bezogenen Vorsatz.[814] Das mit der Vorschrift bezweckte Tötungsverbot wird durch eine einverständliche fahrlässige Tötung nicht in gleicher Weise tangiert wie durch eine verlangte vorsätzliche Tötung.[815] Darüber hinaus greift

---

808 *Schlöter*, Doping, S. 148.

809 BGH v. 20.6.2000 – 4 StR 162/00, NStZ 2000, 583; BGH v. 25.1.1955 – 2 StR 366/54, BGHSt 7, 112; BGH v. 22.1.1953 – 4 StR 373/52, BGHSt 4, 88.

810 So auch: *Kindhäuser*, LPK-StGB, Vor. § 13 Rn. 224; S/S/*Lenckner*/*Sternberg-Lieben*, StGB, Vor. §§ 32 ff. Rn. 104; *Grünewald*, GA 2012, 364, 375 f.; *Beulke*, FS Otto, S. 207, 215 f.; *Duttge*, FS Otto, S. 227, 230 f.; *Kühl*, AT, § 17 Rn. 87; *Rengier*, BT II, § 20 Rn. 32.

811 *Kindhäuser*, LPK-StGB, Vor. § 13 Rn. 224; S/S/*Lenckner*/*Sternberg-Lieben*, StGB, Vor. §§ 32 ff. Rn. 104; *Kühl*, AT, § 17 Rn. 87.

812 S/S/*Lenckner*/*Sternberg-Lieben*, StGB, Vor. §§ 32 ff. Rn. 104.

813 *Rengier*, BT II, § 20 Rn. 32.

814 *Kindhäuser*, LPK-StGB, Vor. § 13 Rn. 224.

815 *Kühl*, AT, § 17 Rn. 87.

§ 216 StGB entscheidend in die Autonomie des Einzelnen ein und muss deshalb einer äußerst restriktiven Auslegung unterliegen.[816] Nicht zuletzt würde eine analoge Anwendung des Rechtsgedankens am Gesetzlichkeitsprinzip scheitern, weil sie ein strafbarkeitsbegründendes Rechtsinstitut über dessen Wortlaut hinaus zu Lasten des Täters ausdehnen würde.[817]

Als allgemeiner Maßstab für die Grenzen einer rechtfertigenden Einwilligung kann deshalb nur der Sittenwidrigkeitsmaßstab des § 228 StGB in Betracht kommen.[818] Die neuere Rechtsprechung sieht die Grenzen zur Sittenwidrigkeit *„jedenfalls dann überschritten,* [...] *wenn der Einwilligende durch die Körperverletzungshandlung in konkrete Todesgefahr gebracht wird.“*[819] Für eine solche Eingrenzung spreche der Normzweck des § 228 StGB. Das Gesetz verfolge ein soziales Interesse am Erhalt dieser Rechtsgüter auch gegen den Willen des Betroffenen.[820] Im Interesse der Allgemeinheit müsse die Möglichkeit einer existenziellen Verfügung über das Rechtsgut der eigenen körperlichen Unversehrtheit oder des eigenen Lebens begrenzt werden.[821] Dem stehe auch nicht entgegen, dass § 228 StGB vor § 229 StGB loziert.[822] § 228 StGB spricht von der Vornahme einer Körperverletzung, womit auch die fahrlässige Körperverletzung umfasst wird.[823] Mithin findet § 228 StGB zumindest auf diejenigen Fälle Anwendung, bei denen eine konkrete Gefahr des Todes besteht. Von einem solchen Maßstab ausgehend ist die Einwilligung, wie bei der vorsätzlichen Körperverletzung, nur bei einer konkreten Lebensgefährdung oder schweren gesundheitlichen Schäden unwirksam.

816 *Kindhäuser*, LPK-StGB, Vor. § 13 Rn. 224; *Grünewald*, GA 2012, 365 f.

817 *Beulke*, FS Otto, S. 207, 216.

818 *Kindhäuser*, LPK-StGB, Vor. § 13 Rn. 224; *Kühl*, AT, § 17 Rn. 87; *Rengier*, BT II, § 20 Rn. 28.

819 BGH v. 20.11.2008 – 4 StR 328/08, NStZ 2009, 148; BGH v. 26.5.2004 – 2 StR 505/03, NStZ 2004, 621; zust. auch: *Jahn*, JuS 2009, 370; *Kudlich*, JA 2009, 389; *Rengier*, BT II, § 20 Rn. 34; abl. S/S/*Lenckner*/*Sternberg-Lieben*, StGB, Vor. §§ 32 ff. Rn. 104a; *Beulke*, FS Otto, S. 207, 216.; *Duttge*, FS Otto, S. 227, 230 ff.; krit. auch: *Kühl*, AT, § 17 Rn. 88.

820 BGH v. 20.11.2008 – 4 StR 328/08, NStZ 2009, 148; BGH v. 26.5.2004 – 2 StR 505/03, NStZ 2004, 621.

821 BGH v. 26.5.2004 – 2 StR 505/03, NStZ 2004, 621.

822 *Schlöter*, Doping, S. 149; so aber: S/S/*Lenckner*/*Sternberg-Lieben*, StGB, Vor. §§ 32 ff. Rn. 104a; *Beulke*, FS Otto, S. 207, 216.; *Duttge*, FS Otto, S. 227, 230 ff.

823 *Schlöter*, Doping, S. 149.

c) *Zwischenergebnis*

Führt die Verabreichung von Dopingmitteln zu einer Beeinträchtigung der körperlichen Unversehrtheit, ist diese stets sorgfaltswidrig. Dabei trifft nicht nur Ärzte, sondern auch sonstige Betreuer ein hohes Maß an Sorgfalt, sodass ein möglicher Erfolgseintritt regelmäßig vorhersehbar und vermeidbar sein wird. Liegt die Tatherrschaft beim eigenverantwortlich handelnden Sportler, ist die Selbstgefährdung dem Dritten objektiv nicht zuzurechnen. Liegt die Tatherrschaft hingegen beim Dritten und wird wie hier die Auffassung vertreten, dass der Täter einer einverständlichen Fremdgefährdung den objektiven Tatbestand der fahrlässigen Körperverletzung erfüllt, kommt nur die Möglichkeit einer rechtfertigenden Einwilligung in Betracht. Zur Vermeidung eines Wertungswiderspruchs – der darin besteht, dass das schwächere Unrecht einer Fahrlässigkeitstat bestraft wird, das stärkere Unrecht einer vorsätzlichen Körperverletzung aber durch Einwilligung gerechtfertigt sein kann – ist konsequenterweise auch die Möglichkeit einer Risikoeinwilligung anzuerkennen. Parallel zur Einwilligung in die vorsätzliche Körperverletzung gilt auch hier der Maßstab des § 228 StGB. Wird die Sittenwidrigkeit bei einer vorsätzlichen Körperverletzung danach bestimmt, ob der Sportler durch die Tat in konkrete Lebensgefahr gebracht wird, ist es der Rechtssicherheit dienlich, dieses Kriterium auch bei einer bewussten Gefährdung anzuwenden. Damit kommt es zumindest bei Vorliegen einer wirksamen Einwilligung nicht darauf an, ob der Täter die Körperverletzung vorsätzlich oder fahrlässig begangen hat.[824]

VIII. Körperverletzung durch Unterlassen, §§ 223, 229, 13 StGB

Aufgrund der Vorschrift des § 13 StGB kann sich ein Dritter wegen vorsätzlicher oder fahrlässiger Körperverletzung durch Unterlassen strafbar machen, wenn er die Verwirklichung nicht verhindert. Gemäß § 13 Abs. 1 StGB ist die Nicht-Abwendung eines tatbestandsmäßigen Erfolgseintritts allerdings nur dann strafbar, wenn der Unterlassende *„rechtlich dafür einzustehen hat, daß der Erfolg nicht eintritt, und wenn das Unterlassen der Verwirklichung des gesetzlichen Tatbestandes durch ein Tun entspricht.“*[825]

Die sog. Modalitätenäquivalenz, sprich das Entsprechen von Tun und Unterlassen, ergibt sich bei reinen Erfolgsdelikten – wie den hier in Frage stehenden §§ 223, 229 StGB – bereits aus dem spezifischen Handlungsunrecht der

824 So auch: *Schlöter*, Doping, S. 148 f.

825 Vgl. insoweit § 13 Abs. 1 StGB.

pflichtwidrigen Nichtverhinderung des Erfolgseintritts.[826] Die sog. Handlungsäquivalenz liegt vor, wenn der Unterlassende als Garant eine objektive Rechtspflicht zur Erfolgsabwendung hat.[827]

1. Garantenstellung

Im Rahmen der unechten Unterlassungsdelikte sind die Garantenpflichten auf zwei Grundsituationen zurückzuführen.[828] In der ersten Gruppe besteht die Pflicht des Unterlassenden darin, das Rechtsgut vor Gefahren aus allen Richtungen zu beschützen (sog. Beschützergarant).[829] In der zweiten Gruppe hat der Unterlassende die Pflicht alle Rechtsgüter vor Gefährdungen zu schützen, die aus seinem Verantwortungsbereich stammen (sog. Überwachergarant).[830] Im Umfeld des Sportlers kommen als verhinderungspflichtige Personen dopingursächlicher Gesundheitsschäden insbesondere Eltern, Ärzte, Trainer, Betreuer und andere enge Vertraute in Betracht.[831]

Die rechtliche Einstandspflicht der Eltern als Beschützer ihrer Kinder vor etwaigen Gesundheitsschäden ist vor dem Hintergrund einer natürlichen Verbundenheit zu erklären.[832] So ist es allgemein anerkannt, dass die elterliche Sorge gemäß §§ 1626, 1627, 1631 BGB eine Garantenstellung zum Schutz der Rechtsgüter des Kindes begründet.[833] Eltern und Kinder sind gemäß § 1618a BGB einander Beistand und Rücksicht schuldig.[834]

Für Ärzte und andere medizinische Betreuer erwächst die Stellung als Beschützergarant aus der Übernahme des Dienstes und der Behandlung des Sportlers. Im Rahmen ihres Tätigkeitsbereichs haben sie die Pflicht, den Patienten vor solchen Schäden zu bewahren, deren Vermeidung innerhalb ihres Herrschaftsbereichs möglich ist.[835] Zudem ist eine Garantenstellung des Arztes aus

---

826 NK/*Gaede*, StGB, § 13 Rn. 19; S/S/*Stree*/*Bosch*, StGB, § 13 Rn. 4.

827 BGH v. 12.2.1952 – 1 StR 59/50, BGHSt 2, 15; D/D/K/R/*Tag*, StGB, § 13 Rn. 14; NK/*Gaede*, StGB, § 13 Rn. 29; *Kindhäuser*, AT, § 36 Rn. 2.

828 S/S/*Stree*/*Bosch*, StGB, § 13 Rn. 9; *Kindhäuser*, AT, § 36 Rn. 23 ff.

829 S/S/*Stree*/*Bosch*, StGB, § 13 Rn. 10; *Frister*, AT, 2. Kap. Rn. 27 ff.

830 S/S/*Stree*/*Bosch*, StGB, § 13 Rn. 11; *Frister*, AT, 2. Kap. Rn. 40 ff.

831 *Karakaya*, Doping, S. 120.

832 BGH v. 13.10.2016 – 3 StR 248/16, NStZ 2017, 401; *Frister*, AT, 2. Kap. Rn. 40; *Kindhäuser*, AT, § 36 Rn. 75; ausführlich hierzu: *Karakaya*, Doping, S. 139.

833 *Frister*, AT, 2. Kap. Rn. 40; *Karakaya*, Doping, S. 139; *Kindhäuser*, AT, § 36 Rn. 75, Fn. 90.

834 BGH v. 13.10.2016 – 3 StR 248/16, NStZ 2017, 401.

835 *Knauer*/*Brose*, Beck-MedR, §§ 211, 212 Rn. 7; S/S/*Stree*/*Bosch*, StGB, § 13 Rn. 38a; ausführlich hierzu: *Karakaya*, Doping, S. 121 ff.

dem Behandlungsvertrag gemäß § 630a BGB abzuleiten, wobei es nicht auf die zivilrechtliche Wirksamkeit, sondern die tatsächliche Übernahme ankommt.[836] Neben der Stellung als Beschützergarant kann für den behandelnden Arzt darüber hinaus eine Überwachungspflicht aus vorausgegangenem gefährlichen Tun (sog. Ingerenz) resultieren.[837] Danach ist derjenige zur Erfolgsabwendung verpflichtet, der durch sein vorgelagertes Verhalten die adäquate Gefahr für den Schadenseintritt geschaffen hat.[838] Auch bei der Überlassung von gesundheitsschädlichen Stoffen kann eine Handlungspflicht daraus folgen, dass der Täter die Gefahrenlage durch die gefährdende Hingabe der Substanzen herbeiführt.[839]

Des Weiteren können sich Rechtspflichten zur Gefahrenabwendung daraus ergeben, dass der Unterlassende den Schutz bestimmter Rechtsgüter gegenüber dem Gefährdeten selbst oder gegenüber einem Dritten zugunsten des Gefährdeten übernommen hat.[840] Sind die Eltern abwesend, wird die Schutzpflicht auf die engagierte Aufsichtsperson delegiert.[841] Werden junge Athleten im Rahmen von sportlichen Veranstaltungen ihren Trainern und Betreuern zur Beaufsichtigung anvertraut, wird auch diesen eine Garantenpflicht kraft Übernahme von Schutzfunktionen zuteil.[842] So trainieren Kinder und Jugendliche im Hochleistungssport häufig fünf bis sieben Mal in der Woche. Trainingslager und Wettkampfaustragungen finden nicht selten weit entfernt und ohne Anwesenheit der Eltern statt. Zu denken ist auch an Sportinternate für junge Athleten.[843] In diesen Fällen übernehmen die zur Aufsicht berechtigten Personen gegenüber ihren Schützlingen eine Obhutspflicht, die sie zur Gefahrenabwehr verpflichtet. Darüber hinaus kommt auch für diese Personen unter dem Gesichtspunkt

---

836 BeckOK/*Katzenmeier*, BGB, § 630a Rn. 37; *Knauer/Brose*, Beck-MedR, §§ 211, 212 Rn. 7; MüKo/*Wagner*, BGB, § 630a Rn. 44.

837 BGH v. 19.4.2000 – 3 StR 442/99, NStZ 2001, 188; *Laufs/Kern*, Arztrecht, § 140 Rn. 15; *Karakaya*, Doping, S. 131.

838 S/S/*Stree/Bosch*, StGB, § 13 Rn. 32; *Kindhäuser*, AT, § 36 Rn. 64.

839 BGH v. 7.2.2001 – 5 StR 474/00, NStZ 2001, 546; BGH v. 9.11.1984 – 2 StR 257/84, NStZ 1985, 319; *Weber*, BtMG, § 30 Rn. 228; *Karakaya*, Doping, S. 131; a.A. S/S/*Stree/Bosch*, StGB, § 13 Rn. 40/41.

840 S/S/*Stree/Bosch*, StGB, § 13 Rn. 26; *Kindhäuser*, AT, § 36 Rn. 79; auch für das Verhältnis zwischen Lehrer und Schüler bejahend: NK/*Gaede*, StGB, § 13 Rn. 51; S/S/*Stree/Bosch*, StGB, § 13 Rn. 52; *Roxin*, AT II, § 32 Rn. 130.

841 *Roxin*, AT II, § 32 Rn. 130.

842 OLG Hamm v. 12.1.2016 – III-3 RVs 91/15, 3 RVs 91/15, Rn. 15, SpuRt 2016, 214; LG Waldshut-Tiengen v. 19.12.2000 – Ns 22 Js 6046/98, NJW 2002, 153; ausführlich hierzu: *Karakaya*, Doping, S. 143 ff.

843 *Karakaya*, Doping, S. 143.

der Überwachung von Gefahrenquellen eine Garantenpflicht in Betracht, wenn diese durch eigenes Vorverhalten zum Verletzungsrisiko beigetragen haben.[844]

2. *Unterlassen*

Unter dem Aspekt des Dopings kommen im Rahmen einer Körperverletzung durch Unterlassen vor allem solche Fälle in Betracht, in denen eine zur Erfolgsabwendung verpflichtete Person nicht einschreitet, obwohl diese Kenntnis von der gesundheitsschädlichen Dopinganwendung durch einen Dritten hat.[845] Injiziert beispielsweise der betreuende Arzt dem minderjährigen Sportler schadensursächliche Dopingmittel und schreiten die eingeweihten und zur Erfolgsabwendung verpflichteten Eltern nicht ein, können diese sich der Körperverletzung durch Unterlassen strafbar machen. Fraglich ist in einem solchen Fall, ob der nicht handelnde Garant Täter oder Teilnehmer ist. Unterlässt der Garant eine Handlung, durch welche die Tat eines vorsätzlichen Begehungstäter hätte abgewendet werden können, kann das Unterlassen als selbstständige Unterlassungstat in (Neben-)Täterschaft oder als Beihilfe zur vorsätzlichen Begehungstat angesehen werden.[846]

Die frühere Rechtsprechung hat zur Abgrenzung von Täterschaft und Teilnahme einen rein subjektiven Ansatz vertreten und auch bei Unterlassungsdelikten auf die innere Willensrichtung des Beteiligten abgestellt.[847] Maßgeblich waren der Beteiligungswille und das Interesse am Taterfolg. Danach war Täter, wer mit Täterwillen (*animus auctoris*) und Teilnehmer, wer mit Teilnehmerwillen (*animus socii*) am Geschehen partizipiert hat. Aufgrund der objektiven Äquivalenz aller Kausalbeiträge könne die Differenzierung zwischen Täterschaft und Teilnahme einzig in der subjektiven Einstellung des Täters zur Tat liegen.[848] Nach heutiger Auffassung ist die Kausalität jedoch nur ein Element des objektiven Unrechts, das durch die Kriterien der objektiven Zurechnung wesentlich mitbestimmt wird. Deshalb muss eine sachgerechte Abgrenzung von Täterschaft und Teilnahme auch den objektiven Sinngehalt des jeweiligen Tatbeitrags

---

844 *Karakaya*, Doping, S. 145.

845 Zu weiteren möglichen Unterlassungskonstellationen siehe: *Karakaya*, Doping, S. 102 ff.

846 L/K/*Kühl*, StGB, § 27 Rn. 5; MüKo/*Freund*, StGB, § 13 Rn. 266 ff.; *Kindhäuser*, AT, § 38 Rn. 66; *Roxin*, AT II, § 31 Rn. 124 ff.

847 BGH v. 22.9.1992 – 5 StR 379/92, Rn. 17; NStZ 1993, 32; BGH v. 5.7.1966 – 5 StR 280/66, NJW 1966, 1763; BGH v. 12.2.1952 – 1 StR 59/50, NJW 1952, 552; vgl. auch: MüKo/*Joecks*, StGB, § 25 Rn. 6, 279 m.w.N.

848 RG v. 19.2.1940 – 3 D 69/40, RGSt 74, 84.

berücksichtigen.[849] Darüber hinaus ist eine rein subjektive Betrachtung heute nicht mehr mit § 25 Abs. 1 Alt. 1 StGB („*wer die Straftat selbst* […] *begeht*") vereinbar.[850]

Teile des Schrifttums möchten deshalb wie bei den Begehungsdelikten auf das Kriterium der Tatherrschaft abstellen.[851] Hat der unterlassende Garant die Macht, den Erfolg abzuwenden, ist er Täter. Kann er den Erfolg nicht verhindern, ist er lediglich Gehilfe. Ein solches Abgrenzungskriterium im Bereich der Unterlassungsdelikte erscheint jedoch wenig hilfreich. Denn wer tatenlos zusieht, greift gerade nicht beherrschend in das Geschehen i.S.v. einem „*In-den-Händen-Halten*" ein. Das Unterlassen, welches vielmehr durch ein bloßes „*Geschehenlassen*" des Erfolgseintritts geprägt ist, ermöglicht keine adäquate Anknüpfung zur Ausfüllung dieses Abgrenzungskriteriums.[852] Aus diesem Grund gehen vereinzelte Stimmen dieser Auffassung dazu über, eine Täterschaft des Garanten nur dann anzunehmen, wenn dieser überhaupt die Möglichkeit zum Einschreiten gehabt hätte. Hat der Unterlassende die Möglichkeit, den Erfolg abzuwenden, sei danach zu differenzieren, bei wem die maßgebliche Entscheidung zur Tatausführung liegt.[853] Die überwiegende Gegenposition derjenigen Stimmen, die eine Abgrenzung am Maßstab der Tatherrschaft fordern, nimmt an, dass bei einer Beherrschung des Geschehens durch den vorsätzlich handelnden Begehungstäter der Unterlassende lediglich eine Nebenrolle einnehme und deshalb immer nur Gehilfe sein könne.[854]

Nach einer anderen Auffassung kommt grundsätzlich nur eine Täterschaft des Unterlassenden in Betracht, weil dieser gegenüber dem Opfer eine besondere Schutzpflicht habe. Eine Ausnahme von diesem Grundsatz soll nur beim Fehlen spezifischer Tatbestandsmerkmale oder bei eigenhändigen Delikten gelten.[855] Im Rahmen des Dopings wäre der zur Erfolgsabwendung verpflichtete Garant *eo ipso* Unterlassungstäter. Gegen eine solche Ansicht ist jedoch einzuwenden, dass die grundsätzliche Annahme einer Täterschaft des Unterlassenden gegen die von § 13 StGB vorgesehene Gleichstellung von Begehung und Unterlassen verstößt. Die Sanktionierung als bloßes Teilnahmeunrecht wäre beim Unterlassen

---

849 *Kindhäsuer*, AT, § 38 Rn. 40.

850 BeckOK/*Kudlich*, StGB, § 25 Rn. 12.2; MüKo/*Joecks*, StGB, § 25 Rn. 32.

851 MüKo/*Joecks*, StGB, § 25 Rn. 281; *Satzger*, Jura 2015, 1055, 1063; *Heinrich*, AT, Rn. 1214; *Wessels/Beulke*, AT, Rn. 1209 f.

852 *Karakaya*, Doping, S. 111; *Kindhäuser*, AT, § 38 Rn. 68.

853 *Heinrich*, AT, Rn. 1214.

854 SK/*Stein*, StGB, Vor. § 13 Rn. 61; *Kindhäuser*, AT, § 38 Rn. 68; *Kühl*, AT, § 20 Rn. 230.

855 LK/*Schünemann*, StGB, § 25 Rn. 210; NK/*Gaede*, StGB, § 13 Rn. 28.

zumeist nicht möglich. Damit würde der unterlassende Garant gegenüber einem aktiv handelnden Beteiligten schlechter gestellt.[856]

Weil die zu den Begehungsdelikten gewonnen Abgrenzungskriterien auf ein Unterlassen nur bedingt passen, ist es aufgrund der aufgezeigten Defizite sachgerecht, für eine Abgrenzung zwischen Täterschaft und Teilnahme nach der Art der Garantenstellung zu differenzieren.[857] Eine solche Unterscheidung ist damit zu begründen, dass die Einteilung in Beschützer- und Überwachergarant verschiedene Grade von Pflichtigkeit beschreibt, an der die Beteiligungsdiagnose zu orientieren ist.[858] Danach ist der Beschützergarant aufgrund seiner institutionellen Fürsorgepflicht und der Nähe zum geschützten Rechtsgut grundsätzlich als Täter anzusehen. Hinsichtlich des im Unterlassen liegenden Unwerts kann es keinen Unterschied machen, ob die vom Garanten nicht abgewendete Gefahr für das Rechtsgut durch Naturgewalten oder durch den Angriff eines Menschen begründet wird.[859] So ist es irrelevant, ob ein Elternteil die Rettung des Kindes vor den Angriffen eines Menschen oder vor dem Ertrinken unterlässt. In beiden Fällen ist der Garant als Täter einzustufen.[860] Eine Ausnahme liegt nur dann vor, wenn bei ihm spezifische Tatbestandsmerkmale fehlen oder das Delikt nur eigenhändig begehbar ist. Insoweit kommt auch für den Beschützergarant dann nur Beihilfe in Betracht.[861] Hingegen erfolgt die Abgrenzung zwischen Täterschaft und Teilnahme beim Überwachergarant kraft Risikoherrschaft anhand der gleichen Maßstäbe wie bei den Begehungsdelikten.[862] Im Gegensatz zum Beschützergarant resultiert seine Handlungspflicht aus der Überwachung bestimmter Gefahrenquellen. Entscheidend ist, ob der Anteil am Geschehen den der Garant nicht zurücknimmt, als Unterstützung oder täterschaftlicher Beitrag zu bewerten ist. Weil jedoch der Unterlassende aufgrund der mangelnden Risikoüberwachung das vom Begehungstäter beherrschte Geschehen lediglich ermöglichen oder fördern wird, wird in den meisten Fällen eine Teilnahme vorliegen.[863]

---

856 *Kindhäuser*, AT, § 38 Rn. 69.

857 LK/*Schünemann*, StGB, § 25 Rn. 211 f.; S/S/*Heine/Weißer*, StGB, Vor § 25 Rn. 95 ff.; *Kindhäuser*, AT, § 38 Rn. 71 ff.

858 S/S/*Heine/Weißer*, StGB, Vor § 25 Rn. 95.

859 LK/*Schünemann*, StGB, § 25 Rn. 212; S/S/*Heine/Weißer*, StGB, Vor § 25 Rn. 96.

860 S/S/*Heine/Weißer*, StGB, Vor § 25 Rn. 96.

861 LK/*Schünemann*, StGB, § 25 Rn. 211; S/S/*Heine/Weißer*, StGB, Vor § 25 Rn. 97; *Kindhäuser*, AT, § 38 Rn. 72; *Roxin*, AT II, § 31 Rn. 140 ff.

862 S/S/*Heine/Weißer*, StGB, Vor § 25 Rn. 98; *Kindhäuser*, AT, § 38 Rn. 73.

863 LK/*Schünemann*, StGB, § 25 Rn. 211; *Kindhäuser*, AT, § 38 Rn. 73.

Legt man diesen Lösungsansatz dem vorliegenden Fallbeispiel zugrunde, machen sich die Eltern, die die Dopinganwendung durch den Arzt dulden und die mögliche Körperverletzung billigend in Kauf nehmen, aufgrund ihrer Stellung als Beschützergaranten der Körperverletzung durch Unterlassen in Nebentäterschaft gemäß §§ 223 Abs. 1, 13 Abs. 1 StGB strafbar, soweit die Körperverletzung nicht gerechtfertigt ist. Hingegen wäre ein Garant, der das Dopingmittel unsachgemäß aufbewahrt, im Verhältnis zum aktiv handelnden Dritten, der das Mittel verabreicht, nur Gehilfe.

IX. Zwischenergebnis

Die Verabreichung von Dopingmitteln oder die Anwendung von Dopingmethoden kann eine Körperverletzung in Form einer körperlichen Misshandlung oder Gesundheitsschädigung begründen, soweit diese nicht nur unerheblich ist. Auch psychische Beeinträchtigungen werden erfasst, wenn die Traktierung über das bloße seelische Leid hinausgeht und die subjektive Befindlichkeit des Sportlers nicht nur unerheblich gemindert wird. Die Abgrenzung, wann eine erhebliche Beeinträchtigung vorliegt, kann zuweilen Schwierigkeiten bereiten, sodass stets eine konkrete Betrachtung im Einzelfall erforderlich ist.

Weil keine andere Person körperlich misshandelt oder an der Gesundheit geschädigt wird, begeht der sich selbst dopende Sportler keine Körperverletzung. Sowohl die eigenverantwortliche Selbstverletzung als auch die eigenverantwortliche Selbstgefährdung sind dem Täter objektiv nicht zuzurechnen. Soweit der Sportler das Risiko ausreichend erfasst, ist auch das überlegene Sachwissen eines Dritten unerheblich. Dies gilt auch für den an einer Selbstverletzung beteiligten Arzt. Hiervon zu unterscheiden ist die vorsätzliche, einverständliche Fremdverletzung. Die strafrechtliche Verantwortung eines Dritten beginnt dort, wo keine Selbstverletzung bzw. -gefährdung des dopenden Sportlers mehr vorliegt, sondern eine Fremdschädigung bzw. -gefährdung gegeben ist. Die heute wohl herrschende Meinung stellt wie bei der Abgrenzung von Täterschaft und Teilnahme auf die Kriterien zur Tatherrschaft ab. Danach ist entscheidend, wer die irreversible Kausalkette in Gang gesetzt hat. Auf die Frage der Freiverantwortlichkeit kommt es dann erst im Rahmen einer rechtfertigenden Einwilligung an. Eine solche kommt sowohl im Rahmen einer vorsätzlich verwirklichten Körperverletzung als auch bei einer fahrlässigen Körperverletzung als sog. Risikoeinwilligung in Betracht. Für die Erteilung einer wirksamen Einwilligung darf diese nicht durch Täuschung, Irrtum oder Zwang hervorgerufen werden. Zudem muss sich der Sportler über die Risiken und Folgen bewusst sein. Damit der Sportler die Tragweite seiner Einwilligung ausreichend erfasst, muss dieser über alle hierzu relevanten Umstände aufgeklärt werden.[864] Insoweit ist auch minderjährigen Sportlern eine nötige Einsichts- und Urteilsfähigkeit nicht generell abzusprechen. Wurde die Einwilligung wirksam erklärt, kann sie dennoch bei schwerwiegenden Beeinträchtigungen nach Maßgabe des § 228 StGB sittenwidrig sein. Die Sittenwidrigkeit ist anhand der zu erwartenden Auswirkungen auf Leib und Leben des Athleten zu bestimmen. Eine solche liegt jedoch nur vor, soweit die Körperverletzung zu einer schweren Folge oder zur konkreten Todesgefahr des Sportlers führt. Verhindern handlungspflichtige Garanten die Dopinganwendung durch einen Dritten nicht, kann darüber hinaus eine Strafbarkeit durch Unterlassen in Betracht kommen.

Weiter kann die Dopinganwendung die Tatmodalitäten des § 224 Abs. 1 Nr . 1, 2 und 5 StGB erfüllen. Insbesondere die Beibringung von Gift oder anderen gesundheitsschädlichen Stoffen wird hier relevant. Bei Verwendung einer Spritze liegt die Begehung mittels einer Waffe oder eines gefährlichen Werkzeugs vor. Zu denken ist schließlich auch an eine lebensgefährdende Behandlung. Vor allem beim Doping von Minderjährigen kommt darüber hinaus eine Misshandlung von Schutzbefohlenen gemäß § 225 StGB in Betracht, wenn der minderjährige Athlet seitens seiner Eltern, Trainer oder sonstigen Betreuer gedopt wird oder diese das Doping erkennen aber nicht unterbinden. Auch eine schwere Körperverletzung gemäß § 226 StGB durch Verlust der Fortpflanzungsfähigkeit, dauernde Entstellung oder Siechtum ist nicht von vornherein auszuschließen. War das Doping zumindest mitverantwortlich für den Tod des Sportlers, kommt ebenfalls eine Strafbarkeit nach § 227 StGB in Betracht.

Handelt der das Dopingmittel verabreichende Täter ohne Vorsatz oder lässt sich dieser nicht zweifelsfrei feststellen, kann zumindest eine fahrlässige Körperverletzung gemäß § 229 StGB vorliegen. Wie beim Vorsatzdelikt dürfte eine Strafbarkeit aber auch hier häufig an der Erteilung einer wirksamen Einwilligung scheitern.

B. Tötungsdelikte, §§ 211 ff. StGB

Auch wenn die Anwendung von Doping nur selten zum Todeseintritt führen wird, belegen die in der Vergangenheit eingetretenen Fälle bei *Knut Jensen*, *Tom Simpson*, *Josef Elze* oder *Birgit Dressel* beispielhaft, dass ein Dopingmissbrauch auch tödlich enden kann.[865] Ebenso die Häufungen untypischer Todesfälle

---

864 *Rain*, Doping, S. 63; *Tag*, Körperverletzungstatbestand, S. 337 ff.

865 Siehe hierzu ausführlich 2. Kapitel C. II.

junger Athleten im Profiradsport unmittelbar nach der Einführung von EPO zeigen, dass vor allem unerforschte Dopingpräparate ein tödliches Risiko bergen.[866] Abhängig von der subjektiven Zielsetzung des Täters kommt eine Strafbarkeit wegen vorsätzlicher und fahrlässiger Tötung sowie Mord in Betracht. Dabei soll im Folgenden – auch um Wiederholungen zu vermeiden – lediglich auf die dopingbedingten Besonderheiten der Tötungsdelikte eingegangen und im Übrigen auf die Ausführungen zur praxisrelvanteren Körperverletzung verwiesen werden.

I. Totschlag, § 212 StGB

Objektiv setzt der Grundtatbestand des Totschlags die Tötung eines anderen Menschen und subjektiv die vorsätzliche Herbeiführung des Todeserfolgs in Kenntnis aller Merkmale des objektiven Tatbestands einschließlich des Kausalzusammenhangs voraus.[867] *Dolus eventualis* ist ausreichend.[868]

1. Kausalität

Erfolgsdelikte, bei denen der objektive Tatbestand neben der Handlung den Eintritt eines bestimmten Erfolges voraussetzt, verlangen, dass dieser Erfolg ursächlich auf ein bestimmtes Verhalten des Täters zurückzuführen, also kausal ist.[869] Dieser Begriff der Kausalität darf dem Stand der Wissenschaft nicht widersprechen und muss mit den naturwissenschaftlichen Erkenntnissen in Einklang stehen. So darf nicht unterstellt werden, der Tod eines Menschen wäre durch die Einnahme eines bestimmten Medikaments eingetreten, wenn der Todeseintritt nicht kausal erklärt werden kann.[870] Weil die kausale Erfolgsverursachung gerade bei neuen Dopingpräparaten mangels gesicherten empirischen Erkenntnissen nur schwer zu bestimmen ist, kann die Feststellung der Kausalität vor allem beim Doping mit Todesfolge erhebliche Probleme bereiten.[871] Einer

866 *Corsten/Kuse*, ZJS 2013, 453, 453; *Glocker*, Doping, S. 101, 180.

867 *Fischer*, StGB, § 211 Rn. 88 ff.; *Kindhäuser*, BT I, § 1 Rn. 2; *Rengier*, BT II, § 3 Rn. 1, § 4 Rn. 1; *Wessels/Hettinger*, BT I, Rn. 94; a.A. Rechtsprechung, die in § 211 StGB und § 212 StGB zwei selbstständige Tatbestände sieht, BGH v. 12.1.2005 – 2 StR 229/04, StZ 2005, 381; BGH v. 9.11.1951 – 2 StR 296/51, BGHSt 1, 368.

868 *Wessels/Hettinger*, BT I, Rn. 95 f.

869 *Fischer*, StGB, Vor. § 13 Rn. 20; *S/S/Eisele*, StGB, Vor. § 13 Rn. 73 ff.; *Kindhäuser*, AT, § 10 Rn. 1; *Wessels/Beulke*, AT, Rn. 223.

870 *Kindhäuser*, AT, § 10 Rn. 1.

871 *Heger*, Iurratio 2016, 89, 91; *Glocker*, Doping, S. 180.

näheren Betrachtung der Kausalität bedarf es insbesondere dann, wenn zwischen der Dopinghandlung und dem eingetretenen Tod ein längerer Zeitraum liegt, sodass auch andere Ereignisse für den Erfolgseintritt (mit-)ursächlich geworden sein können.[872] Zumeist wird der Tod des Sportlers nicht ausschließlich auf das Doping zurückzuführen sein. Regelmäßig wird es eine Summe aus mehreren Ursachen wie beispielsweise Vorschädigungen, extreme Erschöpfung oder Wechselwirkungen mit anderen Präparaten geben, die das Doping nur mitursächlich für den Tod des Opfers machen.[873] Den vorgenannten Schwierigkeiten entsprechend, musste auch das im Todesfall *Birgit Dressel* eingeleitete Verfahren wegen (fahrlässiger) Tötung aufgrund fehlender Beweise eingestellt werden. Auch hier konnte durch das rechtsmedizinische Gutachten keine Kausalität zwischen konsumierten Medikamenten und ihrem Tod nachgewiesen werden.[874]

a) Äquivalenztheorie

Zum Nachweis der Kausalität bedienen sich die strafrechtliche Praxis und Teile der Literatur der sog. „*Äquivalenz-* oder *Bedingungstheorie*".[875] Danach ist ein Verhalten Ursache eines Erfolgs, wenn die Handlung nicht hinweggedacht werden kann, ohne dass der Erfolg in seiner konkreten Gestalt entfiele (sog. „*Conditio-sine-qua-non*-Formel").[876] Daraus folgt, dass jede notwendige Bedingung eines Erfolgs als Ursache anzusehen ist, wobei alle Bedingungen als gleichwertig (äquivalent) zu bewerten sind.[877] Gegen diese Theorie wird eingewendet, dass sich mit ihrer Hilfe nur ein bereits nachgewiesener Kausalzusammenhang aufzeigen lässt, das Ergebnis ihrer Anwendung also schon als bekannt vorausgesetzt wird.[878] Außerdem versagt sie in der Praxis bei alternativer Kausalität und in

---

872 *Schlöter*, Doping, S. 90.

873 *Schlöter*, Doping, S. 151.

874 Ermittlungsverfahren der StA Mainz Az. 4 UJS 86/87 und 1 UJS 1656/87; siehe hierzu ausführlich: 2. Kapitel C. II. 4.; dazu auch: *Karakaya*, Doping, S. 200.

875 BGH v. 13.11.2003 – 5 StR 327/03, NStZ 2004, 151; BGH v. 6.11.2002 – 5 StR 281/01, NStZ 2003, 141; BGH v. 28.9.1951 – 2 StR 391/51, BGHSt 1, 332; *Fischer*, StGB, Vor. § 13 Rn. 21; S/S/*Eisele*, StGB, Vor. § 13 Rn. 73a; *Kindhäuser*, AT, § 10 Rn. 8; *Roxin*, AT I, § 11 Rn. 6.

876 *Fischer*, StGB, Vor. § 13 Rn. 21; *Kindhäuser*, LPK-StGB, Vor. § 13 Rn. 67; S/S/*Eisele*, StGB, Vor. § 13 Rn. 73a; *Roxin*, AT I, § 11 Rn. 6.

877 *Fischer*, StGB, Vor. § 13 Rn. 21; *Kindhäuser*, LPK-StGB, Vor. § 13 Rn. 68; *Roxin*, AT I, § 11 Rn. 6.

878 *Fischer*, StGB, Vor. § 13 Rn. 22; *Kindhäuser*, LPK-StGB, Vor. § 13 Rn. 70; S/S/*Eisele*, StGB, Vor. § 13 Rn. 74; *Wessels*/*Beulke*, AT, Rn. 231.

Fällen von Ersatzursachen.[879] Ungeachtet dieser Kritik sind bei der Tötung eines Menschen durch Doping insbesondere solche Fälle problematisch, in denen durch wissenschaftliche Erkenntnisse nicht hinreichend bestimmt werden kann, ob eine Handlung hinweggedacht werden kann oder nicht. In der Regel sind die erforschten Nebenwirkungen nur potentieller Natur und treten nicht zwingend bei jeder Anwendung des entsprechenden Mittels auf. Häufig fehlt es auch an wissenschaftlichen Langzeitstudien zum Dopingkonsum und zur Wechselwirkung mit anderen Präparaten.[880] Deshalb wird oftmals eine abschließende Feststellung auf ausschließlicher Grundlage der Äquivalenztheorie, ob das eingesetzte Mittel letztendlich zum Tod des Sportlers geführt hat, nicht möglich sein.

b) Lehre von der gesetzmäßigen Bedingung

Aufgrund der aufgezeigten Defizite der Äquivalenztheorie hat sich im Schrifttum die sog. „*Lehre von der gesetzmäßigen Bedingung*" etabliert.[881] Sie versucht die Schwächen der *conditio-sine-qua-non*-Formel dadurch auszugleichen, dass sie nicht nur den Beginn und das Ende des rechtsgutsverletzenden Verlaufs betrachtet, sondern das gesamte Geschehen in Blick nimmt.[882] Danach ist ein Verhalten dann Ursache eines Erfolgs, wenn dieser Erfolg mit dem Verhalten durch eine Reihe von Veränderungen (natur-)gesetzmäßig verbunden ist.[883] Ein solcher Ansatz ist jedenfalls insoweit überzeugend, als der Rückgriff auf gesicherte empirische Gesetze die Äquivalenztheorie in hohem Maße zu bestätigen vermag.[884] Indessen kommt auch die Lehre von der gesetzmäßigen Bedingung an ihre Grenzen, wenn keine gesicherten deterministischen Gesetze zur

---

879 Bei der alternativen Kausalität werden voneinander unabhängig mehrere Bedingungen gesetzt, die jeweils für sich ausreichend wären den Eintritt des Erfolges kausal zu erklären, vgl. *Kindhäuser*, AT, § 10 Rn. 31. Bei der hypothetischen Kausalität wäre der Erfolg auch bei Wegdenken der Handlung aufgrund einer Ersatzursache bewirkt worden, *Kindhäuser*, AT, § 10 Rn. 17. Siehe hierzu auch: *Fischer*, StGB, Vor. § 13 Rn. 22; *Roxin*, AT I, § 11 Rn. 13.

880 *Glocker*, Doping, S. 181.

881 MüKo/*Freund*, StGB, Vor. § 13 Rn. 334; S/S/*Eisele*, StGB, Vor. § 13 Rn. 75; *Roxin*, AT I, § 11 Rn. 15; *Kindhäuser*, AT, § 10 Rn. 12; *Wessels/Beulke*, AT, Rn. 249.

882 *Wessels/Beulke*, AT, Rn. 249 f.

883 *Kindhäuser*, LPK-StGB, Vor. § 13 Rn. 71; MüKo/*Freund*, StGB, Vor. § 13 Rn. 334; S/S/*Eisele*, StGB, Vor. § 13 Rn. 75; *Roxin*, AT I, § 11 Rn. 15; *Wessels/Beulke*, AT, Rn. 250.

884 *Kindhäuser*, AT, § 10 Rn. 13.

Verfügung stehen.[885] So kann gerade der zu entscheidende Fall den Anlass dazu bieten, nach einem allgemeinen Kausalgesetz zu suchen.[886] Denn ob der Tod auch ohne das Doping eingetreten wäre, erfordert gerade die Kenntnis über die allgemeine Wirkungsweise des Dopingmittels als potentielle Schadensursache. Aus diesem Grund muss vor der Ermittlung der konkreten Kausalität im jeweiligen Fall festgestellt werden, ob die tatbestandliche Handlung auch im Sinne einer generellen Kausalität dazu geeignet ist, einen solchen Erfolg hervorzurufen.[887] Die Feststellung eines gesetzmäßigen Ursachenzusammenhangs zwischen der Dopinganwendung und der Gesundheitsbeeinträchtigung erfolgt mithin in zwei Schritten.[888] Auf der ersten Stufe ist zu prüfen, ob das Mittel generell dazu geeignet ist, einen solchen Erfolg zu verursachen, wobei die bloße Vermutung i.S.e. Hypothese für den Nachweis nicht ausreicht.[889] Auf der zweiten Stufe ist zu prüfen, ob das Präparat auch im konkreten Einzelfall den Erfolg verursacht hat.

c) Stellungnahme

Sind die somatischen Wirkungen eines Dopingmittels in der Wissenschaft bereits ausreichend belegt, bereitet der Kausalitätsnachweis in der Regel keine Probleme. Allerdings wird es gerade bei neuartigen Dopingpräparaten an dieser Kenntnis fehlen. Häufig gibt es keine Gesetzmäßigkeit, die belegt, dass die Einnahme eines Mittels stets zu der fraglichen Gesundheitsbeeinträchtigung führt.[890] Hierzu hat die Rechtsprechung in der sog. „Lederspray-Entscheidung" jedoch klargestellt, dass es für die von § 261 StPO geforderte Überzeugung des Gerichts zur Feststellung eines Kausalitätsnachweises ausreicht, dass die Ursächlichkeit anderer Möglichkeiten ausgeschlossen werden kann und damit nur eine Ursache übrig bleibt.[891] Die weitere Feststellung, warum gerade diese Bedingung

---

885 *Kindhäuser*, LPK-StGB, Vor. § 13 Rn. 77; *Roxin*, AT I, § 11 Rn. 15; *Wessels/Beulke*, AT, Rn. 251.

886 *Kindhäuser*, LPK-StGB, Vor. § 13 Rn. 77.

887 BGH v. 2.8.1995 – 2 StR 221/94, NStZ 1995, 590; LG Aachen v. 18.12.1970 – 4 KMs 1/68, 15 115/67, JZ 1971, 507; K/M/H/*Brock/Stoll*, AMG, § 84 Rn. 33; *Ahlers*, Doping, S. 51 f. *Glocker*, Doping, S. 182; *Hilgendorf*, FS Lenckner, S. 701; *Schlöter*, Doping, S. 91.

888 *Hilgendorf*, FS Lenckner, S. 701.

889 So zu § 84 Abs. 2 AMG: LG Brandenburg v. 23.2.2011 – 13 U 128/08, BeckRS 2011, 05564.

890 K/M/H/*Brock/Stoll*, AMG, § 84 Rn. 36.

891 Begründet wurde diese Möglichkeit einer generellen Kausalität im Rahmen der sog. Lederspray-Entscheidung des BGH v. 6.7.1990 – 2 StR 549/89, NStZ 1990, 588; so auch OLG Frankfurt v. 19.12.1991 – 1 Ws 206/90, VuR 1992, 40; LG Aachen v. 18.12.1979, 4 KMs 1/68, 15 115/67, JZ 1971, 507.

für den Erfolg kausal geworden ist, ist dann entbehrlich:[892] *„Ist in rechtsfehlerfreier Weise festgestellt, daß die – wenn auch nicht näher aufzuklärende – inhaltliche Beschaffenheit des Produkts schadensursächlich war, so ist zum Nachweis des Ursachenzusammenhangs nicht noch weiter erforderlich, daß festgestellt wird, warum diese Beschaffenheit schadensursächlich werden konnte, was also nach naturwissenschaftlicher Analyse und Erkenntnis letztlich der Grund dafür war.“*[893]

Steht fest, dass der Sportler keine anderen Dopingpräparate zu sich genommen hat oder andere Mittel – auch in Kombination – den tatbestandlichen Erfolg nicht hätten herbeiführen können, kann das eingenommene Präparat, unabhängig von der genauen wissenschaftlichen Kenntnis über seine inhaltliche Beschaffenheit, als kausale Ursache für den Tod des Sportlers betrachtet werden.[894]

2. Vorsatz

Die subjektive Tatseite des Totschlags erfordert Vorsatz. Im Hinblick auf die vorliegende Dopingproblematik erscheint ein solcher zweifelhaft, wird doch gerade nicht die Verletzung des Sportlers, sondern dessen Leistungssteigerung beabsichtigt.

Konstellationen, in denen der Täter die Verwirklichung des tatbestandlichen Erfolges erstrebt und annimmt (*dolus directus* 1. Grades), können vorliegend ausgeschlossen werden.[895] Zwar kann der Tod eine unerwartete Nebenwirkung des Dopings darstellen, den Beteiligten wird es aber regelmäßig um die Steigerung der körperlichen Leistung und nicht um die absichtliche Tötung des Sportlers gehen.[896] Auch ein Handeln mit *dolus directus* 2. Grades spielt bei dopingbedingten Tötungsfällen keine relevante Rolle. Hinsichtlich eines tatbestandlichen Umstands handelt der Täter mit direktem Vorsatz, wenn er dessen Verwirklichung für eine sichere Folge seines gewollten Verhaltens hält.[897] Beim Doping ist der Tod des Sportlers von teils ungewissen Faktoren wie unerwarteten Neben- und Wechselwirkungen oder anderen Umständen des konkreten Einzelfalls abhängig, welche die Beteiligten als nicht sicher voraussehen können.[898]

---

892 *Glocker*, Doping, S. 182; *Heinrich*, AT, Rn. 226.

893 BGH v. 6.7.1990 – 2 StR 549/89, Rn. 27, NStZ 1990, 588.

894 So auch: *Glocker*, Doping, S. 183.

895 BGH v. 26.7.1967 – 2 StR 368/67, BGHSt 21, 283; *Fischer*, StGB, § 15 Rn. 6; *Kindhäuser*, LPK-StGB, § 15 Rn. 20; *Heger*, Iurratio 2016, 89, 91.

896 Selbst beim negativen Doping werden die Protagonisten regelmäßig nicht den Tod des Sportlers wollen.

897 BGH v. 26.7.1967 – 2 StR 368/67, BGHSt 21, 283; *Fischer*, StGB, § 15 Rn. 7; *Kindhäuser*, LPK-StGB, § 15 Rn. 24.

898 *Ahlers*, Doping, S. 148; *Glocker*, Doping, S. 192.

Denkbar ist deshalb allein ein Handeln mit bedingtem Vorsatz (*dolus eventualis*). Der Täter handelt mit bedingtem Vorsatz, wenn er die Tatbestandsverwirklichung weder anstrebt noch für sicher, sondern nur für möglich hält.[899] Als voluntatives Element fordert die Rechtsprechung zur Abgrenzung der bewussten Fahrlässigkeit darüber hinaus, dass der Täter den für möglich gehaltenen Erfolg „*billigend in Kauf nimmt*".[900] Dies soll bereits dann der Fall sein, wenn der Erfolg dem Täter höchst unerwünscht ist, er sich mit diesem jedoch abgefunden hat.[901] Danach wäre ein vorsätzliches Handeln zu verneinen, wenn der Täter ernsthaft auf das Ausbleiben des Erfolgseintritts vertraut hat. Nach der sog. „*Hemmschwellentheorie*" der früheren Rechtsprechung des BGH war insoweit zu berücksichtigen, dass in Anbetracht der hohen Hemmschwelle zur Tötung eines Menschen stets die Möglichkeit in Betracht zu ziehen ist, dass der Täter die Gefahr des Todes nicht erkannt oder jedenfalls darauf vertraut hat, der Tötungserfolg werde nicht eintreten.[902] Dies führte in der Praxis der Instanzgerichte allerdings dazu, die Anforderungen an den Tötungsvorsatz im Hinblick auf eine vorgelagerte Hemmschwelle zu erhöhen und den Vorsatz pauschal abzulehnen.[903] In seiner jüngeren Rechtsprechung ist der BGH hiervon wieder abgerückt und hat verdeutlicht, dass die Hemmschwellentheorie sachlich nichts an den Anforderungen an den Vorsatz ändert und sich lediglich in einem Hinweis auf § 261 StPO erschöpft.[904] Vielmehr bedarf es zur Verneinung des voluntativen Vorsatzelements in jedem Einzelfall tragfähiger Anhaltspunkte dafür, dass der Täter ernsthaft darauf vertraut hat, das Opfer werde nicht zu Tode kommen. Die Gefährlichkeit der Tathandlung kann dann aber ein gewichtiges Indiz darstellen.[905]

Auf die Fälle des Dopings übertragen bedeutet dies, dass auch ein Handeln mit Eventualvorsatz in der Regel zu verneinen sein wird.[906] Insoweit ist zu beachten, dass die Zahl der dopingbedingten Todesfälle marginal ist. Trotz einer

---

899 *Fischer*, StGB, § 15 Rn. 9; *Kindhäuser*, LPK-StGB, § 15 Rn. 26.

900 BGH v. 7.7.2011 – 5 StR 561/10, NStZ 2012, 86; BGH v. 7.7.1999 – 2 StR 177/99, NStZ 1999, 507; BGH v. 25.11.1987 – 3 StR 449/87, NStZ 1988, 17; L/K/*Kühl*, StGB, § 15 Rn. 25; vgl. zum Meinungsstand auch: *Roxin*, AT I, § 12 Rn 21 ff.

901 *Kindhäuser*, AT, § 14 Rn. 23; *Rengier*, AT, § 14 Rn. 29.

902 BGH v. 8.5.2001 – 1 StR 137/01, NStZ 2001, 475; BGH v. 11.1.1984 – 2 StR 615/83, StV 1984, 187; S/S/*Eser/Sternberg-Lieben*, StGB, § 212 Rn. 5a; *Roxin*, AT I, § 12 Rn. 79

903 S/S/*Eser/Sternberg-Lieben*, StGB, § 212 Rn. 5a.

904 BGH v. 22.3.2012 – 4 StR 558/11, Rn. 34, NStZ 2012, 384.

905 BGH v. 22.3.2012 – 4 StR 558/11, Rn. 32, 34, NStZ 2012, 384.

906 Wie hier: *Ahlers*, Doping, S. 152 f.; *Glocker*, Doping, S. 193; *Schlöter*, Doping, S. 152.

generellen Gefährlichkeit des Dopings kann das Risiko eines Todes als gering eingestuft werden. Regelmäßig werden die Protagonisten darauf vertrauen, dass der Tod des Sportlers nicht eintritt. Wird das Risiko durch den Täter in der Form berücksichtigt, dass er auf die Konstitution des Sportlers eingeht und bei der Dosierung des Dopingmittels Zurückhaltung übt, wird ihm der Vorwurf, den Erfolgseintritt billigend in Kauf genommen zu haben, nicht gemacht werden können.[907] Vielmehr ist zu berücksichtigen, dass die Beteiligten in der Absicht einer Leistungssteigerung agieren und auf das Ausbleiben von schädlichen Nebenwirkungen vertrauen.[908] Mithin wird in den meisten Fällen ein Tötungsvorsatz wohl zu verneinen sein.

II. Mord, § 211 StGB

Ist dem Täter ein Handel mit *dolus eventualis* nachzuweisen, kann darüber hinaus auch eine Strafbarkeit wegen Mordes gemäß § 211 StGB in Betracht kommen.

1. Habgier

Zu denken ist zunächst an das Mordmerkmal der Habgier i.S.v. § 211 Abs. 2 Gr. 1 Var. 3 StGB. Der Täter handelt aus Habgier, wenn sich die Tat als Folge eines über die bloße Gewinnsucht hinaus gesteigerten, abstoßenden Gewinnstrebens um jeden Preis, insbesondere um den Preis eines Menschenlebens darstellt.[909]

Im Kontext des Dopings ist dabei vor allem an Fallkonstellationen zu denken, in denen der das Doping anwendende Täter am finanziellen Gewinn des Athleten beteiligt wird oder selbst durch den Erfolg des Athleten einen finanziellen Vorteil erlangt.[910] So ist es im heutigen Leistungssport keine Seltenheit, dass einzelne Betreuer oder die gesamte Entourage eines Sportlers an dessen Siegen und wirtschaftlichen Erfolgen partizipieren. Eine solche Konstellation kommt in Betracht, wenn der Sportler durch eine dieser Personen, der die potentiell tödlichen Nebenwirkungen des eingesetzten Mittels bekannt sind, gedopt wird und der Athlet im Anschluss seines Sieges an den Folgen des Dopingkonsums verstirbt.

907 *Schlöter*, Doping, S. 152.

908 *Glocker*, Doping, S. 193.

909 BGH v. 7.12.2000 – 1 StR 414/00, NStZ 2001, 194; BGH v. 2.3.1995 – 1 StR 595/94, NStZ 1995, 493; *Fischer*, StGB, § 211 Rn. 10.

910 *Glocker*, Doping, S. 195; *Schlöter*, Doping, S. 152.

Als weitere Fallkonstellation ist ein Szenario denkbar, in dem der schwächere Athlet einen sportlich überlegenen Konkurrenten – in der Kenntnis um die tödliche Nebenwirkung – heimlich dopt, damit dieser disqualifiziert wird, um damit die Siegesprämie statt des nachweislich gedopten Sportlers zu erhalten.[911]

Ein rücksichtsloses Gewinnstreben *„um jeden Preis"* ist dann in dem krassen Missverhältnis zwischen dem Mittel der Tötung und dem Zweck des finanziellen Vorteils zu erblicken.[912] Insoweit setzt das Merkmal der Habgier auch keinen funktionalen Zusammenhang zwischen Tötung und Vermögensmehrung dergestalt voraus, dass die Tötung aus Sicht des Täters unerlässliches Mittel zur Zielerreichung ist. Vielmehr ist es ausreichend, dass der Täter die Tötung und Gewinnerlangung in dem Wissen verknüpft, den erstrebten Vorteil auch anders erlangen zu können.[913] Mithin ist Habgier in solchen Fällen grundsätzlich denkbar.[914]

2. Heimtücke

Als weiteres potentielles Mordmerkmal kommt die Heimtücke i.S.v. § 211 Abs. 2 Gr. 2 Var. 1 StGB in Betracht. Der Täter handelt heimtückisch, wenn er in feindseliger Willensrichtung die Arg- und Wehrlosigkeit des Opfers bewusst zur Tötung ausnutzt.[915] Der Sportler ist arglos, wenn er in der Tatsituation keinen Angriff auf Leib oder Leben befürchtet.[916] Darüber hinaus ist dieser wehrlos, wenn er aufgrund seiner Arglosigkeit in seiner Verteidigungsfähigkeit zumindest erheblich eingeschränkt ist.[917]

Beim Doping ist eine heimtückische Begehung vor allem im Verhältnis zu Vertrauenspersonen oder Minderjährigen denkbar.[918] Beispielhaft ist hier das Staatsdoping der DDR zu nennen.[919] Dabei wurden junge Athleten unwissend

911 Vgl hierzu: *Glocker*, Doping, S. 194.

912 *Ahlers*, Doping, S. 182; *Schlöter*, Doping, S. 153.

913 BGH v. 9.1.2004 – 2 StR 391/03, NStZ 2004; 441; *Fischer*, StGB, § 211 Rn. 10; MüKo/*Schneider*, StGB, § 211 Rn. 62; a.A. wohl: *Schlöter*, Doping, S. 153, der eine unmittelbare Verknüpfung zwischen Tod und erstrebten Vermögensvorteil verlangt, sodass das Merkmal der Habgier vorliegend nicht erfüllt wäre.

914 Wie hier: *Corsten/Kuse*, ZJS 2013, 453, 454; *Linck*, NJW 1987, 2545, 2548; *Turner*, MDR 1991, 569, 572; *Glocker*, Doping, S. 196; a.A. *Schlöter*, Doping, S. 153.

915 BGH v. 24.9.2014 – 2 StR 160/14, NStZ 2015, 214; BGH v. 29.11.2007 – 4 StR 425/07, NStZ 2008, 273.

916 BGH v. 10.1.2006 – 5 StR 341/05, NStZ 2006, 286; *Roxin*, StGB, § 211 Rn. 35.

917 BGH v. 27.6.2006 – 1 StR 113/06, NStZ 2006, 502; *Roxin*, StGB, § 211 Rn. 39.

918 *Glocker*, Doping, S. 196; *Schlöter*, Doping, S. 154.

919 Siehe hierzu: 2. Kapitel C. II. 3.

durch ihre Betreuer gedopt, indem ihnen vorgetäuscht wurde, die verabreichten Mittel seien harmlose Vitamintabletten. Verstirbt der Sportler an den Folgen des Dopings und hat der Täter dies billigend in Kauf genommen, kann Heimtücke vorliegen. Als tatbestandliche Einschränkung verlangt die Rechtsprechung, dass der Täter dem Opfer in feindseliger Willensrichtung gegenübergetreten ist.[920] Durch das Kriterium der feindseligen Willensrichtung sollen vor allem Fälle ausgeschlossen werden, in denen der Täter zum vermeintlich Besten des Opfers handelt.[921] Auch wenn der Täter dem Sportler durch das Doping regelmäßig zu einer Leistungssteigerung und damit zu mehr Erfolg verhelfen möchte, liegt im Bereich des Dopings kein Handeln zum Wohle des Sportlers vor.[922] Ein solches Handeln ist nur dann gegeben, wenn die Motivation *„aus einer objektiv nachvollziehbaren Wertung des Täters"* abgeleitet werden kann. Dies soll nicht der Fall sein, wenn der Täter *„nach eigenen Wertungsmaßstäben ‚selektiert'"*.[923] Beim Doping nimmt der Täter den Tod allein deshalb billigend in Kauf, weil er die Leistung des Sportlers steigern möchte. Auch wenn er glaubt, dadurch nur zum Wohle des Sportlers zu handeln, stellt das Verhalten dennoch eine objektiv nicht nachvollziehbare Selektion dar. Die mögliche Leistungssteigerung steht in keiner Relation zum potentiellen Tod des Athleten.[924] Somit kann auch das Merkmal der Heimtücke in derartigen Dopingfällen zu bejaht sein.

3. *Niedrige Beweggründe*

Darüber hinaus können beim Doping auch sonstige niedrige Beweggründe i.S.v. § 211 Abs. 2 Gr. 1. Var. 4 StGB eine Rolle spielen. Solche liegen nach ständiger Rechtsprechung vor, wenn die Motive einer Tötung nach allgemeiner sittlicher Anschauung verachtenswert sind und auf tiefster Stufe stehen.[925] Insoweit ist zu berücksichtigen, dass wegen der Unbestimmtheit des Begriffs eine restriktive Auslegung geboten ist.[926] Der BGH knüpft an das Merkmal der Niedrigkeit, dass das Motiv der Tat *„in deutlich weitreichendem Maße als bei einem*

---

920 BGH v. 18.10.2007 – 3 StR 226/07, NStZ 2008, 93; BGH v. 8.5.1991 – 3 StR 467/90, NStZ 1992, 34.

921 BGH v. 8.5.1991 – 3 StR 467/90, NStZ 1992, 34; *Kindhäuser*, BT I, § 2 Rn. 28.

922 So auch: *Glocker*, Doping, S. 197; *Schöter*, Doping, S. 155.

923 BGH v. 8.5.1991 – 3 StR 467/90, NStZ 1992, 34; *Fischer*, StGB, § 211 Rn. 48.

924 Wie hier: *Glocker*, Doping, S. 197; *Schlöter*, Doping, S. 155.

925 BGH v. 12.1.2005 – 2 StR 229/04, NStZ 2005, 381; BGH v. 19.10.2001 – 2 StR 259/01, NStZ 2002, 8; *Fischer*, StGB, § 211 Rn. 14.

926 BeckOK/*Eschelbach*, StGB, § 211 Rn. 30; MüKo/*Schneider*, StGB, § 211 Rn. 28.

Totschlag verachtenswert erscheint.[927] Von einer derart verachtenswerten Tat ist auszugehen, wenn der Täter den Tod des Sportlers billigend in Kauf nimmt, um sich eigene finanzielle Vorteile durch die erhofften sportlichen Erfolge zu verschaffen.[928] Aber auch der neben einem finanziellen Vorteil erhoffte Zuwachs an gesellschaftlicher Anerkennung kann einen solchen niedrigen Beweggrund begründen.[929] Mithin können grundsätzlich auch sonstige niedrige Beweggründe als Mordmerkmal in Betracht kommen.

III. Fahrlässige Tötung, § 222 StGB

Aufgrund eines in der Praxis häufig nicht vorhandenen oder nachweisbaren Tötungsvorsatzes wird in den meisten Fällen des dopingbedingten Todes eine Strafbarkeit wegen vorsätzlichen Totschlags ausscheiden und eine fahrlässige Tötung gemäß § 222 StGB in Betracht kommen.

1. Sorgfaltspflichtverletzung

Auf tatbestandlicher Ebene ergeben sich zur fahrlässigen Körperverletzung nur geringe Abweichungen.[930] Der Tod des Sportlers muss auf einer Sorgfaltspflichtverletzung des Täters beruhen und durch Aufbietung der im Verkehr erforderlichen Sorgfalt erkennbar und vermeidbar gewesen sein.[931] Die bereits in der Vergangenheit eingetretenen Todesfälle durch Doping im Sport indizieren, dass ein möglicher Todeseintritt ein nicht völlig außerhalb aller Lebenserfahrung liegender Sachverhalt ist und damit für einen Dritten objektiv vorhersehbar und vermeidbar sein kann.[932] Zwar darf dem konkreten Täter nicht pauschal unterstellt werden, dass der Tod auch für ihn hätte vorhersehbar und vermeidbar sein müssen. Allerdings ist es kaum denkbar, dass einer dem Verkehrskreis angehörenden Person die potentiell tödliche Wirkung des Dopings unbekannt bleibt.[933] Verabreicht der Täter dem Sportler ein Dopingmittel, dessen potentiell tödliche Wirkung er kennt, handelt dieser sorgfaltswidrig.[934] Kennt er die tödliche

927 BGH v. 22.3.2017 – 2 StR 656/13, NStZ 2018, 527; *Fischer*, StGB, § 211 Rn. 14b.
928 So auch: *Glocker*, Doping, S. 196; *Schlöter*, Doping, S. 154.
929 *Schlöter*, Doping, S. 154.
930 Siehe zur fahrlässigen Körperverletzung gemäß § 229 StGB bereits: 3. Kapitel A. VII.
931 BeckOK/*Eschelbach*, StGB, § 222, Rn. 15; *Fischer*, StGB, § 222 Rn. 4; *Kindhäuser*, BT I, § 1 Rn. 22.
932 So auch: *Corsten/Kuse*, ZJS 2013, 453, 455; *Glocker*, Doping, S. 198 ff.; *Schlöter*, Doping, S. 155.
933 *Schlöter*, Doping, S. 155 f.
934 *Glocker*, Doping, S. 198 ff.; *Schlöter*, Doping, S. 155.

Wirkung nicht, handelt er jedenfalls hinsichtlich seiner Erkundungspflicht sorgfaltswidrig.[935] Eine solche Vorhersehbarkeit ist auch dann gegeben, wenn eine anomale Konstitution des Sportlers, wie z.B. ein Herzfehler oder Allergien zum Todeseintritt beitragen.[936] Mithin wird dem Täter in der Regel die Verletzung einer Sorgfaltspflicht vorwerfbar sein.

2. Objektive Zurechnung – Abgrenzung Selbst- und Fremdgefährdung

Auch im Rahmen der fahrlässigen Tötung ist die Abgrenzung zwischen einer eigenverantwortlichen Selbstgefährdung und einer einverständlichen Fremdgefährdung essenziell. Diese bestimmt sich anhand der gleichen Abgrenzungskriterien wie bei der fahrlässigen Körperverletzung gemäß § 229 StGB.[937] Maßgeblich hat die Herrschaft über den Geschehensablauf, also wer die unmittelbar zum Tode führende Handlung vollzieht.[938] Liegt eine eigenverantwortliche Selbstgefährdung des Opfers vor, ist der Erfolg dem Täter objektiv nicht zuzurechnen.

Ohne Rücksicht auf den Selbtgefährdungsgedanken hat die ältere Rechtsprechung des BGH eine Strafbarkeit wegen fahrlässiger Tötung auch in solchen Fällen bejaht, in denen der Täter dem Opfer Drogen zum Selbstgebrauch überlassen hat und das Opfer an den Folgen des eigenverantwortlichen Konsums verstorben ist.[939] „*Verursacht* [...] *ein Heroinhändler den Tod eines Heroinabhängigen durch Verkauf und Übergabe von Heroin, so reicht es für die Annahme von Fahrlässigkeit im Sinne des § 222 StGB in der Regel aus, wenn ihm bekannt ist oder er damit rechnen muß, daß der Käufer das Rauschgift injiziert, und wenn er von der Gefährlichkeit des überlassenen Stoffes gewußt hat oder* [...] *hätte wissen können.*“[940] Von dieser Auffassung hat sich der BGH in seiner heutigen Rechtsprechung zu Recht distanziert und die Zurechnung solcher Fälle zum objektiven Tatbestand der Tötungsdelikte verneint.[941] „*Eigenverantwortlich gewollte und verwirklichte Selbstgefährdungen unterfallen nicht dem Tatbestand eines* [...] *Tötungsdelikts, wenn das mit der Gefährdung bewußt eingegangene Risiko sich realisiert. Wer lediglich eine solche Selbstgefährdung veranlaßt, ermöglicht oder*

---

935 *Corsten/Kuse*, ZJS 2013, 453, 455.

936 BGH v. 15.11.2007 – 4 StR 453/07, Rn. 7, NStZ 2008, 686; *Corsten/Kuse*, ZJS 2013, 453, 455.

937 Siehe hierzu bereits ausführlich: 3. Kapitel A. VII. 2.

938 BGH v. 20.11.2008 – 4 StR 328/08, NStZ 2009, 148.

939 BGH v. 28.4.1981 – 1 StR 121/81, NStZ 1981, 350; *Roxin*, AT I, § 11 Rn 110.

940 BGH v. 28.4.1981 – 1 StR 121/81, Rn. 4, NStZ 1981, 350.

941 BGH v. 14.2.1984 – 1 StR 808/83, NStZ 1984, 410; *Roxin*, AT I, § 11 Rn 110.

fördert, macht sich nicht wegen eines [...] Tötungsdelikts strafbar.“[942] Maßgeblich ist mithin die Eigen- bzw. Freiverantwortlichkeit des Rechtsgutsinhabers, sein Leben selbst zu gefährden oder zu verletzen. Nur wenn es daran fehlt, kann sich der an dem Geschehen Beteiligende als Täter eines fahrlässigen Tötungsdelikts strafbar machen.[943] Folglich geht auch die heutige Rechtsprechung in Konstellationen, in denen der Täter dem Opfer die Substanzen lediglich verschreibt oder überlässt das Opfer diese aber eigenverantwortlich konsumiert und an den Folgen des Konsums verstirbt, von keiner Strafbarkeit gemäß § 222 StGB aus und verifiziert damit zugleich die hier vertretene Auffassung.[944]

3. *Risikoeinwilligung*

Ebenfalls sind auch die bereits erörterten Grundsätze der Risikoeinwilligung auf den Tatbestand der fahrlässigen Tötung anwendbar.[945] Danach ist die Einwilligung in die Gefährdungshandlung zwar grundsätzlich möglich, gemäß § 228 StGB aber unbeachtlich, wenn der Sportler durch die Tat in konkrete Lebensgefahr gebracht wird.[946] Übertragen auf die Fälle des Dopings hat dies zur Folge, dass eine wirksame Einwilligung im Rahmen einer fahrlässigen Tötung ausscheiden wird. Aufgrund der konkreten Lebensgefahr wird diese regelmäßig sittenwidrig und damit unwirksam sein.[947]

---

942 BGH v. 14.2.1984 – 1 StR 808/83, 1. Ls; NStZ 1984, 410; bestätigt durch BGH v. 28.1.2014 – 1 StR 494/13, NStZ-RR 2014, 147; BGH v. 11.1.2011 – 5 StR 491/10, NStZ 2011, 341; BGH v. 4.11.2000 – 1 StR 638/99, NStZ 2001, 205.

943 BGH v. 28.1.2014 – 1 StR 494/13, Rn. 72, NStZ-RR 2014, 147.

944 Die dargestellten Grundsätze gelten sowohl für die fahrlässige als auch die vorsätzliche Veranlassung, Ermöglichung oder Förderung einer eigenverantwortlichen Selbstgefährdung oder Selbstverletzung. Zu einer möglichen Strafbarkeit durch Unterlassen siehe: 3. Kapitel B. IV.

945 Dazu bereits ausführlich: 3. Kapitel A. VII. 3.

946 BGH v. 20.11.2008 – 4 StR 328/08, NStZ 2009, 148; *Schlöter*, Doping, S. 156 f.; a.A. *Glocker*, Doping, S. 214 f., der im Hinblick auf das Selbstbestimmungsrecht des Art. 2 Abs. 1 GG eine Restriktion der Disponibilität ablehnt und die Anwendung von § 228 StGB im Rahmen von § 222 StGB verneint. Dies führt jedoch zu der Situation, dass sich der Täter wegen fahrlässiger Körperverletzung, nicht aber wegen fahrlässiger Tötung strafbar machen würde.

947 So auch: *Schlöter*, Doping, S. 157.

IV. Tötung durch Unterlassen, § 13 StGB

Nicht einheitlich beantwortet wird die Frage der strafrechtlichen Verantwortung eines Dritten, der sich (vorsätzlich oder fahrlässig) an der Selbstschädigung des eigenverantwortlich handelnden Opfers beteiligt und dabei eine Garantenpflicht für Leib und Leben des Selbstschädigers innehat.[948] Gemeint sind Konstellationen, in denen Ärzte, Eltern oder sonstige Personen, denen dem Sportler gegenüber eine Garantenpflicht obliegt, Dopingmittel verschreiben oder zugänglich machen und der Sportler diese selbstständig und eigenverantwortlich konsumiert, sich daran anschließend die konkrete Gefahr des Todes realisiert und durch den Garanten keine Rettungsmaßnahmen eingeleitet werden. Abhängig von der subjektiven Zielsetzung des Dritten kann in solchen Fällen eine Strafbarkeit wegen vorsätzlicher oder fahrlässiger Tötung durch Unterlassen in Betracht kommen.

Die Rechtsprechung nimmt in solchen Konstellationen zwar die Straflosigkeit einer aktiven Mitwirkung an der freiverantwortlichen Selbstgefährdung an, bejaht jedoch eine Strafbarkeit wegen vorsätzlicher oder fahrlässiger Tötung durch Unterlassen, soweit der Beteiligte ab dem Zeitpunkt der eingetretenen Bewusstlosigkeit des Opfers keine Rettungsmaßnahmen eingeleitet hat.[949] Wie bereits dargestellt, unterfällt eine eigenverantwortlich gewollte und verwirklichte Selbstgefährdung grundsätzlich nicht dem Tatbestand eines Körperverletzungs- oder Tötungsdelikts, wenn sich das mit der Gefährdung vom Opfer bewusst eingegangene Risiko realisiert.[950] Hier nimmt der Dritte lediglich an einem Geschehen teil, welches kein tatbestandsmäßiger Vorgang ist. Allerdings schließt nach Auffassung der Rechtsprechung die eigenverantwortliche Selbstgefährdung durch das Opfer nicht die aus der Herrschaft über eine Gefahrenquelle resultierende Pflicht des Dritten zur Abwendung des drohenden Todeserfolgs aus.[951] Nach allgemeinen Grundsätzen habe jeder, der eine Gefahrenquelle schafft, die erforderlichen Vorkehrungen zum Schutz anderer Personen zu

948 BGH v. 5.8.2015 – 1 StR 328/15, NStZ 2016, 406; BGH v. 21.12.2011 – 2 StR 295/11, NStZ 2012, 319; L/K/*Lackner*/*Kühl*, StGB, Vor. § 211 Rn. 16; MüKo/*Freund*, StGB, § 13 Rn. 190; S/S/*Sternberg-Lieben*/*Schuster*, StGB, § 15 Rn. 166; *Murmann*, NStZ 2012, 387, 387 ff.; *Roxin*, AT I, § 11 Rn. 111 f.

949 BGH v. 5.8.2015 – 1 StR 328/15, NStZ 2016, 406; BGH v. 21.12.2011 – 2 StR 295/11, NStZ 2012, 319; BGH v. 9.11.1984 – 2 StR 257/84, NStZ 1985, 319; *Roxin*, AT I, § 11 Rn. 111.

950 Siehe hierzu bereits: 3. Kapitel B. IV.

951 BGH v. 5.8.2015 – 1 StR 328/15, Rn. 14 f., NStZ 2016, 406.

treffen.[952] Die bewusste Selbstgefährdung des Konsumenten lasse die Erfolgsabwendungspflicht des eintrittspflichtigen Garanten nicht entfallen, wenn sich das allein auf eine Selbstgefährdung angelegte Geschehen erwartungswidrig zum Verlust des Rechtsguts entwickelt.[953] *„Die Straflosigkeit des auf die Herbeiführung des Risikos gerichteten Verhaltens ändere nichts daran, dass für den Täter Garantenpflichten in dem Zeitpunkt bestehen, in dem aus dem allgemeinen Risiko eine besondere Gefahrenlage erwächst. Mit dem Eintritt einer solchen Gefahrenlage ist der Täter verpflichtet, den drohenden Erfolg abzuwenden.“*[954]

Ein Teil der Literatur wendet hiergegen ein, dass dadurch die Straffreistellung des Mitwirkenden an der eigenverantwortlichen Selbstgefährdung auf Umwegen wieder aufgehoben wird.[955] Wenn der Dritte die Gefahrenlage des Opfers in einer nicht zurechenbaren Weise verursacht habe, könne sich aus dieser auch keine Pflicht zur Erfolgsabwendung mit der Wirkung einer Unterlassungshaftung ableiten lassen.[956] Insoweit sei eine Bestrafung nach § 323c StGB sowie nach § 29 BtMG ausreichend.[957]

Entgegen dieser in der Strafwissenschaft geäußerten Kritik ist es jedoch nicht wertungswidersprüchlich, die Beteiligung an der eigenverantwortlichen Selbstgefährdung straffrei zu stellen, bei Realisierung des eingegangenen Risikos aber eine strafbewehrte Erfolgsabwendungspflicht aus § 13 StGB anzunehmen.[958] Anders als in den Fällen einer eigenverantwortlichen Selbsttötung erschöpft sich bei der eigenverantwortlichen Selbstgefährdung die Preisgabe des eigenen Rechtsguts gerade darin, dieses einem zutreffend erkannten Risiko auszusetzen. Die Vornahme der Selbstgefährdung ist gerade nicht zwingend mit der Hinnahme des als möglich erkannten Erfolgseintritts verbunden.[959] Entwickelt sich

---

952 BGH v. 21.12.2011 – 2 StR 295/11, 1. Os, NStZ 2012, 319; BGH v. 13.11.2008 – 4 StR 252/08, Rn. 16, NStZ 2009, 146.

953 BGH v. 5.8.2015 – 1 StR 328/15, Ls, NStZ 2016, 406; BGH v. 21.12.2011 – 2 StR 295/11, Rn. 7, NStZ 2012, 319; BGH v. 9.11.1984 – 2 StR 257/84, Rn. 30, NStZ 1985, 319; BGH v. 27.6.1984 – 3 StR 144/84, Rn. 16, NStZ 1984, 452.

954 BGH v. 5.8.2015 – 1 StR 328/15, Rn. 16, NStZ 2016, 406.

955 L/K/*Lackner*/*Kühl*, StGB, Vor. § 211 Rn. 16; S/S/*Sternberg-Lieben*/*Schuster*, StGB, § 15 Rn. 166; *Murmann*, NStZ 2012, 387, 287 ff.; *Roxin*, AT I, § 11 Rn. 112.

956 *Roxin*, AT I, § 11 Rn. 112; i.E. auch: L/K/*Lackner*/*Kühl*, StGB, Vor. § 211 Rn. 16; S/S/*Sternberg-Lieben*/*Schuster*, StGB, § 15 Rn. 166; *Murmann*, NStZ 2012, 387, 388.

957 *Murmann*, NStZ 2012, 387, 389; *Roxin*, AT I, § 11 Rn. 112.

958 BGH v. 5.8.2015 – 1 StR 328/15, Rn. 17, NStZ 2016, 406; MüKo/*Freund*, StGB, § 13 Rn. 190.

959 BGH v. 5.8.2015 – 1 StR 328/15, Rn. 17, NStZ 2016, 406; MüKo/*Freund*, StGB, § 13 Rn. 190.

das allein auf eine Selbstgefährdung angelegte Verhalten erwartungswidrig zum Verlust des Rechtsguts, umfasst der ursprüngliche Entschluss des Opfers zur bloßen Rechtsgutsgefährdung nicht auch den Verzicht auf Maßnahmen zum Erhalt des nunmehr konkret gefährdeten Rechtsguts. Obliegt dem Mitwirkenden nach § 13 Abs. 1 StGB eine Garantenpflicht für das gefährdete Rechtsgut, ist dieser auch dazu verpflichtet, im Rahmen des tatsächlich möglichen und rechtlich Zumutbaren den tatbestandlichen Erfolgseintritt abzuwenden.[960]

Überträgt man die vorangestellten Ausführungen auf die Fälle des Dopings, hat dies zur Konsequenz, dass sich eine am Doping beteiligende Personen mit einer gegenüber dem Sportler bestehenden Garantenstellung auch wegen vorsätzlicher oder fahrlässiger Tötung durch Unterlassen strafbar machen kann. Werden dem Sportler von einem Dritten Dopingpräparate verschrieben oder zugänglich gemacht und nimmt der Sportler diese selbstständig ein, unterfällt die eigenverantwortlich gewollte und verwirklichte Selbstgefährdung zwar grundsätzlich nicht den Tatbeständen eines Körperverletzungs- oder Tötungsdelikts. Entwickelt sich die Selbstgefährdung aber unmittelbar im Anschluss an den Konsum erwartungswidrig durch das Hinzutreten weiterer Faktoren – wie beispielsweise Überanstrengung, Wechselwirkungen oder Allergien – zum Verlust des Rechtsguts, besteht für den Dritten die Pflicht Rettungsmaßnahmen einzuleiten. Unterlässt er diese vorsätzlich oder fahrlässig, macht er sich der Tötung durch Unterlassen strafbar.[961] Neben einer Garantenstellung der Eltern qua Gesetz (§ 1626 Abs. 1 StGB) und einer Garantenstellung des Arztes aus dem Behandlungsvertrag (§ 630a BGB) kommt in solchen Fällen vor allem eine Garantenstellung aus Ingerenz in Betracht, wenn der Dritte die gesundheitsschädlichen Medikamente dem Sportler im Vorfeld zugänglich gemacht hat.[962]

V. Zwischenergebnis

Bereits eingetretene Todesfälle aus der Vergangenheit belegen, dass auch die dopingbedingte Verwirklichung der Tötungstatbestände grundsätzlich denkbar ist. Problematisch ist insoweit, dass der Tod des Sportlers häufig erst lange nach

960 BGH v. 5.8.2015 – 1 StR 328/15, Rn. 18, NStZ 2016, 406.

961 Aufgrund eines anderen Schutzzwecks (Volksgesundheit) kommt darüber hinaus auch eine Strafbarkeit nach §§ 29 Abs. 3 Nr. 2, 30 Abs 1 Nr. 3 BtMG in Betracht, BGH v. 25.9.1990 – 4 StR 359/90, NStZ 1991, 392; a.A. *Roxin*, AT I, § 11 Rn. 112.

962 Beck-MedR/*Knauer*/*Brose*, StGB, § 211 Rn. 6; BeckOK/*Heuchemer*, StGB, § 13 Rn. 68 ff.; L/K/*Heger*, StGB, § 13 Rn. 6, 11; NK/*Altenhain*, StGB, § 13 Rn. 43 ff.; S/S/*Stree*/*Bosch*, StGB, § 13 Rn. 2.

der Dopinganwendung eintreten kann und somit eine unmittelbare Reaktion in Form des tatbestandlichen Erfolges ausbleiben wird. Schwierigkeiten kann dann der zu führende Kausalitätsnachweis bereiten. Allerdings ist es ausreichend, dass das Doping für den Tod des Sportlers mitursächlich geworden ist. Gelingt ein Nachweis der Kausalität, dürfte eine Strafbarkeit des Täters jedoch in der Regel aufgrund eines fehlenden Vorsatzes ausscheiden. Nimmt der Täter den Tod des Opfers billigend in Kauf und handelt damit ausnahmsweise mit bedingtem Vorsatz, sind auch die Mordmerkmale der Habgier, Heimtücke und niedrigen Beweggründe in Betracht zu ziehen; werden diese jedoch zumeist theoretischer Natur bleiben. Kann der Nachweis des Vorsatzes nicht geführt werden, ist die Begehung einer fahrlässigen Tötung denkbar. Durch die Anwendung von Doping lässt der Täter die im Verkehr erforderliche Sorgfalt außer Acht. Zwar ist die Erteilung einer Risikoeinwilligung auch im Rahmen einer fahrlässigen Tötung grundsätzlich möglich, aufgrund der konkreten Todesgefahr wird diese aber regelmäßig nach § 228 StGB sittenwidrig und damit unwirksam sein.

Grundsätzlich unterfällt die eigenverantwortlich gewollte und verwirklichte Selbstgefährdung zwar nicht den Tatbeständen eines Tötungsdelikts. Realisiert sich allerdings das vom Opfer bewusst eingegangene Risiko, obliegt dem mitwirkenden Dritten die Pflicht zur Erfolgsabwendung im Rahmen des tatsächlich Möglichen und rechtlich Zumutbaren, soweit dieser eine Garantenpflicht innehat. Unterlässt er die erforderlichen Rettungsmaßnahmen, macht er sich der Tötung durch Unterlassen strafbar.

C. Betrug, § 263 StGB

Nimmt der gedopte Sportler an einem Wettkampf teil, kommt eine Strafbarkeit wegen Betrugs gemäß § 263 StGB in Betracht.[963] Im Fokus der nachfolgenden Betrugsstrafbarkeit soll die Verletzung der unmittelbar am Wettkampf beteiligten Personen stehen. Insoweit kommen als Geschädigte im Sinne des Tatbestands Veranstalter, Preisspender, Konkurrenten, Zuschauer, Sponsoren und andere Vertragspartner des Sportlers in Betracht.

963 OLG Stuttgart v. 29.9.2011 – 2 Ws 33/11, NJW-Spezial 2012, 90; MüKo/*Hefendehl*, StGB, § 263 Rn. 736; *Kargl*, NStZ 2007, 489, 491 ff.; *Cherkeh*, Betrug, S. 63 ff.; *Glocker*, Doping, S. 140 ff.; *Reisinger*, Betrug, S. 25 ff.; *Schattmann*, Betrug, S. 21 ff.; *Schlöter*, Doping, S. 158 ff.

I. Täuschung über Tatsachen

Strafbarkeitsvoraussetzung ist zunächst, dass der gedopte Sportler durch sein Verhalten über Tatsachen täuscht. Tatsachen sind alle vergangenen oder gegenwärtigen Vorgänge oder Zustände, die dem Beweis zugänglich sind.[964] Eine Täuschung ist jede Einwirkung auf die Vorstellung einer anderen Person, welche objektiv geeignet und subjektiv dazu bestimmt ist, beim Adressaten einen Irrtum über Tatsachen hervorzurufen oder zu unterhalten.[965] Dabei kann die Täuschung nicht nur ausdrücklich, sondern auch konkludent oder durch pflichtwidriges Unterlassen der Aufklärung erfolgen.[966]

1. Tatsachen

Im Rahmen der vorliegenden Thematik kommt als täuschungsrelevante Tatsache die Einnahme von Dopingmitteln bzw. die Anwendung von Dopingmethoden in Betracht, also die Fähigkeit, einen Wettkampf regelkonform und ohne Manipulation bestreiten zu können.[967] Insoweit ist die relevante Tatsache der Zustand des Gedoptseins im Zeitpunkt der Wettkampfteilnahme.[968] Aber auch über die Absicht des Sportlers, zukünftig zu dopen, kann getäuscht werden.[969] Zwar ist nach herrschender Auffassung die Täuschung über zukünftige Tatsachen nicht möglich.[970] Allerdings kann der Sportler über den gegenwärtigen Zustand täuschen, ob er beabsichtigt, zum Zeitpunkt des Wettkampfs unter Dopingeinfluss zu stehen. Tatsachen können nämlich nicht nur äußere Vorgänge der Vergangenheit oder Gegenwart sein, sondern auch psychische Gegebenheiten wie Absichten, Motive oder Vorstellungen (sog. innere Tatsachen).[971] Gegenstand der Täuschung ist in diesem Fall nicht die zukünftige Wettkampfteilnahme unter

964 BeckOK/*Beukelmann*, StGB, § 263 Rn. 6; *Fischer*, StGB, § 263 Rn. 6; MüKo/*Hefendehl*, StGB, § 263 Rn. 67.

965 BGH v. 8.10.2014 – 1 StR 359/13, Rn. 19, NStZ 2015, 89; BGH v. 5.3.2014 – 2 StR 616/12, Rn. 16, NJW 2014, 2595; BeckOK/*Beukelmann*, StGB, § 263 Rn. 9; a.A. *Fischer*, StGB, § 263 Rn. 14 der kein subjektives Element der Täuschung verlangt.

966 BeckOK/*Beukelmann*, StGB, § 263 Rn. 9; *Fischer*, StGB, § 263 Rn. 15a f.; NK/*Kindhäuser*, StGB, § 263 Rn. 67.

967 *Cherkeh*, Betrug, S. 76; *Schlöter*, Doping, S. 159.

968 *Cherkeh*, Betrug, S. 75; *Schattmann*, Betrug, S. 29 f.

969 *Schattmann*, Betrug, S. 31 f.; *Schlöter*, Doping, S. 159.

970 BeckOK/*Beukelmann*, StGB, § 263 Rn. 6; *Fischer*, StGB, § 263 Rn. 6; MüKo/*Hefendehl*, StGB, § 263 Rn. 67; a.A: NK/*Kindhäuser*, § 263 Rn. 79 f.

971 L/K/*Kühl*, StGB, § 263 Rn. 4.; MüKo/*Hefendehl*, StGB, § 263 Rn. 77; S/S/*Perron*, StGB, § 263 Rn. 10.

Dopingeinfluss, sondern die gegenwärtige Einstellung des Sportlers, ob er aktuell – also bei Vertragsschluss oder Teilnahmeerklärung – das Bestreben besitzt zu dopen.[972]

2. *Täuschung*

Eine ausdrückliche Täuschung liegt bei der Unterzeichnung von Verträgen vor, in denen der Sportler versichert, nicht gedopt zu sein. Solche Erklärungen können beispielsweise in Wettkampfanmeldungen, Sponsorenverträgen oder Arbeitsverträgen enthalten sein.[973]

Fehlt es an einer derartigen Erklärung, kommt eine konkludente Täuschung in Betracht. Eine konkludente Täuschung ist jedes irreführende Verhalten, das nach der Verkehrsanschauung als stillschweigende Erklärung zu verstehen ist und dem ein gewisser Erklärungswert beigemessen werden kann.[974] Der in dem schlüssigen Verhalten liegende Erklärungswert bestimmt sich anhand der Verkehrsauffassung.[975] Für den Bereich des Sports ergibt sich bereits aus dem Anti-Doping-Gesetz als auch aus den geltenden Verbands- und Wettkampfbestimmungen, dass Doping verboten ist und ein Zuwiderhandeln mit Sanktionen geahndet wird. Durch die gesellschaftliche Anerkennung dieses Dopingverbots hat sich die Verkehrsauffassung etabliert, dass die Teilnahme an einem sportlichen Wettkampf nur ohne künstliche Leistungssteigerung zulässig ist. Mithin erklärt der Sportler bereits durch den Vertragsabschluss bzw. der Wettkampfteilnahme, dass er die sportliche Austragung ohne Doping bestreiten wird.[976] Die konkludente Erklärung einer solchen Negativtatsache kommt vor allem dann in Betracht, wenn es um erhebliche Manipulationen des Vertragsgegenstandes geht, auf den sich das konkludente Verhalten bezieht.[977] Damit liegt in der Teilnahme unter Dopingeinfluss die konkludente Täuschung über die Tatsache des

972 *Cherkeh*, Betrug, S. 76 f.; *Schattmann*, Betrug, S. 31 f.; *Schlöter*, Doping, S. 159.

973 *Cherkeh*, Betrug, S. 76; *Schlöter*, Doping, S. 161.

974 BGH v. 16.4.2001 – 4 StR 439/00, Rn. 10, NStZ 2002, 86; BeckOK/*Beukelmann*, StGB, § 263 Rn. 13; zur verfassungsrechtlichen Unbedenklichkeit: BVerfG v. 7.12.2011 – 2 BvR 2500/09, 2 BvR 1857/10, NStZ 2012, 496.

975 OLG Celle v. 5.11.2010 – 1 Ws 277/10, Rn. 20, NStZ 2011, 218; MüKo/*Hefendehl*, StGB, § 263 Rn. 92.

976 OLG Stuttgart v. 29.9.2011 – 2 Ws 33/11, Rn. 20, NJW-Spezial 2012, 90; D/D/K/R/*Duttge*, StGB, § 263 Rn. 14; NK/*Kindhäuser*, StGB, § 263 Rn. 125; *Cherkeh*, Betrug, S. 73 f.; *Ott*, Doping, S. 99; *Schlöter*, Doping, S. 162.

977 BGH v. 15.12.2006, 5 StR 181/06, Rn. 22, NStZ 2007, 151.

Gedoptseins.[978] Darüber hinaus kommt eine konkludente Täuschung durch die Geltendmachung von vertraglichen Leistungen sowie dem In-Empfang-Nehmen des Start- bzw. Preisgeldes in Betracht. Mit der Geltendmachung bzw. Entgegennahme der Leistung erklärt der Sportler konkludent, dass ihm die Zuwendung aufgrund der dopingfreien Erbringung der Leistung zusteht.[979]

Weiter kommt eine Täuschung durch Unterlassen in Betracht, wenn sich der Sportler erst nach Vertragsschluss bzw. Verlautbarung der Wettkampfteilnahme dazu entschließt zu dopen.[980] Voraussetzung hierzu ist, dass den Sportler eine Pflicht zur Aufklärung trifft. Eine solche Aufklärungspflicht kann sich aus dem zwischen den Parteien bestehenden Vertragsverhältnis ergeben.[981] Aufgrund des Erfordernisses der Entsprechensklausel sind jedoch bloße vertragliche Beziehungen nicht ausreichend, um eine Grantenpflicht zu begründen.[982] Erforderlich ist darüber hinaus, dass zwischen den Parteien ein besonderes Vertrauensverhältnis besteht.[983] Dieses kann sich unter anderem aus langjährigen Geschäftsbeziehungen oder der Verfolgung gemeinsamer wirtschaftlicher Zwecke ergeben.[984] Ein solches Vertrauensverhältnis ist jedenfalls im Hinblick auf die Beziehung zwischen Sportler und Sponsor zu bejahen.[985] Die vertragliche Zusammenarbeit zwischen Sportler und Sponsor dauert in der Regel über mehrere Jahre. Beide Parteien haben die Absicht, die Leistung des Sportlers zu kommerzialisieren und aus den sportlichen Erfolgen finanziellen Profit zu schlagen. Damit der „*Imagetransfer*“ auf die beworbene Marke gelingt, vertraut der Sponsor darauf, dass sich der Sportler sowohl während als auch außerhalb des Wettkampfs redlich

---

978 BGH v. 15.12.2006, 5 StR 181/06, Rn. 22, NStZ 2007, 151; OLG Stuttgart v. 29.9.2011 – 2 Ws 33/11, 3. OS, NJW-Spezial 2012, 90; *Fischer*, StGB, § 263 Rn. 35a; *Diener/Hoffmann-Holland*, Jura 2009, 946, 952; *Heger*, JA 2003, 76, 80; *Kargl*, NStZ 2007, 489, 491; *Kett-Straub/Müller*, JA 2013, 182, 185; *Cherkeh*, Betrug, S. 73 f.; *Glocker*, Doping, S. 142; *Schattmann*, Doping, S. 29 f.; *Schlöter*, Doping, S. 162.

979 NK/*Kinhäuser*, StGB, § 263 Rn. 137 f.; *Schattmann*, Doping, S. 61; *Schlöter*, Doping, S. 164.

980 *Heger*, Iurratio 2016, 89, 92.

981 NK/*Kindhäuser*, StGB, § 263 Rn. 160 f.; S/S/*Perron*, StGB, § 263 Rn. 22.

982 L/K/*Kühl*, StGB, § 263 Rn. 12; S/S/*Perron*, StGB, § 263 Rn. 19.

983 BGH v. 16.11.1993 – 4 StR 648/93, NStZ 1994, 544; L/K/*Kühl*, StGB, § 263 Rn. 12; NK/*Kindhäuser*, StGB, § 263 Rn. 161; S/S/*Perron*, StGB, § 263 Rn. 19, 22.

984 MüKo/*Hefendehl*, StGB, § 263 Rn. 197; S/S/*Perron*, StGB, § 263 Rn. 22.

985 *Cherkeh/Momsen*, NJW 2001, 1745, 1749; *Kargl*, NStZ 2007, 489, 493; *Cherkeh*, Betrug, S. 104 ff.; *Glocker*, Doping, S. 164; *Schlöter*, Doping, S. 166; a.A. *Schattmann*, Doping, S. 34.

verhält.[986] Wird das entgegengebrachte Vertrauen enttäuscht, kann dies negative Auswirkungen für beide Parteien haben. Aufgrund solch weitreichender Folgen erscheint es gerechtfertigt, die Verantwortlichkeit für das Unwissenheitsrisiko nicht allein dem Sponsor aufzubürden.[987]

Hingegen wird die Annahme eines solchen Vertrauensverhältnisses zwischen Veranstalter bzw. Preisspender und dem Sportler in der Regel zu verneinen sein.[988] So wird es zumeist schon an einer gemeinsamen Zweckverfolgung und langjährigen Geschäftsbeziehung der Parteien fehlen. Dem Sportler wird es regelmäßig um den eigenen persönlichen Erfolg gehen. Der Veranstalter intendiert eine erfolgreiche Wettkampfaustragung und ist insoweit nicht zwingend auf einen konkreten Sportler angewiesen.[989]

Anders wiederum ist das Verhältnis zwischen Sportler und dessen Arbeitgeber zu beurteilen.[990] Auch diese Zusammenarbeit ist in der Regel auf mehrere Jahre und nicht nur auf eine Saison ausgelegt. Dabei ist das Verhältnis zwischen Sportler und Verein, Box- oder Rennstall, bei welchem der Sportler unter Vertrag steht, durch ein besonderes Vertrauensverhältnis geprägt. Die Hauptleistungspflicht des Sportlers besteht darin, die sportliche Leistung auf natürliche Weise abzurufen. Das Interesse eines redlichen Arbeitgebers an der dopingfreien Wettkampfaustragung ist evident. Verstößt der Sportler gegen das zumeist schon im Vertrag, Vereins- oder Verbandsrecht niedergelegte Dopingverbot, drohen neben einem Imageverlust hohe Geldstrafen und lange Wettkampfsperren. Im Hinblick auf eine langjährige Zusammenarbeit besteht auch hier ein besonderes Vertrauensverhältnis und die Pflicht zur Anzeige etwaiger Verstöße. Aufgrund eines hohen zeitlichen und finanziellen Aufwands wird es gerade im Leistungssport nicht zu bestreiten sein, dass zwischen den Parteien eine besondere Basis der vertrauensvollen Zusammenarbeit besteht, die über die bloße Einhaltung der vertraglichen Vereinbarungen hinaus geht und durch ein besonderes Persönlichkeitsverhältnis geprägt ist.

Eine lediglich auf Ingerenz beruhende Aufklärungspflicht scheidet im Rahmen der Betrugsstrafbarkeit hingegen aus. Erklärt der Sportler zunächst wahrheitsgemäß, dass er ohne Doping am Wettkampf teilnehmen werde, und fasst er im Anschluss daran den Entschluss, seine Leistung künstlich zu steigern,

986 *Glocker*, Doping, S. 163.
987 *Kargl*, NStZ 2007, 489, 493; *Glocker*, Doping, S. 163 f.
988 *Schattmann*, Doping, S. 35; *Schlöter*, Doping, S. 166.
989 *Schlöter*, Doping, S. 166.
990 Zur rechtlichen Einordnung des Sportleistungsvertrags als Werk-, Dienst- oder Arbeitsvertrag: F/P/S/*Fritzweiler*, Praxishandbuch, 3. Teil Rn. 13 ff.

begründet dies noch keine Pflicht, die zunächst in gutem Glauben abgegebene Erklärung zu revidieren.[991] Wird eine zunächst wahre Tatsachenbehauptung aufgrund einer Veränderung der tatsächlichen Verhältnisse nachträglich falsch, so kann dieser Umstand allein noch keine Offenbarungspflicht begründen.[992] Durch die zunächst gutgläubig abgegebene Erklärung wird noch keine typische Gefahr für das Vermögen geschaffen.[993] Vielmehr hat der Erklärende lediglich dafür einzustehen, dass die Erklärung den Tatsachen entsprechend abgegeben wird, nicht aber, dass sie wahr bleibt.[994] Nach dem bereits Gesagten ist jedoch insoweit zu beachten, dass der Sportler auch hier spätestens zum Zeitpunkt der Wettkampfteilnahme durch konkludentes Verhalten über seinen Zustand des Gedoptseins täuscht.

3. Irrtum

Als weitere Tatbestandsvoraussetzung muss die Täuschung des Sportlers beim Erklärungsempfänger einen Irrtum erregt oder unterhalten haben. Ein Irrtum ist jeder Widerspruch zwischen einer subjektiven Vorstellung und der Wirklichkeit.[995] Im vorliegenden Kontext kommt als Irrtum die Vorstellung des Erklärungsempfängers in Betracht, der am Wettkampf teilnehmende Sportler würde seine Leistung auf natürlichem Wege, also ohne Doping erbringen.

Nicht erforderlich ist, dass der getäuschte Personenkreis das Vorliegen einer konkreten Tatsache bewusst reflektiert.[996] Der Irrtum des Opfers muss nicht das Ergebnis eines im Bewusstsein ablaufenden Denkprozesses sein.[997] Vielmehr ist ein *„sachgedankliches Mitbewusstsein"* oder *„ständiges Begleitwissen"* am Rande des Vorstellungsinhalts zur Bejahung eines Irrtums ausreichend.[998] Aus diesem Grund muss das Opfer nicht konkret darüber nachdenken, ob der Sportler

---

991 NK/*Kindhäuser*, StGB, § 263 Rn. 155; S/S/*Perron*, StGB, § 263 Rn. 20; *Schlöter*, Doping, S. 168; a.A. bei Kündigungsbetrug des Vermieters durch Unterlassen: *Rengier*, JuS 1989, 802, 807.

992 S/S/*Perron*, StGB, § 263 Rn. 20.

993 S/S/*Perron*, StGB, § 263 Rn. 20; *Schlöter*, Doping, S. 168.

994 NK/*Kindhäuser*, StGB, § 263 Rn. 155; *Schlöter*, Doping, S. 168.

995 BeckOK/*Beukelmann*, StGB, § 263 Rn. 23; *Fischer*, StGB, § 263 Rn. 54; S/S*Perron*, StGB, § 263 Rn. 33.

996 *Cherkeh*, Betrug, S. 110; *Schlöter*, Doping, S. 169.

997 *Cherkeh*, Betrug, S. 110; *Wessels/Hillenkamp*, BT II, Rn. 511.

998 BGH v. 20.12.2012 – 4 StR 55/12, Rn. 19; NStZ 2013, 234; BeckOK/*Beukelmann*, StGB, § 263 Rn. 25; MüKo/*Hefendehl*, StGB, § 263 Rn. 231; S/S*Perron*, StGB, § 263 Rn. 39; *Cherkeh*, Betrug, S. 110 f.; *Schlöter*, Doping, S. 169; *Wessels/Hillenkamp*, BT II, Rn. 511;

gedopt sein könnte oder nicht.[999] Insoweit genügt es, dass der Erklärungsempfänger unbewusst davon ausgeht, dass die aufgestellten Dopingverbote eingehalten werden und „*alles in Ordnung*“ ist.[1000]

a) Intensitätsgrad der Fehlvorstellung

Eine andere Frage ist, welche Intensität die positive Fehlvorstellung des Opfers haben muss, damit ein betrugsrelevanter Irrtum angenommen werden kann. Mit anderen Worten: Können begründete Zweifel an der Dopingfreiheit einen Irrtum ausschließen?[1001]Aufgrund einer in der heutigen Sportwelt weit verbreiteten Dopingpraxis und immer wieder bekanntwerdender Dopingfälle in jüngster Vergangenheit könnte angezweifelt werden, dass Personen des sportlichen Umfelds überhaupt noch einem Irrtum dahingehend unterliegen, Sportler würden ihre Leistung frei von jeglichem Doping erbringen. Insoweit ist es fraglich, ob der Getäuschte von der ihm vorgespiegelten Tatsache – hier der Dopingfreiheit des Sportlers – überzeugt sein muss oder ein mehr oder minder intensives Für-möglich-Halten ausreichend ist.[1002]

Ob ein tatbestandsrelevanter Irrtum auch dann noch gegeben ist, wenn der Erklärungsadressat Zweifel an der Wahrheit der vorgetäuschten Tatsache hat, ist nicht unumstritten. Die weit überwiegende Auffassung in Rechtsprechung und Literatur geht heute jedoch davon aus, dass auch der Zweifelnde irrt und Zweifel so lange ohne Bedeutung sind, wie die Wahrheit der Tatsache noch für möglich gehalten wird.[1003] Mithin liegt ein Irrtum i.S.d. § 263 StGB nicht nur dann vor, wenn der Getäuschte von der Gewissheit der behaupteten Tatsache

---

999 Anders bei reinem Nichtwissen ohne jede konkrete Fehlvorstellung (sog. *ignorantia facti*). Hier scheidet ein Irrtum aus.

1000 *Jahn*, JuS 2012, 181, 182; *Cherkeh*, Betrug, S. 111; *Schlöter*, Doping, S. 169.

1001 BeckOK/*Beukelmann*, StGB, § 263 Rn. 27; MüKo/*Hefendehl*, StGB, § 263 Rn. 250 ff.; NK/*Kindhäuser*, StGB, § 263 Rn. 175.

1002 Zum Streitstand siehe auch: BeckOK/*Beukelmann*, StGB, § 263 Rn. 27 ff.; L/K/*Kühl*, StGB, § 263 Rn. 18; MüKo/*Hefendehl*, StGB, § 263 Rn. 250 ff.; NK/*Kindhäuser*, StGB, § 263 Rn. 175 ff.; S/S/*Perron*, StGB, § 263 Rn. 40; speziell zum Doping: *Kett-Straub/Müller*, JA 2013, 182, 185; *Cherkeh*, Betrug, S. 112 ff.; *Glocker*, Doping, S. 144 f.; *Ott*, Doping, S. 89; *Schattmann*, Betrug, S. 44 ff.; *Schlöter*, Doping, S. 169 ff.; kritisch: *Linck*, NJW 1987, 2545, 2551; *Mertens*, SpuRt 2006, 177, 178; *Turner*, MDR 1991, 569, 574.

1003 BGH v. 5.12.2002 – 3 StR 161/02, Rn. 11 ff., NStZ 2003, 313; OLG Karlsruhe v. 1.9.2003 – 1 Ws 235/03, Rn. 12, StV 2004, 325; BeckOK/*Beukelmann*, StGB, § 263 Rn. 27; L/K/*Kühl*, StGB, § 263 Rn. 18; MüKo/*Hefendehl*, StGB, § 263 Rn. 251; S/S/*Perron*, StGB, § 263 Rn. 40.

ausgeht, sondern auch dann, wenn er trotz seines Zweifels die Vermögensverfügung vornimmt.[1004] Eine Einschränkung des Tatbestands unter viktimodogmatischen Gesichtspunkten, wonach sich das Opfer bei Zweifeln kundig machen muss, kommt nicht in Betracht.[1005] Ein solcher Ansatz zur Einschränkung des Betrugstatbestands findet im Wortlaut des § 263 StGB keine Stütze und nimmt den strafrechtlichen Schutz unangemessen weit zurück.[1006] Das Opfer kann nicht weniger schutzwürdig sein, nur weil es sich mit den Angaben des Täters kritisch auseinandersetzt.[1007] Ein Irrtum scheidet erst dann aus, wenn es dem Verfügenden gleichgültig ist, ob die behauptete Tatsache wahr ist, oder wenn der Verfügende sich überhaupt keine Vorstellung macht.[1008]

Die im sportrechtlichen Schrifttum insbesondere früher vorherrschende Ansicht ging davon aus, dass eine Irrtumserregung bei Mitkonkurrenten, Zuschauern und Veranstaltern ausscheidet.[1009] Im Kern ihrer Begründung führten diese Auffassungen an, dass ein Irrtum der Beteiligten infolge der weiten Verbreitung des Dopings im Sport nicht vorliege.[1010] Lässt man jedoch für einen täuschungsrelevanten Irrtum nach zutreffender Ansicht ein Für-möglich-Halten genügen, ist es nur folgerichtig, die Möglichkeit eines Irrtums auch in den vorliegenden Konstellationen des Sports zu bejahen.[1011] Auch für den Bereich

---

1004 BGH v. 5.12.2002 – 3 StR 161/02, Rn. 11 ff., NStZ 2003, 313; OLG Stuttgart v. 29.9.2011 – 2 Ws 33/11, Rn. 21; NJW-Spezial 2012, 90, Rn. 21; S/S/*Perron*, StGB, § 263 Rn. 40.

1005 So aber: *Amelung*, GA 1977, 1, 3 ff.; *Schünemann*, NStZ 1986, 439, 439 ff.; *Ellmer*, Betrug, S. 281 ff.

1006 BGH v. 5.12.2002 – 3 StR 161/02, Rn. 15, NStZ 2003, 313.

1007 OLG Stuttgart v. 29.9.2011 – 2 Ws 33/11, Rn. 21; S/S/*Perron*, StGB, § 263 Rn. 40.

1008 BeckOK/*Beukelmann*, StGB, § 263 Rn. 27; MüKo/*Hefendehl*, StGB, § 263 Rn. 258; NK/*Kindhäuser*, StGB, § 263 Rn. 176; S/S/*Perron*, StGB, § 263 Rn. 40; F/P/S/*Reinhart*, Praxishandbuch, 8. Teil Rn. 131.

1009 *Kohlhaas*, NJW 1970, 1958, 1960; *Linck*, MedR 1993, 55, 61; *Linck*, NJW 1987, 2545, 2551; *Turner*, MDR 1991, 569, 574; *Gutheil*, Doping, S. 173; *Haug*, Doping, S. 197; *Kühl/Latz*, Doping, S. 156, 160; Schild/*Schild*, Rechtliche Fragen des Dopings, S. 29; *Ulmen*, Doping, S. 114; zweifelnd auch: F/P/S/*Summerer*, Praxishandbuch, 8. Teil Rn. 136.

1010 *Schattmann*, Betrug, S. 45.

1011 OLG Stuttgart v. 29.9.2011 – 2 Ws 33/11, Rn. 21, SpuRt 2012, 74; *Cherkeh/Momsen*, NJW 2001, 1745, 1747 ff.; *Heger*, JA 2003, 76, 81; *Jahn*, JuS 2012, 181, 182; *Kargl*, NStZ 2007, 489, 491 f.; *Kerner/Trüg*, JuS 2004, 140, 141; *Kett-Straub/Müller*, JA 2013, 182, 185; *Otto*, SpuRt 1994, 10, 15; *Cherkeh*, Betrug, S. 120 f.; *Glocker*, Doping, S. 145; *Ott*, Doping, S. 89; *Reisinger*, Betrug, S. 40 ff.; *Schattmann*, Betrug, S. 48; *Schlöter*, S. 173 f.; *Schneider-Grohe*, Doping, S. 148.

des Sports kann ein Irrtum nicht pauschal verneint werden. Trotz einer weit verbreiteten Dopingpraxis werden es die Protagonisten des Sports zumindest für möglich halten, dass der Sportler nicht unter dem Einfluss von Doping steht. Eine solche Annahme ergibt sich bereits aus den einschlägigen Anti-Doping-Bestimmungen, die ein regelmäßiges Kontrollsystem für Sportler des organisierten Sports vorsehen.[1012] Den am Wettkampf teilnehmenden Athleten wird somit der „*Anscheinsbeweis*", nicht gedopt zu sein, zuteil.[1013] Danach können selbst Mitkonkurrenten, Zuschauer und Veranstalter einem Irrtum unterliegen. Auch eine dezidierte Auseinandersetzung mit der allgemeinen Dopingproblematik vermag hieran nichts zu ändern.[1014] Das Hervorrufen eines Irrtums kann nicht allein deshalb verneint werden, weil den jeweiligen Personen die „*Ubiquität von Dopingmanipulationen*" allgemein bekannt ist.[1015] Ebenso wenig wird es den Betroffenen gleichgültig sein, ob die teilnehmenden Sportler gedopt sind oder nicht.[1016] Im Ergebnis ist damit auch ein Irrtum der vom Sportler getäuschten Personen zu bejahen. Allgemeine Zweifel können die Irrtumsfeststellung im Einzelfall nicht erschüttern.

b) Kausalität zwischen Täuschung und Irrtum

Die Täuschung muss für den Irrtum auch kausal gewesen sein.[1017] Umschrieben wird der erforderliche Kausalzusammenhang mit den beiden Varianten des Erregens und des Unterhaltens eines Irrtums.[1018] Erregt wird ein Irrtum, wenn eine zuvor noch nicht existente Fehlvorstellung durch Einwirken auf den Getäuschten hervorgerufen wird.[1019] Unterhalten wird ein Irrtum, wenn das Opfer bereits vor der Einwirkung eine Fehlvorstellung hatte und der Täter diese durch sein Verhalten bestärkt.[1020] Erklärt der gedopte Sportler mit Vertragsunterzeichnung ausdrücklich oder konkludent, dass er nicht gedopt ist, wird beim Erklärungsadressaten eine entsprechende Fehlvorstellung hervorgerufen. Die erforderliche

---

1012 *Cherkeh*, Betrug, S. 121.

1013 *Cherkeh*, Betrug, S. 120 f.; *Schlöter*, Doping, S, 174;

1014 *Glocker*, Doping, S. 145.

1015 *Jahn*, JuS 2012, 181, 182.

1016 *Cherkeh*, Betrug, S. 121.

1017 MüKo/*Hefendehl*, StGB, § 263 Rn. 269; NK/*Kindhäuser*, StGB, § 263 Rn. 182; S/S/*Perron*, StGB, § 263 Rn. 42 ff.; *Cherkeh*, Betrug, S. 122 ff.; *Schattmann*, Betrug, S. 48; *Schlöter*, Doping, S. 174.

1018 MüKo/*Hefendehl*, StGB, § 263 Rn. 269.

1019 MüKo/*Hefendehl*, StGB, § 263 Rn. 269; NK/*Kindhäuser*, StGB, § 263 Rn. 183.

1020 MüKo/*Hefendehl*, StGB, § 263 Rn. 269; NK/*Kindhäuser*, StGB, § 263 Rn. 184.

Einflussnahme ist in diesen Fällen gegeben.[1021] Vor der Erklärung stellte sich der Adressat allenfalls pauschal vor, dass in Bezug auf den Wettkampf *„alles in Ordnung"* sei.[1022] Erst durch das täuschungsrelevante Verhalten wird diese Fehlvorstellung auf den konkreten Sportler projiziert.[1023] Gleiches gilt, wenn der Sportler erst durch die Wettkampfteilnahme täuscht.[1024] Durch die Wettkampfteilnahme erklärt der Sportler konkludent, nicht gedopt zu sein, wodurch die Vorstellung über eine zulässige Teilnahme falsch wird.[1025]

II. Vermögensverfügung

Der Getäuschte muss durch den erregten oder unterhaltenen Irrtum zu einer Verfügung über sein Vermögen oder das eines Dritten veranlasst worden sein. Insoweit stellt das ungeschriebene Tatbestandsmerkmal der Vermögensverfügung den in § 263 StGB vorausgesetzten Zusammenhang zwischen Irrtum und Vermögensschaden her.[1026] Eine Vermögensverfügung ist jedes Tun oder Unterlassen, das sich unmittelbar vermögensmindernd auswirkt.[1027]

1. Vermögensverfügung des Veranstalters bzw. Preisspenders

Eine Vermögensverfügung des Veranstalters bzw. Preisspenders kann sich einerseits auf die Zahlung eines Startgeldes erstrecken.[1028] Darüber hinaus kann eine Vermögensverfügung in der Gewährung einer Geld- oder Sachprämie für bestimmte Leistungen oder Platzierungen bestehen.[1029] Vor allem im Leistungs- und Profisport ist es gängige Praxis, dass Topathleten eine solche Vergütung erhalten, um die Attraktivität des Wettkampfs zu steigern und die Sportler zur

---

1021 *Cherkeh*, Betrug, S. 126 f.; *Schattmann*, Betrug, S. 48; *Schlöter*, Doping, S. 175.

1022 *Cherkeh*, Betrug, S. 126; *Schlöter*, Doping, S. 175.

1023 *Cherkeh*, Betrug, S. 126 f.; *Schattmann*, Betrug, S. 48; *Schlöter*, Doping, S. 175.

1024 *Schattmann*, Betrug, S. 50; *Schlöter*, Doping, S. 175.

1025 *Cherkeh*, Betrug, S. 126; *Schattmann*, Betrug, S. 51; *Schlöter*, Doping, S. 175; a.A. Schild/*Schild*, Rechtliche Fragen des Dopings, S. 28 f., der die Kausalität mit der Begründung verneint, eine Fehlvorstellung läge von vornherein und unabhängig vom Verhalten des gedopten Sportlers vor.

1026 *Fischer*, StGB, § 263 Rn. 70; *Wessels/Hillenkamp*, BT II, Rn. 515.

1027 *Fischer*, StGB, § 263 Rn. 70; NK/*Kindhäuser*, StGB, § 263 Rn. 197; S/S/*Perron*, StGB, § 263 Rn. 55.

1028 Häufig auch als inhaltsgleiches Antrittsgeld bezeichnet.

1029 *Cherkeh*, Betrug, S. 160 ff.; F/P/S/*Reinhart*, Praxishandbuch, 8. Teil Rn. 135; *Glocker*, Doping, S. 155; *Ott*, Doping, S. 88; *Reisinger*, Betrug, S. 62 ff; *Schattmann*, Betrug, S. 53 ff.; *Schlöter*, Doping, S. 177.

Wettkampfteilnahme motiviert werden. Die Auszahlung erfolgt in der Regel durch den Veranstalter selbst oder durch einen Preisspender.[1030]

a) Startgeld

Eine Vermögensverfügung des Veranstalters bzw. Preisspenders kann bereits in der Vereinbarung über die vertragliche Verpflichtung zur Zahlung eines Startgeldes liegen.[1031] Nach ganz herrschender Meinung kann schon mit Abschluss eines Vertrages ein vollendeter Betrug vorliegen (sog. Eingehungsbetrug).[1032] Abzustellen ist dann auf die konkrete Gefährdung des Vermögens.[1033] Hierzu muss die Gefahr des Vermögensverlustes so naheliegend sein, dass nach wirtschaftlicher Betrachtungsweise eine Verschlechterung der gegenwärtigen Vermögenslage vorliegt, die schon jetzt eine Minderung des Gesamtvermögens zur Folge hat.[1034] Gesetzliche Kompensationsmöglichkeiten wie Anfechtungs- und Gewährleistungsrechte, die dem Betrugsopfer gerade als Folge der Täuschung erwachsen, bleiben unberücksichtigt.[1035] Weil der Schein einer vertraglichen Bindung geschaffen wird, trifft auch derjenige eine Vermögensverfügung, der durch die Täuschung dazu veranlasst wird, einen anfechtbaren und damit im Falle der Anfechtung einen nichtigen Vertrag abzuschließen.[1036] Ist der Sportler bereits zum Zeitpunkt des Vertragsabschlusses gedopt, erhält der Veranstalter bzw. Preisspender infolge des Dopings keine vertragsgemäße Gegenleistung. Insoweit besteht für den Vertragspartner die konkrete Gefahr, dass er dem

---

1030 *Schlöter*, Doping, S. 177.

1031 *Cherkeh*, Betrug, S. 160 ff.; F/P/S/*Reinhart*, Praxishandbuch, 8. Teil Rn. 137; *Glocker*, Doping, S. 158; *Schattmann*, Betrug, S. 55 ff.; *Schlöter*, Doping, S. 178 ff.; kritisch: *Kargl*, NStZ 2007, 489, 492.

1032 BGH v. 20.9.2016 – 2 StR 497/15, NStZ 2017, 30; BGH v. 18.2.2009 – 1 StR 731/08, NStZ 2009, 330; BGH v. 15.12.2006 – 5 StR 181/06, NStZ 2007, 151; *Fischer*, StGB, § 263 Rn. 176; MüKo/*Hefendehl*, StGB, § 263 Rn. 238 ff.; NK/*Kindhäuser*, StGB, § 263 Rn. 316 ff.; S/S/*Perron*, StGB, § 263 Rn. 128 ff.; *Rengier*, BT I, § 13 Rn. 183.

1033 BeckOK/*Beukelmann*, StGB, § 263 Rn. 65 ff.; *Fischer*, StGB, § 263 Rn. 176; *Rengier*, BT I, § 13 Rn. 184.

1034 BGH v. 20.9.2016 – 2 StR 497/15, NStZ 2017, 30; BGH v. 18.2.2009 – 1 StR 731/08, Rn. 10, NStZ 2009, 330; BGH v. 15.12.2006 – 5 StR 181/06, Rn. 38, NStZ 2007, 151; S/S/*Perron*, StGB, § 263 Rn 130; *Rengier*, BT I, § 13 Rn. 184.

1035 BGH v. 14.4.2011 – 2 StR 616/10, Rn. 18, NStZ 2011, 638; *Fischer*, StGB, § 263 Rn. 155; S/S/*Perron*, StGB, § 263 Rn. 92; *Rengier*, BT I, § 13 Rn. 156.

1036 BGH v. 22.2.1968 – 5 StR 694/67, Rn. 40, BGHSt 22, 88; S/S/*Perron*, StGB, § 263 Rn. 56.

gedopten Sportler das Startgeld auszahlt, weil er irrtümlicherweise auf dessen vertragsgemäße Leistung vertraut.[1037]

Zahlt der Veranstalter bzw. Preisspender nach dem Wettkampf das Startgeld an den gedopten Sportler tatsächlich aus, führt jedenfalls die Auszahlung zur unmittelbaren Vermögensminderung (sog. Erfüllungsbetrug).[1038] Unabhängig von der rechtlichen Einordnung der Sportveranstaltung als Dienst- oder Werkvertrag[1039] ist eine Voraussetzung eines bestehenden Zahlungsanspruchs, dass der Sportler die Wettkampfregeln beachtet und ohne Doping teilnimmt. Dopt der Sportler, wird ihm die Erbringung einer dopingfreien Leistung gemäß § 275 Abs. 1 BGB unmöglich und der Anspruch des Veranstalters bzw. Preisspenders auf Erhalt einer vertragsgemäßen Leistung erlischt.[1040] Nach § 326 Abs. 1 BGB entfällt damit auch der Anspruch des Sportlers auf die Gegenleistung in Form des Startgeldes.[1041] Durch das Doping des Sportlers obliegt dem Veranstalter bzw. Preisspender keine Pflicht, das Startgeld auszuzahlen. Zahlt er dennoch, erfolgt dies in der Annahme eines vermeintlich bestehenden Anspruchs. Der Irrtum ist dann auch kausal für die Vermögensverfügung, wenn der Veranstalter bzw. Preisspender das Startgeld nicht ausgezahlt hätte, wäre er in Kenntnis über das Doping des Sportlers gewesen.

Wird das Startgeld bereits vor der Wettkampfaustragung an den Sportler ausgezahlt, besteht die betrugsrelevante Vermögensverfügung des Veranstalters bzw. Preisspenders in dem Unterlassen der Rückforderung des gezahlten Geldes.[1042]

1037 I.E. auch F/P/S/*Reinhart*, Praxishandbuch, 8. Teil Rn. 137; *Glocker*, Doping, S. 158; ausführlich hierzu: *Cherkeh*, Betrug, S. 160 ff.; *Schattmann*, Betrug, S. 55 ff.; *Schlöter*, Doping, S. 178 ff.;

1038 *Cherkeh/Momsen*, NJW 2001, 1745, 1748; *Heger*, JA 2003, 76, 80; *Kargl*, NStZ 2007, 489, 492; *Cherkeh*, Betrug, S. 171; *Glocker*, Doping, S. 159; *Schattmann*, Betrug, S. 61 f.; *Schlöter*, Doping, S. 177.

1039 Für einen Dienstvertrag: *Koller*, RdA 1982, 46, 47; *Turner*, NJW 1992, 720, 723; F/P/S/*Fritzweiler*, Praxishandbuch, 3. Teil Rn. 36; für einen Werkvertrag: Schild/*Schwab*, Rechtliche Fragen des Dopings, S. 47; für einen Typenverschmelzungsvertrag: *Richtsfeld*, SpuRt 1995, 153, 153.

1040 *Cherkeh*, Betrug, S. 171; *Glocker*, Doping, S. 159; *Schattmann*, Betrug, S. 61; *Schlöter*, Doping, S. 164.

1041 BeckOK/*Schmidt*, BGB, § 326 Rn. 7.

1042 Nach ganz herrschender Auffassung kann die Vermögensverfügung auch in einem Unterlassen bestehen, *Fischer*, StGB, § 263 Rn. 73; *Glocker*, Doping, S. 159.

b) Geld- und Sachprämien

Entsprechend zur Zahlung eines Startgeldes stellt auch die Auszahlung einer Geld- oder Sachprämie eine unmittelbare Vermögensverfügung dar. Gewinnt der gedopte Sportler den Wettkampf oder erzielt er eine Platzierung, die mit einer bestimmten Geld- oder Sachprämie dotiert ist, besteht die Vermögensverfügung des Veranstalters bzw. Preisspenders auch hier in der Auszahlung bzw. Übergabe des Preises.[1043] Die Übergabe erfolgt in der Erwartung, der Sportler habe die Dopingbestimmungen bei der Wettkampfteilnahme eingehalten. Damit ist die Erregung des Irrtums auch kausal für die Vermögensverfügung des getäuschten Veranstalters bzw. Preisspenders.[1044]

Im Gegensatz zur vertraglichen Verpflichtung über die Zahlung eines Startgeldes liegt in dem bloßen Vertragsabschluss zur Gewährung einer Geld- oder Sachprämie aber noch keine Vermögensverfügung.[1045] Im Rahmen der Vereinbarung über eine Geld- oder Sachprämie ist die Gefahr des Vermögensverlustes noch nicht so naheliegend, dass von einer Verschlechterung der gegenwärtigen Vermögenslage gesprochen werden kann.[1046] Von der rechtlichen Einordung des sportlichen Wettbewerbs als Auslobung (§ 657 BGB)[1047] oder Preisausschreiben (§ 661 BGB)[1048] unabhängig wird dem Sportler mit Vertragsabschluss zwar die Möglichkeit eingeräumt, bei entsprechender Platzierung die Prämie zu erhalten, im Unterschied zum Startgeld ist die Entstehung des Anspruchs aber noch

---

1043 *Grotz*, SpuRt 2005, 93, 94; *Heger*, JA 2003, 76, 80 f.; *Kern/Trüg*, JuS 2004, 140, 142; *Kett-Straub/Müller*, JA 2013, 182, 185 f.; *Otto*, SpuRt 1994, 10, 15; *Cherkeh*, Betrug, S. 172; *Glocker*, Doping, S. 155; *Haug*, Doping, S. 197; *Momsen-Pflanz*, Doping, S. 222 f.; *Ott*, Doping, S. 91; *Schattmann*, Betrug, S. 71; *Schlöter*, Doping, S. 180.

1044 *Heger*, JA 2003, 76, 80 f.; *Cherkeh*, Betrug, S. 172; *Glocker*, Doping, S. 155; *Schlöter*, Doping, S. 180.

1045 *Schattmann*, Betrug, S. 68 ff.; *Schlöter*, S. 181 ff.

1046 BGH v. 20.9.2016 – 2 StR 497/15, NStZ 2017, 30; BGH v. 18.2.2009 – 1 StR 731/08, Rn. 10, NStZ 2009, 330; BGH v. 15.12.2006 – 5 StR 181/06, Rn. 38, NStZ 2007, 151; S/S/*Perron*, StGB, § 263 Rn 130; *Rengier*, BT I, § 13 Rn. 184.

1047 *Diener/Hoffmann-Holland*, Jura 2009, 946, 951; *Cherkeh*, Betrug, S. 142; *Glocker*, Doping, S. 149 ff.

1048 So die h.M., BGH v. 23.9.2010 – III ZR 246/09, Rn. 11, NJW 2011, 139; BGH v. 6.4.1966 – Ib ZR 82/64, NJW 1966, 1213; OLG Köln v. 5.9.1995 – 22 U 23/95, Rn. 4, VersR 1997, 125; BeckOK/*Kotzian-Marggraf*, BGB, § 661 Rn. 1; Müko/*Schäfer*, BGB, § 661 Rn. 9; NK/*Ring*, BGB, § 657 Rn. 3; Palandt/*Sprau*, BGB, § 661 Rn. 1; Staudinger/*Bergmann*, BGB, § 661 Rn. 9; *Heger*, Iurratio 2016, 89, 92; *Heger*, JA 2003, 76, 81; *Momsen-Pflanz*, Doping, S. 218 f.; *Ott*, Doping, S. 92; Schattmann, Betrug, S. 66; *Schlöter*, Doping, S. 189.

ungewiss.[1049] So hängt die erforderliche Platzierung und die damit verbundene Auszahlung der Prämie nicht nur von dem Vertragsabschluss und der persönlichen Eigenleistung des Sportlers ab, sondern wird darüber hinaus von weiteren Faktoren wie Taktik und Verfassung der Mitkonkurrenten bestimmt. Die Ungewissheit über den Ausgang des Wettbewerbs ist dem Sport immanent und erfüllt damit gerade nicht das Erfordernis der konkreten Vermögensgefährdung des Eingehungsbetrugs. Allein durch den Vertragsabschluss entsteht für den Sportler noch kein rechtlich gesicherter Anspruch auf die Auszahlung der Prämie. Mithin kann in der bloßen Vereinbarung über die Gewährung von Geld- oder Sachprämien bei einer bestimmten Platzierung auch noch keine Vermögensverfügung gesehen werden. Vielmehr liegt eine solche erst bei tatsächlicher Auszahlung vor.[1050] Weil der Vertragspartner seine vertragliche Gegenleistung mit an Sicherheit grenzender Wahrscheinlichkeit auch nicht erbracht hätte, wenn der Sportler ihn hinsichtlich des Dopings aufgeklärt hätte, kann die Täuschung auch als kausal für die Vermögensverfügung des Spenders angesehen werden.

2. *Vermögensverfügung des unterlegenen Konkurrenten*

Die Vermögensverfügung des Konkurrenten könnte in dem Unterlassen liegen, den ihm gegenüber dem Veranstalter bzw. Preisspender zustehenden Anspruch auf die (Sieges-)Prämie geltend zu machen.[1051] Ob dem unterlegenen, nicht gedopten Konkurrenten ein solcher Anspruch zusteht, hängt davon ab, wie die Preisauslobung bei Sportwettkämpfen zivilrechtlich einzuordnen ist. Möchte man den sportlichen Wettkampf ausschließlich als Auslobung im Sinne von § 657 BGB verstehen, entsteht der Anspruch auf die Prämie ex lege durch das Erbringen der erforderlichen sportlichen Leistung. Wendet man hingegen die Vorschrift über Preisausschreiben gemäß § 661 BGB auf sportliche Wettbewerbe an, entsteht der Anspruch erst durch die Zuerkennung des Preis- bzw. Wettkampfgerichts (§ 661 Abs. 2 BGB).

1049 *Schattmann*, Betrug, S. 70; *Schlöter*, Doping, S. 181.

1050 So i.E. auch: *Grotz*, SpuRt 2005, 93, 94; *Heger*, JA 2003, 76, 80; *Glocker*, Doping, S. 155; *Ott*, Doping, S. 90; *Schattmann*, Betrug, S. 71; *Schlöter*, Doping, S. 181; a.A. *Kerner/Trüg*, JuS 2004, 140, 141 f.

1051 *Heger*, JA 2003, 76, 81; *Kerner/Trüg*, JuS 2004, 140, 141; *Cherkeh*, Betrug, S. 138 ff.; F/P/S/*Reinhart*, Praxishandbuch, 8. Teil Rn. 143 ff.; *Glocker*, Doping, S. 147 ff.; *Ott*, Doping, S. 94; *Reisinger*, Betrug, S. 55 ff.; *Schattmann*, Betrug, S. 73 ff.; *Schlöter*, Doping, S. 185 ff.

Übereinstimmung besteht insoweit, dass es sich bei einem sportlichen Wettbewerb um eine Auslobung gemäß §§ 657 ff. BGB handelt.[1052] Eine Auslobung im Sinne von § 657 BGB ist das öffentlich bekannt gemachte Versprechen einer Belohnung für die Vornahme einer Handlung, insbesondere für die Herbeiführung eines Erfolges.[1053] Im Rahmen von sportlichen Wettbewerben erfolgt dies dadurch, dass für den Sieg oder das Erreichen einer bestimmten Platzierung eine Prämie versprochen wird. Zusätzlich kann die Auslobung unter eine Bedingung (§ 158 BGB) gestellt werden.[1054] Als solche Auslobungsbedingung ist auch das Verbot von Doping zu zählen.[1055] Dies hat zur Konsequenz, dass die Vornahme der Handlung bzw. die Herbeiführung des Erfolgs ohne Einhaltung der Bedingung nicht zur Anspruchsentstehung führt. Der besserplatzierte Sportler erfüllt aufgrund des Dopings nicht die erforderlichen Anforderungen, die zur Auszahlung der Prämie vorausgesetzt sind. Dem gedopten Sportler würde trotz des Erreichens der dotierten Platzierung kein Anspruch auf die Prämie zustehen. Dagegen würde der vermeintlich unterlegene, nicht gedopte Konkurrent automatisch nachrücken und den Anspruch für das Erreichen der erforderlichen Platzierung erhalten. Eine Disqualifikation des gedopten Sportlers wäre nicht erforderlich. Weil der unterlegene Konkurrent aufgrund seines täuschungsbedingten Irrtums verkennt, dass ihm der Anspruch zusteht, würde die Vermögensverfügung in der unterlassenen Geltendmachung des Anspruchs gegenüber dem Veranstalter bzw. Preisspender bestehen.[1056]

Insoweit ist allerdings zu beachten, dass bei einer Auslobung nach § 657 BGB der Belohnungsanspruch unmittelbar mit der bloßen Vornahme der Handlung entsteht, die anhand objektiver Kriterien überprüfbar ist.[1057] Dies ist aber zunächst für Sportveranstaltungen problematisch, bei denen der Sieg nicht ausschließlich anhand rein objektiver Kriterien wie der Anzahl der erzielten Punkte/Tore, Zeit, Weite oder Höhe bestimmt werden kann, sondern durch subjektive Elemente wie Haltungs- oder Stilnoten entschieden wird.[1058] In diesen Fällen

---

1052 *Kerner/Trüg*, JuS 2004, 140, 141; *Schlöter*, Doping, S. 185.

1053 BeckOK/*Kotzian-Marggraf*, BGB, § 657 Rn. 1; NK/*Ring*, BGB, § 657 Rn. 16 f.; *Schulze*, BGB, § 657 Rn. 1; *Kerner/Trüg*, JuS 2004, 140, 141; *Schlöter*, Doping, S. 185.

1054 MüKo/*Schäfer*, BGB, § 657 Rn. 10.

1055 *Schlöter*, Doping, S. 185.

1056 Hierfür: *Diener/Hoffmann-Holland*, Jura 2009, 946, 951; *Cherkeh*, Betrug, S. 142; *Glocker*, Doping, S. 149 ff.; siehe hierzu auch: *Heger*, JA 2003, 76, 81; *Kerner/Trüg*, JuS 2004, 140, 141; *Reisinger*, Betrug, S. 55 f.; *Schlöter*, Doping, S. 187.

1057 Palandt/*Sprau*, BGB, § 657 Rn. 5; *Kerner/Trüg*, JuS 2004, 140, 141; *Schlöter*, Doping, S. 187.

1058 *Kerner/Trüg*, JuS 2004, 140, 141.

entsteht der Belohnungsanspruch nicht bereits durch das bloße Erbringen der sportlichen Leistung.[1059] Vielmehr ist darüber hinaus eine konstitutive Entscheidung eines Preis- bzw. Wettkampfgerichts erforderlich. Selbst im Rahmen von Sportarten, bei denen der Sieg vermeintlich allein anhand objektiver Kriterien bestimmt werden kann, ist eine Entscheidung des Preis- bzw. Wettkampfgerichts nicht entbehrlich. So ist mit einem Zieleinlauf noch nicht endgültig entschieden, wer das Rennen gewonnen hat. Im Profisport ist es keine Seltenheit, dass der vermeintlich Erstplatzierte nachträglich disqualifiziert wird oder nur durch Auswertung des Zielfotos über den Sieg entschieden werden kann. Mithin bedarf es stets einer Entscheidung im Einzelfall, ob die jeweiligen Regeln eingehalten wurden und der Ablauf keinen Regelverstoß beinhaltet.[1060] Mithin unterliegen auch rein objektiv zu bestimmende Ergebnisse letztlich der Überprüfung des Preis-/Wettkampfgerichts, welches das endgültige Ergebnis bekannt gibt. Aus diesem Grund erachtet die zutreffend herrschende Meinung sportliche Wettbewerbe als Preisausschreiben gemäß § 661 BGB und damit als Spezialfall der Auslobung.[1061]

Aus der Einordnung von sportlichen Wettkämpfen als Preisausschreiben gemäß § 661 BGB folgt als Konsequenz, dass für das Entstehen eines Anspruchs auf die Prämie nicht allein die Vornahme der Handlung ausreicht, sondern darüber hinaus eine konstitutive Entscheidung des Preis-/Wettkampfgerichts erforderlich ist. Deshalb kann auch die Leistung des gedopten Sportlers einen Anspruch auf die Prämie begründen, solange das Entscheidungsgremium irrtumsbedingt von der Einhaltung der Bedingungen ausgeht und einen Anspruch zuspricht. Der gedopte Sportler bleibt solange Anspruchsinhaber für seine Platzierung, bis er disqualifiziert wird. Der unterlegene Konkurrent kann seinen Anspruch erst dann geltend machen, wenn ihn das Preis-/Wettkampfgericht nach der Disqualifikation des gedopten Sportlers höher platziert und ihm den Anspruch auf die Prämie zuspricht.[1062] Erst ab diesem Zeitpunkt wird der

1059 *Kerner/Trüg*, JuS 2004, 140, 141; *Schlöter*, Doping, S. 187.

1060 *Schattmann*, Betrug, S. 78; *Schlöter*, Doping, S. 187.

1061 BGH v. 23.9.2010 – III ZR 246/09, Rn. 11, NJW 2011, 139; BGH v. 6.4.1966 – Ib ZR 82/64, NJW 1966, 1213; OLG Köln v. 5.9.1995 – 22 U 23/95, Rn. 4, VersR 1997, 125; BeckOK/*Kotzian-Marggraf*, BGB, § 661 Rn. 1; Müko/*Schäfer*, BGB, § 661 Rn. 9; NK/*Ring*, BGB, § 657 Rn. 3; Palandt/*Sprau*, BGB, § 661 Rn. 1; Staudinger/*Bergmann*, BGB, § 661 Rn. 9; *Heger*, Iurratio 2016, 89, 92; *Heger*, JA 2003, 76, 81; *Ott*, Doping, S. 92; *Momsen-Pflanz*, Doping, S. 218 f.; *Schattmann*, Betrug, S. 66; *Schlöter*, Doping, S. 189; differenzierend: *Kerner/Trüg*, JuS 2004, 140, 144.

1062 *Heger*, JA 2003, 76, 81; *Kerner/Trüg*, JuS 2004, 140, 141; *Schlöter*, Doping, S. 187; *Reisinger*, Betrug, S. 58.

Anspruch zum Bestandteil seines Vermögens und das Unterlassen der Geltendmachung zur Vermögensverfügung. Jedoch unterliegt der Konkurrent nach der Disqualifikation des gedopten Sportlers keinem Irrtum mehr, sodass eine irrtumsbedingte Vermögensverfügung durch die unterlassene Geltendmachung ausscheidet. Hingegen besteht zum Zeitpunkt des Irrtums noch kein Anspruch auf die Prämie. Mithin scheitert ein Betrug zum Nachteil des Konkurrenten am erforderlichen Kausalzusammenhang von Irrtum und Vermögensverfügung.[1063]

3. *Vermögensverfügung des Zuschauers*

Zwar wird der Zuschauer in aller Regel ein Eintrittsgeld verrichten, das ihn zum Zuschauen am Wettkampf berechtigt. Allerdings beruht der Kauf der Eintrittskarte auf keinem täuschungsbedingten Irrtum.[1064] Die (konkludente) Täuschung des gedopten Sportlers erfolgt gegenüber dem Zuschauer erst mit der Wettkampfteilnahme. Der Zuschauer wird die Eintrittskarte aber regelmäßig vor Beginn der Austragung erwerben. Mithin liegt keine kausal auf dem Irrtum beruhende Vermögensverfügung vor.[1065]

Eine irrtumsbedingte Vermögensverfügung seitens des Zuschauers kann deshalb nur im Unterlassen der Rückforderung des gezahlten Eintrittspreises

---

1063 *Heger*, JA 2003, 76, 81; *Ott*, Doping, S. 94 f. *Schlöter*, Doping, S. 187. Selbst wenn man mit der Mindermeinung eine kausale Vermögensverfügung bejaht, scheitert eine Betrugsstrafbarkeit jedenfalls an der fehlenden Stoffgleichheit. Der gedopte Sportler möchte sich nämlich nicht um den Anspruch des unterlegenen Konkurrenten bereichern, sondern um das vom Veranstalter/Preisspender ausgeschriebene Preisgeld, ebenso: *Otto*, SpuRt 1994, 10, 15; *Cherkeh*, Betrug, S. 231 ff.; *Glocker*, Doping, S. 153 f.; *Ott*, Doping, S. 95; *Schlöter*, Doping, S. 189, Fn. 855.

1064 F/P/S/*Reinhart*, Praxishandbuch, 8. Teil Rn. 146; *Cherkeh*, Betrug, Fn. 602; *Glocker*, Doping, S. 145; *Schild*, Sportstrafrecht, S. 167; *Schlöter*, Doping, S. 194; a.A. *Kerner/Trüg*, JuS 2004, 140, 144 f.

1065 Mit dem Kauf der Eintrittskarte kann eine irrtumsbedingte Vermögensverfügung allenfalls dann angenommen werden, wenn der Zuschauer die Karte gekauft hat, um einen ganz konkreten Sportler ungedopt beim Wettkampf zu sehen. Allerdings entsteht ihm wegen der vereinbarungsgemäß erbrachten Gegenleistung (dem regulären Wettkampf) kein Schaden. Der Zuschauer erwirbt die Eintrittskarte, weil er Interesse an einem unterhaltsamen und spannenden Wettkampf hat, der ihm auch dann geboten wird, wenn der Sportler gedopt ist, vgl. *Heger*, JA 2003, 76, 82; *Linck*, NJW 1989, 2545, 2551; F/P/S/*Reinhart*, Praxishandbuch, 8. Teil Rn. 146; *Ott*, Doping, S. 96; *Schild*, Sportstrafrecht, S. 168.

bzw. der ihm zustehenden Gewährleistungsrechte liegen.[1066] Weil zwischen dem Zuschauer und dem Sportler kein Vertragsverhältnis besteht und ein deliktischer Schadensersatzanspruch mangels Verletzung absoluter Rechtsgüter ausscheidet, kommen allenfalls Ansprüche gegen den Veranstalter in Betracht.[1067]

Das zwischen Veranstalter und Zuschauer bestehende Vertragsverhältnis wird überwiegend dem Werkvertragsrecht mit mietvertraglichen Elementen zugeordnet.[1068] Dies hat zur Folge, dass der Sportveranstalter für die Werkleistung nach §§ 631 ff. BGB einzustehen hat.[1069] Kernpunkt der Leistung ist das sportliche Wettkampfereignis mit bestimmten Sportlern in einer bestimmten Sportart. Vertragliche Hauptleistungspflicht des Veranstalters ist die Wettkampfdurchführung.[1070] Zählt man hierzu auch die regelkonforme Durchführung, hätte der Veranstalter wegen des absoluten Fixschuldcharakters sportlicher Veranstaltungen eine Nichtleistung erbracht, sobald ein Sportler gedopt antritt.[1071] Weil der Sportler Erfüllungsgehilfe des Veranstalters ist, müsste sich dieser dessen Verschulden gemäß § 278 S. 1 BGB auch zurechnen lassen.[1072] Insoweit könnte der Zuschauer den gezahlten Eintrittspreis zurückverlangen sowie Schadensersatzansprüche wegen Unmöglichkeit oder frustrierter Aufwendungen geltend machen.[1073]

Eine solche Risikoverteilung ist jedoch nicht sachgerecht. Der Veranstalter hat lediglich dafür Sorge zu tragen, dass die zugrunde gelegten Wettkampfregeln

---

1066 F/P/S/*Reinhart*, Praxishandbuch, 8. Teil Rn. 146; *Glocker*, Doping, S. 145 f.; *Ott*, Doping, S. 96; *Schlöter*, Doping, S. 195 ff.

1067 *Heger*, Iurratio 2016, 89, 92; *Turner*, NJW 1992, 722; *Cherkeh*, Betrug, S. 173; *Glocker*, Doping, S. 145 f.; *Reisinger*, Betrug, S. 59; *Schlöter*, Doping, S. 195; reine Vermögensschäden (hier das aufgewandte Eintrittsgeld) sind nicht über § 823 BGB ersatzfähig.

1068 LG Rostock v. 16.6.2005 – 9 O 328/04, NJW-RR 2005, 90; *Hauck/Stephan*, JuS 2012, 585, 586; F/PS/*Fritzweiler*, Praxishandbuch, 3. Teil Rn. 170 ff.; NK/*Raab*, BGB, Vor. §§ 631 ff. Rn. 43; *Palandt*, BGB, Einf. § 631 Rn. 31; *Schlöter*, Doping, S. 195. Für eine Konzertveranstaltung: OLG München v. 26.5.2004 – 7 U 3802/02, Rn. 34, NJW-RR 2005, 616.

1069 F/PS/*Fritzweiler*, Praxishandbuch, 3. Teil Rn. 170; *Hauck/Stephan*, JuS 2012, 585, 586.

1070 F/P/S/*Fritzweiler*, Praxishandbuch, 3. Teil Rn. 170; *Glocker*, Doping, S. 146; *Schlöter*, Doping, S. 196.

1071 OLG München v. 26.5.2004 – 7 U 3802/02, Rn. 34, NJW-RR 2005, 616; *Hauck/Stephan*, JuS 2012, 585, 587; F/P/S/*Fritzweiler*, Praxishandbuch, 3. Teil Rn. 175; *Reisinger*, Betrug, S. 60; *Schlöter*, Doping, S. 196.

1072 OLG München v. 26.5.2004 – 7 U 3802/02, Rn. 36, NJW-RR 2005, 616; F/P/S/*Fritzweiler*, Praxishandbuch, 3. Teil Rn. 176; *Schlöter*, Doping, S. 196.

1073 F/P/S/*Fritzweiler*, Praxishandbuch, 3. Teil Rn. 175 ff.; *Hauck/Stephan*, JuS 2012, 585, 586 ff.; *Reisinger*, Betrug, S. 60; *Schlöter*, Doping, S. 196.

eingehalten werden. Diesem Erfordernis wird er aber schon dadurch gerecht, dass er Vorkehrungen für ein dopingfreies Sportereignis trifft.[1074] Der Zuschauer, der für die Sportveranstaltung Eintritt zahlt, hat lediglich einen Anspruch auf einen regelkonformen und gültigen Wettkampf, der auch bei Teilnahme eines gedopten Sportlers ein solcher bleibt.[1075] Der Werkvertrag ist nicht allein dadurch gestört, dass es bei der Wettkampfdurchführung zu vereinzelten Regelverstößen kommt.[1076] Folglich liegt in der Teilnahme eines gedopten Athleten noch keine Leistungsstörung.[1077] Dem Zuschauer stehen keine Gewährleistungsrechte gegen den Veranstalter zu. Mithin liegt auch keine irrtumsbedingte Vermögensverfügung durch Unterlassen vor. Im Ergebnis scheidet ein Betrug zulasten der Zuschauer aus.[1078]

4. *Vermögensverfügung des Sponsors, Arbeitgebers, sonstiger Vertragspartner*

Als Vermögensverfügung kommt einerseits die tatsächliche Auszahlung der vertraglich geschuldeten Leistung (Gehälter, Prämien, Ausstattungsleistungen, Werbegelder etc.) in Betracht.

Darüber hinaus kann eine Vermögensverfügung bereits mit Vertragsabschluss vorliegen.[1079] Steht der Sportler schon zum Zeitpunkt des Vertragsschlusses unter

---

1074 F/P/S/*Fritzweiler*, Praxishandbuch, 3. Teil Rn. 175 ff.; *Cherkeh*, Betrug, S. 174 f.; *Glocker*, Doping, S. 146; *Ott*, Doping, S. 97; *Schlöter*, Doping, S. 146.

1075 *Heger*, JA 2003, 76, 82; *Cherkeh*, Betrug, S. 175; *Glocker*, Doping, S. 146; *Schlöter*, Doping, S. 146.

1076 *Kerner/Trüg*, JuS 2004, 140, 145.

1077 Gleiches gilt für den Fall, dass die Sportveranstaltung aufgrund des Dopings nachträglich annulliert wird. Ab dem Zeitpunkt der Annullierung erfährt der Zuschauer vom Doping des Sportlers und sein Irrtum entfällt. Unterlässt er die Geltendmachung seiner Gewährleistungsrechte, ist dies auf keinen kausalen Irrtum zurückzuführen, vgl. hierzu auch: *Heger*, Iurratio 2016, 89, 92; *Heger*, JA 2003, 76, 82; *Cherkeh*, Betrug, S. 178 f.; *Ott*, Doping, S. 97; *Schlöter*, Doping, S. 197.

1078 Letztlich wird eine Betrugsstrafbarkeit auch am fehlenden Vermögensschaden des Zuschauers scheitern. Mit der ordnungsgemäßen Durchführung des Wettkampfs erhält der Zuschauer die zuvor vereinbarte Gegenleistung. Der Wettkampf bleibt trotz Dopings und Disqualifkation eines Teilnehmers als solcher regelkonform und gültig, vgl hierzu auch: *Diener/Hoffmann-Holland*, Jura 2009, 946, 953; *Heger*, JA 2003, 76, 82; *Jahn*, JuS 2012, 181, 182; *Kerner/Trüg*, JuS 2004, 140, 145; *Linck*, NJW 1987, 2545, 2551; *Turner*, MDR 1991, 569, 574; *Glocker*, Doping, S. 146 *Ott*, Doping, S. 97.

1079 Zum Eigehungsbetrug bei Vertragsschluss: 3. Kapitel C. II. 1. a).

Dopingeinfluss, täuscht er ausdrücklich oder zumindest konkludent über den vertraglich zugesagten Zustand des Nicht-Gedoptseins.[1080] Ebenso wie in den Fällen des Startgeldes besteht hier die konkrete Gefahr, dass der Vertragspartner dem gedopten Sportler die vertraglich vereinbarte Leistung auszahlen wird, weil er irrtümlich auf die vertragsgemäße Leistungserbringung des Sportlers vertraut.[1081] Dass dem Sportler die vertragsgemäße Leistung nach § 275 Abs. 1 BGB unmöglich ist, steht der Wirksamkeit des Vertrages gemäß § 311a Abs. 1 BGB nicht entgegen. Auch wenn der Vertragspartner aufgrund des Dopings gemäß § 326 Abs. 1 S. 1 StGB zu keiner Leistung mehr verpflichtet ist, wird dessen Vermögen bereits zum Zeitpunkt des Vertragsabschlusses konkret gefährdet. Weil zumindest der Schein einer vertraglichen Bindung geschaffen wird, trifft der Vertragspartner auch in diesem Fall eine Vermögensverfügung.[1082] Insoweit kann eine Vermögensverfügung des Sponsors, Arbeitgebers oder sonstigen Vertragspartners schon mit Abschluss der vertraglichen Vereinbarung vorliegen.[1083]

Als weiterer Anknüpfungspunkt kommt eine Vermögensverfügung durch Unterlassen aufgrund der Nichtausübung vertraglicher Gestaltungsrechte in Betracht.[1084] Die Erbringung einer dopingfreien Leistung zählt zu den vertraglichen Hauptpflichten des Sportlers.[1085] Kann er diese schuldhaft nicht mehr erbringen, steht dem Vertragspartner gemäß §§ 314, 626 BGB ein Kündigungsrecht zu.[1086] Unterlässt es der Vertragspartner aufgrund seines Irrtums den Vertrag mit sofortiger Wirkung außerordentlich zu kündigen, besteht die gegenwärtige Gefahr, dass er im Vertrauen auf die vertragsgemäße Leistung des

---

1080 Siehe hierzu bereits: 3. Kapitel C. I. 2.

1081 *Cherkeh*, Betrug, S. 181 f.; *Glocker*, Doping, S. 165; *Reisinger*, Doping, S. 69; *Schlöter*, Doping, S. 192.

1082 S/S/*Perron*, StGB, § 263 Rn. 56; *Glocker*, Doping, S. 165.

1083 *Cherkeh*, Betrug, S. 181 f.; *Glocker*, Doping, S. 165; *Schlöter*, Doping, S. 192; *Reisinger*, Doping, S. 69.

1084 OLG Stuttgart v. 29.9.2011 – 2 Ws 33/11, Rn. 24, SpuRt 2012, 74; *Kudlich*, SpuRt 2012, 54, 55; NK/*Kindhäuser*, StGB, § 263 Rn. 200; S/S/*Perron*, StGB, § 263 Rn. 58; *Cherkeh*, Betrug, S. 183 f.; *Ott*, Doping, S. 101; *Reisinger*, Betrug, S. 70 ff.; *Schlöter*, Doping, S. 193.

1085 OLG Stuttgart v. 29.9.2011 – 2 Ws 33/11, Rn. 17, SpuRt 2012, 74; *Cherkeh*, Betrug, S. 181.

1086 OLG Stuttgart v. 29.9.2011 – 2 Ws 33/11, Rn. 24, SpuRt 2012, 74; *Kudlich*, SpuRt 2012, 54, 55; *Glocker*, Doping, S. 166; *Reisinger*, Betrug, S. 70; *Schlöter*, Doping, S. 193, Fn. 870.

Sportlers weitere Auszahlungen vornehmen wird oder vereinbarte Vertragsstrafen nicht geltend macht.[1087]

Darüber hinaus ist der Fall denkbar, dass der Sportler erst nach Vertragsabschluss dopt und seinen Vertragspartner hierüber pflichtwidrig nicht in Kenntnis setzt. Entschließt sich der Sportler erst nach Abschluss des Vertrages zum Doping, fehlt es zum Zeitpunkt des Vertragsschlusses an einer für die Vermögensverfügung kausalen Täuschung.[1088] In diesen Fällen, in denen der Sportler den Vertragspartner nachträglich durch Unterlassen täuscht, kann die irrtumsbedingte Vermögensverfügung erst in der Auszahlung der vereinbarten Vergütung liegen.[1089] Im Ergebnis ist damit auch eine Vermögensverfügung des Arbeitgebers, Sponsors oder anderer Vertragspartner des Sportlers denkbar.

III. Vermögensschaden

Für eine Betrugsstrafbarkeit des Sportlers müssen die Vermögensverfügungen von Veranstalter, Preisspender, Arbeitgeber oder Sponsors darüber hinaus zu einem kausalen Vermögensschaden führen. Nach der wirtschaftlichen Vermögenslehre ist unter Vermögen die Summe aller wirtschaftlichen (geldwerten) Güter einer natürlichen oder juristischen Person nach Abzug der Verbindlichkeiten zu verstehen.[1090] Ein Vermögensschaden tritt ein, wenn durch die

---

1087 OLG Stuttgart v. 29.9.2011 – 2 Ws 33/11, Rn. 24, SpuRt 2012, 74; *Cherkeh*, Betrug, S. 183 ff.; *Ott*, Doping, S. 101; *Kudlich*, SpuRt 2012, 54, 55.

1088 *Grotz*, SpuRt 2005, 93, 95 f.; *Schlöter*, Doping, S. 193; *Glocker*, Doping, S. 165 f.

1089 *Grotz*, SpuRt 2005, 93, 95 f.; *Cherkeh*, Betrug, S. 187; *Glocker*, Doping, S. 165 f.; *Ott*, Doping, S. 101; *Schlöter*, Doping, S. 192. Im Falle des Dopings nach Vertragsabschluss und der damit verbundenen Täuschung durch Unterlassen kann auch nicht auf die Nichtausübung vertraglicher Gestaltungsrechte als Vermögensverfügung abgestellt werden. Insoweit fehlt es an der hierzu erfoderlichen Kausalität zwischen Irrtum und Vermögensverfügung, weil sie im selben Zeitpunkt eintreten. Mit der Dopinganwendung wird die Vorstellung des Vertragspartners über den Zustand des Gedoptseins falsch. Im selben Zeitpunkt tritt die vermögensmindernde Wirkung der Verfügung (Nichausübung der Vertragsrechte) ein, sodass es an der erforderlichen Kausalität des Irrtums für die Vermögensverfügung fehlt; siehe hierzu auch: *Cherkeh*, Betrug, S. 186 f.; *Schlöter*, Doping, S. 193 f.

1090 Vorliegend wird mangels Dopingbezug auf eine vertiefte Streitdarstellung verzichtet. Vornehmlich geht es um den vom BGH und Teilen der Literatur vertretenen wirtschaftlichen Vermögensbegriff und den von der herrschenden Lehre vertretenen juristisch-ökonomischen Vermögensbegriff. Beide gehen von einer wirtschaftlichen Betrachtungsweise aus. Im Gegensatz zum wirtschaftlichen Vermögensbegriff schützt der juristisch-wirtschaftliche Begriff nicht die Gesamtheit aller geldwerten

Vermögensverfügung der Wert der Aktiven verringert wird oder neue Verbindlichkeiten entstehen, ohne dass die Minderung durch einen unmittelbaren Zuwachs gänzlich kompensiert wird.[1091] Nach dem Prinzip der Gesamtsaldierung sind die Vermögenswerte unmittelbar vor und nach der Vermögensverfügung miteinander zu vergleichen.[1092]

1. Vermögensschaden des Veranstalters bzw. Preisspenders

Ein Vermögensschaden des Veranstalters bzw. Preisspenders kann sowohl in Bezug auf das Startgeld als auch auf die Geld- oder Sachprämie vorliegen.

a) Startgeld

Spätestens mit der Auszahlung des Startgelds verfügt der Veranstalter bzw. Preisspender über sein Vermögen. Der Zweck der Leistung besteht in der Erfüllung einer vermeintlich bestehenden Verbindlichkeit, von der er gemäß § 326 Abs. 1 S. 1 BGB befreit ist. Dopt der Sportler, wird ihm die Erbringung einer dopingfreien Leistung gemäß § 275 Abs. 1 BGB unmöglich und der Anspruch auf Erhalt der Gegenleistung erlischt.[1093] Hierfür erhält der Veranstalter bzw. Preisspender auch keine gleichwertige Kompensation. Die tatsächliche Erbringung der sportlichen Leistung vermag keinen Vermögenszuwachs beim Veranstalter bzw. Preisspender begründen. Wegen des Dopings erfolgt die Leistung nicht regelkonform und ist deshalb minderwertig.[1094] Soweit in dem Eintrittsgeld

---

Güter einer Person, sondern nur die unter dem Schutz der Rechtsordnung stehenden wirtschaftlichen Werte. Zur vertieften Streitdarstellung: BeckOK/*Beukelmann*, StGB, § 263 Rn. 39 ff.; MüKo/*Hefendehl*, StGB, § 263 Rn. 365 ff. NK/*Kindhäuser*, StGB, § 263 Rn. 226 ff. Speziell zum wirtschaftlichen Vermögensbegriff: BGH v. 1.6.2016 – 2 StR 335/15, NStZ 2016, 596; BGH v. 18.7.1961 – 1 StR 606/60, BGHSt 16, 220; L/K/*Kühl*, StGB, § 263 Rn. 33; MüKo/*Hefendehl*, StGB, § 263 Rn. 370 f.; S/S/*Perron*, StGB, § 263 Rn. 80.

1091 BGH v. 18.2.2009 – 1 StR 731/08, NStZ 2009, 330; L/K/*Kühl*, StGB, § 263 Rn. 36; S/S/*Perron*, StGB, § 263 Rn. 99.

1092 BGH v. 19.11.2015 – 4 StR 115/15, 3. Os, NStZ 2016, 280; MüKo/*Hefendehl*, StGB, § 263 Rn. 528 ff.

1093 *Cherkeh*, Betrug, S. 171; *Glocker*, Doping, S. 159; *Schattmann*, Betrug, S. 61; *Schlöter*, Doping, S. 164.

1094 OLG Stuttgart v. 29.9.2011 – 2 Ws 33/11, NJW-Spezial 2012, 90; *Heger*, JA 2003, 76, 81; *Kargl*, NStZ 2007, 489, 492; *Momsen-Pflanz*, Doping, S. 231; *Schattmann*, Betrug, S. 83; *Schlöter*, Doping, S. 199. Allerdings ist es schwierig bei Erhalt einer minderwertigen, aber nicht wertlosen Leistung die konkrete Höhe des Schadens

der Zuschauer eine Kompensation des Schadens gesehen wird,[1095] bleibt unberücksichtigt, dass der erlangte Vorteil unmittelbar auf der Vermögensverfügung beruhen muss.[1096] Ein Vermögenszuwachs kann aber nur dann zum Schadensausgleich führen, wenn er unmittelbar auf der Vermögensverfügung beruht. Die zeitlich nachfolgende Auszahlung des Startgelds steht aber in keinem Zusammenhang mit dem Eintrittsgeld der Zuschauer. Mangels Unmittelbarkeit scheiden die Zuschauereinnahmen als kompensationsfähiger Vermögenszuwachs aus.[1097] Mithin erleidet der Veranstalter bzw. Preisspender mit Auszahlung des Startgeldes einen Vermögensschaden.[1098]

Darüber hinaus liegt bereits zum Zeitpunkt des Vertragsschlusses eine dem Vermögensschaden gleichstehende Vermögensgefährdung vor.[1099] Ist der Sportler zu diesem Zeitpunkt gedopt, ist ihm die legale Leistungserbringung unmöglich. Insoweit besteht die konkrete Gefahr, dass der Veranstalter bzw. Preisspender im Vertrauen auf die vertragsgemäße Leistung des Sportlers das Startgeld auszahlen wird.[1100] Wegen anfänglicher Unmöglichkeit gemäß § 311a Abs. 1 BGB wird die vorgenommene Verfügung nicht durch den Erhalt einer gleichwertigen Gegenleistung kompensiert. Mithin liegt eine konkrete Vermögensgefährdung bereits mit Vertragsabschluss vor.[1101]

---

zu beziffern. Insoweit wird ein gewisser Teil des Startgeldes kompensiert; *Schlöter*, Doping, Fn. 896 m.w.N.

1095 *Mestwerdt*, Doping, S. 65; Schild/*Schild*, Rechtliche Fragen des Dopings, S. 30; einen Vermögensschaden pauschal ablehnend: *Linck*, MedR 1993, 55, 61; *Turner*, MDR 1991, 569, 574.

1096 BGH v. 5.7.2011 – 3 StR 444/10, 1. Os, NStZ-RR 2011, 312; L/K/*Kühl*, StGB, § 263 Rn. 36; S/S/*Perron*, StGB, § 263 Rn. 142; *Kargl*, NStZ, 2007, 489, 492.

1097 So auch *Kargl*, NStZ, 2007, 489, 492; *Cherkeh*, Betrug, S. 193; *Glocker*, Doping, S. 160; *Haug*, Doping, S. 197; *Schlöter*, Doping, S. 199.

1098 *Kargl*, NStZ, 2007, 489, 49; *Cherkeh*, Betrug, S. 192; *Glocker*, Doping, S. 159 f.; *Reisinger*, Betrug, S. 75; *Schattmann*, Betruf, S. 83; *Schlöter*, Doping, S. 199.

1099 Zum Bergiff der Vermögensgefährdung: BeckOK/*Beukelmann*, StGB, § 263 Rn. 65 f.; S/S/*Perron*, StGB, § 263 Rn. 144 ff.

1100 Zum sog. Eingehungsbetrug siehe bereits: 3. Kapitel C. II. 1. a).

1101 MüKo/*Hefendehl*, StGB, § 263 Rn. 850; *Kerner/Trüg*, Jus 2004, 140, 142; *Glocker*, Doping, S. 159; *Reisinger*, Betrug, S. 75; *Schattmann*, Betrug, S. 83; *Schlöter*, Doping, S. 200; dies gilt selbt dann, wenn der Sportler das Doping im Zeitpunkt des Vertragsschlusses nur beabsichtigt hat.

b) Geld- und Sachprämien

Der Annahme eines Vermögensschadens durch die Auszahlung einer Geld- oder Sachprämie könnte der Einwand entgegenstehen, dass der Veranstalter bzw. Preisspender die Prämie in jedem Fall hätte auszahlen müssen.[1102] Wie bereits festgestellt, findet bei sportlichen Wettbewerben die Vorschrift über Preisausschreiben gemäß § 661 BGB Anwendung.[1103] Nach § 661 Abs. 2 BGB ist der gedopte Sportler so lange Anspruchsinhaber, bis er durch das Preis-/Wettkampfgericht disqualifiziert wird. Selbst wenn er disqualifiziert wird, rückt der nächstplatzierte Sportler nach und erhält den Anspruch auf die Prämie. Folglich hätte sich das Vermögen des Veranstalters bzw. Preisspenders auch ohne die Täuschung um denselben Wert vermindert.[1104]

Teilweise wird deshalb ein Vermögensschaden damit begründet, dass durch die Auszahlung der Prämie an den gedopten Sportler das Vermögen des Veranstalters bzw. Preisspenders stärker belastet wird, als dies ohne Täuschung der Fall wäre. Weil die Prämie im Falle einer Disqualifikation erneut ausgezahlt werden müsste, der gedopte Sportler die erhaltene Leistung aber bis dahin in aller Regel noch nicht zurückgezahlt habe, liege ein Vermögensschaden vor.[1105] Nach anderer Ansicht soll ein Vermögensschaden erst dann vorliegen, wenn der gedopte Sportler tatsächlich disqualifiziert wird, die erhaltene Prämie aber wegen fehlender Solvenz nicht zurückzahlen kann.[1106] Dagegen ist jedoch einzuwenden, dass die Minderung des Vermögens durch die erneute Auszahlungspflicht nicht auf dem täuschungsbedingten Irrtum, sondern auf der Disqualifikation des Sportlers beruht und es somit an der erforderlichen Kausalität zwischen Täuschung und Schaden fehlt.[1107]

1102 *Heger*, JA 2003, 76, 80 f.; *Kerner/Trüg*, JuS 2004, 140, 142; Glocker, Doping, S. 155; *Schattmann*, Betrug, S. 85; *Schlöter*, Doping, S. 202; *Schneider-Grohe*, Doping, S. 149.

1103 Zur Einordnung von Wettkämpfen als Preisausschreiben siehe bereits: 3. Kapitel C. II. 2.

1104 *Heger*, JA 2003, 76, 80 f.; *Cherkeh*, Betrug, S. 194; *Glocker*, Doping, S. 155; *Momsen-Pflanz*, Doping, S. 224; *Ott*, Doping, S. 91 f. *Schattmann*, Betrug, S. 84 f.; *Schlöter*, Doping, S. 202. Etwas anderes gilt dann, wenn man mit der Mindermeinung eine Anwendung des § 661 BGB auf Sportveranstaltungen ablehnt und die Vorschrift des § 657 BGB als einschlägig erachtet. In diesem Fall würde ein Vermögensschaden bereits mit der Auszahlung der Prämie an den gedopten Sportler vorliegen, weil gleichzeitig dem unterlegenen, nicht gedopten Konkurrenten, ein Anspruch auf die Preis-/Sachprämie zusteht.

1105 So *Kerner/Trüg*, JuS 2004, 140, 142.

1106 *Schattmann*, Betrug, S. 89.

1107 *Schlöter*, Doping, S. 204.

Zutreffend ist es daher, einen Vermögensschaden allenfalls unter dem Gesichtspunkt einer konkreten Vermögensgefährdung anzunehmen. Insoweit trägt der Veranstalter bzw. Preisspender nämlich das Risiko, bei einer Disqualifikation des gedopten Sportlers die bereits ausgezahlte Prämie nicht zurückzuerlangen.[1108] Allerdings wird eine Gefährdung des Rückzahlungsanspruchs nur in seltenen Fällen anzunehmen sein.[1109] Vor allem im Profi- und Leistungssport dürfte eine fehlende Solvenz des Sportlers unmittelbar nach dem Wettkampf ausscheiden. So wird der gedopte Sportler die Prämie in der kurzen Zeitspanne zwischen Erhalt und Disqualifikation noch nicht verbraucht haben und in der Lage sein, diese zurückzuerstatten.[1110] Eine Vermögensgefährdung kann aber dann anzunehmen sein, wenn der Sportler erst Jahre später des Dopings überführt wird und zur Rückzahlung nicht mehr im Stande ist.[1111] Insoweit wird eine Vermögensgefährdung aber eher vage als konkret sein, sodass eine konkrete Gefährdung nur in Ausnahmefällen anzunehmen ist.[1112] Im Ergebnis erleidet der Veranstalter bzw. Preisspender mit der Auszahlung der Prämie an den gedopten Sportler noch keinen Vermögensschaden.[1113]

Zum Teil wird jedoch ein Vermögensschaden mit dem Hinweis auf die Zweckverfehlungslehre bejaht.[1114] Bei einem Preisausschreiben handelt es sich um ein einseitiges Rechtsgeschäft.[1115] Dem Auslobenden steht kein Anspruch auf die zu erbringende Leistung zu. Nach der sog. Zweckverfehlungslehre kann eine täuschungs- und irrtumsbedingte Schädigung aber auch dann vorliegen, wenn sich der Getäuschte über die nachteilige Wirkung seiner Vermögensverfügung bewusst ist.[1116] Ein Schaden ist in diesem Fall zu bejahen, wenn der mit

1108 *Heger*, JA 2003, 76, 81; *Schattmann*, Betrug, S. 89; *Schlöter*, Doping, S. 204.

1109 *Grotz*, SpuRt 2005, 93, 95; *Herger*, JA 2003, 76, 81.

1110 *Grotz*, SpuRt 2005, 93, 95; *Heger*, JA 2003, 76, 81; *Schattmann*, Betrug, S. 89 f.; *Schlöter*, Doping, S. 204.

1111 *Schattmann*, Betrug, S. 89; *Schlöter*, Doping, S. 204.

1112 *Schlöter*, Doping, S. 204.

1113 So auch: F/P/S/*Reinhart*, Praxishandbuch, 8. Teil Rn. 137; MüKo/*Hefendehl*, StGB, § 263 Rn. 850; *Heger*, JA 2003, 76, 81; *Momsen-Pflanz*, Doping, S. 226; *Ott*, Doping, S. 93; *Schattmann*, Betrug, S. 89 f.; *Schlöter*, Doping, S. 204; *Schneider-Grohe*, Doping, S. 149; a.A. *Kerner/Trüg*, JuS 2004, 140, 142.

1114 So *Kargl*, NStZ 2007, 489, 492; *Cherkeh*, Doping, S. 206; *Glocker*, Doping, S. 156; *Valerius*, FS Rissing-van Saan, S. 717, 720.

1115 BeckOK/*Kotzian-Marggraf*, BGB, § 661 Rn. 1; NK/*Ring*, BGB, § 661 Rn. 3; *Schattmann*, Betrug, S. 85; *Schlöter*, Doping, S. 202.

1116 BGH v. 10.11.1994 – 4 StR 331/94, NStZ 1995, 134; BeckOK/*Beukelmann*, StGB, § 263 Rn. 50; S/S/*Perron*, StGB, § 263 Rn. 102; *Wessels/Hillenkamp*, BT II, Rn. 553 f.

der Verfügung verfolgte Zweck seinem sozialen Sinn nach verfehlt wird.[1117] Zur Vermeidung einer Subjektivierung des Schadensbegriffs kann allerdings nur eine objektivierbare und wirtschaftlich relevante Zwecksetzung zur Schadensbegründung geeignet sein.[1118] Für die Annahme eines Schadens ist daher maßgeblich, welchen Zweck der Veranstalter bzw. Preisspender mit der Auslobung der Prämie verfolgt.[1119] Nach teilweise vertretener Auffassung soll der durch die Auslobung von Geld- und Sachprämien verfolgte Zweck gerade in der Förderung eines ehrlichen Wettkampfsports liegen.[1120] Deshalb komme der Einhaltung des Dopingverbots bei der zweckmäßigen Vergabe von Prämien eine entscheidende Bedeutung zu.[1121] Die Auszahlung an einen gedopten Sportler widerspreche dem Zweck einer solchen Förderung, weshalb die Zuwendung für den Spender eine wirtschaftlich unvernünftige Ausgabe darstelle und sein Vermögen schädige.[1122] Einem solchen rein ideellen Verständnis ist jedoch zu widersprechen. Auch wenn Veranstalter bzw. Preisspender die ideelle Förderung eines fairen Wettkampfs im Blick haben, werden insbesondere im kommerzialisierten Profisport mit der Vergabe von Prämien vor allem wirtschaftliche Ziele verfolgt,[1123] und Geld- und Sachprämien werden dabei zumeist von wirtschaftlich motivierten Unternehmen gestellt. Als Gegenleistung für die finanzielle Förderung wird diesen die gezielte Produktplatzierung für Werbezwecke ermöglicht. Ausgelobte Prämien können vor allem für Sportler mit hohem Bekanntheitsgrad einen Anreiz zur Wettkampfteilnahme bieten, und mit deren Teilnahme nicht zuletzt der Marktwert für das sportliche Event gesteigert werden.[1124] Ein solcher Zweck wird aber auch durch das Doping des Sportlers nicht verfehlt. Die Auslobung der Prämie ist an keinen über die Auszahlung hinausgehenden sozialen oder immateriellen Zweck gebunden.[1125] Darüber hinaus unterscheidet sich die Auszahlung

---

1117 BGH v. 10.11.1994 – 4 StR 331/94, NStZ 1995, 134; BeckOK/*Beukelmann*, StGB, § 263 Rn. 50; S/S/*Perron*, StGB, § 263 Rn. 99b, 102; *Glocker*, Doping, S. 155; *Schattmann*, Betrug, S. 85; *Schlöter*, Doping, S. 202.

1118 *Schattmann,* Doping, S. 85; *Schlöter*, Doping, S. 203; *Wessels/Hillenkamp*, BT II, Rn. 554.

1119 NK/*Kindhäsuer*, StGB, § 263 Rn. 259; *Glocker*, Doping, S. 156; *Schattmann*, Betrug, S. 85; *Schlöter*, Doping, S. 203.

1120 *Kargl* NStZ 2007, 489, 492; *Glocker*, Doping, S. 156.

1121 *Kargl* NStZ 2007, 489, 492; *Cherkeh,* Doping, S. 206; *Glocker*, Doping, S. 156; für den Pferderennsport auch: *Ditz*, Doping, S. 511 ff.

1122 *Kargl*, NStZ 2007, 489, 492; *Cherkeh,* Doping, S. 206; *Glocker*, Doping, S. 156.

1123 *Grotz*, SpuRt 2005, 93, 95; *Schattmann*, Betrug, S. 87; *Schlöter*, Doping, S. 203.

1124 *Schattmann*, Betrug, S. 87; *Schlöter*, Doping, S. 203.

1125 *Grotz*, SpuRt 2005, 93, 95; *Heger*, JA 2003, 76, 81; *Schattmann*, Betrug, S. 87.

der Prämie von den Fällen des Spenden- und Bettelbetrugs insoweit, dass das Vermögen des getäuschten Spenders in Kenntnis der Sachlage überhaupt nicht gemindert worden wäre, während der Veranstalter bzw. Preisspender die Prämie in jedem Fall hätte auszahlen müssen.[1126] Im Ergebnis ist damit auch unter Einbeziehung der Zweckverfehlungslehre ein Vermögensschaden des Veranstalters bzw. Preisspenders durch die Auszahlung der Prämie an den gedopten Sportler zu verneinen.[1127]

2. *Vermögensschaden des Sponsors, Arbeitgebers und sonstiger Vertragspartner*

Vertragspartner des Sportlers wie Sponsoren und Arbeitgeber verfügen über ihr Vermögen durch die Auszahlung der vertraglich vereinbarten Leistung. Darüber hinaus kann eine unmittelbare Minderung des Vermögens bereits zum Zeitpunkt des Vertragsabschlusses vorliegen.[1128] Für die Annahme eines Vermögensschadens darf darüber hinaus keine Kompensation vorliegen.

Der an einen Verein oder Sponsor gebundene Vertragssportler erhält zwar Vermögensbestandteile in Form von Gehältern, Sachleistungen oder Prämien. Insoweit ist jedoch zu berücksichtigen, dass er dafür auch eine (sportliche) Gegenleistung erbringt. Deshalb kann sich ein Vermögensschaden durch die Auszahlung der vertraglich vereinbarten Leistung allenfalls daraus ergeben, dass die Gegenleistung des Sportlers durch das Doping minderwertig ist und deshalb kein wirtschaftliches Äquivalent darstellt.[1129] Möchte man auf die Auszahlung ohne vertragskonforme Gegenleistung abstellen, ist die Bemessung des wirtschaftlichen Werts einer gedopten Wettkampfteilnahme jedoch problematisch.[1130] Weil es einen Marktpreis für sportliche Spitzenleistungen nicht gibt, verbietet sich eine schematische Übertragung der Kriterien

---

1126 *Heger*, JA 2003, 76, 81.

1127 So auch: L/K/*Kühl*, StGB, § 263 Rn. 56; MüKo/*Hefendehl*, StGB, § 263 Rn. 850; NK/*Kindhäuser*, StGB, § 263 Rn. 292; *Grotz*, SpuRt 2005, 93, 95; *Heger*, JA, 2003, 76, 81; *Ott*, Doping, S. 92; *Schattmann*, Betrug, S. 87; *Schlöter*, Doping, S. 203; a.A. *Kargl*, NStZ 2007, 489, 492; *Cherkeh*, Betrug, S. 206; *Glocker*, Doping, S. 156; *Valerius*, FS Rissing-van Saan, S. 717, 720.

1128 Siehe hierzu bereits 3. Kapitel C. II. 4.

1129 OLG Stuttgart v. 29.9.2011 – 2 Ws 33/11, NJW-Spezial 2012, 90; F/P/S/*Reinhart*, Praxishandbuch, 8. Teil Rn. 134; MüKo/*Hefendehl*, StGB, § 263 Rn. 851; *Glocker*, Doping, S. 166; *Schlöter*, Doping, S. 206.

1130 MüKo/*Hefendehl*, StGB, § 263 Rn. 851; *Kraatz*, NStZ-RR 2013, 33; *Jahn*, JuS 2012, 181, 183.

der Marktüblichkeit.[1131] So wird der Wert eines Sportlers nicht ausschließlich an dessen sportlichen Fähigkeiten bestimmt, sondern setzt sich darüber hinaus aus weiteren Faktoren wie Image, Privatleben, Bekanntheitsgrad, Aussehen oder Alter zusammen.[1132] Eine Wertermittlung wird deshalb allenfalls anhand einer wertenden Gesamtbetrachtung unter Berücksichtigung aller Umstände des Einzelfalls möglich sein.[1133] Insoweit ist es in der Rechtsprechung des Bundesverfassungsgerichts (BVerfG) anerkannt, dass bei bestehenden Unsicherheiten ein Mindestschaden auch im Wege einer tragfähigen Schätzung ermittelt werden kann.[1134] Erbringt der Sportler seine vertraglich geschuldete Leistung unter dem Einfluss von Doping, besteht zumindest die Gefahr, dass er positiv getestet wird. Die Gefahr der Dopingüberführung entwertet seine Leistung. Wird der Sportler des Dopings überführt, darf er nicht mehr an Wettkämpfen teilnehmen. Ohne die Möglichkeit der Wettkampfteilnahme kann er den Vertragspartner aber nicht auf gewünschte Weise repräsentieren. Dadurch wird seine bisherige und zukünftige Leistung zwar nicht wertlos, aber zumindest minderwertig.[1135] Die gedopte Leistung des Sportlers vermag die Auszahlung der vertraglich geschuldeten Leistung nicht vollumfänglich zu kompensieren. Ein Vermögensschaden liegt danach vor.

Hinsichtlich eines Vermögensschadens durch Vertragsabschluss ist eine differenzierte Betrachtung dahingehend erforderlich, ob der Sportler bereits zum Zeitpunkt des Vertragsabschlusses gedopt war oder erst im Anschluss daran zu verbotenen Dopingmittel bzw. Dopingmethoden greift.[1136]

In der ersten Konstellation steht bereits zum Zeitpunkt des Vertragsschlusses fest, dass der gedopte Sportler die vereinbarte Leistungspflicht zukünftig nicht erbringen wird.[1137] Darüber hinaus entspricht der Sportler nicht seinem versprochenen Marktwert, wenn die bisherigen Ergebnisse ebenfalls unter

1131 F/P/S/*Reinhart*, Praxishandbuch, 8. Teil Rn. 134.

1132 *Schlöter*, Doping, S. 207.

1133 F/P/S/*Reinhart*, Praxishandbuch, 8. Teil Rn. 134; MüKo/*Hefendehl*, StGB, § 263 Rn. 851.

1134 BVerfG v. 7.11.2012 – 2 BvR 2500/09, 2 BvR 1857/10, Rn. 176, NStZ 2012, 496; BVerfG v. 23.6.2010 – 2 BvR 2559/08, 2 BvR 105/09, 2 BvR 491/09, Rn. 113, NStZ 2010, 626; BGH v. 20.12.2012 – 4 StR 55/12, Rn. 36, NStZ 2013, 234.

1135 OLG Stuttgart v. 29.9.2011 – 2 Ws 33/11, NJW-Spezial 2012, 90; *Cherkeh*, Betrug, S. 225; *Glocker*, Doping, S. 167; *Schlöter*, Doping, S. 208.

1136 So auch: *Glocker*, Doping, S. 166 ff.; *Ott*, Doping, S. 101 ff.; *Reisinger*, Betrug, S. 80 ff.; *Schlöter*, Doping, S. 208 ff.

1137 *Ott*, Doping, S. 101.

Dopingeinfluss erzielt wurden.[1138] Aufgrund der früheren Erfolge des Sportlers wird der Vertragspartner ein entsprechendes Leistungsniveau auch in Zukunft erwarten.[1139] Dies hat zur Folge, dass dem Vertrag ein Marktwert des Sportlers zugrunde liegt, den dieser nicht erfüllt. Ergibt ein beiderseitiger Wertvergleich der zugesagten Leistungen, dass der Anspruch des Vertragspartners hinter dem des gedopten Sportlers zurückbleibt, liegt ein Schaden vor.[1140] Insoweit kann auf die Anforderungen zum Anstellungsbetrug zurückgegriffen werden.[1141] Danach liegt ein Schaden vor, wenn die Qualität der Dienstleistung der vereinbarten Verpflichtung wertmäßig nicht entspricht.[1142] Zwar stellt sich wieder das Problem, den wirtschaftlichen Marktwert des gedopten Sportlers zu ermitteln. Im Ergebnis wird aber auch hier eine minderwertige Leistung zu bejahen sein, sodass der Marktwert des gedopten Sportlers hinter der vereinbarten Gegenleistung zurückbleibt.[1143] Ein Vermögensschaden liegt damit bereits mit Vertragsabschluss vor.

In der zweiten Konstellation, in welcher der Sportler erst nach Vertragsabschluss dopt, liegt zunächst ein wirtschaftlich ausgeglichener Vertrag vor.[1144] Die bisherigen Leistungen des Sportlers wurden noch nicht durch Doping beeinflusst, sodass dem Vertrag ein adäquater Marktwert zugrunde liegt. Allerdings täuscht der Sportler über die innere Absicht der Erfüllungsbereitschaft. Insoweit besteht die konkrete Gefahr, dass der Vertragspartner Leistungen erbringen wird, zu denen er nicht verpflichtet ist.[1145] Ein Vermögensschaden in Form einer konkreten Vermögensgefährdung liegt damit auch in dieser Konstellation vor.

1138 *Glocker*, Doping, S. 167; *Schlöter*, Doping, S. 208.

1139 *Grotz*, SpuRt 2005, 93, 96.

1140 BGH v. 18.2.1999 – 5 StR 193–98, NStZ 1999, 302; MüKo/*Hefendehl*, StGB, § 263 Rn. 667; L/K/*Kühl*, StGB, § 263 Rn. 53.

1141 BGH v. 18.2.1999 – 5 StR 193–98, NStZ 1999, 302; MüKo/*Hefendehl*, StGB, § 263 Rn. 667; NK/*Kindhäuser*, StGB, § 263 Rn. 322 ff.; *Heger*, Iurratio 2016, 89, 92; *Grotz*, SpuRt 2005, 93, 96; *Cherkeh*, Betrug, S. 210; *Glocker*, Doping, S: 169; *Ott*, Doping, S. 101.

1142 BGH v. 18.2.1999 – 5 StR 193–98, NStZ 1999, 302; NK/*Kindhäuser*, StGB, § 263 Rn. 322.

1143 So auch: *Grotz*, SpuRt 2005, 93, 96; *Glocker*, Doping, S. 169 f.; *Ott*, Doping, S. 101; *Schlöter*, Doping, S. 209.

1144 *Schlöter*, Doping, S. 210.

1145 OLG Stuttgart v. 29.9.2011 – 2 Ws 33/11, NJW-Spezial 2012, 90; *Glocker*, Doping, S. 167; *Schlöter*, Doping, S. 210.

IV. Zwischenergebnis

Ein Betrug zum Nachteil des unterlegenen Konkurrenten scheitert an der erforderlichen Kausalität zwischen Irrtum und Vermögensverfügung. Sportliche Wettbewerbe sind Preisausschreiben gemäß § 661 BGB. Der unterlegene Konkurrent kann seinen Anspruch auf die Prämie mithin erst dann geltend machen, wenn ihm das Preis-/Wettkampfgericht nach der Disqualifikation des gedopten Sportlers den Anspruch zuspricht. Zu diesem Zeitpunkt unterliegt dieser aber keinem Irrtum mehr. Auch der Zuschauer nimmt keine kausale Vermögensverfügung vor. Der Kauf der Eintrittskarte beruht auf keinem täuschungsbedingten Irrtum. Darüber hinaus stehen dem Zuschauer keine Gewährleistungsrechte gegen den Veranstalter zu, sodass auch eine irrtumsbedingte Vermögensverfügung durch Unterlassen ausscheidet.

Hingegen kann eine kausale Vermögensverfügung des Veranstalters bzw. Preisspenders mit der Auszahlung des vereinbarten Startgeldes bzw. der ausgelobten Prämie vorliegen. In Bezug auf das Startgeld kann darüber hinaus bereits mit Vertragsabschluss eine Vermögensverfügung in Form einer konkreten Vermögensgefährdung gegeben sein. In der bloßen Vereinbarung über die Gewährung einer Geld- oder Sachprämie liegt hingegen noch keine Vermögensverfügung. Im Gegensatz zum Startgeld ist im Rahmen der Vereinbarung über die Auszahlung einer Geld- oder Sachprämie die Gefahr des Vermögensverlustes noch nicht so naheliegend, dass von einer Verschlechterung der gegenwärtigen Vermögenslage gesprochen werden kann. Ein Vermögensschaden ist nur im Hinblick auf das Startgeld zu bejahen. Insoweit ist die Auszahlung als Durchführung bzw. Abwicklung des Eingehungsbetrugs zu werten. Die Täuschung bei Vertragsabschluss wirkt bei Auszahlung des Startgeldes fort. Daher handelt es sich insgesamt nur um einen Betrug.[1146] Hinsichtlich der Prämienauszahlung entsteht dem Veranstalter bzw. Preisspender in aller Regel kein Schaden.

Darüber hinaus kommt eine Vermögensverfügung des Arbeitgebers und Sponsors in Betracht. Ein Vermögensschaden kann sowohl durch Vertragsabschluss als auch durch die spätere Auszahlung der versprochenen Leistung vorliegen. Auch hier wirkt die Täuschung in der späteren Auszahlung fort, sodass insgesamt nur ein Betrug vorliegt.

Gelingt auf subjektiver Tatseite der Nachweis über den Vorsatz und die Absicht einer stoffgleichen Bereicherung, macht sich der Sportler in den aufgezeigten Konstellationen des Betrugs gemäß § 263 Abs. 1 StGB strafbar.

1146 „*Subsidiarität des Eingehungsschadens gegenüber dem effektiven Schaden*", *Kerner/Trüg*, JuS 2004, 140, 145, Fn. 61.

D. Verbote von Arzneimitteln zu Dopingzwecken im Sport, § 6a AMG a.F.

Wie bereits ausgeführt, wurde durch das Achte Gesetze zur Änderung des Arzneimittelgesetzes mit § 6a AMG a.F. eine strafbewehrte Verbotsnorm in Bezug auf Dopingmittel geschaffen.[1147] Danach war es verboten, Arzneimittel zu Dopingzwecken im Sport in den Verkehr zu bringt, zu verschreiben oder bei anderen anzuwenden. Im Jahr 2007 erweiterte der Gesetzgeber die Norm um eine Besitzstrafbarkeit von nicht geringen Mengen.[1148] Sechs Jahre später wurde das Verbot um die Tathandlung des Erwerbs solcher Mengen ergänzt.[1149] Sowohl die Tathandlungen des Inverkehrbringens, Verschreibens und Anwendens in Absatz 1 als auch die Modalitäten des Erwerbes und Besitzes in Absatz 2 mussten zu Dopingzwecken im Sport erfolgen. Die Strafbarkeit eines Verstoßes gegen § 6a AMG a.F. ergab sich aus § 95 Abs. 1 Nr. 2a, 2b AMG a.F. Der Versuch war gemäß § 95 Abs. 2 AMG a.F. ebenfalls strafbar. Darüber hinaus enthielt das Arzneimittelgesetz in § 95 Abs. 3 AMG a.F. eine Reihe von Regelbeispielen besonders schwerer Fälle, wie etwa die Abgabe an Minderjährige oder die gewerbsmäßige Begehung.

Durch Art. 2 des Gesetzes zur Bekämpfung von Doping im Sport wurden die strafbewehrten Verbote mit Wirkung vom 18. Dezember 2015 aufgehoben.[1150]

I. Das Verbot des Absatzes 1

Gemäß § 6a Abs. 1 AMG a.F. war es verboten, Arzneimittel nach Absatz 2 S. 1 zu Dopingzwecken im Sport in den Verkehr zu bringen, zu verschreiben oder bei anderen anzuwenden, sofern ein Doping beim Menschen erfolgt oder erfolgen sollte. Im Mittelpunkt der Norm stand nicht der sich dopende Athlet selbst, sondern dessen Umfeld. Neben den (Sport-)Ärzten, Trainern, Eltern und sonstigen Personen im Umfeld des Sportlers kamen vor allem Apotheker und pharmazeutische Unternehmer als Täter in Betracht.[1151] Aber auch der Sportler selbst

---

1147 Achtes Gesetz zur Änderung des Arzneimittelgesetzes v. 7.9.1998, BGBl. 1998 I, S. 2649; BT-Drucks. 13/9996; BT-Drucks. 266/13, S. 3.

1148 Gesetz zur Bekämpfung des Dopings im Sport, BGBl. 2007 I, S. 2510 f.; BT-Drucks. 16/5526.

1149 Drittes Gesetz zur Änderung arneimittelrechtlicher und anderer Vorschriften v. 7.8.2013, BGBl. 2013 I, S. 3108; BT-Drucks. 17/13083, S. 3.

1150 Gesetz zur Bekämpfung von Doping im Sport v. 10.12.2015, BGBl. 2015 I, S. 2210; Inkraftgetreten gem. Art. 9 Abs. 1 dieses Gesetzes am 18.12.2015.

1151 MüKo/*Freund*, StGB, 2. Aufl., 2013, AMG, § 6a Rn. 20; *Weber*, BtMG, 4. Aufl., 2013, AMG, § 6a Rn. 23; *Glocker*, Doping, S. 173 f.; *Schlöter*, Doping, S. 218.

konnte Täter sein, wenn er das Dopingmittel an Teamkollegen weitergegeben oder bei ihnen angewendet hat.[1152]

In § 4 Abs. 17 AMG wird das Inverkehrbringen definiert als „*das Vorrätighalten zum Verkauf oder zu sonstiger Abgabe, das Feilhalten, das Feilbieten und die Abgabe an andere.*“ Durch das Verbot des Inverkehrbringens sollten vor allem Hersteller und Händler von Arzneimittelen erfasst werden.[1153] Ein Inverkehrbringen lag aber auch dann vor, wenn das Dopingmittel dem Sportler zur alsbaldigen Selbstapplikation überlassen wurde.[1154] Als Mehr gegenüber dem bloßen Erwerb oder Besitz machte sich hingegen der Athlet nicht wegen eines Inverkehrbringens strafbar, wenn er das Dopingmittel lediglich zum Eigenkonsum, nicht aber zur Abgabe an Dritte erworben oder besessen hat.[1155] Insoweit konnte aber eine Strafbarkeit nach Absatz 2a vorliegen.

Verschreiben ist die Ausstellung eines Rezepts über das Arzneimittel.[1156] Wie im Betäubungsmittelrecht richtete sich das Verschreibungsverbot nicht nur an Angehörige der Heilberufe (insb. Ärzte und Heilpraktiker), sondern an jedermann.[1157] Insoweit wurde auch der Rezeptfälscher erfasst.[1158]

Die Tathandlung der Anwendung bei anderen umfasste die Verabreichung eines Dopingmittels durch eine Person am oder im Körper des Sportlers.[1159] Erfasst wurde auch die heimliche Applikation, sodass kein einvernehmliches Zusammenwirken zwischen Täter und Sportler erforderlich war.[1160] Nicht verboten war hingegen das Eigendoping, also die Anwendung durch den Athleten an sich selbst.[1161] Als notwendiger Teilnehmer konnte der selbst dopende Sportler

---

1152 MüKo/*Freund*, StGB, 2. Aufl., 2013, AMG, § 6a Rn. 20; *Weber*, BtMG, 4. Aufl., 2013, AMG, § 6a Rn. 23.

1153 K/M/H/*Nickel*, AMG, § 6a Rn. 14.

1154 *Weber*, BtMG, 4. Aufl., 2013, AMG, § 6a Rn. 32.

1155 K/M/H/*Nickel*, AMG, § 6a Rn. 14; MüKo/*Freund*, StGB, 2. Aufl., 2013, AMG, § 6a Rn. 32; *Weber*, BtMG, 4. Aufl., 2013, AMG, § 6a Rn. 30; *Schlöter*, Doping, S. 218.

1156 MüKo/*Freund*, StGB, 2. Aufl., 2013, AMG, § 6a Rn. 29; K/M/H/*Nickel*, AMG, § 6a Rn. 16; *Weber*, BtMG, 4. Aufl., 2013, AMG, § 6a Rn. 33.

1157 MüKo/*Freund*, StGB, 2. Aufl., 2013, AMG, § 6a Rn. 29; *Weber*, BtMG, 4. Aufl., 2013, AMG, § 6a Rn. 33; a.A. K/M/H/*Nickel*, AMG, § 6a Rn. 16; *Schlöter*, Doping, S. 219.

1158 MüKo/*Freund*, StGB, 2. Aufl., 2013, AMG, § 6a Rn. 29; *Weber*, BtMG, 4. Aufl., 2013, AMG, § 6a Rn. 33.

1159 MüKo/*Freund*, StGB, 2. Aufl., 2013, AMG, § 6a Rn. 30; K/M/H/*Nickel*, AMG, § 6a Rn. 17; *Weber*, BtMG, 4. Aufl., 2013, AMG, § 6a Rn. 34.

1160 K/M/H/*Nickel*, AMG, § 6a Rn. 17; MüKo/*Freund*, StGB, 2. Aufl., 2013, AMG, § 6a Rn. 31; *Weber*, BtMG, 4. Aufl., 2013, AMG, § 6a Rn. 34.

1161 K/M/H/*Nickel*, AMG, § 6a Rn. 12; *Schlöter*, Doping, S. 219.

sich auch nicht wegen Anstiftung oder Beihilfe zu den arzneimittelrechtlichen Vorschriften der §§ 6a Abs. 1, 95 Abs. 1 Nr. 2a AMG a.F. strafbar machen.[1162] Etwas anderes galt nur im Hinblick auf die Tathandlung des Verschreibens. Hier ist die Teilnahme des Adressaten zur Ausstellung des Rezeptes nicht zwingend erforderlich, sodass sich der Sportler wegen Anstiftung strafbar machte, wenn er die ausstellende Person im Vorfeld dazu bestimmt hat.[1163]

II. Das Verbot des Absatzes 2a

Gemäß § 6a Abs. 2a AMG a.F. war es verboten, bestimmte Arzneimittel oder Wirkstoffe zu Dopingzwecken in nicht geringen Mengen zu erwerben oder zu besitzen.

In Orientierung an dem zivilrechtlichen Begriff des Besitzes ist hier die tatsächliche Gewalt über eine Sache gemeint.[1164] Erforderlich ist ein tatsächliches Herrschaftsverhältnis, das die ungehinderte Einwirkungsmöglichkeit auf das Arzneimittel beinhaltet und von einem Herrschaftswillen getragen ist.[1165] Insoweit deckte sich der Begriff mit dem des § 29 Abs. 1 Nr. 3 BtMG.[1166] Verboten war nicht nur der Besitz zum Zwecke des Inverkehrbringens, sondern auch zum Eigengebrauch.[1167] Folglich machte sich der Sportler wegen des Besitzes auch dann strafbar, wenn er die entsprechende Menge nur zum Eigenkonsum besaß.[1168] Der Besitz einer geringen Menge war hingegen nicht strafbewehrt. Dementsprechend wurde nicht bestraft, wer sich durch langfristig angelegte Lieferungsvereinbarungen immer nur geringe Mengen der für das Eigendoping benötigten Substanzen verschafft hat.[1169] Mangels eines Herrschaftsverhältnisses begründete auch der bloße Konsum, also weder das Dulden der Verabreichung noch das Erlangen zum unmittelbaren Verbrauch, einen Besitz und war damit straffrei.[1170] Für eine Strafbarkeit des Sportlers ebenfalls nicht ausreichend war

1162 MüKo/*Freund*, StGB, 2. Aufl., 2013, AMG, § 6a Rn. 20 ff.; *Weber*, BtMG, 4. Aufl., 2013, AMG, § 95 Rn. 73; *Schlöter*, Doping, S. 219.

1163 *Weber*, BtMG, 4. Aufl., 2013, AMG, § 95 Rn. 119; *Schlöter*, Doping, S. 219.

1164 MüKo/*Freund*, StGB, 2. Aufl., 2013, AMG, § 6a Rn. 44; *Ott*, Doping, S. 110.

1165 K/M/H/*Nickel*, AMG, § 6a Rn. 48.

1166 K/M/H/*Nickel*, AMG, § 6a Rn. 48; *Weber*, BtMG, 4. Aufl., 2013, AMG, § 6a Rn. 92; *Schlöter*, Doping, S. 223.

1167 K/M/H/*Nickel*, AMG, § 6a Rn. 49; MüKo/*Freund*, StGB, 2. Aufl., 2013, AMG, § 6a Rn. 46; *Schlöter*, Doping, S. 224.

1168 K/M/H/*Nickel*, AMG, § 6a Rn. 49; *Schlöter*, Doping, S. 224; a.A. wohl *Hauptmann/Rübenstahl*, MedR 2007, 271, 277.

1169 MüKo/*Freund*, StGB, 2. Aufl., 2013, AMG, § 6a Rn. 48.

1170 *Weber*, BtMG, 4. Aufl., 2013, AMG, § 6a Rn. 92 f.; *Schlöter*, Doping, S. 224.

es, dass sich die von einem Dritten zuvor verabreichten Mittel lediglich im Körper des Sportlers befanden.[1171]

Durch das nachträglich eingefügte Erwerbsverbot sollten schließlich auch diejenigen Fälle erfasst werden, in denen der Besitz nicht nachgewiesen werden konnte. Als Vorstufe zum Besitz liegt ein Erwerb vor, wenn der Täter die eigene tatsächliche Verfügungsgewalt über das Arzneimittel im einverständlichen Zusammenwirken mit dem Vorbesitzer durch ein Rechtsgeschäft erlangt und die Verfügungsgewalt ausüben kann.[1172] Wie beim Besitz musste sich auch der Erwerb auf eine nicht geringe Menge beziehen.

E. Umgang mit Betäubungsmitteln, § 29 ff. BtMG

Für den dopenden Sportler und den sich daran beteiligenden Personenkreis kommt zudem eine Strafbarkeit nach betäubungsmittelrechtlichen Vorschriften in Betracht.[1173]

Betäubungsmittel sind Stoffe, die nach wissenschaftlicher Erkenntnis wegen ihrer Wirkungsweise eine Abhängigkeit hervorrufen können oder deren betäubende Wirkungen wegen des Ausmaßes einer missbräuchlichen Verwendung unmittelbar oder mittelbar Gefahren für die Gesundheit begründen oder die der Herstellung solcher Betäubungsmittel dienen.[1174] Nach § 1 Abs. 1 BtMG zählen hierzu alle in der Anlage I bis III des Betäubungsmittelgesetzes aufgeführten Stoffe und Zubereitungen.[1175] Damit ist ein Dopingmittel nur dann ein Betäubungsmittel im Sinne des BtMG, wenn es in den Anlagen I bis III aufgelistet ist.[1176] Die Begriffe Doping- und Betäubungsmittel schließen sich nicht gegenseitig aus. Gemäß § 81 AMG bleiben die Vorschriften des AntiDopG unberührt.[1177] Daraus ergibt sich, dass auf Dopingmittel, die zugleich Betäubungsmittel sind, neben den Vorschriften des AntiDopG auch die des BtMG Anwendung

1171 *Ott*, Doping, S. 110.

1172 K/P/V/*Patzak*, BtMG, § 29 Rn. 4; *Weber*, BtMG, § 29 Rn. 1193; *Ott*, Doping, S. 111.

1173 Das arzneimittelrechtliche Dopingverbot gemäß § 6a Abs. 1, 2 AMG wurde durch das Gesetz zur Bekämpfung von Doping im Sport vom 10.12.2015 (BGBl. 2015 I, S. 2210) mit Wirkung vom 18.12.2015 aufgehoben.

1174 BVerfG v. 4.5.1997 – 2 BvR 509/96, 2 BvR 511/96, Rn. 22, NStZ-RR 1997, 342; *Weber*, BtMG, § 1 Rn. 11.

1175 Sog. System der Positivliste, MüKo/*Oğlakcıoğlu*, StGB, BtMG, § 1 Rn. 2.

1176 MüKo/*Oğlakcıoğlu*, StGB, BtMG, § 1 Rn. 2; *Schlöter*, Doping, S. 226.

1177 In der Fassung des Art. 2 Nr. 6 des Gesetzes v. 15. 12. 2015 (BGBl. 2015 I, S. 2210, 2216)

finden.[1178] Die Straftatbestände des BtMG stehen daher mit denen des AntiDopG in Tateinheit.[1179]

Von strafrechtlicher Relevanz sind insbesondere die Verbote des § 29 Abs. 1 Nr. 1 und 3 BtMG. Danach macht sich strafbar, wer Betäubungsmittel unerlaubt anbaut, herstellt, mit ihnen Handel treibt, sie ein oder ausführt, veräußert, abgibt, sonst in den Verkehr bringt, erwirbt oder sich in sonstiger Weise verschafft. Anders als bei § 6a Abs. 2a AMG a.F. ist darüber hinaus auch der mengenunabhängige Besitz strafbar.[1180] Hingegen ist der Eigenkonsum auch nach dem BtMG nicht unter Strafe gestellt.[1181]

F. Ergebnis

Zwar kann die Verabreichung von Dopingmitteln oder die Anwendung von Dopingmethoden eine tatbestandliche Körperverletzung begründen. Weil beim Selbstdoping aber keine andere Person körperlich misshandelt oder an der Gesundheit geschädigt wird, macht sich der selbst dopende Sportler auch nicht nach § 223 Abs. 1 StGB strafbar. Handelt der Athlet eigenverantwortlich, ist die Beteiligung ebenfalls grundsätzlich straflos. Die strafrechtliche Verantwortung eines Dritten beginnt erst dort, wo keine eigenverantwortliche Selbstverletzung bzw. -gefährdung des dopenden Sportlers mehr vorliegt und eine Fremdschädigung bzw. -gefährdung gegeben ist. Die tatbestandliche Körperverletzung kann dann aber durch eine Einwilligung gerechtfertigt sein. Eine solche wäre nur in seltenen Fällen sittenwidrig und damit unwirksam, in denen das Doping zu einer schweren Folge des § 226 StGB oder zur konkreten Todesgefahr des Sportlers führt. Solch gravierende Nebenwirkungen werden jedoch in den meisten Fällen ausscheiden, sodass auch keine Sittenwidrigkeit vorliegen wird.

Zwar belegen in der Vergangenheit bereits eingetretene Todesfälle, dass der Konsum von Dopingmitteln auch tödlich enden kann. Ein solcher ist allerdings nur in Wechselwirkung mit anderen Faktoren denkbar. Zumeist wird es in der Praxis schon an dem erforderlichen Nachweis der Kausalität fehlen. Erschwerend kommt hinzu, dass die beteiligten Parteien regelmäßig nicht den Tod des

---

1178 *Weber*, BtMG, § 1 Rn. 23, 26; *Weber*, BtMG, AntiDopG, Einl. Rn. 26.

1179 L/N/P/*Putzke*, AntiDopG, § 4 Rn. 90; *Weber*, BtMG, § 1 Rn. 23, 26; *Weber*, BtMG, AntiDopG, Einl. Rn. 27.

1180 Gemäß § 29 Abs. 5 BtMG kann das Gericht jedoch von einer Bestrafung absehen, wenn der Täter die Betäubungsmittel lediglich zum Eigenverbrauch in geringer Menge besitzt.

1181 *Glocker*, Doping, S. 178; *Ott*, Doping, S. 112; *Schlöter*, Doping, S. 225.

Sportlers billigend in Kauf nehmen, sodass allenfalls eine fahrlässige Tötung in Betracht zu ziehen ist.[1182]

Auch der Tatbestand des Betrugs gemäß § 263 StGB vermag nicht alle wirtschaftlichen Interessen ausreichend zu schützen. Vom Schutzbereich nicht erfasst sind die unterlegenen Konkurrenten des dopenden Sportlers und die im Vertrauen auf einen fairen Wettkampf Eintritt zahlenden Zuschauer. Als Vermögensdelikt kann der Betrugstatbestand nur den professionalisierten Sport erfassen. Dabei ist Doping vor allem auch im Amateur- und Freizeitsport ein weit verbreitetes Problem.[1183] Darüber hinaus existieren zahlreiche Streitfragen. In den meisten Fällen wird nur eine extensive Auslegung des Tatbestands zu einer Betrugsstrafbarkeit führen. Ist eine Strafbarkeit wegen Betrugs in der Theorie grundsätzlich denkbar, bestehen in der Praxis zahlreiche Beweisschwierigkeiten, die einer Verurteilung nicht selten entgegenstehen.[1184]

Die strafbewehrten Verbote des § 6a AMG hatten nicht primär den dopenden Athleten selbst, sondern dessen Hintermänner im Visier. Neben den betreuenden Ärzten, Trainern, Eltern und sonstigen Personen im Umfeld des Sportlers kamen vor allem Apotheker und pharmazeutische Unternehmer als Täter in Betracht.[1185] Die Vorschriften des Arzneimittelgesetzes richteten sich gegen den Handel mit Dopingmitteln. Im Fokus stand der Breiten- und Freizeitsport. Insbesondere das Selbstdoping war nicht strafbewehrt. Eine strafrechtliche Sanktionierung des Sportlers war nur möglich, wenn dieser das Dopingmittel an Teamkollegen weitergegeben oder bei ihnen angewendet hat.[1186] Auch Teilnehmer konnte der Sportler nur im Rahmen der Tathandlung des Verschreibens sein. Ebenfalls strafbar war zwar auch der Erwerb und Besitz nicht geringer Mengen von Arzneimitteln und Wirkstoffen zu Dopingzwecken im Sport. Allerdings ist die Strafverfolgung in den meisten Fällen an dem Erfordernis der nicht geringen Menge gescheitert.[1187] Die überführten Athleten beriefen sich auf den

---

1182 *Heger*, Iurratio 2016, 89, 91.

1183 *Heger*, Iurratio 2016, 89, 92.

1184 Als Beispiel hierzu: LG Stuttgart v. 29.10.13 – 16 KLs 211 Js 88929/08, Rn. 231, SpuRt 2014, 209.

1185 MüKo/*Freund*, StGB, 2. Aufl., 2013, AMG, § 6a Rn. 20; *Weber*, BtMG, 4. Aufl., 2013, AMG, § 6a Rn. 23; *Glocker*, Doping, S. 173 f.; *Schlöter*, Doping, S. 218.

1186 MüKo/*Freund*, StGB, 2. Aufl., 2013, AMG, § 6a Rn. 20; *Weber*, BtMG, 4. Aufl., 2013, AMG, § 6a Rn. 23; *Roxin*, FS Samson, 445, 448.

1187 *Ott*, Doping, S. 111: *„Einschlägige Verurteilungen von Sportlern sind jedenfalls seit Inkrafttreten der neuen Regelung soweit ersichtlich nicht bekannt.“*; *Schlöter*, Doping, S. 224: *„In der Praxis dürfte es in diesen Fällen aber bereits an der nicht geringen Menge scheitern.“*

straflosen Eigengebrauch. Mangels konkreter Anhaltspunkte konnte zumeist auch kein hinreichender Tatverdacht für die Abgabe durch Dritte bejahrt werden. Anders als bei § 6a Abs. 2a AMG a.F. ist zwar auch der mengenunabhängige Besitz nach § 29 Abs. 1 Nr. 1 BtMG strafbar.[1188] Jedoch stellen nicht alle Dopingmittel zugleich ein Betäubungsmittel im Sinne der Vorschrift dar. Darüber hinaus ist auch der Eigenkonsum nach dem BtMG nicht unter Strafe gestellt.[1189]

Die Idee der Bekämpfung des Dopings im Sport mit Hilfe des Strafrechts ist nicht neu. Jedoch verifizieren sowohl die Historie als auch die Verbreitung des Dopings, dass die bisherigen Gesetze nicht ausreichend waren. Regelmäßig liefert allein der dopende Sportler die ersten Anhaltspunkte für ein Dopingvergehen. Mithin muss auch dieser im Fokus der Strafverfolgung stehen. Nur so ist es dem Staat überhaupt erst möglich, seine Aufklärungsinstrumentarien vollumfänglich einzusetzen. Weil die Gesetzgebungskompetenz für das Arzneimittelgesetz aber nur den Verkehr mit Arzneimitteln umfasst und das Betäubungsmittelgesetz nur den Umgang mit Stoffen verbietet, die ein Suchtpotential aufweisen, war die Pönalisierung des Dopings allein auf Grundlage der bisherigen Regelungen für eine umfassende Dopingbekämpfung unzureichend.[1190] Insofern können die damaligen Forderungen nach einem eigenständigen Anti-Doping-Gesetz als legitim erachtet werden. Erforderlich war eine direkte Kriminalisierung des Dopings, damit auch die Hauptakteure zur Verantwortung gezogen werden können. Doping im Sport gefährdet nicht nur die Gesundheit der Sportler und den Sportethos, sondern tangiert auch die Integrität des Sports in einem wirtschaftlichen Kontext. Gegen das Fernziel ist mithin nichts einzuwenden. Im Grundsatz war das Anti-Doping-Gesetz als Schritt in die richtige Richtung zu begrüßen. Ob dieses allerdings dem Erfordernis einer umfassenden Dopingbekämpfung gerecht wird oder mögliche Risiken und Nebenwirkungen einer strafrechtlichen Sanktionierung verkannt werden, ist Gegenstand der nachfolgenden Darstellung.

1188 Gemäß § 29 Abs. 5 BtMG kann das Gericht jedoch von einer Bestrafung absehen, wenn der Täter die Betäubungsmittel lediglich zum Eigenverbrauch in geringer Menge besitz.

1189 *Glocker*, Doping, S. 178; *Ott*, Doping, S. 112; *Schlöter*, Doping, S. 225.

1190 *Prokop*, SpuRt 2006, 192, 193,

Viertes Kapitel: Das Anti-Doping-Gesetz

A. Regelungssystematik des Gesetzes – Überblick

Ob und in welchem Umfang der Staat mit strafrechtlichen Mitteln gegen Doping im Sport vorgehen darf, war und ist bis heute umstritten. Kern der rechts- und sportpolitischen Diskussion ist die Frage, welches Rechtsgut für die strafrechtliche Sanktionierung des Selbstdopings als Unterfall einer grundsätzlich straflosen Selbstgefährdung herangezogen werden kann. Hierzu hat der Gesetzgeber den Zweck des Gesetzes zum Schutz der Gesundheit und Integrität des Sports in § 1 AntiDopG vorangestellt. Während das Umgangs- und Anwendungsverbot in § 2 AntiDopG vor allem den Gesundheitsschutz intendiert, hat das Selbstdopingverbot in § 3 AntiDopG den Schutz der Integrität des Sports einschließlich der damit verbundenen Vermögensinteressen im Visier.

Insoweit differenziert das Gesetz in § 2 und § 3 AntiDopG zwischen zwei möglichen Dopingverstößen: Wie bereits zuvor in § 6a AMG a.F. verbietet § 2 AntiDopG den unerlaubten Umgang mit Dopingmitteln (Absatz 1) und die unerlaubte Anwendung von Dopingmitteln und Dopingmethoden (Absatz 2) zu Dopingzwecken im Sport. § 2 Abs. 3 AntiDopG hat das Verbot des Erwerbs und Besitzes nicht geringer Mengen zum Gegenstand.

Das Verbot des § 3 Abs. 1 AntiDopG hat erstmals das Selbstdoping im Visier. Darüber hinaus untersagt § 3 Abs. 2 AntiDopG die Wettkampfteilnahme unter Dopingeinfluss. Hierdurch wollte der Gesetzgeber etwaigen Strafbarkeitslücken begegnen und auch die Fallkonstellationen erfassen, in denen die Anwendung oder das Anwendenlassen im Ausland erfolgt, die Wettkampfteilnahme aber im Inland stattfindet.[1191] Beschränkt ist das Verbot des Selbstdopings auf die Teilnahme an einem „*Wettbewerb des organisierten Sports*“, der in § 3 Abs. 3 AntiDopG legal definiert wird. Im Gegensatz zu § 6a AMG a.F., ist gemäß § 3 Abs. 4 AntiDopG der Erwerb und Besitz entsprechender Mittel auch in geringen Mengen zum Zweck des Selbstdopings verboten.

Kern der strafrechtlichen Sanktionierung ist die Vorschrift des § 4 AntiDopG. Die Absätze 1 und 2 pönalisieren Verstöße gegen die zuvor in § 2 und § 3 AntiDopG genannten Dopingverbote mit einer Freiheitsstrafe bis zu drei Jahren oder mit Geldstrafen. Darüber hinaus enthält § 4 Abs. 3 AntiDopG eine Versuchsstrafbarkeit für die Fälle des § 4 Abs. 1 AntiDopG. Die Vorschrift des

---

1191 BT-Drucks. 18/4898, S. 48.

§ 4 Abs. 4 AntiDopG beinhaltet Qualifikationstatbestände, mit einem erhöhten Strafrahmen von einem bis zu zehn Jahren. In minder schweren Fällen des § 4 Abs. 4 AntiDopG sieht § 4 Abs. 5 AntiDopG eine reduzierte Freiheitsstrafe von drei Monaten bis zu fünf Jahren vor. Für die von § 4 Abs. 1 Nr. 1, 2 und 3 AntiDopG erfassten Verhaltensweisen sanktioniert § 4 Abs. 6 AntiDopG darüber hinaus auch die fahrlässige Begehung. Zur Vermeidung einer unverhältnismäßigen Ausdehnung der Strafbarkeit des Selbstdopings umfasst der Täterkreis in § 4 Abs. 7 AntiDopG eine Person nur dann, wenn sie „*Spitzensportlerin oder Spitzensportler des organisierten Sports*" ist. Dies sind Athleten, die als Mitglieder eines Testpools den Dopingkontrollen der jeweiligen Verbände unterliegen (Nr. 1) oder aus ihrer sportlichen Betätigung Einnahmen von erheblichem Umfang erzielen (Nr. 2). Hinsichtlich des mengenunabhängigen Erwerbs- und Besitzverbots in § 3 Abs. 4 AntiDopG sieht § 4 Abs. 8 AntiDopG die Möglichkeit der tätigen Reue vor. Danach wird nicht bestraft, wer freiwillig die tatsächliche Verfügungsgewalt über das Dopingmittel aufgibt, bevor er es anwendet oder anwenden lässt.

Hinsichtlich des Tatgegenstandes ist dem Gesetz nicht direkt zu entnehmen, welche konkreten Mittel und Methoden im Einzelfall als Doping gelten. Insoweit folgt auch das Anti-Doping-Gesetz dem Enumerationsprinzip. Wie bereits zuvor in § 6a AMG a.F. und den sportrechtlichen Regelwerken wird zur weiteren Konkretisierung auf eine externe Liste verwiesen, welche die verbotenen Substanzen und Methoden abschließend aufzählt. In Kongruenz mit der privatrechtlichen Sportorganisation WADA kann der nationale Gesetzgeber diese ändern oder ergänzen. Darüber hinaus existiert eine Anlage zum Anti-Doping-Gesetz. Diese enthält eine abschließende Aufzählung der Stoffe, deren Verbringung in den Geltungsbereich, Erwerb oder Besitz in nicht geringen Mengen nach § 2 Abs. 3 AntiDopG verboten ist. Allerdings enthält die Anlage keine Angaben über die stoffspezifische Mindestmenge. Vielmehr ist diese der Verordnung zur Festlegung der nicht geringen Menge von Dopingmitteln (sog. Dopingmittel-Mengen-Verordnung – DmMV) zu entnehmen.[1192]

1192 Aktuell: Dritte Verordnung zur Bestimmung von Dopingmitteln und zur Festlegung der nicht geringen Menge v. 8.7.2016, BGBl. 2016 I, S. 1624.

Gemäß § 5 AntiDopG können Gegenstände, auf die sich eine Straftat nach § 4 AntiDopG bezieht, eingezogen werden. Insoweit findet § 74a StGB Anwendung.

Die Vorschrift des § 6 AntiDopG enthält eine Verordnungsermächtigung für das Bundesministerium für Gesundheit, die „*nicht geringe Menge*“ der in der Anlage zu diesem Gesetz genannten Stoffe zu bestimmen (Abs. 1 Nr. 1) und weitere Stoffe aufzunehmen oder zu streichen (Abs. 1 Nr. 2). Darüber hinaus darf das Bundesministerium für Gesundheit weitere Stoffe oder Dopingmethoden bestimmen, auf die § 2 Abs. 1 und 2 AntiDopG Anwendung findet.

Insgesamt umfasst das Anti-Doping-Gesetz zwölf Paragrafen. Die weiteren Vorschriften des Anti-Doping-Gesetzes sehen Hinweispflichten für bestimmte Arzneimittel (§ 7 AntiDopG), den Informationsaustausch von personenbezogenen Daten zwischen den Gerichten bzw. der Staatsanwaltschaft und der NADA (§ 8 AntiDopG), den Umgang mit personenbezogenen Daten (§ 9 AntiDopG) und Gesundheitsdaten (§ 10 AntiDopG), die Anerkennung der Schiedsgerichtsbarkeit (§ 11 AntiDopG) sowie die Möglichkeit zum Erlass von Rechtsverordnungen für eine gerichtsbezirksübergreifende Zuständigkeitskonzentration für die nach § 4 AntiDopG durchzuführenden Strafverfahren (§ 12 AntiDopG) vor.

Weil die Vorschriften der §§ 7 ff. AntiDopG für die Frage der materiellen Strafbarkeit des Sportlers allerdings nicht von Relevanz sind, werden sie im weiteren Verlauf dieser Untersuchung außer Acht gelassen.

Zur Veranschaulichung folgende Übersicht:

Verbotsgegenstand	**Strafnorm**	**Verbotsnorm**	**Dopingliste**
Umgangs- & Anwendungsverbot	**§ 4 I Nr. 1 + 2** - Versuch § 4 III; - Qualifikation § 4 IV, V; - Fahrlässigkeit § 4 VI	**§ 2 I + II**	Anlage I des Internationalen Übereinkommens gegen Doping im Sport
Erwerbs- & Besitzverbot nicht geringer Mengen	**§ 4 I Nr. 3** - Versuch § 4 III; - Qualifikation § 4 IV, V; - Fahrlässigkeit § 4 VI	**§ 2 III**	Anlage zum AntiDopG + DmMV
Selbstdoping- & Teilnahmeverbot	**§ 4 I Nr. 4 + 5** - Versuch § 4 III; - Spitzensportler § 4 VII	**§ 3 I S. 1 + II** Wettbewerb des org. Sports § 3 III	Anlage I des Internationalen Übereinkommens gegen Doping im Sport
Erwebs- & Besitzverbot zur Vorteilsverschaffung im Wettkampf	**§ 4 II** - Spitzensportler § 4 VII; - tätige Reue § 4 VIII	**§ 3 IV** Wettbewerb des org. Sports § 3 III	Anlage I des Internationalen Übereinkommens gegen Doping im Sport

B. Zweck des Anti-Doping-Gesetzes, § 1 AntiDopG

Mit der Vorschrift des § 1 AntiDopG hat der Gesetzgeber den Zweck des Gesetzes ausdrücklich benannt und den übrigen Regelungen des Gesetzes vorangestellt.

§ 1
Zweck des Gesetzes

Dieses Gesetz dient der Bekämpfung des Einsatzes von Dopingmitteln und Dopingmethoden im Sport, um die Gesundheit der Sportlerinnen und Sportler zu schützen, die Fairness und Chancengleichheit bei Sportwettbewerben zu sichern und damit zur Erhaltung der Integrität des Sports beizutragen.

I. Begründung von Dopingverboten

Kann es gerechtfertigt sein, Sportler unter das Damoklesschwert des Strafrechts zu stellen? Zur Begründung, warum der Dopingmissbrauch zu bekämpfen und zu verbieten ist, werden in der Literatur seit jeher im Wesentlichen drei Argumente angeführt: Schutz der Gesundheit der Athleten, Chancengleichheit im Wettkampf zur Vermeidung von Ergebnisverzerrungen und das Ansehen des Sports in der Öffentlichkeit.[1193]

Betrachtet man die Anti-Doping-Bestimmungen der nationalen und internationalen Sportverbände, die sich für die jeweiligen Sportarten verantwortlich zeichnen, stellt man entgegen der allgemeinen Erwartung fest, dass viele Organisationen und Verbände in der Vergangenheit in ihren Bestimmungen auf eine diesbezügliche Zielsetzung verzichtet haben.[1194] Die wenigen Verbände und Organisationen, die das Verbot begründen, nennen die jeweiligen Motive lediglich in ihrer Einleitung oder Präambel.[1195] Explizit mit dem Thema befasste sich erstmals die WADA, die in Art. 4.3 des WADC Kriterien aufstellte, unter welchen Voraussetzungen ein Wirkstoff oder eine Methode in die Verbotsliste aufzunehmen ist. Danach kommt ein Stoff oder eine Methode für die Aufnahme in die Verbotsliste nur in Betracht, wenn kumulativ zwei der drei folgenden Kriterien erfüllt sind:

1193 *Steiner*, NJW 1991, 2729, 2733 ff; Fritzweiler/*Prokop*, Doping, S. 81 f.; *Glocker*, Doping, S. 87 ff.; *Markowetz*, Doping, S. 32 f.; Vieweg/*Vieweg*, Doping – Realität und Recht, S. 27.

1194 *Glocker*, Doping, S. 87; Fritzweiler/*Prokop*, S. 81; Vieweg/*Vieweg*, Doping – Realität und Recht, S. 27.

1195 *Glocker*, Doping, S. 87; Vieweg/*Vieweg*, Doping – Realität und Recht, S. 27.

„(1) Der Stoff oder die Methode das Potential besitzt die sportliche Leistung zu steigern oder diese steigert;[1196]

(2) Der Stoff oder die Methode für den Athleten ein tatsächliches oder mögliches Gesundheitsrisiko darstellt;[1197]

(3) Die Anwendung des Stoffs oder der Methode gegen den in der Einleitung des Codes beschriebenen Sportsgeist verstößt.“[1198]

Die NADA hat diese Regelungssystematik in Art. 4.3 NADC inkorporiert, indem sie die Voraussetzungen der WADA, welche Substanzen und Methoden in die Verbotsliste aufzunehmen sind, für verbindlich erklärt hat.[1199]

Auch bei der Pönalisierung des Sportdopings durch die Schaffung eines Anti-Doping-Gesetzes drehte sich die öffentliche Debatte um die Frage, ob es einer gesonderten Regelung zur Strafbarkeit der Athleten selbst bedarf, und inwieweit ein solches Gesetz überhaupt zulässig sein kann. Im Kern der juristischen Kontroverse ging es vor allem um das hinter einer Sportlerstrafbarkeit stehende, zu schützende Rechtsgut.[1200] Das Anti-Doping-Gesetz benennt heute in § 1 AntiDopG den Zweck des Gesetzes zur [1] Bekämpfung des Einsatzes von Dopingmitteln und Dopingmethoden im Sport, [2] um die Gesundheit der Sportlerinnen und Sportler zu schützen, [3] die Fairness und Chancengleichheit bei Sportwettbewerben zu sichern und damit zur [4] Erhaltung der Integrität des Sports beizutragen.

Mit der Normierung des Gesetzeszwecks in § 1 AntiDopG ist der Gesetzgeber von der allgemeinen Regelungssystematik abgewichen. Im Gegensatz zu anderen Strafgesetzen sind die zu schützenden Rechtsgüter nicht bloß aus dem Wortlaut der jeweiligen Tatbestände oder der Gesetzesbegründung ableitbar, sondern vielmehr bereits in § 1 AntiDopG explizit genannt.[1201]

1196 Artikel 4.3.1.1 WADC in der Fassung v. 2015.

1197 Artikel 4.3.1.2 WADC in der Fassung v. 2015.

1198 Artikel 4.3.1.3 WADC in der Fassung v. 2015. Danach macht der Sportsgeist „*das Wesen des olympischen Gedankens aus: das Streben nach Spitzenleistungen durch die gezielte Perfektionierung der natürlichen Begabungen eines Menschen. Er entspricht* [dem] *Verständnis von Fairness und ehrlicher sportlicher Gesinnung. Der Sportsgeist ist die Würdigung von Geist, Körper und Verstand des Menschen und zeichnet sich durch* [folgende] *Werte aus: Ethik, Fairness und Ehrlichkeit; Gesundheit; Spitzenleistung; Charakter und Erziehung; Spaß und Freude; Teamgeist; Einsatzbereitschaft und Engagement; Anerkennung von Regeln und Gesetzen; Respekt gegenüber der eigenen Person und anderen Teilnehmern; Mut; Gemeinschaftssinn und Solidarität.*“

1199 Artikel 4.3 NADA in der Fassung v. 2015.

1200 Pfister/*Bindels*, Das AntiDopG, S. 13.

1201 Pfister/*Heger*, Das AntiDopG, S. 28.

Dem Gesetzeswortlaut sind insgesamt vier Einzelzwecke zu entnehmen, die in Korrelation zueinander stehen.[1202] Allerdings wird weder aus der textlichen Verknüpfung, noch aus der grammatikalischen Verbindung mit dem Zweck der Dopingbekämpfung ersichtlich, in welchem Rangverhältnis diese Zwecke zueinander stehen. Mit der Gesetzesformulierung, wonach das Anti-Doping-Gesetz den Zweck verfolgt, Fairness und Chancengleichheit zu sichern „*und damit*" zur Erhaltung der Integrität des Sports beiträgt, deutet der Gesetzgeber zwar auf ein bestehendes Rangverhältnis hin, die Art dieses Rangverhältnisses zwischen den einzelnen Zwecken ergibt sich allerdings erst in Verbindung mit der Gesetzesbegründung.[1203] Dort heißt es: „*Neben dem Schutz der Gesundheit der betroffenen Sportlerinnen und Sportler dient das Gesetz zum anderen auch dem Schutz der Integrität des organisierten Sports, die durch Doping in erheblichem Umfang bedroht ist. Denn Doping erschüttert die Grundlagen der Integrität, die maßgeblich auf Fairness und Chancengleichheit im sportlichen Wettbewerb beruhen. Doping greift tief in die ethisch-moralischen Werte des Sports ein, raubt dem Sport seine Glaubwürdigkeit und Vorbildfunktion.*"[1204]

Folglich beschreibt die in § 1 AntiDopG genannte Bekämpfung des Einsatzes von Dopingmitteln und Dopingmethoden im Sport den instrumentalen Zweck des Anti-Doping-Gesetzes, wonach die Dopingbekämpfung nicht zum Selbstzweck erfolgt, sondern „*um*" andere Zwecke zu erfüllen.[1205] Die Zwecke des Gesundheitsschutzes und der Integrität des Sports stehen dabei auf einer Stufe und sind erkennbar gleichberechtigt formuliert.[1206] Die Sicherung der Fairness und Chancengleichheit im sportlichen Wettbewerb begreift der Gesetzgeber hingegen als Grundlage der Integrität.[1207] Diese Integrität des Sports beruht im Allgemeinen auf seinen ethisch-moralischen Werten, deren Verteidigung vor allem im Rahmen sportlicher Wettbewerbe zu erfolgen habe.[1208]

Weitere Zwecke sind der Textfassung des Anti-Doping-Gesetzes zwar nicht zu entnehmen, allerdings deutet die Gesetzesbegründung im Zusammenhang mit der Sicherung von Fairness und Chancengleichheit im sportlichen Wettkampf

---

1202 Eine solche Voranstellung des gesetzgeberischen Zwecks findet sich beispielsweise auch in § 1 UWG, § 1 WaffG; § 1 AtG; § 1 ChemG; § 1 GenTG, welche ebenfalls nebenstrafrechtliche Vorschriften enthalten.

1203 L/N/P/*Nolte*, AntiDopG, § 1 Rn. 8.

1204 BT-Drucks. 18/4898, 22 f.

1205 L/N/P/*Nolte*, AntiDopG, § 1 Rn. 8.

1206 L/N/P/*Nolte*, AntiDopG, § 1 Rn. 9.

1207 BT-Drucks. 18/4898, 22 f.

1208 So sinngemäß: BT-Drucks. 17/4898, 22; L/N/P/*Nolte*, AntiDopG, § 1 Rn. 8.

auf dezidierte wirtschaftliche Faktoren hin: „*Durch Gehälter, öffentliche Fördermittel, Start- und Preisgelder sowie Sponsorengelder eröffnet der Sport viele Einnahmemöglichkeiten. Mit Doping werden vor allem die ehrlichen Konkurrenten im sportlichen Wettbewerb getäuscht und geschädigt, die gegenüber den dopenden Sportlerinnen und Sportlern das Nachsehen haben. Geschädigt werden in der Regel aber auch die Veranstalter, die Sportvereine, die Sponsoren, die berichtenden Medien und nicht zuletzt die Zuschauer, die in der Erwartung eines fairen sportlichen Wettbewerbs Vermögenswerte aufwenden.*“[1209] Zwar erhebt die Gesetzesbegründung diese wirtschafts- und vermögensbezogenen Kriterien nicht in den Rang einer Zwecksetzung gemäß § 1 AntiDopG, dennoch bringt der Gesetzgeber mit ihnen wichtige Aspekte zum Ausdruck, die bei der Normierung von Vorschriften des Anti-Doping-Gesetzes, wie z.B. dem Verbot des Selbstdopings für Personen, die aus ihrer sportlichen Betätigung Einnahmen von erheblichem Umfang erzielen (§ 3 i.V.m. § 4 Abs. 7 Nr. 2 AntiDopG), eine zentrale Rolle gespielt haben.[1210]

II. Zu schützende Rechtsgüter

Das Gesetz konkretisiert den Schutzzweck früherer arzneimittelrechtlicher Vorschriften und erweitert diesen zugleich um neue sportpolitische Zielsetzungen.[1211] Bei dieser expliziten Voranstellung der ratio legis handelt es sich um objektive Zielvorgaben. Neben der Verdeutlichung der gesetzlichen Intention bilden sie den Maßstab für die (teleologische) Auslegung und sind im Rahmen der vorliegenden Untersuchung auslegungsbedürftiger Strafvorschriften zwingend zu berücksichtigen.[1212] Darüber hinaus hat die Zielsetzung auch im Hinblick auf die verfassungsrechtliche Legitimation von Strafnormen erhebliche Relevanz.[1213] Eine am Strafzweck orientierte Auslegung und Verhältnismäßigkeitsprüfung bedingt, dass die zu schützenden Rechtsgüter selbst hinreichend bestimmt und verfassungskonform sind.

Das Strafrecht intendiert den Schutz von Rechtsgütern. Der Gesetzgeber ist in seiner Entscheidung grundsätzlich frei, ob und wie er ein bestimmtes Rechtsgut, dessen Schutz ihm wichtig erscheint, mit den Mitteln des Strafrechts verteidigen

1209 BT-Drucks. 17/4898, 22 f.

1210 L/N/P/*Nolte*, AntiDopG, § 1 Rn. 10.

1211 L/N/P/*Nolte*, AntiDopG, § 1 Rn. 6.

1212 In Bezug auf die Zwecksetzung des AntiDopG: *Chrobok*, Doping, S. 43. In Bezug auf die Zwecksetzung des UWG: Köhler/Bornkamm/Feddersen/*Köhler*, UWG, § 1 Rn. 6. In Bezug auf die Zwecksetzung des AMG: K/M/H/*Müller*, AMG, § 1 Rn. 3.

1213 *Jahn*, SpuRt 2015, 149, 150; *Chrobok*, Doping, S. 42 f.

will.[1214] Allerdings gebietet es der Grundsatz der Verhältnismäßigkeit, dass eine Strafnorm dem Schutz anderer oder der Allgemeinheit dient. Insoweit werden dem Gesetzgeber Grenzen gesetzt. Als *ultima ratio* des Rechtsgüterschutzes darf das Strafrecht nur dort eingesetzt werden, wo ein bestimmtes Verhalten in besonderer Weise sozialschädlich und für ein geordnetes Zusammenleben unerträglich, seine Verhinderung also unerlässlich ist.[1215] Für die Wahl zur Erreichung des Gesetzesziels kommt dem Gesetzgeber allerdings eine weite Einschätzungs- und Entscheidungsprärogative zu.[1216] Der gerichtlichen Kontrolle unterliegt nicht, ob der Gesetzgeber die zweckmäßigste, vernünftigste oder gerechteste Lösung gefunden hat.[1217] Vielmehr ist es ausreichend, dass die Strafvorschrift ein legitimes Ziel verfolgt, geeignet, erforderlich und angemessen ist.[1218]

1. *Gesundheitsschutz*

Ausdrücklich nennt das Gesetz in § 1 AntiDopG den gesundheitlichen Schutz von Sportlerinnen und Sportlern. Ob hiermit der gesundheitliche Schutz des einzelnen Athleten oder aller Sportler im Kollektiv bezweckt sein soll, ist dem Wortlaut der Vorschrift nicht zu entnehmen.

a) Schutz des Einzelnen

Die Gesetzesbegründung stellt auf die gesundheitlichen Gefahren für die betroffenen Sportler ab, die lange Zeit unterschätzt worden sind. Die Anwendung von Dopingmitteln und Dopingmethoden beruhe auf keiner medizinischen Indikation und führe deshalb zu einem aus medizinischer Sicht nicht angezeigten Eingriff in den Körper, der erhebliche Risiken mit sich bringt.[1219]

1214 *Waßmer*, ZHW 2019, 6, 7.

1215 BVerfG, Urteil v. 26.2.2008 – 2 BvR 392/07, Rn. 35, NJW 2008, 1137; *Waßmer*, ZHW 2019, 6, 7.

1216 BVerG, Urteil v. 9.3.1994 – 2 BvL 43/92, 2 BvL 51/92, 2 BvL 63/92, 2 BvL 64/92, 2 BvL 70/92, 2 BvL 80/92, 2 BvR 2031/9, Rn. 151, NJW 1994, 1577.

1217 BVerG, Urteil v. 9.3.1994 – 2 BvL 43/92, 2 BvL 51/92, 2 BvL 63/92, 2 BvL 64/92, 2 BvL 70/92, 2 BvL 80/92, 2 BvR 2031/9, Rn. 124, NJW 1994, 1577.

1218 BVerfG, Urteil v. 26.2.2008 – 2 BvR 392/07, Rn. 79, NJW 2008, 1137; *Waßmer*, ZHW 2019, 6, 7.

1219 BT-Drucks. 18/4898, S. 22; Beispielhaft sind die durch eine Hormonbehandlung bedingten Anomalien wie auffälliger Kleinwuchs, irreversible Knochenschädigungen oder Virilisierungen bei Frauen zu nennen, *Mestwerdt*, Doping, S. 70.

Insoweit könnte der gesetzgeberische Zweck zunächst als Gesundheitsschutz des einzelnen Sportlers zu verstehen sein.[1220] Problematisch ist jedoch insoweit, dass der Wortlaut nicht nur Sportler erfasst, die ohne oder gegen ihren Willen gedopt werden, sondern vielmehr auch wissentlich dopende Athleten einbezogen werden. Soweit jedoch die Gesundheit des freiverantwortlich handelnden Sportlers betroffen ist, handelt es sich nach zutreffend herrschender Auffassung um keinen tauglichen Strafzweck.[1221] Das grundrechtlich geschützte und verbürgte Recht der allgemeinen Handlungsfreiheit aus Art. 2 Abs. 1 GG umfasst auch eine riskante, den eigenen Körper gefährdende Lebensführung des Einzelnen.[1222] Insoweit dürfen selbstgefährdende und selbstverletzende Verhaltensweisen eines freiverantwortlich handelnden Menschen, der die Tragweite seiner Entscheidung ausreichend erfasst, als solche nicht verboten oder strafrechtlich geahndet werden. Konsequenterweise muss dann auch der eigenverantwortliche Konsum von Dopingmitteln – ist dieser im Einzelfall auch noch so gesundheitsschädlich – straffrei möglich sein.[1223] Unter dieser Prämisse verbietet sich auch eine etwaige Konstruktion dergestalt, dass durch die im Leistungssport herrschende Drucksituation nicht dopende Sportler durch dopende Athleten gezwungen werden, ebenfalls zu Dopingmittel zu greifen und somit der gesundheitliche Schutz des direkten Konkurrenten dominiert.[1224] Insofern kann der Leistungsdruck im sportlichen Wettbewerb – wird dieser auch als noch so stark empfunden – nicht die Qualität eines den freien Entschluss aufhebenden Zwangs aufweisen.[1225]

1220 *Weber*, BtMG, AntiDopG, § 1 Rn. 6 ff.; auch Erbs/Kohlhaas/*Wußler*, AntiDopG, § 1 Rn. 3: „*Geschützt wird nicht nur die individuelle Gesundheit eines Sportlers*".

1221 MüKo/*Freund*, StGB, AntiDopG, § 1 Rn. 16; *Dury*, SpuRt 2005, 137, 138; *Freund*, JZ 2014, 362, 363; *Heger*, SpuRt 2007, 153, 153; *Jahn*, SpuRt 2015, 149, 150; *Kargl*, NStZ 2007, 489, 490; *Kargl*, JZ 2002, 389, 397; *Kreuzer*, ZRP 2013, 181, 183; *Steiner*, ZRP 2015, 51, 51; *Sternberg-Lieben*, ZIS 2011, 583, 590; *Trimm*, GA 2012, 732, 733; *Zuck*, NJW 2014, 276, 278; *Zuck*, MedR 2014, 1, 2; *Ahlers*, Doping, S. 214 f.; *Chrobok*, Doping, S. 54; *Freund*, FS Rössner, S. 579, 589 f.; *Glocker*, Doping, S. 282; *Haug*, Doping, S. 209; *Ott*, Doping, S. 128 f.; Pfister/*Heger*, Das AntiDopG, S. 28 f.; *Prittwitz*, FS Schiller, S. 512, 521; *Roxin*, FS Samson, S. 445, 450 f.; *Schöch*, FS Rössner, S. 669, 671; a.A. Erbs/Kohlhaas/*Wußler*, AntiDopG, § 1 Rn. 3; *Weber*, BtMG, AntiDopG, § 1 Rn. 4 ff.

1222 BeckOK/*Lang*, GG, Art. 2 Rn. 6; *Steiner*, NJW 1991, 2729, 2734.

1223 MüKo/*Freund*, StGB, AntiDopG, § 1 Rn. 16; *Heger*, ZRP 2015, 218 f.

1224 So aber: MüKo/*Freund*, StGB, 2. Aufl., 2013, AMG, § 6a Rn. 10; *Weber*, BtMG, AntiDopG, § 1 Rn. 9; wie hier: *Chrobok*, Doping, S. 56; *Greco*, GA 2010, 622, 626 f.; siehe hierzu auch: *Roxin*, FS Samson, S. 445, 451.

1225 *Greco*, GA 2010, 622, 626 f.; *Jahn*, ZIS 2006, 57, 60; *Chrobok*, Doping, S. 57.

b) Schutz der Allgemeinheit

Daneben kommt nur die Gesundheit aller Sportler im Kollektiv als zu schützendes Rechtsgut in Betracht. So wurde auch für das ehemalige arzneimittelrechtliche Dopingverbot gemäß § 6a Abs. 2a AMG a.F.[1226] unter anderem auf die „*Volksgesundheit*" als Strafzweck abgestellt.[1227] Der zur Legitimation auch anderer nebenstrafrechtlicher Vorschriften[1228] herangezogene Strafzweck der Volksgesundheit ist im Schrifttum nicht unumstritten.[1229] Danach soll die Volksgesundheit als vermeintlich „*überindividuelles Rechtsgut*" vielmehr nur die bloße Summe der Gesundheit vieler Individuen sein.[1230] Eine solche Betrachtung vermag zu überzeugen. Ist der strafrechtliche Schutz vor einer freiverantwortlichen Selbstschädigung verfassungsrechtlich nicht zu rechtfertigen, kann dieses Defizit nicht durch Addition derselbigen umgangen werden.[1231] Mithin kann auch die Volksgesundheit nicht als legitimer Strafgrund herangezogen werden.[1232] Aus diesem Grund sind einige Stimmen in der Literatur darum bemüht, den Gesundheitsschutz auf „*sporttreibende Individuen*" zu begrenzen.[1233] Der Wortlaut des § 1 AntiDopG sei insofern eindeutig, als er nicht die Gesundheit der Allgemeinheit, sondern ausschließlich die der Sportler nennt.[1234] Aber auch eine solche Betrachtung vermag im Hinblick auf die bloße Summe der Gesundheit vieler Sportler nicht zu überzeugen.

1226 In der am 13.8.2013 geltenden Fassung durch Artikel 1 Gesetz v. 7.8.2013, BGBl. 2013 I, S. 3108.

1227 BT-Drucks. 16/5526, S. 1: „*Die Bundesregierung sieht sich den ethisch-moralischen Werten des Sports und der Volksgesundheit verpflichtet.* [...] *Da sich die Breitensportlerinnen und -sportler oftmals an Vorbildern aus dem Spitzensport orientieren, hat die Bekämpfung des Dopings auch Auswirkungen auf die Verbesserung der Volksgesundheit.*"

1228 So bspw. auch für das Betäubungsmittelrecht, vgl. BVerfG v. 9.3.1994 – 2 BvL 43/92, 2 BvL 51/92, 2 BvL 63/92, 2 BvL 64/92, 2 BvL 70/92, 2 BvL 80/92, 2 BvR 2031/92, NJW 1994, 1577.

1229 MüKo/*Freund*, StGB, AntiDopG, § 1 Rn. 17; *Freund*, JZ 2014, 362, 363; *Greco*, GA 2010, 622, 623 f.; *Puppe*, ZIS 2007, 247, 252; *Ott*, Doping, S. 158, Fn. 607; *Roxin*, AT I, § 2 Rn. 46.

1230 MüKo/*Freund*, StGB, AntiDopG, § 1 Rn. 17; *Puppe*, ZIS 2007, 247, 252.

1231 So zutreffend: MüKo/*Freund*, StGB, AntiDopG, § 1 Rn. 17; *Chrobok*, Doping, S. 60.

1232 L/N/P/*Nolte*, AntiDopG, § 1 Rn. 37; a.A. Erbs/Kohlhaas/*Wußler*, AntiDopG, § 1 Rn. 3; *Jahn*, SpuRt 2015, 149, 151.

1233 L/N/P/*Nolte*, AntiDopG, § 1 Rn. 37; Pfister/*Heger*, Das AntiDopG, S. 29.

1234 L/N/P/*Nolte*, AntiDopG, § 1 Rn. 37.

c) Stellungnahme

Dem staatlichen Gesundheitsschutz wider Willen steht das strafrechtliche Prinzip der Eigenverantwortung diametral entgegen.[1235] Eine andere Betrachtung würde die grundrechtliche Freiheit auf körperliche (Un-)Versehrtheit aus Art. 2 Abs. 2 GG in ihr Gegenteil verkehren und zu einer Grundpflicht umwandeln.[1236] Die Verfügungsbefugnis über die eigene Gesundheit wird durch die Strafvorschrift gegen Selbstdoping in paternalistischer Manier aufgehoben,[1237] wozu es keine verfassungsrechtliche Rechtfertigung gibt.[1238]

Im Ergebnis erscheint die Legitimation von Strafnormen, die auf dem gesundheitlichen Schutz basieren, zweifelhaft.[1239] Der Schutz der Gesundheit wider Willen wird weder durch die Textfassung noch durch die Gesetzesbegründung hinreichend legitimiert.[1240] Im Hinblick auf die verfassungsrechtliche Akzeptanz[1241] der Volksgesundheit als legitimer Strafzweck wird aber davon auszugehen sein, dass auch die hierauf beruhenden Strafnormen des Anti-Doping-Gesetzes im Rahmen einer Überprüfung durch das Bundesverfassungsgericht Bestand haben werden und der verfassungsrechtlich bedenkliche Schutz des Menschen vor sich selbst unter dem Terminus der Volksgesundheit legitimiert wird.[1242]

2. Schutz der Integrität des Sports

Neben dem Gesundheitsschutz intendiert das Anti-Doping-Gesetz mit der Sicherung von Fairness und Chancengleichheit zur Erhaltung der Integrität von sportlichen Wettbewerben beizutragen. Insoweit handelt es sich um ein Kollektivrechtsgut.[1243]

1235 L/N/P/*Nolte*, AntiDopG, § 1 Rn. 71; *Steiner*, NJW 1991, 2729, 2735.

1236 *Jahn*, SpuRt 2015, 149, 150; *Chrobok*, Doping, S. 55.

1237 L/N/P/*Nolte*, AntiDopG, § 1 Rn. 71 ff.; *Jahn*, SpuRt 2015, 149, 150; *Chrobok*, Doping, S. 55; a.A. *Weber*, BtMG, AntiDopG, § 1 Rn. 4 ff.

1238 L/N/P/*Nolte*, AntiDopG, § 1 Rn. 71 ff.; *Jahn*, SpuRt 2015, 149, 150; *Kreuzer*, ZRP 2013, 181, 184; *Norouzi/Summerer*, SpuRt 2015, 63, 64; *Steiner*, ZRP 2015, 51, 51 f.; *Roxin*, AT I, § 2 Rn. 32.

1239 *Chrobok*, Doping, S. 60.

1240 L/N/P/*Nolte*, AntiDopG, § 1 Rn. 75.

1241 So auch für das Betäubungsmittelrecht: BVerfG v. 9.3.1994 – 2 BvL 43/92, 2 BvL 51/92, 2 BvL 63/92, 2 BvL 64/92, 2 BvL 70/92, 2 BvL 80/92, 2 BvR 2031/92, NJW 1994, 1577.

1242 *Chrobok*, Doping, S. 60; BT-Drucks. 18/4898, S. 17.

1243 *Waßmer*, ZHW 2019, 6, 7.

a) Fairness und Chancengleichheit

Wie bereits zu Beginn dieser Arbeit festgestellt, ist die Fairness die Tugend des Sports und setzt sich nach allgemeinem Verständnis aus formellen und informellen Geboten zusammen.[1244] Unter formeller Fairness ist die bloße Regelkonformität zu verstehen, also ein Befolgen der gebotenen Regeln als Muss-Vorschriften.[1245] Die informelle Fairness geht über ein bloßes regelkonformes Verhalten hinaus. Sie entspricht dem sog. „*Sportsgeist*" und erstreckt sich auf die kameradschaftlichen Grundsätze.[1246] Im Kontext des Dopings steht vor allem ein formelles Verständnis von Fairness im Vordergrund.[1247]

Chancengleichheit bedeutet, dass alle Teilnehmer durch die aufgestellten Sport- und Spielregeln die gleichen Möglichkeiten haben müssen den Wettkampf zu gewinnen, indem Ungleichheiten, soweit möglich, ausgeglichen werden.[1248] So gehört es zur Logik des Wettkampfs selbst, dass gleiche Antrittsvoraussetzungen herrschen müssen. Sportliche Leistung kann nur bemessen werden, wenn sie vergleichbar ist, d.h. die Chancengleichheit gehört zum Wesen eines fairen Wettkampfs.[1249] Aufgrund unterschiedlicher Ausgangsbedingungen kann die Chancengleichheit zwar nur relativ gewährleistet werden[1250], sie verbietet aber externe Einflüsse auf den Leistungsvergleich, die nicht den eigenen physischen und psychischen Eigenschaften des Sportlers entsprechen und durch Training optimiert werden können.[1251]

b) Beitrag zur Erhaltung der Integrität des Sports

Das Ziel der Sicherung von Fairness und Chancengleichheit ist die Erhaltung der Integrität des Sports.[1252] Dem Grunde nach handelt es sich bei der Fairness und Chancengleichheit um die Sicherstellung manipulationsfreier Ausgangsbedingungen.[1253] Im Wesentlichen beruht die Integrität des Sports auf der Authentizität und Unverfälschtheit sportlicher Wettbewerbe. Gewinnen soll, wer die

---

1244 Pawlenka/*Ott*, Sportethik, S. 142; *Schattmann*, Betrug, S. 7.

1245 *Gerhard/Lämmer*, Fair Play, S. 21.

1246 L/N/P/*Nolte*, AntiDopG, § 1 Rn. 42; *Chrobok*, Doping, S. 69.

1247 L/N/P/*Nolte*, AntiDopG, § 1 Rn. 42.

1248 L/N/P/*Nolte*, AntiDopG, § 1 Rn. 43; *Chrobok*, Doping, S. 67.

1249 *Gerhard/Lämmer*, Fair Play, S. 15; *Schattmann*, Betrug, S. 8 f.

1250 Vgl. dazu: *Zuck*, MedR 2014, 1, 2; Vieweg/*Bette/Schimank*, Doping – Relität und Recht, S. 361 ff.

1251 *Senkel*, Doping, S. 157.

1252 *Weber*, BtMG, AntiDopG, § 1 Rn. 16; *Finke*, PharmR 2016, 445, 445.

1253 *Zuck*, MedR 2014, 1, 2.

beste Leistung erbringt. Die besondere Attraktivität besteht darin, dass der Verlauf und das Ergebnis nicht vorhersehbar sind. Dopende Sportler können die Faszination und Grundwerte des Sports – wie Fairness und Chancengleichheit – nicht mehr vermitteln, so dass das Risiko besteht, dass die Öffentlichkeit das Interesse verliert und der Sport an gesellschaftlicher und wirtschaftlicher Bedeutung einbüßt.[1254] Durch die Anwendung von Dopingmitteln oder -methoden erlangt der Sportler gegenüber der nicht dopenden Konkurrenz ungerechtfertigte Vorteile.[1255] Dies führt zu einer Wettkampfverzerrung. Eine Interessenlage, die dem Strafrecht nicht unbekannt ist.[1256]

Auch die Integrität des Sports ist als Strafzweck vielfach auf Kritik gestoßen. Das Rechtsgut würde allenfalls eine moralische Dimension enthalten. Neben Doping müssten dann auch zahlreiche weitere Verhaltensweisen, die dem Fairnessgedanken widersprechen, unter den strafrechtlichen Schutz gestellt werden.[1257] Der Gesetzgeber habe die sportethischen Moralvorstellungen nur deshalb zum Zweck des Anti-Doping-Gesetzes erhoben, um das strafbewehrte Verbot des Selbstdopings legitimieren zu können.[1258] Die integritätsschützende Zwecksetzung instrumentalisiere das Strafrecht zur Durchsetzung sportethischer Ziele[1259] und widerspreche damit dem im Strafrecht geltenden *ultima ratio*-Prinzip.[1260] Hintergrund dieser Kritik ist die Besorgnis, der wachsende Schutz von Kollektivrechtsgütern führe zur „Entmaterialisierung“ des Strafrechts.[1261]

c) Stellungnahme

Obgleich einzelne Kritikpunkte berechtigt erscheinen, besitzt der Gesetzgeber die verfassungsrechtliche Freiheit, neue Rechtsgüter zu kreieren und zu definieren.[1262] Dieser Wirkungskreis kann grundsätzlich auch auf sportethische

---

1254 So die Gesetzesbegründung zu § 265d StGB, BT-Drucks. 18/8831, S. 10; hierzu auch: *Waßmer*, ZHW 2019, 6, 7.

1255 BR-Drucks. 126/15, S. 1; BT-Drucks. 18/4898, S. 1.

1256 *Chrobok*, Doping, S. 69.

1257 Erbs/Kohlhaas/*Wußler*, AntiDopG, § 1 Rn. 6; *Norouzi/Summerer*, SpuRt 2015, 63, 64; *Peukert*, npoR 2015, 95, 98.

1258 L/N/P/*Nolte*, AntiDopG, § 1 Rn. 78; *Peukert*, npoR 2015, 95, 98.

1259 Erbs/Kohlhaas/*Wußler*, AntiDopG, § 1 Rn. 6; L/N/P/*Nolte*, AntiDopG, § 1 Rn. 78; *Zuck*, NJW 2014, 276, 278.

1260 Erbs/Kohlhaas/*Wußler*, AntiDopG, § 1 Rn. 6; *Jahn*, SpuRt 2015, 149, 151.

1261 *Waßmer*, ZHW 2019, 6, 7; hierzu: *Krüger*, Die Entmaterialisierungstendenz beim Rechtsgutsbegriff.

1262 L/N/P/*Nolte*, AntiDopG, § 1 Rn. 77; Erbs/Kohlhaas/*Wußler*, AntiDopG, § 1 Rn. 6.

Moralvorstellungen ausgedehnt werden.[1263] Eine Grenze ist dann erreicht, wenn verfassungsrechtliche Grund- und Freiheitsrechte nicht mehr erkennbar sind.[1264] So können unmoralische Verhaltensweisen, die lediglich gesellschaftliche Tabus brechen, aber keine Rechtsgutsverletzung begründen, eine Strafbarkeit nicht rechtfertigen.[1265]

Insoweit ist jedoch zu berücksichtigen, dass auch der durch Doping gefährdete Sportethos eine nicht ausschließlich sportinterne Bedeutung hat und mit gesellschaftlichen Außenwirkungen einhergeht.[1266] Der in der Integritätsverletzung bestehende Unrechtsgehalt geht über eine bloße Moralwidrigkeit hinaus.[1267] Fairness und Chancengleichheit sind werthaltige Elemente des Soziallebens, die sich als Ziele von Strafnormen auch außerhalb des Sports wiederfinden. So beruhen auch die Straftaten gegen den Wettbewerb gemäß §§ 298 ff. StGB auf der Grundidee eines unbeeinflussten Wettbewerbs durch Gewährleistung gleicher Ausgangsbedingungen für die Konkurrenten.[1268] Darüber hinaus ist die Integrität des Sports in einem wirtschaftlichen Kontext zu begreifen. Mit der Pönalisierung des Sportdopings hatte der Gesetzgeber auch den Schutz wirtschaftlicher Interessen im Blick:[1269] *„Neben Fairness und Chancengleichheit geht es im sportlichen Wettkampf des organisierten Sports nicht zuletzt vielfach auch um wirtschaftliche Faktoren.“*[1270] Zwar werden die wirtschaftlichen Aspekte ausdrücklich neben die Prinzipien von Fairness und Chancengleichheit gestellt und damit nicht selbst als Zweck des Anti-Doping-Gesetzes verstanden,[1271] allerdings betrachtet der Gesetzgeber die Integrität des Sports in einem unmittelbaren Zusammenhang mit wirtschaftlichen Faktoren. Auch im Schrifttum wurde bereits vor dem Inkrafttreten des Anti-Doping-Gesetzes der Schutz des sportlichen Wettbewerbs vor Manipulationen als adäquater Strafzweck bewertet.[1272] Soweit es um den

---

1263 L/N/P/*Nolte*, AntiDopG, § 1 Rn. 77.

1264 *Roxin*, AT I, § 2 Rn. 50.

1265 S/S/*Eisele*, StGB, Vor. § 13 Rn. 10; *Rudolphi*, FS Honig, S. 151, 161.

1266 L/N/P/*Nolte*, AntiDopG, § 1 Rn. 77.

1267 *Weber*, BtMG, AntiDopG, § 1 Rn. 14.

1268 L/K/*Heger*, StGB, § 298 Rn. 1.

1269 Erbs/Kohlhaas/*Wußler*, AntiDopG, § 1 Rn. 4; *Chrobok*, Doping, S. 71; a.A. L/N/P/*Nolte*, AntiDopG, § 1 Rn. 44.

1270 BT-Drucks. 18/489, 22.

1271 L/N/P/*Nolte*, AntiDopG, § 1 Rn. 44; *Weber*, BtMG, AntiDopG, § 1 Rn. 16; a.A. Pfister/*Heger*, Das AntiDopG, S. 30 f. Ähnliches gilt auch für den Schutz des lauteren Wettbewerbes, siehe hierzu: *Greco*, GA 2010, 622, 629 m.w.N.

1272 *Bannenberg*, SpuRt 2007, 155, 156; *Greco*, GA 2010, 622, 629, 637; *Heger*, SpuRt 2007, 153, 154; *Heger*, JA 2003, 76, 82; *Prokop*, Spurt 2006, 192, 193; *Chrobok*, Doping, S. 75;

Schutz von gesellschaftlichen Institutionen geht, die eine herausragende gesellschaftliche Bedeutung haben, ist die Kritik einer „*Entmaterialisierung*" des Strafrechts unbegründet.[1273] Sportveranstaltungen mit berufssportlichem Charakter sind als wesentliche Institutionen zu begreifen. Ihnen kommt eine Vorbild- und Repräsentationsfunktion zu.[1274] Die Kommerzialisierung des Leistungssports führt nicht dazu, dass die Fairness und Chancengleichheit nur noch eine untergeordnete Rolle einnehmen. Würde das Doping im Sport toleriert werden, hätte dies eine Wettbewerbsverzerrung zur Folge und könnte zu weiteren „*Normerosionen*" in anderen gesellschaftlichen Bereichen führen.[1275] Aus diesem Grund ist es vertretbar, dass der Gesetzgeber bemüht ist, die Integrität des (Leistungs-) Sports mit den Mitteln des Strafrechts zu wahren. Zumindest im Profisport rechtfertigt die wettbewerbsverfälschende Manipulation durch Doping keine vom sonstigen Wirtschaftsleben abweichende Betrachtung. Letztlich ist der Schutz der Chancengleichheit im wirtschaftlichen Sportwettbewerb nichts anderes als der Transfer eines bereits bekannten Rechtsguts.[1276] In Anbetracht der zahlreichen Dopingskandale in jüngster Zeit erscheint es jedenfalls vertretbar, dass der Gesetzgeber die strafrechtliche Ahndung von Doping als *ultima ratio* betrachtet hat.[1277] Im Hinblick auf die besondere gesellschaftliche und wirtschaftliche Bedeutung sportlicher Wettbewerbe müssen Manipulationen als derart sozialschädlich betrachtet werden, dass es des Einsatzes des Strafrechts bedarf.[1278]

C. Unerlaubter Umgang und Anwendung, § 2 AntiDopG – alte Bekannte im neuen Gewand?

Die Verbotsnorm des § 2 AntiDopG nennt die einzelnen Tathandlungen im Hinblick auf den unerlaubten Umgang mit Dopingmitteln und die unerlaubte Anwendung von Dopingmitteln und -methoden zum Zwecke des Dopings beim Menschen im Sport.

Haug, Doping, S. 214 f.; *Rössner*, FS Mehle, S. 567, 573; *Roxin*, FS Samson, S. 445, 452; *Schattmann*, Betrug, S. 163 ff.

1273 So auch: *Waßmer*, ZHW 2019, 6, 7.

1274 Zu § 265d StGB: *Waßmer*, ZHW 2019, 6, 7.

1275 So zu § 265d StGB auch: *Waßmer*, ZHW 2019, 6, 7.

1276 *Greco*, GA 2010, 622, 629; *Chrobok*, Doping, S. 76; *Prittwitz*, FS Schiller, S. 512, 534 f.; *Roxin*, FS Samon, S. 445, 453.

1277 Erbs/Kohlhaas/*Wußler*, AntiDopG, § 1 Rn. 6; *Weber*, BtMG, AntiDopG, § 1 Rn. 15.

1278 *Waßmer*, ZWH 2017, 6, 9.

§ 2
Unerlaubter Umgang mit Dopingmitteln, unerlaubte Anwendung von Dopingmethoden

(1) Es ist verboten, ein Dopingmittel, das ein in der Anlage I des Internationalen Übereinkommens vom 19. Oktober 2005 gegen Doping im Sport (BGBl. 2007 II S. 354, 355) in der vom Bundesministerium des Innern jeweils im Bundesgesetzblatt Teil II bekannt gemachten Fassung (Internationales Übereinkommen gegen Doping) aufgeführter Stoff ist oder einen solchen enthält, zum Zwecke des Dopings beim Menschen im Sport

1. *herzustellen,*
2. *mit ihm Handel zu treiben,*
3. *es, ohne mit ihm Handel zu treiben, zu veräußern, abzugeben oder sonst in den Verkehr zu bringen oder*
4. *zu verschreiben.*

(2) Es ist verboten,

1. *ein Dopingmittel, das ein in der Anlage I des Internationalen Übereinkommens gegen Doping aufgeführter Stoff ist oder einen solchen enthält, oder*
2. *eine Dopingmethode, die in der Anlage I des Internationalen Übereinkommens gegen Doping aufgeführt ist, zum Zwecke des Dopings im Sport bei einer anderen Person anzuwenden.*

(3) Es ist verboten, ein Dopingmittel, das ein in der Anlage zu diesem Gesetz aufgeführter Stoff ist oder einen solchen enthält, in nicht geringer Menge zum Zwecke des Dopings beim Menschen im Sport zu erwerben, zu besitzen oder in oder durch den Geltungsbereich dieses Gesetzes zu verbringen.

Die Strafvorschriften des § 4 Abs. 1 Nr. 1, 2 und 3 AntiDopG stellen diejenigen Tathandlungen unter Strafe, welche § 2 Abs. 1, Abs. 2 und Abs. 3 AntiDopG verbietet.[1279] Die in § 2 AntiDopG genannten Verbote sind stets in Verbindung mit § 4 AntiDopG zu lesen und erfahren erst über dessen Verweis in Absatz 1 Nr. 1–3 ihre strafrechtliche Relevanz.

1279 Danach ist es verboten ein Dopingmittel zum Zwecke des Dopings beim Menschen im Sport herzustellen, mit ihm Handel zu treiben, ohne mit ihm Handel zu treiben, zu veräußern, abzugeben oder sonst in den Verkehr zu bringen oder zu verschreiben (§ 2 Abs. 1 AntiDopG). Darüber hinaus ist es verboten, ein Dopingmittel oder eine Dopingmethode zum Zwecke des Dopings im Sport bei einer anderen Person anzuwenden (§ 2 Abs. 2 AntiDopG) oder ein Dopingmittel in nicht geringer Menge zum Zwecke des Dopings beim Menschen im Sport zu erwerben, zu besitzen oder in oder durch den Geltungsbereich dieses Gesetzes zu verbringen (§ 2 Abs. 3 AntiDopG).

Gemeinsames Tatbestandsmerkmal von § 4 Abs. 1 Nr. 1 und Nr. 2 i.V.m. § 2 Abs. 1 bzw. 2 AntiDopG ist der Verweis auf die Anlage I des Internationalen Übereinkommens vom 19. Oktober 2005 gegen Doping im Sport.[1280] Hierbei handelt es sich um eine dynamische Außenverweisung. Das gilt auch für § 4 Abs. 1 Nr. 3 i.V.m. § 2 Abs. 3 AntiDopG, die auf § 6 Abs. 1 AntiDopG verweisen, der unter den dort genannten Voraussetzungen das Bundesministerium für Gesundheit zum Erlass von Rechtsverordnungen ermächtigt.[1281]

I. Begriff des Dopings

Gemäß § 2 AntiDopG ist der Umgang mit Dopingmitteln und die Anwendung von Dopingmethoden im Sport verboten. Dabei ähnelt die Vorschrift in Teilen der bisherigen Regelung des aufgehobenen § 6a AMG a.F. Was unter dem Begriff des Dopings zu verstehen ist und welche Verhaltensweisen ihm unterliegen, ist dem Anti-Doping-Gesetz jedoch nicht direkt zu entnehmen. Insoweit stand der Gesetzgeber bei der Begriffsbestimmung vor den gleichen Herausforderungen, wie sie sich in der Vergangenheit bereits für die Verbände und Organisationen des organisierten Sports ergeben haben.[1282] Wie bereits ausgeführt, scheiterten die ersten Definitionsversuche in einem abstrakten Sinne – wie etwa beim Deutschen Sportärztebund,[1283] dem Europarat 1963[1284] oder dem Deutschen Sportbund[1285] – an der Möglichkeit, die komplexe Materie in einer

---

1280 Sowie ggf. auf eine nach § 6 Abs. 2 AntiDopG erlassene Rechtsverordnung.

1281 L/N/P/*Putzke*, AntiDopG, § 4 Rn. 14.

1282 *Chrobok*, Doping, S. 102.

1283 Der Deutsche Sportärztebund (DGSP) definierte Doping im Jahr 1952 als „*die Einnahme eines jeden Medikaments – ob es wirksam ist oder nicht – mit der Absicht der Leistungssteigerung während des Wettkampfs*", *Glocker*, Doping, S. 35.

1284 Im Jahre 1963 definierte die vom Europarat gebildete Kommission für außerschulische Erziehung Doping als „*die Verabreichung oder der Gebrauch körperfremder Substanzen in jeder Form und physiologischer Substanzen in abnormaler Mengen und auf abnormalem Wege an gesunden Personen mit dem einzigen Ziel der künstlichen und unfairen Steigerung der Leistung für den Wettkampf. Außerdem müssen verschiedene psychologische Maßnahmen zur Leistungssteigerung des Sportlers als Doping angesehen werden*", *Glocker*, Doping, S. 36.

1285 Der Deutsche Sportbund definierte im Jahre 1977 Doping als „*Versuch einer unphysiologischen Steigerung der Leistungsfähigkeit des Sportlers durch Anwendung (Einnahme, Injektion oder Verabreichung) einer Dopingsubstanz durch den Sportler oder eine Hilfsperson (z.B. Mannschaftsleiter, Trainer, Betreuer, Arzt, Pfleger oder Masseur)*

exakten teleologischen Definition zusammenzufassen.[1286] Aus diesem Grund wurde Doping seit dem Definitionsansatz der Medizinischen Kommission des IOC im Jahre 1967[1287] von fast allen Organisationen, Verbänden und staatlichen oder überstaatlichen Stellen durch eine Dopingliste definiert, die Wirkstoffe und Vorgehensweisen exakt aufzählt und bestimmt.[1288]

Letztlich handelt es sich auch bei dem Dopingbegriff des Anti-Doping-Gesetzes um eine abschließende Aufzählung der verbotenen Substanzen und Methoden. Hinsichtlich des Tatgegenstandes ist dem Anti-Doping-Gesetz nicht direkt zu entnehmen, welche konkreten Mittel und Methoden im Einzelfall als Doping gelten. Vielmehr enthält das Gesetz hierzu einen Verweis auf die Anlage I des Internationalen Übereinkommens (der UNESCO) gegen Doping im Sport vom 19. Oktober 2005 in der vom Bundesministerium des Innern im Bundesgesetzblatt Teil II bekannt gemachten Fassung,[1289] die wiederum auf einer wörtlichen Übernahme der WADA-Liste beruht.[1290] Damit entstammen die der Verbotsliste zu entnehmenden Mittel und Methoden im Ergebnis einer privatrechtlichen Organisation und fließen zur weiteren Konkretisierung als Tatbestandsmerkmale in § 2 AntiDopG ein.[1291] Aufgrund der Verknüpfung zwischen Gesetz und Verbotsliste kann Doping auch im Sinne des Anti-Doping-Gesetzes nur als die Anwendung der von der Verbotsliste umfassten Mittel und Methoden verstanden werden.[1292]

1. *Blankettverweisung*

Mit der Dopingproblematik im Sport erfasst das Anti-Doping-Gesetz einen Lebensbereich, der durch den medizinischen und pharmazeutischen Fortschritt einem stetigen Wandel ausgesetzt ist.[1293] Aus diesem Grund hat sich der

---

vor einem Wettkampf oder während eines Wettkampfs und für die anabolen Hormone auch im Training", *Schlöter*, Doping, S. 67.

1286 *Glocker*, Doping, S. 53.

1287 Danach wurde Doping nicht mehr nur abstrakt, sondern durch die Aufzählung verbotener Substanzen in Kapitel II des Medical Codes erstmals in Form einer Dopingliste definiert, *Glocker*, Doping, S. 39.

1288 Allerdings können diese privatrechtlichen Dopingdefinitionen für den nationalen Gesetzgeber keine Allgemeingültigkeit entfalten, siehe hierzu auch: *Chrobok*, Doping, S. 102; *Tauschwitz*, Dopingverfolgung, S. 13 f.

1289 BGBl. 2007 II, S. 354, 355.

1290 BT-Drucks. 18/4898, S. 24.

1291 *Chrobok*, Doping, S. 84.

1292 *Chrobok*, Doping, S. 102.

1293 BT-Drucks. 18/4898, S. 25

Gesetzgeber dazu entschieden, einen Verweis auf Listen vorzunehmen, welche die einschlägigen Mittel und Methoden aufführen und durch flexible Gestaltung den neusten pharmazeutischen Entwicklungen angepasst werden können.[1294] So sind den Strafvorschriften des § 4 Abs. 1 Nr. 1 – 3 (i.V.m. § 2 Abs. 1 – 3) AntiDopG zwar die verbotenen Verhaltensweisen und Sanktionen zu entnehmen, jedoch nicht die letztlich für eine Strafbarkeit relevanten Dopingmittel und Methoden.

Im Gegensatz zu § 6a Abs. 2 S. 1 AMG a.F., der durch dynamische Verweisung direkt auf die jeweils aktuelle Anlage I des Übereinkommens des Europarats[1295] Bezug genommen hatte, handelt es sich bei der Bezugnahme auf das Internationale Übereinkommen gegen Doping in § 2 AntiDopG[1296] um keinen direkten Verweis auf das Abkommen selbst, sondern auf die letzte bekannt gemachte Fassung im Bundesgesetzblatt Teil II.[1297] Hierdurch wollte der Gesetzgeber wohl nicht zuletzt der erheblichen verfassungsrechtlichen Kritik an einer dynamischen Bezugnahme begegnen.[1298] Mit dem neuen Verweis soll es einer innerstaatlichen deutschen Entscheidung vorbehalten bleiben, inwieweit auch künftige Änderungen der Anlage I nach deutschem Recht strafrechtliche Relevanz haben.[1299] Im Gegensatz zu einem direkten dynamischen Verweis auf eine Verbotsliste, verbleibt damit die letztendliche Entscheidung über die Aufnahme zukünftiger Änderungen ausschließlich bei einem nationalen, demokratisch-legitimierten Organ.[1300] Dadurch kommt der im Bundesgesetzblatt Teil II bekannt gemachten Fassung eine konstitutive Wirkung zu.[1301] Unabhängig von etwaigen Änderungen beansprucht die bisherige Anlage I bis zu einer neuen Veröffentlichung Geltung. Zwar besteht weiterhin eine dynamische Verweisung, allerdings wird diese unter eine nationale Kontrolle gestellt.[1302] Gegenüber einer statischen

---

1294 BT-Drucks. 18/4898, S 24.

1295 Gesetz vom 2.3.1994 zu dem Übereinkommen vom 16.11.1989 gegen Doping, BGBl. 1994 II, S. 334.

1296 Neben § 2 Abs. 1, 2 AntiDopG wird auch in § 3 Abs. 1, 2 und 4 AntiDopG i.V.m § 4 AntiDopG auf das Internationale Übereinkommen gegen Doping Bezug genommen.

1297 *Chrobok*, Doping, S. 90.

1298 Im Hinblick auf § 6a AMG a.F. wurde eine solche Konzeption aufgrund einer „*Selbstentmachtung*" des Gesetzgebers scharf kritisiert, vgl. hierzu: MüKo/*Freund*, StGB, 2. Aufl., 2013, AMG, Vor. §§ 95 ff. Rn. 51 ff.; *Dury*, SpuRt 2005, 137, 138; *Krähe*, SpuRt 2006, 194, 194; *Dury*, FS Röhricht, S. 1097, 1101; *Ott*, Doping, S. 67.

1299 BT-Drucks. 18/4898, S. 24.

1300 BT-Drucks. 18/4898, S. 24, vgl. auch: *Finken*, PharmR 2016, 445, 446; *Chrobok*, Doping, S. 86.

1301 *Finken*, PharmR 2016, 445, 446.

1302 *Chrobok*, Doping, S. 86.

Verweisung besteht der Vorteil darin, dass es keiner Änderung des Gesetzestextes bedarf. Änderungen erfolgen mittelbar über die Bekanntgabe im Bundesgesetzblatt Teil II durch das Bundesministerium des Innern. Damit wird die letztendliche Entscheidung, welche Fassung der Anlage I Geltung beansprucht, nicht vom Gesetzgeber selbst bestimmt, sondern auf die Exekutive delegiert.

a) Verfassungskonformität

Im Kontext der Verweisung auf eine externe Verbotsliste stellt sich die Frage nach der verfassungsrechtlichen Vereinbarkeit mit Art. 103 Abs. 2 GG. Sind dem Strafgesetz zwar die Rechtsfolgen zu entnehmen, wird zur Vervollständigung des Tatbestands jedoch auf eine andere Norm, einen anderen Rechtsakt oder eine andere Vorschrift verwiesen, spricht man von sog. „*Blankettstrafgesetzen*".[1303] Solchen Strafgesetzen mangelt es zumindest partiell an einer tatbestandlichen Voraussetzung.[1304] Trotz einer notwendigen Flexibilität darf der Gesetzgeber verfassungsrechtliche Vorgaben nicht außer Acht lassen. Insoweit ist Art. 103 Abs. 2 GG eine doppelte Garantie zu entnehmen.[1305] Einerseits dient das Grundrecht dem Schutz des Normadressaten. Das Gesetz muss hinreichend bestimmt sein, sodass der Rechtsanwender die Voraussetzungen der Strafbarkeit eindeutig entnehmen kann.[1306] Andererseits enthält Art. 103 Abs. 2 GG i.V.m. Art. 104 Abs. 1 GG einen strengen Gesetzesvorbehalt. Nur die Legislative selbst darf über die Normierung strafbaren Handelns entscheiden.[1307] Dadurch wird ein grundsätzliches Delegationsverbot für die Legislative begründet.[1308] Sowohl

1303 Beispielhaft sind hier § 95 Abs. 1 Nr. 2 AMG; § 96 Nr. 2 AMG; § 29 Abs. 1 S. 1 Nr. 14 BtMG zu nennen. Siehe hierzu auch: *Hoven*, NStZ 2016, 377, Fn. 1 mit weiteren Beispielen. Zu Blankettstrafgesetzen umfassend auch: *Bülte*, JuS 2015, 769 ff.; *Volkmann*, ZRP 1995, 220, 221; *Harms/Heine*, FS Amelung, S. 393, ff.; *Raabe*, Bestimmtheitsgrundsatz bei Blankettstrafgesetzen, S. 27 ff.

1304 Insoweit ist grundsätzlich zwischen zwei Erscheinungsformen zu differenzieren: Ein „*unechtes*" Blankettgesetz liegt vor, wenn die Ausfüllung des Tatbestands durch Verweis auf Gesetze desselben Gesetzgebers oder durch redaktionelle Spaltung innerhalb eines Gesetzes erfolgt. Wird auf tatbestandsausfüllende Normen eines anderen Organs oder Institution verwiesen – wie es im Anti-Doping-Gesetz der Fall ist – spricht man von einer sog. „*echten*" Blankettnorm. Siehe hierzu auch: *Bülte*, JuS 2015, 769, 770; *Volkmann*, ZRP 1995, 220 ff.; *Chrobok*, Doping, S. 87.

1305 BVerfG v. 23.6.2010 – 2 BvR 2559/08, NJW 2010, 3209; *Hoven*, NStZ 2016, 377, 379.

1306 BVerfG v. 21.9.2016 – 2 BvL 1/15, NJW 2016, 3648; *Hoven*, NStZ 2016, 377, 379.

1307 BVerfG v. 21.9.2016 – 2 BvL 1/15, NJW 2016, 3648; *Hoven*, NStZ 2016, 377, 379.

1308 *Volkmann*, ZRP 1995, 220; *Chrobok*, Doping, S. 88; *Freund*, FS Rössner, S. 579, 581.

der vollziehenden, als auch der rechtsprechenden Gewalt ist es mithin verwehrt, die normativen Voraussetzungen einer Bestrafung festzulegen.[1309]

Dennoch ist es in der verfassungsgerichtlichen Rechtsprechung anerkannt, dass der Gesetzgeber auch innerhalb des Strafrechts auf vielseitige Änderungen reagieren darf und muss.[1310] Aufgrund der Komplexität vieler Lebenssphären, die durch Fortschritt in Technik und Forschung einer stetigen Entwicklung ausgesetzt sind, ist es zur Gewährleistung einer adäquaten Flexibilität unumgänglich, gewisse Anpassungen dem Verordnungsgeber zu überlassen.[1311] Durch die Möglichkeit der Übertragung bestimmter Konkretisierungen sollen Regelungslücken vermieden werden.[1312] Müsste der Gesetzgeber sämtliche Details und Einzelfragen innerhalb des jeweiligen Straftatbestands selbst regeln, bestünde das Risiko, dass die Norm zu starr und kasuistisch wird und dem Wandel der Verhältnisse oder der Besonderheit des Einzelfalls nicht mehr gerecht werden kann.[1313] Im Ergebnis stehen Blankettstrafgesetze mit dem Bestimmtheitsgebot nach Art. 103 Abs. 2 GG im Einklang.[1314] Eine Konkretisierung durch den Verordnungsgeber ist mit Art. 103 Abs. 2 GG vereinbar, wenn die Strafbarkeitsvoraussetzungen sowie Art und Maß der Sanktionen durch das parlamentarisch legitimierte Gesetz hinreichend umschrieben sind[1315] und nur bestimmte Konkretisierungen offen bleiben.[1316] Denn mit „*Gesetz*" i.S.v. Art. 103 Abs. 2 GG sind nicht nur förmliche Gesetze gemeint. Vielmehr genügt auch die Präzisierung durch eine Rechtsverordnung, soweit der strafrechtliche Tatbestand summativ

---

1309 BVerfG v. 21.9.2016 – 2 BvL 1/15, NJW 2016, 3648, 3649.

1310 BVerfG v. 21.9.2016 – 2 BvL 1/15, NJW 2016, 3648; BVerfG v. 23.6.2010 – 2 BvR 2559/08, NJW 2010, 3209; BVerfG v. 17.1.1998 – 1 BvL 13/76, LMRR 1998, 2.

1311 BVerfG v. 21.9.2016 – 2 BvL 1/15, NJW 2016, 3648; BVerfG v. 25.10.1991 – 2 BvR 374/90, NJW 1992, 2624; *Volkmann*, ZRP 1995, 220, 220.

1312 *Chrobok*, Doping, S. 88.

1313 BVerfG v. 21.9.2016 – 2 BvL 1/15, NJW 2016, 3648, 3650; BVerfG v. 23.6.2010 – 2 BvR 2559/08, NJW 2010, 3209.

1314 Trotz Kritik hat sich auch der wohl überwiegende Teil der Literatur der Auffassung des Bundesverfassungsgerichts angeschlossen, BeckOK/*Heintschel-Hein*egg, StGB, § 1 Rn. 10.1; S/S/*Eser*/*Hecker*, StGB, § 1 Rn 8; *Raabe*, Bestimmtheitsgrundsatz bei Blankettstrafgesetzen, S. 80 f.

1315 BVerfG v. 4.9.2009 – 2 BvR 338/09, NJOZ 2010, 1433; BVerfG v. 21.8.2001 – 2 BvR 1941/00, NStZ-RR 2002, 22.

1316 BVerfG v. 21.9.2016 – 2 BvL 1/15, NJW 2016, 3648, 3651.

mit dem inkorporierten Rechtsakt den Voraussetzungen des Bestimmtheitsgebots genügt.[1317]

b) Umsetzung in § 4 Abs. 1 Nr. 1 bis 3 AntiDopG

Mit Verzicht eines direkten Verweises auf eine externe Verbotsliste wollte der Gesetzgeber vermeiden, dass die Strafbarkeit allein durch eine private Institution wie der WADA bestimmt wird.[1318] Gemäß Art. 34 des Übereinkommens gelten Änderungen der in der Anlage I enthaltenen Liste als genehmigt, wenn nicht mindestens zwei Drittel der Vertragsstaaten hiergegen Einspruch erhoben haben. Nach entsprechender Notifizierung beim Generalsekretär treten sie in den Staaten nicht in Kraft, die eine Änderung abgelehnt haben.[1319] Innerstaatlich hat die Bekanntmachung einer Entscheidung nur über die Annahme einer Änderung im Bundesgesetzblatt Teil II konstitutive Wirkung.[1320] Damit entscheidend ist allein die Verbotsliste in der im Bundesgesetzblatt Teil II vom Bundesministerium des Innern bekannt gemachten Fassung. Durch die zwischengeschaltete Instanz des Verordnungsgebers ist es letzten Endes unschädlich, dass die Verbotsliste auf eine private Institution zurückzuführen ist. Im Gegensatz zur Konzeption des § 6a AMG a.F., kann der Gesetzesinhalt nicht mehr ohne den Willen eines nationalen demokratisch-legitimierten Organs beeinflusst werden.[1321]

Weil die Blankettnorm des § 4 Abs. 1 Nr. 1 bis 3 (i.V.m. § 2 Abs. 1 – 3) AntiDopG nicht auf ein förmliches Gesetz verweist, ist nach Art. 104 Abs. 1 GG jedenfalls erforderlich, dass der Blanketttatbestand selbst hinreichend bestimmt ist.[1322] Das ist bei § 4 Abs. 1 AntiDopG der Fall. Art und Höchstmaß der Strafen sind für den Bürger hinreichend erkennbar.[1323] Den Rechtsverordnungen kommen lediglich Detailregelungen zu, was aus verfassungsrechtlicher Sicht zulässig ist.[1324]

Auch wenn einzelne Tatbestandsvoraussetzungen nicht durch die Legislative, sondern durch die Exekutive entschieden werden, spricht für eine Verfassungskonformität, dass die Strafbarkeitsvoraussetzungen sowie Art und Maß

1317 BVerfG v. 21.9.2016 – 2 BvL 1/15, NJW 2016, 3648, 3651; BVerfG v. 6.6.2011 – 2 BvR 542/09, NJW 2011, 3778, 3779; *Chrobok*, Doping, S 89.

1318 *Dury*, SpuRt 2005, 137, 138.

1319 BGH v. 7.8.2018 – 3 StR 345/17, Rn. 14.

1320 BGH v. 7.8.2018 – 3 StR 345/17, Rn. 14; BT-Drucks. 18/4898, S. 24.

1321 *Chrobok*, Doping, S 91.

1322 BVerfG v. 3.5.1967 – 2 BvR 134/63, NJW 1967, 1555; MüKo/*Schmitz*, StGB, § 1 Rn. 61.

1323 L/N/P/*Putzke*, AntiDopG, § 4 Rn. 14.

1324 BVerfG v. 27.3.1979 – 2 BvL 7/78, NJW 1979, 1981.

der Strafen im Anti-Doping-Gesetz hinreichend bestimmt sind und damit den Anforderungen des Art. 80 Abs. 1 GG genügen.[1325] Zwar hat die Exekutive einen gewissen Einfluss auf die Strafbarkeitsvoraussetzungen, jedoch nur im Rahmen der Konkretisierung eines durch die Legislative vorgegebenen Bereichs.

c) Stellungnahme

Zwar mag der Verweis auf eine externe Verbotsliste aus Gründen der Flexibilität im Ergebnis erforderlich erscheinen, allerdings bedeutet dieser zugleich einen für den Rechtsanwender komplizierteren Gesetzesumgang, als wenn sämtliche Strafbarkeitsvoraussetzungen unmittelbar aus dem Gesetz selbst zu entnehmen sind.[1326] Durch die Verwendung von Blankettstrafgesetzen wird die Vorhersehbarkeit der Strafbarkeit für den Rechtsanwender erheblich erschwert.[1327] Aus diesem Grund muss die auf das Ausfüllungsobjekt verweisende Norm für den Rechtsanwender derart bestimmt sein, dass ein Auffinden in zumutbarer Weise möglich ist.[1328] Das Anti-Doping-Gesetz setzt voraus, dass der Rechtsanwender in der Lage ist, über die Strafvorschrift des § 4 AntiDopG in die Verbotsvorschriften der § 2 und § 3 AntiDopG zu gelangen und sich über die Veröffentlichungen im Bundesgesetzblatt Teil II zu informieren. Dies mag für eine juristisch geschulte Person, die mit der Materie vertraut ist, unproblematisch sein.[1329] Zu berücksichtigen ist jedoch, dass sich die Vorschriften des Anti-Doping-Gesetzes nicht nur an sportfachkundige Rechtsanwender, sondern an jedermann richten.[1330] Unter dieser Prämisse erscheint es im Hinblick auf Art. 103 Abs. 2 GG fraglich, die Rechtssicherheit zulasten einer höchstmöglichen Flexibilität auszuhebeln.[1331]

1325 Bereits zu § 6a AMG a.F.: *„Erfolgt die Ergänzung eines Blankettstrafgesetzes durch eine außergesetzliche Regelung, so ist dies unschädlich, wenn die Voraussetzungen der Strafbarkeit sowie Art und Maß der Strafe bereits im Gesetz hinreichend deutlich umschrieben sind.“* BGH v. 18.9.2013 – 2 StR 365/12, Rn. 14, NJW 2014, 325

1326 Zu § 6a AMG vgl. auch *Parzeller/Prittwitz*, StoffR 2009, 101, 101; *Parzeller/Rüdiger*, ZRP 2007, 137, 139.

1327 *Parzeller/Prittwitz*, StoffR 2009, 101; *Parzeller/Rüdiger*, ZRP 2007, 137, 139; *Chrobok*, Doping, S 92.

1328 *Chrobok*, Doping, S. 92; *Raabe*, Bestimmtheitsgrundsatz bei Blankettstrafgesetzen, S. 85.

1329 *Chrobok*, Doping, S 92.

1330 *Bott/Mitsch*, KriPoZ 2016, 159, 163 f.

1331 *Chrobok*, Doping, S. 93.

Ungeachtet der Kritik über die Anwendung in der Praxis ist die Verweisung verfassungsrechtlich jedoch unbedenklich.[1332] Auch wenn die Strafvorschriften des Anti-Doping-Gesetzes hinsichtlich der verbotenen Dopingmittel auf die Anlage I des Internationalen Übereinkommens vom 19. Oktober 2005 gegen Doping im Sport verweisen,[1333] bleibt es – anders als nach § 6a Abs. 2 S. 1 AMG a.F. – nun einer innerstaatlichen Entscheidung vorbehalten, inwieweit auch künftige Änderungen in den Straftatbestand eingefügt werden. Wie vom Gesetzgeber beabsichtigt, wurde durch die Neuregelung ein höheres Maß an nationaler Gestaltungshoheit erreicht. Insoweit ist es jedenfalls ausgeschlossen, dass der Inhalt der Straftatbestände ohne oder gegen den Willen der nationalen Institutionen verändert wird.[1334] Allerdings wird davon auszugehen sein, dass das Bundesministerium des Innern zur Harmonisierung der Dopingbekämpfung jede Änderung der Anlage I des Übereinkommens uneingeschränkt übernehmen und im Bundesgesetzblatt Teil II veröffentlichen wird. Mithin wird nur scheinbar die Zwischenschaltung eines nationalen Organs vorliegen.[1335] Interessant wird dies insbesondere im Hinblick auf die derzeitige Diskussion über die Aufnahme von Spinat in die Dopingliste zu beobachten sein. Wissenschaftler der Freien Universität Berlin untersuchten in jüngster Zeit die Wirkung des Nahrungsergänzungsmittels Ecdysteron, das überwiegend in Spinat vorkommt. Bisher standen weder Spinat noch Ecdysteron auf der Liste verbotener Substanzen. Dies gedenkt die WADA nun zu ändern.[1336] Ob damit zukünftig auch für Spitzensportler der Verzehr von Spinat unter Strafe gestellt wird bleibt abzuwarten.

d) Änderungsvorschlag

Der vorangestellten Kritik könnte der Gesetzgeber ohne Flexibilitätseinbußen dadurch entgehen, dass er die verbotenen Substanzen und Methoden dem Anti-Doping-Gesetz direkt als Anlage beifügt.[1337] Eine solche Regelungssystematik würde dem Recht der Betäubungsmittel entsprechen. Auch im Betäubungsmittelgesetz sind die verbotenen Betäubungsmittel in den Anlagen I bis

1332 So auch: BGH v. 14.2.2019 – 4 StR 37/18, Rn. 3, NStZ-RR 2019, 155; BGH v. 7.8.2018 – 3 StR 345/17, Rn. 13, NStZ-RR 2019, 8.

1333 BGBl. 2007 II, S. 354, 355.

1334 BGH v. 7.8.2018 – 3 StR 345/17, Rn. 14 f., NStZ-RR 2019, 8.

1335 *Chrobok*, Doping, S. 92.

1336 Muss Spinat auf die Dopingliste?, Süddeutsche Zeitung v. 26.6.2019, abrufbar unter: https://www.sueddeutsche.de/gesundheit/spinat-ecdysteron-doping-1.4499080 (zuletzt abgerufen am 2.1.2020).

1337 Wie hier auch: *Chrobok*, Doping, S. 93.

III aufgelistet. Die für Dopingmittel- und Dopingmethoden gewählte Verweisung auf die jeweils letzte erschienene Bekanntmachung im Bundesgesetzblatt Teil II wäre in diesem Fall entbehrlich. Anhaltspunkte, warum sich der Gesetzgeber beim Anti-Doping-Gesetz gegen eine solche Umsetzung entschieden hat, sind der Gesetzesbegründung nicht zu entnehmen. Ein solcher Lösungsansatz würde jedenfalls in ausreichendem Maße dem Bestimmtheitsgrundsatz des Art. 103 Abs. 2 GG gerecht werden und dem Rechtsanwender den Gesetzesumgang erheblich erleichtern. In Anlehnung an die Verbotsliste der WADA wäre eine stetige Anpassung durch den Verordnungsgeber möglich. Gemäß Art. 4.1 des WADC 2015 soll die Verbotsliste einmal im Jahr aktualisiert werden. Zur Vermeidung einer „*zeitraubenden und schwerfällig*[en]“[1338] Änderung der Anlage über den parlamentarischen Gesetzgebungsweg könnte der Gesetzgeber – in entsprechender Ausgestaltung des § 6 AntiDopG – die Kompetenz zur Aktualisierung und Angleichung der Anlage auf die zuständigen Ministerien delegieren.[1339] Mit einer solchen Flexibilität in der Ausgestaltung würde der Gesetzesänderungsprozess ebenfalls dem stetigen Fortschritt in der medizinischen Entwicklung neuer Substanzen und Methoden gerecht werden. Auch bei den Betäubungsmitteln gelingt es dem Gesetzgeber auf diesem Wege den zahlreichen Veränderungen des Lebensbereichs gerecht zu werden.[1340] Letzten Endes wären bei dem hier vorgeschlagenen Änderungsansatz sämtliche tatbestandliche Voraussetzungen dem Anti-Doping-Gesetz direkt zu entnehmen. Warum der Gesetzgeber eine solche Lösung außer Acht gelassen hat erschließt sich nicht.[1341] Die Aufnahme der verbotenen Dopingmittel und Dopingmethoden in einer Anlage zum Gesetz würde dem jeweiligen Stand der medizinischen Forschung gerecht werden, für mehr Rechtssicherheit sorgen und weiterhin die gewünschte Harmonisierung zwischen staatlicher und sportrechtlicher Dopingbekämpfung aufrechterhalten.

2. Kein Potential zur Leistungssteigerung

Auf eine leistungssteigernde Wirkung der Dopingmittel und -methoden kommt es aufgrund des generellen Verweises auf die Anlage I des Internationalen Übereinkommens gegen Doping im Sport nicht an. In Anbetracht des

---

1338 So der Gesetzgeber zur Neuordnung des Betäubungsmittelrechts, vgl. BT-Drucks. 8/3551, S. 26.

1339 *Chrobok*, Doping, S. 94.

1340 Vgl. zu den Betäubungsmitteln: BT-Drucks. 8/3551, S. 26.

1341 *Chrobok*, Doping, S. 94.

von § 2 AntiDopG intendierten Gesundheitsschutzes erscheint der pauschale Verweis auf die gesamte Anlage I zunächst nur konsequent, kann beispielsweise auch die Verwendung von Maskierungsmitteln – trotz einer fehlenden leistungssteigernden Wirkung – die Gesundheit schädigen.[1342] Die von der Verbotsliste erfassten, nicht leistungssteigernden Mittel und Methoden weisen stets ein Gesundheitsrisiko auf. Voraussetzung für die Aufnahme in die Dopingverbotsliste der WADA ist nach Art. 4.3.1. WADC 2015, dass zwei der drei genannten Kriterien erfüllt sind. Hierzu zählt das Potential der Leistungssteigerung,[1343] ein tatsächliches oder mögliches Gesundheitsrisiko[1344] oder der Verstoß gegen den Sportsgeist.[1345] Mithin müssen gesundheitsgefährdende Mittel und Methoden nicht zwangsweise auch zu einer Leistungssteigerung führen.

Umgekehrt müssen jedoch auch nicht alle Dopingmittel und -methoden mit leistungssteigernder Wirkung ein gesundheitliches Risiko begründen.[1346] Im Hinblick auf die unterschiedlichen Schutzzwecke von § 2 AntiDopG (Gesundheitsschutz) und § 3 AntiDopG (Integrität des Sports) erscheint ein genereller Verweis auf die Verbotsliste deshalb nicht sachgerecht. Vielmehr dürfte die Bezugnahme in § 2 AntiDopG auf die Anlage I des Internationalen Übereinkommens gegen Doping im Sport nur solche Mittel und Methoden umfassen, die ein tatsächliches oder mögliches Gesundheitsrisiko darstellen. Ausgehend vom wettbewerbsschützenden Charakter des § 3 AntiDopG, erscheint eine teleologische Reduktion der Verweisung nur auf solche Mittel und Methoden geboten, die ein Potential der Leistungssteigerung bergen.[1347]

II. Beim Menschen im Sport

Die Verbote des § 2 AntiDopG setzen zudem ein tatbestandsrelevantes Verhalten *„zum Zwecke des Dopings beim Menschen im Sport“*[1348] bzw. *„zum Zwecke des Dopings im Sport bei einer anderen Person“*[1349] voraus und erstrecken damit die Bekämpfung des Einsatzes von Dopingmitteln und -methoden auf den Lebensbereich des Sports.

1342 *Chrobok*, Doping, S. 101.
1343 Art. 4.3.1.1 WADA-Code 2015.
1344 Art. 4.3.1.2 WADA-Code 2015.
1345 Art. 4.3.1.3 WADA-Code 2015.
1346 *Freund*, FS Rössner, S. 579, 592.
1347 *Chrobok*, Doping, S. 101.
1348 § 4 Abs. 1 Nr. 1 und Nr. 3 i.V.m. § 2 Abs. 1 und Abs. 3 AntiDopG.
1349 § 4 Abs. 1 Nr. 2 i.V.m. § 2 Abs. 2 AntiDopG.

1. Begriff des Sports

Was genau unter dem Begriff des Sports zu verstehen ist, definiert der Gesetzgeber nicht. Auch der Gesetzesbegründung zum Anti-Doping-Gesetz sind insoweit keine Anhaltspunkte oder Eingrenzungen des Geltungsbereichs zu entnehmen.[1350] Vielmehr geht der Gesetzgeber davon aus, dass der Begriff für den Rechtsanwender zweifelsfrei bestimmbar ist.[1351] Dieser Umstand wurde bereits in der schriftlichen Stellungnahme des Deutschen Richterbundes zum Entwurf des Anti-Doping-Gesetzes kritisiert und darauf hingewiesen, dass sich der Gesetzgeber einer Definition nicht entziehen könne.[1352] Mit der Einschränkung *„beim Menschen im Sport"* wird lediglich der Bereich des Tierdopings ausgeschlossen.[1353] Andere Gesetze, in welche der Sportbegriff bereits Einzug erhalten hat, sind im Hinblick auf eine weitere Konkretisierung ebenfalls wenig sachdienlich.[1354]

Ausgehend vom allgemeinen Wortverständnis, ist Sport die *„nach bestimmten Regeln* [im Wettkampf] *aus Freude an Bewegung und Spiel, zur körperlichen Ertüchtigung ausgeübte körperliche Betätigung."*[1355] Ein solches Verständnis erscheint jedoch zu unbestimmt, sind die Grenzen im allgemeinen Sprachgebrauch vielmehr fließend und willkürlich. Danach würde einerseits der professionell ausgeübte Leistungssport, aber auch ganze Lebensbereiche wie Rehabilitations-, Senioren- oder Kneipensport erfasst werden.[1356] Warum aber aufgrund der Einordnung durch Sportverbände beispielsweise Schach als Sport

---

1350 L/N/P/*Nolte*, AntiDopG, § 1 Rn. 26.

1351 *Chrobok*, Doping, S. 103.

1352 Schriftliche Stellungnahme des Deutschen Richterbundes vom 27.2.2015, Nr. 7/15, Ausschussdrucks. 18 (5) 109, S. 5. Dort heißt es: *„Insgesamt kritisch anzumerken ist, dass dem Gesetzentwurf keine Legaldefinition von Sport zugrunde liegt. Dies ist nicht trivial, selbst der Deutsche Sportbund trifft auf seiner Webseite die Feststellung, es sei ‚nicht einfach zu beantworten', was Sport sei und ‚versucht' sich dort an einer Definition. Diese Definition kann der Gesetzgeber daher nicht offenlassen."*

1353 Vgl. auch: BT-Drucks. 18/4898, S. 24. Kommt es zur Anwendung von Doping an Tieren greift das Verbot des § 3 Nr. 1b TierSchG.

1354 Neben § 6a AMG a.F. sind beispielsweise Art. 18 Abs. 3 Landesverfassung NRW; § 1 Abs. 6 Nr. 3 und § 5 Abs. 2 Nr. 2 lit. a BauGB; § 16 Abs. 2 S. 1 Nr. 9 JArbSchG oder § 52 Abs. 2 Nr. 21 AO zu nennen. Dieser Umstand wird damit begründet, dass eine abschließende Definition aufgrund der dynamischen Entwicklung und vielfältigen Erscheinungsformen nicht möglich ist, siehe hierzu: *Ketteler*, SpuRt 1997, 73, 73; *Spindler/Spindler*, NVwZ 1993, 225, 226.

1355 http://www.duden.de/rechtschreibung/Sport (zuletzt abgerufen am 2.1.2020).

1356 *Chrobok*, Doping, S. 105.

angesehen wird, andere Gesellschaftsspiele jedoch nicht, erscheint wenig nachvollziehbar.[1357] Auch im sportwissenschaftlichen Verständnis findet sich für den Begriff des Sports keine abschließende Definition.[1358] Gerechtfertigt wird dieser Umstand durch die dynamischen Entwicklungen und vielfältigen Erscheinungsformen des Sports.[1359] Aus diesem Grund soll der Begriff des Sports vielmehr nach allgemeinen typologischen Merkmalen im Wege einer Gesamtschau bestimmt werden.[1360] Hierzu zählen Indizien wie Bewegung, Leistungsvergleich, einheitliche Regelungen, Intensität und Dauer der körperlich-geistigen Betätigung sowie eine Organisation des Sportgeschehens.[1361] Mangels konkreter Wesensmerkmale bleibt jedoch auch hier unklar, welche Aktivitäten im Einzelfall als Sport gelten.[1362]

Nach Auffassung der Rechtsprechung umfasst der Begriff des Sports Betätigungen, die der körperlichen Ertüchtigung dienen. Voraussetzung sei die körperliche, über das übliche Maß hinausgehende Aktivität, die durch äußerlich zu beobachtenden Anstrengungen oder durch eine dem persönlichen Können zurechenbare Kunstbewegung gekennzeichnet ist. Die bloße Ausführung eines Spiels in Form von Wettkämpfen unter einer besonderen Organisation stelle hingegen noch keinen Sport dar.[1363] Auch der Europäische Gerichtshof befasste sich mit der Frage, was unter dem Begriff des Sports zu verstehen ist. In seiner Entscheidung kam der Gerichtshof zu der Einschätzung, dass die körperliche Komponente der Betätigung beim Turnierbridge zu schwach ausgeprägt sei, um als Sport gewertet werden zu können.[1364]

Auch wenn dem DOSB als privatem Personenzusammenschluss grundsätzlich keine über den eigenen Organisationsbereich hinausgehende Kompetenz zur Definition des Sports zusteht, kommt seiner Definition, als Dachverband

---

1357 Hier des Deutschen Olympischen Sportbundes.

1358 F/P/S/*Pfister*, Praxishandbuch, Einführung Rn. 1 ff.; *Schild*, Sportstrafrecht, S. 13; *Frey*, SpuRt 2018, 2, 3.

1359 *Chrobrok*, Doping, S. 105.

1360 L/N/P/*Nolte*, AntiDopG, § 1 Rn. 27; *Holzhäuser/Bagger/Schenk*, SpuRt 2016, 94, 94; *Chrobrok*, Doping, S. 104.

1361 Zu den Kriterien im Allgemeinen: *Nolte*, Staatliche Verantwortung im Bereich Sport, S. 14 ff.

1362 L/N/P/*Nolte*, AntiDopG, § 1 Rn. 27; *Chrobrok*, Doping, S. 114.

1363 BFH v. 9.2.2017 – V R 69/14, Rn. 28, SpuRt 2018, 40 zum Begriff des Sports i.S.d. § 52 Abs. 2 S. 1 Nr. 21 AO.

1364 EuGH v. 26.10.2017 – C-90/16, SpuRt 2018, 25 zum Begriff des Sports i.S.v. Art. 132 Abs. 1 lit. m) der Richtlinie 2006/112/EG des Rates vom 28.11.2006.

des deutschen Sports mit über 27,7 Millionen Mitgliedern, eine entscheidende Bedeutung zu.[1365] In § 3 seiner Aufnahmeordnung heißt es:

1. Die Ausübung der Sportart muss eine eigene, sportartbestimmende motorische Aktivität eines jeden zum Ziel haben, der sie betreibt. Diese eigenmotorische Aktivität liegt insbesondere nicht vor bei Denkspielen […] *und Bewältigung technischen Gerätes ohne Einbeziehung der Bewegung des Menschen.*

2. Die Ausübung der eigenmotorischen Aktivitäten muss Selbstzweck der Betätigung sein. Dieser Selbstzweck liegt insbesondere nicht vor bei Arbeits- und Alltagsverrichtungen […].

3. Die Sportart muss die Einhaltung ethischer Werte wie z.B. Fairplay, Chancengleichheit, Unverletzlichkeit der Person und Partnerschaft durch Regeln und/oder ein System von Wettkampf- und Klasseneinteilungen gewährleisten […].[1366]

Das Begriffsverständnis der Rechtsprechung sowie der verbandsrechtliche Sportbegriff setzen also eine körperliche Aktivität voraus, die über das übliche Maß hinaus geht und eine eigene motorische Aktivität erfordert. Aufgrund fehlender Wesensmerkmale bleibt aber auch hier unklar, welche Verhaltensweise im Einzelfall unter den Begriff des Sports (im Sinne des Anti-Doping-Gesetzes) zu subsumieren ist und welche nicht. Ohne eine solche Konkretisierung kann eine taugliche Definition des Sports nicht vorgenommen werden.[1367] Mithin ist auch der Sportbegriff des Anti-Doping-Gesetzes durch eine typologische Gesamtbetrachtung im jeweiligen Kontext seiner konkreten Anwendung zu bestimmen.[1368] Ob es sich bei der in Frage stehenden Tätigkeit also um Sport handelt, bedarf stets einer konkreten Entscheidung im Einzelfall. Mit der Verwendung eines derart konturenlosen Begriffs dürfte wohl nicht zuletzt ein Verstoß gegen das Bestimmtheitsgebot von Art. 103 Abs. 2 GG vorliegen.[1369]

1365 *Holzhäuser/Bagger/Schenk*, SpuRt 2016, 94, 96; Ist E-Sport Sport? Wissenschaftliche Dienste des Deutschen Bundestags v. 9.6.2017, Az. WD 10 – 3000 – 036/17, S. 7.

1366 § 3 AufnahmeO des DOSB vom 1.12.2018.

1367 Schriftliche Stellungnahme des Deutschen Richterbundes vom 27.2.2015, Nr. 7/15, Ausschussdrucks. 18 (5) 109, S. 5.

1368 *Holzhäuser/Bagger/Schenk*, SpuRt 2016, 94, 96; Ist E-Sport Sport? Wissenschaftliche Dienste des Deutschen Bundestags v. 9.6.2017, Az. WD 10 – 3000 – 036/17, S. 7.

1369 *Chrobok*, Doping, S 114.

2. *Systematische Auslegung*

Die Systematik der strafrechtlichen Normen des § 4 AntiDopG zeigt jedenfalls, dass das Anti-Doping-Gesetz zwischen dem Sport im weiten Sinne (§ 2 AntiDopG) und Aktivitäten im Zusammenhang mit Wettbewerben des organisierten Sports (§ 3 AntiDopG) differenziert. Vor allem im Freizeitbereich der Kraftsportszene und damit gerade im nicht professionell organisierten Leistungssport werden Dopingmittel in großem Umfang konsumiert.[1370] Mit Blick auf den Gesundheitsschutz bezweckt der Gesetzgeber eine vollumfängliche Dopingbekämpfung. Folglich muss der Begriff des Sports in § 2 AntiDopG auch in einem regelfreien und damit wettkampfunabhängigen Sinne verstanden werden.[1371] Mit dem weiten Anwendungsbereich des § 2 AntiDopG soll das Problem des Dopings im Allgemeinen und damit vom organisierten Spitzensport unabhängig bekämpft werden. Erfasst werden sämtliche Aktivitäten einer eigenmotorischen Bewegungshandlung, die nicht zwingend in Bezug zu Wettbewerben des organisierten Sports stehen müssen.[1372] Eine solche Betrachtung ergibt sich auch im Umkehrschluss zu § 3 AntiDopG, dessen Anwendungsbereich gerade auf „*Wettbewerbe des organisierten Sports*" beschränkt ist.[1373]

Einer solchen Auffassung ist auch der 4. Strafsenat des Bundesgerichtshofs gefolgt. Danach ist Sport im Sinne des § 2 AntiDopG nicht nur der Leistungssport, sondern auch der nicht mit Wettkampfteilnahmen verbundene Freizeit- und Breitensport. Damit unterfällt dem Begriff des Sports auch der gezielte, mit körperlichen Anstrengungen verbundene Muskelaufbau im Rahmen von Kraftsport. Ferner erschließt sich aus der Systematik des Gesetzes, dass der Begriff des Sports im Sinne des § 2 Abs. 3 AntiDopG eine Wettkampfteilnahme des Sportlers nicht voraussetzt. Vielmehr erfährt die Strafbarkeit des Dopings im Zusammenhang mit der Wettkampteilnahme im organisierten Sport ausdrücklich eine Sonderregelung durch § 3 i.V.m. § 4 Abs. 1 Nr. 4 und 5, Abs. 2, Abs. 7 AntiDopG.[1374]

1370 BT-Drucks. 18/4898, S. 2.

1371 So auch: Erbs/Kohlhaas/*Wußler*, AntiDopG, § 2 Rn. 6; L/N/P/*Nolte*, AntiDopG, § 1 Rn. 26. *Weber*, BtMG, AntiDopG, § 2 Rn. 26; für § 95 Abs. 1 Nr. 2a i.V.m. § 6a Abs. 1 und 2 AMG a.F. bereits: BGH v. 18.9.2013 – 2 StR 365/12, NJW 2014, 325.

1372 *Weber*, BtMG, AntiDopG, § 2 Rn. 26.

1373 *Weber*, BtMG, AntiDopG, § 3 Rn. 41 ff.; *Chrobok*, Doping, S. 110.

1374 BGH v. 5.12.2017 – 4 StR 389/17, Rn. 7, NJW-Spezial 2018, 122.

3. *Exkurs* E-*Sport*

Fraglich ist, ob auch der *E*-Sport unter den Begriff des Sports im Sinne des Anti-Doping-Gesetzes zu subsumieren ist. Mag der Terminus ein solches Verständnis nahelegen, wird der *E*-Sport in Deutschland – anders als in China, Korea oder Schweden – noch nicht einheitlich als Sport verstanden.[1375] Eine einheitliche Definition existiert nicht. Auch in der Sportwissenschaft besteht noch kein einheitliches Meinungsbild.[1376] Allgemein bezeichnet der *E*-Sport den Wettkampf zwischen Menschen, der durch Computer- oder Videospiele verschiedener Genres ausgetragen wird.[1377] Darüber hinaus haben auch der *E*-Sport-Bund Deutschland e.V. (ESBD) und der DOSB eine eigene Definition des *E*-Sports veröffentlicht. Nach der Definition des ESBD ist *E*-Sport *„der unmittelbare Wettkampf zwischen menschlichen Spieler/innen unter Nutzung von geeigneten Video- und Computerspielen an verschiedenen Geräten und auf digitalen Plattformen unter festgelegten Regeln.* […]"[1378] Die vom ESBD vorgeschlagene Definition wird vom DOSB ausdrücklich nicht übernommen. Vielmehr differenziert dieser zwischen den Spielinhalten und unterscheidet zwischen elektronischen Sportartensimulationen und dem eGaming. Der Begriff der elektronischen Sportartensimulationen soll immer dann verwendet werden, wenn die Inkorporierung von Sportarten in die virtuelle Welt gemeint ist. Als eGaming werden all die anderen virtuellen Spiel- und Wettkampfformen (z.B. Ego-Shooter oder Echtzeit-Strategiespiele) bezeichnet.[1379]

Tatsache ist, dass auch der *E*-Sport zu einer eigenen, äußerst umsatzstarken Wirtschaftsbranche herangewachsen ist.[1380] Schon im August 2015 verzeichnete die *ESL One Cologne* mehr als 10.000 Besucher in der *Lanxess*-Arena. Über einen Livestream im Internet verfolgten sogar 1.3 Millionen Zuschauer das Turnier.[1381] Heute gibt es weltweite Austragungen in Strategiespielen, Ego-Shootern oder

---

1375 *Bagger von Grafenstein*, MMR Beilage 2018, 20, 20.

1376 *Pusch*, npoR 2019, 53, 54.

1377 Ist E-Sport Sport? Wissenschaftliche Dienste des Deutschen Bundestags v. 9.6.2017, Az. WD 10 – 3000 – 036/17, S. 9.

1378 ESport-Bund Deutschland eV, Definition des *E*-Sports, Pressemitteilung vom 26.10.2018.

1379 Deutscher Olympischer Sportbund eV, Umgang mit elektronischen Sportartensimulationen, eGaming und „eSport", Pressemitteilung vom 29.10.2018, S. 2.

1380 *Holzhäuser/Bagger/Schenk*, SpuRt 2016, 94, 94.

1381 Die *ESL One Cologne* ist ein *Counter-Strike*-Turnier (Ego-Shooter), das in der *Kölner Lanxess Arena* austragen wird: https://de.wikipedia.org/wiki/ESL_One_Cologne_2015 (zuletzt abgerufen am 2.1.2020).

Sportsimulationen. Die Veranstaltungen füllen die Stadien mit Zehntausenden Zuschauern, locken Millionen vor den Livestream im Internet und werden sogar von Fernsehsendern wie *Sky*, *Sport1* oder *ProSieben* übertragen. Es gibt Trainer, Manager, Spielerberater und Transfers. Immer mehr Agenturen spezialisieren sich darauf *E*-Sportler zu beraten und ihre Fähigkeiten zu vermarkten. Unternehmen wie *Mercedes* oder *Red Bull* investieren Zehntausende Euro in das Sponsoring. Erfolgreiche *E*-Sportler werden von etablierten Vereinen wie dem *RB Leipzig* oder *Schalke O4* unter Vertrag genommen. Heute betreibt bereits ein Viertel aller 36 Fußballklubs aus der ersten und zweiten Liga eine eigene *E*-Sport-Abteilung.[1382] Auch die Bundesregierung hat die wachsende Bedeutung der *E*-Sport Landschaft in Deutschland erkannt. So heißt es in dem Koalitionsvertrag der 19. Legislaturperiode: „*Da E-Sport wichtige Fähigkeiten schult, die nicht nur in der digitalen Welt von Bedeutung sind, Training und Sportstrukturen erfordert, werden wir E-Sport künftig vollständig als eigene Sportart mit Vereins- und Verbandsrecht anerkennen und bei der Schaffung einer olympischen Perspektive unterstützen.*“[1383]

Dies darf jedoch nicht darüber hinwegtäuschen, dass ein solches Verständnis noch immer nicht der vorherrschenden gesellschaftskulturellen Verkehrsanschauung entspricht. So führte das Bundesverwaltungsgericht in seiner „*Spielhallen-Entscheidung*“ vom 9. März 2005 noch aus, dass das wettbewerbsmäßige Spielen von Computerspielen keine körperliche Ertüchtigung und deshalb kein Sport sei.[1384] Auch viele Sportverbände erkennen den *E*-Sport noch nicht als vollwertige Sportart an. So hat beispielsweise der Deutsche Behindertensportverband (DBS) in der Diskussion um die Anerkennung von *E*-Sport eine ablehnende Position bezogen.[1385] Auch der DOSB möchte den *E*-Sport nicht vorbehaltslos als Sport anerkennen.[1386] Mit deutlichen Worten kritisierte der DOSB den Koalitionsvertrag und bezeichnete die Aufnahme des *E*-Sports als „*klaren Angriff (…) auf die Autonomie des Sports*“. Insbesondere fehle es dem *E*-Sport an spezifischen motorischen Aktivitäten, die für eine Kategorisierung entscheidend sind.[1387]

Dem ist allerdings entgegenzuhalten, dass die motorische Aktivität als Bestandteil des Sportbegriffs nicht mehr nur auf die bloße körperliche

---

1382 Reich durch Daddeln, FAZ v. 7.4.2018, S. 36.
1383 Koalitionsvertrag zwischen CDU, CSU und SPD, 19. Legislaturperiode, S. 48.
1384 BVerwG v. 9.3.2005 – 6 C 11.04, MMR 2005, 525 zu § 33i GewO.
1385 E-Sport kein Sport, FAZ v. 21.11.2018.
1386 Kampf um E-Sport, Dicke Bertha gegen den DOSB, FAZ v. 1.11.2018, S. 28.
1387 Reich durch Daddeln, FAZ v. 7.4.2018, S. 36.

Kraftentfaltung reduziert werden darf. Maßgeblich ist vielmehr auch der Einsatz körperlicher Fertigkeiten wie Koordination, Geschick, Schnelligkeit und Ausdauer.[1388] Auch der *E*-Sport zeichnet sich durch ein hohes Maß an Geschicklichkeit und Augen-Hand-Koordination aus. Professionelle Spieler klicken bis zu 400 Mal pro Minute auf Maus, Tastatur oder Gamepad.[1389] Im Spielverlauf müssen *E*-Sportler über mehrere Stunden hochkonzentriert sein, komplexe Strategien entwickeln und am Spielgeschehen partizipieren. Studien belegen, dass die Spieler einer ähnlich hohen Belastung ausgesetzt sind wie Bogenschützen und ihr Stresspegel mit jenem von Schachspielern vergleichbar ist. Während der Spiele sind die Konzentrationsphasen sehr hoch. Die Komplexität der *E*-Sportspiele überwiegt normale Gesellschaftsspiele bei weitem. Die Spielgestaltungen erlauben zum Teil komplexere Spielzüge als Realsportarten. Wie beim Schach oder American Football wird der *E*-Sport durch Taktik und Strategie dominiert, die richtige Auswahl der Spielzüge ist für den weiteren Verlauf entscheidend.[1390] Die Spieler müssen nicht nur geistig, sondern auch körperlich fit sein. Dies erfordert ein tägliches Training und abgestimmte Ernährungspläne.[1391] Aus den genannten Erwägungen heraus spricht vieles dafür dem *E*-Sport das Merkmal der *„körperlichen Ertüchtigung"*[1392] bzw. der *„sportartbestimmenden eigenmotorischen Aktivität"*[1393] zuzusprechen.[1394] Auch der vom DOSB in § 3 Nr. 2 AufnahmeO geforderte Selbstzweck wird erfüllt. Von den Nützlichkeitserwägungen der Alltagswelt getrennt, steht der *E*-Sport durch seinen spielerischen Charakter in Form einer Symbolisierung von Wirklichkeitshandlungen unter dem Einfluss einer autonomen – sportimmanenten – Zielsetzung. Wie etwa der Fußball oder Handball, stellt auch der *E*-Sport eine selbstbezweckte Tätigkeit dar.[1395] Mit der Schaffung gleicher Antrittsvoraussetzungen sind auch das Fairplay und die

---

1388 *Holzhäuser/Bagger/Schenk*, SpuRt 2016, 94, 96.

1389 *Holzhäuser/Bagger/Schenk*, SpuRt 2016, 94, 96; Ist E-Sport Sport? Wissenschaftliche Dienste des Deutschen Bundestags v. 9.6.2017, Az. WD 10 – 3000 – 036/17, S. 11.

1390 *Holzhäuser/Bagger/Schenk*, SpuRt 2016, 94, 96; Ist E-Sport Sport? Wissenschaftliche Dienste des Deutschen Bundestags v. 9.6.2017, Az. WD 10 – 3000 – 036/17, S. 11.

1391 Reich durch Daddeln, FAZ v. 7.4.2018, S. 36; Ist E-Sport Sport? Wissenschaftliche Dienste des Deutschen Bundestags v. 9.6.2017, Az. WD 10 – 3000 – 036/17, S. 11.

1392 BFH v. 9.2.2017 – V R 69/14, Rn. 28, SpuRt 2018, 40.

1393 § 3 AufnahmeO des DOSB vom 1.12.2018.

1394 *Holzhäuser/Bagger/Schenk*, SpuRt 2016, 94, 97.

1395 *Holzhäuser/Bagger/Schenk*, SpuRt 2016, 94, 96; Ist E-Sport Sport? Wissenschaftliche Dienste des Deutschen Bundestags v. 9.6.2017, Az. WD 10 – 3000 – 036/17, S. 10.

Chancengleichheit nach § 3 Nr. 3 AufnahmeO prägende Eigenschaften des *E*-Sports.[1396]

Zieht man die enorme Entwicklung des *E*-Sports in den vergangenen Jahren, die hohe Anzahl an Spielern, den wirtschaftlichen Aspekt und die mediale Aufmerksamkeit hinzu, ist es unumgänglich auch den *E*-Sport zukünftig als weitere Sportart anzuerkennen. In Anbetracht sämtlicher Charakteristika des *E*-Sports erscheint das tradierte Verständnis, dass der *E*-Sport kein *„echter"* Sport sei, überholt. Insbesondere der professionell betriebene *E*-Sport setzt erhebliche körperliche und geistige Fähigkeiten voraus, die den Anforderungen anderer Sportarten in keiner Weise nachstehen. Die vielen Parallelen zwischen Sport im klassischen Sinne und dem *E*-Sport legen einen notwendigen Wandel des allgemeinen Begriffsverständnisses nahe.[1397] Auch wenn das IOC eine Einbeziehung des *E*-Sports in das olympische Programm noch für verfrüht hält, hat sich dieses für eine beschleunigte Zusammenarbeit der Verbände ausgesprochen.[1398] Trotz der enormen Entwicklung des *E*-Sports wird die Einordnung als Sport aber wohl noch von einer weiteren Professionalisierung abhängen. Hierzu erforderlich ist vor allem die Anerkennung des *E*-Sports als eigenstände Sportart durch den DOSB. Ob dies geschieht, wird nicht zuletzt davon abhängen, ob es dem *E*-Sport gelingt, eine transparente Verbandsstruktur zu etablieren.[1399] Der häufig angeführte Aspekt, dem *E*-Sport fehle es an einer *„klassischen"* Organisationsstruktur, kann jedenfalls nicht überzeugen. Insoweit ist es nur eine Frage der Zeit, bis der ESBD die gemäß § 4 Nr. 1 lit. b AufnahmeO DOSB erforderliche Mindestzahl von 10.000 Verbandsmitgliedern erreicht hat.

Auch zur Vermeidung eines *„rechtsfreien Raums"* ist eine verbandsrechtliche Anerkennung zu empfehlen; gelten die verbandsrechtlichen Doping-Vorschriften nur für unterzeichnende Verbände und deren Athleten. Während die Spitzenverbände seit vielen Jahren vertragliche Verpflichtungen mit der NADA eingehen und sich umfangreichen und regelmäßigen Trainings- und Wettkampfkontrollen unterwerfen, steht der *E*-Sport bei der Errichtung eines regelmäßigen

1396 Im Hinblick darauf, dass gewisse *E*-Sport-Spiele von gewaltverherrlichenden Inhalten geprägt sind (z.B. *Counter-Strike*) und damit sportethische Grundwerte wie die Unverletzlichkeit der Person ignorieren, ist es angezeigt, solche Spielarten hiervon auszunehmen; so auch: Ist E-Sport Sport? Wissenschaftliche Dienste des Deutschen Bundestags v. 9.6.2017, Az. WD 10 – 3000 – 036/17, S. 10.

1397 I.E. auch *Holzhäuser/Bagger/Schenk*, SpuRt 2016, 94, 98.

1398 International Olympic Committee, Communique of the 7th Olympic Summit – Olympic News, Pressemitteilung vom 8.12.2018; *Pusch*, npoR 2019, 53, 55.

1399 *Frey*, SpuRt 2018, 53, 59.

Kontrollsystems noch am Anfang.[1400] Zwar wendet sich auch der ESBD in seinen Grundsatzpapieren gegen den Einsatz von Dopingmitteln und Drogen.[1401] Im Ergebnis hätte die Anerkennung des *E*-Sports als Sport jedoch zum Vorteil, dass auch die Vorschriften des Anti-Doping-Gesetzes Anwendung finden.[1402] Die Einbeziehung des *E*-Sports in den Anwendungsbereich des Anti-Doping-Gesetzes wäre erstrebenswert, nimmt auch das Doping im *E*-Sport eine entscheidende Rolle ein.[1403] So werden unerlaubt zugeführte leistungssteigernde Mittel nicht nur im *„realen"* Sport, sondern auch im *E*-Sport eingesetzt.[1404] Für eine umfassende Dopingbekämpfung ist es deshalb unumgänglich, auch den *E*-Sport als Sport im Sinne von §§ 2, 3 AntiDopG zu begreifen. Aufgrund der vorangestellten Ausführungen zur Begriffsdefinition wird jedoch davon auszugehen sein, dass die Rechtsprechung die Anwendung des Anti-Doping-Gesetzes in der jetzigen Form auf den *E*-Sport verneinen wird. Zur Gewährleistung einer umfassenden Dopingbekämpfung ist deshalb an dieser Stelle eine gesetzgeberische Nachbesserung angezeigt.[1405]

4. Stellungnahme

Möchte man den Begriff des Sports dem Strafzweck entsprechend im weiten Sinne verstehen, verschließt sich dieser einer abschließenden Definition. Dem Rechtsanwender bleibt mangels konkreter Abgrenzungskriterien verborgen, welches Verhalten im Einzelfall unter den Terminus des Sports zu subsumieren ist und welches nicht. Insbesondere moderne Sportarten wie der *E*-Sport[1406] zeigen die Probleme einer Abgrenzung im Einzelfall auf. Trotz des Charakters eines reinen Denkspiels wurde Schach vom Deutschen Olympischen Sportbund und Teilen der Literatur als Sport i.S.v. § 6a AMG a.F. klassifiziert.[1407] Auch wenn

---

1400 *Pusch*, npoR 2019, 53, 59.

1401 Sport-Bund Deutschland eV, Ethik und Verhaltenskodex des ESBD, 26.10.2018, S. 4.; *Pusch*, npoR 2019, 53, 59.

1402 *Bagger von Grafenstein*, MMR Beilage 2018, 20, 22; *Brtka*, GRUR-Prax 2017, 500, 502.

1403 Doping-Skandal in der Gamer-Szene, Die Pille für Zocker, taz.de v. 30.7.2015, abrufbar unter: http://www.taz.de/!5218834/ (zuletzt abgerufen am 2.1.2020).

1404 Hintergrund ist ein im Jahr 2015 bekannt gewordener Medikamentenmissbrauch zur Steigerung der Konzentrationsfähigkeit, *Pusch*, npoR 2019, 53, 59.

1405 *Pusch*, npoR 2019, 53, 59.

1406 *„E-Sport bezeichnet den Wettkampf zwischen Menschen mit Hilfe von Computer- oder Videospielen unterschiedlicher Genres (vorwiegend Echtzeitstrategie, Ego-Shooter und Sportsimulationen"*, *Holzhäuser/Bagger/Schenk*, SpuRt 2016, 94.

1407 K/M/H/*Nickel*, AMG, § 6a Rn. 10; MüKo/*Freund*, StGB, 2. Aufl., 2013, AMG, § 6a Rn. 39.

der Anwendungsbereich von § 2 AntiDopG im Hinblick auf den Schutzzweck der Norm weit auszulegen ist, erscheint die Einbeziehung reiner *„Denk-Sportarten“* mangels nicht unerheblichen Körpereinsatzes zweifelhaft.[1408] Der digitale *E*-Sport geht jedoch über einen reinen Denksport hinaus. Aber auch hier steht das Wesensmerkmal eines nicht unerheblichen körperlichen Einsatzes in Frage.[1409] Der DOSB vertritt bisher die Ansicht, der *E*-Sport sei als Wirtschaftsbranche ausschließlich gewinnorientiert und könne daher nicht als Sport anerkannt werden.[1410] Nicht von der Hand zu weisen ist jedoch, dass auch der *E*-Sport gewisse koordinative Fähigkeiten, Trainingsmethoden sowie organisatorische Strukturen erfordert und damit über die Charakteristika und Eigenschaften verfügt, die an Sport angelegt werden. So bedarf es einer besonderen Hand-Augen-Koordination, Geschicklichkeit, einer enormen Reaktionsgeschwindigkeit und taktischem Geschick.[1411] Hat der Sportbegriff nach früherer Auffassung der Rechtsprechung noch als wesentliches Element die *„körperliche Ertüchtigung durch Leibesübungen“* vorausgesetzt,[1412] ist es nunmehr ausreichend, dass die Disziplin ein gewisses Maß an Körperbeherrschung, Wahrnehmungsvermögen, Reaktionsgeschwindigkeit und Feinmotorik verlangt.[1413] Mithin umfasst der Begriff des Sports nach dem allgemeinen und im Laufe der letzten Jahre gewandelten Verständnis nicht mehr nur Leibesübungen, sondern die verschiedensten Formen spielerischer Selbstentfaltung, die der körperlichen und geistigen Beweglichkeit dienen.[1414] Anforderungen, die auch der *E*-Sport erfüllt.

Nicht vom Dopingverbot des Anti-Doping-Gesetzes umfasst ist das sog. *„Mind-Doping“*.[1415] Bereits durch den Wortlaut der Norm wird klargestellt, dass die Verbote nur im Zusammenhang mit dem Sport gelten. Mithin wird die Einnahme von sog. *„Brain-Boostern“* durch Studenten, Musiker, Manager oder

---

1408 So auch: *Ketteler*, SpuRt 1997, 73, 74; *Chrobok*, Doping, S. 111, 115; a.A. wohl MüKo/*Freund*, StGB, AntiDopG, § 4 Rn. 45.

1409 Gegen die Einordnung als Sport: *Chrobok*, Doping, S. 111, 114; dafür: *Frey*, SpuRt 2018, 2, 3; *Holzhäuser/Bagger/Schenk*, Spurt 2016, 94, 97.

1410 *Frey*, SpuRt 2018, 2, 3.

1411 *Frey*, SpuRt 2018, 2, 4.

1412 BFH v. 16.12.1987 – I B 68/87, n.v.

1413 BFH v. 29.10.1997 – Az. I R 13/97, SpuRt 1998, 249.

1414 BFH v. 9.2.2017 – V R 69/14, Rn. 13, SpuRt 2018, 40.

1415 Ebenfalls als Hirn-Doping, Neuro-Enhancement oder Cognitive-Enhancement bezeichnet, zum Begriff auch: *Gärditz*, PharmR 2011, 46 ff.; *Kunz*, MedR 2010, 471 ff.; *Merkel*, ZStW 2009, 919 ff.; ausführlich zur Strafbarkeit von pharmakologischem Neuroenhancement: *Dominik,* Neuroenhancement.

Soldaten, trotz der erheblichen gesellschaftlichen Relevanz, durch das Anti-Doping-Gesetz nicht unter Strafe gestellt.[1416]

III. Umgangsverbot, Absatz 1

Nach § 2 Abs. 1 AntiDopG ist es verboten, ein auf der Dopingliste stehendes Mittel zum Zwecke des Dopings beim Menschen im Sport herzustellen (Nr. 1), mit ihm Handel zu treiben (Nr. 2), ohne mit ihm Handel zu treiben zu veräußern, abzugeben, sonst in den Verkehr zu bringen (Nr. 3) oder zu verschreiben (Nr. 4). Damit greift die Vorschrift die bislang in § 6a Abs. 1 AMG a.F. normierten Verbote des Inverkehrbringens und Verschreibens auf und erweitert die Tathandlungen zugleich um das Herstellen, Handeltreiben, Veräußern und Abgeben. Die Erweiterung begründet der Gesetzgeber damit, dass die bisherige Regelung im Arzneimittelgesetz zu eng gefasst war und auch durch andere Tatbegehungsweisen vergleichbares Unrecht verwirklicht werden kann. Die Verbotstatbestände des § 2 Abs. 1 AntiDopG betreffen in erster Linie die „*Abgabeseite*" und sind an die Formulierungen des § 29 Abs. 1 BtMG angelehnt. Hier besteht eine strukturelle Vergleichbarkeit zum Betäubungsmittelgesetz. Insoweit sind die Mechanismen des illegalen Marktes – insbesondere die Vertriebsstrukturen – häufig identisch.[1417] Aufgrund der strukturellen Ähnlichkeiten kann auch die vorliegende Auslegung an den betäubungsmittelrechtlichen Vorschriften orientiert werden.

1. Herstellen, Abs. 1 Nr. 1

Das Verbot der Herstellung soll verhindern, dass Dopingmittel in den Verkehr gebracht werden können. Die Produktion von Dopingmitteln trägt maßgeblich dazu bei, dass die Substanzen auch im Sport eingesetzt werden. Durch das Herstellungsverbot entsprechender Mittel zu Dopingzwecken soll der illegale Markt bekämpft werden. Nach Erkenntnissen des Gesetzgebers haben Erfahrungen in der Praxis gezeigt, dass die Produktion – insbesondere in sog. „*Untergrundlaboren*" – stark zugenommen hat. Nicht selten sind die Mittel verunreinigt und dadurch besonders gesundheitsgefährdend. Häufig fehlt es an einer seriösen Packungsbeilage, sodass der Konsument den Inhalt, die Wirkungsweise und die Risiken des Mittels nicht abschätzen kann.[1418] Vor allem die

---

1416 *Chrobok*, Doping, S. 115; zum Gehirn-Doping im *E*-Sport: *Siegen*, SpuRt 2016, 98 ff.; ausführlich zur Strafbarkeit von pharmakologischem Neuroenhancement: *Dominik*, Neuroenhancement.

1417 BT-Drucks. 18/4898, S. 23.

1418 BT-Drucks. 18/4898, S. 23.

im Bodybuilding- und Fitnesssport eingesetzten Steroide werden nicht selten in Schwarzmarktlaboren produziert. Die Wirkstoffe sind häufig verunreinigt und haben kein arzneimittelrechtliches Zulassungsverfahren durchlaufen, weshalb sie ein erhöhtes Gesundheitsrisiko darstellen.[1419] Ein erhöhtes Gefährdungspotential geht auch von der Herstellung sog. „*Designersteroide*" aus. Dies betrifft anabole Steroide, die eigens zu Dopingzwecken synthetisiert oder im Rahmen der Herstellung von Arzneimitteln entwickelt wurden. Die Nebenwirkungen solcher Mittel manifestieren sich zumeist erst Jahre nach der Einnahme und lassen sich nur schwer abschätzen.[1420]

Das Anti-Doping-Gesetz enthält keine Legaldefinition des Herstellens. Allerdings ist die Tatbegehungsweise sowohl in § 2 Abs. 1 Nr. 4 BtMG als auch in § 4 Abs. 14 AMG gesetzlich definiert. Die Definitionen sind in den wesentlichen Herstellungsschritten identisch, stimmen jedoch nicht völlig überein. Zwar waren die Umgangsverbote ursprünglich eine Form des Arzneimittelrechts. Allerdings sind die neuen Verbotstatbestände an die Formulierungen des § 29 Abs. 1 BtMG angelehnt, sodass auch der Begriff des Herstellens entsprechend dem des Betäubungsmittelrechts auszulegen ist. Danach ist unter die Tatbegehungsweise des Herstellens von Dopingmitteln das Gewinnen, Anfertigen, Zubereiten, Be- oder Verarbeiten, Reinigen und Umwandeln dieser Mittel zu verstehen.[1421]

Das „*Gewinnen*" zielt auf die Produktion eines dopingmittelhaltigen Naturproduktes ab. Gemeint ist die Ernte des Stoffes, also die Entnahme von Pflanzen, Pflanzenteilen oder Pflanzenerzeugnissen aus ihrer natürlichen oder künstlich angelegten Umgebung.[1422] Das Ergebnis der Gewinnung muss die Erlangung eines Naturproduktes sein, welches auch ein Zwischenprodukt zur Weiterverarbeitung sein kann. Ein konsumfertiges Dopingmittel muss nicht direkt entstehen.[1423] Nicht unter den Begriff der Gewinnung fällt der vorgeschaltete bloße Anbau von Pflanzen, die als Grundlage zur weiteren Verarbeitung dienen und Wirkstoffe liefern können.[1424]

1419 L/N/P/*Nolte*, AntiDopG, § 2 Rn. 14.

1420 L/N/P/*Nolte*, AntiDopG, § 2 Rn. 15.

1421 BT-Drucks. 18/4898, S. 23; Erbs/Kohlhaas/*Wußler*, AntiDopG, § 2 Rn. 10; MüKo/*Freund*, StGB, AntiDopG, §§ 1–4, Rn. 48; *Weber*, BtMG, AntiDopG, § 2 Rn. 33; *Chrobok*, Doping, S. 118; a.A. L/N/P/*Nolte*, AntiDopG, § 2 Rn. 14, der auf § 4 Abs. 14 AMG abstellt.

1422 BeckOK/*Teriet*, BtMG, § 2 Rn. 4; MüKo/*Oğlakcıoğlu*, StGB, BtMG, § 2 Rn. 32.

1423 OLG Karlsruhe v. 19.9.2001 – 3 Ss 80/01, NStZ-RR 2002, 85.

1424 OLG Hamburg v. 14.2.1978 – 2 Ss 301/77, NJW 1978, 2349; BeckOK/*Teriet*, BtMG, § 2 Rn. 5; *Chrobok*, Doping, S. 119.

Im Gegensatz zum Gewinnen ist das „*Anfertigen*" die Erzeugung eines Dopingmittels durch chemische Reaktion (Synthese). Durch das Anfertigen wird ein Kunstprodukt hergestellt, das in der Natur nicht vorkommt.[1425]

In der Praxis wird die Handlungsvariante des „*Zubereitens*" von Dopingmitteln wohl am häufigsten vorkommen. Der Legaldefinition in § 2 Abs. 1 Nr. 2 BtMG entsprechend, ist unter Zubereitung eine chemische oder mechanische Verbindung von Stoffen zu Dopingmitteln zu verstehen.[1426] Danach ist die Zubereitung die Fertigung eines Stoffgemisches ungeachtet seines Aggregatzustandes. Als Zubereitungsverfahren häufig genannt wird das Mischen, Lösen, Ausziehen, Trocknen, Extrahieren, Destillieren, Pressen, Fraktionieren, Konzentrieren und Fermentieren.[1427]

„*Bearbeiten*" eines Dopingmittels ist das mechanische, physikalische oder chemische Einwirken auf den Stoff (z.B. Pressen oder Pulverisieren). Die Einwirkung verändert das äußere Erscheinungsbild. Die chemische oder biologische Substanz des Stoffes bleibt erhalten. Nicht unter den Begriff der Bearbeitung zu subsumieren ist das Abfüllen, Umfüllen, Abpacken oder Kennzeichnen.[1428]

Beim „*Verarbeiten*" wird ebenfalls auf den Stoff mechanisch oder chemisch eingewirkt. Damit verbunden ist eine Substanzveränderung, ohne die chemische Zusammensetzung zu berühren. Hierzu zählt insbesondere das Maskieren, bei dem die Dopingmittel mit Chemikalien vermischt und überlagert werden. Das Be- und Verarbeiten geht häufig ineinander über und lässt sich nicht immer trennscharf differenzieren.[1429]

Das „*Reinigen*" von Dopingmitteln ist die Entfernung von Fremdstoffen sowie das Herausfiltern von Dopingmitteln aus einem Stoffgemisch. Für die Reinigung kommen physikalische und chemische Verfahren in Betracht.[1430]

„*Umwandlung*" ist die Erzeugung eines neuen Dopingmittels. Dieses muss unter einer anderen Bezeichnung in der Dopingliste aufgenommen sein.[1431]

Durch die detaillierte Aufschlüsselung der verschiedenen Herstellungsphasen wollte der Gesetzgeber alle denkbaren Verhaltensweisen des Produktionsprozesses erfassen. Weil die hochkomplexen Herstellungsprozesse zumeist fließend

---

1425 MüKo/*Oğlakcıoğlu*, StGB, BtMG, § 29 Rn. 142 ff.

1426 Erbs/Kohlhaas/*Wußler*, AntiDopG, § 2 Rn. 10.

1427 BeckOK/*Teriet*, BtMG, § 2 Rn. 10; *Weber*, BtMG, § 2 Rn. 59.

1428 MüKo/*Oğlakcıoğlu*, StGB, BtMG, § 2 Rn. 35; *Weber*, BtMG, § 2 Rn. 60.

1429 BeckOK/*Teriet*, BtMG, § 2 Rn. 12 f.; *Weber*, BtMG, § 2 Rn. 60.

1430 BeckOK/*Teriet*, BtMG, § 2 Rn. 14; K/P/V/*Patzak*, BtMG, § 29 Rn. 15; MüKo/*Oğlakcıoğlu*, StGB, BtMG, § 2 Rn. 36.

1431 BeckOK/*Teriet*, BtMG, § 2 Rn. 15; *Weber*, BtMG, § 2 Rn. 64.

ineinander übergehen, wird eine klare Trennung zwischen den jeweiligen Produktionsschritten in der Regel nicht möglich sein.[1432] Die darüber hinausgehenden arzneimittelrechtlichen Handlungsmodalitäten (Umfüllen, Abfüllen, Abpacken, Kennzeichnen und Freigeben) sind nicht unter das dopingrechtliche Herstellungsverbot zu subsumieren.[1433] Das gilt selbst dann, wenn die Arzneimittel zu Dopingzwecken hergestellt werden. Insoweit ist jedoch zu beachten, dass daneben dann auch die Vorschriften des Arzneimittelgesetzes und damit der arzneimittelrechtliche Begriff des Herstellens sowie die Strafvorschriften der §§ 95 Abs. 1 Nr. 3a, 96 Abs. 1 Nr. 4 AMG Anwendung finden.[1434]

2. *Handeltreiben, Abs. 1 Nr. 2*

Der Gesetzgeber hat das Handeltreiben in den Katalog der Tatbegehungsweisen aufgenommen, weil dieser eigennützigen, auf Umsatz gerichteten Tätigkeit eine große praktische Bedeutung zukommt. Durch den illegalen Umgang mit Dopingmitteln können beträchtliche Gewinne erzielt werden, die eine wesentliche Motivation für die Verbreitung solcher Mittel darstellen. Mit dem Verbot soll dem illegalen Markt entgegengewirkt werden.[1435]

Auch bei der Auslegung des Tatbestandsmerkmals „*Handeltreiben*" in § 2 Abs. 1 Nr. 2 AntiDopG ist auf die Grundsätze zu dem gleichlautenden Merkmal in § 29 Abs. 1 Nr. 1 BtMG zurückzugreifen. Dies gilt sowohl für die Mindestfeststellungen als auch für mögliche rechtliche Bewertungseinheiten, wenn ein und derselbe Güterumsatz Gegenstand der strafrechtlichen Bewertung ist.[1436] Nach ständiger Rechtsprechung ist Handeltreiben jede eigennützige auf den Umsatz mit Dopingmitteln gerichtete Tätigkeit.[1437] Der Begriff des Handeltreibens ist weit auszulegen. Er reicht von rein tatsächlichen Handlungen bis hin zu komplizierten Finanztransaktionen. Auf eine Berufs- oder Gewerbsmäßigkeit

1432 *Chrobok*, Doping, S. 118 f.

1433 Der weitergehende Herstellungsbegriff im Arzneimittelrecht resultiert daher, dass die Herstellung in einem engen Zusammenhang zu den arzneimittelrechtlichen Erlaubnis- und Prüfungspflichten (§§ 13 ff. AMG) steht und damit auch der Überwachung der Arzneimittelherstellung dient, *Chrobok*, Doping, S. 118.

1434 *Weber*, BtMG, AntiDopG, § 2 Rn. 34.

1435 BT-Drucks. 18/4898, S. 24.

1436 BGH v. 14.2.2019 – 4 StR 37/18, Rn. 7, NStZ-RR 2019, 155; BGH v. 7.8.2018 – 3 StR 345/17, Rn. 18, NStZ-RR 2019, 8.

1437 BGH v. 10.11.2015 – 3 StR 302/15, Rn. 6, NStZ 2016, 419; BGH v. 26.10.2005 – GSSt 1/05, Rn. 19, NStZ 2006, 171; BGH v. 20.1.1982 – 2 StR 593/81, NStZ 1982, 250; BGH v. 21.2.1974 – 1 StR 588/73, BGHSt 25, 29.

kommt es nicht an.[1438] Voraussetzung ist, dass die Tätigkeit auf die Vornahme eines Umsatzgeschäfts gerichtet ist. Ein solches liegt vor, wenn der rechtsgeschäftliche Übergang der Dopingmittel von einer Person auf eine andere bewirkt werden soll.[1439] Ein vollendetes Handeltreiben mit Dopingmitteln ist bereits dann gegeben, wenn der Verkäufer dem Kaufinteressenten ein verbindliches und ernsthaftes Verkaufsangebot unterbreitet.[1440] Auch eine nur gelegentliche, einmalige oder bloß vermittelnde Tätigkeit kann ein Handeltreiben darstellen.[1441] Dagegen begründen allgemeine Sondierungsgespräche über die Möglichkeit und eventuelle Modalitäten künftiger Betäubungsmittelgeschäfte noch kein vollendetes Handeltreiben. Hierbei handelt es sich lediglich um straflose Vorbereitungshandlungen.[1442] Das Handeltreiben ist ein Unternehmensdelikt und kein Erfolgsdelikt.[1443] Mithin kann auch die Förderung fremder Umsatzgeschäfte ein Handeln darstellen, soweit der Täter mit den Dopingmitteln selbst befasst oder unmittelbar in das Dopinggeschäft eingebunden ist. Typisches Umsatzgeschäft für den Handel mit Dopingmitteln ist der Verkauf. Allerdings kann auch der Kauf ein Handeltreiben darstellen, wenn der gewinnbringende Weiterverkauf beabsichtigt ist. Gleiches gilt für die Anbahnung solcher Geschäfte. Ebenso können viele andere Geschäfte – wie Vermittlungs- oder Finanzierungsgeschäfte – einen Teilakt des Handeltreibens darstellen, soweit sie dem gewinnbringenden Umsatz von Dopingmitteln dienen. Zum Handeltreiben können darüber hinaus auch Handlungen nach Geschäftsschluss – bspw. Zahlungsvorgänge – zählen.[1444] Der Tatbestand des Handeltreibens kann zudem durch tatsächliche Handlungen erfüllt werden, soweit sie zum Ziel haben, den Umsatz von Dopingmitteln zu fördern. Hierzu können das Herstellen, Vorrätighalten, Feilhalten, Besitzen, Lagern oder Transportieren zählen. Dient der Besitz oder das Verbringen nach oder durch Deutschland dem Ziel einer gewinnbringenden Weiterveräußerung, sind auch sie Teilakte des Handeltreibens.[1445]

1438 *Weber*, BtMG, AntiDopG, § 2 Rn. 35.

1439 BGH v. 4.12.1981 – 3 StR 408/81, NJW 1982, 708; *Weber*, BtMG, § 29 Rn. 256.

1440 BGH v. 10.11.2015 – 3 StR 302/15, Rn. 6, NStZ 2016, 419; BGH v. 26.10.2005 – GSSt 1/05, Rn. 19; NStZ 2006, 171.

1441 BGH v. 4.10.1978 – 3 StR 232/78, Rn. 6, NJW 1979, 1259; Erbs/Kohlhaas/*Wußler*, AntiDopG, § 2 Rn. 11; *Weber*, BtMG, AntiDopG, § 2 Rn. 35.

1442 BGH v. 10.11.2015 – 3 StR 302/15, Rn. 6, NStZ 2016, 419.

1443 L/N/P/*Striegel*, AntiDopG, § 2 Rn. 16; *Weber*, BtMG, AntiDopG, § 2 Rn. 42.

1444 *Weber*, BtMG, AntiDopG, § 2 Rn. 44.

1445 *Weber*, BtMG, AntiDopG, § 2 Rn. 46 f.; zu den einzelnen Handlungsmodalitäten siehe auch: *Chrobok*, Doping, S. 125 ff.

Die Tätigkeit ist eigennützig, wenn der Täter von einer Gewinnerzielungsabsicht geleitet wird oder er sich einen wie auch immer gearteten anderen persönlichen Vorteil aus der Tätigkeit verspricht. Zumeist werden jedoch die hohen Gewinne, die mit der Veräußerung von Dopingmitteln erzielt werden, den wesentlichen Beweggrund darstellen.[1446] An der Eigennützigkeit fehlt es, wenn der Beteiligte Dopingmittel verschenkt, zum Selbstkosten- oder Einstandspreis veräußert oder sie anderweitig hergibt. Das Gewinnstreben muss nicht ungewöhnlich oder übersteigert sein. Ausreichend ist, dass der Täter das Dopingmittel gewinnbringend veräußern will. Nicht erforderlich ist, dass das Entgelt den Marktpreis übersteigt oder erreicht.[1447] Das subjektive Merkmal der Eigennützigkeit bzw. der Gewinnerzielungsabsicht ist auch in Abgrenzung zu den weiteren – unter § 2 Abs. 1 Nr. 3 AntiDopG genannten – Verausgabungsvarianten maßgeblich.[1448]

Die von § 2 Abs. 1 AntiDopG erfassten Tatvarianten des Herstellens und Handeltreibens mit Dopingmitteln stehen in Gesetzeskonkurrenz und nicht in Tateinheit nach § 52 StGB zueinander. Insoweit kann zur Bewertung des Konkurrenzverhältnisses der Straftatbestände des Anti-Doping-Gesetzes die Rechtsprechung zum Betäubungsmittelstrafrecht herangezogen werden. Nach ständiger Rechtsprechung des BGH zu § 29 BtMG ist das Herstellen von Betäubungsmitteln eine Vorstufe des Handeltreibens und tritt als Teilakt hinter diesem zurück. Weil der Gesetzgeber die Verbots- und Strafvorschriften des Anti-Doping-Gesetzes an die Formulierungen im Katalog des § 29 Abs. 1 BtMG angelehnt hat, kann hier nichts anderes gelten.[1449]

3. *Ohne Handel zu treiben, zu veräußern, abzugeben oder sonst in den Verkehr zu bringen, Abs. 1 Nr. 3*

Wie bereits aus dem Wortlaut von § 2 Abs. 1 Nr. 3 AntiDopG („*ohne mit ihm Handel zu treiben*") hervorgeht, ist das Handeltreiben auch im Anti-Doping-Gesetz der umfassende Tatbestand. Mithin kommen die in Nr. 3 genannten Verbote nur dann in Betracht, wenn kein Handeltreiben vorliegt.[1450] Von dem Verbot der Veräußerung, Abgabe oder sonst in Verkehr bringen werden alle Handlungen erfasst, in denen der Täter uneigennützig Dopingmittel weitergibt. Im Gegensatz

1446 L/N/P/*Striegel*, AntiDopG, § 2 Rn. 16.
1447 *Weber*, BtMG, AntiDopG, § 2 Rn. 50.
1448 Erbs/Kohlhaas/*Wußler*, AntiDopG, § 2 Rn. 11.
1449 BGH v. 7.8.2018 – 3 StR 345/17, Rn. 22 f., NStZ-RR 2019, 8.
1450 *Weber*, BtMG, AntiDopG, § 2 Rn. 36.

zum Handeltreiben verspricht sich der Täter gerade keinen persönlichen Vorteil. Hierunter fällt zum Beispiel der Transport von Dopingmitteln als Gefallen ohne hierfür einen Ausgleich zu erhalten.[1451] Im Einzelnen:

a) Veräußern, Abs. 1 Nr. 3 Var. 1

Mit der Aufnahme der Tatbestandsvariante des Veräußerns wollte der Gesetzgeber die Fallgruppen abdecken, in denen der Täter zwar entgeltlich, aber uneigennützig Dopingmittel abgibt. Veräußerungen der eigennützigen Weitergabe werden bereits vom Handeltreiben erfasst.[1452] Folglich ist Veräußern die Abgabe von Dopingmitteln gegen Entgelt aufgrund rechtsgeschäftlicher Vereinbarung. Damit ist die Veräußerung eine durch ein entgeltliches Rechtsgeschäft qualifizierte Form der Abgabe.[1453]

Als Veräußerer kommt nur in Betracht, wer die tatsächliche Verfügungsgewalt über das Dopingmittel ausübt. Hierzu muss der Veräußerer nicht Eigentümer sein. Die tatsächliche Verfügungsgewalt hat auch der Besitzherr inne, für den ein Besitzdiener die tatsächliche Gewalt ausübt.[1454] Der Bote führt hingegen keine tatsächliche Verfügungsgewalt über die Sache aus.[1455] Auch der mittelbare Besitzer, dem der Besitzmittler in der Weise den Besitz vermittelt, dass er ohne Schwierigkeiten über das Dopingmittel verfügen kann, verfügt über die tatsächliche Verfügungsmacht.[1456] Mithin muss keine körperliche Übergabe des Dopingmittels stattfinden.[1457] Gibt der Besitzdiener, der sonstige unmittelbare Besitzer oder der Verwahrer das Dopingmittel eigenmächtig an einen Dritten weiter, so nimmt er eigene Verfügungsgewalt in Anspruch. Sind die übrigen Voraussetzungen erfüllt, kommt eine Veräußerung durch ihn in Betracht.[1458] Der Empfänger muss die tatsächliche Verfügungsmacht über das Dopingmittel erlangen. Dies ist der Fall, wenn das Dopingmittel in dessen Zugriffsbereich gelangt.[1459] Der Empfänger hat keine tatsächliche Verfügungsgewalt inne, wenn das Dopingmittel von den Zollbehörden abgefangen oder an eine (Tarn-)Adresse

---

1451 L/N/P/*Striegel*, AntiDopG, § 2 Rn. 17.

1452 BT-Drucks. 18/4898, S. 24; *Weber*, BtMG, § 29 Rn. 1067 f.

1453 Erbs/Kohlhaas/*Wußler*, AntiDopG, § 2 Rn. 12; *Weber*, BtMG, § 29 Rn. 1059.

1454 *Weber*, BtMG, § 29 Rn. 1060.

1455 BGH v. 17.10.2006 – 3 StR 381/06, Os., NStZ-RR 2007, 24.

1456 BGH v. 3.3.1978 – 2 StR 717/77, NJW 1978, 1696; BayObLGSt v. 20.10.2003 – 4St RR 120/03, 4St RR 120/2003, NStZ 2004, 401.

1457 *Weber*, BtMG, § 29 Rn. 1061.

1458 *Weber*, BtMG, § 29 Rn. 1062.

1459 *Weber*, BtMG, § 29 Rn. 1063.

der Polizei geliefert wird.[1460] Auch der Empfänger kann seinen Besitz durch Besitzdiener oder Besitzmittler ausüben.[1461] Darüber hinaus muss die Übertragung der tatsächlichen Gewalt zur freien Verfügung erfolgen. Der Empfänger muss die Dopingmittel nach Belieben verbrauchen oder weitergeben können.[1462]

b) Abgeben, Abs. 1 Nr. 3 Var. 2

Mit dem Abgabetatbestand in § 2 Abs. 1 Nr. 3 Var. 2 AntiDopG werden die Fälle der Übertragung der Verfügungsgewalt ohne rechtsgeschäftliche Grundlage und ohne Gegenleistung an einen Dritten erfasst.[1463]

Genauso wie der Tatbestand des Veräußerns kommt die Abgabe als eigenständige Tatvariante nur dann in Frage, wenn kein Handeltreiben vorliegt. Die Abgabe ist zu definieren als die Übertragung der eigenen tatsächlichen Verfügungsgewalt an dem Dopingmittel ohne rechtsgeschäftliche Grundlage und ohne Gegenleistung an einen anderen mit der Wirkung, dass dieser frei darüber verfügen kann.[1464] Die Abgabe kann entgeltlich oder unentgeltlich erfolgen.[1465] Abgeber kann nur sein, wer die tatsächliche Verfügungsmacht über das Dopingmittel innehat. Die Verfügungsgewalt muss übertragen werden.[1466] Auch dem Abgabeempfänger muss das Dopingmittel so übertragen werden, dass er die tatsächliche Verfügungsmacht erlangt. Insoweit gelten die gleichen Grundsätze wie bei der Veräußerung.[1467] Ebenso muss die Übertragung der tatsächlichen Gewalt zur freien Verfügung erfolgen. Der Empfänger muss das Dopingmittel also nach Belieben verbrauchen oder weitergeben können.[1468] Im Gegensatz zur Veräußerung erfolgt die Abgabe jedoch ohne rechtsgeschäftliche Grundlage und ohne Gegenleistung. Andernfalls würde eine Veräußerung oder, sofern Eigennützigkeit hinzutritt, ein Handeltreiben vorliegen.[1469] Als Tathandlung kommt

---

1460 BGH v. 14.10.2014 – 2 StR 124/14; NStZ 2015, 591; BGH v. 18.9.2013 – 2 StR 535/12, NStZ 2014, 468.

1461 BayObLGSt v. 20.10.2003 - 4St RR 120/03, 4St RR 120/2003, NStZ 2004, 401.

1462 BGH v. 4.6. 008 - 2 StR 577/07, NJW 2008, 2596.

1463 BT-Drucks. 18/4889, S. 24.

1464 Erbs/Kohlhaas/*Wußler*, AntiDopG, § 2 Rn. 13; K/P/V/*Volkmer*, BtMG, AntiDopG, § 4 Rn. 33; L/N/P/*Striegel*, AntiDopG, § 2 Rn. 17; *Weber*, BtMG, AntiDopG, § 2 Rn. 36.

1465 L/N/P/*Striegel*, AntiDopG, § 2 Rn. 17.

1466 OLG Celle v. 14.2.1985 – 2 Ss (OWi) 15/85, NJW 1985, 2206; *Weber*, BtMG, § 29 Rn. 1114.

1467 *Weber*, BtMG, § 29 Rn. 1114 f.

1468 BGH v. 14.4.2015 – 5 StR 109/15, NStZ-RR 2015, 218.

1469 *Weber*, BtMG, § 29 Rn. 1117.

beispielsweise das Verschenken oder der Tausch von gleichwertigen Dopingmitteln in Betracht.[1470] Darüber hinaus liegt eine Abgabe vor, wenn der Arzt dem Sportler durch die Mitgabe des Dopingmittels unerlaubt die tatsächliche Sachherrschaft überlässt. Hingegen ist der Akt der Verabreichung des Dopingmittels durch die unmittelbare Anwendung am Körper des Athleten keine Abgabe. Hier greift das Anwendungsverbot nach § 2 Abs. 2 AntiDopG.[1471]

c) *Sonstiges Inverkehrbringen, Abs. 1 Nr. 3 Var. 3*

Um Regelungslücken bei nicht konkret nachweisbaren Entäußerungshandlungen zu schließen, hat der Gesetzgeber den Auffangtatbestand des sonstigen Inverkehrbringens in die Verbotsnorm mit aufgenommen.[1472]

Die Tathandlung des sonstigen Inverkehrbringens umfasst jedes gleich wie geartete Eröffnen der Möglichkeit, dass ein anderer die tatsächliche Verfügung über das Dopingmittel erlangt und es nach eigener Entschließung verwenden kann. Damit erfasst wird jede Verursachung eines Wechsels der Verfügungsgewalt über das Dopingmittel durch einen anderen.[1473] Ein Rückgriff auf die Definition des § 4 Abs. 17 AMG ist demgegenüber unzulässig. Mithin ist das Vorrätighalten zum Verkauf oder zu sonstiger Abgabe sowie das Feilhalten und Feilbieten nicht als „*Inverkehrbringen*" aufzufassen. Einerseits verzichtet das Anti-Doping-Gesetz auf eine dem § 4 Abs. 17 AMG entsprechende Definition. Andererseits wäre eine Übertragung des dortigen Verständnisses ohne entsprechende gesetzliche Verankerung im Hinblick auf Art. 13 Abs. 2 GG problematisch.[1474]

Als Täter kommt nur in Betracht, wer die tatsächliche Verfügungsgewalt über das Dopingmittel innehat. Eigentum oder Besitz sind nicht erforderlich, wohl aber die Sachherrschaft über das Mittel.[1475] Beispiele für ein sonstiges Inverkehrbringen sind das Unterschieben von Dopingmitteln oder ein anderweitiger Umgang mit Dopingmitteln, der Dritten den Zugriff ermöglicht; so bei der

---

1470 Erbs/Kohlhaas/*Wußler*, AntiDopG, § 2 Rn. 13.

1471 *Chrobok*, Doping, S. 132 f.

1472 BT-Drucks. 18/4889, S. 24.

1473 Erbs/Kohlhaas/*Wußler*, AntiDopG, § 2 Rn. 13; K/P/V/*Volkmer*, BtMG, AntiDopG, § 4 Rn. 34; *Weber*, BtMG, AntiDopG, § 2 Rn. 56.

1474 So auch K/P/V/*Volkmer*, BtMG, AntiDopG, § 4 Rn. 34; MüKo/*Freund*, StGB, AntiDopG, § 4 Rn. 50; *Weber*, BtMG, AntiDopG, § 2 Rn. 55; a.A. L/N/P/*Striegel*, AntiDopG, § 2 Rn. 18.

1475 OLG Zweibrücken v. 5.3.1986 – 2 Ss 320/85, NStZ 1986, 55; *Weber*, BtMG, § 29 Rn. 1154.

Aufbewahrung in Räumlichkeiten, die einem Dritten gehören. Auch das Wegwerfen mit sich anschließender Aneignung durch Dritte ist als Inverkehrbringen zu werten. Zumeist wird ein vorsätzliches Handeln jedoch bereits von einer anderen Tatbestandsvariante erfasst.[1476]

4. Verschreiben, Abs. 1 Nr. 4

Häufig handelt es sich bei Dopingmitteln um verschreibungsfähige und verschreibungspflichtige Arzneimittel. Dem gesetzgeberischen Willen entsprechend, soll sich der Begriff des Verschreibens nicht an § 29 Abs. 1 BtMG, sondern an dem ursprünglichen Verbot des § 6a Abs. 1 AMG a.F. orientieren.[1477]

Dementsprechend ist auch das Verschreiben von Dopingmitteln zu definieren als die Ausstellung eines Rezepts über Arzneimittel zu Dopingzwecken.[1478] Im bisherigen Schrifttum zu § 6a Abs. 1 AMG a.F. wurde zum Teil vorausgesetzt, dass es sich bei dem Aussteller des Rezepts um einen Angehörigen der Heilberufe, sprich Ärzte, Zahnärzte oder Tierärzte, handeln muss. Teilweise wird diese Auffassung auch auf § 2 Abs. 1 Nr. 4 AntiDopG übertragen.[1479] Auch die Gesetzesbegründung spricht insoweit von der Ausstellung durch *„den Arzt"*.[1480] Danach würde es sich bei dem Verbot um ein Sonderdelikt handeln. Gegen eine solche Ansicht ist jedoch einzuwenden, dass so der spezifische Dopingunwert nicht ausreichend berücksichtigt wird.[1481] Eine Beschränkung auf Angehörige der Heilberufe ist im Wortlaut der Vorschrift nicht zwingend angelegt. Durch eine solche Auslegung würde insbesondere nicht der Rezeptfälscher erfasst, der als Nichtarzt einem anderen ein Rezept über ein Dopingmittel ausstellt. Der spezifische Unwertgehalt würde durch eine Bestrafung wegen Urkundenfälschung nicht ausreichend erfasst.[1482] Der Wortlaut des Verbots richtet sich an jedermann. Die Vorschrift hat den Zweck die Verbreitung von gesundheitsgefährdenden Dopingmitteln einzudämmen. Insoweit macht es keinen Unterschied, dass

---

1476 *Weber*, BtMG, § 29 Rn. 1166.

1477 BT-Drucks. 18/4889, S. 24.

1478 K/P/V/*Volkmer*, BtMG, AntiDopG, § 4 Rn. 31; L/N/P/*Striegel*, AntiDopG, §2 Rn. 19; *Weber*, BtMG, AntiDopG, § 2 Rn. 57; *Chrobok*, Doping, S. 134.

1479 Erbs/Kohlhaas/*Wußler*, AntiDopG, § 2 Rn. 14; K/P/V/*Volkmer*, BtMG, AntiDopG, § 4 Rn. 36; L/N/P/*Striegel*, AntiDopG, § 2 Rn. 19.

1480 BT-Drucks. 18/4889, S. 24.

1481 I.E. auch MüKo/*Freund*, StGB, BtMG, § 2 Rn. 52; *Weber*, BtMG, AntiDopG, § 2 Rn. 57; *Chrobok*, Doping, S. 135.

1482 MüKo/*Freund*, StGB, BtMG, § 2 Rn. 52.

die ausstellende Person Arzt ist.[1483] Aus diesem Grund handelt es sich bei dem Verbot des § 2 Abs. 1 Nr. 4 AntiDopG um kein Sonderdelikt und ist damit auch nicht auf angehörige der Heilberufe zu beschränken.

IV. Anwendungsverbot, Absatz 2

§ 2 Abs. 2 AntiDopG verbietet die Anwendung von Dopingmitteln (Nr. 1) und Dopingmethoden (Nr. 2) bei anderen Personen zum Zwecke des Dopings im Sport. Damit übernimmt die Vorschrift das bisherige, in § 6a Abs. 1 AMG a.F. normierte Verbot der Anwendung von Arzneimitteln bei anderen und erweitert dieses auf sämtliche Dopingmittel, die in der Anlage I des Internationalen Übereinkommens gegen Doping im Sport in der vom Bundesministerium des Inneren im Bundesgesetzblatt Teil II bekannt gemachten Fassung genannt werden. Darüber hinaus wird erstmals auch die Anwendung von Dopingmethoden bei anderen, soweit diese in der Anlage I des Internationalen Übereinkommens gegen Doping genannt sind, verboten.[1484] Weil Dopingmethoden in gleicher Weise wie Dopingmittel die Gesundheit der Sportler gefährden können, wollte der Gesetzgeber mit der expliziten Nennung bestehende Schutzlücken schließen. Erfasst werden Dopingmethoden, die ohne Anwendung bestimmter Stoffe auskommen und damit nicht bereits unter die Anwendung von Dopingmitteln fallen.[1485]

Die Tatbegehungsweise des Anwendens wird weder durch das Anti-Doping-Gesetz noch durch das Arzneimittel- oder Betäubungsmittelgesetz definiert. Literatur und Rechtsprechung haben das Tatbestandsmerkmal bislang lediglich durch Fallgruppen umschrieben.[1486] Danach ist unter der Anwendung eines Dopingmittels zunächst die Verabreichung, d.h. die unmittelbare Anwendung am Körper des Sportlers, ohne dessen aktive Beteiligung zu verstehen. Erfasst wird das Einflößen, Injizieren, Einreiben und sonstige Formen der Fremdapplikation.[1487] Zu nennen sind insbesondere die Verabreichung über den Magen-Darm-Trakt, die lokale, intramuskuläre oder intravenöse Injektion, die Infusion sowie das Auftragen auf die Haut oder Schleimhäute.[1488] Im Kontext der Dopingmethoden ist vor allem das Gendoping hervorzuheben. Dabei handelt es sich

1483 Zu § 6a AMG a.F. bereits MüKo/*Freund*, StGB, 2. Auf. 2013, AMG, § 6a Rn. 29.
1484 L/N/P/*Striegel*, AntiDopG, § 2 Rn. 75 ff.
1485 BT-Drucks. 18/4889, S. 25.
1486 Erbs/Kohlhaas/*Wußler*, AntiDopG, § 2 Rn. 17.
1487 K/P/V/*Volkmer*, BtMG, AntiDopG, § 4 Rn. 39.
1488 L/N/P/*Striegel*, AntiDopG, § 2 Rn. 78; *Chrobok*, Doping, S. 136.

es um die Steigerung der sportlichen Leistung durch die nichttherapeutische Anwendung von Zellen, Genen, Genelementen oder der Regulierung der Genexpression.[1489]

Entscheidend ist, dass die Anwendung bei einer vom Täter verschiedenen Person erfolgt.[1490] Dabei ist die Anwendung nicht auf Handlungen durch Ärzte beschränkt, sondern kann auch durch Trainer, Physiotherapeuten, Teamkollegen oder andere Personen vorgenommen werden.[1491] Eine Eigenanwendung wird jedoch nicht von § 2 Abs. 2 AntiDopG erfasst. Eine Strafbarkeit kommt hier lediglich unter den wesentlich engeren Voraussetzungen des § 3 AntiDopG in Betracht.[1492] Die eigene aktive Beteiligung des Sportlers ist maßgebliches Kriterium zur Einstufung der Handlungen als Selbst- oder Fremddoping.[1493] Eine Mitwirkung des Sportlers oder dessen Kenntnis ist nicht erforderlich, so dass auch die heimliche Anwendung von § 2 Abs. 2 AntiDopG erfasst wird.[1494] Hat der freiverantwortlich handelnde Sportler von der Anwendung Kenntnis und geschieht diese mit dessen Zustimmung, greift eine rechtfertigenden Einwilligung aufgrund der Ratio der Norm nicht ein. Die Anwendung kann durch die Einwilligung des Sportlers – mangels dessen Dispositionsbefugnis über die betroffenen fremden Rechtsgüter – nicht gerechtfertigt sein.[1495]

Fraglich ist, ob neben der Verabreichung auch die Überlassung zum unmittelbaren Verbrauch unter den Begriff des Anwendens zu subsumieren ist. Dies wird man jedenfalls für Verhaltensweisen verneinen müssen, bei denen der Sportler zuvor die tatsächliche Verfügungsgewalt über das Dopingmittel erlangt. In einem solchen Fall liegt vielmehr bereits ein Handeltreiben, Veräußern, Abgeben oder sonstiges Inverkehrbringen vor.[1496] Wird die tatsächliche Verfügungsmacht bei der Überlassung zum unmittelbaren Verbrauch jedoch nicht übertragen, ist eine Subsumtion unter den Begriff der Anwendung theoretisch denkbar. Erfasst wird

---

1489 BT-Drucks. 18/4889, S. 25.

1490 Erbs/Kohlhaas/*Wußler*, AntiDopG, § 2 Rn. 17.

1491 L/N/P/*Striegel*, AntiDopG, § 2 Rn. 78; *Chrobok*, Doping, S. 136.

1492 L/N/P/*Striegel*, AntiDopG, § 2 Rn. 78.

1493 K/P/V/*Volkmer*, BtMG, AntiDopG, § 4 Rn. 39.

1494 Erbs/Kohlhaas/*Wußler*, AntiDopG, § 2 Rn. 17; L/N/P/*Striegel*, AntiDopG, § 2 Rn. 78; MüKo/*Freund*, StGB, AntiDopG, § 2 Rn. 53; *Weber*, BtMG, AntiDopG, § 2 Rn. 63; *Chrobok*, Doping, S. 137. Tateinheitlich (§ 52 StGB) kommt dann auch eine vorsätzliche oder fahrlässige Körperverletzung in Betracht.

1495 MüKo/*Freund*, StGB, AntiDopG, § 2 Rn. 55.

1496 Hierzu: K/P/V/*Volkmer*, BtMG, AntiDopG, § 4 Rn. 40; *Weber*, BtMG, AntiDopG, § 2 Rn. 62.

dann auch die Übergabe des Dopingmittels zur unmittelbaren Selbstanwendung. Damit ein an sich einheitliches Geschehen nicht künstlich aufgespalten wird, ist die Anwendung anhand einer objektiven Betrachtung des Gesamtgeschehens zu ermitteln. Insoweit kann es keinen Unterschied machen, ob der Täter das Dopingmittel selbst verabreicht oder ob er dieses dem Sportler übergib und der letzte Akt durch den Athleten selbst ausgeführt wird. Anderenfalls wäre beispielsweise die Applikation der oralen Anwendung stets ausgeschlossen, solange der Täter dem Sportler das Dopingmittel nicht selbst auf die Zunge legt.[1497] Hier könnte eine ausdrückliche Aufnahme der Verbrauchsüberlassung in die Regelungen des § 2 AntiDopG Abhilfe verschaffen und die intendierte Anlehnung an den Straftatenkatalog des § 29 BtMG vollenden.[1498]

V. Erwerbs-, Besitz- und Verbringungsverbot nicht geringer Mengen, Absatz 3

Gemäß § 2 Abs. 3 AntiDopG ist es verboten, ein Dopingmittel, das ein in der Anlage zu diesem Gesetz aufgeführter Stoff ist oder einen solchen enthält, in einer nicht geringen Menge zu erwerben, zu besitzen oder in die Bundesrepublik Deutschland zu verbringen. Damit übernimmt die Vorschrift die bereits zuvor in § 6a Abs. 2a S. 1 AMG a.F. geregelten Erwerbs- und Besitzverbote und erweitert diese um die Verhaltensweise des Verbringens. Die in § 2 Abs. 3 AntiDopG genannten Handlungen sind allerdings nur dann verboten, wenn sie zu Zwecken des Dopings im Sport erfolgen. Die Einschränkung folgt daraus, dass es sich bei Dopingmitteln zumeist um Arzneimittel handelt, für die eine therapeutische Verwendung vorgesehen ist. Das Verbot soll aber nur die Fälle erfassen, in denen die Mittel zu Dopingzwecken missbraucht werden. Soweit die Arzneimittel therapeutischen Zwecken dienen, werden sie vom Verbot nicht erfasst.[1499] Weil es sich insoweit um ein subjektives Tatbestandsmerkmal handelt, wird dieses ausführlich im Rahmen von § 4 AntiDopG erörtert.[1500]

1. *Erwerbsverbot*

Das Anti-Doping-Gesetz definiert den Begriff des Erwerbs nicht. Aufgrund der sachlichen Nähe zum Betäubungsmittelrecht kann der betäubungsmittelrechtliche Begriff jedoch übernommen werden. Danach liegt ein Erwerb von

1497 *Chrobok*, Doping, S. 136.
1498 K/P/V/*Volkmer*, BtMG, AntiDopG, § 4 Rn. 40.
1499 BT-Drucks. 18/4889, S. 25.
1500 Zum subjektiven Tatbestand ausführlich unter: 4. Kapitel F.

Dopingmitteln vor, wenn der Täter auf abgeleitetem Wege, d.h. in einverständlichem Zusammenwirken mit dem Vorbesitzer aufgrund eines – nicht notwendig entgeltlichen – Rechtsgeschäfts die eigene tatsächliche Verfügungsgewalt über das Dopingmittel erlangt und frei darüber verfügen kann.[1501] Entscheidend ist der tatsächliche Übergang der Verfügungsgewalt, die Wirksamkeit des zugrundeliegenden Rechtsgeschäfts ist irrelevant. Auf den bloßen Abschluss des Verpflichtungsgeschäfts kommt es nicht an. Mithin ist der Kaufabschluss im Internet für einen vollendeten Erwerb noch nicht ausreichend.[1502] Möchte der Täter das Dopingmittel zur gewinnbringenden Weiterveräußerung erwerben, liegt ein Handeltreiben vor.[1503] Gelingt der Nachweis über den Erwerb von Dopingsubstanzen, tritt ein darauf gründender Besitz tatbestandlich zurück.[1504] Die zum Erwerbstatbestand nach § 29 Abs. 1 Nr. 1 BtMG entwickelten Grundsätze gelten entsprechend. Zu den weiteren Einzelheiten kann deshalb auf die jeweilige Literatur und Rechtsprechung zum Betäubungsmittelrecht verwiesen werden.

2. *Besitzverbot*

Der Begriff des Besitzes wird im Anti-Doping-Gesetz ebenfalls nicht definiert. Aufgrund der sachlichen Nähe zum Betäubungsmittelrecht kann jedoch auch hier das betäubungsmittelrechtliche Begriffsverständnis herangezogen werden. Ausweislich der Gesetzesbegründung umfasst das Verbot des Besitzes die Ausübung der tatsächlichen Sachherrschaft.[1505] Mithin setzt auch der Besitz im Sinne des Anti-Doping-Gesetzes ein tatsächliches Innehaben, ein tatsächliches Herrschaftsverhältnis und einen Besitzwillen voraus, der darauf gerichtet sein muss, sich die ungehinderte Einwirkung auf die Sache zu erhalten.[1506] Die Eigentumslage ist unerheblich.[1507] Erforderlich ist ein tatsächliches Herrschaftsverhältnis, das dem der §§ 242, 246 StGB entspricht. Der Besitzer muss die tatsächliche Verfügungsgewalt über das Dopingmittel innehaben und mit ihm nach Belieben

---

1501 BGH v. 24.11.1992 – 1 StR 780/92, Os., NStZ 1993, 191; Erbs/Kohlhaas/*Wußler*, AntiDopG, § 2 Rn. 22; K/P/V/*Volkmer*, BtMG, AntiDopG, § 4 Rn. 60; L/N/P/*Striegel*, AntiDopG, § 2 Rn. 82.

1502 *Chrobok*, Doping, S. 144.

1503 *Weber*, BtMG, AntiDopG, § 2 Rn. 101.

1504 BGH v. 6.7.1987 – 3 StR 115/87, n.v.; K/P/V/*Volkmer*, BtMG, AntiDopG, § 4 Rn. 56.

1505 BT-Drucks. 18/4889, S. 25.

1506 BGH v. 25.9.2018 – 3 StR 113/18, StV 2019, 336; BGH v. 15.4.2008 – 4 StR 651/07, Rn. 5, NStZ-RR 2008, 212; Erbs/Kohlhaas/*Wußler*, AntiDopG, § 2 Rn. 23; K/P/V/*Volkmer*, BtMG, AntiDopG, § 4 Rn. 56.

1507 *Weber*, BtMG, AntiDopG, § 2 Rn. 103.

verfahren können.[1508] Das tatsächliche Herrschaftsverhältnis muss auf eine gewisse Dauer angelegt sein oder zumindest für einen nennenswerten Zeitraum bestehen.[1509] Die Art der Besitzerlangung ist ohne Bedeutung. Der rechtsgeschäftliche Erwerb kann in gleicher Weise zum Besitz des Täters führen, wie die Erlangung der Sachherrschaft in deliktischer oder sonstiger Form.[1510] Schließlich muss ein Besitzwille vorliegen. Unerheblich ist, ob der Täter die Dopingmittel für sich selbst oder für einen anderen besitzt. Der Besitz kann als Eigen-, Fremd-, Mitbesitz oder mittelbarer Besitz ausgeübt werden.[1511]

Der BGH hat klargestellt, dass das Verbot in § 2 Abs. 3 AntiDopG auch den Besitz zum Eigendoping umfasst. Einer Strafbarkeit des Täters nach § 4 Abs. 1 Nr. 3 AntiDopG steht deshalb nicht entgegen, dass er die Dopingmittel grundsätzlich nur zum Zwecke des Eigendopings besitzt und allenfalls zu einer nicht gewinnbringenden Weitergabe bereit ist.[1512] Durch den Konsum entsteht – wie im Betäubungsmittelrecht – kein Besitz. Das Dopingmittel verliert mit der Aufnahme in den Körper seine Eigenschaft als Sache. Mithin kann an dem Mittel auch kein tatsächliches Herrschaftsverhältnis bestehen.[1513] Für weitere Einzelfragen darf auch an dieser Stelle auf die Fachliteratur zum Betäubungsmittelrecht und § 6a Abs. 2a AMG a.F. verwiesen werden.

3. *Verbringungsverbot*

Das neu eingefügte Verbot der Verbringung in den Geltungsbereich dieses Gesetzes ermöglicht, dass die Dopingmittel bereits an der Grenze der Bundesrepublik Deutschland sichergestellt werden können.[1514] Der Begriff des Verbringens wird in § 4 Abs. 32 S. 1 AMG gesetzlich definiert. Danach ist die Verbringung jede Beförderung in den, durch den oder aus dem Geltungsbereich des Gesetzes. Diese Begriffsbestimmung ist auch mit der des Betäubungsmittelrechts weitestgehend kongruent, wonach ein Verbringen vorliegt, wenn die Sache durch

---

1508 Erbs/Kohlhaas/*Wußler*, AntiDopG, § 2 Rn. 23; K/P/V/*Volkmer*, BtMG, AntiDopG, § 4 Rn. 57 f.; *Weber*, BtMG, AntiDopG, § 2 Rn. 104.

1509 K/P/V/*Volkmer*, BtMG, AntiDopG, § 4 Rn. 57 f.; *Weber*, BtMG, AntiDopG, § 2 Rn. 105.

1510 K/P/V/*Volkmer*, BtMG, AntiDopG, § 4 Rn. 57.

1511 Erbs/Kohlhaas/*Wußler*, AntiDopG, § 2 Rn. 23; K/P/V/*Volkmer*, BtMG, AntiDopG, § 4 Rn. 59.

1512 BGH v. 5.12.2017 – 4 StR 389/17, 2. OS, NJW-Spezial 2018, 122.

1513 *Weber*, BtMG, AntiDopG, § 2 Rn. 108.

1514 BT-Drucks. 18/4889, S. 25.

menschliches Einwirken über die maßgebliche Grenze geschafft wird.[1515] Die maßgebliche Grenze ist die Hoheitsgrenze der Bundesrepublik Deutschland.[1516]

Gleichgültig ist, auf welche Art und Weise das Dopingmittel über die Grenze gebracht wird. Der Täter muss die Substanzen auch nicht eigenhändig über die Grenze bringen. Eine tatsächliche Verfügungsgewalt über das Dopingmittel ist nicht erforderlich. Vielmehr kann der Tatbestand auch mit der Verbringung kraft Organisationsherrschaft durch einen Dritten erfüllt werden.[1517] So ist auch die Verbringung durch Versendung möglich.[1518]

Handelt es sich bei den Dopingmitteln zugleich um Arzneimittel, so gelten daneben die Vorschriften des AMG. Werden die Arzneimittel zu therapeutischen Zwecken nach oder durch Deutschland verbracht, richtet sich die Zulässigkeit der Handlung nicht nach den Bestimmungen des Anti-Doping-Gesetzes, sondern allenfalls nach dem Arzneimittelrecht.[1519]

4. *Nicht geringe Menge*

Tatobjekt der Verbote in § 2 Abs. 3 AntiDopG sind Dopingmittel, die ein in der Anlage zum Anti-Doping-Gesetz aufgeführter Stoff sind oder einen solchen enthalten und in nicht geringer Menge vorliegen. Nach Ansicht des Gesetzgebers stellen die erfassten Tatbestände Vorstufen für einen Handel mit Dopingmitteln dar. Durch das Verbot soll aus Gründen des Gesundheitsschutzes die Gefahr der Weitergabe effektiv verhindert werden.[1520] Die Gesundheit der Allgemeinheit als Schutzgut der Norm ist jedoch nicht betroffen, wenn lediglich die Verfügungsgewalt über eine geringe Menge ausgeübt wird. Im Hinblick auf Art. 2 Abs. 1 GG setzen die Verbote deshalb voraus, dass die Dopingmittel nicht nur in geringer Menge erworben, besessen oder in den Geltungsbereich dieses Gesetzes verbracht werden. Wird die Schwelle der erforderlichen Menge nicht erreicht, ist nicht auszuschließen, dass die Dopingmittel nur zum Eigenkonsum verwendet werden und die Weitergabe gerade nicht beabsichtigt ist.[1521] Nur die Gefahr der Weitergabe einer entsprechenden Menge vermag das Verbot zu rechtfertigen.

1515 BGH v. 22.7.1992 – 3 StR 35/92, Rn. 7, NJW 1993, 74; K/P/V/*Volkmer*, BtMG, AntiDopG, § 4 Rn. 61; *Weber*, BtMG, § 2 Rn. 67; *Weber*, BtMG, AntiDopG, § 2 Rn. 110.

1516 *Weber*, BtMG, § 2 Rn. 73.

1517 BT-Drucks. 18/4889, S. 25.

1518 *Weber*, BtMG, § 2 Rn. 67 ff.; *Weber*, BtMG, AntiDopG, § 2 Rn. 110.

1519 BT-Drucks. 18/4898, S. 25; K/P/V/*Volkmer*, BtMG, AntiDopG, § 4 Rn. 62.

1520 BT-Drucks. 18/4898, S. 25.

1521 BT-Drucks. 18/4898, S. 26.

Die Gesundheit der Sportler darf nur dann mit den Mitteln einer strafbewehrten Verbotsnorm geschützt werden, soweit keine eigenverantwortliche Selbstgefährdung vorliegt. Wendet der Sportler das Dopingmittel oder die Dopingmethode in vollem Bewusstsein der damit verbundenen Gesundheitsrisiken an, kann aus Gründen des Gesundheitsschutzes weder das Selbstdoping noch die Verfügungsgewalt als bloße Vorstufe des Eigendopings verboten werden.[1522] Aufgrund dieser Einschränkung bestehen auch keine verfassungsrechtlichen Bedenken bezüglich der strafrechtlichen Sanktionierung nach § 4 Abs. 1 Nr. 3, § 2 Abs. 3 AntiDopG. Der Gesetzgeber hat die Strafbarkeit auf den Erwerb, Besitz sowie die Verbringung nicht geringer Mengen beschränkt und somit der fehlenden Strafwürdigkeit des Besitzes kleinerer Mengen zum Eigenkonsum und einer damit einhergehenden eigenverantwortlichen Selbstgefährdung ausreichend Rechnung getragen.[1523]

Die in § 2 Abs. 3 AntiDopG erfassten gesundheitsgefährdenden Dopingmittel ergeben sich aus der Anlage zum Anti-Doping-Gesetz. Hierzu muss das Dopingmittel ein in der Anlage aufgeführter Stoff sein oder einen solchen enthalten. Inhaltlich entspricht die Anlage der früheren Anlage zu § 6a Abs. 2a AMG. Sie basiert maßgeblich auf Vorschlägen von Sachverständigen, die im Bereich von Dopingforschung und -analytik tätig sind. Die aufgelisteten Stoffe sind für die Anwendung zu Dopingzwecken geeignet und bergen bei nicht therapeutischer Verwendung ein erhebliches Gesundheitsrisiko. Aktuell werden Stoffe von der Anlage erfasst, die zu folgenden Gruppen gehören: Anabole Stoffe, Peptidhormone, Wachstumsfaktoren und verwandte Stoffe, Hormone und Stoffwechsel-Modulatoren. Darüber hinaus sind verschiedene Salze wie Ester, Ether, Isomere, Mischungen von Isomeren, Komplexe oder Derivate aufgelistet.[1524] Damit beziehen sich die Verbote in Absatz 3 nicht auf alle Dopingmittel, die in der Anlage I zum UNESCO-Übereinkommen aufgelistet sind, sondern sind auf solche Stoffe beschränkt, die als gefährlich gelten und im Breitensport häufig verwendet werden.[1525] Gemäß § 6 Abs. 1 Nr. 2 AntiDopG kann die Anlage unter bestimmten Voraussetzungen durch Rechtsverordnung verändert werden.

1522 Soweit die Integrität des organisierten Sports beeinträchtigt wird kann jedoch die Verbotsnorm des § 3 AntiDopG einschlägig sein. Dieser sieht in Absatz 3 auch ein Erwerbs- und Besitzverbot zum Zwecke des Selbstdopings ohne mengenmäßige Beschränkung vor, BT-Drucks. 18/4898, S. 26.

1523 BGH v. 5.12.2017 – 4 StR 389/17, Rn. 10, NJW-Spezial 2018, 122.

1524 BT-Drucks. 18/4889, S. 25 f.

1525 BT-Drucks. 18/4898, S. 25 f.

Anders als in §§ 29a Abs. 1 Nr. 20, 30 Abs. 1 Nr. 4, 30a Abs. 1, Abs. 2 Nr. 2 BtMG erfolgt die Bestimmung der nicht geringen Mengen nicht durch die höchstrichterliche Rechtsprechung.[1526] Entgegen einer ersten Erwartung enthält die Anlage – auf die § 2 Abs. 3 AntiDopG verweist – keine Angaben über die zulässige Menge. Vielmehr ist die nicht geringe Menge eines jeden einzelnen Stoffes einer gesonderten Verordnung zur Festlegung der nicht geringen Mengen von Dopingmitteln – sog. Dopingmittel-Mengen-Verordnung (DmMV) – zu entnehmen.[1527] Gemäß § 6 Abs. 1 S. 1 Nr. 1 AntiDopG ist das Bundesministerium für Gesundheit ermächtigt,[1528] die nicht geringe Menge der in der Anlage zu diesem Gesetz genannten Stoffe zu bestimmen. Bedenkt man, dass derselbe Verordnungsgeber gemäß § 6 Abs. 1 S. 1 Nr. 2, Abs. 2 AntiDopG weitere Stoffe der Anlage hinzufügen oder streichen darf, erscheint es fraglich, warum es einerseits eine Anlage zum Gesetz mit den erfassten Substanzen ohne Mengenangabe gibt und andererseits einer gesonderten (externen) Verordnung zur Grenzmenge bedarf. Eine solche Regelungssystematik ist für den Rechtsanwender grundlos kompliziert und erschwert den Gesetzesumgang.[1529] Als Änderungsvorschlag wird deshalb empfohlen, dass auch die Angaben über die zulässige Menge eines jeden einzelnen Stoffes der Anlage zum Anti-Doping-Gesetz beigefügt werden. Warum der Gesetzgeber auf eine solche Regelungssystematik verzichtet und sich für die vorliegende Regelung entschieden hat, wird aus der Gesetzesbegründung nicht ersichtlich. Für mehr Rechtssicherheit und einen einfacheren Gesetzesumgang sollten sowohl der jeweilige Stoff als auch die zulässige Menge aus der Anlage zu entnehmen sein.

Im Unterschied zu § 6a Abs. 2a AMG a.F. verwendet der Wortlaut von § 2 Abs. 3 AntiDopG den Singular (ein Dopingmittel / eine Dopingmethode). Mithin erscheint es fraglich, ob eine Addition von Dopingmitteln mit verschiedenen Wirkstoffen – die für sich die Grenzwerte nicht übersteigen – zulässig sein kann.[1530] Bedenkt man, dass § 2 Abs. 3 AntiDopG das bisherige Verbot aus § 6a Abs. 2a AMG a.F. übernehmen sollte, kann es sich nur um ein

---

1526 *Weber*, BtMG, AntiDopG, § 2 Rn. 97; siehe zur Bestimmung der nicht geringen Mengen in § 29a BtMG: *Weber*, BtMG, § 29a Rn. 86 ff.

1527 Letzte Änderung durch Verordnung v. 7.8.2016, BGBl. 2016 I, S. 1624.

1528 Im Einvernehmen mit dem Bundesministerium des Innern nach Anhörung von Sachverständigen durch Rechtsverordnung mit Zustimmung des Bundesrates, vgl. § 6 Abs. 1 AntiDopG.

1529 *Chrobock*, Doping, S. 142.

1530 Erbs/Kohlhaas/*Wußler*, AntiDopG, § 2 Rn. 21; K/P/V/*Volkmer*, BtMG, AntiDopG, § 4 Rn. 54; *Weber*, BtMG, AntiDopG, § 2 Rn. 99.

gesetzgeberisches Versehen handeln.[1531] Auch im Betäubungsmittelrecht erkennt die Rechtsprechung eine solche Zusammenrechnung an.[1532] Mithin liegt eine Überschreitung des Grenzwertes auch dann vor, wenn die einzelnen Wirkstoffe der Dopingmittel den Grenzwert nicht erreichen, dies aber kumulativ in der Summe der Fall ist.[1533]

VI. Zwischenergebnis

Die Vorschrift des § 2 AntiDopG verbietet den Umgang und die Anwendung von Dopingmitteln und Dopingmethoden im Sport. Ziel der Verbotsnorm ist es, die Zugänglichkeit und Verbreitung von Dopingsubstanzen zum Schutze der Gesundheit der Bevölkerung einzuschränken. Dabei ähnelt die Vorschrift in Teilen der bisherigen Regelung des aufgehobenen § 6a AMG a.F. Was unter dem Begriff des Dopings zu verstehen ist und welche Verhaltensweisen ihm unterliegen ist dem Anti-Doping-Gesetz nicht zu entnehmen. Mit Verweis auf die Anlage I des Internationalen Übereinkommens (der UNESCO) gegen Doping im Sport handelt es sich letztlich auch bei dem Dopingbegriff des Anti-Doping-Gesetzes um eine abschließende Aufzählung der verbotenen Substanzen und Methoden. Zwar mag der Verweis auf eine externe Verbotsliste aus Gründen der Flexibilität im Ergebnis erforderlich erscheinen. Allerdings bedeutet dieser zugleich einen für den Rechtsanwender komplizierteren Gesetzesumgang. Dass die Anlage, auf die § 2 Abs. 3 AntiDopG verweist, keine Angaben über die nicht geringe Menge enthält, sondern diese einer gesonderten Verordnung entnommen werden muss, ist für den Rechtsanwender ebenfalls grundlos kompliziert und erschwert abermals den Gesetzesumgang.

Gleiches gilt für den Begriff des Sports. Auch hier entzieht sich der Gesetzgeber einer abschließenden Definition. Dem Rechtsanwender bleibt mangels konkreter Abgrenzungskriterien verborgen, welches Verhalten im Einzelfall unter den Terminus des Sports zu subsumieren ist und welches nicht. Insbesondere moderne Sportarten wie der *E*-Sport zeigen die Probleme einer Abgrenzung auf. Für eine Subsumtion wird es letztlich auch hier auf die körperliche Ertüchtigung bzw. die eigenmotorische Aktivität im Einzelfall ankommen. Unter der Prämisse konturenloser Rechtsbegriffe ohne nähere Konkretisierung erscheint es

1531 Erbs/Kohlhaas/*Wußler*, AntiDopG, § 2 Rn. 21.

1532 BGH v. 16.1.2003 – 1 StR 473/02, NStZ 2003, 434.

1533 Erbs/Kohlhaas/*Wußler*, AntiDopG, § 2 Rn. 21; *Weber*, BtMG, AntiDopG, § 2 Rn. 99; a.A. K/P/V/*Volkmer*, BtMG, AntiDopG, § 4 Rn. 54.

im Hinblick auf Art. 103 Abs. 2 GG fraglich, die Rechtssicherheit zulasten einer höchstmöglichen Flexibilität auszuhebeln.

D. Verbot des Selbstdopings, § 3 AntiDopG

Mit der Verbotsnorm des § 3 AntiDopG hat der Gesetzgeber erstmals auch das Selbstdoping im Visier. Im Gegensatz zu § 2 AntiDopG, in dessen Fokus das soziale Umfeld des Sportlers steht, werden mit § 3 AntiDopG erstmals auch Athleten erfasst, die sich durch das Doping Vorteile bei Wettbewerben des organisierten Sports verschaffen wollen.

§ 3
Selbstdoping

(1) Es ist verboten,

1. *ein Dopingmittel, das ein in der Anlage I des Internationalen Übereinkommens gegen Doping aufgeführter Stoff ist oder einen solchen enthält, sofern dieser Stoff nach der Anlage I des Internationalen Übereinkommens gegen Doping nicht nur in bestimmten Sportarten verboten ist, oder*
2. *eine Dopingmethode, die in der Anlage I des Internationalen Übereinkommens gegen Doping aufgeführt ist,*

ohne medizinische Indikation bei sich in der Absicht, sich in einem Wettbewerb des organisierten Sports einen Vorteil zu verschaffen, anzuwenden oder anwenden zu lassen. Das Verbot nach Satz 1 gilt nicht, wenn das Dopingmittel außerhalb eines Wettbewerbs des organisierten Sports angewendet wird und das Dopingmittel ein Stoff ist oder einen solchen enthält, der nach der Anlage I des Internationalen Übereinkommens gegen Doping nur im Wettbewerb verboten ist.

(2) Ebenso ist es verboten, an einem Wettbewerb des organisierten Sports unter Anwendung eines Dopingmittels nach Absatz 1 Satz 1 Nummer 1 oder einer Dopingmethode nach Absatz 1 Satz 1 Nummer 2 teilzunehmen, wenn diese Anwendung ohne medizinische Indikation und in der Absicht erfolgt, sich in dem Wettbewerb einen Vorteil zu verschaffen.

(3) Ein Wettbewerb des organisierten Sports im Sinne dieser Vorschrift ist jede Sportveranstaltung, die

1. *von einer nationalen oder internationalen Sportorganisation oder in deren Auftrag oder mit deren Anerkennung organisiert wird und*
2. *bei der Regeln einzuhalten sind, die von einer nationalen oder internationalen Sportorganisation mit verpflichtender Wirkung für ihre Mitgliedsorganisationen verabschiedet wurden.*

(4) Es ist verboten, ein Dopingmittel nach Absatz 1 Satz 1 Nummer 1 zu erwerben oder zu besitzen, um es ohne medizinische Indikation bei sich anzuwenden oder anwenden zu lassen und um sich dadurch in einem Wettbewerb des organisierten Sports einen Vorteil zu verschaffen. Absatz 1 Satz 2 gilt entsprechend

Bislang konnte die Anwendung von Dopingmitteln oder Dopingmethoden am eigenen Körper zumeist nur verbandsrechtlich, nicht aber strafrechtlich belangt werden. Die Vorschrift des § 3 AntiDopG enthält nun erstmals einen Tatbestand, der das Doping am eigenen Körper verbietet, sofern die Anwendung ohne medizinische Indikation und in der Absicht erfolgt, sich in einem Wettbewerb des organisierten Sports einen Vorteil zu verschaffen. Die Verbotsnorm soll dem Schutz der Integrität des Sports dienen und stellt den Kern der strafrechtlichen Dopingbekämpfung dar.[1534]

Hierzu sanktionieren die Straftatbestände des § 4 Abs. 1 Nr. 4, 5 und Abs. 2 AntiDopG spiegelbildlich die Tathandlungen, welche § 3 Abs. 1 S. 1, Abs. 2 und Abs. 4 AntiDopG verbietet. So ist es nach § 3 Abs. 1 S. 1 AntiDopG verboten, ein Dopingmittel oder eine Dopingmethode ohne medizinische Indikation anzuwenden oder anwenden zu lassen (Anwendungsverbot). Ebenso verbietet es § 3 Abs. 2 AntiDopG an einem Wettbewerb des organisierten Sports unter Anwendung eines Dopingmittels oder einer Dopingmethode teilzunehmen, soweit die Anwendung ohne medizinische Indikation erfolgt (Teilnahmeverbot). Darüber hinaus ist es nach § 3 Abs. 4 AntiDopG verboten ein Dopingmittel zu erwerben oder zu besitzen, um es ohne medizinische Indikation bei sich anzuwenden oder anwenden zu lassen (Erwerbs- und Besitzverbot).

Subjektiv setzen die Verbote voraus, dass der Sportler in der Absicht handelt, sich in einem Wettbewerb des organisierten Sports einen Vorteil zu verschaffen.[1535]

Aus Gründen der Verfassungs- und Verhältnismäßigkeit, hat der Gesetzgeber die Strafbarkeit des Selbstdopingverbots zudem auf Wettbewerbe des organisierten Sports (§ 3 Abs. 3 AntiDopG) und auf einen bestimmten Täterkreis (§ 4 Abs. 7 AntiDopG) beschränkt.[1536]

1534 BT-Drucks. 18/4898, S. 26.

1535 Weil es sich bei der Vorteilsverschaffung um ein subjektives Tatbestandsmerkmal handelt wird dieses an entsprechender Stelle erörtert, siehe hierzu ausführlich unter: 4. Kapitel F.

1536 BT-Drucks. 18/4898, S. 31; Erbs/Kohlhaas/*Wußler*, AntiDopG, § 3 Rn. 9, § 4 Rn. 11; *Chrobok*, Doping, S. 172, 174.

I. Verbotstatbestände

Das Verbot des Selbstdopings in § 3 AntiDopG umfasst die Anwendung von Dopingmitteln und Dopingmethoden (Absatz 1), die Wettkampfteilnahme im gedopten Zustand (Absatz 2) sowie den mengenunabhängigen Erwerb und Besitz von Dopingmitteln, um diese bei sich anzuwenden oder anwenden zu lassen (Absatz 4).

Tatobjekt der Verbote sind solche Dopingmittel, die ein in der Anlage 1 des Internationalen Übereinkommens gegen Doping aufgeführter Stoff sind oder einen solchen enthalten. Anders als das Verbot des § 2 Abs. 1 AntiDopG verweist die Bestimmung nicht auf die jeweils im BGBl. II bekannt gemachte Fassung. Dies hätte zur Konsequenz, dass nur die völkervertragliche Rechtslage den Umfang der Strafbarkeit bestimmen würde und es keinen innerstaatlichen Rechtssetzungsakt bedarf. Eine solche Auslegung wäre jedoch im Hinblick auf den Bestimmtheitsgrundsatz problematisch.[1537] Aus systematischen Gründen und im Hinblick auf den ebenfalls fehlenden Klammerzusatz wird man deshalb die dynamische Verweisung in die Regelung des § 3 Abs. 1 S. 1 AntiDopG hineinlesen müssen.[1538]

Das Selbstdoping ist allerdings nur dann verboten, wenn es ohne medizinische Indikation erfolgt. Eine solche Einschränkung ist vor dem Hintergrund, dass viele Dopingmittel zugleich Arzneimittel sind, auch geboten. Wird das Dopingmittel oder die Dopingmethode mit dem Zweck eines therapeutischen (Heilungs-)Erfolgs angewendet, ist das Verhalten selbst dann sozialadäquat, wenn damit als Nebenfolge eine Steigerung der sportlichen Leistungsfähigkeit eintritt.[1539] Die Anwendung erfolgt ohne medizinische Indikation, wenn sie nach dem Stand der medizinischen Wissenschaft nicht gerechtfertigt erscheint.[1540] Dies richtet sich stets nach dem verfolgten Ziel der Behandlung. Unter dem Gesichtspunkt des konkreten Behandlungsziels ist die medizinische Indikation deshalb stets auf den jeweiligen Patienten bezogen. Insoweit kommt dem behandelnden Arzt jedoch ein Beurteilungsspielraum zu.[1541] Für die Frage, ob eine

1537 Erbs/Kohlhaas/*Wußler*, AntiDopG, § 3 Rn. 2.

1538 Erbs/Kohlhaas/*Wußler*, AntiDopG, § 3 Rn. 2; K/P/V/*Volkmer*, BtMG, AntiDopG, § 4 Rn. 79; *Weber*, BtMG, AnitDopG, § 3 Rn. 9; MüKo/*Freund*, StGB, AntiDopG, § 4 Rn. 31.

1539 BT-Drucks. 18/4898, S. 27.

1540 K/P/V/*Volkmer*, BtMG, AntiDopG, § 4 Rn. 85; L/N/P/*Putzke*, AntiDopG, § 3 Rn. 9.

1541 BGH v. 28.3.1995 – VI ZR 356/93, NJW 1995, 1609; BGH v. 3.12.1991 – 1 StR 120/90, NJW 1992, 763; K/P/V/*Volkmer*, BtMG, AntiDopG, § 4 Rn. 85.

medizinische Indikation vorliegt, ist jedoch nicht allein die ex-ante Perspektive des behandelnden Arztes ausschlaggebend. Entscheidend ist vielmehr, ob eine Indikation ex post vorlag. Stellen sich mithin die Angaben des Sportlers – welche für die Annahme einer medizinischen Indikation (mit-) ursächlich waren – nachträglich als falsch heraus, lag auch keine medizinische Indikation vor.[1542] Hier kann auch die (Nicht-)Erteilung einer Ausnahmegenehmigung nach den einschlägigen sportrechtlichen Bestimmungen eine indizielle Bedeutung für die Frage nach der medizinischen Indikation haben.[1543] Aus diesem Grund wird im Einzelfall zu klären sein, ob im Hinblick auf die konkreten Lebensumstände des Sportlers möglicherweise auch alternative therapeutische Maßnahmen in Betracht kommen.[1544] Ist dies nicht der Fall und ist mit der medizinisch indizierten Arzneimittelgabe eine sportliche Leistungssteigerung verbunden, ist dies aus dopingstrafrechtlicher Perspektive hinzunehmen.[1545]

1. Anwendungsverbot, § 3 Abs. 1 S. 1 AntiDopG

§ 3 Abs. 1 AntiDopG enthält die Kernvorschrift für das Verbot des Selbstdopings. Danach ist die Anwendung von Dopingmitteln und Dopingmethoden am eigenen Körper ohne medizinische Indikation in der Absicht, sich in einem Wettbewerb des organisierten Sports einen Vorteil zu verschaffen, verboten. Eine Wettkampfteilnahme ist nicht erforderlich. Erfasst wird auch das Selbstdoping im Training und in trainingsfreien Phasen. Tathandlung ist das Anwenden und das Bei-Sich-Anwenden-Lassen.[1546] Im Falle der ersten Alternative wird der Täter selbst, also eigenhändig, tätig. Von der zweiten Alternative werden solche Handlungen erfasst, die in einem Dulden oder Geschehen lassen der Verabreichung durch einen Dritten bestehen.[1547] Täter des § 3 Abs. 1 Alt. 2 AntiDopG ist nicht der Anwendende, sondern der Sportler, der die Anwendung an sich geschehen lässt. Eine heimliche Anwendung scheidet aus.[1548]

1542 L/N/P/*Putzke*, AntiDopG, § 3 Rn. 11.

1543 Erbs/Kohlhaas/*Wußler*, AntiDopG, § 3 Rn. 6; K/P/V/*Volkmer*, BtMG, AntiDopG, § 4 Rn. 85.

1544 K/P/V/*Volkmer*, BtMG, AntiDopG, § 4 Rn. 85; MüKo/*Freund*, StGB, AntiDopG, § 4 Rn. 37.

1545 Erbs/Kohlhaas/*Wußler*, AntiDopG, § 3 Rn. 6; K/P/V/*Volkmer*, BtMG, AntiDopG, § 4 Rn. 85.

1546 BT-Drucks. 18/4898, S. 27.

1547 Erbs/Kohlhaas/*Wußler*, AntiDopG, § 3 Rn. 5; K/P/V/*Volkmer*, AntiDopG, § 4 Rn. 82; L/N/P/*Putzke*, AntiDopG, § 3 Rn. 8; *Weber*, BtMG, AntiDopG, § 3 Rn. 11.

1548 *Weber*, BtMG, AntiDopG, § 3 Rn. 11.

Im Ergebnis kommt es nicht darauf an, ob sich der Sportler das Dopingmittel selbst verabreicht oder von einer anderen Person verabreichen lässt. Darüber hinaus differenziert das Anti-Doping-Gesetz weder bei der Eigen- noch bei der Fremdanwendung nach der Form der Aufnahme in den Organismus. Aus diesem Grund ist es unerheblich, ob die Substanzen im oder am Körper angewendet werden. Zu den Formen der Anwendung zählen beispielsweise das Einflößen durch Injektion, Inhalation oder Infusion. Darüber hinaus wird auch das Auftragen, Einreiben, Eincremen, Sprayen oder sonstige Applikationen wie die Fixierung mittels Pflaster oder Bandage erfasst.[1549]

Ausgenommen sind solche Dopingmittel, die nur in bestimmten Sportarten verboten sind.[1550] Im Hinblick auf das Doping haben diese Stoffe für die Breite des Sports keine nennenswerte Bedeutung.[1551] Dies hat zum Hintergrund, dass in der Anlage 1 des Internationalen Übereinkommens – auf die § 3 Abs. 1 Nr. 1 AntiDopG verweist – auch solche Stoffe genannt werden, die nur in bestimmten Sportarten zu einer Leistungssteigerung führen und deshalb auch nur in diesen verboten sind. Diese Stoffe werden von den Gruppen P1 und P2 der Anlage 1 erfasst. Die Gruppe P1 nennt als verbotenen Stoff Alkohol. Dieser ist im Bogenschießen, Luftsport, Motorbootsport und Motorsport verboten. Die Gruppe P2 nennt Betablocker. Diese sind in den Sportarten Billard, Darts, Golf, Motorsport, Skifahren/Snowboarding, im Skispringen, Freistil-Aerials/Halfpipe und Snowboard-Halfpipe/Big Air sowie im Unterwassersport (Free-Immersion-Apnoe, Jump-Blue-Apnoe, Speerfischen, Streckentauchen mit und ohne Flossen, Tieftauchen mit konstantem Gewicht mit und ohne Flossen, Tieftauchen mit variablem Gewicht, Zeittauchen und Zielschießen) im Wettkampf verboten. Darüber hinaus sind Betablocker beim Bogenschießen sowie beim Schießen sowohl im Training als auch im Wettkampf verboten.[1552]

Eine weitere Einschränkung enthält § 3 Abs. 1 S. 2 AntiDopG. Danach gilt das Verbot des § 3 Abs. 1 S. 1 AntiDopG nicht, wenn das Dopingmittel außerhalb eines Wettbewerbs des organisierten Sports angewendet wird und das Mittel ein Stoff ist oder einen solchen enthält, der nach der Anlage 1 des Internationalen Übereinkommens gegen Doping nur im Wettbewerb verboten ist. Hintergrund dieser Ausnahme ist, dass in der Anlage 1 des Internationalen Übereinkommens

---

1549 K/P/V/*Volkmer*, AntiDopG, § 4 Rn. 82; *Chrobok*, Doping, S. 160.

1550 *„Sofern dieser Stoff* [...] *nicht nur in bestimmten Sportarten verboten ist"*.

1551 BR-Drucks. 18/6677, S. 10.

1552 Erbs/Kohlhaas/*Wußler*, AntiDopG, § 3 Rn. 3; K/P/V/*Volkmer*, BtMG, AntiDopG, § 4 Rn. 80.

gegen Doping auch solche Stoffe genannt werden, die lediglich im sportlichen Wettbewerb verboten sind. Die Dopingwirkung bei diesen Stoffen wird in der Vorbereitung oder im Training jedoch als marginal betrachtet. Erfasst sind insbesondere Stoffe, denen die Relevanz zum Doping im Vorfeld sportlicher Wettkämpfe fehlt.[1553] Zu berücksichtigen ist, dass nicht nur die bloße Anwendung, sondern auch die jeweilige Wirkung des Stoffes zeitlich außerhalb des Wettkampfs liegen muss. Anderenfalls würde ein Verstoß gegen das Teilnahmeverbot in § 3 Abs. 2 AntiDopG vorliegen, der eine solche Differenzierung gerade nicht vorsieht.[1554]

Die Stoffe, die lediglich im Wettkampf verboten sind, werden von den Gruppen S 6 bis S 9 der Anlage 1 zum Internationalen Übereinkommen gegen Doping erfasst. Hierzu zählen vor allem Stimulanzien (S6), Narkotika (S7), Cannabinoide (S8) und Glucocorticoide (S9).[1555]

Insgesamt ist das Anwendungsverbot in § 3 Abs. 1 AntiDopG sehr weit ausgestaltet. Erfasst werden bereits Sachverhalte, die im Vorfeld einer eigentlichen Gefährdung des sportlichen Wettbewerbs liegen. So macht sich auch derjenige Sportler strafbar, der im Training zwar Dopingmittel zu sich nimmt, jedoch nicht – bspw. verletzungsbedingt – am Wettkampf teilnehmen kann. Hat der Athlet das Dopingmittel in der Vorbereitungsphase mit der Absicht einer Vorteilserlangung angewendet, ist der Verbotstatbestand erfüllt, obwohl die unerlaubte Leistungssteigerung im Wettkampf keine Wirkung entfaltet. Im Hinblick auf das durch § 3 AntiDopG zu schützende Rechtsgut der Fairness und Chancengleichheit sportlicher Wettbewerbe erscheint eine so weitgehende Vorverlagerung nicht unproblematisch. Auch wenn der Sportler das Dopingmittel in der Absicht einer Vorteilserlangung zu sich nimmt, tritt eine konkrete Gefährdung des sportlichen Wettbewerbs erst dann ein, wenn er tatsächlich teilnimmt. Ist der Sportler jedoch an der Teilnahme verhindert, oder findet der Wettbewerb erst gar nicht statt, bleibt auch eine etwaige Gefährdung aus. Mithin sind die negativen Folgen des Dopings im Zeitpunkt der Tatbegehung noch im Stadium einer abstrakten Schutzzweckgefährdung. Mit einer solchen Vorverlagerung besteht die Gefahr einer – vom konkreten Wettbewerb losgelösten – Pönalisierung eines ansonsten erlaubten Verhaltens der Selbstgefährdung.[1556]

1553 K/P/V/*Volkmer*, BtMG, AntiDopG, § 4 Rn. 84.

1554 *Chrobok*, Doping, S. 161.

1555 Erbs/Kohlhaas/*Wußler*, AntiDopG, § 3 Rn. 15; K/P/V*Volkmer*, BtMG, AntiDopG, § 4 Rn. 84; *Chrobok*, Doping, S. 161.

1556 Im Ergebnis auch: *Norouzi*, Schriftliche Stellungnahme vom 17.6.2015, Ausschussdrucks. 18 (5) 116, S. 3; *Chrobok*, Doping, S. 161.

2. *Teilnahmeverbot, § 3 Abs. 2 AntiDopG*

Gemäß § 3 Abs. 2 AntiDopG ist es verboten an einem Wettbewerb des organisierten Sports unter Anwendung eines Dopingmittels (Abs. 1 S. 1 Nr. 1) oder einer Dopingmethode (Abs. 1 S. 1 Nr. 2) teilzunehmen, wenn die Anwendung ohne medizinische Indikation und in der Absicht erfolgt, sich in dem Wettbewerb einen Vorteil zu verschaffen. Anders als das Anwendungsverbot erfasst das Teilnahmeverbot auch die Stoffe der Gruppen S6 bis S9 der Verbotsliste, die nur im Wettkampf verboten sind.

Im ursprünglichen Regierungsentwurf war die Variante der Wettkampfteilnahme unter Dopingeinfluss noch nicht enthalten. In seiner Stellungnahme hat der Bundesrat jedoch zutreffend darauf hingewiesen, dass bei einer Dopinganwendung im Ausland die Anwendbarkeit des deutschen Strafrechts von § 7 Abs. 2 Nr. 1 StGB abhängt.[1557] Danach gilt das deutsche Strafrecht für Auslandstaten (die nicht unter §§ 5, 6 StGB fallen) nur dann, wenn die Tat auch am Tatort mit Strafe bedroht ist oder der Tatort keiner Strafgewalt unterliegt (vgl. § 7 StGB). Eine fehlende Sanktionierung der Wettkampfteilnahme hätte folglich zur Konsequenz, dass ein Sportler, der im Ausland – in welchem das Selbstdoping nicht verboten ist – ein Dopingmittel bzw. eine -methode anwendet und anschließend in gedoptem Zustand an einem deutschen Inlandswettkampf teilnimmt, nicht wegen Verstoßes gegen § 3 Abs. 1 AntiDopG belangt werden könnte. Diese Strafbarkeitslücke wird durch § 3 Abs. 2 AntiDopG geschlossen.[1558] Danach werden auch solche Sportler von dem Selbstdopingverbot erfasst, die das Dopingmittel bzw. -methode im Ausland anwenden und anschließend an Wettkämpfen im Inland teilnehmen.

Als Tathandlung setzt die Teilnahme ein relevantes Mitwirken am Wettkampfgeschehen voraus. Dies ist der Fall, wenn sich der Sportler seinen Konkurrenten – durch unmittelbares Ausüben der jeweiligen Sportart – stellt.[1559] Die bloße Anmeldung zum Wettbewerb ist nicht ausreichend. Ein bloßes Vor-Ort-Sein genügt ebenfalls nicht. Auch vorbereitende Aktivitäten, die in einem engen zeitlichen und örtlichen Zusammenhang mit dem Wettkampfgeschehen stehen, sind nicht unter das Teilnahmeverbot zu subsumieren (bspw. Registrierung,

---

1557 BR-Drucks. 126/1/15, S. 2.

1558 Erbs/Kohlhaas/*Wußler*, AntiDopG, § 3 Rn. 16; L/N/P/*Putzke*, AntiDopG, § 3 Rn. 18; *Weber*, BtMG, AntiDopG, § 3 Rn. 24; *Chrobok*, Doping, S. 166.

1559 L/N/P/*Putzke*, AntiDopG, § 3 Rn. 21, 23; *Weber*, BtMG, AntiDopG, § 3 Rn. 30.

Umkleiden, Aufwärmen).[1560] Hier kommt allenfalls eine Versuchsstrafbarkeit (§ 4 Abs. 3 AntiDopG) in Betracht.[1561] Im Hinblick auf das geschützte Rechtsgut erscheint ein Abstellen auf die unmittelbare Ausübung der jeweiligen Sportart auch sachgerecht. So ist die Chancengleichheit nur bedroht, wenn der Sportler am Wettkampfgeschehen partizipiert. Das bloße Betreten der Laufbahn, des Boxrings oder Startblocks hat noch keine Auswirkungen auf den Wettkampf und die Konkurrenten.[1562]

Im Rahmen von mehraktigen Wettbewerben ist es ausreichend, dass der Sportler bei einem dieser Akte unter Anwendung eines Dopingmittels oder einer Dopingmethode teilnimmt.[1563] Der teilnehmende Sportler muss zum Tatzeitpunkt noch unter der unmittelbaren Wirkung des Dopings stehen. Unerheblich ist, ob die Anwendung erst während des Wettbewerbs erfolgt oder schon vorher mit entsprechender Langzeitwirkung erfolgt ist.[1564]

3. *Erwerbs- und Besitzverbot, § 3 Abs. 4 AntiDopG*

Absatz 4 verbietet den Erwerb und Besitz von Dopingmitteln zum Zwecke des Selbstdopings. Durch das Verbot wird eine Handlung untersagt, welche der Vorbereitung zum Selbstdoping nach Absatz 1 dient. Der Gesetzgeber rechtfertigt die weite Vorverlagerung des Tatbestands damit, dass bereits durch den Erwerb und Besitz von Dopingmitteln eine erhebliche Schutzgutgefährdung eintritt. Nur durch beide Maßnahmen – dem Verbot des Selbstdopings sowie dem Erwerbs- und Besitzverbots zum Selbstdoping – sei es möglich effektiv gegen Dopingsünder vorzugehen und damit die Integrität des organisierten Sports zu schützen. Im Gegensatz zu § 2 Abs. 3 AntiDopG unterliegt das Erwerbs- und Besitzverbot nach § 3 Abs. 4 AntiDopG keiner mengenmäßigen Beschränkung.[1565] Mithin kommt es nicht auf das Erreichen eines bestimmten Grenzwertes an.

Ob bereits in der bloßen Erlangung der Verfügungsgewalt über das Dopingmittel eine Gefährdung der Lauterkeit sportlicher Wettbewerbe zu erachten ist mag bezweifelt werden. Mit der Pönalisierung reiner Vorbereitungshandlungen

---

1560 K/P/V/*Volkmer*, BtMG, AntiDopG, § 4 Rn. 125; L/N/P/*Putzke*, AntiDopG, § 3 Rn. 23; *Weber*, BtMG, AntiDopG, § 3 Rn. 30; *Chrobok*, Doping, S. 167; a.A. Erbs/Kohlhaas/*Wußler*, AntiDopG, § 3 Rn. 16.

1561 Zur Versuchsstrafbarkeit ausführlich unter: 4. Kapitel E. II.

1562 L/N/P/*Putzke*, AntiDopG, § 3 Rn. 23.

1563 Erbs/Kohlhaas/*Wußler*, AntiDopG, § 3 Rn. 16; L/N/P/*Putzke*, AntiDopG, § 3 Rn. 22; *Weber*, BtMG, AntiDopG, § 3 Rn. 30.

1564 BT-Drucks. 18/6677, S. 11; *Chrobok*, Doping, S. 167.

1565 BT-Drucks. 18/4898, S. 28.

verlagert der Gesetzgeber die Strafbarkeit des Selbstdopings jedenfalls stark in das Vorfeld der eigentlichen Dopinganwendung.[1566] Dies wird wohl nicht zuletzt der Grund dafür gewesen sein, dass der Gesetzgeber die Möglichkeit zur tätigen Reue in § 4 Abs. 8 AntiDopG aufgenommen hat.[1567]

Für die Tathandlungen des Erwerbs und Besitzes von Dopingmitteln kann auf die Ausführungen zu § 2 Abs. 3 AntiDopG verwiesen werden.[1568] Insoweit setzt der Besitz auch hier ein vom Besitzwillen getragenes tatsächliches Herrschaftsverhältnis voraus, welches darauf gerichtet sein muss, sich die Möglichkeit einer ungehinderten Einwirkung auf das Dopingmittel zu erhalten.[1569] Der Erwerb von Dopingmitteln setzt voraus, dass der Täter die eigene tatsächliche Verfügungsgewalt durch einverständliches Zusammenwirken mit dem Vorbesitzer aufgrund eines Rechtsgeschäfts erlangt. Als Folge muss er frei über das Mittel verfügen können.[1570]

Aufgrund des Verweises auf § 3 Abs. 1 S. 1 Nr. 1 AntiDopG findet auch das Erwerbs- und Besitzverbot des § 3 Abs. 4 S. 1 AntiDopG nur auf solche Stoffe Anwendung, die nach der Anlage I des Internationalen Übereinkommens gegen Doping nicht nur in bestimmten Sportarten verboten sind. Darüber hinaus ist nach § 3 Abs. 4 S. 2 AntiDopG auch die Vorschrift des § 3 Abs. 1 S. 2 AntiDopG entsprechend anzuwenden. Folglich erstreckt sich das Erwerbs- und Besitzverbot nicht auf solche Stoffe, die außerhalb eines Wettbewerbs des organisierten Sports angewendet werden sollen und ein Stoff sind oder einen solchen enthalten, der nach der Anlage 1 des Internationalen Übereinkommens gegen Doping nur im Wettbewerb verboten ist.[1571]

II. Tatbestandseinschränkung

Aus Gründen der Verhältnismäßigkeit hat der Gesetzgeber das Selbstdopingverbot und dessen Strafbarkeit durch weitere Konkretisierungen des Anwendungsbereichs eingeschränkt. Einerseits ist das Verbot des Selbstdopings auf

1566 *Chrobok*, Doping, S. 168; *Heger*, Stellungnahme v. 14.6.2015, Deutscher Bundestag (Sportausschuss), Ausschussdrucksache 18 (5) 111, S. 7.

1567 Zur tätigen Reue ausführlich unter: 4. Kapitel E. V.

1568 Zum Erwerb und Besitz bereits ausführlich unter 4. Kapitel C. V.

1569 BGH v. 17. 10. 2007 – 2 StR 369/07, NStZ-RR 2008, 54; K/P/V/*Volkmer*, BtMG, AntiDopG, § 4 Rn 105; L/N/P/*Putzke*, AntiDopG, § 3 Rn. 35; *Chrobok*, Doping, S. 170.

1570 K/P/V/*Volkmer*, BtMG, AntiDopG, § 4 Rn 106; L/N/P/*Putzke*, AntiDopG, § 3 Rn. 34; *Chrobok*, Doping, S. 168 f.

1571 Erbs/Kohlhaas/*Wußler*, AntiDopG, § 3 Rn. 21; L/N/P/*Putzke*, AntiDopG, § 3 Rn. 32.

Wettbewerbe des organisierten Sports im Sinne von § 3 Abs. 3 AntiDopG beschränkt. Zum anderen wird der Täterkreis in § 4 Abs. 7 AntiDopG auf bestimmte Personen begrenzt. Für ein besseres Verständnis sollen deshalb auch bereits im Rahmen des Selbstdopingverbots die Einschränkungen des Täterkreises erörtert werden.

1. Wettbewerb des organisierten Sports, § 3 Abs. 3 AntiDopG

Der Anwendungsbereich des Selbstdopingverbots ist zunächst dadurch beschränkt, dass sich die nach § 3 AntiDopG relevanten Tathandlungen auf Wettbewerbe des organisierten Sports i.S.v. § 3 Abs. 3 AntiDopG erstrecken müssen. Hierauf muss sich die Absicht in § 3 Abs. 1 S. 1 und Abs. 2 AntiDopG beziehen bzw. die Teilnahme am Wettbewerb nach § 3 Abs. 2 AntiDopG erstrecken.[1572] Mit der Beschränkung sollen einerseits private Turniere von der Verbotsnorm ausgenommen werden, weil bei derartigen Veranstaltungen die Integrität des organisierten Sports und seine ethisch-moralischen Grundwert nicht gefährdet oder beeinträchtigt werden. Andererseits dient die Begrenzung der Verhältnismäßigkeit der Verbotsnorm.[1573]

Nach der Legaldefinition des § 3 Abs. 3 AntiDopG ist ein Wettbewerb des organisierten Sports jede Sportveranstaltung, die „*von einer nationalen oder internationalen Sportorganisation oder in deren Auftrag oder mit deren Anerkennung organisiert wird*“ (Nr. 1) und „*bei der Regeln einzuhalten sind, die von einer nationalen oder internationalen Sportorganisation mit verpflichtender Wirkung für ihre Mitgliedsorganisationen verabschiedet wurden*“ (Nr. 2).

Unter einer Sportveranstaltung ist ein geplantes und zeitlich begrenztes Ereignis zu verstehen, an dem eine Gruppe von Menschen partizipiert und sich sportlich betätigt. Der Begriff der Sportveranstaltung ist dabei weit zu verstehen und lässt sich nicht auf bestimmte Sportarten oder -ereignisse beschränken.[1574] Das Tatbestandsmerkmal wird hierbei durch den Veranstalter und die einzuhaltenden Regeln geprägt. Die Voraussetzungen hierzu müssen kumulativ vorliegen:

a) Veranstalter gemäß § 3 Abs. 3 Nr. 1 AntiDopG

Erste Voraussetzung nach § 3 Abs. 3 Nr. 1 AntiDopG ist, dass die Sportveranstaltung von einer nationalen oder internationalen Sportorganisation, in deren Auftrag oder mit deren Anerkennung organisiert wird. Eine Sportorganisation

---

1572 L/N/P/*Putzke*, AntiDopG, § 3 Rn. 27.

1573 BT-Drucks. 18/4898, S. 28; Erbs/Kohlhaas/*Wußler*, AntiDopG, § 3 Rn. 9.

1574 Erbs/Kohlhaas/*Wußler*, AntiDopG, § 3 Rn. 9.

ist ein Personenverband oder eine juristische Person, deren Hauptaufgabe darin besteht, die sportliche Betätigung zu fördern. Die juristische Qualifizierung der Sportorganisation ist dabei ohne Relevanz. Allerdings ist ein gewisser Grad an Organisation erforderlich. Satzungen, Leitungsgremien oder die Anerkennung als juristische Person können wesentliche Indizien für die Qualifizierung als Sportorganisation sein. Darüber hinaus muss sich die Organisation national oder international betätigen. Damit fallen lokale oder nur regional tätige Sportorganisationen nicht unter den Anwendungsbereich der Norm. Auf nationaler Ebene ist beispielsweise der DOSB, der DLV oder der DFB zu nennen. Internationale Sportorganisationen sind unter anderem das IOC oder die FIFA.[1575]

Als weitere Voraussetzung muss die nationale oder internationale Sportorganisation die Sportveranstaltung selbst organisiert haben oder die Veranstaltung muss in deren Auftrag oder mit deren Anerkennung organisiert worden sein. Für eine Selbstorganisation muss die Sportorganisation die Veranstaltung selbst ausschreiben, an der Auswahl der Sportler maßgeblich mitwirken und die Veranstaltung eigenständig durchführen. Als Indiz für eine Selbstorganisation kann die wirtschaftliche Haftung dienen. Die Veranstaltung wird im Auftrag einer nationalen oder internationalen Sportorganisation organisiert, wenn sie einen Dritten rechtsgeschäftlich dazu verpflichtet den Wettbewerb durchzuführen. Ausreichend ist eine konkludente Vereinbarung. Eine ausdrückliche Beauftragung ist nicht erforderlich. In Anerkennung einer nationalen oder internationalen Sportorganisation wird die Sportveranstaltung organisiert, wenn ein Dritter den Wettbewerb zwar weitgehend eigenständig plant und durchführt, der Sportorganisation jedoch Mitwirkungs- und Mitspracherechte vorbehalten bleiben.[1576]

b) Einhaltung der Regeln gemäß § 3 Abs. 3 Nr. 2 AntiDopG

Als weitere Voraussetzung statuiert § 3 Abs. 3 Nr. 2 AntiDopG die Einhaltung der Regeln, welche von einer nationalen oder internationalen Sportorganisation mit konstitutiver Wirkung für ihre Mitgliedsorganisationen verabschiedet wurden. Dies setzt die Existenz eines entsprechenden Regelwerks voraus, das sich auf die Sportveranstaltung bezieht und die sportliche Betätigung sowie das allgemeine Verhalten der Sportler beim Turnier regelt. Die Wettkampfregeln müssen von der nationalen oder internationalen Sportorganisation verabschiedet worden sein. Unerheblich ist, ob die Sportorganisation das Regelwerk selbst verfasst

1575 Erbs/Kohlhaas/*Wußler*, AntiDopG, § 3 Rn. 10.
1576 Erbs/Kohlhaas/*Wußler*, AntiDopG, § 3 Rn. 11.

oder externe Regelungen übernimmt.[1577] Die geltenden Regeln müssen darüber hinaus für die Mitgliedsorganisationen konstitutive Wirkung haben. Das heißt, dass die nachgeordneten Organisationen zu ihrer Einhaltung verpflichtet sind und etwaige Verstöße geahndet werden können.[1578]

c) Stellungnahme

Unter Wettbewerbe des organisierten Sports i.S.v. § 3 Abs. 3 AntiDopG fallen damit zunächst alle Sportwettbewerbe des Spitzen- und Leistungssports wie Olympische und Paralympische Spiele, Jugendspiele, Weltspiele (World-Games), nationale oder internationale Meisterschaften, Spiele oder Wettkampfbetriebe einer nationalen oder internationalen Liga, nationale oder internationale Pokalwettbewerbe oder internationale Freundschaftsspiele. Liegt eine Anerkennung der jeweils zuständigen (nationalen oder internationalen) Sportorganisationen vor, können hierzu auch größere Laufveranstaltungen (z.B Marathon), regionale Ligen oder Sportfeste und Sportveranstaltungen privater Veranstalter zählen.[1579] Auch der gezielte, mit körperlichen Anstrengungen verbundene Muskelaufbau (Kraftsport, Bodybuilding) ist unter den Terminus des organisierten Sport zu subsumieren, soweit dieser im Rahmen von Wettbewerbe anerkannter Fitness- und Bodybuilding-Verbände ausgetragen wird.[1580]

Ausgenommen sind Sportveranstaltungen, die rein privat sind, dem Freizeitbereich zugeordnet werden oder ohne Einbindung und Anerkennung einer Sportorganisation durchgeführt werden. Folglich nicht erfasst sind beispielsweise reine Firmenläufe, Freizeit(kicker)turniere, privates Sporttreiben wie Jogging im Park sowie Wettbewerbe, die ausschließlich im Rahmen des Schulsports ausgetragen werden.[1581] Nicht unter das Verbot des Selbstdopings fallen damit Sportler, die zwar ohne medizinische Indikation und in der Absicht dopen, sich einen Vorteil zu verschaffen, jedoch nur an privaten Sportwettbewerbe teilnehmen. Etwaigen Abgrenzungsschwierigkeiten im Einzelfall sind dadurch zu begegnen, dass sämtliche Wettbewerbe, die ohne

---

1577 Erbs/Kohlhaas/*Wußler*, AntiDopG, § 3 Rn. 12.

1578 Erbs/Kohlhaas/*Wußler*, AntiDopG, § 3 Rn. 13.

1579 BT-Drucks. 18/4898, S. 28.

1580 MüKo/*Freund*, StGB, AntiDopG, § 4 Rn. 39; *Brill*, SpuRt 2015, 153, 154; *Chrobok*, Doping, S. 173; a.A. *Weber*, BtMG, AntiDopG, § 3 Rn. 45.

1581 BT-Drucks. 18/4898, S. 28.

sportfachverbandliche Anerkennung stattfinden, stringent aus dem Anwendungsbereich herauszunehmen sind.[1582]

2. *Begrenzung des Täterkreises, § 4 Abs. 7 AntiDopG*

Als weitere Einschränkung der Strafbarkeit des Selbstdopings sieht das Gesetz in § 4 Abs. 7 AntiDopG eine Begrenzung des Täterkreises auf Spitzensportlerinnen und Spitzensportler des organisierten Sports vor.

Spitzensportler des organisierten Sports im Sinne dieses Gesetzes ist, *„wer als Mitglied eines Testpools im Rahmen des Dopingkontrollsystems Trainingskontrollen unterliegt"* (Nr. 1), oder *„aus der sportlichen Betätigung unmittelbar oder mittelbar Einnahmen von erheblichem Umfang erzielt"* (Nr. 2). Die Strafbarkeitseinschränkung erfolgt auch hier aus Gründen der Verhältnismäßigkeit. Nach Auffassung des Gesetzgebers ist die Integrität des organisierten Sports insbesondere durch das Verhalten der in der Öffentlichkeit stehenden Leistungssportler bedroht. Aus diesem Grund sollen reine Freizeitsportler selbst dann, wenn sie an Wettkämpfen des organisierten Sports teilnehmen, nicht von der Strafnorm erfasst werden. Für einen umfassenden Schutz der Integrität des organisierten Sports sei es nicht erforderlich Sportler zu bestrafen, die den Sport lediglich freizeitmäßig und ohne öffentliche Aufmerksamkeit oder größere finanzielle Vorteile ausüben. Vielmehr verwirklichen nur solche Sportler ein strafwürdiges Unrecht, die den Sport leistungs- und wettkampforientiert betreiben oder Einnahmen von erheblichem Umfang aus der sportlichen Betätigung erzielen. Durch ihre herausragende gesellschaftliche Stellung repräsentieren sie den organisierten Sport und nehmen ein besonderes Vertrauen in Anspruch ihren Erfolg nur mit lauteren Mitteln zu erreichen. Aus diesem Grund können auch nur bei ihnen dopingbedingte Manipulationen zu einem Vertrauensverlust führen und zur Gefährdung der Integrität des Sports beitragen.[1583]

a) Testpoolathleten, § 4 Abs. 7 Nr. 1 AntiDopG

Spitzensportlerin oder Spitzensportler des organisierten Sports ist nach § 4 Abs. 7 Nr. 1 Hs. 2 AntiDopG zunächst, wer als Mitglied eines Testpools im Rahmen des Dopingkontrollsystems Trainingskontrollen unterliegt. Die

---

1582 Insoweit stellt sich die Frage wie reine Firmenläufe von anderen Laufveranstaltungen (z.B. Marathon) abgegrenzt werden können, *Jahn*, Schriftliche Stellungnahme vom 17.6.2015 zu dem Entwurf eines Gesetzes zur Bekämpfung von Doping im Sport, Sportausschuss-Drucks. 18 (5) 108, S. 22; *Chrobok*, Doping, S. 173.

1583 BT-Drucks. 18/4898, S. 31.

Regelung stellt damit auf das Sportverbandsrecht ab. Aufgrund der sportrechtlichen Vorgaben der WADA haben die nationalen und internationalen Anti-Doping-Organisationen entsprechende Testpools aufzustellen und die Sportler zu benennen, die hierin aufzunehmen sind. Hierzu verpflichtet Art. 5.6 des WADC 2015 jeden internationalen Sportfachverband und jede nationale Anti-Doping-Organisation eine Liste bereitzustellen, in der die Sportler aufgeführt werden. In Deutschland erfolgt die Umsetzung des WADC durch die NADA.[1584] Ausweislich der Begriffsbestimmung in Anhang 1 des NADC 2015 handelt es sich bei einem Testpool um den von der NADA in Abstimmung mit der jeweiligen Anti-Doping-Organisation festgelegten Kreis von Athleten, der Trainingskontrollen unterzogen werden soll.[1585] Gemäß Art. 5.3.1. NADC 2015 legt die NADA in Abstimmung mit dem jeweiligen nationalen Sportfachverband den Kreis der aufzunehmenden Sportler fest. Die Einzelheiten der Auswahlkriterien sind im *„Standard für Dopingkontrollen und Ermittlungen"* festgelegt.[1586]

Die in den Testpools aufgenommenen Sportler unterliegen Trainingskontrollen und müssen regelmäßig Meldeauflagen zur örtlichen Erreichbarkeit erfüllen. In Deutschland hat die NADA vier unterschiedliche Testpools definiert; Registered Testing Pool (RTP), Nationaler Testpool (NTP), Allgemeiner Testpool (ATP) und Team Testpool (TTP).[1587] Irrelevant für die Strafbarkeit nach § 4 AntiDopG ist, welcher Testpoolrubrik ein Sportler zugeordnet wird.[1588] Die Testpools unterscheiden sich in der Meldepflicht, welche die Sportler gegenüber der NADA haben, sowie in der Fokussierung der Kontrollplanung. Im Wesentlichen basiert die Zuordnung der Athleten zu einem der Testpools auf zwei Kriterien: Dem Bundeskaderstatus sowie der Dopinggefährdung der ausgeübten Sportart.[1589] Aktuell befinden sich etwa 9.000 Spitzensportler in den Testpools.[1590] Die aufgenommenen Sportler werden von der NADA über ihre Testpoolzugehörigkeit schriftlich oder elektronisch informiert und hinsichtlich ihrer Rechte und Pflichten aufgeklärt. Auch über das Ende der Testpoolzugehörigkeit erfolgt

---

1584 L/N/P/*Putzke*, AntiDopG, § 4 Rn. 21.

1585 BT-Drucks. 18/4898, S. 32.

1586 Siehe hierzu: Art. 2.3 des Standards für Meldepflichten des NADC 2015.

1587 BT-Drucks. 18/4898, S. 32; Erbs/Kohlhaas/*Wußler*, AntiDopG, § 4 Rn. 6; *Weber*, BtMG, AntiDopG, § 4 Rn. 212.

1588 L/N/P/*Putzke*, AntiDopG, § 4 Rn. 24; *Weber*, BtMG, AntiDopG, § 4 Rn. 212.

1589 BT-Drucks. 18/4898, S. 32.

1590 Erbs/Kohlhaas/*Wußler*, AntiDopG, § 4 Rn. 7; *Weber*, BtMG, AntiDopG, § 4 Rn. 214.

eine Benachrichtigung.[1591] Dadurch ist die Zugehörigkeit zu einem Testpool für die betroffenen Sportler jederzeit nachvollziehbar. Derzeit erfassen die Testpools u.a. sämtliche Mitglieder der A- und B-Kader der jeweiligen Sportverbände. Daneben werden alle Spieler der ersten und zweiten Fußballbundesliga (Herren), der ersten Deutschen Eishockey Liga (Herren), Mitglieder der Frauen- und Herrennationalmannschaften im Basketball, Fußball und Handball, sowie Elitepass-Inhaber im Triathlon und Lizenzinhaber im Radsport erfasst.[1592]

Im Ergebnis bestimmen demnach privatrechtliche Organisationen und Verbände den potentiellen Täterkreis. Dieser Umstand wurde bereits im Gesetzgebungsverfahren moniert.[1593] Zwar folgen die Auswahlkriterien der Verbände formalisierten Abläufen und sind streng reglementiert.[1594] Dennoch können diese nach Belieben erweitert werden und dem gesetzgeberischen Willen einer Begrenzung des Täterkreises zuwiderlaufen.[1595] Nicht zuletzt hängt die Mitgliedschaft in einem Testpool von der Meldepraxis des meldepflichtigen Sportverbands ab. In diesem Zusammenhang ebenfalls nicht unproblematisch ist, dass durch den weit gefassten Wortlaut („*Testpool*") auch ausländische Sportorganisationen die Befugnis eingeräumt bekommen über den tauglichen Täterkreis zu bestimmen.[1596] Gegen eine solche Kritik ist jedoch einzuwenden, dass der nun vom Strafrecht erfasste Bereich des Selbstdopings wie kein zweiter reglementiert wird und formalisierten Abläufen folgt.[1597] Im Ergebnis mag die Delegation der Begriffsbestimmung auf die NADA im strafrechtlichen Kontext zwar ein Novum darstellen, allerdings entspricht dieses der Logik der strafrechtlichen Reglementierung eines bereits verbandsrechtlich verfassten Sektors.[1598]

1591 BT-Drucks. 18/4898, S. 32.

1592 BT-Drucks. 18/4898, S. 32.

1593 *Jahn*, Schriftliche Stellungnahme vom 17.6.2015 zu dem Entwurf eines Gesetzes zur Bekämpfung von Doping im Sport, Sportausschuss-Drucks. 18 (5) 108, S. 24; Schriftliche Stellungnahme des Deutschen Richterbundes vom 27.2.2015, Nr. 7/15, Ausschussdrucks. 18 (5) 109, S. 11.

1594 *Norouzi*, Schriftliche Stellungnahme vom 17.6.2015, Ausschussdrucks. 18 (5) 116, S. 5; L/N/P/*Putzke*, AntiDopG, § 4 Rn. 26.

1595 *Chrobok*, Doping, S. 175.

1596 Schriftliche Stellungnahme des Deutschen Richterbundes vom 27.2.2015, Nr. 7/15, Ausschussdrucks. 18 (5) 109, S. 11.

1597 L/N/P/*Putzke*, AntiDopG, § 4 Rn. 26.

1598 *Norouzi*, Schriftliche Stellungnahme vom 17.6.2015, Ausschussdrucks. 18 (5) 116, S. 5.

b) Einnahmen von erheblichem Umfang, § 4 Abs. 7 Nr. 2 AntiDopG

Neben den Testpoolathleten kommen nach § 4 Abs. 7 Nr. 2 als Täter der in § 3 Abs. 1, Abs. 2 und Abs. 4 AntiDopG genannten Verbote auch solche Personen in Betracht, die aus der sportlichen Betätigung unmittelbar oder mittelbar Einnahmen von erheblichem Umfang erzielen. Weil mit den Trainingskontrollen des Dopingkontrollsystems nach Auffassung des Gesetzgebers nicht alle Personen abgedeckt werden, hat sich dieser dazu entschieden auch solche Sportler in den Täterkreis aufzunehmen, die aus der sportlichen Betätigung Einnahmen von erheblichem Umfang erzielen. Dies soll dem Umstand Rechnung tragen, dass auch in Bereichen, die nicht den Trainingskontrollen unterfallen, erhebliche wirtschaftliche Einnahmen erzielt werden können. Diese würden einen besonderen Anreiz dafür bieten zu verbotenen Dopingmitteln und -methoden zu greifen. Als Beispiel hierzu werden in der Gesetzesbegründung die Bereiche des organisierten Motorsports, des Profiboxens sowie der 3. Fußball-Liga der Herren genannt. Unter den Gesichtspunkten des Rechtsgüterschutzes sei kein Grund dafür ersichtlich, diese Sportler gegenüber den Testpoolathleten zu privilegieren. Auch sie stünden typischerweise mit ihrer sportlichen Leistung in der Öffentlichkeit und könnten durch Dopingvergehen die Integrität des organisierten Sports gefährden.[1599]

Hierzu setzt § 4 Abs. 7 Nr. 2 AntiDopG voraus, dass die sportliche Betätigung für den Sportler eine Einnahmequelle darstellt. Gemeint ist das wiederholte Erlangen wirtschaftlicher Vorteile. Nicht erfasst sind einmalige finanzielle Zuwendungen, wie z.B. ein ausnahmsweise erzieltes Preisgeld. Die Einnahmen müssen unmittelbar oder mittelbar aus der sportlichen Betätigung herrühren. Neben Zuwendungen in Geld können auch geldwerte Vorteile wie Sachbezüge, Gutscheine, Nutzungen, Dienst- und Naturalleistungen oder Kostenübernahmen durch Dritte einen wirtschaftlichen Vorteil begründen. Übt der Athlet den Sport berufsmäßig aus, zählt ebenfalls die Arbeitsvergütung hierzu. Auch eine Besoldung wird erfasst, soweit die Tätigkeit in der Bundespolizei, Bundeswehr oder beim Zoll ausgeübt wird.[1600] Dies kann jedoch nur insoweit gelten, sofern eine Freistellung ohne Kürzung von Lohn und Gehalt erfolgt.[1601]

Fraglich ist, ab wann es sich um Einnahmen „*von erheblichem Umfang*" handelt. Unklar ist insoweit bereits der Bezugspunkt des Erheblichkeitsmaßstabes.

1599 BT-Drucks. 18/4898, S. 32.

1600 BT-Drucks. 18/4898, S. 32; Erbs/Kohlhaas/*Wußler*, AntiDopG, § 4 Rn. 8; L/N/P/*Putzke*, AntiDopG, § 4 Rn. 31.

1601 Zu § 265d StGB: *Waßmer*, ZHW 2019, 6, 11.

Ist die Erheblichkeit relativ oder absolut zu bestimmen? Darüber hinaus ist fraglich, ob auch die jeweilige Sportart und Liga zu berücksichtigen ist. Mag die Einnahme für einen Fußballprofi der 1. Bundesliga eine bloße Aufwandsentschädigung darstellen, kann diese für den eher unbekannten Rennradfahrer bereits erheblich sein.[1602] So verdienten beispielsweise Spieler der 1. Fußball-Bundesliga in der Saison 2016/2017 durchschnittlich 1,34 Mio. EUR. Dabei variierten die Durchschnittsgehälter bei den Vereinen von 380.000 EUR (*SV Darmstadt*) bis hin zu 5,28 Mio. EUR (*FC Bayern München*). Dagegen betrug das Durchschnittsgehalt eines Spielers in der 2. Fußball-Bundesliga etwa 450.00 EUR und in der 3. Fußball-Bundesliga 116.000 EUR.[1603] Ausweislich einer Studie der Deutschen Sporthochschule Köln aus dem Jahre 2009 verfügten Spitzensportler anderer Sportarten lediglich über ein durchschnittliches monatliches Brutto-Einkommen von 1.919 EUR. Spitzenreiter war das Segeln (4.561 EUR) und der Radsport (4.010 EUR). Schlusslicht bildeten der Volleyball (506 EUR) und das Bogenschießen (447 EUR).[1604] Mithin liegt es nahe die Erheblichkeitsgrenze relativ zu bestimmen, auch wenn dies im Ergebnis zu gewillkürten Differenzierungen führen mag.[1605]

Der Vorwurf einer mangelnden Bestimmtheit ist dem Wortlaut des Gesetzes immanent.[1606] Dabei ist die Verwendung wertungsbedürftiger Begriffe dem Strafrecht nicht unbekannt.[1607] Allerdings muss der Gesetzgeber einen Tatbestand so genau fassen, wie dies nach der Eigenart der zu ordnenden Lebenssachverhalte mit Rücksicht auf den Normzweck möglich ist.[1608] Die Strafbarkeit ist i.S.v. Art. 103 Abs. 2 GG, § 1 StGB gesetzlich bestimmt, wenn das verbotene Verhalten bestimmbar ist.[1609] Ein allgemeiner Maßstab für den Grad an Bestimmtheit eines

1602 L/N/P/*Putzke*, AntiDopG, § 4 Rn. 31; zu § 265d StGB: *Waßmer*, ZHW 2019, 6, 11.

1603 Die Gehälter im deutschen Profifußball: So viel verdienen Profis in Deutschland, abrufbar unter: https://www.spox.com/de/sport/fussball/1706/Artikel/bundesliga-2-liga-3-liga-gehalt-durchschnitt-top-verdiener.html (zuletzt abgerufen am 1.2.2020); *Waßmer*, ZHW 2019, 6, 11.

1604 *Waßmer*, ZHW 2019, 6, 11 m.w.N.

1605 So auch für § 265d StGB: *Waßmer*, ZHW 2019, 6, 11.

1606 *Steiner*, ZRP 2015, 51, 53

1607 So etwa bei „*Menschenmenge*" in § 124 StGB, dem „*größeren Kreis von Personen*" in § 264a Abs. 1 StGB, den „*vielen Personen*" in § 283a S. 2 Nr. 2 StGB, der „*großen Zahl von Menschen*" in § 306b Abs. 1 StGB, der „*unübersehbaren Zahl von Menschen*" in § 309 Abs. 2 StGB oder bei der Bestimmung der „*Sachen von bedeutendem Wert*" in §§ 315 ff. StGB, ausführlich dazu: *Kretschmer*, FS Herzberg, S. 827 ff.

1608 BVerfG v. 23.6.2010 – 2 BvR 2559/08, Rn. 71, NJW 2010, 3209.

1609 S/S/*Eser/Hecker*, StGB, § 1 Rn. 20.

Tatbestands lässt sich nicht aufstellen. Maßgeblich ist eine *„wertende Gesamtbetrachtung unter Berücksichtigung möglicher Regelungsalternativen.“*[1610] Ausweislich der Gesetzesbegründung muss es sich um maßgebliche Leistungen handeln, die deutlich über eine bloße Kostenerstattung hinausgehen.[1611] Daraus lässt sich ableiten, dass es bei der Bestimmung der Erheblichkeit wohl auch auf die betreffende Sportart ankommt und eine Betrachtung im Einzelfall erforderlich ist.[1612] Im Schrifttum ist man aus Gründen der Bestimmtheit darum bemüht eine absolute Untergrenze festzulegen. Ob es sich bei Einnahmen von monatlich 450 Euro (5.400 Euro im Jahr) bereits um Leistungen handeln, die deutlich über eine bloße Kostenerstattung hinausgehen, mag bezweifelt werden.[1613] Teilweise werden monatlich 1.000 Euro netto als absolute Mindestschwelle angesetzt.[1614] Andere Stimmen favorisieren in Anlehnung an Einnahmen von Sportlern aus der dritten Fußballbundesliga eine Grenze von monatlich 2.000 Euro netto.[1615] Zum Teil wird eine Erheblichkeit bejaht, wenn die monatlichen Einnahmen die Grenze zur Sozialversicherungspflicht übersteigen.[1616] Insgesamt darf die Untergrenze jedoch nicht zu niedrig angesetzt werden, damit noch von Einnahmen in erheblichem Umfang gesprochen werden kann. Andererseits ist die Erheblichkeitsschwelle auch nicht zu hoch anzusiedeln, weil sonst nur sehr wenige Athleten erfasst werden. Mithin erscheint es sachgerecht darauf abzustellen, ob ein Sportler Einnahmen erzielt, die er auch bei Ausübung einer beruflichen Betätigung erzielen würde, wenn er in einem Kalenderjahr in Vollzeit arbeitet. Danach scheidet ein Abstellen auf die Grenzen der Sozialversicherungspflicht oder das steuerfreie Existenzminimum aus. Sachgerechter ist die Anknüpfung an den gesetzlichen Mindestlohn (Stand 2020: 9,35 EUR).[1617] Von einer 40-Stunden-Woche und durchschnittlich 51,14 Wochen im Jahr ausgehend, ist die Grenze zur Erheblichkeit bei einem Brutto-Jahreseinkommen von mehr als 19.126,36 EUR überschritten.[1618] Erst wenn diese Schwelle überschritten wird,

---

1610 BVerfG v. 23.6.2010 – 2 BvR 2559/08, Rn. 74, NJW 2010, 3209.

1611 BT-Drucks. 18/4898, S. 32.

1612 So auch: Erbs/Kohlhaas/*Wußler*, AntiDopG, § 4 Rn. 10; L/N/P/*Putzke*, AntiDopG, § 4 Rn. 33; *Chrobok*, Doping, S. 175.

1613 So aber: Pfister/*Heger*, Das AntiDopG, S. 38.

1614 *Chrobok*, Doping, S. 178.

1615 L/N/P/*Putzke*, AntiDopG, § 4 Rn. 33.

1616 Im Jahr 2016 waren dies monatlich 4.687,50 Euro (56.250 Euro im Jahr), Erbs/Kohlhaas/*Wußler*, AntiDopG, § 4 Rn. 10.

1617 So zu § 265d StGB auch: *Waßmer*, ZHW 2019, 6, 11.

1618 Vgl. zu § 265d StGB: *Waßmer*, ZHW 2019, 6, 11.

liegt die Eigenschaft eines Spitzensportlers vor. Auch bei Teilzeitsportlern ist kein geringerer Betrag anzusetzen. Aus Bestimmtheitsgründen muss die absolute Untergrenze für alle Sportler gleich sein.[1619] Im Ergebnis erscheint jedoch jede Festlegung mehr oder weniger willkürlich[1620]. Wo letzten Endes eine Grenze im Einzelfall zu ziehen ist, bleibt ungewiss.[1621] Insoweit trifft die Rechtsprechung eine besondere Verpflichtung an der Erkennbarkeit der Voraussetzungen der Strafbarkeit mitzuwirken und Unklarheiten über den Anwendungsbereich durch Präzisierung und Konkretisierung auszuräumen.[1622]

c) Stellungnahme

Im Ergebnis sind auch die durch § 4 Abs. 7 AntiDopG vorgenommenen Beschränkungen des Täterkreises noch in hohem Maße unbestimmt und bedürfen einer weiteren Konkretisierung durch die Rechtsprechung. Darüber hinaus stehen die Abgrenzungskriterien, ob ein Athlet als Spitzensportler zu kategorisieren ist oder nicht, in keinem sachlichen Zusammenhang mit dem Unwertgehalt der begangenen Dopingtat. Als Konsequenz droht hier eine willkürliche Differenzierung der strafrechtlichen Erfassung bestimmter Dopingvergehen. So hat die Geschäftstüchtigkeit und gute Vermarktung eines Sportlers – unabhängig von seiner sportlichen Leistung – zur Folge, dass dieser aufgrund seiner Einnahmen als Spitzensportler eingestuft wird, während der erfolgreichere Sportler, dem es an einer Kommerzialisierung seines Talents mangelt, nicht unter den Anwendungsbereich des Selbstdopingverbots fällt. Gleiches gilt für zwei ebenbürtige Sportler, die zwar beide im Vorfeld gedopt haben und an demselben Wettkampf teilnehmen, aber nur einer von ihnen einem Testpool der NADA zuzuordnen ist. Nicht verständlich ist, warum nur einer von beiden den Tatbestand des Selbstdopings erfüllt. Worin der die Differenzierung rechtfertigende Unrechtsgehalt bei der Eigenschaft als Testpoolathlet oder Gutverdiener liegen soll bleibt unklar, basiert die Zuordnung vielmehr auf zufälligen Kriterien.[1623]

1619 A.A. für § 265d StGB: *Stam*, NZWiSt 2018, 41, 46, wie hier: *Waßmer*, ZHW 2019, 6, 11.

1620 L/N/P/*Putzke*, AntiDopG, § 4 Rn. 35.

1621 Kritisch auch: *Jahn*, Schriftliche Stellungnahme vom 17.6.2015 zu dem Entwurf eines Gesetzes zur Bekämpfung von Doping im Sport, Sportausschuss-Drucks. 18 (5) 108, S. 24 f.; *Steiner*, ZRP 2015, 51, 53; *Chrobok*, Doping, S. 176.

1622 BVerfG v. 23.6.2010 – 2 BvR 2559/08, Rn. 80, NJW 2010, 3209.

1623 *Jahn*, Schriftliche Stellungnahme vom 17.6.2015 zu dem Entwurf eines Gesetzes zur Bekämpfung von Doping im Sport, Sportausschuss-Drucks. 18 (5) 108, S. 24; MüKo/*Freund*, StGB, AntiDopG, § 4 Rn. 112; *Norouzi*, Schriftliche Stellungnahme vom 17.6.2015, Ausschussdrucks. 18 (5) 116, S. 5.

Vor diesem Hintergrund verwundert es nicht, dass auch die strafrechtsdogmatische Einordnung nicht wirklich gelingt.[1624] Einerseits könnte die Gesetzesformulierung „*wird nur bestraft*" darauf hindeuten, dass es sich bei den genannten Kriterien um eine objektive Strafbarkeitsbedingung handelt.[1625] Wäre dies der Fall, müssten sich weder Vorsatz noch Fahrlässigkeit hierauf beziehen.[1626] Auch die systematische Stellung könnte auf die Einordnung als objektive Bedingung der Strafbarkeit hindeuten.[1627] Gestützt auf die Formulierung des Gesetzesentwurfs – „*die betroffenen Sportler würden förmlich über den relevanten Status im Rahmen des Dopingkontrollsystems informiert*"[1628] – könnten die Merkmale in Absatz 7 andererseits auch als Tatbestandsmerkmale mit Vorsatzrelevanz zu qualifizieren sein.[1629] Für eine solche Einordnung spricht nicht zuletzt, dass der Gesetzgeber die Strafbarkeitseinschränkung aus Gründen der Verhältnismäßigkeit vorgenommen hat.[1630]

III. Zwischenergebnis

Nach Auffassung des Gesetzgebers sind es gerade die dopenden Sportler selbst, die mit ihrem Verhalten die Integrität des organisierten Sports und dessen Glaubwürdigkeit herabsetzen. Zutreffend ist, dass Doping die Ergebnisse verfälscht und die Grundlagen des Sports, wie Fairness und Chancengleichheit gefährdet. Dadurch wird die Vorbildfunktion stark beeinträchtigt und die ethisch-moralischen Werte des Sports verletzt. Grundvoraussetzung des organisierten Sports ist deshalb das Vertrauen darauf, dass der sportliche Wettbewerb fair durchgeführt wird und die teilnehmenden Sportler die gleichen Chancen haben.[1631]

1624 Erbs/Kohlhaas/*Wußler*, AntiDopG, § 4 Rn. 11; MüKo/*Freund*, StGB, AntiDopG, § 4 Rn. 113; *Chrobok*, Doping, S. 174.

1625 *Jahn*, Schriftliche Stellungnahme vom 17.6.2015 zu dem Entwurf eines Gesetzes zur Bekämpfung von Doping im Sport, Sportausschuss-Drucks. 18 (5) 108, S. 23 f.; für eine Einordnung als Strafausschließungsgrund: *Chrobok*, Doping, S. 174.

1626 S/S/*Eisele*, StGB, Vor. §§ 13 ff. Rn. 126.

1627 Regelung außerhalb der Verbotsnorm des § 3 AntiDopG und auch nicht an zentraler Stelle des § 4 AntiDopG, sondern in dessen Absatz 7, Erbs/Kohlhaas/*Wußler*, AntiDopG, § 4 Rn. 11.

1628 BT-Drucks. 18/4898, S. 32.

1629 Erbs/Kohlhaas/*Wußler*, AntiDopG, § 4 Rn. 11; L/N/P/*Putzke*, AntiDopG, § 4 Rn. 17; MüKo/*Freund*, StGB, AntiDopG, § 4 Rn. 113.

1630 BT-Drucks. 18/4898, S. 31.

1631 BT-Drucks. 18/4898, S. 26.

Auch wenn die weite Vorverlagerung des Verbots vor die eigentliche Gefährdung sportlicher Wettbewerbe nicht unproblematisch erscheint und die Einschränkungen gemäß § 3 Abs. 3 und § 4 Abs. 7 AntiDopG im Einzelfall nicht unerhebliche Abgrenzungsschwierigkeiten aufwerfen, ist das Verbot des Selbstdopings als Schritt in die richtige Richtung zu werten. Mit § 3 AntiDopG bringt das Gesetz den erstrebten Fortschritt einer positivrechtlichen Bestätigung das strafrechtliche Dopingverbot als Instrument des Wettbewerbsschutzes anzuerkennen. Trotz der vorgenannten Kritik bestehen gegen die Legitimierbarkeit der aufgezählten Verbote jedenfalls keine grundsätzlichen Bedenken.[1632]

E. Straftatbestand, § 4 AntiDopG

Als zentrale Norm des strafrechtlichen Dopingverbots sanktionieren die Straftatbestände des § 4 AntiDopG Verstöße gegen die zuvor in § 2 und § 3 AntiDopG genannten Dopingverbote.

§ 4
Strafvorschriften

(1) Mit Freiheitsstrafe bis zu drei Jahren oder mit Geldstrafe wird bestraft, wer

1. *entgegen § 2 Absatz 1, auch in Verbindung mit einer Rechtsverordnung nach § 6 Absatz 2, ein Dopingmittel herstellt, mit ihm Handel treibt, es, ohne mit ihm Handel zu treiben, veräußert, abgibt, sonst in den Verkehr bringt oder verschreibt,*
2. *entgegen § 2 Absatz 2, auch in Verbindung mit einer Rechtsverordnung nach § 6 Absatz 2, ein Dopingmittel oder eine Dopingmethode bei einer anderen Person anwendet,*
3. *entgegen § 2 Absatz 3 in Verbindung mit einer Rechtsverordnung nach § 6 Absatz 1 Satz 1 Nummer 1, jeweils auch in Verbindung mit einer Rechtsverordnung nach § 6 Absatz 1 Satz 1 Nummer 2 oder Satz 2, ein Dopingmittel erwirbt, besitzt oder verbringt,*
4. *entgegen § 3 Absatz 1 Satz 1 ein Dopingmittel oder eine Dopingmethode bei sich anwendet oder anwenden lässt oder*
5. *entgegen § 3 Absatz 2 an einem Wettbewerb des organisierten Sports teilnimmt.*

(2) Mit Freiheitsstrafe bis zu zwei Jahren oder mit Geldstrafe wird bestraft, wer entgegen § 3 Absatz 4 ein Dopingmittel erwirbt oder besitzt.

(3) Der Versuch ist in den Fällen des Absatzes 1 strafbar.

1632 MüKo/*Freund*, StGB, AntiDopG, § 4 Rn. 30; a.A. wohl *Chrobok*, Doping, S. 193.

(4) Mit Freiheitsstrafe von einem Jahr bis zu zehn Jahren wird bestraft, wer
1. *durch eine der in Absatz 1 Nummer 1, 2 oder Nummer 3 bezeichneten Handlungen*
   a) *die Gesundheit einer großen Zahl von Menschen gefährdet,*
   b) *einen anderen der Gefahr des Todes oder einer schweren Schädigung an Körper oder Gesundheit aussetzt oder*
   c) *aus grobem Eigennutz für sich oder einen anderen Vermögensvorteile großen Ausmaßes erlangt oder*
2. *in den Fällen des Absatzes 1 Nummer 1 oder Nummer 2*
   a) *ein Dopingmittel an eine Person unter 18 Jahren veräußert oder abgibt, einer solchen Person verschreibt oder ein Dopingmittel oder eine Dopingmethode bei einer solchen Person anwendet oder*
   b) *gewerbsmäßig oder als Mitglied einer Bande handelt, die sich zur fortgesetzten Begehung solcher Taten verbunden hat.*

(5) In minder schweren Fällen des Absatzes 4 ist die Strafe Freiheitsstrafe von drei Monaten bis zu fünf Jahren.

(6) Handelt der Täter in den Fällen des Absatzes 1 Nummer 1, 2 oder Nummer 3 fahrlässig, so ist die Strafe Freiheitsstrafe bis zu einem Jahr oder Geldstrafe.

(7) Nach Absatz 1 Nummer 4, 5 und Absatz 2 wird nur bestraft, wer
1. *Spitzensportlerin oder Spitzensportler des organisierten Sports ist; als Spitzensportlerin oder Spitzensportler des organisierten Sports im Sinne dieses Gesetzes gilt, wer als Mitglied eines Testpools im Rahmen des Dopingkontrollsystems Trainingskontrollen unterliegt, oder*
2. *aus der sportlichen Betätigung unmittelbar oder mittelbar Einnahmen von erheblichem Umfang erzielt.*

(8) Nach Absatz 2 wird nicht bestraft, wer freiwillig die tatsächliche Verfügungsgewalt über das Dopingmittel aufgibt, bevor er es anwendet oder anwenden lässt.

I. Grundtatbestände, § 4 Abs. 1 Nr. 1 bis 5, Abs. 2 AntiDopG

Die Strafvorschriften des § 4 Abs. 1 Nr. 1 bis Nr. 5, Abs. 2 AntiDopG stellen spiegelbildlich die Handlungen unter Strafe, welche die § 2 und § 3 AntiDopG verbieten. Zur Auslegung der einzelnen Tathandlungen und wegen der jeweiligen Besonderheiten der Verbotsvorschriften soll deshalb an dieser Stelle auf die vertieften Darstellungen zu § 2 und § 3 AntiDopG verwiesen werden.[1633]

1633 Siehe hierzu: 4. Kapitel C. und D.

Die Vorschrift des § 4 Abs. 1 AntiDopG normiert abstrakte Gefährdungsdelikte.[1634] Die Straftatbestände der § 4 Abs. 1 Nr. 4, Nr. 5 und § 4 Abs. 2 AntiDopG sind darüber hinaus Delikte mit überschießender Innentendenz.[1635]

In Verbindung mit § 2 Abs. 1 bis 3 AntiDopG wird nach § 4 Abs. 1 Nr. 1 bis 3 AntiDopG der unerlaubte Umgang mit Dopingmitteln[1636], die unerlaubte Anwendung von Dopingmitteln und Dopingmethoden sowie der Erwerb, Besitz und die Verbringung in und durch den Geltungsbereich des Gesetzes mit einer Freiheitsstrafe bis zu drei Jahren oder mit Geldstrafe sanktioniert. Damit hat der Gesetzgeber – unter Beibehaltung des bisherigen Strafrahmens von § 95 Abs. 1 Nr. 2a AMG a.F. – die Tathandlungen des Arzneimittelstrafrechts erweitert.[1637] Nach der hier vertretenen Auffassung verfehlt das Gesetz mit dem gewählten Strafrahmen seine Signalwirkung. Insoweit wird eine Anhebung auf bis zu fünf Jahre empfohlen. Als Täter kommen vor allem Personen aus dem sozialen Umfeld des Sportlers wie (Mannschafts-) Ärzte, medizinisches Hilfspersonal, Trainer, Teammitglieder, sportliche Betreuer, andere Athleten, pharmazeutische Unternehmer, Apotheker, Manager, Eltern oder sonstige Personen, die mit dem Sportler zusammenarbeiten, in Betracht.[1638]

Die gleiche Strafandrohung wie bei § 4 Abs. 1 Nr. 1 bis 3 AntiDopG sieht darüber hinaus § 4 Abs. 1 Nr. 4 und Nr. 5 AntiDopG vor. Auch hier ist eine Erhöhung des Strafrahmens auf bis zu fünf Jahre erfoderlich. In Verbindung mit § 3 Abs. 1 S. 1 und § 3 Abs. 2 AntiDopG stellen diese erstmals auch das Selbstdoping unter Strafe. Ausweislich der Gesetzesbegründung soll es sich bei den neu eingeführten Straftatbeständen um einen *„tragenden Eckpfeiler"* der mit dem Gesetz verfolgten Dopingbekämpfung handeln.[1639] Hierzu tritt die strafrechtliche Sanktionierung des Selbstdopings neben die sportverbandsrechtlichen Sanktionsmöglichkeiten.[1640]

1634 L/N/P/*Putzke*, AntiDopG, § 4 Rn. 10.

1635 § 3 Abs. 1 S. 1 und § 3 Abs. 2 AntiDopG: *„in der Absicht, sich in einem Wettbewerb des organisierten Sports einen Vorteil zu verschaffen"*; § 3 Abs. 4 AntiDopG: *„um sich dadurch in einem Wettbewerb des organisierten Sports einen Vorteil zu verschaffen"*; L/N/P/*Putzke*, AntiDopG, § 4 Rn. 10.

1636 Umgang meint das Herstellen, Handeltreiben, Veräußern, Abgeben, Inverkehrbringen und Verschreiben.

1637 Nach § 95 Abs. 1 Nr. 2a AMG a.F. war nur das Inverkehrbringen, Verschreiben oder Anwenden strafbar, BT-Drucks. 18/4898, S. 28.

1638 L/N/P/*Putzke*, AntiDopG, § 4 Rn. 11.

1639 BT-Drucks. 18/4898, S. 29.

1640 BT-Drucks. 18/4898, S. 29.

Die Strafvorschrift des § 4 Abs. 2 AntiDopG sanktioniert erstmals auch einen Verstoß gegen das mengenunabhängige Erwerbs- und Besitzverbot von Dopingmitteln in § 3 Abs. 4 AntiDopG mit einer Freiheitsstrafe bis zu zwei Jahren oder mit Geldstrafen. Damit sieht § 4 Abs. 2 AntiDopG einen geringeren Strafrahmen als § 4 Abs. 1 AntiDopG vor. Der Tatbestand des § 4 Abs. 2 AntiDopG verlagert die Strafbarkeit zeitlich in das Vorfeld des sportlichen Wettbewerbs.[1641] Nach Ansicht des Gesetzgebers trete bereits mit dem Erwerb oder Besitz von Dopingmitteln eine erhebliche Schutzgutgefährdung ein, die auch unter Berücksichtigung der Ultima-ratio-Funktion des Strafrechts eine Strafbewehrung der Vorbereitungshandlung zum Selbstdoping rechtfertigt. Nur so sei der Schutz der Integrität des organisierten Sports vollumfänglich gewährleistet.[1642]

Im Gegensatz zu § 4 Abs. 1 Nr. 1 bis 3 AntiDopG erhält die Strafbarkeit des Selbstdopings in § 4 Abs. 1 Nr. 4, Nr. 5, und Abs. 2 AntiDopG durch § 4 Abs. 7 AntiDopG eine Einschränkung. Danach kann sich durch einen Verstoß gegen § 3 Abs. 1 S. 1 AntiDopG bzw. § 3 Abs. 2 AntiDopG sowie § 3 Abs. 4 AntiDopG nur strafbar machen, wer „*Spitzensportlerin oder Spitzensportler des organisierten Sports*" ist. Dies sind Athleten, die als Mitglied eines Testpools im Rahmen des Dopingkontrollsystems Trainingskontrollen unterliegen (§ 4 Abs. 7 Nr. 1 AntiDopG) oder aus der sportlichen Betätigung unmittelbar oder mittelbar Einnahmen von erheblichem Umfang erzielen (§ 4 Abs. 7 Nr. 2 AntiDopG). Begründet wird eine solche Einschränkung des Adressatenkreises vor allem damit, dass diese Athleten den organisierten Sport repräsentieren und „*das Vertrauen in Anspruch* [nehmen], *ihre sportlichen Erfolge mit lauteren Mitteln erlangt zu haben.*"[1643] Insoweit handelt es sich um echte Sonderdelikte, die nur von Spitzensportlern begangen werden können.[1644] Die Eigenschaft des Spitzensportlers ist keine objektive Bedingung der Strafbarkeit, sondern ein Tatbestandsmerkmal, auf das sich auch der Vorsatz des Täters erstrecken muss.[1645] Weil die Einschränkung der Strafbarkeit im konkreten Zusammenhang mit dem Verbot des Selbstdopings steht, ist eine vertiefte Darstellung der Voraussetzungen bereits

1641 L/N/P/*Putzke*, AntiDopG, § 4 Rn. 3.
1642 BT-Drucks. 18/4898, S. 29.
1643 BT-Drucks. 18/4898, S. 31.
1644 N/L/P/*Putzke*, AntiDopG, § 4 Rn. 11.
1645 Siehe hierzu bereits: 4. Kapitel D. II. 2. c); im Ergebnis so auch: N/L/P/*Putzke*, AntiDopG, § 4 Rn. 17.

im Rahmen der Ausführungen zu § 3 AntiDopG erfolgt, worauf an dieser Stelle verwiesen wird.[1646]

II. Versuchsstrafbarkeit, § 4 Abs. 3 AntiDopG

Bei den Strafvorschriften des § 4 Abs. 1 AntiDopG, die eine Strafandrohung mit Freiheitsstrafe bis zu drei Jahren oder Geldstrafe vorsehen, handelt es sich um Vergehen im Sinne von § 12 Abs. 2 StGB. Weil der Versuch eines Vergehens nach § 23 Abs. 1 2. Hs. StGB aber nur dann strafbar ist, wenn ein Gesetz dies ausdrücklich bestimmt, stellt § 4 Abs. 3 AntiDopG – entsprechend § 95 Abs. 2 AMG a.F. – die versuchte Verwirklichung sämtlicher Tatbestände des § 4 Abs. 1 AntiDopG zur Gewährleistung eines „*effektiven Rechtsgüterschutzes*“ unter Strafe.[1647]

Im Hinblick auf die in § 4 Abs. 4 AntiDopG normierten Qualifikationstatbestände konnte eine solche gesetzliche Anordnung der Versuchsstrafbarkeit unterbleiben. Insoweit handelt es sich um Verbrechenstatbestände im Sinne von § 12 Abs. 1 AntiDopG. Nach § 23 Abs. 1 1. Hs. StGB ist der Versuch eines Verbrechens stets strafbar.

Nicht strafbar hingegen ist der versuchte Erwerb und Besitz geringer Mengen nach § 4 Abs. 2 AntiDopG. Dies erscheint vor dem Hintergrund einer enormen zeitlichen Vorverlagerung des Tatbestands vor die eigentliche Gefährdung sportlicher Wettbewerbe auch sachgerecht.

Genauso wie im Kernstrafrecht stellt sich auch bei den jeweiligen Sanktionsnormen des Anti-Doping-Gesetzes die Frage, bis zu welchem Zeitpunkt noch von einer straflosen Vorbereitungshandlung gesprochen werden kann und ab wann die Schwelle zum Versuch überschritten wird.[1648] Nach § 22 StGB muss der Täter eines Versuchs nach seiner Tatvorstellung zur Tatbestandsverwirklichung unmittelbar angesetzt haben.

1. Tatentschluss

Zum subjektiven Tatbestand des Versuchs gehören neben dem Vorsatz hinsichtlich aller Tatbestandsmerkmale auch die unter Umständen vom Tatbestand

1646 Aus Gründen der Übersichtlichkeit wurden die Einschränkungen des § 4 Abs. 7 AntiDopG bereits im Rahmen des Selbstdopingverbots in § 3 AntiDopG erörtert, siehe hierzu ausführlich: 4. Kapitel D. II. 2.

1647 BT-Drucks. 18/4898, S. 30; hierzu auch: *Chrobok*, Doping, S. 196.

1648 MüKo/*Freund*, StGB, AntiDopG, §§ 1–4 Rn. 76.

geforderten subjektiven Unrechtselemente.[1649] Im Hinblick auf § 4 Abs. 1 StGB bedeutet dies Folgendes:

Im Rahmen der Tatbestände von § 4 Abs. 1 Nr. 1 bis 3 StGB muss der Täter sich vorstellen, dass es sich bei dem Tatobjekt um ein Dopingmittel handelt, das er beispielsweise herstellen, anwenden oder erwerben möchte. Darüber hinaus muss der Vorsatz auch die sonstigen von § 4 Abs. 1 AntiDopG geforderten subjektiven Unrechtselemente erfassen. Bei den Tatvarianten des § 4 Abs. 1 Nr. 1 bis 3 AntiDopG i.V.m. § 2 AntiDopG also das subjektive Merkmal *„zum Zwecke des Dopings im Sport"*.[1650]

Im Rahmen des § 4 Abs. 1 Nr. 4 AntiDopG muss sich die Vorstellung des Täters darauf erstrecken, dass es sich bei dem Tatobjekt um ein Dopingmittel oder eine Dopingmethode handelt, das bzw. die er ohne medizinische Indikation anwenden möchte, um sich bei einem Wettbewerb des organisierten Sports einen Vorteil zu verschaffen. Darüber hinaus muss er wissen, dass das Tatsubjekt ein Spitzensportler des organisierten Sports ist, welches als Mitglied eines Testpools im Rahmen des Dopingkontrollsystems Trainingskontrollen unterliegt (§ 4 Abs. 7 Nr. 1 AntiDopG) oder aus der sportlichen Betätigung unmittelbar oder mittelbar Einnahmen von erheblichem Umfang erzielt (§ 4 Abs. 7 Nr. 2 AntiDopG).[1651]

Bei der Tatvariante des § 4 Abs. 1 Nr. 5 AntiDopG muss sich der Täter vorstellen, dass er ohne medizinische Indikation gedopt hat, um sich in einem Wettbewerb des organisierten Sports einen Vorteil zu verschaffen, die Voraussetzungen von § 4 Abs. 7 AntiDopG erfüllt sind und er an einem Wettbewerb des organisierten Sports teilnimmt.[1652]

Im Rahmen des Versuchs einer Qualifikation muss sich die Tätervorstellung zusätzlich zu den Merkmalen des jeweiligen Grundtatbestands auch auf die in § 4 Abs. 4 AntiDopG genannten objektiven Tatbestandsmerkmale erstrecken.

2. Unmittelbares Ansetzen

Wann der Täter die Schwelle zum Versuch überschritten hat, sprich zur Tatbestandsverwirklichung unmittelbar ansetzt, bedarf stets einer wertenden

---

1649 Hierzu ausführlich: BeckOK/*Cornelius*, StGB, § 22 Rn. 24; MüKo/*Hoffmann-Holland*, StGB, § 22 Rn. 36 ff.; N/L/P/*Putzke*, AntiDopG, § 4 Rn. 67 ff.; S/S/*Eser/Bosch*, StGB, § 22 Rn. 14, 15.

1650 N/L/P/*Putzke*, AntiDopG, § 4 Rn. 68.

1651 N/L/P/*Putzke*, AntiDopG, § 4 Rn. 68.

1652 N/L/P/*Putzke*, AntiDopG, § 4 Rn. 68.

Konkretisierung unter der Beachtung aller Umstände des Einzelfalls:[1653] „*Nach den allgemeinen Grundsätzen zur Abgrenzung strafloser Vorbereitungshandlungen vom strafbaren Versuch liegt ein unmittelbares Ansetzen bei solchen Gefährdungshandlungen vor, die nach der Tätervorstellung in ungestörtem Fortgang unmittelbar zur Tatbestandserfüllung führen oder mit ihr in einem unmittelbar räumlichen und zeitlichen Zusammenhang stehen. Dies ist insbesondere der Fall, wenn der Täter subjektiv die Schwelle zum ‚jetzt geht es los' überschreitet, es eines weiteren Willensimpulses nicht mehr bedarf und er objektiv zur tatbestandsmäßigen Angriffshandlung ansetzt, so dass sein Tun ohne Zwischenakte in die Erfüllung des Tatbestandes übergeht.*"[1654] Als weiteres Abgrenzungskriterium, ob die Schwelle zum Versuch überschritten wurde, wird teilweise auch darauf abgestellt, ob es nach der Vorstellung des Täters bereits zu einer konkreten Rechtsgutsgefährdung gekommen ist.[1655] Überträgt man dies auf die Tatvarianten des § 4 Abs. 1 AntiDopG, kann insoweit Folgendes festgehalten werden:

Ein unmittelbares Ansetzen zum „*Herstellen*" liegt jedenfalls dann vor, wenn eine Handlung vorgenommen wird, die nach dem Tatplan des Täters ohne Zwischenakte in die Herstellung einmündet.[1656] Um eine bloße Vorbereitungshandlung handelt es sich hingegen bei der Anmietung, Anschaffung, Einrichtung oder dem Besitz von Laborgeräten, Laborräumen oder Fahrzeugen. Gleiches gilt für den bloßen Auftrag an einen Chemiker, dem Bereitstellen der Geräte oder der Anschaffung von Grundstoffen.[1657]

Die Tatvariante des „*Handeltreibens*" befindet sich noch im Stadium der Vorbereitung, solange zu keinem konkreten Geschäft angesetzt wurde. So etwa bei bloßen Voranfragen, Sondierungen oder beim Fehlen einer realistischen Grundlage für das Geschäft.[1658] Nimmt der Täter hingegen eine tatsächliche Handlung vor, die dem Umgang mit Dopingmitteln dient, ist die Schwelle zum unmittelbaren Ansetzen mit dem Beginn der tatsächlichen Handlung überschritten, soweit nicht bereits eine andere Handlungsvariante wie beispielsweise die des Verkaufs vorangegangen ist.[1659]

1653 BGH v. 20.3.2014 – 3 StR 424/13, Rn. 9, NStZ 2014, 447; BGH v. 7.11.2007 – 5 StR 371/07, NStZ 2008, 409; BGH v. 9.3.2006 – 3 StR 28/06, Rn. 4; NStZ 2006, 331; MüKo/*Hoffmann-Holland*, StGB, § 22 Rn. 112.

1654 BGH v. 7.11.2007 – 5 StR 371/07, Rn. 17, NStZ 2008, 409.

1655 BGH v. 20.3.2014 – 3 StR 424/13, NStZ 2014, 447, Rn. 9; BGH v. 12.12.2001 – 3 StR 303/01, Rn. 19, NStZ 2002, 30.

1656 So etwa mit dem Starten der Maschinen, *Weber*, BtMG, AntiDopG, § 4 Rn. 58.

1657 *Weber*, BtMG, § 29 Rn. 136.

1658 *Weber*, BtMG, AntiDopG, § 4 Rn. 62.

1659 *Weber*, BtMG, AntiDopG, § 4 Rn. 63.

Der Versuch des „*Veräußerns*“ beginnt erst durch die Handlung, mit welcher der Täter unmittelbar zur Übertragung ansetzt. Hierzu muss er die tatsächliche Verfügungsgewalt innehaben. Mithin sind die bloße Beschaffung, Absprache und schuldrechtliche Vereinbarung als straflose Vorbereitungshandlung zu werten.[1660] Dagegen liegt eine versuchte Veräußerung vor, wenn das Dopingmittel beispielsweise für die Versendung an einen Postboten übergeben wird.[1661]

Für die Tathandlung des „*Abgebens*“ als dingliches Rechtsgeschäft gilt insoweit das Gleiche wie beim „*Veräußern*“.[1662]

Der Versuch des „*Inverkehrbringens*“ beginnt durch Handlungen, mit denen dem Täter die Möglichkeit eines Wechsels der Verfügungsgewalt eröffnet wird.[1663]

Ein versuchtes „*Verschreiben*“ liegt vor, wenn das Rezept nicht fertig gestellt wird. Darüber hinaus kann ein Versuch gegeben sein, wenn eine Substanz verschrieben wird, die der Verschreibende fälschlicherweise für ein Dopingmittel hält. Vollendet ist die Verschreibung erst mit der Aushändigung des Rezepts.[1664]

Große praktische Relevanz im Rahmen einer Versuchsstrafbarkeit hat vor allem der – ursprünglich durch das Dritte Gesetz zur Änderung arzneimittelrechtlicher und anderer Vorschriften vom 7. August 2013[1665] – eingeführte Erwerbstatbestand. Ein versuchter „*Erwerb*“ beginnt mit der Handlung, mit welcher der Täter nach seiner Tatvorstellung unmittelbar zur Erlangung der tatsächlichen Verfügungsgewalt vom Vorbesitzer ansetzt.[1666] Der Versuch des Erwerbs einer nicht geringen Menge kann demnach vorliegen, wenn der Erwerber irrtümlich annimmt, die Menge des Dopingmittels übersteige die nach der DmMV zulässige Menge. Das Gleiche gilt, wenn er fälschlicherweise annimmt, das Dopingmittel wäre in der Anlage zum Anti-Doping-Gesetz aufgelistet.[1667]

Für den versuchten „*Besitz*“ einer nicht geringen Menge gilt insoweit dasselbe wie für den versuchten Erwerb.[1668] Der Versuch des Besitzes beginnt mit dem Ansetzen zur Begründung der tatsächlichen Verfügungsgewalt über eine nicht geringe Menge.[1669] Ein versuchter Besitz liegt beispielsweise vor, wenn

1660 *Weber*, BtMG, AntiDopG, § 4 Rn. 67.
1661 *Weber*, BtMG, AntiDopG, § 4 Rn. 68.
1662 *Weber*, BtMG, AntiDopG, § 4 Rn. 71; *Weber*, BtMG, § 29 Rn. 1076.
1663 *Weber*, BtMG, AntiDopG, § 4 Rn. 72.
1664 *Weber*, BtMG, AntiDopG, § 4 Rn. 74; *Weber*, BtMG, § 29 Rn. 1465.
1665 BGBl. 2013 I, S. 3108.
1666 *Weber*, BtMG, AntiDopG, § 4 Rn. 146.
1667 *Weber*, BtMG, AntiDopG, § 4 Rn. 147.
1668 *Weber*, BtMG, AntiDopG, § 4 Rn. 149.
1669 *Weber*, BtMG, AntiDopG, § 4 Rn. 150.

der Sportler die Menge der von ihm besessenen Dopingsubstanzen zu hoch taxiert.[1670] Darüber hinaus kann ein versuchter Besitz auch dann vorliegen, wenn sich ein Besitzwille manifestiert, allerdings keine tatsächliche Verfügungsgewalt über das Dopingmittel vorliegt.[1671]

Erfordert ein strafbegründendes, unmittelbares Ansetzen i.S.v. § 22 StGB beim Besitz eine gewisse räumliche Beziehung zwischen Täter und Tatobjekt, ermöglicht die geltende Gesetzesfassung eine Strafbarkeit wegen des versuchten Erwerbs auch in den Fällen einer abgeleiteten Verfügungsgewalt.[1672] Dadurch können auch abgewickelte Kaufgeschäfte ohne persönlichen Kontakt erfasst werden. So kann eine Strafbarkeit wegen des versuchten Erwerbs von Dopingmitteln bereits dann vorliegen, wenn bei einem postalischen Versand der Verkäufer die entsprechenden Substanzen beim Versandunternehmen abgeliefert hat und bei ungestörtem Fortgang des Geschehens mit einer alsbaldigen Auslieferung beim Käufer zu rechnen ist.[1673]

Hinsichtlich der Tatvariante des *„Verbringens"* ist zu unterscheiden: Der Versuch des Verbringens *„nach"* Deutschland beginnt, wenn der Täter eine Handlung vornimmt, die nach seiner Vorstellung unmittelbar zur Tatbestanderfüllung führen soll oder die im räumlichen und zeitlichen Zusammenhang mit ihr steht, sodass das geschützte Rechtsgut unmittelbar gefährdet wird.[1674] Eine bloße Vorbereitungshandlung liegt hingegen vor, wenn es noch an einem zeitlichen und räumlichen Zusammenhang zum Grenzübergang fehlt. Das ist der Fall, wenn zur Einfuhr noch weitere Handlungen erforderlich sind, die zum Grenzübergang in keinem unmittelbaren Zusammenhang stehen (z.B. Beladen des Transportfahrzeuges).[1675] Vollendet ist die Tat, wenn die Dopingsubstanz die deutsche Hoheitsgrenze überschritten hat.[1676] Wie beim Verbringen nach Deutschland beginnt ein Verbringen *„durch"* Deutschland mit der Handlung,

1670 K/P/V/*Volkmer*, BtMG, AntiDopG, § 4 Rn. 76; zum Besitz von Betäubungsmitteln: BGH v. 19.7.2006 – 2 StR 162/06, NStZ 2007, 10; *Weber*, BtMG, § 29a Rn. 173.

1671 K/P/V/*Volkmer*, BtMG, AntiDopG, § 4 Rn. 76; *Weber*, BtMG, § 29a Rn. 173.

1672 K/P/V/*Volkmer*, BtMG, AntiDopG, § 4 Rn. 77; *Weber*, BtMG, AntiDopG, § 4 Rn. 150.

1673 K/P/V/*Volkmer*, BtMG, AntiDopG, § 4 Rn. 77; N/L/P/*Putzke*, AntiDopG, § 4 Rn. 71; zum Erwerb von Betäubungsmitteln: BayObLG v. 25.4.1994 – 4St RR 48/94, NJW 1994, 2164; *Weber*, BtMG, § 29 Rn. 1217.

1674 *Weber*, BtMG, AntiDopG, § 4 Rn. 154; *Weber*, BtMG, § 29 Rn. 881 f.

1675 *Weber*, BtMG, AntiDopG, § 4 Rn. 155; siehe zu den speziellen Fällen der Einfuhr durch Bahn-, Flug-, Schiffsreisende, Radfahrer und Fußgänger: *Weber*, BtMG, § 29 Rn. 888 ff.

1676 *Weber*, BtMG, AntiDopG, § 4 Rn. 157.

durch welche der Täter nach seiner Vorstellung unmittelbar zum Grenzübertritt ansetzt, um die Dopingmittel durch das deutsche Hoheitsgebiet zu verbringen.[1677] Vollendet ist die Tat allerdings erst dann, wenn die Dopingsubstanzen das Inland wieder verlassen haben.[1678]

Im Rahmen der Qualifikationstatbestände des § 4 Abs. 4 Nr. 2 lit. a und b AntiDopG setzt der Täter unmittelbar an, sobald er zu den dazugehörigen Tathandlungen des § 4 Abs. 1 Nr. 1 bzw. Nr. 2 AntiDopG ansetzt. Für ein unmittelbares Ansetzen in den Fällen des § 4 Abs. 4 Nr. 1 lit. a, b und c AntiDopG muss der Täter nach seiner Tatvorstellung unmittelbar davor stehen auch die konkrete Folge zu verwirklichen.[1679]

3. *Stellungnahme*

Im Ergebnis ist damit für das Anti-Doping-Gesetz eine sehr weitreichende Vorverlagerung der (Versuchs-)Strafbarkeit zu konstatieren. Bei den Straftatbeständen von § 4 AntiDopG ist zu beachten, dass sie für die formelle Vollendung der Tat nicht mehr als eine mit der Vornahme eines bestimmten Verhaltens verbundene abstrakte oder allenfalls konkrete Gefährdung schutzwürdiger Interessen Dritter voraussetzen. Mit der Normierung einer Versuchsstrafbarkeit in § 4 Abs. 3 AntiDopG führt dies insgesamt zu einer noch weitreichenderen Vorfeldkriminalisierung der Betroffenen.[1680] Insbesondere die Erstreckung der Versuchsstrafbarkeit auf § 4 Abs. 1 Nr. 3 i.V.m. § 2 Abs. 3 AntiDopG in Gestalt des Erwerbs-, Besitz- und Verbringungsversuchs birgt eine gravierende Vorverlagerung der Strafbarkeit.[1681] So kann sich selbst ein Spitzensportler des organisierten Sports wegen eines Versuchs des Erwerbs, Besitzes oder Inverkehrbringens einer nicht geringen Menge nach § 4 Abs. 1 Nr. 3 i.V.m. § 4 Abs. 3 AntiDopG strafbar machen, wenn er plausibel darlegt, dass er das Dopingmittel bei sich anwenden wollte und zum Personenkreis des § 4 Abs. 7 AntiDopG gehört. Zwar gilt für solche Athleten eigentlich § 4 Abs. 2 AntiDopG, worauf sich die Versuchsstrafbarkeit des § 2 Abs. 3 AntiDopG ausdrücklich nicht erstreckt. Aufgrund der unterschiedlichen Schutzrichtungen von § 2 Abs. 3 AntiDopG

1677 *Weber*, BtMG, AntiDopG, § 4 Rn. 160.
1678 *Weber*, BtMG, AntiDopG, § 4 Rn. 161.
1679 L/N/P/*Putzke*, AntiDopG, § 4 Rn. 72.
1680 MüKo/*Freund*, StGB, AntiDopG, §§ 1–4 Rn. 76 ff.
1681 L/N/P/*Putzke*, AntiDopG, § 4 Rn. 71.

und § 3 Abs. 4 AntiDopG wird die Strafbarkeit in diesen Fällen jedoch nicht gesperrt.[1682]

III. Qualifikation und minder schwerer Fall, § 4 Abs. 4, Abs. 5 AntiDopG

Die Vorschrift des § 4 Abs. 4 AntiDopG enthält Qualifikationstatbestände für besonders verwerfliche und sozialschädliche Verhaltensweisen.[1683] Hierzu ist ein deutlich höherer Strafrahmen von einem Jahr bis zu zehn Jahren vorgesehen. Für minder schwere Fälle sieht § 4 Abs. 5 AntiDopG eine reduzierte Freiheitsstrafe von drei Monaten bis zu fünf Jahren vor.

Mit der Anhebung der Freiheitsstrafe wird die Vorschrift des § 4 Abs. 4 AntiDopG zum Verbrechenstatbestand im Sinne von § 12 Abs. 1 StGB. Inhaltlich entsprechen die Erschwerungsgründe den früheren Regelbeispielen für besonders schwere Fälle in § 95 Abs. 3 Nr. 1 und Nr. 2 AMG a.F.[1684] Allerdings wurden die Fallgruppen um die Handlungen des „*Veräußerns*" und „*Verschreibens*" von Dopingmittel an Personen unter 18 Jahren erweitert. Die neu eingeführten Qualifikationstatbestände sollen ebenfalls besonders schwere Taten erfassen, die in gleicher Weise verwerflich und sozialschädlich sind.[1685] Die Umgestaltung zu Qualifikationstatbeständen begründet der Gesetzgeber damit, dass die bisherige Regelbeispieltechnik dem verwirklichten Unrecht nicht in vollem Maße gerecht geworden ist. Der erhöhte Unrechtsgehalt rechtfertige es, diese als Verbrechenstatbestände auszugestalten. Aus diesem Grund sei eine das Gericht bindende Regelung für die Erhöhung des Strafrahmens angezeigt.[1686]

Insoweit bestehen jedoch keine Indizien dafür, dass es in der bisherigen Rechtsprechung zu einer nicht gerechtfertigten (Nicht-) Anwendung unbenannter

---

1682 BT-Drucks. 18/4898, S. 30; hierzu bereits kritisch: *Bausback*, Stenografischer Bericht des Bundesrats v. 27.11.2015, Plenarprotokoll 939. Sitzung, S. 466; L/N/P/*Putzke*, AntiDopG, § 4 Rn. 71.

1683 BT-Drucks. 18/4898, S. 30.

1684 BT-Drucks. 18/4898, S. 30.

1685 BT-Drucks. 18/4898, S. 30.

1686 Dies sei – ausweislich der Gesetzesbegründung – mit Qualifikationstatbeständen in anderen Strafgesetzen vergleichbar: „*So sind die unerlaubte Abgabe von Betäubungsmitteln von einer Person über 21 Jahren an eine Person unter 18 Jahren gemäß § 29a Absatz 1 Nummer 1 BtMG sowie der bandenmäßige und der gewerbsmäßige Umgang mit Betäubungsmitteln gemäß § 30 Absatz 1 Nummer 1 und 2 BtMG als selbständige Verbrechenstatbestände ausgestaltet.* [...].", BT-Drucks. 18/4898, S. 30.

Regelbeispiele gekommen ist.[1687] Vielmehr dürfte der wahre Grund für den Systemwechsel in der Ermöglichung qualifizierter Ermittlungsmaßnahmen liegen, denn aufgrund des neuen Verbrechenstatbestands zählen die in § 4 Abs. 4 AntiDopG genannten Fallgruppen nun auch zum Vortatenkatalog des Geldwäschetatbestands („*Verbrechen*" in § 261 Abs. 1 S. 2 Nr. 1 StGB).[1688]

Mit dem alleinigen Bezug auf § 4 Abs. 1 AntiDopG kommt zum Ausdruck, dass § 4 Abs. 4 AntiDopG eine vorsätzliche Begehung des Grundtatbestands voraussetzt und nicht an die fahrlässige Erfüllung nach § 4 Abs. 6 AntiDopG anknüpft.[1689] Voraussetzung ist ein Verhalten mit zumindest bedingtem Vorsatz. Mithin handelt es sich bei den Qualifikationstatbeständen um keine Erfolgsqualifikation im Sinne des § 18 StGB.[1690]

1. Qualifikationstatbestände des § 4 Abs. 4 Nr. 1 AntiDopG

Die Strafverschärfungen in § 4 Abs. 4 Nr. 1 AntiDopG setzen den Verstoß gegen ein Verbot des § 2 AntiDopG voraus. Die Buchstaben a) und b) stellen den Eintritt besonderer Gesundheitsgefahren, die von Dopingmitteln und Dopingmethoden ausgehen, unter einen erhöhten Strafrahmen. Der Buchstabe c) hat den illegalen Umgang mit Dopingmitteln im Visier. Aufgrund der potenziellen Gewinnaussichten durch den Umgang mit solchen Substanzen wird ein starker Anreiz für die Begehung gesetzt. Mit der erhöhten Strafandrohung soll diesem Anreiz entgegengewirkt werden.[1691] Im Ergebnis entspricht die Vorschrift des § 4 Abs. 4 Nr. 1 AntiDopG den Regelbeispielen des § 95 Abs. 3 Nr. 1 lit. a bis c AMG a.F.[1692] Für eine vertiefte Darstellung kann deshalb auch auf die bisherigen Ausführungen in der Literatur und Rechtsprechung zum Arzneimittelrecht verwiesen werden.

a) Gesundheitsgefährdung einer großen Zahl von Menschen, Nr. 1 lit. a AntiDopG

Für eine Strafbarkeit nach § 4 Abs. 4 Nr. 1 lit. a AntiDopG muss durch den Verstoß gegen ein Verbot des § 2 AntiDopG die Gesundheit einer großen Zahl von Menschen gefährdet werden.

1687 L/N/P/*Putzke*, AntiDopG, § 4 Rn. 36.
1688 BT-Drucks. 18/4898, S. 30; L/N/P/*Putzke*, AntiDopG, § 4 Rn. 36.
1689 L/N/P/*Putzke*, AntiDopG, § 4 Rn. 36.
1690 BT-Drucks. 18/4898, S. 30 f.
1691 BT-Drucks. 18/4898, S. 31.
1692 BT-Drucks. 18/4898, S. 30.

Die Qualifikation soll vor der Gefahr einer Beeinträchtigung der körperlichen oder geistigen Gesundheit schützen. Eine vorübergehende leichte Störung (z.B. Übelkeit) ist hierzu nicht ausreichend.[1693] Eine solche Gesundheitsgefährdung liegt jedenfalls dann vor, wenn den Dopingmitteln Gifte oder toxische Chemikalien beigemengt werden.[1694] Die befürchteten Gesundheitsschäden müssen nicht erheblich sein.[1695] Die Schwere des drohenden Schadens kann aber für die jeweilige Strafzumessung berücksichtigt werden.[1696]

Wie bereits dem Wortlaut („*gefährdet*") zu entnehmen ist, kommt es auf eine Realisierung der Gefahr nicht an.[1697] Vielmehr genügt es, „*daß die Verletzung einer großen Zahl von Menschen in bedrohliche Nähe gerückt war und nur noch vom Zufall abhing.*"[1698] Mithin wird der Eintritt eines gesundheitlichen Schadens nicht vorausgesetzt.[1699] Vielmehr ist eine konkrete Gesundheitsgefährdung ausreichend, die in einem spezifischen Zusammenhang mit der Handlung nach § 2 AntiDopG steht.[1700] Wann eine solche Gefahr vorliegt, hängt von der jeweiligen Begehungsweise und den Umständen des Einzelfalls ab. Beschränken dürfte sich eine Strafbarkeit jedoch regelmäßig auf die Tathandlungen des „*Handeltreibens*", „*Veräußerns*", „*Abgebens*" oder „*sonst in den Verkehr bringen*". Dass die Gesundheit einer größeren Zahl von Menschen bereits durch das bloße „*Herstellen*" oder dem personenbezogenen „*Verschreiben*" bzw. „*Anwenden*" gefährdet wird, ist zwar nicht von vornherein ausgeschlossen, dürfte in der Praxis allerdings nur selten vorkommen.[1701] Typischerweise wird aber mit dem Inverkehrbringen größerer (verunreinigter) Mengen eine (konkrete) Gefährdung eintreten. Hierzu ist es ausreichend, dass das Dopingmittel zur Abgabestelle gelangt und den Konsumenten in großer Zahl zur Verfügung steht.[1702] Liefert danach ein Großhändler Dopingsubstanzen in umfangreichen Mengen an einen

1693 Für Betäubungsmittel: *Weber*, BtMG, § 29 Rn. 2025.

1694 Für Betäubungsmittel: BGH v. 5.8.2009 – 5 StR 248/09, NStZ 2010, 170; *Weber*, BtMG, § 29 Rn. 2025.

1695 *Weber*, BtMG, AntiDopG, § 4 Rn. 289.

1696 K/P/V/*Volkmer*, BtMG, AntiDopG, § 4 Rn. 130.

1697 L/N/P/*Putzke*, AntiDopG, § 4 Rn. 38; *Chrobok*, Doping, S. 197.

1698 BGH v. 22.4.1987 – 3 StR 13/87, Rn. 5, NStZ 1987, 514; K/P/V/*Volkmer*, BtMG, AntiDopG, § 4 Rn. 130.

1699 K/P/V/*Volkmer*, BtMG, AntiDopG, § 4 Rn. 130; L/N/P/*Putzke*, AntiDopG, § 4 Rn. 38.

1700 Erbs/Kohlhaas/*Pelchen*/*Anders*, AMG, § 95 Rn. 47 (Stand: 218. EL Januar 2018); L/N/P/*Putzke*, AntiDopG, § 4 Rn. 38 f.; *Weber*, BtMG, § 29 Rn. 2025.

1701 L/N/P/*Putzke*, AntiDopG, § 4 Rn. 39.

1702 *Weber*, BtMG, AntiDopG, § 4 Rn. 287.

Zwischenhändler, der sie illegal vertreibt, so ist für den Nachweis der Gefährdung durch das Handeln des Großhändlers keine weitere Feststellung erforderlich, welche Personen durch den Konsum der Dopingmittel konkret gefährdet werden.[1703] Insoweit ist davon auszugehen, dass zugängliche Mittel auch eingenommen bzw. angewendet werden.[1704]

Nicht einheitlich beantwortet wird die Frage, wann eine „*große Zahl von Menschen*" gefährdet ist. Der Gesetzesbegründung sind hierzu keine Hinweise zu entnehmen. Allerdings wird der Begriff auch in anderen Strafgesetzen verwendet.[1705] In der Literatur und Rechtsprechung ist man bemüht, Grenzwerte in absoluter Zahl zu definieren, wobei diese zwischen 10 und 100 Personen schwankt.[1706] Eine tatbestandsspezifische Auslegung ergibt jedenfalls, dass eine „*große Zahl von Menschen*" über das hinausgehen muss, was der Gesetzgeber unter „*viele Personen*" im Sinne des § 283a S. 2 Nr. 2 StGB versteht.[1707] Andererseits ist der Begriff enger auszulegen als der einer „*unübersehbaren Zahl von Menschen*" im Sinne des § 309 Abs. 2 StGB.[1708] Aus der Gesetzessystematik ergibt sich ferner, dass die Qualifikation des § 4 Abs. 4 Nr. 1 lit. a AntiDopG auch für die Tathandlung des „*Anwendens*" gilt. Daraus wird deutlich, dass sich die „*große Zahl von Menschen*" noch in einem überschaubaren Rahmen halten muss.[1709]

1703 Für Tierarzneimittel: BGH v. 22.4.1987 – 3 StR 13/87, Rn. 5, NStZ 1987, 514; *Weber*, BtMG, AntiDopG, § 4 Rn. 288.

1704 Erbs/Kohlhaas/*Pelchen/Anders*, AMG, § 95 Rn. 47 (Stand: 218. EL Januar 2018); *Weber*, BtMG, AntiDopG, § 4 Rn. 287; *Chrobok*, Doping, S. 197.

1705 So bspw. in § 306b Abs. 1 StGB; § 330 Abs. 2 Nr. 1 StGB.

1706 Ab 10 Personen (§ 306b Abs. 1 StGB): *Müller/Hönig*, JA 2001, 517, 521; ab 14 Personen (§ 306b Abs. 1 StGB): BGH v. 11.8.1998 – 1 StR 326/98, Rn. 21, NJW 1999, 299; ab 20 Personen (§ 4 Abs. 4 AntiDopG): Erbs/Kohlhaas/*Wußler*, AntiDopG, § 4 Rn. 13; K/P/V/*Volkmer*, AntiDopG, § 4 Rn. 129; *Chrobok*, Doping, S. 197; ab 20 Personen (§ 330 Abs. 2 Nr. 1 StGB): *Fischer*, StGB, § 330 Rn. 8; S/S/*Heine/Schittenhelm*, StGB, § 330 Rn. 9a; ab 50 Personen (§ 4 Abs. 4 AntiDopG): L/N/P/*Putzke*, AntiDopG, § 4 Rn. 37; ab (mindestens) 100 Personen: LG Nürnberg-Fürth v. 22.12.2008 – 7 KLs 352 Js 22486/06, BeckRS 2009, 1031; differenzierend: MüKO/*Freund*, StGB, AntiDopG, § 4 Rn. 85 ff.; *Weber*, BtMG, AntiDopG, § 4 Rn. 290.

1707 Nach h.M. mind. 10 Personen: BeckOK/*Beukelmann*, StGB, § 283a Rn. 8; L/K/*Heger*, StGB, § 283a Rn. 2; S/S/*Heine/Schuster*, StGB, § 283 Rn. 5.

1708 Eine unüberschaubare Zahl von Menschen soll vorliegen, „*wenn so viele Personen betroffen sind, dass auch ein objektiver Beobachter sie nicht ohne nähere Prüfung übersehen kann*", BeckOK/*Bange*, StGB, § 309 Rn. 11; L/K/*Heger*, StGB, § 309 Rn. 5. Ebenfalls für eine systematische Auslegung: K/P/V/*Volkmer*, BtMG, AntiDopG, § 4 Rn. 129; *Weber*, BtMG, AntiDopG, § 4 Rn. 290.

1709 *Weber*, BtMG, AntiDopG, § 4 Rn. 290.

Andererseits ist auch der deutlich höhere Strafrahmen zu berücksichtigen.[1710] In den Fällen des § 95 Abs. 3 Nr. 1 lit. a AMG a.F. sah der BGH die Gesundheit einer *„großen Zahl von Menschen"* jedenfalls als gefährdet an, wenn 20 Personen betroffen sind.[1711] Schon wegen des gleichlaufenden Strafzwecks der Volksgesundheit spricht nichts dagegen, diese Zahl als absolute Mindestgrenze auch auf die Fälle des § 4 Abs. 4 Nr. 1 lit. a AntiDopG zu übertragen.[1712] Allerdings erscheint es unter Berücksichtigung des deutlich höheren Strafrahmens und dem Umstand, dass der drohende Gesundheitsschaden nicht gravierend sein muss, als angebracht, die *„große Zahl von Menschen"* nicht absolut, sondern relativ zu bestimmen. Mithin kann bei geringen Schäden auch die Gefährdung einer höheren Zahl von Menschen erforderlich sein.[1713]

b) Gefahr des Todes oder einer schweren Gesundheitsschädigung, Nr. 1 lit. b AntiDopG

Im Umgang mit Dopingmitteln und Dopingmethoden kann im Einzelfall auch die Gefahr des Todes oder einer schweren Gesundheitsschädigung bestehen.[1714] Diese Fälle werden von § 4 Abs. 4 Nr. 1 lit. b AntiDopG erfasst. Die Qualifikation entspricht dem früheren Regelbeispiel des § 95 Abs. 3 S. 2 Nr. 1 lit. b AMG aF.

Ausreichend ist, dass die Gefahr für eine einzelne Person besteht.[1715] Wie bei § 113 Abs. 2 S. 2 Nr. 2 StGB und § 125a S. 2 Nr. 3 StGB ist auch hier die konkrete Gefahr des Todes oder einer schweren Gesundheitsschädigung im Sinne des § 225 Abs. 3 Nr. 1 StGB erforderlich.[1716] Die Realisierung der Gefahr ist nicht notwendig. Vielmehr genügt es, dass eine erhebliche Beeinträchtigung oder ernste Auswirkungen drohen.[1717] Die Gefahr des Todes liegt vor, wenn der Eintritt nur noch vom Zufall abhängt.[1718] Die Gefahr einer schweren Gesundheitsschädigung

---

1710 BGH v. 11.8.1998 - 1 StR 326/98, Rn. 21, NJW 1999, 299.

1711 BGH v. 27.01.2015 - 5 StR 549/14, Os., BeckRS 2015, 2368.

1712 Im Ergebnis so auch: Erbs/Kohlhaas/*Wußler*, AntiDopG, § 4 Rn. 13; K/P/V/*Volkmer*, AntiDopG, § 4 Rn. 129; *Chrobok*, Doping, S. 197.

1713 Vorgeschlagen wird eine Zahl von 100 Personen, vgl. MüKO/*Freund*, StGB, AntiDopG, § 4 Rn. 85 ff.; *Weber*, BtMG, AntiDopG, § 4 Rn. 290.

1714 Siehe hierzu bereits ausführlich: 3. Kapitel A. III. und B.

1715 *Weber*, BtMG, AntiDopG, § 4 Rn. 291.

1716 LG Nürnberg-Fürth v. 22.12.2008 - 7 KLs 352 Js 22486/06, BeckRS 2009, 10311; Erbs/Kohlhaas/*Wußler*, AntiDopG, § 4 Rn. 14; K/P/V/*Volkmer*, BtMG, AntiDopG, § 4 Rn. 131; L/N/P/*Putzke*, AntiDopG, § 4 Rn. 40; *Weber*, BtMG, AntiDopG, § 4 Rn. 291.

1717 L/N/P/*Putzke*, AntiDopG, § 4 Rn. 40; *Weber*, BtMG, AntiDopG, § 4 Rn. 291.

1718 L/N/P/*Putzke*, AntiDopG, § 4 Rn. 40.

ist gegeben, wenn die drohende Schädigung den Folgen des § 226 Abs. 1 StGB nahe kommt.[1719] Dazu muss die Gesundheit ersichtlich, entscheidend oder nachhaltig beeinträchtigt sein.[1720] Wie bei § 4 Abs. 4 Nr. 1 lit. a AntiDopG muss der Gefahrerfolg auf dem vollendeten Grunddelikt beruhen und dem Täter objektiv zurechenbar sein.[1721]

Unter Berücksichtigung der nicht disponiblen Rechtsgüter des Anti-Doping-Gesetzes wird der Tatbestand auch nicht durch eine eigenverantwortliche Selbstgefährdung des Opfers ausgeschlossen.[1722] Dies gilt sogar dann, wenn der Sportler das Dopingmittel freiwillig und ohne Zwang bei sich anwendet und sich die Mitwirkung des Täters – der dem Sportler das Dopingmittel zuvor entgegen § 4 Abs. 1 AntiDopG verschafft hat – anschließend in einem bloßen Gehilfenbeitrag erschöpft. Anders als bei § 223 Abs. 1 StGB kommt es nicht drauf an, ob der Sportler in der Lage ist, das mit der Anwendung verbundene Risiko richtig einzuschätzen.[1723] Einerseits steht das Rechtsgut der „*Integrität des organisierten Sports*" nicht zur Disposition des sich eigenverantwortlich selbst gefährdenden Dopinganwenders. Andererseits ist es durch – den in § 2 und § 3 AntiDopG zum Ausdruck kommenden – gesetzgeberischen Willen rechtlich missbilligt an einer eigenverantwortlichen Selbstgefährdung oder Selbstverletzung im Rahmen von Dopinghandlungen mitzuwirken.[1724] Mithin ist es auch nicht widersprüchlich, dass sich der Täter zwar aufgrund der Eigenverantwortlichkeit des Sportlers nicht nach § 223 Abs. 1 StGB, wohl aber nach § 4 Abs. 1, Abs. 4 AntiDopG strafbar macht, wenn er dem Sportler die Dopingmittel zuvor verschafft hat. Kommt das Opfer bei der eigenverantwortlichen Selbstgefährdung zu Tode, ist auf Grundlage der Rechtsprechung in diesen Fällen sogar eine Strafbarkeit nach §§ 212, 222 StGB (§ 13 StGB) möglich. Insoweit lässt die bewusste Selbstgefährdung die Erfolgsabwendungspflicht des eintrittspflichtigen Garanten nicht entfallen, wenn sich das auf eine Selbstgefährdung angelegte Geschehen erwartungswidrig zum Verlust des Rechtsguts entwickelt. Den Garanten trifft dann die

---

1719 Erbs/Kohlhaas/*Wußler*, AntiDopG, § 4 Rn. 14; K/P/V/*Volkmer*, BtMG, AntiDopG, § 4 Rn. 131; L/N/P/*Putzke*, AntiDopG, § 4 Rn. 40; *Weber*, BtMG, AntiDopG, § 4 Rn. 291.

1720 Zu § 225 Abs. 3 Nr. 1 Alt. 2 StGB: BGH v. 17.7.2007 – 5 StR 92/07, 3.Os., NStZ-RR 2007, 304.

1721 L/N/P/*Putzke*, AntiDopG, § 4 Rn. 40.

1722 *Weber*, BtMG, AntiDopG, § 4 Rn. 291.

1723 L/N/P/*Putzke*, AntiDopG, § 4 Rn. 40.

1724 L/N/P/*Putzke*, AntiDopG, § 4 Rn. 40.

Pflicht, im Rahmen des tatsächlich Möglichen und rechtlich Zumutbaren den tatbestandlichen Erfolgseintritt abzuwenden.[1725]

c) *Vermögensvorteile großen Ausmaßes, Nr. 1 lit. c AntiDopG*

Erlangt der Täter aus grobem Eigennutz für sich oder einen Dritten Vermögensvorteile großen Ausmaßes, kommt eine Qualifikation nach § 4 Abs. 4 Nr. 1 lit. c AntiDopG in Betracht. Die Vorschrift hat § 264 Abs. 2 S. 2 Nr. 1 StGB zum Vorbild und entspricht dem früheren Regelbeispiel des § 95 Abs. 3 S. 2 Nr. 1 lit. c AMG aF.[1726] Im Fokus des Tatbestands stehen vor allem groß angelegte Produktionen und der professionelle Vertrieb von Dopingmitteln.[1727]

Ein Handeln aus grobem Eigennutz liegt vor, wenn der Täter sein Verhalten von dem Streben nach Vorteilen in besonders anstößigem Maße leiten lässt.[1728] Dies verlangt ein Gewinnstreben, das deutlich über dem noch vertretbaren kaufmännischen Maß liegt, aber noch nicht den Grad einer Gewinnsucht erreicht hat.[1729] Eine Skrupellosigkeit ist nicht erforderlich.[1730] Das Handeln aus grobem Eigennutz ist ein besonderes persönliches Merkmal im Sinne des § 28 Abs. 2 StGB.[1731]

Der Vermögensvorteil dürfte jedenfalls dann „*von großem Ausmaß*" sein, wenn er die Wertgrenze von 50.000 Euro erreicht hat.[1732] Wie bereits aus dem Wortlaut ersichtlich („*erlangt*"), muss der Vermögensvorteil beim Täter oder einem Dritten tatsächlich angekommen sein.[1733] Die bloße Absicht hierzu ist nicht ausreichend.[1734]

1725 Siehe hierzu bereits ausführlich: 3. Kapitel B. IV.; dazu auch: L/N/P/*Putzke*, AntiDopG, § 4 Rn. 41.

1726 *Weber*, BtMG, AntiDopG, § 4 Rn. 293.

1727 *Chrobok*, Doping, S. 198.

1728 BGH v. 8.8.2017 – 1 StR 519/16, Rn. 22, NStZ 2018, 335; BGH v. 20.11.1990 – 1 StR 548/90, 2. Os., GA 1991, 321, *Weber*, BtMG, AntiDopG, § 4 Rn. 295.

1729 LG Nürnberg-Fürth v. 22.12.2008 – 7 KLs 352 Js 22486/06, BeckRS 2009, 10311; Erbs/Kohlhaas/*Wußler*, AntiDopG, § 4 Rn. 15; K/P/V/*Volkmer*, BtMG, AntiDopG, § 4 Rn. 135; L/N/P/*Putzke*, AntiDopG, § 4 Rn. 45.

1730 K/P/V/*Volkmer*, BtMG, AntiDopG, § 4 Rn. 135; *Weber*, BtMG, AntiDopG, § 4 Rn. 294.

1731 L/K/*Kühl*, StGB, § 28 Rn. 9.

1732 BGH v. 7.10.2003 – 1 StR 274/03, Ls., NStZ 2004, 155; Erbs/Kohlhaas/*Wußler*, AntiDopG, § 4 Rn. 15; K/P/V/*Volkmer*, BtMG, AntiDopG, § 4 Rn. 133; L/N/P/*Putzke*, AntiDopG, § 4 Rn. 44; *Weber*, BtMG, AntiDopG, § 4 Rn. 294; *Chrobok*, Doping, S. 198.

1733 Erbs/Kohlhaas/*Wußler*, AntiDopG, § 4 Rn. 15; K/P/V/*Volkmer*, BtMG, AntiDopG, § 4 Rn. 134; L/N/P/*Putzke*, AntiDopG, § 4 Rn. 44.

1734 *Weber*, BtMG, AntiDopG, § 4 Rn. 294.

2. *Qualifikationstatbestände des § 4 Abs. 4 Nr. 2 AntiDopG*

Die in § 4 Abs. 4 Nr. 2 AntiDopG normierten Qualifikationstatbestände beziehen sich auf die „*Abgabeseite*" der Dopingdelikte und sind deshalb auf die Straftaten des § 4 Abs. 1 Nr. 1 und Nr. 2 beschränkt.[1735]

Der Buchstabe a) hat Tathandlungen zum Nachteil von minderjährigen Personen zum Gegenstand. Solche Taten sind als besonders verwerflich anzusehen, weil sie Personen betreffen, die aufgrund ihrer körperlichen Entwicklung von den Gesundheitsgefahren des Dopings in hohem Maße betroffen sind. Personen unter 18 Jahren sind regelmäßig leichter beeinflussbar und können die Gefahren schlechter einschätzen, weshalb sie nicht immer in der Lage sind, einen entgegenstehenden Willen gegenüber Erwachsenen zu bilden bzw. zu äußern.[1736]

Der Buchstabe b) hat die gewerbs- bzw. bandenmäßige Begehungsweise zum Gegenstand und soll der Bekämpfung der organisierten Kriminalität dienen.[1737]

a) *Personen unter 18 Jahren, Nr. 2 lit. a AntiDopG*

Werden Dopingmittel an Personen unter 18 Jahren veräußert, abgegeben, verschrieben oder ein Dopingmittel bzw. eine Dopingmethode angewendet, so sieht § 4 Abs. 4 Nr. 2 lit. a AntiDopG einen erhöhten Strafrahmen vor.

Im Fokus stehen junge Athleten, die in der Hoffnung auf eine vielversprechende sportliche Karriere unbedacht zu leistungssteigernden Mitteln greifen oder in ihrem sozialen Umfeld durch erwachsene (Autoritäts-)Personen – wie Eltern Trainer, Freunde und Kollegen – dazu gedrängt werden.[1738] Insoweit verdienen Minderjährige einen besonderen Schutz.[1739] Vor allem Teenager in der Adoleszenz wollen ihre eigenen Grenzen austesten und mit neuen Herausforderungen experimentieren. Impulsgesteuerte Handlungen sind bei Minderjährigen weitaus häufiger zu konstatieren als bei Erwachsenen. Ihnen ist häufig nicht bewusst, welche gesundheitlichen Risiken mit der Einnahme von Dopingmitteln verbunden sind.[1740] Junge Sportler, die sich noch in der körperlichen Entwicklung befinden, sind für langwierige physiologische Schäden besonders anfällig. So kann der Missbrauch von Wachstumshormonen und anabolen-androgenen

---

1735 Im Gegensatz zu § 4 Abs. 4 Nr. 1 AntiDopG, der sich auch auf § 4 Abs. 1 Nr. 3 AntiDopG bezieht, BT-Drucks. 18/4898, S. 31.

1736 BT-Drucks. 18/4898, S. 31.

1737 BT-Drucks. 18/4898, S. 30 f.

1738 BT-Drucks. 18/4898, S. 31.

1739 Zur Einsichtsfähigkeit von Minderjähren siehe bereits: 3. Kapitel A. I. 5. a) bb).

1740 K/P/V/*Volkmer*, BtMG, AntiDopG, § 4 Rn. 137.

Steroiden zu Kleinwuchs oder hormonellen Veränderungen – wie Virilisierungen bei Frauen oder Gynäkomastie bei Männern – führen.[1741]

Als strafbare Handlung werden das „*Veräußern*", „*Abgeben*" und „*Verschreiben*" von Dopingmitteln sowie das „*Anwenden*" von Dopingmethoden genannt. Die in dem Grundtatbestand des § 4 Abs. 1 Nr. 1 AntiDopG ebenfalls genannte Handlungsmodalität des „*Handeltreibens*" wird in § 4 Abs. 4 Nr. 2 lit. a AntiDopG zwar nicht erwähnt, allerdings wird das „*Handeltreiben*" – wie in den Fällen des § 29a Abs. 1 Nr. 1 BtMG – von der „*Abgabe*" umfasst, wenn es mit einer Übertragung der tatsächlichen Verfügungsgewalt einhergeht.[1742] Gleiches gilt, soweit das „*Handeltreiben*" in einem „*Anwenden*" oder „*Verschreiben*" besteht.[1743]

Weitere Strafbarkeitsvoraussetzung ist, dass das Opfer minderjährig, also jünger als 18 Jahre ist.[1744] Auf eine Altersgrenze für den Täter hat der Gesetzgeber – im Gegensatz zur Parallelvorschrift des § 29 a Abs. 1 Nr. 1 BtMG (21 Jahre) – bewusst verzichtet.[1745] Einem entsprechenden Vorschlag des Bundesrates ist der Gesetzgeber nicht gefolgt. Mit der Vorschrift soll vor allem auch der Dopingverbreitung in der Kabine entgegengewirkt werden.[1746]

Vom Wortlaut des § 4 Abs. 4 Nr. 2 lit. a AntiDopG ebenfalls nicht erfasst wird der Täter (z.B. Apotheker), der an einen Dritten (z.B. Trainer) die Dopingmittel abgibt, die bei einem minderjährigen Athleten angewendet werden sollen. Unter der Geltung des § 95 Abs. 3 S. 2 Nr. 2 lit. a AMG a.F. drängte die Ratio zur Annahme eines unbenannten, besonders schweren Falls. Mit der Umwandlung des Regelbeispiels in eine Qualifikation wird der Täter nunmehr, trotz des verwirklichten Unwertgehalts, nicht mehr vom Tatbestand erfasst.[1747]

Zustimmung verdient die Stellungnahme des Bundesrats, die kritisierte, dass der ursprünglich vorgesehene Gesetzesentwurf keine Möglichkeit eines minder schweren Falls vorgesehen hat.[1748] Insoweit war die in der Gesetzesbegründung formulierte Annahme, es seien „*praktisch keine Fälle denkbar, in denen trotz Vorliegens der jeweiligen Voraussetzungen eine Strafschärfung nicht angemessen*

1741 *Chrobok*, Doping, S. 199.

1742 So bereits BGH v. 31.1.2007 – 2 StR 605/06, NStZ 2007, 339; BGH v. 17.5.1996 – 3 StR 631/95, NStZ 1996, 604.

1743 *Weber*, BtMG, AntiDopG, § 4 Rn. 299.

1744 Erbs/Kohlhaas/*Wußler*, AntiDopG, § 4 Rn. 16; K/P/V/*Volkmer*, BtMG, AntiDopG, § 4 Rn. 137.

1745 BT-Drucks. 18/4898, S. 53.

1746 BT-Drucks. 18/4898, S. 50; *Weber*, BtMG, AntiDopG, § 4 Rn. 298.

1747 Hierzu kritisch: MüKo/*Freund*, StGB, AntiDopG, § 4 Rn. 92.

1748 BT-Drucks. 18/4898, S. 50.

erscheint", fehlerhaft.[1749] Der beispielhaft konstruierte Fall eines jungen Athleten, der an seinen 17 Jahre alten Sportkollegen einmalig ein gesundheitlich unbedenkliches, aber auf der Dopingliste stehendes Mittel abgibt, beweist, dass eine Mindestfreiheitsstrafe von einem Jahr ohne Milderungsmöglichkeit in manchen Fällen eine „*offensichtliche staatliche Überreaktion*" gewesen wäre.[1750] Dem Monitum ist der Gesetzgeber mit der Einfügung des § 4 Abs. 5 AntiDopG begegnet. Dieser sieht nunmehr auch die Möglichkeit der Annahme eines minder schweren Falls der Qualifikation vor.[1751]

b) Gewerbsmäßig oder als Mitglied einer Bande, Nr. 2 lit. b AntiDopG

Gemäß § 4 Abs. 4 Nr. 2 lit. b AntiDopG wird ebenfalls wegen eines Verbrechens bestraft, wer in den Fällen des § 4 Abs. 1 Nr. 1 und Nr. 2 AntiDopG gewerbsmäßig oder als Mitglied einer Bande handelt, die sich zur fortgesetzten Begehung solcher Taten verbunden hat. Seinen Voraussetzungen nach entspricht der Qualifikationstatbestand denen des § 30 Abs. 1 Nr. 1, Nr. 2 und § 30a Abs. 1 BtMG sowie den strukturähnlichen Regelbeispielen des § 29 Abs. 3 S. 2 Nr. 1 BtMG und § 95 Abs. 3 S. 2 Nr. 2 AMG. Insoweit kann wegen der Einzelheiten auch auf die jeweilige Rechtsprechung und Kommentierung verwiesen werden.[1752]

Der Gesetzgeber ordnet die gewerbs- und bandenmäßige Begehung explizit dem Bereich der organisierten Kriminalität zu, deren Bekämpfung ein vordringliches Ziel des Geldwäschetatbestands sei.[1753] So agieren nicht nur Einzeltäter in der Dopingkriminalität, sondern auch organisierte Täterstrukturen. Im Netzwerk des Dopings werden viele Tätigkeiten wie der Aufbau einer Internetplattform, die Bestellung oder der Zahlungsverkehr arbeitsteilig erledigt und von unterschiedlichen Akteuren abgewickelt. Begünstigt wird die organisierte Kriminalität im Bereich des Dopings durch enorme Gewinnspannen. So existieren Berichte über Margen beim Handel mit verbotenen Dopingsubstanzen von 50, 100 oder sogar 2000 Prozent.[1754]

1749 BR-Drucks. 126/15, S. 31; BT-Drucks. 18/4898, S. 50.

1750 BT-Drucks. 18/4898, S. 50.

1751 MüKo/*Freund*, StGB, AntiDopG, § 4 Rn. 94 kritisiert hier jedoch, dass die mögliche Annahme eines minder schweren Falls zwar die in der Quantität unangemessen hohe Bestrafung vermeidet, jedoch nichts daran ändert, dass der Verbrechenscharakter der Tat und der unangemessene Schuldspruch bestehen bleiben: „*Gute Strafgesetzgebung sieht anders aus*".

1752 K/P/V/*Volkmer*, BtMG, AntiDopG, § 4 Rn. 138; *Chrobok*, Doping, S. 199.

1753 BT-Drucks. 18/4898, S. 30.

1754 Organisierte Kriminalität investiert ins Doping-Geschäft, FAZ v. 10.7.2019, S. 22.

Mit der Anhebung des Strafrahmens zum Verbrechen im Sinne von § 12 StGB wird nun auch die Anwendung des Geldwäschestraftatbestands gemäß § 261 Abs. 1 StGB ermöglicht. Die Qualifikation soll sich vor allem gegen Täter richten, die ihren Lebensunterhalt mit dem Verbreiten, Verschreiben und Anwenden von Dopingmitteln bestreiten oder arbeitsteilig vorgehen.[1755]

aa) Gewerbsmäßig, § 4 Abs. 4 Nr. 2 lit. b Alt. 1 AntiDopG

In Kongruenz mit der ständigen Rechtsprechung zum Gewerbsmäßigkeitsbegriff handelt der Täter nach § 4 Abs. 4 Nr. 2 lit. b Alt. 1 AntiDopG gewerbsmäßig, wenn er die Absicht hat, sich aus wiederholter Tatbegehung der § 4 Abs. 1 Nr. 1, Nr. 2 AntiDopG eine fortlaufende Einnahmequelle von einiger Dauer und einigem Umfang zu verschaffen.[1756] Auch die Erzielung von Nebeneinnahmen wird erfasst.[1757] Voraussetzung ist ein eigennütziges Handeln.[1758] Eine besondere Art der Geschäftsführung oder eine Kaufmannseigenschaft des Täters ist nicht erforderlich.[1759] Ob eine Einnahmequelle von einigem Umfang oder einigem Gewicht vorliegt, unterliegt der tatrichterlichen Beweiswürdigung im Einzelfall.[1760] Hinsichtlich der Dauer der Einnahmequelle ist entscheidend, dass der Täter die Absicht hatte, die Tat zur Schaffung einer fortlaufenden Einnahmequelle durch Dopingmittelgeschäfte zu wiederholen.[1761]

Die „*Gewerbsmäßigkeit*" ist ein besonderes persönliches Merkmal. Gemäß § 28 Abs. 2 StGB ist es nur dem Tatbeteiligten zuzurechnen, der selbst gewerbsmäßig handelt.[1762]

1755 BT-Ducks. 16/5526, S. 9.

1756 BGH v. 19.9.2017 – 1 StR 72/17, Rn. 24, NStZ-RR 2018, 50; BGH v. 26.10.2015 – 1 StR 317/15, Rn. 40, n.v.; BGH v. 2.2.2012 – 3 StR 321/11, Rn. 3, NStZ 2012, 337; BGH v. 8.11.1951 – 4 StR 563/51, BGHSt 1, 383; Erbs/Kohlhaas/*Wußler*, AntiDopG, § 4 Rn. 17; *Chrobok*, Doping, S. 199.

1757 BGH v. 20.3.2008 – 4 StR 63/08, Rn. 4; NStZ-RR 2008, 212. Jedoch bedarf es dann einer eingehenden Begründung, wenn in Anbetracht der Abgabemengen und der Tatfrequenz nur von einem geringen Gewinn auszugehen ist, BGH v. 9.5.2012 – 4 StR 67/12, Rn. 3, NStZ-RR 2012, 279; *Chrobok*, Doping, Fn. 1167.

1758 BGH v. 19.12.2007 – 5 StR 543/07, Rn. 5, NStZ 2008, 282; L/N/P/*Putzke*, AntiDopG, § 4 Rn. 49.

1759 Erbs/Kohlhaas/*Wußler*, AntiDopG, § 4 Rn. 17.

1760 BGH v. 24.1.1986 – 3 StR 2/86, StV 1986, 385; Erbs/Kohlhaas/*Wußler*, AntiDopG, § 4 Rn. 17.

1761 BGH v. 13.12.1995 – 2 StR 575/95, Rn. 6, NStZ 1996, 285; Erbs/Kohlhaas/*Wußler*, AntiDopG, § 4 Rn. 17.

1762 L/N/P/*Putzke*, AntiDopG, § 4 Rn. 49.

bb) Mitglied einer Bande, § 4 Abs. 4 Nr. 2 lit. b Alt. 2 AntiDopG

Nach ständiger Rechtsprechung setzt der Begriff der Bande „*den Zusammenschluß von mindestens drei Personen voraus, die sich mit dem Willen verbunden haben, künftig für eine gewisse Dauer mehrere selbständige, im einzelnen noch ungewisse Straftaten des im Gesetz genannten Deliktstyp zu begehen.*[1763] Eine ausdrückliche Bandenabrede, ein gefestigter Bandenwille oder ein Tätigwerden in einem übergeordneten Bandeninteresse ist nicht erforderlich.[1764] Keine Bande liegt vor, wenn sich die Beteiligten eines Dopingmittelgeschäfts auf der Verkäufer- und der Erwerberseite selbstständig gegenüberstehen, obwohl sie in einem „*eingespielten Bezugs- und Absatzsystem im Rahmen einer andauernden Geschäftsbeziehung*" agieren.[1765]

Genauso wie bei der „*Gewerbsmäßigkeit*" handelt es sich auch bei der Bandenmitgliedschaft um ein besonderes persönliches Merkmal im Sinne von § 28 Abs. 2 StGB.[1766]

Weil es sich hinsichtlich der weiteren Einzelfragen um keine dopingspezifischen Besonderheiten handelt, kann und soll an dieser Stelle auf eine vertiefte Darstellung verzichtet und auf die allgemeine Literatur und Rechtsprechung zum Bandenbegriff verwiesen werden.[1767]

3. Minderschwerer Fall, § 4 Abs. 5 AntiDopG

Der § 4 Abs. 5 AntiDopG sieht für die Verbrechenstatbestände des § 4 Abs. 4 AntiDopG die Möglichkeit der Reduzierung der Freiheitsstrafe auf drei Monaten bis zu fünf Jahren vor. Die Regelung war im ursprünglichen Gesetzesentwurf noch nicht vorgesehen.[1768] Sie orientiert sich an den vergleichbaren Vorschriften des BtMG (z.B. § 30 Abs. 2 BtMG), die eine entsprechende Strafandrohung vorsehen. Gemäß § 47 StGB kann bei Annahme eines minderschweren Falls die untere Strafgrenze dann sogar in eine Geldstrafe umgewandelt werden.[1769]

1763 BGH v. 14.6.2017 – 2 StR 14/17, 1. Os., NStZ-RR 2017, 340; BGH v. 23.4.2007 – 3 StR 83/09, Os., n.v.; BGH v. 22.3.2001 – GSSt 1/00, Ls., NStZ 2001, 421.

1764 BGH v. 22.3.2001 – GSSt 1/00, Ls., NStZ 2001, 421; Erbs/Kohlhaas/*Wußler*, AntiDopG, § 4 Rn. 18; L/N/P/*Putzke*, AntiDopG, § 4 Rn. 49.

1765 BGH v. 3.9.2014 – 1 StR 145/14, 1. Os., NStZ 2015, 227; *Chrobok*, Doping, Rn. 1168.

1766 L/N/P/*Putzke*, AntiDopG, § 4 Rn. 49.

1767 Zum strukturähnlichen Betäubungsmittelgesetz: *Weber*, BtMG, § 30 Rn. 12–90.

1768 K/P/V/*Volkmer*, BtMG, AntiDopG, § 4 Rn. 139.

1769 Erbs/Kohlhaas/*Wußler*, AntiDopG, § 4 Rn. 19.

Nach Auffassung des Gesetzgebers soll es sich um „*seltene Ausnahmesituationen*" handeln.[1770] Für die Entscheidung, ob ein minder schwerer Fall vorliegt, ist nach ständiger Rechtsprechung des Bundesgerichtshofs maßgebend, „*ob das gesamte Tatbild einschließlich aller subjektiven Momente und der Täterpersönlichkeit vom Durchschnitt der gewöhnlich vorkommenden Fälle so sehr abweicht, daß* [sic] *die Anwendung des Ausnahmestrafrahmens geboten erscheint.*"[1771]

Ob die jeweiligen Voraussetzungen vorliegen, bedarf einer Gesamtbetrachtung, „*bei der alle Umstände heranzuziehen und zu würdigen sind, die für die Wertung der Tat und des Täters in Betracht kommen, gleichgültig, ob sie der Tat selbst innewohnen, sie begleiten, ihr vorausgehen oder nachfolgen.*"[1772]

Hierzu sind die erschwerenden Umstände und Milderungsgründe gegeneinander abzuwägen.[1773] Neben den bereits genannten Kriterien können vor allem die Menge des Dopingmittels, die schädliche Wirkung und der tatsächlich eingetretene Schaden, die Dauer des strafbaren Verhaltens und der erlangte Gewinn relevant sein.[1774] Zu berücksichtigen ist auch der Missbrauch einer beruflichen Position. Ist dem Täter der Unrechtsgehalt seiner Handlung nicht bewusst gewesen, beispielsweise weil das Dopingmittel in anderen Staaten rezeptfrei zu erwerben ist, kann dies strafmildernd berücksichtigt werden.[1775]

Hinsichtlich der Prüfung, ob ein minderschwerer Fall des Verbrechenstatbestands des § 4 Abs. 4 Nr. 2 lit. a AntiDopG vorliegt, ist zwingend die gesetzgeberische Wertung des § 29 a Abs. 1 Nr. 1 BtMG (21 Jahre) zu berücksichtigen.[1776] So kann vor allem bei Tätern unter 21 Jahren die Motivation zur Abgabe an nur unwesentlich jüngere Personen auf jugendlichen Leichtsinn oder einer gewissen Unreife beruhen, was die Verwerflichkeit der Tat deutlich mindert.[1777]

1770 L/N/P/*Putzke*, AntiDopG, § 4 Rn. 106.

1771 BGH v. 26.4.2017 – 2 StR 506/15, Rn. 20, NStZ 2017, 658; BGH v. 12.1.2000 – 3 StR 363/99, Rn. 4, NStZ 2000, 254.

1772 BGH v. 26.4.2017 – 2 StR 506/15, Rn. 20, NStZ 2017, 658; BGH v. 12.1.2000 – 3 StR 363/99, Rn. 4, NStZ 2000, 254.

1773 BGH v. 2.11.2010 – 1 StR 579/09, Rn. 53, StRR 2011, 109; BGH v. 4.3.1997 – 1 StR 797/96, StV 1997, 638.

1774 LG Meiningen v. 5.7.2012 – 850 Js 23281/11 1 KLs; BeckRS 2013, 21772; L/N/P/*Putzke*, AntiDopG, § 4 Rn. 102.

1775 L/N/P/*Putzke*, AntiDopG, § 4 Rn. 102; Zum Prüfungsgang bei Strafmilderung: *Weber*, BtMG, § 29 Rn. 742 ff.

1776 Erbs/Kohlhaas/*Wußler*, AntiDopG, § 4 Rn. 19.

1777 Erbs/Kohlhaas/*Wußler*, AntiDopG, § 4 Rn. 19.

IV. Fahrlässigkeit, § 4 Abs. 6 AntiDopG

Mit der Vorschrift des § 4 Abs. 6 AntiDopG wird – in Anlehnung an § 95 Abs. 4 AMG a.F. – auch die fahrlässige Begehung der Straftaten nach § 4 Abs. 1 Nr. 1 bis 3 AntiDopG mit Freiheitsstrafe bis zu einem Jahr oder mit einer Geldstrafe sanktioniert.[1778] Zur Begründung der Strafbarkeitsandrohung verweist der Gesetzgeber auf die Wertungen des allgemeinen Strafrechts. Weil es sich um Gesundheitsgefährdungstatbestände handelt, sei die Anordnung einer Fahrlässigkeitsstrafbarkeit sachgerecht.[1779]

Für eine mögliche Strafbarkeit nach § 4 Abs. 6 AntiDopG muss der Täter zunächst eine der Tathandlungen des § 4 Abs. 1 Nr. 1, 2 oder 3 AntiDopG verwirklicht haben. In den Fällen des § 2 Abs. 1 AntiDopG bedeutet dies, dass er ein Dopingmittel herstellt, mit ihm Handel treibt, veräußert, abgibt, sonst in den Verkehr bringt oder verschreibt. Im Falle des § 2 Abs. 2 AntiDopG muss der Täter ein Dopingmittel oder eine Dopingmethode bei einer anderen Person anwenden. In den Fällen des § 2 Abs. 3 AntiDopG muss er ein Dopingmittel erwerben, besitzen oder in bzw. durch den Geltungsbereich des Gesetzes verbringen.[1780]

Darüber hinaus setzt eine Fahrlässigkeitsstrafbarkeit voraus, dass sich der Täter objektiv fahrlässig verhält, sprich die im Verkehr erforderliche Sorgfalt außer Acht lässt (§ 276 Abs. 2 BGB).[1781] Für den Schuldvorwurf ist danach zu fragen, ob der Täter nach seinen persönlichen Kenntnissen und Fähigkeiten (subjektiv) in der Lage war, die objektiven Sorgfaltsanforderungen zu erfüllen.[1782]

Im Rahmen eines Fahrlässigkeitsvorwurfs nach § 4 Abs. 6 AntiDopG ist zu berücksichtigen, dass jede der in § 2 Abs. 1 bis 3 AntiDopG genannten Handlungsmodalitäten einen finalen Kern enthält und ohne einen entsprechenden Willensakt nicht durchzuführen ist.[1783] So kann ein Herstellen oder Handeltreiben

---

1778 Nach § 15 StGB ist ein fahrlässiges Handeln grundsätzlich nur strafbar, wenn das Gesetz eine Strafbarkeit explizit anordnet.

1779 Auch die Tatbestände der § 229 StGB, § 306d Abs. 1 StGB und § 316 Abs. 2 StGB stellen die fahrlässige Verursachung der Körperverletzung eines anderen unter Strafe, BT-Drucks. 18/4898, S. 31.

1780 L/N/P/*Putzke*, AntiDopG, § 4 Rn. 62.

1781 Zu den einzelnen Voraussetzungen der Fahrlässigkeit siehe bereits unter: 3. Kapitel A. VII.; ausführlich auch: MüKo/*Freund*, StGB, AntiDopG, § 4 Rn. 97 ff.

1782 L/N/P/*Putzke*, AntiDopG, § 4 Rn. 65.

1783 L/N/P/*Putzke*, AntiDopG, § 4 Rn. 62.

grundsätzlich nur vorsätzlich begangen werden.[1784] Denkbar ist jedoch, dass der Täter hinsichtlich anderer Tatbestandsmerkmale der in § 2 Abs. 1 bis 3 AntiDopG genannten Tathandlungen fahrlässig handelt, weil er irrig deren Vorliegen verkennt.[1785] Als Beispiel für eine fahrlässige Begehungsweise nennt die Gesetzesbegründung solche Fälle, in denen der Täter unter Außerachtlassung der gebotenen Sorgfalt verkennt, dass es sich bei der jeweiligen Substanz um ein Dopingmittel handelt.[1786]

Verabreicht beispielsweise der behandelnde Arzt dem Sportler ein medizinisch nicht indiziertes Arzneimittel, obwohl der Sportler ausdrücklich darauf hinweist, dass er keine Substanzen zu sich nehmen darf, die zugleich Dopingmittel sind und verkennt der Arzt die Eigenschaft des Dopingmittels, führt er die Tathandlung des „*Anwendens*“ zwar willentlich aus. Mit Blick auf das „*Anwenden eines Dopingmittels*“ verhält er sich jedoch fahrlässig i.S.v. § 4 Abs. 6 AntiDopG.[1787]

Eine fahrlässige Begehung ist auch in der Konstellation denkbar, dass der Arzt den Angaben des Sportlers vertraut und bei der Verschreibung oder Verabreichung leichtfertig von einer medizinischen Indikation ausgeht.[1788]

Fahrlässigkeit kommt darüber hinaus im Zusammenhang mit einer Tathandlung nach § 4 Abs. 1 Nr. 3 i.V.m. § 2 Abs. 3 AntiDopG in Betracht, wenn der Täter unter Außerachtlassung der gebotenen Sorgfalt davon ausgeht, dass es sich um ein Dopingmittel in geringer Menge handelt.[1789]

Schließlich sind Konstellationen denkbar, bei denen das Verhalten in einem pflichtwidrigen Unterlassen besteht. Werden beispielsweise wegen unzureichender Personalüberwachung in einem Labor heimlich Dopingmittel hergestellt, kann sich der verantwortliche Leiter wegen eines fahrlässigen Herstellens von Dopingmitteln nach § 4 Abs. 6 i.V.m. § 4 Abs. 1 Nr. 1 i.V.m. § 2 Abs. 1 Nr. 1 AntiDopG strafbar machen.[1790]

1784 So auch bei § 316 StGB: „*Die Fahrlässigkeitsstrafbarkeit ist auf Fälle beschränkt, in denen der Fahrer seine Fahrunsicherheit nicht erkannt hat, weil das Führen als finales Handeln nur vorsätzlich denkbar ist.*“, MüKo/*Pegel*, StGB, § 316 Rn. 106.

1785 *Heger*, Stellungnahme v. 14.6.2015, Deutscher Bundestag (Sportausschuss), Ausschussdrucksache 18 (5) 111, S. 11

1786 BT-Drucks. 18/4898, S. 31.

1787 Siehe hierzu auch: L/N/P/*Putzke*, AntiDopG, § 4 Rn. 62.

1788 L/N/P/*Putzke*, AntiDopG, § 4 Rn. 63.

1789 *Heger*, Stellungnahme v. 14.6.2015, Deutscher Bundestag (Sportausschuss), Ausschussdrucksache 18 (5) 111, S. 11.

1790 L/N/P/*Putzke*, AntiDopG, § 4 Rn. 63.

Nicht unproblematisch ist das Spannungsverhältnis zwischen Fahrlässigkeitshaftung und der in § 2 AntiDopG normierten Zwecksetzung.[1791] So sind die in § 2 Abs. 1 bis 3 AntiDopG genannten Handlungen nur dann verboten, wenn sie „*zum Zwecke des Dopings im Sport*" erfolgen. Hier stellt sich die Frage, inwieweit ein Täter zum Zwecke des Dopings im Sport handeln kann, wenn er (fahrlässig) verkennt, dass die Substanzen zu Dopingzwecken eingesetzt werden sollen. Teilweise wird daraus abgeleitet, dass aufgrund des vorausgesetzten Bestimmungszwecks auch im Rahmen einer Fahrlässigkeitshaftung zumindest *dolus eventualis* hinsichtlich des Dopingmitteleinsatzes erforderlich sei.[1792] Aus diesem Grund könne sich die Fahrlässigkeit auch nur auf Eigenschaften des Dopingmittels selbst beziehen und nicht auf den beabsichtigten Verwendungszweck.[1793] Danach müsste der Täter für eine Fahrlässigkeitshaftung stets Kenntnis vom beabsichtigten Einsatz des Dopingmittels zur Leistungssteigerung haben. Fehlt ihm die Kenntnis über die Zwecksetzung, wäre sein Verhalten auch dann nicht nach § 4 Abs. 6 AntiDopG strafbar, wenn er den Zweck hätte erkennen können.[1794]

Eine solche Auffassung kann jedoch nicht überzeugen.[1795] Auch wenn es sich bei der Voraussetzung „*zum Zwecke des Dopings im Sport*" um ein subjektives Merkmal handelt, kann sich die Fahrlässigkeit auch hierauf erstrecken. Insoweit ist es für die Annahme eines Sorgfaltspflichtverstoßes durchaus denkbar, dass der Täter unter Außerachtlassung der gebotenen Sorgfalt auch die Zwecksetzung der Anwendung verkennt und fahrlässig davon ausgeht, das Dopingmittel werde nicht zur Leistungssteigerung im Sport eingesetzt.[1796]

Die fahrlässige Begehungsform ist subsidiär.[1797] Sollte in der Hauptverhandlung der Nachweis eines vorsätzlichen Handelns nicht erbracht werden, muss

---

1791 MüKo/*Freund*, StGB, AntiDopG, § 4 Rn. 106.

1792 *Heger*, SpuRt 2001, 92, 93, ausführlich hierzu: MüKo/*Freund*, StGB, AntiDopG, § 4 Rn. 107; MüKo/*Freund*, StGB, 2. Aufl., 2013, AMG, § 6a a.F. Rn. 51 ff.

1793 *Heger*, SpuRt 2001, 92, 93.

1794 *Heger*, SpuRt 2001, 92, 93; wie hier: MüKo/*Freund*, StGB, AntiDopG, § 4 Rn. 107; MüKo/*Freund*, StGB, 2. Aufl., 2013, AMG, § 6a a.F. Rn. 52.

1795 L/N/P/*Putzke*, AntiDopG, § 4 Rn. 64; MüKo/*Freund*, StGB, AntiDopG, § 4 Rn. 106; MüKo/*Freund*, StGB, 2. Aufl., 2013, AMG, § 6a a.F. Rn. 52; a.A. in Bezug auf §§ 95 Abs. 4 i.V.m. § 6a AMG a.F.: *Heger*, SpuRt 2001, 92, 93.

1796 L/N/P/*Putzke*, AntiDopG, § 4 Rn. 64; MüKo/*Freund*, StGB, 2. Aufl., 2013, AMG, § 6a a.F. Rn. 52.

1797 BGH v. 18.3.2015 – 3 StR 634/14, Rn. 9, NStZ 2015, 587; BGH v. 10.2.2011 – 4 StR 576/10, Rn. 7, NStZ 2011, 460.

das Gericht im Rahmen seiner Pflicht zur erschöpfenden Aburteilung selbstständig prüfen, ob möglicherweise ein fahrlässiger Verstoß vorliegt.[1798]

V. Tätige Reue, § 4 Abs. 8 AntiDopG

Gemäß § 4 Abs. 8 AntiDopG wird wegen des Erwerbs oder Besitzes geringer Mengen nach § 4 Abs. 2 AntiDopG nicht bestraft, „*wer freiwillig die tatsächliche Verfügungsgewalt über das Dopingmittel aufgibt, bevor er es anwendet oder anwenden lässt.*“ Distanziert sich der Täter vom ursprünglichen Entschluss des Selbstdopings, ist sein Verhalten auch dann straffrei, wenn der Tatbestand des Erwerbs- oder Besitzverbots bereits vollendet wurde.[1799] Dies erscheint konsequent, ist doch eine Beeinträchtigung der Lauterkeit des organisierten Sports vor der Dopinganwendung noch nicht gegeben.[1800] Kommt es zu keiner Anwendung des Dopingmittels, ist die Fairness und Chancengleichheit sportlicher Wettbewerbe auch nicht tangiert. Durch die Vorschrift der tätigen Reue soll eine ausufernde Strafbarkeit vermieden werden, ohne auf die Vorzüge eines weit gefassten Tatbestands verzichten zu müssen.[1801] Im Interesse der durch § 2 und § 3 AntiDopG geschützten Rechtsgüter soll dem Täter der Anreiz geboten werden, die potentielle Gefährdungslage zu beseitigen, bevor sie in eine Schädigung der Schutzgüter umschlägt.[1802] Ist der Sportler allerdings im Besitz einer nicht geringen Mengen an Dopingmitteln (§ 4 Abs. 3 i.V.m. § 2 Abs. 3 AntiDopG), ist § 4 Abs. 8 AntiDopG aufgrund der unterschiedlichen Strafzwecke nicht anwendbar. Eine Privilegierung des Sportlers ist in diesen Fällen nicht angezeigt.[1803]

1. Voraussetzungen

Bei der Vorschrift des § 4 Abs. 8 AntiDopG handelt es sich um einen persönlichen Strafaufhebungsgrund.[1804] Sportler können danach Straffreiheit erlangen,

---

1798 BGH v. 29.10.2009 – 4 StR 239/09, NStZ 2010, 222; *Weber*, BtMG, AntiDopG, § 4 Rn. 336.

1799 *Chrobok*, Doping, S. 200.

1800 *Chrobok*, Doping, S. 200; Pfister/*Heger*, Das AntiDopG, S. 35.

1801 *Chrobok*, Doping, S. 200; zu § 314a StGB: Müko/*Krack*, StGB, § 314a Rn. 1.

1802 MüKo/*Krack*, StGB, § 314a Rn. 1; Pfister/*Heger*, Das AntiDopG, S. 35.

1803 *Bott/Mitsch*, KriPoZ 2016, 159, 165; *Chrobok*, Doping, S. 201.

1804 BT-Drucks. 18/6677, S. 12; Erbs/Kohlhaas/*Wußler*, AntiDopG, § 4 Rn. 21; L/N/P/*Putzke*, AntiDopG, § 4 Rn. 94; *Weber*, BtMG, AntiDopG, § 4 Rn. 338; *Chrobok*, Doping, S. 200.

wenn sie die tatsächliche Verfügungsgewalt über das Dopingmittel freiwillig aufgeben.

a) Aufgabe der Verfügungsgewalt

Für die Aufgabe der tatsächlichen Verfügungsgewalt muss sich der Täter jedweder Einflussmöglichkeiten auf das Dopingmittel entledigen.[1805] In zeitlicher Hinsicht muss die tatsächliche Verfügungsgewalt aufgegeben werden, bevor der Täter das Dopingmittel anwendet oder anwenden lässt.[1806] Das Dopingmittel darf auch nicht teilweise angewendet worden sein. Allerdings kann sich die teilweise Aufgabe in der Strafzumessung auswirken.[1807]

Die Sachherrschaft muss als bloßer Zustand beendet werden.[1808] Erforderlich ist eine nach außen sichtbare Handlung wie das Entsorgen des Dopingmittels oder die Abgabe bei einer Behörde.[1809] Der bloße innere Vorbehalt, das Dopingmittel nicht anzuwenden, genügt nicht.[1810] Auch ein bloßes Verbergen oder Verstecken der Dopingmittel (bspw. im Keller oder in der Garage) ist für eine Entledigungshandlung nicht ausreichend.[1811] Weil die Verfügungsgewalt beim mittelbaren Besitz fortbesteht, ist es darüber hinaus nicht ausreichend, dass der Täter das Dopingmittel einem Dritten zur Verwahrung lediglich überlässt.[1812] Zum Dritten darf kein Besitzmittlungsverhältnis mehr bestehen. Behält der Sportler den mittelbaren Besitz, wird die Verfügungsgewalt nicht aufgegeben. Allerdings liegt eine Aufgabe der Verfügungsgewalt vor, wenn der Täter das Dopingmittel an einen Dritten (zum Zwecke des Dopings) abgibt.[1813] In einem solchen Fall kann jedoch der Tatbestand des § 4 Abs. 1 Nr. 1 AntiDopG erfüllt sein.[1814] Abhängig von dem jeweiligen Mittel ist dann auch eine Strafbarkeit nach

---

1805 Erbs/Kohlhaas/*Wußler*, AntiDopG, § 4 Rn. 21.

1806 Erbs/Kohlhaas/*Wußler*, AntiDopG, § 4 Rn. 21; *Weber*, BtMG, AntiDopG, § 4 Rn. 272; a.A. *Chrobok*, Doping, S. 202 f., der eine Ausweitung des § 4 Abs. 8 AntiDopG dahingehend fordert, dass auch andere Verhaltensweisen, die eine potentielle Beeinflussung des Wettbewerbs verhindern, erfasst werden.

1807 *Weber*, BtMG, AntiDopG, § 4 Rn. 272.

1808 *Chrobok*, Doping, S. 201.

1809 BT-Drucks. 18/6677, S. 12.

1810 *Weber*, BtMG, AntiDopG, § 4 Rn. 271.

1811 *Chrobok*, Doping, S. 201.

1812 L/N/P/*Putzke*, AntiDopG, § 4 Rn. 94.

1813 L/N/P/*Putzke*, AntiDopG, § 4 Rn. 94; *Chrobok*, Doping, S. 201.

1814 BT-Drucks. 18/6677, S. 12; L/N/P/*Putzke*, AntiDopG, § 4 Rn. 94; *Chrobok*, Doping, S. 201.

dem Arzneimittel- bzw. Betäubungsmittelgesetz in Betracht zu ziehen.[1815] Zur Vermeidung eines Verbreitungsvorwurfs sollte die Entledigungshandlung deshalb sorgfältig bedacht werden.[1816]

Zwar wird mit der Übergabe an die Strafverfolgungsbehörden regelmäßig kein strafrechtlich relevantes Verhalten vorliegen, allerdings sollte dieses mit einem Abholungsersuchen oder einer vorausgehenden Transport-Information an die entsprechende Behörde verbunden sein.[1817] Anderenfalls könnte dem Täter der Verdacht einer bloßen Schutzbehauptung zur Last gelegt werden, wenn dieser mit den verbotenen Dopingmitteln erwischt wird und behauptet, auf dem Weg zur nächsten Polizeidienststelle oder Staatsanwaltschaft zu sein.[1818]

b) Freiwillig

Die Aufgabe über die tatsächliche Verfügungsgewalt muss darüber hinaus freiwillig erfolgen. Hierzu muss der Sportler aus selbstgesetzten Motiven heraus die Verfügungsgewalt über das Dopingmittel nicht länger behalten wollen. Er darf weder durch einen äußeren Zwang (bspw. Kenntnis von einer bevorstehenden Durchsuchung) noch durch einen seelischen Druck am Behalten des Dopingmittels gehindert sein.[1819] Im Übrigen können als Freiwilligkeitsmaßstab die zum Rücktritt vom Versuch gemäß § 24 StGB entwickelten Grundsätze herangezogen werden.[1820] Insoweit ist entscheidend, *„ob der Rücktritt einer autonomen Entscheidung des Täters entspringt oder durch von seinem Willen unabhängige zwingende Hinderungsgründe veranlaßt wird. Da der Beweggrund zum Rücktritt nicht sittlich billigenswert sein muß, sind eine ‚Reue über das angerichtete Unrecht‘ oder eine ‚Rückkehr zur Legalität‘ nicht erforderlich.“*[1821] Danach handelt freiwillig, wer die Vollendung der Tat aus autonomen Motiven nicht mehr erreichen will. Ein unfreiwilliges Handeln liegt hingegen vor, wenn den Täter heteronome Motive zur Tataufgabe veranlassen.[1822] Folglich ist die Aufgabe eines Sportler nicht freiwillig, wenn er sich aufgrund einer unerwarteten Dopingkontrolle einem

---

1815 *Chrobok*, Doping, S. 201.
1816 *Chrobok*, Doping, S. 201.
1817 *Ziemann/Ziethen*, JR 2011, 65, 67.
1818 *Ziemann/Ziethen*, JR 2011, 65, 67; *Chrobok*, Doping, S. 201.
1819 BT-Drucks. 18/6677, S. 12 f.; *Weber*, BtMG, AntiDopG, § 4 Rn. 273.
1820 BGH v. 21.11.2004 – 3 StR 296/02, Rn. 15, NStZ 2003, 265; Erbs/Kohlhaas/*Wußler*, AntiDopG, § 4 Rn. 21; L/N/P/*Putzke*, AntiDopG, § 4 Rn. 95.
1821 BGH v. 21.11.2004 – 3 StR 296/02, Rn. 15, NStZ 2003, 265.
1822 OLG Düsseldrof v. 9.2.1999 – 5 Ss 430/98 – 2/99 I, NJW 1999, 2911.

positiven Befund ausgesetzt sieht und sich deshalb von weiteren, noch in seinem Besitz befindlichen Dopingmitteln trennt.[1823]

2. *Stellungnahme*

Sind die Voraussetzungen des § 4 Abs. 8 AntiDopG erfüllt, wird der Täter „*nicht bestraft*". Die Folge ist, dass das Verfahren nach § 170 Abs. 2 StPO eingestellt werden muss, ein Hauptverfahren nach § 204 Abs. 1 StPO nicht eröffnet wird oder der Täter freizusprechen ist.[1824] Trotz tätiger Reue weiterhin bestehen bleibt allerdings die Möglichkeit der Einziehung des Dopingmittels nach § 5 AntiDopG i.V.m. § 74a StGB.[1825]

Im Hinblick auf die sehr weitgehende Besitzstrafbarkeit in § 4 Abs. 2 AntiDopG ist die Aufnahme einer Regelung zur tätigen Reue grundsätzlich zu begrüßen. Ob die Vorschrift in der Praxis tatsächlich einen Anreiz dazu bietet, von dem Selbstdoping Abstand zu nehmen, bleibt abzuwarten. So bleiben auch bei einer Aufgabe der tatsächlichen Verfügungsgewalt die verbandsrechtlichen Sanktionen wegen eines Verstoßes gegen Art. 2.6 NADC 2015 (Besitzes einer verbotenen Substanz oder einer verbotenen Methode) bestehen.[1826]

Auch die (freiwillige) Aufgabe der tatsächlichen Verfügungsgewalt als einzige Voraussetzung für eine Straffreiheit ist nicht unproblematisch. So ist ein schlichtes Wegwerfen weder „*tätig*" noch zeigt es „*Reue*".[1827] Vielmehr hätte man als weitere Tatbestandsvoraussetzung für eine Straffreiheit aufnehmen können, dass der Sportler das Dopingmittel den Strafverfolgungsbehörden bzw. der NADA aushändigen muss oder Lieferanten und Hintermänner benennt.[1828] Nur so wäre die Wahrung der Integrität des Sports wirklich gewährleistet. Erhalten die Strafverfolgungsbehörden beweiskräftige Informationen, dass der Sportler Dopingmittel erworben hat, diese allerdings nicht aufgefunden werden können, genügt es nach der aktuellen Rechtslage, dass der Sportler behauptet, er habe die Dopingmittel vor der Anwendung entsorgt.[1829] Insoweit wäre – wie schon

1823 *Chrobok*, Doping, S. 202.

1824 L/N/P/*Putzke*, AntiDopG, § 4 Rn. 96.

1825 Siehe hierzu ausführlich: 4. Kapitel G.; L/N/P/*Putzke*, AntiDopG, § 4 Rn. 96.

1826 *Chrobok*, Doping, S. 202.

1827 *Bausback*, Stenografischer Bericht des Bundesrats v. 27.11.2015, Plenarprotokoll 939. Sitzung, S. 466.

1828 *Bausback*, Stenografischer Bericht des Bundesrats v. 27.11.2015, Plenarprotokoll 939. Sitzung, S. 466; L/N/P/*Putzke*, AntiDopG, § 4 Rn. 97.

1829 *Bausback*, Stenografischer Bericht des Bundesrats v. 27.11.2015, Plenarprotokoll 939. Sitzung, S. 466; L/N/P/*Putzke*, AntiDopG, § 4 Rn. 97.

in früheren Gesetzesentwürfen der bayerischen Landesregierung 2006 oder des Landes Baden-Württemberg 2013 vorgesehen – die Einführung einer Kronzeugenregelung sinnvoll gewesen.[1830] Eine solche Regelung würde dem Umstand Rechnung tragen, dass im Bereich des Sportdopings teils konspirative Verflechtungen nach der Art einer organisierten Kriminalität anzutreffen sind. Hier besteht das Bedürfnis, die Verflechtungen durch die Honorierung einer Kooperationsbereitschaft aufzubrechen. Eine solche Kronzeugenregelung würde vor allem involvierten Sportlern den Anreiz bieten, bei der Überführung von Hintermännern mitzuhelfen. Als Vorbild könnte insoweit die Vorschrift des § 31 BtMG herangezogen werden.[1831]

F. Subjektiver Tatbestand

Subjektive Strafbarkeitsvoraussetzung in § 4 Abs. 1 und Abs. 2 AntiDopG ist, dass der Täter vorsätzlich im Sinne von § 15 StGB handelt.[1832] Darüber hinaus muss sich der Vorsatz des Täters in § 4 Abs. 1 Nr. 1 bis Nr. 3 (i.V.m. § 2 Abs. 1 bis Abs. 3) AntiDopG darauf erstrecken, dass die Tathandlung „*zum Zwecke des Dopings beim Menschen im Sport*" erfolgt. Für eine Strafbarkeit nach § 4 Abs. 1 Nr. 4, Nr. 5 und Abs. 2 (i.V.m § 3 Abs. 1, Abs. 2 und Abs. 4) AntiDopG muss die Absicht hinzutreten „*sich in einem Wettbewerb des organisierten Sports einen Vorteil zu verschaffen*".

I. § 4 Abs. 1 Nr. 1 bis Nr. 3 AntiDopG

1. Tatbestandsvorsatz

Der Vorsatz des Täters muss sich für eine Strafbarkeit nach § 4 Abs. 1 Nr. 1 bis Nr. 3 AntiDopG zunächst auf die in § 2 Abs. 1, Abs. 2 bzw. Abs. 3 AntiDopG genannten Tathandlungen erstrecken. *Dolus eventualis* ist ausreichend.[1833] Nach ständiger Rechtsprechung liegt ein Handeln mit *dolus eventualis* vor, „*wenn der Täter den* [Eintritt des tatbestandlichen Erfolgs] *als mögliche, nicht ganz fernliegende*

1830 So im Ergebnis auch: *Bausback*, Stenografischer Bericht des Bundesrats v. 27.11.2015, Plenarprotokoll 939. Sitzung, S. 466; *Harting* u.a., Stellungnahme, Deutscher Bundestag (Sportausschuss), Ausschussdrucksache 18 (5) 100, S. 7; L/N/P/*Putzke*, AntiDopG, § 4 Rn. 97.

1831 BR-Drucks. 658/06, S. 18; BR-Drucks. 266/13, S. 4, 6, 25.

1832 MüKo/*Freund*, StGB, AntiDopG, § 4 Rn. 119.

1833 Erbs/Kohlhaas/*Wußler*, AntiDopG, § 2 Rn. 8; K/P/V/*Volkmer*, BtMG, AntiDopG, § 4 Rn. 72; L/N/P/*Putzke*, AntiDopG, § 4 Rn. 50; *Weber*, BtMG, AntiDopG, § 2 Rn. 25.

Folge seines Handelns erkennt (Wissenselement) und dies billigt oder sich um des erstrebten Zieles willen zumindest mit dem Eintritt […] *abfindet, mag ihm der Erfolgseintritt auch gleichgültig oder an sich unerwünscht sein (Willenselement).*“[1834]

So ist beispielsweise für den Besitz von Dopingmitteln ein entsprechender Vorsatz gegeben, wenn dem Täter bewusst ist, dass er die tatsächliche Verfügungsgewalt über das einschlägige Dopingmittel innehat und er die Verfügungsgewalt für sich oder einen Dritten ausüben und/oder aufrechterhalten will. Ein unerwünschter bzw. unbewusster Besitz oder Erwerb ist strafrechtlich irrelevant.[1835]

Nach § 4 Abs. 1 Nr. 1 und Nr. 2 (i.V.m. § 2 Abs. 1 und Abs. 2) AntiDopG muss sich der Vorsatz des Täters zudem darauf erstrecken, dass es sich um ein Dopingmittel oder eine Dopingmethode handelt und das Mittel bzw. die Methode in der Anlage I des Internationalen Übereinkommens gegen Doping oder in einer nach § 6 Abs. 2 AntiDopG erlassenen Rechtsverordnung aufgeführt ist.

In § 4 Abs. 1 Nr. 3 (i.V.m. § 2 Abs. 3) AntiDopG muss sich der Vorsatz auf ein Dopingmittel in „*nicht geringer Menge*“ beziehen, das in der Anlage zu diesem Gesetz aufgelistet ist.[1836] Hinsichtlich der „*nicht geringen Menge*“ ist es ausreichend, dass der Täter eine hinreichende Vorstellung über die von ihm besessene Menge hat. Nicht erforderlich ist, dass er die vom Bundesministerium für Gesundheit nach § 6 Abs. 1 Nr. 1 AntiDopG festgelegte Menge aus der DmMV konkret erfasst.[1837]

2. *Zum Zwecke des Dopings im Sport*

Eine Strafbarkeit nach § 4 Abs. 1 Nr. 1, Nr. 2 bzw. Nr. 3 (i.V.m. § 2 Abs. 1, Abs. 2 bzw. Abs. 3) AntiDopG setzt zudem voraus, dass die Anwendung oder der Umgang „*zum Zwecke des Dopings* [beim Menschen] *im Sport*“ erfolgt. Weil die Zweckbestimmung allein von der Vorstellung des Täters abhängt, handelt es sich um ein subjektives Merkmal.[1838] Auch hier ist *dolus eventualis* ausreichend.[1839] Es kommt also nicht darauf an, ob der Einsatz des

---

1834 BGH v. 31.1.2019 – 4 StR 432/18, Rn. 10, n.v.; BGH v. 1.3.2018 – 4 StR 399/17, Rn. 17, NJW 2018, 1621; BGH v. 7.7.2016 – 4 StR 558/15, Rn. 14, n.v.

1835 K/P/V/*Volkmer*, BtMG, AntiDopG, § 4 Rn. 72.

1836 L/N/P/*Putzke*, AntiDopG, § 4 Rn. 51.

1837 K/P/V/*Volkmer*, BtMG, AntiDopG, § 4 Rn. 73; L/N/P/*Putzke*, AntiDopG, § 4 Rn. 51.

1838 Erbs/Kohlhaas/*Wußler*, AntiDopG, § 2 Rn. 8; L/N/P/*Putzke*, AntiDopG, § 4 Rn. 52.

1839 Erbs/Kohlhaas/*Wußler*, AntiDopG, § 2 Rn. 8; K/P/V/*Volkmer*, BtMG, AntiDopG, § 4 Rn. 72; *Weber*, BtMG, AntiDopG, § 2 Rn. 25, § 4 Rn. 13.

Dopingmittels tatsächlich eine Leistungssteigerung bewirkt hat.[1840] Vielmehr ist es ausreichend, dass der Täter den Leistungszuwachs bezweckt. Aufgrund der offenen Formulierung *„im Sport“* ist die Strafbarkeit nicht auf einen Verwendungszweck beschränkt, der auf eine Leistungssteigerung im Spitzensport gerichtet ist. Erfasst ist vielmehr auch der Breitensport, sprich Freizeit- und Hobbysport.[1841]

Bereits zu § 6a AMG a.F. gingen sowohl der Gesetzgeber[1842] als auch die Rechtsprechung[1843] und Literatur[1844] davon aus, dass die beabsichtigte Leistungssteigerung nicht auf eine sportliche Aktivität im Wettkampf gerichtet sein muss. Ein Wettkampfbezug war mithin nicht erforderlich. Dieser Auffassung hat sich der BGH in jüngster Rechtsprechung jedenfalls auch zum Erwerb und Besitz nicht geringer Mengen nach § 4 Abs. 1 Nr. 3 i.V.m. § 2 Abs. 3 AntiDopG angeschlossen und eine Strafbarkeit trotz fehlender Wettkampfteilnahme bejaht.[1845] Dies erscheint sachgerecht, hat der Gesetzgeber im Zusammenhang mit dem Erwerb nicht geringer Mengen nach § 2 Abs. 3 AntiDopG neben der Integrität des Sports vor allem den Schutz der Gesundheit besonders hervorgehoben.[1846]

Ob der Verzicht eines Wettkampfbezugs ohne Einschränkung auch auf die Strafbarkeit der Umgangs- und Anwendungsverbote nach § 4 Abs. 1 Nr. 1 bzw. Nr. 2 (i.V.m § 2 Abs. 1 bzw. Abs. 2) AntiDopG übertragen werden kann, ist zweifelhaft.[1847] Insoweit erscheint jedenfalls ein entfernter Wettkampfbezug als Verwendungszweck geboten.[1848] Im Gegensatz zu § 6 a AMG a.F., der ausschließlich den Schutz der Gesundheit bezweckte, steht bei den Umgangs- und Anwendungsverboten des § 2 Abs. 1 und Abs. 2 AntiDopG die *„Erhaltung der Integrität des Sports“* im Vordergrund.[1849] Lediglich im Zusammenhang mit dem Besitz- und Erwerbsverbot in § 2 Abs. 3 AntiDopG wird der Gesundheitsschutz explizit

1840 Erbs/Kohlhaas/*Wußler*, AntiDopG, § 2 Rn. 8.

1841 L/N/P/*Putzke*, AntiDopG, § 4 Rn. 54.

1842 BT-Drucks. 13/9996, S. 13.

1843 BGH v. 5.8.2009 – 5 StR 248/09, Rn. 8, NStZ 2010, 170; LG Cottbus v. 19.7.2010 – 22 Qs 67/10, Rn. 10, BeckRS 2012, 11686; AG Rosenheim v. 5.5.2010 – 7 Ds 270 Js 1745/09, Rn. 62, BeckRS 2010, 32239.

1844 MüKo/*Freund*, StGB, 2. Aufl., 2013, AMG, § 6a Rn. 38; *Heger*, SpuRt 2001, 92, 93.

1845 BGH v. 5.12.2017 – 4 StR 389/17, Rn. 8, NJW-Spezial 2018, 122.

1846 BT-Drucks. 18/4898, 26.

1847 So aber K/P/V/*Volkmer*, BtMG, AntiDopG, § 4 Rn. 66; *Chrobok*, Doping, S. 115.

1848 L/N/P/*Putzke*, AntiDopG, § 4 Rn. 54; zu weitgehend: MüKo/*Freund*, StGB, AntiDopG, § 4 Rn. 47 der stets einen Wettkampfbezug voraussetzt; zu § 6a AMG a .F. auch: MüKo/*Freund*, StGB, 2. Aufl., 2013, AMG, § 6a Rn. 38.

1849 BT-Drucks. 13/9996, S. 13; BT-Drucks. 18/4898, S. 1.

genannt.[1850] Auch der Umkehrschluss zu § 3 Abs. 4 AntiDopG spricht dafür, den vollständigen Verzicht des Wettkampfbezugs auf das Erwerbs- und Besitzverbot nicht geringer Mengen in § 4 Abs. 1 Nr. 3 (i.V.m. § 2 Abs. 3) AntiDopG zu beschränken. Denn im Gegensatz zu § 2 Abs. 3 AntiDopG hat der Gesetzgeber bei der mengenunabhängigen Erwerbs- und Besitzstrafbarkeit nach § 3 Abs. 4 AntiDopG den Wettbewerbsbezug ausdrücklich aufgenommen.[1851] Folglich muss der Täter für eine Strafbarkeit nach § 4 Abs. 1 Nr. 3 (i.V.m. § 2 Abs. 3) AntiDopG keine Wettkampfteilnahme bezwecken. Für eine Strafbarkeit nach § 4 Abs. 1 Nr. 1 bzw. Nr. 2 (i.V.m § 2 Abs. 1 bzw. Abs. 2) AntiDopG muss der Vorsatz jedenfalls auf einen entfernten Wettkampfbezug gerichtet sein. Ausschlaggebend ist dafür die subjektive Willensrichtung des Täters. Zu „*Dopingzwecken im Sport*" mit Wettkampfbezug handelt daher auch der (Zwischen-) Händler, der die jeweiligen Dopingmittel lediglich an die in den Kreisen tätigen Personen wie Sportärzte oder Trainer veräußern will. Unerheblich ist, ob die Dopingmittel tatsächlich ihrer vorgegebenen Bestimmung zugeführt werden. Eine solch differenzierte Betrachtung erscheint nicht zuletzt zur Vermeidung einer Überkriminalisierung des alltäglichen Freizeit- und Breitensports sachgerecht.

Eindeutig nicht erfasst werden Verwendungszwecke, die eine Leistungssteigerung im Rahmen einer sportlichen Betätigung in Ausbildung, Schule, Studium oder Militär betreffen. Wie aus dem Zweck des § 1 AntiDopG hervorgeht, schützt das Verbot in § 2 AntiDopG primär die „*Integrität des Sports*". Die Integrität des Sports wird aber durch das Doping im Rahmen von Ausbildung, Schule, Studium oder Militär nicht tangiert.[1852]

II. § 4 Abs. 1 Nr. 4, Nr. 5 und Abs. 2 AntiDopG

1. Tatbestandsvorsatz

Für eine Strafbarkeit nach § 4 Abs. 1 Nr. 4, Nr. 5 bzw. Abs. 2 AntiDopG muss sich der Vorsatz des Täters zunächst auf eine der in § 3 Abs. 1, Abs. 2 bzw. Abs. 4 AntiDopG genannten Verbotshandlungen beziehen. Im Rahmen von § 3 Abs. 1 und Abs. 2 AntiDopG also auf die medizinisch nicht indizierte Anwendung eines in der Anlage I des Internationalen Übereinkommens gegen Doping aufgeführten Mittels oder einer solchen Methode. In § 3 Abs. 4 AntiDopG muss sich der Vorsatz auf den Erwerb oder Besitz eines in der Anlage I des

1850 BT-Drucks. 18/4898, S. 26.
1851 L/N/P/*Putzke*, AntiDopG, § 4 Rn. 54.
1852 L/N/P/*Putzke*, AntiDopG, § 4 Rn. 53.

Internationalen Übereinkommens gegen Doping aufgeführten Mittels erstrecken.

Darüber hinaus muss der Täter des § 4 Abs. 1 Nr. 4, Nr. 5 und Abs. 2 AntiDopG die Umstände kennen, die ihn nach § 4 Abs. 7 Nr. 1 bzw. Nr. 2 AntiDopG zum Tatsubjekt qualifizieren.[1853] Ob der Sportler als Mitglied eines Testpools nach § 4 Abs. 7 Nr. 1 AntiDopG Trainingskontrollen unterliegt, erfährt er durch Art. 5.3.1 NADC 2015. Danach informiert die NADA ihre Athleten schriftlich über die Testpoolzugehörigkeit und die daraus resultierenden Pflichten. Ausweislich des in dem „*Infoblatt zur Testpoolmeldung*" beschriebenen Zustellungsverfahrens der NADA vom 1. Januar 2015 werden „*die betroffenen Sportlerinnen und Sportler [...] über ihre Testpoolzugehörigkeit schriftlich oder elektronisch benachrichtigt und hinsichtlich ihrer Rechte und Pflichten aufgeklärt.*[1854] Dadurch soll gewährleistet werden, dass für jeden Sportler ersichtlich ist, ob eine Testpoolzugehörigkeit besteht oder nicht.

2. *Absicht zur Vorteilsverschaffung im Wettbewerb*

Nach § 4 Abs. 1 Nr. 4, Nr. 5, Abs. 2 (i.V.m. § 3 Abs. 1, Abs. 2 und Abs. 4) AntiDopG ist die Dopinganwendung nur verboten, wenn sie in der Absicht geschieht, „*sich in einem Wettbewerb des organisierten Sports einen Vorteil zu verschaffen.*"

a) Vorteil in einem Wettbewerb des organisierten Sports

Bei § 4 Abs. 1 Nr. 4 und Abs. 2 (i.V.m. § 3 Abs. 1 und Abs. 4 AntiDopG handelt es sich um sog. Delikte mit überschießender Innentendenz.[1855] Die tatsächliche Erlangung eines Vorteils ist insoweit nicht erforderlich. Dies gilt jedoch nicht für die Vorschrift des § 4 Abs. 1 Nr. 5 (i.V.m. § 3 Abs. 2) AntiDopG. Zwar muss die Dopinganwendung auch hier in der Absicht erfolgen, sich im Wettkampf einen Vorteil zu verschaffen. Allerdings liegt eine verbotene Handlung erst dann vor, wenn der Sportler auch tatsächlich an dem Wettkampf teilnimmt.[1856]

Der Vorteil muss sich auf eine Besserstellung durch unerlaubte Leistungssteigerung im sportlichen Wettbewerb beziehen.[1857] Ob ein Wettbewerb des organisierten Sports vorliegt, ergibt sich aus § 3 Abs. 3 AntiDopG.[1858] Nicht jede

---

1853 L/N/P/*Putzke*, AntiDopG, § 4 Rn. 57.

1854 BT-Drucks. 18/4898, S. 32.

1855 L/N/P/*Putzke*, AntiDopG, § 3 Rn. 15; *Weber*, BtMG, AntiDopG, § 3 Rn. 20; 49; *Chrobok*, Doping, S. 162; Pfister/*Heger*, Das AntiDopG, S. 36.

1856 L/N/P/*Putzke*, AntiDopG, § 3 Rn. 15; *Weber*, BtMG, AntiDopG, § 3 Rn 37.

1857 BT-Drucks. 18/4898, S. 27.

1858 Siehe hierzu bereits: 4. Kapitel D. II. 1.

Sportveranstaltung ist geschützt. Schutzgut ist die Integrität des organisierten Sports und der ethisch-moralischen Grundwerte. Aus diesem Grund muss das Verhalten darauf gerichtet sein, sich in einem Wettbewerb des „*organisierten Sports*" einen Vorteil zu verschaffen. Nicht erforderlich ist, dass die Anwendung in einem unmittelbaren zeitlichen Zusammenhang mit dem sportlichen Wettbewerb steht. Vielmehr ist auch die Anwendung von Dopingmitteln oder Dopingmethoden in Trainings- und Ruhephasen strafbar, wenn sich daraus für den Sportler bei einem späteren Wettbewerb ein Vorteil ergibt.[1859] Insoweit ist jedoch § 8 StGB zu beachten. Danach gilt eine Tat als zu der Zeit begangen, zu welcher der Täter gehandelt hat. Mithin müssen zum maßgeblichen Zeitpunkt der Dopinganwendung alle subjektiven Tatbestandsvoraussetzungen – d.h. auch die Absicht zu Vorteilsverschaffung – vorliegen. Fehlt es an einer entsprechenden Absicht zum Zeitpunkt der Anwendung, scheidet eine Strafbarkeit mangels Vorliegens des subjektiven Tatbestands aus. Vor allem in der Fitness- und Bodybuildingszene greifen die Athleten häufig zunächst aus lediglich ästhetischen Gründen zu verbotenen Mitteln und Methoden. Wird der Entschluss an einem Wettkampf teilzunehmen erst später gefasst, kann der Sportler zwar verbandsrechtlich, nicht jedoch strafrechtlich wegen der Dopinganwendung sanktioniert werden.[1860] Insoweit fehlt es an einer entsprechenden Absicht zum Zeitpunkt der Handlung. Allerdings kann dann eine Besitz- und Teilnahmestrafbarkeit nach § 4 Abs. 1 Nr. 5, Abs. 2 (i.V.m. § 3 Abs. 2, Abs. 4) AntiDopG vorliegen.

b) Absicht

Streitig ist, ob die von § 3 AntiDopG geforderte Absicht ein zielgerichtetes Wollen i.S.v. *dolus directus* 1. Grades[1861] verlangt oder ein sicheres Wissen i.S.v. *dolus directus* 2. Grades[1862] ausreicht. Weder aus dem Gesetzestext noch aus der Gesetzesbegründung ergeben sich hierzu Hinweise. Zwar impliziert der natürliche Wortsinn einen zielgerichteten Willen.[1863] Allerdings wird der Begriff der

---

1859 BT-Drucks. 18/4898, S. 27.

1860 *Chrobok*, Doping, S. 163.

1861 Dafür: *Heger*, Stellungnahme v. 14.6.2015, Deutscher Bundestag (Sportausschuss), Ausschussdrucksache 18 (5) 111, S. 6; *Jahn*, Schriftliche Stellungnahme vom 17.6.2015 zu dem Entwurf eines Gesetzes zur Bekämpfung von Doping im Sport, Sportausschuss-Drucks. 18 (5) 108, S. 16; *Weber*, BtMG, AntiDopG, § 3 Rn 21; wohl auch: *Chrobok*, Doping, S. 162.

1862 Erbs/Kohlhaas/*Wußler*, AntiDopG, § 2 Rn. 7; L/N/P/*Putzke*, AntiDopG, § 3 Rn. 15, 16.

1863 L/N/P/*Putzke*, AntiDopG, § 3 Rn. 16.

Absicht in Rechtsprechung und Literatur nicht einheitlich im technischen Sinne verstanden.[1864] Auch der Sprachgebrauch der Gesetze ist insoweit nicht einheitlich. Trotz der Verwendung von Begriffen wie „*Absicht*", „*um zu*" oder anderen Surrogate, die vom Wortsinn her ein zielgerichtetes Wollen implizieren, ist es häufig eine Frage der Auslegung des einzelnen Tatbestands, ob mit der Wortwahl neben *dolus eventualis* auch *dolus directus* 2. Grades ausgeschlossen sein soll.[1865] Danach können selbst innerhalb des gleichen Tatbestandsmerkmals die subjektiven Anforderungen differenzieren. So erfordert beispielsweise die Zueignungsabsicht des Diebstahls in § 242 StGB nur hinsichtlich der Aneignung ein zielgerichtetes Handeln. In Bezug auf die in der Zueignung liegenden Enteignung genügt *dolus eventualis*. Mithin kann ein allgemeiner Grundsatz, ob *dolus directus* 2. Grades ausreicht oder ein Handeln mit *dolus directus* 1. Grades erforderlich ist, nicht aufgestellt werden. Als Faustregel wird jedoch angenommen, dass bei Tatbeständen, deren Unrechtsgehalt sich dadurch auszeichnet, dass der Täter eine Selbst- oder Drittbegünstigung erstrebt, ein zielgerichtetes Handeln i.S.v. *dolus directus* 1. Grades erforderlich ist. Betrifft die im Straftatbestand genannte Absicht hingegen eine Rechtsgutsverletzung, soll auch *dolus directus* 2. Grades ausreichend sein.[1866]

Dies auf die vorliegenden Fälle des Dopings übertragend, wird man auch hier ein Handeln mit *dolus directus* 1. Grades als notwendig erachten müssen.[1867] So werden die meisten Sportler vor allem deshalb zu verbotenen Dopingmitteln und Dopingmethoden greifen, um sich einen persönlichen Vorteil – sei es aus wirtschaftlichen oder gesellschaftlichen Gründen – zu verschaffen. Im Vordergrund steht die Selbstbegünstigung. Der Sportler möchte durch das Doping vor allem seine Gewinnchancen erhöhen bzw. festigen. Die Rechtsgutsverletzung nimmt nur eine (unerwünschte) Nebenrolle ein.[1868] Mithin ist das Selbstdoping – wie

---

1864 BGH v. 23.2.1961 – 4 StR 7/61, NJW 1961, 1172; BGH v. 12.2.1953 – 3 StR 718/52, NJW 1953, 835; *Krey/Esser*, AT, § 1 Rn. 378 ff.

1865 S/S/*Sternberg-Lieben/Schuster*, StGB, § 15 Rn. 70.

1866 BeckOK/*Kudlich*, StGB, § 15 Rn. 19.2; S/S/*Sternberg-Lieben/Schuster*, StGB, § 15 Rn. 70 m.w.N.

1867 So auch: *Heger*, Stellungnahme v. 14.6.2015, Deutscher Bundestag (Sportausschuss), Ausschussdrucksache 18 (5) 111, S. 6; *Jahn*, Schriftliche Stellungnahme vom 17.6.2015 zu dem Entwurf eines Gesetzes zur Bekämpfung von Doping im Sport, Sportausschuss-Drucks. 18 (5) 108, S. 16; *Weber*, BtMG, AntiDopG, § 3 Rn 21; *Chrobok*, Doping, S. 162; a.A. Erbs/Kohlhaas/*Wußler*, AntiDopG, § 2 Rn. 7; L/N/P/*Putzke*, AntiDopG, § 3 Rn. 15, 16.

1868 Zu den persönlichen Motiven des Dopings siehe bereits: 2. Kapitel B.

auch der Besitz von Dopingmitteln – nach § 4 Abs. 1 Nr. 4, Nr. 5 und Abs. 2 AntiDopG erst dann strafbar, wenn der Täter ein zielgerichtetes Wollen hinsichtlich einer Vorteilsverschaffung im sportlichen Wettbewerb hat. Dem Täter muss es also gerade darauf ankommen, durch das Doping eine bessere als die an sich leistungsadäquate Platzierung zu erreichen.

III. Irrtümer

1. Tatbestandsirrtum

In Korrelation zu den Anforderungen an ein vorsätzliches Handeln steht die Irrtumslehre. Ob ein Irrtum die Bestrafung wegen vorsätzlichen tatbestandsmäßigen Verhaltens ausschließt, richtet sich nach den gleichen Voraussetzungen, welche an die Strafbarkeit wegen vorsätzlicher Tatbestandsverwirklichung zu stellen sind. Vorsatzlehre und Lehre vom vorsatzausschließenden Irrtum sind mithin zwei Seiten ein und derselben Medaille. Der Vorwurf einer vorsätzlichen Tatbestandsverwirklichung kann gegen den Täter nicht erhoben werden, wenn dieser einen Umstand, der zum gesetzlichen Tatbestand gehört, nicht richtig erfasst und damit das jeweilige Verhaltensunrecht verkennt. Insoweit schließt der Tatbestandsirrtum – wie § 16 Abs. 1 S. 1 StGB klarstellt – eine Strafbarkeit wegen vorsätzlichen Verhaltens aus. In diesen Fällen kommt lediglich eine Fahrlässigkeitsstrafbarkeit in Betracht (vgl. § 16 Abs. 1 S. 2 StGB).[1869] Hält der Täter einen Tatumstand irrtümlich für gegeben, kann ein (untauglicher) Versuch vorliegen, der jedoch nur in den Fällen von § 4 Abs. 1 und Abs. 4 AntiDopG strafbar ist. Ein strafloses Wahndelikt liegt hingegen vor, wenn der Täter sein Verhalten irrtümlich für rechtswidrig hält.[1870]

Im Rahmen des Dopings genügt es zur Bejahung des Vorsatzes, dass der Täter die sportbezogenen, leistungssteigernden Wirkungen des Mittels kennt.[1871] Befindet sich der Täter in einem Irrtum über die Substanz oder ihre tatsächliche Eigenschaft, welche er in den Verkehr bringt, und verkennt deshalb, dass er mit einem Dopingmittel umgeht, kann ein Tatbestandsirrtum vorliegen.[1872]

Handelt der Täter fälschlicherweise in dem Bewusstsein, dass lediglich eine geringe Menge vorliegt, die er erwirbt, besitzt oder verbringt, unterliegt er einem unbeachtlichen Subsumtionsirrtum, der den Vorsatz nicht ausschließt.[1873] Erst

1869 MüKo/*Freund*, StGB, AMG, § 95 Rn. 7.
1870 *Weber*, BtMG, AntiDopG, § 4 Rn. 20.
1871 L/N/P/*Putzke*, AntiDopG, § 4 Rn. 60.
1872 *Weber*, BtMG, AntiDopG, § 4 Rn. 15.
1873 *Fischer*, StGB, § 16 Rn. 13; *Weber*, BtMG, AntiDopG, § 4 Rn. 75.

bei einem Irrtum über die tatsächlichen Umstände kommt ein Tatbestandsirrtum nach § 16 Abs. 1 S. 1 StGB in Betracht. So beispielsweise, wenn der Täter ein verschlossenes Paket erhält und hinsichtlich der darin tatsächlich enthaltenen Menge einer Fehlvorstellung unterliegt.[1874]

Geht der Täter irrtümlich davon aus, dass er keine Einnahmen von *„erheblichem Umfang"* i.S.v. § 4 Abs. 7 Nr. 2 AntiDopG erzielt, befindet er sich in einer Fehlvorstellung über das Vorliegen eines normativen Tatbestandsmerkmals. Bei normativen Tatbestandsmerkmalen muss der Täter nicht nur die reinen Tatsachen kennen, sondern auch deren Bedeutung richtig erfassen (sog. Bedeutungskenntnis). Hierzu genügt eine sog. *„Parallelwertung in der Laiensphäre"*. Eine rechtliche Wertung ist nicht erforderlich. Ausreichend ist, dass der Täter den sozialen Sinngehalt des Begriffs zutreffend begreift.[1875] Sofern ihm dies nicht gelingt, lässt der Irrtum den Vorsatz nach § 16 Abs. 1 S. 1 StGB entfallen.

2. *Verbotsirrtum*

Vom Tatbestandsirrtum abzugrenzen sind die Fälle des sog. Verbotsirrtums, in denen dem Täter das Unrechtsbewusstsein fehlt. Im Gegensatz zum Täter, der sich in einem Tatbestandsirrtum befindet, erkennt der im Verbotsirrtum befindliche Täter die Umstände, welche den gesetzlichen Tatbestandsmerkmalen entsprechen. Er erfasst die tatsächliche Situation zutreffend, hält sein Verhalten aber irrtümlich für nicht verboten.[1876] Nach § 17 S. 1 StGB lässt die Unkenntnis über das Verbotensein nicht den Vorsatz entfallen, sondern schließt bei Unvermeidbarkeit des Irrtums die Schuld des Täters aus. Im Falle der Vermeidbarkeit führt der Irrtum zu einer fakultativen Strafmilderung nach § 49 Abs. 1 StGB (vgl. § 17 S. 2 StGB).[1877]

Die Unvermeidbarkeit eines Verbotsirrtums i.S.v. § 17 S. 1 StGB setzt voraus, *„dass der Täter alle seine geistigen Erkenntniskräfte eingesetzt und etwa aufkommende Zweifel durch Nachdenken oder erforderlichenfalls durch Einholung verlässlichen und sachkundigen Rechtsrats beseitigt hat. Dabei müssen sowohl die Auskunftsperson als auch die Auskunft aus der Sicht des Täters verlässlich sein; die Auskunft selbst muss zudem einen unrechtsverneinenden Inhalt haben. Eine Auskunft ist in diesem Sinne nur dann verlässlich, wenn sie objektiv, sorgfältig, verantwortungsbewusst und insbesondere nach pflichtgemäßer Prüfung der*

1874 L/N/P/*Putzke*, AntiDopG, § 4 Rn. 60.

1875 L/K/*Kühl*, StGB, § 15 Rn. 14; *Weber*, BtMG, AntiDopG, § 4 Rn. 11.

1876 *Kühl*, AT, § 13 Rn. 50.

1877 *Gropp*, AT, § 13 Rn. 14.

Sach- und Rechtslage erteilt worden ist. Bei der Auskunftsperson ist dies der Fall, wenn sie die Gewähr für eine diesen Anforderungen entsprechende Auskunftserteilung bietet. Hinzu kommt, dass der Täter nicht vorschnell auf die Richtigkeit eines ihm günstigen Standpunkts vertrauen und seine Augen nicht vor gegenteiligen Ansichten und Entscheidungen verschließen darf. Maßgebend sind die jeweils konkreten Umstände, insbesondere seine Verhältnisse und Persönlichkeit; daher sind zum Beispiel sein Bildungsstand, seine Erfahrung und seine berufliche Stellung zu berücksichtigen.“[1878] Beim Doping ist ferner zu berücksichtigen, dass die Straftatbestände des Anti-Doping-Gesetzes zumeist berufliche Pflichten im Umgang mit solchen Stoffen betreffen (Ärzte, Apotheker, Trainer). Eine im Umgang mit solchen Substanzen versierte Person weiß jedoch, dass es sich um einen rechtlich sensiblen Bereich handelt. Insoweit kann erwartet werden, dass bei Zweifeln ein qualifizierter juristischer Rat eingeholt wird.[1879]

Handelt der Täter in dem Bewusstsein, Selbstdoping sei in Deutschland nicht verboten, unterliegt er einem vermeidbaren Verbotsirrtum gemäß § 17 S. 2 StGB. In diesem Fall kann die Strafe nach § 49 Abs. 1 StGB gemildert werden. Geht der Täter hingegen davon ausgeht, dass Selbstdoping in Deutschland zwar verboten, aber nicht strafbar ist, liegt kein für § 17 StGB relevanter Irrtum vor.[1880] Ein vermeidbarer Verbotsirrtum kommt ferner in Betracht, wenn der Täter sein Verhalten für rechtmäßig hält, weil er annimmt, die Veranstaltung sei kein Wettbewerb des organisierten Sports.[1881]

Streitig sind Konstellationen, in denen sich der Täter über Umstände irrt, die zu einer blankettausfüllenden Norm gehören; vorliegend die Anlage I des Internationalen Übereinkommens gegen Doping bzw. einer nach § 6 Abs. 2 AntiDopG erlassenen Rechtsverordnung. Die herrschende Meinung behandelt den Irrtum über eine in Bezug genommene außerstrafrechtliche Rechtsnorm als Verbotsirrtum und nicht als Tatbestandsirrtum[1882]. Weiß der Täter also nicht, dass die Substanz in der Anlage I des Internationalen Übereinkommens gegen Doping oder in einer nach § 6 Abs. 2 AntiDopG erlassenen Rechtsverordnung als Dopingmittel aufgelistet ist, unterliegt er einem vermeidbaren Verbotsirrtum nach § 17 S. 2 StGB.

1878 BGH v. 4.4.2013 – 3 StR 521/12, Rn. 10, NStZ 2013, 461.

1879 *Weber*, BtMG, AntiDopG, § 4 Rn. 19.

1880 L/N/P/*Putzke*, AntiDopG, § 4 Rn. 60.

1881 *Weber*, BtMG, AntiDopG, § 4 Rn. 18.

1882 *Fischer*, StGB, § 16 Rn. 14, 19; *Kudlich*/*Oğlakcıoğlu*, Wirtschaftsstrafrecht, § 2 Rn. 67; L/N/P/*Putzke*, AntiDopG, § 4 Rn. 59; a.A. NK/*Puppe*, StGB, § 16 Rn. 67; hierzu auch: L/K/*Kühl*, StGB, § 17 Rn. 22; S/S/*Sternberg-Lieben*/*Schuster*, StGB, § 15 Rn. 99.

G. Einziehung, § 5 AntiDopG

§ 5
Einziehung

Gegenstände, auf die sich eine Straftat nach § 4 bezieht, können eingezogen werden. § 74a des Strafgesetzbuchs ist anzuwenden.

Die Vorschrift des § 5 AntiDopG ist keine eigenständige Strafnorm, sondern fungiert durch Verweis auf §§ 74 ff. StGB als Bindeglied zwischen dem allgemeinen Strafrecht und dem Anti-Doping-Gesetz.[1883] Sie entspricht weitestgehend der bisherigen Regelung des § 98 AMG. Durch das „*Gesetz zur Reform der strafrechtlichen Vermögensabschöpfung*“ ist der – früher in Absatz 1 geregelte – erweiterte Verfall zum 1. Juli 2017 entfallen.[1884]

§ 5 S. 1 AntiDopG statuiert die Einziehung von sog. Tatobjekten (früher: Beziehungsgegenstände). Während Gegenstände, die durch eine vorsätzliche Tat hervorgebracht (Tatprodukte) oder zu ihrer Begehung oder Vorbereitung gebraucht worden oder bestimmt gewesen sind (Tatmittel), originär nach § 74 Abs. 1 StGB eingezogen werden können, ist die Einziehung von Tatobjekten gemäß § 74 Abs. 2 StGB nur auf der Grundlage entsprechender Sondervorschriften möglich.[1885] Diese Verbindung stellt § 5 AntiDopG her. Als Tatobjekte gelten solche Sachen, die nicht Werkzeuge oder Produkte, sondern notwendige Gegenstände der Tat selbst sind.[1886] Sie bilden das passive Objekt der Tat, indem sich ihre Verwendung in dem Gebrauch erschöpft, auf dessen Verhinderung der entsprechende Tatbestand abzielt.[1887] Voraussetzung ist ein spezifischer Tatbezug. Eine Grenzziehung erfolgt im Ausschlusswege.[1888]

Bei Dopingmitteln handelt es sich in aller Regel um die notwendigen Tatgegenstände, deren Einziehung sachgerecht ist.[1889] Sind die sichergestellten Dopingmittel jedoch nicht Gegenstand der von der Anklage umfassten und vom Gericht festgestellten Tat, scheidet ihre Einziehung nach § 5 AntiDopG aus.[1890]

1883 *Weber*, BtMG, AntiDopG, § 5 Rn. 1.

1884 Gesetz zur Reform der strafrechtlichen Vermögensabschöpfung v. 13.4.2017, BGBl. 2017 I, S. 872.

1885 G/J/W/*Eschelbach*, AntiDopG, § 5 Rn. 2; L/N/P/*Putzke*, § 5 Rn. 24.

1886 BT-Drucks. 18/4898, S. 33.

1887 L/N/P/*Putzke*, AntiDopG, § 5 Rn. 25; MüKo/*Joecks*, StGB, § 74a a.F. Rn. 19; S/S/*Eser*/*Schuster*, StGB, § 74a Rn. 12a.

1888 K/P/V/*Volkmer*, BtMG, AntiDopG, § 5 Rn. 2; S/S/*Eser*/*Schuster*, StGB, § 74a Rn. 12a.

1889 BT-Drucks. 18/4898, S. 33.

1890 Für Betäubungsmittel: BGH v. 3.11.2004 – 2 StR 374/04, Rn. 3, n.v.; BGH v. 5.3.2002 – 3 StR 491/01, Rn. 10, NStZ 2002, 438.

Auch Geschäftserlöse oder Gewinne aus Geschäften mit Dopingmitteln können nicht nach § 5 AntiDopG abgeschöpft werden. Vielmehr sind hierzu die allgemeinen Vorschriften zur Einziehung und Wertersatzeinziehung von Taterträgen nach §§ 73 ff. StGB heranzuziehen.[1891]

Für Laborutensilien zur Durchführung von Dopingmethoden oder zur Anwendung von Dopingmitteln (bspw. Spritzen) ist ein Rückgriff auf die Vorschrift des § 5 AntiDopG nicht erforderlich. Sie stellen keine Tatobjekte, sondern Tatmittel i.S.v. § 74 StGB dar.[1892] Transportfahrzeuge und Streckmittel unterliegen als Tatmittel ebenfalls der Einziehung nach § 74 Abs. 1 StGB.[1893]

Gemäß § 74 Abs. 3 S. 1 StGB ist die Einziehung grundsätzlich nur zulässig, wenn die Gegenstände zur Zeit der Entscheidung dem Täter gehören oder zustehen. Mithin muss der Täter oder Teilnehmer zum Zeitpunkt der letzten tatrichterlichen Entscheidung Eigentümer der Sachen sein.[1894] Vorrangig ist damit die Frage rechtswirksamer Eigentumsübergänge zu klären. Das Ergebnis einer solchen Prüfung hängt von der Art des jeweiligen Dopingmittels ab. So können verkehrsfähige Substanzen unter Berücksichtigung einschlägiger Verkehrsregeln zu rechtlich tolerierten Zwecken weiterveräußert werden. Bei anderen Dopingmitteln ist ein derivativer Eigentumserwerb auf rechtsgeschäftlichem Wege wegen § 134 BGB ausgeschlossen. So kann das Eigentum an Pflanzen der Gattung Cannabis wegen ihrer Eigenschaft als nicht verkehrsfähiges Betäubungsmittel nach Anlage I zum BtMG nicht auf rechtsgeschäftlichem Wege übertragen werden.[1895] Hierzu erklärt die Regelung des § 5 S. 2 AntiDopG die Vorschrift des § 74a StGB für anwendbar und ermöglicht damit eine Einziehung unabhängig von den Eigentumsverhältnissen. Abweichend von § 74 Abs. 3 StGB können Tatobjekte unter den dort genannten Voraussetzungen auch dann eingezogen werden, wenn sie nicht einer an der Tat beteiligten Person gehören. Namentlich dann, wenn die Person (1) mindestens leichtfertig dazu beigetragen hat, dass sie als Tatmittel verwendet worden oder Tatobjekt gewesen sind, oder (2) sie in Kenntnis der Umstände, welche die Einziehung zugelassen hätten, in verwerflicher Weise erworben hat.

1891 BGH v. 8.8.1990 – 2 StR 282/90, n.v.; K/P/V/*Volkmer*, BtMG, AntiDopG, § 5 Rn. 10.

1892 K/P/V/*Volkmer*, BtMG, AntiDopG, § 5 Rn. 5.

1893 *Weber*, BtMG, § 33 Rn. 418.

1894 BGH v. 7.4.2010 – 2 StR 51/10, NStZ-RR 2010, 202; BGH v. 21.8.2008 – 4 StR 350/08, n.v.; K/P/V/*Volkmer*, BtMG, AntiDopG, § 5 Rn. 6.

1895 BGH v. 20.9.2005 – 3 StR 295/05, Rn. 6, NStZ 2006, 170; K/P/V/*Volkmer*, BtMG, AntiDopG, § 5 Rn. 7.

Die Quasi-Beihilfe in Nr. 1 setzt zunächst voraus, dass der Dritte in objektiver Hinsicht dazu beigetragen hat, dass die Sache Gegenstand der vollendeten Tat oder ihres strafbaren Versuchs oder ihrer strafbaren Vorbereitung gewesen ist. Hierunter ist auch ein garantenpflichtwidriges Unterlassen zu subsumieren.[1896] Ein hinreichender Beitrag liegt vor, wenn das Verhalten des Dritten für die Vollendung, den strafbaren Versuch oder die strafbare Vorbereitungshandlung kausal geworden ist. Davon erfasst wird auch eine „fahrlässige Beihilfe".[1897] Erfoderlich ist ein wenigstens leichtfertiges Verhalten. Beihilfevorsatz hinsichtlich der Bezugstat ist nicht erforderlich. Vielmehr ist es ausreichend, dass der Dritte die Tat in ihren allgemeinen Umrissen hätte vorhersehen können.[1898]

Die Einziehung in Nr. 2 setzt voraus, dass der Dritte den Gegenstand nach der Tat aber vor der Entscheidung erworben hat.[1899] Zum Erwerbsvorgang zählen alle Formen des einverständlichen Zusammenwirkens mit dem Vorbesitzer.[1900] In subjektiver Hinsicht muss der Erwerber die Umstände kennen, welche die Einziehung zugelassen hätten.[1901]

Für weitere Einzelheiten kann auf die allgemeine Literatur zu §§ 74 ff. StGB verwiesen werden.

H. Konkurrenzen

Zu den Körperverletzungs- und Tötungsdelikten des Strafgesetzbuches sowie zum Betrug nach § 263 StGB stehen die Straftaten des Anti-Doping-Gesetzes im Verhältnis der Tateinheit gemäß § 52 StGB.[1902]

Das Verhältnis zwischen den Vorschriften des Doping- und Betäubungsmittelrechts wird durch § 81 AMG geregelt. Danach bleiben die Vorschriften des Anti-Doping-Gesetzes unberührt.[1903] Daraus ergibt sich, dass auf Dopingmittel, die zugleich Betäubungsmittel sind, neben den Vorschriften des

---

1896 BeckOK/*Heuchemer*, StGB, § 74a Rn. 8; NK/*Saliger*, StGB, § 74a Rn. 5.

1897 BeckOK/*Heuchemer*, StGB, § 74a Rn. 9.

1898 BeckOK/*Heuchemer*, StGB, § 74a Rn. 10; NK/*Saliger*, StGB, § 74a Rn. 6.

1899 BeckOK/*Heuchemer*, StGB, § 74a Rn. 13; S/S/*Eser*/*Schuster*, StGB, § 74a Rn. 7, 8.

1900 BeckOK/*Heuchemer*, StGB, § 74a Rn. 14; NK/*Saliger*, StGB, § 74a Rn. 8.

1901 BeckOK/*Heuchemer*, StGB, § 74a Rn. 15; NK/*Saliger*, StGB, § 74a Rn. 9.

1902 MüKo/*Freund*, StGB, AntiDopG, § 4 Rn. 137.

1903 In der Fassung des Art. 2 Nr. 6 des Gesetzes v. 15. 12. 2015 (BGBl. 2015 I, S. 2210, 2216)

Anti-Doping-Gesetzes auch die des Betäubungsmittelgesetzes Anwendung finden.[1904] Die Straftatbestände stehen daher in Tateinheit.[1905]

Ist sowohl eine Strafbarkeit gemäß § 4 Abs. 2 AntiDopG (Erwerb und Besitz von Dopingmitteln zur Vorteilsverschaffung im Wettbewerb) als auch nach § 4 Abs. 1 Nr. 3 AntiDopG (Erwerb und Besitz von bestimmten Dopingmitteln in nicht geringer Menge) gegeben, ist zwischen diesen Straftaten Tateinheit i.S.v. § 52 StGB anzunehmen.[1906] Die eine Tat geht nicht in der anderen auf, weil beide Straftatbestände eine unterschiedliche Schutzrichtung haben und damit auch unterschiedliches Unrecht ahnden. Zwar ist beiden Tatbeständen sowohl der Wettkampfaspekt als auch der Gesundheitsschutz immanent. Bei § 4 Abs. 2 AntiDopG liegt der Unwertgehalt jedoch primär in der Wettbewerbsverfälschung durch den sich dopenden Sportler. Wohingegen der Schutz vor Gesundheitsgefahren im Rahmen von § 4 Abs. 1 Nr. 3 AntiDopG größere Bedeutung erlangt.[1907]

Die von § 4 Abs. 1 Nr. 1 AntiDopG erfassten Tatvarianten des Herstellens und Handeltreibens mit Dopingmitteln stehen indessen nicht in Tateinheit, sondern in Gesetzeskonkurrenz zueinander.[1908]

1904 *Weber*, BtMG, § 1 Rn. 23, 26; *Weber*, BtMG, AntiDopG, Einl. Rn. 26.

1905 L/N/P/*Putzke*, AntiDopG, § 4 Rn. 90; *Weber*, BtMG, § 1 Rn. 23, 26; *Weber*, BtMG, AntiDopG, Einl. Rn. 27.

1906 BT-Drucks. 18/4898, S. 30.

1907 BT-Drucks. 18/4898, S. 30; MüKo/*Freund*, StGB, AntiDopG, § 4 Rn. 133.

1908 BGH v. 7.8.2018 – 3 StR 345/17, Rn. 22 f., NStZ-RR 2019, 8.

Fünftes Kapitel: Ergebnis und rechtspolitischer Ausblick

Getreu dem Motto der Olympischen Spiele „*schneller, höher, stärker*“ spiegelt sich der Leistungsgedanke und die Erwartungshaltung unserer Gesellschaft auch im Sport wider. Das Bestreben die körperliche Leistungsfähigkeit mit der Einnahme von Dopingmitteln oder der Anwendung von Dopingmethoden zu verbessern, ist dabei bereits seit Anbeginn sportlicher Wettbewerbe existent. Die heutige Kommerzialisierung des Sports treibt die Forschung und Anwendung immer weiter voran. Athleten und Verantwortliche entwickeln stetig neue Substanzen und Methoden, um den kontinuierlich verbesserten Kontrollen der Verbände zu entgehen. Die Aussicht auf sportlichen Erfolg überwiegt vor der Angst eines öffentlichen Imageschadens. Der stetige Wettlauf zwischen den Protagonisten kulminierte schließlich in dem Erlass des Anti-Doping-Gesetzes. Wurde lange Zeit die Auffassung vertreten, dass ein staatliches Dopingverbot nicht gerechtfertigt sei und die Regelungsautonomie den sportlichen Institutionen unterliege, belegte der Umfang des Dopings, dass sportrechtliche Maßnahmen alleine nicht ausreichten. Entgegen aller Kritik waren die verbandsrechtlichen Sanktionsmöglichkeiten sowie die bis dato lediglich partiell geregelte Strafbarkeit des Sportdopings nur bedingt geeignet, gegen die dopenden Sportler und die etablierten Strukturen des Dopinghandels vorzugehen. Die zahlreichen Reform- und Gesetzesvorschläge der vergangenen Jahre zeigen auf, dass trotz aller Verbesserungen in der Vergangenheit stets ein evidenter Handlungsbedarf im Hinblick auf die strafrechtliche Sanktionierung des dopenden Sportlers gesehen wurde.

So konnte die Verabreichung von Dopingmitteln oder die Anwendung von Dopingmethoden zwar eine tatbestandliche Körperverletzung begründen. Weil beim Selbstdoping aber keine andere Person körperlich misshandelt oder an der Gesundheit geschädigt wird, machte sich der selbstdopende Sportler nicht nach § 223 Abs. 1 StGB strafbar. Auch eine Beteiligung am Selbstdoping war grundsätzlich straflos. Ebenso war der Tatbestand des Betrugs gemäß § 263 StGB nicht in der Lage alle wirtschaftlichen Interessen umfassend zu schützen. Insbesondere die unterlegenen Konkurrenten und die im Vertrauen auf einen fairen Wettkampf Eintritt zahlenden Zuschauer waren vom Schutzbereich nicht erfasst. Darüber hinaus existierten zahlreiche Streitfragen. In den meisten Fällen führte nur eine extensive Auslegung des Tatbestands zu einer Betrugsstrafbarkeit. Auch die strafbewehrten Verbote des § 6a AMG a.F. hatten nicht den dopenden Athleten selbst, sondern dessen Hintermänner im Visier. Neben den betreuenden Ärzten, Trainern, Eltern und sonstigen Personen im Umfeld des Sportlers kamen vor allem Apotheker und pharmazeutische Unternehmer als Täter in Betracht. Die Vorschriften des Arzneimittelrechts richteten sich also primär gegen den Handel mit Dopingmitteln. Im Fokus stand der Breiten- und Freizeitsport. Insbesondere das Selbstdoping war nicht strafbewehrt. Zwar war bereits der Erwerb und Besitz nicht geringer Mengen von Arzneimitteln zu Dopingzwecken im Sport verboten. Allerdings scheiterte eine Strafverfolgung in den meisten Fällen an dem Erfordernis der nicht geringen Menge.

Die Idee der Bekämpfung des Dopings im Sport mit Hilfe des Strafrechts ist mithin nicht neu. Sowohl die Historie als auch die Verbreitung des Dopings verifizieren allerdings, dass die bisherigen Gesetze nicht ausreichend waren. Weil die Gesetzgebungskompetenz für das Arzneimittelgesetz nur den Verkehr mit Arzneimitteln umfasst und das Betäubungsmittelgesetz nur den Umgang mit Stoffen verbietet, die ein Suchtpotential aufweisen, war die Pönalisierung des Dopings allein auf Grundlage der bisherigen Regelungen für eine umfassende Dopingbekämpfung unzulänglich. Insoweit können die damaligen Forderungen nach einem eigenständigen Anti-Doping-Gesetz als legitim erachtet werden. Erforderlich war eine direkte Kriminalisierung des Dopings, damit auch die Hauptakteure zur Verantwortung gezogen werden können. Doping im Sport gefährdet nicht nur die Gesundheit der Sportler und den Sportethos, sondern tangiert auch die Integrität des Sports in einem wirtschaftlichen Kontext. Gegen das Fernziel ist mithin nichts einzuwenden. Doping im Sport ist ein strafwürdiges und strafbedürftiges Unrecht. Im Grundsatz war damit das Anti-Doping-Gesetz als Schritt in die richtige Richtung zu begrüßen. Zur Gewährleistung eines umfassenden Gesundheitsschutzes und zur Absicherung wirtschaftlicher Grundwerte war die strafrechtliche Sanktionierung des Sportdopings mithin zwingend erforderlich. Insoweit stand dem Gesetzgeber auch eine weite Einschätzungsprärogative zu, um über die Geeignetheit und Erforderlichkeit einer gesetzlichen Regelung zu entscheiden. In den neuen Strafvorschriften werden nunmehr nicht nur die Verbreitung, Anwendung und der Besitz von Dopingmitteln und -methoden, sondern erstmals auch das Selbstdoping und mit ihm die unerlaubte Einflussnahme auf Sportwettbewerbe unter Strafe gestellt. Die Regelungssystematik ist allerdings wenig gelungen. Mit der Verwendung von Blankettstrafgesetzen wird der Gesetzesumgang für den Rechtsanwender erheblich erschwert. Zwar mag die Inkorporierung der Verbotsliste zu einer Harmonisierung in der Dopingbekämpfung beitragen. Allerdings stammen die verbotenen Mittel und Methoden damit letzten Endes von einer privatrechtlichen Organisation. Auch wenn das Gesetz nicht direkt auf die Verbotsliste verweist wird davon auszugehen sein, dass jede Änderung uneingeschränkt übernommen wird. Ebenso werden die

Grenzen des verfassungsrechtlich Haltbaren durch die Verwendung konturenloser Begriffe stark strapaziert. Woher soll ein Sportler wissen, dass er dem Verbot des Selbstdopings unterliegt, wenn bereits die Definition des *„Sports“* vor scheinbar unlösbare Herausforderungen gestellt ist. Auch die Einschränkungen in § 3 Abs. 3 und § 4 Abs. 7 AntiDopG werfen im Einzelfall nicht unerhebliche Abgrenzungsfragen auf, die es durch die Wissenschaft und Rechtsprechung noch zu konkretisieren gilt. Der Bereich der Strafbarkeitsbegründung weist noch eine große Zahl an Unklarheiten auf, die nicht nur dem rechtssuchenden Sportler den Gesetzesumgang erschweren.[1909] Insoweit bleibt es abzuwarten, ob sich auch das Anti-Doping-Gesetz als stumpfes Schwert erweist.[1910]

Regelmäßig wird der dopende Sportler die ersten Anhaltspunkte – insbesondere zu den Hintermännern – liefern. Mithin muss auch dieser im Fokus der Strafverfolgung stehen. Nur so ist es dem Staat überhaupt erst möglich seine Aufklärungsinstrumentarien vollumfänglich einzusetzen. Für die Einleitung eines strafrechtlichen Verfahrens bedarf es eines Anfangsverdachts. Hier fehlt es den Strafverfolgungsbehörden jedoch bislang an dem entscheidenden Instrument: Einer Kronzeugenregelung. Die zuständigen Staatsanwälte beklagen, dass sie bisher nicht tief genug in die Dopingstrukturen eindringen konnten. Das liege insbesondere an einer fehlenden Kronzeugenregelung im Anti-Doping-Gesetz.[1911] Das beste Beispiel hierzu liefert der frühere Skilangläufer *Johannes Dürr*, der durch seine Aussage zum entscheidenden Erfolg gegen den *„Erfurter Dopingring“* beigetragen hat.[1912] In einer 145 Seiten umfassenden Anklageschrift hat die Staatsanwaltschaft München I Anklage gegen den Erfurter Sportarzt Dr. med. *Mark S.* und vier Helfer erhoben. Ihnen wird die gewerbsmäßige und

---

1909 *Orth*, Korruption im Sport, S. 129.

1910 Seit dem 2.4.2019 liegen die Zahlen aus der PKS 2018 vor. Danach wurden im Jahr 2017 bundesweit insgesamt 1.376 Dopingfälle (261 mehr als im Vorjahr) erfasst. Davon 231 Fälle zum Herstellen, Inverkehrbringen, Verschreiben, Anwendung bei Dritten, Handel treiben, Veräußern oder Abgeben von Dopingmitteln. 1.095 Fälle zum Erwerb, Besitz und Verbringen von Dopingmitteln und 50 Fälle zum Selbstdoping, Polizeiliche Kriminalstatistik 2018, abrufbar unter: https://www.bka.de/DE/AktuelleInformationen/StatistikenLagebilder/PolizeilicheKriminalstatistik/PKS2018/Standardtabellen/standardtabellenFaelle.html;jsessionid=BCC79C40D4C907E9DAD472FEA91F5FB9.live0611?nn=108686 (zuletzt abgerufen am 2.1.2020); Pfister, SpuRt 2016, 93, 93.

1911 Aus der Mitte Deutschlands, FAZ v. 28.2.2019, S. 31.

1912 Das Comeback des Blut-Dopers, FAZ v. 10.3.2019, S. 32; „Das ist ein Blödsinn, ein Scheiß“, FAZ.NET v. 7.3.2019; Das Schicksal der Kronzeugen, FAT.NET v. 5.3.2019; Waterloo und Stadelheim, FAZ v. 1.3.2019, S. 32.

teilweise bandenmäßige Anwendung verbotener Dopingmethoden sowie die Beihilfe hierzu vorgeworfen. Darüber hinaus besteht gegen *Mark S.* der Verdacht der gefährlichen Körperverletzung. Die gegen 50 Sportler, Ärzte, Betreuer und deren Helfer gerichteten Ermittlungen der Staatsanwaltschaft wurden erst durch die Aussagen des früheren österreichischen Langläufers und Kronzeugen *Joannes Dürr* ermöglicht.[1913] Der jüngste Eklat zeigt das Ausmaß und das wirtschaftliche Interesse der Täter am Doping. Noch vor Erlass des Anti-Doping-Gesetzes lehnte die Bundesregierung eine Kronzeugenregelung ab, weil das Strafgesetzbuch diese bereits mit § 46b StGB für den Fall der organisierten Kriminalität vorsehe. Dagegen ist jedoch einzuwenden, dass ein solcher Straferlass nur den Hintermännern, nicht aber dem dopenden Sportler zu Gute kommt. De lege ferenda ist die Implementierung einer (kleinen) Kronzeugenregelung in das Anti-Doping-Gesetz geboten. Allein die Freiheit der Strafgerichte, ein kooperatives Verhalten zu belohnen, ist nicht geeignet involvierte Sportler zu einer Aussage zu motivieren. In Anlehnung an die Kronzeugenregelung im Betäubungsmittelrecht könnte die einzuführende Vorschrift folgenden Wortlaut besitzen:

Strafmilderung oder Absehen von Strafe

Das Gericht kann die Strafe nach § 49 Abs. 1 des Strafgesetzbuches mildern oder, wenn der Täter keine Freiheitsstrafe von mehr als zwei Jahren verwirkt hat, von Strafe absehen, wenn der Täter

1. *durch freiwilliges Offenbaren seines Wissens wesentlich dazu beigetragen hat, dass eine Straftat nach § 4, die mit seiner Tat im Zusammenhang steht, aufgedeckt werden konnte, oder*
2. *freiwillig sein Wissen so rechtzeitig einer Dienststelle offenbart, dass eine Straftat nach § 4 die mit seiner Tat im Zusammenhang steht und von deren Planung er weiß, noch verhindert werden kann.*

War der Täter an der Tat beteiligt, muss sich sein Beitrag zur Aufklärung nach Satz 1 Nummer 1 über den eigenen Tatbeitrag hinaus erstrecken. § 46b Abs 2 und 3 des Strafgesetzbuches gilt entsprechend.

Kriminalpolitisches Ziel der Kronzeugenregelung soll es sein, in den illegalen Dopingmarkt einzudringen. Mit der Aufklärungshilfe involvierter Täter soll die Möglichkeit der strafrechtlichen Verfolgung (Nr. 1) und die Verhinderung geplanter (Nr. 2) Straftaten verbessert werden. Durch die Norm könnten kriminelle Strukturen aufgebrochen werden, welche ohne Hilfe von

1913 145 Seiten Anklage, 30 Zeugen, 23 Doper, FAZ v. 20.12.2019, S. 32.

Insiderinformationen nicht zu unterwandern wären.[1914] Auch die Kronzeugenregelung im Betäubungsmittelrecht hat sich als unentbehrliches und überaus wirksames Aufklärungsinstrument erwiesen.[1915] Beim Doping existieren ebenfalls organisierte Vertriebswege und Händlerstrukturen, die mit denen des organisierten Rauschgifthandels vergleichbar sind.[1916] Neben der Ermittlung von Lieferanten, Abnehmern, Mittätern oder Bandenmitgliedern würde die Regelung auch dem einzelnen Sportler den Ausstieg aus der Dopingszene erleichtern.[1917] Die Vorschrift wäre nur auf Straftaten nach dem Anti-Doping-Gesetz anzuwenden. Im Gegensatz zur sog. großen Kronzeugenregelung des § 46b StGB müsste die Straftat auch nicht mit einer im Mindestmaß erhöhten Strafe bedroht sein.

Die gegen eine Kronzeugenregelung immer wieder eingewendeten Bedenken, wie der Konflikt mit dem Legalitätsprinzip oder der Möglichkeit einer falschen Belastung, vermögen nicht zu überzeugen.[1918] Insoweit überwiegt der unbestreitbare Gewinn an einer effizienten Strafverfolgung. Die Gefährdung des Sports durch eine sich über alle Ebenen ausbreitenden Dopingpraxis tangiert die Rechtsgüter des Sports in einem solchen Ausmaß, dass der Einsatz von Kronzeugen für eine effektive Strafverfolgungen unausweichlich ist.[1919]

Für eine bessere Zusammenarbeit in der strafrechtlichen und verbandsrechtlichen Dopingverfolgung ist schließlich zu empfehlen, dass neben der strafrechtlichen Strafminderung bzw. Strafverschonung auch die jeweiligen Sportverbände eine Reduzierung der Dopingsperre des Kronzeugen vorsehen. Nur so können involvierte Athleten zur Aussage motiviert werden. Schließlich möchte ein betroffener Sportler nicht nur einer strafrechtlichen Verfolgung, sondern auch einer langjährigen Sportsperre entgehen.

1914 BeckOK/*Bohnen*/*Schmidt*, BtMG, § 31 Rn. 2 f.
1915 *Maihold*, SpuRt 2013, 95, 99.
1916 BT-Drucks. 18/4898, S. 17.
1917 So zur Rauschgiftszene: BGH v. 20.3.2014 – 3 StR 429/13, Rn. 14, StV 2014, 619.
1918 Vgl. hierzu: *Jahn*, SpuRt 2013, 90, 91 m.w.N.; *Maihold*, SpuRt 2013, 95, 99.
1919 So auch: *Maihold*, SpuRt 2013, 95, 99.

Literaturverzeichnis

Acker, Helmut — Im Sog der Chemie in *Acker, Helmut* [Hrsg.], Rekorde aus der Retorte – Leistungssteigerung im modernen Hochleistungssport, 1972 (zitiert: *Acker*, Rekorde aus der Retorte)

Adolphsen, Jens / Nolte, Martin / Lehner, Michael / Gerlinger, Michael [Hrsg.] — Sportrecht in der Praxis, 2012 (zitiert: A/N/L/G/*Bearbeiter*, Sportrecht in der Praxis)

Ahlers, Rainer — Doping und strafrechtliche Verantwortlichkeit – Zum strafrechtlichen Schutz des Sportlers vor Körperschäden durch Doping, 1. Aufl. 1994 (zitiert: *Ahlers*, Doping)

Amelung, Knut — Irrtum und Zweifel des Getäuschten beim Betrug, GA 1977, 1 (zitiert: *Amelung*, GA 1977, 1)

Amelung, Knut — Über die Einwilligung (Teil 1), ZStW 1992, 525 (zitiert: *Amelung*, ZStW 1992, 525)

Amelung, Knut — Zur Verantwortlichkeit Drogenabhängiger für Selbstschädigungen durch den Gebrauch von Suchtstoffen, NJW 1996, 2393 (zitiert: *Amelung*, NJW 1996, 2393)

Amelung, Knut / Eymann, Frieder — Die Einwilligung des Verletzten im Strafrecht, JuS 2001, 937 (zitiert: *Amelung/Eymann*, JuS 2001, 937)

Arndt, Klaus — Dopingbekämpfung im Sport, 1992 (zitiert: *Arndt*, Dopingbekämpfung)

Arzt, Gunther — Willensmängel bei der Einwilligung, 1970 (zitiert: *Arzt*, Willensmängel)

Arzt, Gunther / Weber, Ulrich / Heinrich, Bernd / Hilgendorf, Eric — Strafrecht Besonderer Teil, 3. Aufl., 2015 (zitiert: A/W/H/H/*Bearbeiter*, BT)

Bagger von Grafenstein, Tim — Sport: Welche Vor- und Nachteile bringt eine rechtliche Qualifizierung als Sport mit sich?, MMR — Beilage 2018, 20 (zitiert: *Bagger von Grafenstein*, MMR Beilage 2018, 20)

Bamberger, *Heinz Georg* / *Roth*, *Herbert* / *Hau*, *Wolfgang* / *Poseck*, *Roman* [Hrsg.] — Beck´scher Online-Kommentar BGB, 48. Edition Stand 01.11.2018 (zitiert: BeckOK/*Bearbeiter*, BGB)

Bannenberg, *Britta* — Das neue Anti-Doping-Gesetz hilft dem Sport nicht, SpuRt 2007, 155 (zitiert: *Bannenberg*, SpuRt 2007, 155)

Barrère, *Albert* / *Leland*, *Charles Godfrey* — A dictionary of slang, jargon and cant – Embracing English, American, and Anglo-Indian slang, pidgin English, gypsies' jargon and other irregular phraseology, 1889 (zitiert: *Barrère*/*Leland*, A dictionary of slang, jargon and cant)

Baumann, *Jürgen* / *Weber*, *Ulrich* / *Mitsch*, *Wolfgang* / *Eisele*, *Jörg* — Strafrecht Allgemeiner Teil, 12. Aufl. 2016 (zitiert: B/W/M/E, AT)

Berendonk, *Brigitte* — Doping Dokumente – Von der Forschung zum Betrug, 1991 (zitiert: *Berendonk*, Doping)

Bergermann, *Michael* — Doping und Zivilrecht – Rechtmäßigkeit von Doping-Sanktionen sowie durch Doping begründete Schadensersatzansprüche, 2002 (zitiert: *Bergermann*, Doping und Zivilrecht)

Bergmann, *Karl Otto* / *Pauge*, *Burkhard* / *Steinmeyer*, *Heinz-Dietrich* [Hrsg.] — Gesamtes Medizinrecht, 3. Aufl., 2018 (zitiert: B/P/S, Medizinrecht)

Bette, *Karl-Heinrich* / *Schimank*, *Uwe* — Die Dopingfalle – Soziologische Betrachtungen, 2006 (zitiert: *Bette*/*Schimank*, Die Dopingfalle)

Beulke, *Werner* — Opferautonomie im Strafrecht – Zum Einfluss der Einwilligung auf die Beurteilung der einverständlichen Fremdgefährdung in *Dannecker*, *Gerhard* u.a. [Hrsg.], Festschrift für Harro Otto zum 70. Geburtstag am 1. April 2007, 2007 (zitiert: *Beulke*, FS Otto)

Birnbacher, *Dieter* — Natürlichkeit – Grundthemen Philosophie, 2006 (zitiert: *Birnbacher*, Natürlichkeit)

Blasius, *Helga* — Doping im Sport, 3. Aufl., 2017 (zitiert: *Blasius*, Doping im Sport)

Blickensdörfer, Hans — Der Tag, an dem Tom Simpson starb in *Acker, Helmut* [Hrsg.], Rekorde aus der Retorte – Leistungssteigerung im modernen Hochleistungssport, 1972
(zitiert: *Blickensdörfer*, Rekorde aus der Retorte)

Bohnen, Wolfgang / Schmidt, Detlev [Hrsg.] — Beck´scher Online-Kommentar BtMG, 2. Edition Stand 15.03.2019
(zitiert: BeckOK/*Bearbeiter*, BtMG)

Bott, Ingo / Mitsch, Wolfgang — Sinn und Unsinn der Strafbarkeit des Dopings – Eine Analyse, KriPoZ, 2016, 159
(zitiert: *Bott/Mitsch*, KriPoZ 2016, 159)

Bott, Ingo / Volz, Sabine — Die Anwendung und Interpretation des mysteriösen § 228 StGB, JA 2009, 421
(zitiert: *Bott/Volz*, JA 2009, 421)

Bottke, Wilfried — Doping als Straftat? in *Hirsch, Hans Joachim / Wolters, Jürgen / Brauns, Uwe* [Hrsg.], Festschrift für Günter Kohlmann zum 70. Geburtstag, 2003
(zitiert: *Bottke*, FS Kohlmann)

Brill, Sebastian — Das „neue Anti-Doping-Gesetz“ und die ungerechtfertigte Privilegierung von Bodybuildingwettkämpfen, SpuRt 2015, 153
(zitiert: *Brill*, SpuRt 2015, 153)

Brtka, Roman — eSport: Die Spiele beginnen – Welche Rechtsfragen sind zu klären?, GRUR-Prax 2017, 500
(zitiert: *Brtka*, GRUR-Prax 2017, 500)

Budzisch, Margot / Wuschech, Heinz / Huhn, Klaus — Doping in der BRD – Ein historischer Überblick zu einer verschleierten Praxis, 1999
(zitiert: B/W/H, Doping in der Bundesrepublik Deutschland)

Bülte, Jens — Blankette und normative Tatbestandsmerkmale: Zur Bedeutung von Verweisungen in Strafgesetzen, JuS 2015, 769
(zitiert: *Bülte*, JuS 2015, 769)

Cherkeh, Rainer — Betrug (§ 263 StGB), verübt durch Doping im Sport, 2000
(zitiert: *Cherkeh*, Betrug)

Cherkeh, Rainer / Momsen, Carsten Doping als Wettbewerbsverzerrung? – Möglichkeiten der strafrechtlichen Erfassung des Dopings unter besonderer Berücksichtigung der Schädigung von Mitbewerbern, NJW 2001, 1745 (zitiert: *Cherkeh/Momsen*, NJW 2001, 1745)

Chrobok, David Zur Strafbarkeit nach dem Anti-Doping-Gesetz, 2017 (zitiert: *Chrobok*, Doping)

Clasing, Dirk Die medikamentöse Beeinflussung der körperlichen Leistungsfähigkeit (Doping), Sportarzt und Sportmedizin, 1968, 258 (zitiert: *Clasing*, Sportarzt und Sportmedizin 1968, 258)

Clasing, Dirk Doping und seine Wirkstoffe – verbotene Arzneimittel im Sport, 2. Aufl., 2010 (zitiert: *Clasing*, Doping und seine Wirkstoffe)

Clasing, Dirk / Müller, Rudhard Klaus Dopingkontrolle – Information für Aktive, Betreuer und Ärzte zur Bekämpfung des Medikamentenmissbrauchs im Sport, 5. Aufl., 2008 (zitiert: *Clasing/Müller*, Dopingkontrolle – Information für Aktive, Betreuer und Ärzte)

Corsten, Johannes / Kuse, Amelie Strafrechtliche Folgen für den Dopingmittel verabreichenden Arzt, ZJS 2013, 453 (zitiert: *Corsten/Kuse*, ZJS 2013, 453)

Dahm, Georg Das Strafrecht Italiens im ausgehenden Mittelalter – Untersuchungen über die Beziehungen zwischen Theorie und Praxis im Strafrecht des Spätmittelalters, namentlich im XIV. Jahrhundert, 1931 (zitiert: *Dahm*, Strafrecht)

Dauner-Lieb, Barbara / Langen, Werner [Hrsg.] Nomos Kommentar BGB Schuldrecht, 3. Aufl. 2016 (zitiert: NK/*Bearbeiter*, BGB)

Decker, Wolfgang	Sport in der griechischen Antike – Vom minoischen Wettkampf bis zu den Olympischen Spielen, 2. Aufl., 2012 (zitiert: *Decker,* Sport in der griechischen Antike)
Deeter, Kirk D. / Voy, Robert O.	Drugs, sport and politics, 1991 (zitiert: *Deeter/Voy,* drugs, sport and politics)
Deutsch, Erwin / Spickhoff, Andreas	Medizinrecht, 7. Aufl. 2014 (zitiert: *Deutsch/Spickhoff,* Medizinrecht)
Diederichsen, Angela	Aspekte des Selbstbestimmungsrechts Minderjähriger bei medizinischer Behandlung in *Müller, Gerda* [Hrsg.], Festschrift für Günter Hirsch zum 65. Geburtstag, 2008 (zitiert: *Diedrichsen,* FS Hirsch)
Diener, Sarah / Hoffmann-Holland, Klaus	Sportliche Leistung, Jura 2009, 946 (zitiert: *Diener/Hoffmann-Holland,* Jura 2009, 946)
Digel, Helmuth / Dickhuth, Hans-Hermann [Hrsg.]	Doping im Sport, 2002 (zitiert: D/D/*Bearbeiter,* Doping im Sport)
Ditz, Walter	Doping im Pferderennsport – Eine kriminologisch-empirische Untersuchung zur Problematik der künstlichen Leistungsveränderung im Pferderennsport, 1986 (zitiert: *Ditz,* Doping)
Dölling, Dieter / Duttge, Gunnar / König, Stefan / Rössner, Dieter [Hrsg.]	Gesamtes Strafrecht, 4. Aufl. 2017 (zitiert: D/D/K/R/*Bearbeiter,* StGB)
Dominik, Philipp	Strafbarkeit von pharmakologischem Neuroenhancement zur kognitiven Leistungssteigerung, 2019. (zitiert: *Dominik,* Neuroenhancement)
Donike, Manfred	Doping – Informationsbroschüre für Athleten und Betreuer, 1986 (zitiert: *Donike,* Informationsbroschüre)
Donike, Manfred / Rauth, Susanne	Dopingkontrollen, 2. Aufl., 1996 (zitiert: *Donike/Rauth,* Dopingkontrollen)
Donohoe, Tom / Johnson, Neil	Foul play – drug abuse in sports, 1986 (zitiert: *Donohoe/Johns*on, Foul Play)

Dresen, Antje — Doping im Spitzensport als soziales Problem – Ursachen und Folgen eines gesellschaftlichen Diskurses, 2010 (zitiert: *Dresen*, Doping im Spitzensport)

Dudenredaktion [Hrsg.] — Duden – Das Fremdwörterbuch Band 5, 11. Aufl., 2015 (zitiert: Duden, Das Fremdwörterbuch)

Dury, Walter — Kann das Strafrecht die Doping-Seuche ausrotten?, SpuRt 2005, 137 (zitiert: *Dury*, SpuRt 2005, 137)

Dury, Walter — Lösung des Doping-Problems durch den Staatsanwalt? in *Crezelius, Georg / Hirte, Heribert / Vieweg, Klaus* [Hrsg.], Gesellschaftsrecht Rechnungslegung Sportrecht, Festschrift für Volker Röhricht zum 65. Geburtstag, 2005 (zitiert: *Dury*, FS Röhricht)

Duttge, Gunnar — Erfolgszurechnung und Opferverhalten – Zum Anwendungsbereich der einverständlichen Fremdgefährdung – in *Dannecker, Gerhard* u.a. [Hrsg.], Festschrift für Harro Otto zum 70. Geburtstag am 1. April 2007, 2007 (zitiert: *Duttge*, FS Otto)

Eberbach, Wolfram — Grundsätze zur Aufklärungspflicht bei nicht voll Geschäftsfähigen, MedR 1986, 14 (zitiert: *Eberbach*, MedR 1986, 14)

Eisele, Jörg — Strafrecht Besonderer Teil I – Straftaten gegen die Person und die Allgemeinheit, 4. Aufl., 2017 (zitiert: *Eisele*, BT I)

Eising, Felix — Die Strafbarkeit des Eigendopings, 2018 (zitiert: *Eising*, Doping)

Ellmer, Manfred — Betrug und Opfermitverantwortung (Strafrechtliche Abhandlungen), 1986 (zitiert: *Ellmer*, Betrug)

Engel, Rabea — Doping in der DDR – Eine rechtshistorische und strafrechtliche Aufarbeitung, 2010 (zitiert: *Engel*, Doping)

Epping, Volker / Hillgruber, Christian [Hrsg.] — Beck`scher Online-Kommentar Grundgesetz, 39. Edition, Stand 15.11.2017 und 15.11.2018
(zitiert: BeckOK/*Bearbeiter*, GG)

Eser, Albin / Schittenhelm, Ulrike / Schumann, Heribert [Hrsg.] — Festschrift für Theodor Lenckner zum 70. Geburtstag, 1998
(zitiert: *Hilgendorf*, FS Lenckner)

Faber, Alexander — Doping als unlauterer Wettbewerb und Spielbetrug, 1974
(zitiert: *Faber*, Doping)

Feiden, Karl / Blasius, Helga — Doping im Sport, Wer – Womit – Warum, 2. Aufl., 2008
(zitiert: *Feiden/Blasius*, Doping im Sport)

Fiedler, Adrian — Das Doping minderjähriger Sportler – Eine straf- und verbandsrechtliche Untersuchung, 2013
(zitiert: *Fiedler*, Doping)

Figura, Lars — Doping – Zwischen Freiheitsrecht und notwendigem Verbot, 2009
(zitiert: *Figura*, Doping)

Finger, Peter — Das neue Recht der elterlichen Sorge (SorgeRG), JA 1981, 641
(zitiert: *Finger*, JA 1981, 641)

Finke, Pia — Die neue Anti-Doping-Gesetzgebung: Gesetz zur Bekämpfung von Doping im Sport, PharmR 2016, 445 (zitiert: *Finke*, PharmR 2016, 445)

Fischer, Thomas — Beck'sche Kurz-Kommentare – Strafgesetzbuch mit Nebengesetzen, 66. Aufl., 2019
(zitiert: *Fischer*, StGB)

Fischer, Ulrich — Unlauterer Wettbewerb durch Doping im europäischen Profisport? – EuZW 2002, 297
(zitiert: *Fischer*, EuZW 2002, 297)

Freund, Georg — Anmerkung zu einer Entscheidung des BGH, Urteil vom 18.09.2013 (2 StR 365/12; NJW 2014, 325) – Zum Inverkehrbringen von Arzneimitteln zu Dopingzwecken, JZ 2014, 362
(zitiert: *Freund*, JZ 2014, 362)

Freund, Georg	Verfassungswidrige Dopingstrafbarkeit nach § 95 Abs. 1 Nr. 2a AMG – Ein Beitrag zum Gesetzlichkeitsgrundsatz (Art. 103 Abs. 2 GG), in *Bannenberg, Britta / Brettel, Hauke / Freund, Georg* u.a. [Hrsg.], Über allem: Menschlichkeit – Festschrift für Dieter Rössner, 2015 (zitiert: *Freund*, FS Rössner)
Frey, Dieter	eSport – Rechtsfragen eines komplexen Ökosystems im Überblick (Teil 1), SpuRt 2018, 2 (zitiert: *Frey*, SpuRt 2018, 2)
Frey, Dieter	eSport – Rechtsfragen eines komplexen Ökosystems im Überblick (Teil 2), SpuRt 2018, 53 (zitiert: *Frey*, SpuRt 2018, 53)
Frister, Helmut	Strafrecht Allgemeiner Teil – Ein Studienbuch, 8. Aufl., 2018 (zitiert: *Frister*, AT)
Fritzweiler, Jochen	Ein § 299a StGB als neuer Straftatbestand für den sich dopenden Sportler?, SpuRt 1998, 234 (zitiert: *Fritzweiler*, SpuRt 1998, 234)
Fritzweiler, Jochen [Hrsg.]	Doping – Sanktionen, Beweise, Ansprüche, 2000 (zitiert: Fritzweiler/*Bearbeiter*, Doping)
Fritzweiler, Jochen / Pfister, Bernhard / Summerer, Thomas	Praxishandbuch Sportrecht, 1998 (zitiert: F/P/S/*Bearbeiter*, Praxishandbuch, 1998)
Fritzweiler, Jochen / Pfister, Bernhard / Summereri, Thomas	Praxishandbuch Sportrecht, 3. Aufl., 2014 (zitiert: F/P/S/*Bearbeiter*, Praxishandbuch)
Gamper, Michael	Doping – Spitzensport als gesellschaftliches Problem, 2000 (zitiert: *Gamper*, Doping)
Gärditz, Klaus Ferdinand	Pharmakologisches Neuro-Enhancement als Rechtsproblem, PharmR 2011, 46 (zitiert: *Gärditz*, PharmR 2011, 46)
Gerhard, Volker / Lämmer, Manfred [Hrsg.]	Fairneß und Fair Play – Eine Ringvorlesung an der Deutschen Sporthochschule Köln, 2. Aufl., 1995 (zitiert: *Gerhard/Lämmer*, Fair Play)

Glocker, Moritz Die strafrechtliche Bedeutung von Doping: de lege lata und de lege ferenda, 2009 (zitiert: *Glocker*, Doping)

Gössel, Karl Heinz / Dölling, Dieter Strafrecht Besonderer Teil 1 – Straftaten gegen Persönlichkeits- und Gemeinschaftswerte, 2. Aufl. 2004 (zitiert: *Gössel/Dölling*, BT I)

Graf, Jürgen Peter / Jäger, Markus / Wittig, Petra [Hrsg.] Beck´sche Kurz-Kommentare Wirtschafts- und Steuerstrafrecht, 2. Aufl., 2017 (zitiert: G/J/W/*Bearbeiter*, AntiDopG)

Greco, Louis Zur Strafwürdigkeit des Selbstdopings im Leistungssport, GA 2010, 622 (zitiert: *Greco*, GA 2010, 622)

Gropp, Walter Strafrecht Allgemeiner Teil, 4. Aufl., 2015 (zitiert: *Gropp*, AT)

Grotz, Stefan Zur Betrugsstrafbarkeit des gesponserten und gedopten Sportlers, SpuRt 2005, 93 (zitiert: *Grotz*, SpuRt 2005, 93)

Grünewald, Anette Selbstgefährdung und einverständliche Fremdgefährdung, GA 2012, 364 (zitiert: *Grünewald*, GA 2012, 364)

Gülpen, Peter-René Der Begriff der guten Sitten in § 228 StGB, 2009 (zitiert: *Gülpen*, Begriff der guten Sitten)

Gutheil, Ulrike Doping – Die haftungsrechtliche und sportrechtliche Verantwortung von Sportler, Trainer, Arzt und Sportverband, 1996 (zitiert: *Gutheil*, Doping)

Haas, Ulrich / Holla, Matthias Das Dopinghilfegesetz (DOHG), SpuRt 2002, 221 (zitiert: *Haas/Holla*, SpuRt 2002, 221)

Haas, Ulrich / Prokop, Clemens Sind Staatsanwälte verpflichtet, gegen Doping-Ärzte Ermittlungsverfahren einzuleiten?, SpuRt 1997, 56 (zitiert: *Haas/Prokop*, Spurt 1997, 56)

Haas, Ulrich / Prokop, Clemens Aktuelle Entwicklungen in der Dopingbekämpfung, SpuRt 2000, 5 (zitiert: *Haas/Prokop*, SpuRt 2000, 5)

Häberle, Peter [Hrsg.] — Beck´sche Kurz-Kommentare, Strafrechtliche Nebengesetze, 221. Ergänzungslieferung, Stand August 2018 (zitiert: Erbs/Kohlhaas/*Bearbeiter*, AntiDopG)

Harms, Monika / Heine, Sonja — EG-Verordnung und Blankettgesetz – Zum Verhältnis von Gemeinschaftsrecht und nationalem Strafrecht in *Böse, Martin / Sternberg-Lieben, Detlev*, [Hrsg.], Grundlagen des Straf- und Strafverfahrensrechts, Festschrift für Knut Amelung zum 70. Geburtstag, 2009 (zitiert: *Harms/Heine*, FS Amelung)

Hauck, Ronny / Stephan, Jan-Christoph F. — Rechtsfolgen bei Absage und Verlegung einer Sportveranstaltung, JuS 2012, 585 (zitiert: *Hauck/Stephan*, JuS 2012, 585)

Haug, Tanja — Doping – Dilemma des Leistungssports, 2006 (zitiert: *Haug*, Doping)

Haupt, Oliver / Friedrich, Christoph — Zur Geschichte der Dopingmittel, Pharmakon 1/2016 (zitiert: *Haupt/Friedrich*, Pharmakon 1/2016)

Hauptmann, Markus / Rübenstahl, Markus — Zur Doping-Besitzstrafbarkeit des Sportlers de lege lata und de lege ferenda, MedR 2007, 271 (zitiert: *Hauptmann/Rübenstahl*, MedR 2007, 271.

Heger, Martin — Die Strafbarkeit von Doping nach dem Arzneimittelgesetz, SpuRt 2001, 92 (zitiert: *Heger*, SpuRt 2001, 92)

Heger, Martin — Zur Strafbarkeit von Doping im Sport, JA 2003, 76 (zitiert: *Heger*, JA 2003, 76)

Heger, Martin — Zum Rechtsgut einer Strafnorm gegen Selbst-Doping, SpuRt 2007, 153 (zitiert: *Heger*, SpuRt 2007, 153)

Heger, Martin — Deutschland als Antidopingstaat? – zu Steiner, ZRP 2015, 51, ZRP 2015, 218 (zitiert *Heger*, ZRP 2015, 218)

Heger, Martin — Sportstrafrecht – Eine Einführung anhand von Doping im Sport, Iurratio 2016, 89 (zitiert: *Heger*, Iurratio 2016, 89)

Heger, Martin — Die Strafbarkeit von Doping nach dem Anti-Doping-Gesetz (ADG), Medstra 2017, 205 (zitiert: *Heger*, Medstra 2017, 205)

Heinrich, Bern — Strafrecht Allgemeiner Teil, 5. Aufl., 2016 (zitiert: *Heinrich*, AT)

Heintschel-Heinegg von, Bernd [Hrsg.] — Beck´scher Online Kommentar Strafgesetzbuch, 40. Edition, Stand 01.11.2018 (zitiert: BeckOK/*Bearbeiter*, StGB)

Hellmann, Uwe — Einverständliche Fremdgefährdung und objektive Zurechnung in *Schünemann, Bernd / Achenbach, Hans / Bottke, Wilfried / Haffke, Bernhard / Rudolphi, Hans-Joachim* [Hrsg.], Festschrift für Claus Roxin zum 70. Geburtstag am 15. Mai 2001, 2001 (zitiert: *Hellmann*, FS Roxin)

Hinz, Werner — Strafmündigkeit ab vollendetem 12. Lebensjahr? – Ein rechtspolitisches Reizthema, ZRP 2000, 107 (zitiert: *Hinz*, ZRP 2000, 107)

Hirsch, Hans Joachim — Einwilligung in sittenwidrige Körperverletzung in *Böse, Martin / Sternberg-Lieben, Detlev*, [Hrsg.], Grundlagen des Straf- und Strafverfahrensrechts, Festschrift für Knut Amelung zum 70. Geburtstag, 2009 (zitiert: *Hirsch*, FS Amelung)

Hirsch, Hans Joachim — Zu strafrechtlichen Fragen des Sportrechts in *Joerden, Jan C. / Scheffler, Uwe / Sinn, Arndt / Wolf, Gerhard* [Hrsg.], Vergleichende Strafrechtswissenschaft – Frankfurter Festschrift für Andrzej J. Szwarc zum 70. Geburtstag, 2009 (zitiert: *Hirsch*, FS Szwarc)

Hollmann, Wildor [Hrsg.] Zentrale Themen der Sportmedizin, 3. Aufl., 1985 (zitiert: Hollmann/*Bearbeiter*, Sportmedizin)

Holzhäuser, Felix / Bagger, Tim / Schenk, Maximilian Ist E-Sport „echter“ Sport, SpuRt 2016, 94 (zitiert: *Holzhäuser/Bagger/Schenk*, SpuRt 2016, 94)

Hoven, Elisa Zur Verfassungsmäßigkeit von Blankettstrafgesetzen – Eine Betrachtung der aktuellen Rechtsprechung zu § 52 Abs. 2 VTabakG und § 10 RiFlEtikettG, NStZ 2016, 377 (zitiert: *Hoven*, NStZ 2016, 377)

Hoven, Elisa / Kubiciel, Michael [Hrsg.] Korruption im Sport – Tagungen und Kolloquien, 2018 (zitiert: *Bearbeiter*, Korruption im Sport)

Huhn, Klaus Doping, Doping und kein Ende, 1991 (zitiert: *Huhn*, Doping)

Huster, Stefan / Kaltenborn, Markus Krankenhausrecht – Praxishandbuch zum Recht des Krankenhauswesens, 2. Aufl. 2017 (zitiert: *Bearbeiter*, Krankenhausrecht)

Jahn, Matthias Doping zwischen Selbstgefährdung, Sittenwidrigkeit und staatlicher Schutzpflicht – Materiell-strafrechtliche Fragen an einen Straftatbestand zur Bekämpfung des eigenverantwortlichen Dopings, ZIS 2006, 57 (zitiert: *Jahn*, ZIS 2006, 57)

Jahn, Matthias Heileingriff als Körperverletzung und hypothetische Einwilligung, JuS 2007, 1145 (zitiert: *Jahn*, JuS 2007, 1145)

Jahn, Matthias Selbst- und Fremdgefährdung bei tödlichem Autorennen, JuS 2009, 370 (zitiert: *Jahn*, JuS 2009, 370)

Jahn, Matthias Strafrecht AT: Eigenverantwortliche Selbstgefährdung bei Rauschgifteinnahme, JuS 2011, 372 (zitiert: *Jahn*, JuS 2011, 372)

Jahn, Matthias Strafrecht BT: Doping als Sportbetrug, JuS 2012, 181 (zitiert: *Jahn*, JuS 2012, 181)

Jahn, Matthias — Strategien und Instrumente in Dopingverfahren aus Sicht des deutschen Strafrechts, SpuRt 2013, 90 (zitiert: *Jahn*, SpuRt 2013, 90)

Jahn, Matthias — Noch mehr Risiken und Nebenwirkungen – der Anti-Doping-Gesetzesentwurf der Bundesregierung aus Sicht des Strafverfassungsrechts, SpuRt 2015, 149 (zitiert: *Jahn*, Spurt 2015, 149)

Jähnke, Burkard / Laufhütte, Heinrich Wilhelm / Odersky, Walter / Rissing-van Saan, Ruth / Tiedemann, Klaus [Hrsg.] — Leipziger Kommentar StGB: Band 1 §§ 1–31, 12. Aufl., 2006; Band 2 §§ 32–55, 12. Aufl., 2006; Band 6 §§ 223–263a, 11. Aufl. 2005 (zitiert: LK/*Bearbeiter*, StGB)

Jakobs, Günther — Strafrecht Allgemeiner Teil, Die Grundlagen und die Zurechnungslehre, 2. Aufl. 1993 (zitiert: *Jakobs*, AT)

Jarvers, Konstanze — Das neue italienische Anti-Dopinggesetz, ZStW 2001, 947 (zitiert: *Jarvers*, ZStW 2001, 947)

Joecks, Wolfgang / Jäger, Christian, — Studienkommentar StGB, 12. Aufl. 2018 (zitiert: *Joecks/Jäger*, StGB)

Joecks, Wolfgang / Miebach, Klaus [Hrsg.] — Münchener Kommentar zum StGB, 2. Aufl., 2013 (zitiert: MüKo/*Bearbeiter*, StGB, 2. Aufl., 2013)

Joecks, Wolfgang / Miebach, Klaus [Hrsg.] — Münchener Kommentar zum StGB, 3. Aufl. 2017 (zitiert: MüKo/*Bearbeiter*, StGB)

Kant, Immanuel — Kritik der Urteilskraft, 2015, erstmals erschienen 1790 bei Lagarde & Friedrich in Berlin (zitiert: *Kant*, Kritik der Urteilskraft)

Karakaya, Ilkin — Doping und Unterlassen als strafbare Körperverletzung?, 2004 (zitiert: *Karakaya*, Doping)

Kargl, Walter — Probleme der Strafbegründung bei Einwilligung des Geschädigten am Beispiel des Dopings, JZ 2002, 389 (zitiert: *Kargl*, JZ 2002, 389)

Kargl, Walter — Begründungsprobleme des Dopingstrafrechts, NStZ 2007, 489 (zitiert: *Kargl*, NStZ 2007, 489)

Kauerhof, Rico / Nagel, Sven / Zebisch, Mirko [Hrsg.] — Doping und Gewaltprävention – Dokumentation des Leipziger Sportrechtstages 2007, 2008 (zitiert: Kauerhof/Nagel/Zebisch/*Bearbeiter*, Doping und Gewaltprävention)

Kauerhof, Rico / Nagel, Sven / Zebisch, Mirko [Hrsg.] — Dopingfragen – Dokumentation des 2. Leipziger Sportrechtstages 2008, 2010 (zitiert: Kauerhof/Nagel/Zebisch/*Bearbeiter*, Dopingfragen)

Kern, Bastian — Internationale Dopingbekämpfung – Der World Anti-Doping Code der World Anti-Doping Agency, 2007 (zitiert: *Kern*, Internationale Dopingbekämpfung)

Kern, Bernd-Rüdiger — Der Minderjährige als Blutspender, FamRZ 1981, 738 (zitiert: *Kern*, FamRZ 1981, 738)

Kern, Bernd-Rüdiger — Fremdbestimmung bei der Einwilligung in ärztliche Eingriffe, NJW 1994, 753 (zitiert: *Kern*, NJW 1994, 753)

Kerner, Hans-Jürgen / Trüg, Gerson — Referendarexamensklausur – Strafrecht: Betrugsstrafrechtliche Relevanz des Dopings (zitiert: *Kerner/Trüg*, JuS 2004, 140)

Ketteler, Gerd — Sport als Rechtsbegriff, SpuRt 1997, 73 (zitiert: *Ketteler*, SpuRt 1997, 73)

Kett-Staub, Gabriele / Müller, Christian — „Der Weg ist das Ziel“- möglichst kurz sollte er trotzdem sein…“, JA 2013, 182 (zitiert: *Kett-Staub/Müller*, JA 2013, 182)

Kindhäuser, Urs — Strafrecht Allgemeiner Teil, 8. Aufl., 2017 (zitiert: *Kindhäuser*, AT)

Kindhäuser, Urs — Strafrecht Besonderer Teil I – Straftaten gegen Persönlichkeitsrechte, Staat und Gesellschaft, 8. Aufl., 2017 (zitiert: *Kindhäuser*, BT I)

Kindhäuser, Urs — Strafgesetzbuch Lehr- und Praxiskommentar, 7. Aufl. 2017 (zitiert: *Kindhäuser*, LPK-StGB)

Kindhäuser, Urs / Neumann, Ulfrid / Paeffgen, Hans-Ullrich [Hrsg.] — Nomos Kommentar Strafgesetzbuch, 5. Aufl. 2017 (zitiert: NK/*Bearbeiter*, StGB)

Klug, Uwe — Doping als strafbare Verletzung der Rechtsgüter Leben und Gesundheit, 1996 (zitiert: *Klug*, Doping)

Kohlhaas, Max — Zur Anwendung aufputschender Mittel im Sport, NJW 1970, 1958 (zitiert: *Kohlhaas*, NJW 1970, 1958)

Köhler, Helmut / Bornkamm, Joachim / Feddersen, Jörn — Beck´sche Kurz-Kommentare, Gesetz gegen den unlauteren Wettbewerb, 37. Aufl., 2019 (zitiert: Köhler/Bornkamm/Feddersen/*Bearbeiter*, UWG)

Koller, Ingo — Die Rechtsbeziehungen zwischen Sportveranstaltern und Zuschauern, RdA 1982, 46 (zitiert: *Koller*, RdA 1982, 46)

König, Peter — Dopingbekämpfung mit strafrechtlichen Mitteln – Erwiderung auf Kudlich JA 2007, 90, JA 2007, 573 (zitiert: *König*, JA 2007, 573)

Körner, Harald Hans / Patzak, Jörn / Volkmer, Mathias — Beck´sche Kurz-Kommentare Betäubungsmittelgesetz, Arzneimittelgesetz, Grundstoffüberwachungsgesetz, 8. Aufl., 2016 (zitiert: K/P/V/*Bearbeiter*, BtMG)

Kraatz, Erik — Aus der Rechtsprechung zum Arztstrafrecht 2011/2012 – Teil 2, NStZ-RR 2013, 33 (zitiert: *Kraatz*, NStZ-RR 2013, 33)

Krähe, Christian — Contra: Argumente gegen ein Anti-Doping-Gesetz, SpuRt 2006, 194 (zitiert: *Krähe*, SpuRt 2006, 194)

Kretschmer, Joachim — Strafrechtliche Zahlenrätsel – oder: Auf der Suche nach großen und anderen Zahlen in *Putzke, Holm* u. a. [Hrsg.], Strafrecht zwischen System und Telos: Festschrift für Rolf Dietrich Herzberg zum siebzigsten Geburtstag am 14. Februar 2008, 2008 (zitiert: *Kretschmer*, FS Herzberg)

Kreuzer, Arthur Kriminalisierung des „Eigendoping" von Sportlern? Desillusionierung und Umdenken in der Sportpolitik statt Ausweitung des Strafrechts, ZRP 2013, 181 (zitiert: *Kreuzer*, ZRP 2013, 181)

Krey, Volker / Esser, Robert Deutsches Strafrecht Allgemeiner Teil, 6. Aufl. 2016 (zitiert: *Krey/Esser*, AT)

Krüger, Matthias Die Entmaterialisierungstendenz beim Rechtsgutsbegriff, 2000 (zitiert: *Krüger*, Die Entmaterialisierungstendenz beim Rechtsgutsbegriff)

Krüger, Michael / Becker, Christian / Nielsen, Stefan / Reinold, Marcel Doping und Anti-Doping in der Bundesrepublik Deutschland 1950 bis 2007, 2014 (zitiert: *Krüger/Becker/Nielsen/Reinold*, Doping)

Krüger, Michael / Becker, Christian / Nielsen, Stefan / Reinold, Marcel / Niemeyer, Nils Westfälische Wilhelms-Universität Münster (WWU), Sport und Staat, Bericht über das Münsteraner Teilprojekt zur Dopinggeschichte in Deutschland (zitiert: *WWU*, Sport und Staat)

Kudlich, Hans An den Grenzen des Strafrechts – Rationale und verfassungsorientierte Strafgesetzgebung, dargestellt am Beispiel des strafrechtlichen Schutzes gegen Doping, JA 2007, 90 (zitiert: *Kudlich*, JA 2007, 90)

Kudlich, Hans Der Tod war noch schneller – strafrechtliche Verantwortung bei „privaten Autorennen" – Abgrenzung zwischen eigenverantwortlicher Selbst- und einvernehmlicher Fremdgefährdung bei Fahrlässigkeitsdelikten; rechtfertigende Wirkung einer Einwilligung in lebensgefährliches Verkehrsverhalten, JA 2009, 389 (zitiert: *Kudlich*, JA 2009, 389)

Kudlich, Hans — Der dopende Sportler als Betrüger? Vermögensstrafrechtliche Konsequenzen des Dopings – zur Leitentscheidung des OLG Stuttgart, SpuRt 2012, 54
(zitiert: *Kudlich*, SpuRt 2012, 54)

Kudlich, Hans / Oğlakcioğlu, Mustafa Temmuz — Wirtschaftsstrafrecht, 2. Aufl., 2014
(zitiert: *Kudlich/Oğlakcıoğlu*, Wirtschaftsstrafrecht)

Kügel, Wilfried / Müller, Rolf-Georg / Hofmann, Hans-Peter — Beck´sche Kurz-Kommentare Arzneimittelgesetz, 2. Aufl., 2016
(zitiert: K/M/H/*Bearbeiter*, AMG)

Kühl, Jochen / Latz, Hermann — Rechtliche Fragen des Dopings in *Clasing, Dirk* [Hrsg.], Doping – verbotene Arzneimittel im Sport, 1992
(zitiert: *Kühl/Latz*, Doping)

Kühl, Kristian — Strafrecht Allgemeiner Teil, 8. Aufl., 2017
(zitiert: *Kühl*, AT)

Kunz, Eugen — Gehirndoping: Unheil oder Segen? Diskussions- und ggf. Regelungsbedarf auf dem Gebiet des „Neuro-Enhancements“, MedR 2010, 471
(zitiert: *Kunz*, MedR 2010, 471)

Lackner, Karl / Kühl, Kristian [Hrsg.] — Strafgesetzbuch, 29. Aufl., 2016
(zitiert: L/K/*Bearbeiter*, StGB)

Lasson, Maximilian — Eigenverantwortliche Selbstgefährdung und einverständliche Fremdgefährdung – Überblick über einen nach wie vor aktuellen Streit in der Strafrechtsdogmatik, ZJS 2009, 359
(zitiert: *Lasson*, ZJS 2009, 359)

Laufs, Adolf / Katzenmeier, Christian / Lipp, Volker [Hrsg.] — Arztrecht, 7. Aufl. 2015
(zitiert: Laufs/Katzenmeier/Lipp/*Bearbeiter*, Arztrecht)

Laufs, Adolf / Kern, Bernd-Rüdiger — Handbuch des Arztrechts, 4. Aufl. 2010
(zitiert: *Laufs/Kern*, Arztrecht)

Lehner, Michael / Cherkeh, Rainer — Ein deutsches Anti-Doping-Gesetz – zur Notwendigkeit der Einbeziehung des Sportlers als europarechtliche Verpflichtung, Causa Sport 2006, 495 (zitiert: *Lehner/Cherkeh*, Causa Sport 2006, 495)

Lehner, Michael / Nolte, Martin / Putzke, Holm [Hrsg.] — Anti-Doping-Gesetz, 2017 (zitiert: L/N/P/*Bearbeiter*, AntiDopG)

Leipold, Klaus — Strafrechtliche Aspekte des Dopings, NJW-Spezial 2006, 423 (zitiert: *Leipold*, NJW-Spezial 2006, 423)

Lenckner, Theodor — Die Einwilligung Minderjähriger und deren gesetzlicher Vertreter, ZStW 1972, 446 (zitiert: *Lenckner*, ZStW 1972, 446)

Lesch, Heiko H. — Die strafrechtliche Einwilligung beim HIV-Antikörpertest an Minderjährigen, NJW 1989, 2309 (zitiert: *Lesch*, NJW 1989, 2309)

Linck, Joachim — Doping und staatliches Recht, NJW 1987, 2545 (zitiert: *Linck*, NJW 1987, 2545)

Linck, Joachim — Doping aus juristischer Sicht, MedR 1993, 55 (zitiert: *Linck*, MedR 1993, 55)

Lüer, Christoph — Dopingstrafen im Sport und der Grundsatz „Ne bis in idem" – Unter besonderer Berücksichtigung des WADA-Code und des NADA-Code, 2006 (zitiert: *Lüer*, Dopingstrafen)

Magnus, Dorothea — Die Strafbarkeit von Sport- und Minddoping bei Minderjährigen, ZStW 2012, 907 (zitiert: *Magnus*, ZStW 2012, 907)

Maihold, Dieter — Strategien und Instrumente zivil- und verbandsrechtlicher Dopingverfahren in Deutschland, SpuRt 2013, 95 (zitiert: *Maihold*, SpuRt 2013, 95)

Markowetz, Klaus — Doping, Haftungs- und strafrechtliche Verantwortlichkeit, 2003 (zitiert: *Markowetz*, Doping)

Marxen, Klaus / Werle, Gerhard [Hrsg.]	Strafjustiz und DDR-Unrecht Dokumentation, Bd. 7, Gefangenenmisshandlung, Doping und sonstiges DDR-Unrecht, 2009 (zitiert: *Marxen/ Werle*, DDR-Unrecht)
Matt, Holger / Renzikowski, Joachim [Hrsg.]	Strafgesetzbuch Kommentar, 2013 (zitiert: Matt/Renzikowski/*Bearbeiter*, StGB)
Maunz, Theodor / Düring, Günther / Herzog, Roman [Hrsg.]	Grundgesetz Kommentar, 84. Ergänzungslieferung, Stand August 2018 (zitiert: Maunz/Dürig/Herzog/*Bearbeiter*, GG)
Merk, Beate	Das Doping im Sport als Herausforderung für das Strafrecht in *Hilgendorf, Eric / Eckert, Frank*, Subsidiarität – Sicherheit – Solidarität, Festgabe für Franz-Ludwig Knemeyer zum 75. Geburtstag, 2012 (zitiert: *Merk*, FS Knemeyer)
Merkel, Reinhard	Neuartige Eingriffe ins Gehirn, Verbesserung der mentalen condicio humana und strafrechtliche Grenzen, ZStW 2009, 919 (zitiert: *Merkel*, ZStW 2009, 919)
Mertens, Karsten	Jan Ullrich und die Unschuldsvermutung – Die Verteidigungsstrategie des Radprofis aus juristischer Sicht, SpuRt 2006, 177 (zitiert: *Mertens*, SpuRt 2006, 177)
Mestwerdt, Thomas	Doping – Sittenwidrigkeit und staatliches Sanktionsbedürfnis, 1997 (zitiert: *Mestwerdt*, Doping)
Mestwerdt, Thomas	Notwendigkeit und verfassungsrechtliche Grundlagen eines staatlichen Dopingverbots, SpuRt 1997, 119 (zitiert: *Mestwerdt*, SpuRt 1997, 119)
Michel, Julia	Doping – Voraussetzungen und Möglichkeiten einer Strafgesetzgebung in Deutschland, 2010 (zitiert: *Michel*, Doping)

Momsen-Pflanz, Gundula Die sportethische und strafrechtliche Bedeutung des Dopings – Störung des wirtschaftlichen Wettbewerbs und Vermögensrelevanz, 2005
(zitiert: *Momsen-Pflanz*, Doping)

Müller, Anja Doping im Sport als strafbare Gesundheitsschädigung (§§ 223 Abs. 1, 230 StGB)?, 1993
(zitiert: *Müller*, Doping)

Müller, Kai / Hönig, Sandra Aufsatz Strafrecht – Examensrelevante Probleme der Brandstiftungsdelikte, JA 2001, 517
(zitiert: *Müller/Hönig*, JA 2001, 517)

Murmann, Uwe BGH: Totschlag durch Unterlassen, NStZ 2012, 387 (zitiert: *Murmann*, NStZ 2012, 387)

Neyen, Werner Die Einwilligungsfähigkeit im Strafrecht, 1991
(zitiert: *Neyen*, Einwilligungsfähigkeit)

Nickel, Rüdiger / Rous, Theo [Hrsg.] Das Anti-Doping-Handbuch, Band 1: Grundlagen, 2. Aufl., 2009
(zitiert: Nickel/Rous/*Bearbeiter*, Das-Anti-Doping-Handbuch)

Nolte, Martin Sport und Recht – Ein Lehrbuch zum internationalen, europäischen und deutschen Sportrecht, 2004
(zitiert: *Nolte*, Sport und Recht)

Nolte, Martin Staatliche Verantwortung im Bereich Sport – Ein Beitrag zur normativen Abgrenzung von Staat und Gesellschaft, 2004
(zitiert: *Nolte*, Staatliche Verantwortung im Bereich Sport)

Norouzi, Ali B. / Summerer, Thomas DAV-Stellungnahme zum Anti-Doping-Gesetz, SpuRt 2015, 63
(zitiert: *Norouzi/Summerer*, SpuRt 2015, 63)

Odenwald, Steffen Die Einwilligungsfähigkeit im Strafrecht unter besonderer Hervorhebung ärztlichen Handelns, 2004 (zitiert: *Odenwald*, Einwilligungsfähigkeit)

Ott, Steffen Strafwürdigkeit und Strafbedürftigkeit des Selbstdopings im Leistungssport, 2013 (zitiert: *Ott*, Doping)

Otto, Harro Eigenverantwortliche Selbstschädigung und -gefährdung sowie einverständliche Fremdschädigung und -gefährdung in *Jescheck, Hans-Heinrich* / *Vogler, Theo* [Hrsg.], Festschrift für Herbert Tröndle zum 70. Geburtstag am 24. August 1989, 1989 (zitiert: *Otto*, FS Tröndle)

Otto, Harro Zur Strafbarkeit des Dopings – Sportler als Täter und Opfer, SpuRt 1994, 10 (zitiert: *Otto*, SpuRt 1994, 10)

Otto, Harro Einverständnis, Einwilligung und eigenverantwortliche Selbstgefährdung in *Schlüchter, Ellen* [Hrsg.], Kriminalistik und Strafrecht, Festschrift für Friedrich Geerds zum 70. Geburtstag, 1995 (zitiert: *Otto*, FS Geerds)

Otto, Harro Grundkurs Strafrecht: Die einzelnen Delikte, 7. Aufl., 2005 (zitiert: *Otto*, BT)

Palandt, Otto [Hrsg.] Beck´sche Kurzkommentare Palandt Bürgerliches Gesetzbuch, 78. Aufl., 2019 (zitiert: Palandt/*Bearbeiter*, BGB)

Pappas, Christos Die antike agonale Idee und ihre Nachwirkungen auf das heutige griechische Leben: Eine kulturhistorische Untersuchung unter besonderer Berücksichtigung des griechischen Sports, 1980 (zitiert: *Pappas*, Die antike agonale Idee)

Parzeller, Markus Die strafrechtliche Verantwortung des Arztes beim Doping, Deutsche Zeitschrift für Sportmedizin, 2001, 162 (zitiert: *Parzeller*, Deutsche Zeitschrift für Sportmedizin 2001, 162)

Parzeller, Markus / Prittwitz, Cornelius	Statische oder dynamische Verweisung? – Teil 1, Bedenkliche Unbestimmtheiten und Unklarheiten bei der Bestimmung der zu Dopingzwecken im Sport verbotenen Arzneimittel im Arzneimittelgesetz, StoffR 2009, 101 (zitiert: *Parzeller/Prittwitz*, StoffR 2009, 101)
Parzeller, Markus / Rüdiger, Christiane	Blutdoping: Unbestimmte Regelungen im Arzneimittelgesetz, ZRP 2007, 137 (zitiert: *Parzeller/Rüdiger*, ZRP 2007, 137)
Paul, Andreas	Reform der Altersstufen im Jugendstrafrecht, ZRP 2003, 204 (zitiert: *Paul*, ZRP 2003, 204)
Pawlenka, Claudia [Hrsg.]	Sportethik Regeln – Fairneß – Doping, 2004 (zitiert: Pawlenka/*Bearbeiter*, Sportethik)
Pawlenka, Claudia	Ethik, Natur und Doping, 2010 (zitiert: *Pawlenka*, Ethik, Natur und Doping)
Peukert, Matthias	Das neue Anti-Doping-Gesetz – Ein erster kritischer Überblick aus strafrechtlicher Sicht, npoR 2015, 95 (zitiert: *Peukert*, npoR 2015, 95)
Pfister, Bernhard	Anti-Doping-Gesetz – unangenehme Nebenwirkungen, SpuRt 2016, 93 (zitiert: *Pfister*, SpuRt 2016, 93)
Pfister, Bernhard [Hrsg.]	Das Anti-Doping-Gesetz, 2016 (zitiert: Pfister/*Bearbeiter*, Das AntiDopG)
Prittwitz, Cornelius	Straftat Doping in *Lüderssen, Klaus / Volk, Klaus / Wahle, Eberhard* [Hrsg.], Festschrift für Wolf Schiller zum 65. Geburtstag am 12. Januar 2014, 2014 (zitiert: *Prittwitz*, FS Schiller)
Prokop, Clemens	Die Grenzen der Dopingverbote, 2000 (zitiert: *Prokop*, Dopingverbote)
Prokop, Clemens	Anti-Doping-Gesetz – Pro und Contra, Pro: Argumente für ein Anti-Doping-Gesetz, SpuRt 2006, 192 (zitiert: *Prokop*, SpuRt 2006, 192)

Pschyrembel, Willibald [Begr.] Pschyrembel Klinisches Wörterbuch, 267. Aufl., 2017 (zitiert: *Pschyrembel*, Klinisches Wörterbuch)

Puppe, Ingeborg Die Selbstgefährdung des Verletzten beim Fahrlässigkeitsdelikt – Das Auftauchen des Selbstgefährdungsgedankens in der deutschen Rechtsprechung, ZIS 2007, 247 (zitiert: *Puppe*, ZIS 2007, 247)

Puppe, Ingeborg Mitverantwortung des Fahrlässigkeitstäters bei Selbstgefährdung des Verletzten – Zugleich Besprechung von BGH, Urteil vom 20-11-2008, GA 2009, 486 (zitiert: *Puppe*, GA 2009, 486)

Pusch, Hendrik Trennt „eSport" und Sport nur ein Vokal?, npoR 2019, 53 (zitiert: *Pusch*, npoR 2019, 53)

Quaas, Michael / Zuck, Rüdiger / Clemens, Thomas Medizinrecht, Öffentliches Medizinrecht – Pflegeversicherungsrecht – Arzthaftpflichtrecht – Arztstrafrecht, 4. Aufl. 2018 (zitiert: Quaas/Zuck/*Bearbeiter*, MedR)

Raabe, Andreas Der Bestimmtheitsgrundsatz bei Blankettstrafgesetzen am Beispiel der unzulässigen Marktmanipulation, 2007 (zitiert: *Raabe*, Bestimmtheitsgrundsatz bei Blankettstrafgesetzen)

Rain, Joachim Die Einwilligung des Sportlers beim Doping, 1998 (zitiert: *Rain*, Doping)

Reipschläger, Christiane Die Einwilligung Minderjähriger in ärztliche Heileingriffe und die elterliche Personensorge, 2004 (zitiert: *Reipschläger*, Einwilligung Minderjähriger)

Reisinger, Thomas Betrug durch Doping, 2012 (zitiert: *Reisinger*, Betrug)

Reissinger, Fabian Staatliche Verantwortung zur Bekämpfung des Dopings, 2010 (zitiert: *Reissinger*, Bekämpfung des Dopings)

Rengier, Rudolf Kündigungs-Betrug des Vermieters durch Tun und Unterlassen bei vorgetäuschtem Eigenbedarf – BayObLG, NJW 1987, 1654, JuS 1989, 802, 807 (zitiert: *Rengier*, JuS 1989, 802)

Rengier, Rudolf Strafrecht Allgemeiner Teil, 10. Aufl. 2018 (zitiert: *Rengier*, AT)

Rengier, Rudolf Strafrecht Besonderer Teil II – Delikte gegen die Person und die Allgemeinheit, 19. Aufl., 2018 (zitiert: *Rengier*, BT II)

Richter, Eva Doping in der DDR – Nur die Medaillen zählten, Deutsches Ärzteblatt 2000; 97 (30): A-2014/B-1702/C-1598 (zitiert: *Richter*, Doping in der DDR, Deutsches Ärzteblatt 2000, A2014)

Richtsfeld, Stefan Geld zurück oder gar Schadensersatz bei ausgefallenen Sportveranstaltungen?, SpuRt 1995, 153 (zitiert: *Richtsfeld*, SpuRt 1995, 153)

Riedl, Lars / Borggrefe, Carmen / Cachay, Klaus Spitzensport versus Studium? Organisationswandel und Netzwerkbildung als strukturelle Lösung des Inklusionsproblems studierender Spitzensportler, Sport und Gesellschaft 2007, 159 (zitiert: *Riedl/Borggrefe/Cachay*, Sport und Gesellschaft)

Rönnau, Thomas Voraussetzungen und Grenzen der Einwilligung im Strafrecht, Jura 2002, 665 (zitiert: *Rönnau*, Jura 2002, 665)

Rönnau, Thomas Grundwissen – Strafrecht: Einwilligung und Einverständnis, JuS 2007, 18 (zitiert: *Rönnau*, JuS 2007, 18)

Rössner, Dieter	Sportbetrug und Strafrecht – Notwendige Differenzierung und kriminalpolitische Überlegungen in *Hiebl, Stefan / Kassebohm, Nils / Lilie, Hans* [Hrsg.], Festschrift für Volkmar Mehle zum 65. Geburtstag am 11.11.2009, 2009 (zitiert: *Rössner*, FS Mehle)
Röthig, Peter / Prohl, Robert [Hrsg.]	Sportwissenschaftliches Lexikon, 7. Aufl., 2003 (zitiert: *Röthig/Prohl*, Sportwissenschaftliches Lexikon)
Roxin, Claus	Strafrecht Allgemeiner Teil, Grundlagen, Der Aufbau der Verbrechenslehre, Band 1, 4. Aufl., 2006 (zitiert: *Roxin*, AT I)
Roxin, Claus	Zur einverständlichen Fremdgefährdung – Zugleich Besprechung von BGH, Urteil v. 20.11.2008 – 4 StR 328/08, JZ 2009, 399 (zitiert: *Roxin*, JZ 2009, 399)
Roxin, Claus	Strafrecht und Doping in *Joecks, Wolfgang* [Hrsg.], Recht – Wirtschaft – Strafe – Festschrift für Erich Samson zum 70. Geburtstag, 2010 (zitiert: *Roxin*, FS Samson)
Roxin, Claus	Der Streit um die einverständliche Fremdgefährdung, GA 2012, 663 (zitiert: *Roxin*, GA 2012, 655)
Rudolphi, Hans-Joachim	Die verschiedenen Aspekte des Rechtsgutbegriffs in Festschrift für Richard M. Honig zum 80. Geburtstag 3. Januar 1970, 1970 (zitiert: *Rudolphi*, FS Honig)
Säcker, Franz Jürgen / Rixecker, Roland / Oetker, Hartmut / Limperg, Bettina [Hrsg.],	Münchener Kommentar zum Bürgerlichen Gesetzbuch, 7. Aufl. 2016 (zitiert: MüKo/*Beabreiter*, BGB)
Satzger, Helmut	Beteiligung und Unterlassen – Ein Überblick über die strafrechtlich relevanten Möglichkeiten der Beteiligung an und durch Unterlassen, Jura 2015, 1055 (zitiert: *Satzger*, Jura 2015, 1055).

Satzger, Helmut / Schluckebier, Wilhelm / Widmaier, Gunter StGB – Strafgesetzbuch Kommentar, 2. Aufl., 2014 (zitiert: S/S/W/*Bearbeiter*, StGB)

Schattmann, Matthias Betrug des Leistungssportlers im Wettkampf, 2008 (zitiert: *Schattmann*, Betrug)

Schild, Wolfgang Sportstrafrecht, 2002 (zitiert: *Schild*, Sportstrafrecht)

Schild, Wolfgang [Hrsg.] Rechtliche Fragen des Dopings, 1986 (zitiert: Schild/*Bearbeiter*, Rechtliche Fragen des Dopings)

Schlöter, Jan Friedrich Bekämpfung des Dopings im professionellen Sport mithilfe des Strafrechts, 2017 (zitiert: *Schlöter*, Doping)

Schmidt, Juana Doping im Spiegel des schweizerischen Strafrechts – Perspektiven für einen Anti-Doping-Tatbestand (Teil 1), SpuRt 2006, 19 (zitiert: *Schmidt*, SpuRt 2006, 19)

Schmidt, Judith Internationale Dopingbekämpfung – Grundlagen und nationalstaatliche Umsetzung, 2009 (zitiert: *Schmidt*, Internationale Dopingbekämpfung)

Schneider-Grohe, Christa Brigitte Doping – Eine kriminologische und kriminalistische Untersuchung zur Problematik der künstlichen Leistungssteigerung im Sport und zur rechtlichen Handhabung dieser Fälle, 1979 (zitiert: *Schneider-Grohe*, Doping)

Schöch, Heinz Defizite bei der strafrechtlichen Dopingbekämpfung in *Bannenberg, Britta / Brettel, Hauke / Freund, Georg* u.a. [Hrsg.], Über allem: Menschlichkeit – Festschrift für Dieter Rössner, 2015 (zitiert: *Schöch*, FS Rössner)

Schönke, Adolf / Schröder, Horst [Hrsg.] Strafgesetzbuch, 29. Aufl. 2014 (zitiert: S/S/*Bearbeiter*, StGB)

Schroeder, Friedrich-Christian / Kaufmann, Hans [Hrsg.] Sport und Recht, 1972 (zitiert: Schroeder/Kaufmann/*Bearbeiter*, Sport und Recht)

Schulz, Annett	Doping als strafbare Gesundheitsgefährdung – Ein Vergleich zwischen Deutschland, Österreich und Australien, 2016 (zitiert: *Schulz,* Doping)
Schulze, Reiner [Schriftleitung]	Nomos Kommentar Bürgerliches Gesetzbuch, 10. Aufl., 2019 (zitiert: *Schulze*, BGB)
Schünemann, Bernd	Zur Stellung des Opfers im System der Strafrechtspflege, NStZ 1986, 439 (zitiert: *Schünemann*, NStZ 1986, 439)
Sehling, Michael / Pollert, Reinhold / Hackfort, Dieter	Doping im Sport – Medizinische, sozialwissenschaftliche und juristische Aspekte, 1989 (zitiert: *Sehling/Pollert/Hackfort*, Doping im Sport)
Senkel, Katja	Wirksamkeitschancen des „Anti-Doping-Rechts“: Eine interdisziplinäre Analyse zu den Anforderungen an Dopingbekämpfungsmechanismen und deren Umsetzung (zitiert: *Senkel*, Doping)
Siegen, Jana Heene	Gehirndoping im Denk- und E-Sport, SpuRt 2016, 98 (zitiert: *Siegen*, SpuRt 2016, 98)
Singler, Andreas / Treutlein, Gerhard	Doping im Spitzensport, 6. Aufl., 2012 (zitiert: *Singler/Treutlein*, Doping im Spitzensport)
Soyez, Volker	Die Verhältnismäßigkeit des Dopingkontrollsystems, 2002 (zitiert: *Soyez*, Dopingkontrollsystem)
Spickhoff, Andreas [Hrsg.]	Beck´sche Kurzkommentare Medizinrecht, 3. Aufl. 2018 (zitiert: *Bearbeiter*, Beck-MedR)
Spindler, Gerd / Spindler, Beate	Die Sportanlagenlärmschutz-Verordnung in ihrer praktischen Anwendung, NVwZ 1993, 225 (zitiert: *Spindler/Spindler*, NVwZ 1993, 225)
Spitzer, Giselher	Wunden und Verwundungen – Sportler als Opfer des DDR-Dopingsystems, 2007 (zitiert: *Spitzer*, Wunden und Verwundungen)

Stam, Fabian — Die Straftatbestände des Sportwettbetrugs (§ 265c StGB) und der Manipulation von berufssportlichen Wettbewerben (§ 265d StGB), NZWiSt 2018, 41
(zitiert: *Stam*, NZWiSt 2018, 41)

Staudinger von, Julius [Hrsg.] — Kommentar zum Bürgerlichen Gesetzbuch: Staudinger BGB, Geschäftsbesorgung §§ 657–704, Neubearbeitung 2006
(zitiert: Staudinger/*Bearbeiter*, BGB

Steinbach, Manfred — Zum Dopingproblem in *Acker, Helmut* [Hrsg.], Rekorde aus der Retorte – Leistungssteigerung im modernen Hochleistungssport, 1972
(zitiert: *Steinbach*, Rekorde aus der Retorte)

Steiner, Udo — Verfassungsfragen des Sports, NJW 1991, 2729, (zitiert: *Steiner*, NJW 1991, 2729)

Steiner, Udo — Deutschland als Antidopingstaat, ZRP 2015, 51 (zitiert: *Steiner*, ZRP 2015, 51)

Sternberg-Lieben, Detlev — Einwilligungsschranken und Rechtsgutsvertauschung am Beispiel des Fremddopings im Sport, ZIS 2011, 583 (zitiert: *Sternberg-Lieben*, ZIS 2011, 583)

Striegel, Heiko — Doping im Fitness-Sport, Eine Analyse zwischen Dunkelfeld und sozialer Kontrolle, 2008
(zitiert: *Striegel*, Doping im Fitnesssport)

Striegel, Heiko / Vollkommer, Gregor — Doping – Die Verantwortung des Sportarztes als Ansprechpartner für junge Leistungssportler, MedR 2001, 112
(zitiert: *Striegel/Vollkommer*, MedR 2001, 112)

Summerer, Thomas — Prozessende Katrin Krabbe: Hindernislauf mit Tücken, SpuRt 2002, 233
(zitiert: *Summerer*, SpuRt 2002, 233)

Tag, Brigitte Der Körperverletzungstatbestand im Spannungsfeld zwischen Patientenautonomie und Lex artis – Eine arztstrafrechtliche Untersuchung, 2000
(zitiert: *Tag*, Körperverletzungstatbestand)

Tauschwitz, Moritz Die Dopingverfolgung in Deutschland und Spanien – Eine strafrechtliche und kriminologische Untersuchung, 2015
(zitiert: *Tauschwitz*, Dopingverfolgung)

Terbille, Michael / Clausen, Tilman / Schroeder-Printzen, Jörn Münchener Anwaltshandbuch Medizinrecht, 2. Aufl., 2013
(zitiert: *Bearbeiter*, Münchener Anwaltshandbuch Medizinrecht)

Thönneßen, Angelika Doping in der Schule? Leistungsstimulierende Substanzen als thematische Gegenstände der Gesundheitserziehung im Sportunterricht, 1999 (zitiert: *Thönneßen*, Doping in der Schule)

Timm, Frauke Die Legitimation des strafbewehrten Dopingverbots, GA 2012, 732
(zitiert: *Trimm*, GA 2012, 732)

Turner, George Rechtsprobleme beim Doping im Sport, MDR 1991, 569
(zitiert: *Turner*, MDR 1991, 569)

Turner, George Die Einwilligung des Sportlers zum Doping – Zur strafrechtlichen und zivilrechtlichen Problematik der Sittenwidrigkeit, NJW 1991, 2943
(zitiert: *Turner*, NJW 1991, 2943)

Turner, George Doping und Zivilrecht, NJW 1992, 720
(zitiert: *Turner*, NJW 1992, 720)

Turner, George Ist ein Anti-Doping-Gesetz erforderlich?, ZRP 1992, 121
(zitiert: *Turner*, ZRP 1992, 121)

Ulmen, Karl-Josef Pharmakologische Manipulationen (Doping) im Leistungssport der DDR – Eine juristische Untersuchung, 2000
(zitiert: *Ulmen*, Doping)

Ulsenheimer, Klaus Arztstrafrecht in der Praxis, 5. Aufl. 2015 (zitiert: *Ulsenheimer*, Arztstrafrecht)

Valerius, Brian Zur Strafbarkeit des Dopings de lege lata und de lege ferenda in *Fischer, Thomas / Bernsmann, Klaus* [Hrsg.], Festschrift für Ruth Rissing-van Saan zum 65. Geburtstag am 25. Januar 2011, 2011 (zitiert: *Valerius*, FS Rissing-van Saan)

Vieweg, Klaus Doping und Verbandsrecht – NJW 1991, 1511 (zitiert: *Vieweg*, NJW 1991, 1511)

Vieweg, Klaus Doping – Realität und Recht; Internationales Symposium am 4. und 5.7.1997 in Erlangen, 1998 (zitiert: *Vieweg/Bearbeiter*, Doping – Realität und Recht)

Vieweg, Klaus [Hrsg.] Prisma des Sportrechts – Referate der sechsten und siebten Interuniversitären Tagung Sportrecht, 2006 (zitiert: Vieweg/*Bearbeiter*, Prisma des Sportrechts)

Volkmann, Uwe Qualifizierte Blankettnormen – Zur Problematik einer legislativen Verweisungstechnik, ZRP 1995, 220 (zitiert: *Volkmann*, ZRP 1995, 220)

Wagner, Gert Negative Wirkungen eines Anti-Doping-Gesetzes, ZRP 1992, 369 (zitiert: *Wagner*, ZRP 1992 369)

Walter, Tonio Die Lehre von der „einverständlichen Fremdgefährdung“ und ihre Schwächen – eine Verteidigung der Rechtsprechung, NStZ 2013, 673 (zitiert: *Walter*, NStZ 2013, 673)

Wassmer, Sven Das neue spanische Anti-Doping-Gesetz (Ley Antidopaje), SpuRt 2007, 60 (zitiert: *Wassmer*, SpuRt 2007, 60)

Waßmer, Martin Auslegungsprobleme der Strafvorschrift der „Manipulation von berufssportlichen Wettbewerben“ (§ 265d StGB), ZHW 2019, 6 (zitiert: *Waßmer*, ZHW 2019, 6)

Weber, Klaus Betäubungsmittelgesetz, Arzneimittelgesetz, 4. Aufl., 2013
(zitiert: *Weber*, BtMG, 4. Aufl., 2013)

Weber, Klaus Betäubungsmittelgesetz, Arzneimittelgesetz, Anti-Doping-Gesetz, 5. Aufl., 2017
(zitiert: *Weber*, BtMG)

Weber, Ulrich Objektive Grenzen der strafbefreienden Einwilligung in Lebens- und Gesundheitsgefährdungen in
Arzt, Gunther [Hrsg.], Festschrift für Jürgen Baumann zum 70. Geburtstag: 22. Juni 1992, 1992
(zitiert: *Weber*, FS Baumann)

Weineck, Jürgen Sportbiologie, 10. Aufl., 2010
(zitiert: *Weineck*, Sportbiologie)

Wessels, Johannes / Beulke, Werner / Satzger, Helmut Strafrecht Allgemeiner Teil, 48. Aufl., 2018
(zitiert: *Wessels/Beulke*, AT)

Wessels, Johannes / Hettinger, Michael / Engländer, Armin Strafrecht Besonderer Teil 1 – Straftaten gegen Persönlichkeits- und Gemeinschaftswerte, 42. Aufl., 2018
(zitiert: *Wessels/Hettinger*, BT I)

Wolter, Jürgen [Hrsg.] Systematischer Kommentar zum Strafgesetzbuch, 9. Aufl., 2017
(zitiert: SK/*Bearbeiter*, StGB)

Ziemann, Sascha / Ziethen, Jörg Was tun mit »verbotenen Gegenständen«? – Strafrechtliche Risiken der Besitzaufgabe an Drogen, Waffen, Pornographie, JR 2011, 65
(zitiert: *Ziemann/Ziethen*, JR 2011, 65)

Zeinhofer, Claudia Rechtliche Grundlagen der Dopingbekämpfung in Österreich, Causa Sport 2010, 326
(zitiert: *Zeinhofer*, Causa Sport 2010, 326)

Zuck, Rüdiger Anti-Doping-Regulierungen, MedR 2014, 1
(zitiert: *Zuck*, MedR 2014, 1)

Zuck, Rüdiger Wider die Kriminalisierung des Sports – Zu den verfassungsrechtlichen Rahmenbedingungen einer Antidoping-Gesetzgebung, NJW 2014, 276
(zitiert: *Zuck*, NJW 2014, 276)